Klaus Welke
Konstruktionsgrammatik des Deutschen

Linguistik –
Impulse & Tendenzen

Herausgegeben von
Susanne Günthner, Klaus-Peter Konerding,
Wolf-Andreas Liebert und Thorsten Roelcke

Band 77

Klaus Welke

Konstruktionsgrammatik des Deutschen

—

Ein sprachgebrauchsbezogener Ansatz

DE GRUYTER

ISBN 978-3-11-073647-2
e-ISBN (PDF) 978-3-11-061407-7
e-ISBN (EPUB) 978-3-11-061156-4
ISSN 1612-8702

Library of Congress Control Number: 2018957918

Bibliografische Information der Deutschen Nationalbibliothek
Die Deutsche Nationalbibliothek verzeichnet diese Publikation in der Deutschen
Nationalbibliografie; detaillierte bibliografische Daten sind im Internet über
http://dnb.dnb.de abrufbar.

© 2020 Walter de Gruyter GmbH, Berlin/Boston
Dieser Band ist text- und seitenidentisch mit der 2019 erschienenen gebundenen
Ausgabe.
Einbandabbildung: Marcus Lindström/istockphoto
Satz: Meta Systems Publishing & Printservices GmbH, Wustermark
Druck und Bindung: CPI books GmbH, Leck

www.degruyter.com

Vorwort

Meine Beschäftigung mit Arbeiten Fillmores und Lakoffs, den Wegbereitern der heutigen Konstruktionsgrammatik, geht in die 1980er Jahre zurück (vgl. Welke 1988). Lakoff bin ich in Bezug auf sein Prototypenkonzept in weiteren Publikationen (2002 und 2005) gefolgt. Bis in die Mitte des vergangenen Jahrzehnts habe ich vieles, was ich zur Konstruktionsgrammatik in Arbeiten von Fillmore, Goldberg oder Michaelis fand, als in der Valenztheorie bereits formuliert angesehen. Andererseits meinte Jouni Rostila, dass ich, ohne es zu merken, eigentlich Konstruktionsgrammatiker war. Als ich mich als Gutachter und Opponent bei seiner Promotion 2007 erneut mit der KxG beschäftigte, entstand die Vermutung, dass die Konstruktion der archimedische Punkt sein könnte, von dem aus sich Anliegen, die ich in früheren Arbeiten und in der Valenztheorie verfolgt hatte, besser als bislang formulieren lassen. Für Diskussionen zu Ausarbeitungen, die dem Buch voran gegangen sind, und zu Teilen des jetzt vorliegenden Textes danke ich Vilmos Ágel, mit dem ich mich seit langem in einem produktiven Austausch fühle, Hans Boas, Thomas Brooks, Peter Ernst, Hartmut Lenk, Alexandra Lenz, Stefan Müller, Kristel Proost, Jouni Rostila, Jacqueline Stark, Maik Walter und meiner Tochter Tinka Welke. Unverzichtbar war die Solidarität meiner Frau Dunja Welke. Alexandra Lenz und dem Institut für Germanistik der Universität Wien danke ich für die Möglichkeit, Ergebnisse meiner Arbeit in Seminaren zu erproben. Daniel Gietz vom de Gruyter Verlag danke ich für die umsichtige Betreuung.

Berlin, Juli 2018   Klaus Welke

Inhalt

Vorwort —— V

1	**Einleitung** —— **1**	
1.1	Gliederung —— 8	
1.2	Terminologie und Abkürzungen —— 9	
2	**Wort-Satz-Grammatik versus Konstruktionsgrammatik** —— **15**	
2.1	Wort-Satz-Grammatik —— 15	
2.1.1	Regeln der Wortkombination, Projektionsregeln —— 15	
2.1.2	Grammatik als Kalkül —— 16	
2.1.3	Extensionalität —— 16	
2.1.4	Regelinvarianz —— 17	
2.1.5	Kompositionalität —— 18	
2.1.6	Projektion —— 18	
2.1.7	Unterscheidung von Grammatik und Lexikon —— 18	
2.1.8	Verbalphrase als Prototyp der Phrase —— 19	
2.1.9	Transformation, Derivation, Vererbung —— 19	
2.1.10	Trennung von *langue* und *parole* —— 20	
2.1.11	Trennung von Diachronie und Synchronie —— 20	
2.1.12	Trennung von Form und Bedeutung —— 21	
2.1.13	Grammatik von außen —— 21	
2.1.14	Angeborenheit —— 22	
2.1.15	Sprachliches Wissen versus Weltwissen —— 22	
2.2	Sprachgebrauchsbezogene Konstruktionsgrammatik —— 22	
2.2.1	Sprachgebrauchsbezogenheit —— 22	
2.2.2	Konstruktion als Grundeinheit —— 25	
2.2.3	Operationen über Konstruktionen – Regeln —— 27	
2.2.4	Konventionalisiertheit versus Kompositionalität —— 30	
2.2.5	Bilateralität —— 32	
2.2.6	Kein *Linking* —— 35	
2.2.7	Primat der Form —— 36	
2.2.8	*No Synonymy:* Keine Bedeutungsidentität —— 36	
2.2.9	Polysemie und Homonymie —— 36	
2.2.10	Übereinstimmung mit Positionen der traditionellen Semasiologie —— 38	
2.2.11	Kopfprinzip —— 40	
2.2.12	Dependenzstruktur —— 41	

2.2.13	Prototypik —— 42
2.2.14	Prototypik und signifikativ-semantische Rollen —— 47
2.2.15	KxG und *Frame*-Semantik, sprachliches Wissen und Weltwissen —— 48
2.2.16	Sprache und Denken, Sprache und Kognition —— 50
2.2.17	Semasiologie und Onomasiologie —— 51
2.2.18	KxG und Korpuslinguistik —— 52
2.2.19	Vererbung —— 52
2.2.20	Semantik und Pragmatik —— 53
2.2.21	Holismus versus Atomismus (Modularität) —— 54

I Konstruktion

3	Argumentkonstruktion und Argumentrolle —— 59
3.1	Charles J. Fillmore —— 59
3.2	Lakoffs prototypentheoretisches Rollenkonzept —— 72
3.3	Dowtys prototypentheoretisches Rollenkonzept —— 79
3.4	Goldberg (1995): Prototypik versus *Linking* —— 87
3.5	Semantische und perspektivische Rollen —— 90
3.5.1	Denotativ-semantisch definierte Rollen —— 92
3.5.2	Signifikativ-semantisch definierte Rollen —— 97
3.5.3	Semasiologie versus Onomasiologie —— 103
3.5.4	Perspektivische Rollen —— 104
3.6	Fazit und Ausblick —— 110

4	Die schematischen Argumentkonstruktionen des Deutschen —— 111
4.1	Überblick —— 111
4.1.1	Formbezogene Klassifikation —— 111
4.1.2	Semantische Klassifikation: Konstruktionsbedeutungen —— 115
4.2	Nominativ-Akkusativ-Konstruktion —— 124
4.2.1	Nominativ-Akkusativ-Konstruktion aus denotativer Perspektive —— 125
4.2.2	Nominativ-Akkusativ-Konstruktion aus signifikativer Perspektive —— 129
4.2.3	Die Reichweite der Nominativ-Akkusativ-Konstruktion —— 136
4.2.4	Grenzen der Nominativ-Akkusativ-Konstruktion —— 146
4.2.5	Fazit —— 153
4.3	Nominativ-Dativ-Konstruktion —— 153

4.4	Nominativ-Dativ-Akkusativ-Konstruktion —— 162	
4.5	Weitere Konstruktionen mit reinem Kasus —— 165	
4.5.1	Genitiv-Konstruktion —— 165	
4.5.2	Nominativ-Akkusativ-Akkusativ-Konstruktion —— 166	
4.6	Konstruktionen mit Präpositionalkasus —— 166	
4.6.1	Lokalkonstruktion —— 167	
4.6.2	Direktivkonstruktion —— 169	
4.6.3	Lokalistische versus logische Rollentheorien —— 170	
4.6.4	Präpositionalobjekt-Konstruktionen —— 175	
4.7	Prädikativkonstruktionen —— 181	
4.7.1	Subjektsprädikativ-Konstruktionen —— 181	
4.7.2	Objektsprädikativ-Konstruktionen —— 187	
4.8	Ausblick: Einbettungen von Argumentkonstruktionen in Argumentkonstruktionen —— 188	
4.9	Fazit —— 189	
5	**Konstruktion und Projektion —— 191**	
5.1	Die Wechselwirkung von Konstruktion und Projektion —— 191	
5.2	Überschüssige Argumente —— 200	
5.2.1	Projektionsgrammatische Lösungen —— 204	
5.2.2	Projektion im weiteren und im engeren Sinne —— 208	
5.2.3	Regel und Idiosynkrasie —— 210	
5.3	Konstruktionsgrammatik: Wechselwirkung von Konstruktion und Projektion —— 213	
5.3.1	Instantiierungen bei Goldberg (1995) —— 216	
5.3.2	Goldberg: Verbale Partizipantenrollen versus Argumentrollen —— 221	
5.3.3	Fazit —— 224	
5.4	Sprachliches Wissen und Weltwissen, sprachliches und perzeptives System der Kognition —— 224	
5.4.1	KxG und *Frame*-Semantik —— 224	
5.4.2	Sprachliches und perzeptives System der Kognition —— 227	
5.5	Coercionen (produktive Instantiierungen) —— 238	
5.5.1	Regeln der Coercion —— 238	
5.5.2	Nominativ-Dativ-Akkusativ-Konstruktion —— 247	
5.5.3	Direktivkonstruktionen —— 254	
5.5.4	Objektsprädikativ-Konstruktionen —— 259	
5.5.5	Präpositionalobjekt-Konstruktionen —— 267	
5.5.6	Nominativ-Akkusativ-Konstruktion —— 267	

5.5.7	Coercionen von höherstelligen Verben in intransitiv-einstellige Konstruktionen —— **275**	
5.6	Fazit und Ausblick —— **275**	

6 Modifikatorkonstruktion —— 277

7 Wortstellung —— 283
7.1	Argumentfolge, primäre und sekundäre Perspektivierung —— **285**
7.2	Sekundäre Perspektivierung und Thema – Rhema, *Topic – Comment*, *Topic – Focus* —— **292**
7.3	Verbstellung —— **298**
7.4	Modifikatorstellung —— **299**
7.5	Konstruktionsgrammatik und topologisches Satzmodell —— **306**
7.6	Mehrfache Vorfeldbesetzung —— **309**
7.7	Projektionsgrammatik versus Konstruktionsgrammatik —— **318**
7.8	Fazit —— **323**

8 Substantivkonstruktion —— 325
8.1	Gemeinsamkeiten von verbalen und substantivischen Konstruktionen —— **327**
8.2	Unterschiede zwischen verbalen und substantivischen Konstruktionen —— **331**
8.3	Fazit —— **334**

II Konstruktionsvererbung

9 Ein sprachgebrauchsbezogenes Konzept der Konstruktionsvererbung —— 337
9.1	Skizze eines sprachgebrauchsbezogenen Konzepts der Konstruktionsvererbung —— **338**
9.1.1	Konstruktionsvererbung —— **341**
9.1.2	Projektionsvererbung —— **343**
9.2	Vererbungskonzepte —— **345**
9.2.1	Sprachgebrauchsbezogene Vererbungskonzepte —— **345**
9.2.2	Nicht-sprachgebrauchsbezogene Vererbungskonzepte —— **350**
9.3	Fazit —— **372**

10	**Passiv — 374**	
10.1	Das Passiv in nicht-sprachgebrauchsbezogenen Vererbungskonzepten — 375	
10.1.1	Passiv als Konversion — 375	
10.1.2	Passiv als Vorgangskonstruktion — 380	
10.2	Konstruktionsgrammatische Erklärung des Passivs — 382	
10.2.1	Konstruktionsvererbung — 387	
10.2.2	Projektionsvererbung — 396	
10.3	Fazit — 404	

11	**Medialkonstruktion — 406**	
11.1	Konstruktionsvererbung — 406	
11.1.1	Medialkonstruktion mit persönlichem Subjekt — 413	
11.1.2	Medialkonstruktion mit sachlichem Subjekt — 415	
11.1.3	Modalisierte Medialkonstruktion — 418	
11.2	Projektionsvererbung — 424	
11.3	Fazit — 425	

12	**Argumentfolge und Vererbung — 427**	
12.1	Labile Verben (akkusativische – unakkusativische Verben) — 429	
12.2	Medialkonstruktionen im Englischen — 435	
12.3	Fazit — 438	

13	**Weitere Vererbungen in Vorgangskonstruktionen — 439**	
13.1	$Nom_{Ag/1}$-$Präd_{Inkorp}$-Konstruktion — 439	
13.2	Nom_1-$Akk_{Menge/2}$-Konstruktion — 441	
13.3	Passivische Konstruktionen mit *kriegen*, *bekommen*, *erhalten* — 444	
13.4	Fazit — 446	

14	**Nominalisierung — 447**	
14.1	Attributive Nominalisierung — 450	
14.1.1	*Genitivus subjectivus* versus *genitivus objectivus* bei transitiven perfektiven Verben — 454	
14.1.2	*Genitivus subjectivus* versus *genitivus objectivus* bei transitiven imperfektiven Verben — 456	
14.1.3	Intransitive Verben — 457	
14.1.4	Präpositionalkasus — 458	
14.2	Prädikative Nominalisierung — 460	
14.3	Fazit: Die Janusköpfigkeit der Nominalisierung — 465	

15 Präpositionalobjekt-Konstruktionen —— 466
15.1 Vererbung von Direktivkonstruktionen in PO-Konstruktionen —— 469
15.2 Vererbung von Fusionen aus Argument- und Modifikatorkonstruktionen in Präpositionalobjekt-Konstruktionen —— 472
15.3 Fazit —— 475

16 Partikel- und Präfix-Konstruktionen —— 476
16.1 Konstruktion und Projektion —— 476
16.2 Konstruktionsvererbung —— 484
16.2.1 *An*-Partikelkonstruktion —— 484
16.2.2 *Be*-Präfixkonstruktion —— 490
16.3 Einordnungen —— 493
16.3.1 Signifikative versus denotative Rollenbestimmung —— 493
16.3.2 Applikativkonstruktion —— 494
16.3.3 *Verb framed* versus *satellite framed* —— 494
16.3.4 Restriktionen der Coercion von transitiven *be*-Präfixverben und von Partikelverben —— 496
16.4 Fazit —— 501

17 Schlussbemerkung —— 502

Literaturverzeichnis —— 511

Personenregister —— 533

Sachregister —— 539

E Erratum zu: Konstruktionsgrammatik des Deutschen —— 543

1 Einleitung

Anliegen des Buches ist es, die prototypentheoretische und signifikativ-semantische Orientierung der Konstruktionsgrammatik (KxG) durch George Lakoff und Adele Goldberg *(Berkeley Cognitive Construction Grammar)* am Beispiel des Deutschen in Richtung auf eine sprachgebrauchsbezogene (tätigkeitsbezogene) Grammatiktheorie auszubauen, jenseits des *Competence-Performance-Dualismus* bisheriger Syntaxtheorien.

Moderne Grammatiken sind *Competence*-Grammatiken. Sie trennen zwischen *langue* und *parole* (Saussure 1967, ¹1916), *competence* und *performance* (Chomsky 1965). *Competence*-Grammatiken beschreiben nicht die sprachliche Tätigkeit des Bildens und Verstehens von Sätzen, auch nicht in (selbstverständlich) idealisierter Form. Wenn daher moderne Grammatiktheorien wie die Generative Grammatik Sprache prozessual als Erzeugen von Satzstrukturbeschreibungen darstellen, folgt daraus nicht, dass sie ein (idealisiertes) Modell der sprachlichen Tätigkeit der Sprecher/Hörer, Sprecherinnen/Hörerinnen[1] sind. Ein Blick in ein Grundlagenwerk der kognitiven Psychologie (Anderson 2007) zeigt, wie allgemein akzeptiert die Trennung von *langue* und *parole* ist. Das Kapitel 11, das der Sprache unter linguistischem Aspekt gewidmet ist (ebd. 409–452), trägt die Überschrift „Die Struktur der Sprache", das Kapitel 12, das die Einordnung in die Psychologie vornimmt (ebd. 453–492), heißt „Sprachverstehen".[2]

Neben *Competence*-Grammatiken hat es im 20. Jahrhundert auch Entwürfe funktionaler Grammatiktheorien gegeben, die auf Sprache im Gebrauch, d. h. auf Aspekte der sprachlichen Tätigkeit der Sprecherinnen/Hörerinnen, gerichtet waren, meist unter vorrangig kommunikativem Aspekt (z. B. Givón 1979; Kuno 1987), aber auch unter vorrangig kognitivem Aspekt (z. B. Langacker 1987). Die Konstruktionsgrammatik (KxG) bringt nunmehr Gesichtspunkte ins Spiel, die einem möglichen Ziel der Beschreibung von Grammatik/Syntax als Aspekt der sprachlichen Tätigkeit der Sprecher/Hörer näher kommen als frühere funktionale Theorien. Indizien sind die vielfältigen Bezüge, die auf die KxG in sprachgebrauchsorientierten Disziplinen der Linguistik wie Psycholinguistik, Spracherwerbsforschung, Interaktionslinguistik, Soziolinguistik, Varietätenlinguistik, diachroner Linguistik und Grammatikalisierungsforschung hergestellt werden (Hoffmann/Trousdale 2013; Dąbrowska/Divjak 2015).

---

[1] Im Folgenden auch nur abgekürzt: Sprecher/Hörer oder Sprecherinnen/Hörerinnen.
[2] Das „Gebiet der Linguistik" wird folgendermaßen umrissen (Anderson 2007: 411): „Die wissenschaftliche Disziplin der Linguistik versucht, die Beschaffenheit der Sprache zu charakterisieren. Sie unterscheidet sich dahingehend von der Psychologie, dass sie die Struktur natürlicher Sprachen untersucht und nicht die Frage, wie Menschen natürliche Sprache verarbeiten."

Die Beziehung zu diesen sprachgebrauchsbezogenen linguistischen Theorien beruht auf der Gebrauchs*basiertheit* der *KxG* (Stichwort: *usage-based*, Goldberg 1995). Mit dieser Charakterisierung ist zunächst der Umstand gemeint, dass Konstruktionsgrammatiken ausdrücklich real vorkommende Konstruktionen als Ausgangspunkt wählen – unabhängig von der Berechenbarkeit als Phrasen in *Competence*-Grammatiken. Das kommt empiristischen Ansätzen wie bspw. der Forschung zur gesprochenen Sprache entgegen, die sich damit konfrontiert sieht, dass sich weite Bereiche des empirisch Vorgefundenen nicht aus Regeln ableiten lassen, die sich in Grammatiken finden (vgl. z. B. Günthner/Imo 2006: 3).

Die Anfänge der KxG werden im Allgemeinen in die zweite Hälfte der 1980er Jahre datiert, vgl. Goldberg (1995: ix), Sag/Boas/Kay (2012: 2) Lasch/Ziem (2013: 1). Einen ersten entscheidenden Anstoß gab jedoch bereits Fillmore (1966, 1968). Denn hier treten Konstruktionen als Grundeinheiten der Grammatik an die Stelle von Wörtern. Seine Sprengkraft hat diese Wendung zunächst bei der Etablierung kognitiver Handlungstheorien in den 70er Jahren des vergangenen Jahrhunderts (Minsky 1975; Schank 1975; Schank/Abelson 1977; Norman/Rumlhart 1975) bewiesen. Das hatte u. a. den Effekt, dass Fillmore „nicht nur zu einer der Vatergestalten der Handlungstheorie, sondern der kognitiven Psychologie überhaupt" wurde (Aebli 1980: 61). Einen kongenialen zweiten Anstoß hat Lakoff (1977) mit der Einführung einer prototypentheoretischen Betrachtungsweise gegeben. Auf Fillmore (1968) und Lakoff (1977) gehen dann auch die beiden Hauptströmungen der KxG zurück, die *Berkeley Construction Grammar (BCxG)* und die *Berkeley Cognitive Construction Grammar (BCCxG)* (zu den Bezeichnungen vgl. Sag/Boas/Kay 2012: 2; Boas 2013: 1).

In der Lakoff-Goldberg-Richtung *(BCCxG)* kommen weitere Gesichtspunkte hinzu, die einen Bezug auf den tatsächlichen Sprachgebrauch begünstigen. Das ist vor allem der auf Lakoff (1977, 1987) zurückgehende prototypentheoretische Ansatz. Goldberg (1995) fügt das Prinzip der *No Synonymy* (ebd.: 3) und die *Scene Encoding Hypothesis* hinzu (ebd.: 39), nach der die allgemeinsten (schematischen) Argumentkonstruktionen Grundsituationen des menschlichen Lebens abbilden.

Nicht zuletzt aber erweist sich das seinerzeit so überraschende Ausgehen Fillmores (1968) von der Konstruktion und nicht vom Wort aus rückblickend als eine entscheidende Wende.

Die soeben genannten Gesichtspunkte, zusammen mit Details ihrer Ausführung, sind Grundlagen einer sprachgebrauchsbezogenen Konstruktionsgrammatik, die im Folgenden in Grundzügen am Beispiel des Deutschen entwickelt werden soll.

Es geht um eine Grammatik, die alle Konstruktionen einer Sprache gleichermaßen abzubilden in der Lage ist, also nicht nur (im Umkehrschluss zur Generativen Grammatik) Konstruktionen, die durch das Regelwerk einer Projektonsgrammatik nicht erfasst werden. Insbesondere aber geht es im Gegensatz zum Mainstream der modernen *Competence*-Grammatiktheorie (u. a. Generative Grammatik, *HPSG*, *LFG*) um ein Grammatikkonzept, in dem Hypothesen über grammatisch-syntaktische Prozesse und Operationen beschrieben werden, die die Sprecher/Hörer beim Bilden und Verstehen von Sätzen vollziehen. Es geht also unmittelbar um deren sprachliche Tätigkeit.

Das Buch schließt in drei wesentlichen Punkten an Goldberg (1995) an: Goldberg legt (1) im Bereich verbaler Argumentstrukturen, dem zentralen Bereich der Satzstruktur, einen ersten relativ ausgebauten Entwurf einer sprachgebrauchsbezogen interpretierbaren KxG des Englischen vor. Dieses Konzept werde ich auf das Deutsche anwenden, seine Konsequenzen ausloten, es präzisieren und revidieren. Goldberg folgt (2) dem Prototypenkonzept Lakoffs (1977, 1987) und ersetzt damit die tradierte Methode der Klassifikation mittels invarianter Merkmale[3] durch eine prototypentheoretische Methode. Lakoffs prozessuale (dynamische) und merkmalbasierte Version der Prototypik unterscheidet sich grundsätzlich von der vergleichsweise statischen Version Roschs (1973, 1978), in der die Prototypentheorie in der Linguistik hauptsächlich rezipiert wird. Bei Rosch erhält der Prototyp eine holistische perzeptive Repräsentation, bei Lakoff eine semantische Repräsentation in semantischen Merkmalen. Die prozessuale Version der Prototypentheorie entspricht Auffassungen, die vor Rosch bereits Wittgenstein (1984b) im philosophischen Kontext und Wygotski (1977) in Bezug auf den Spracherwerb vertreten haben (vgl. Welke 2005). Goldberg entwickelt (3) auf dieser Basis eine Theorie der Argumentkonstruktionen und ihrer Instantiierung, die sprachgebrauchsbezogen interpretierbar ist.

Bereits aus diesen Ankündigungen folgt, dass ich mich auf Grammatik im Engeren beziehe, auf Konstruktionsgrammatik als eine Theorie des Satzes und seiner syntaktisch-semantischen Struktur. Das geschieht mit allen Gebrechen und Mängeln traditionellen grammatischen Herangehens – nicht korpusbasiert, nicht psychologisch experimentell, sondern auf Grund von meist schriftlichen Belegen und selbst gebildeten Beispielen, also introspektiv, wie m. E. allgemein in traditionellen und modernen *Competence*-Grammatiken, und auf der Grundlage traditioneller Methoden der Grammatikforschung, aber Prinzipien der Plausibilität, Folgerichtigkeit und Einfachheit verpflichtet – und sprachgebrauchsbezogen.[4]

---

3 Ich werde im Folgenden auch von klassischer Definitionsmethode sprechen, bei Bates/ McWhinney (1982) *criterial attribute models* genannt.
4 Vgl. Stefanowitsch (2006: 206): „Aus methodischer Sicht ist die Konstruktionsgrammatik bislang im Großen und Ganzen eine eher traditionelle Grammatiktheorie. Der überwiegende Anteil der Analysen in der konstruktionsgrammatischen Literatur stützt sich vor allem auf

Ich spreche damit die rasante Ausweitung an, die das Konzept der Konstruktionsgrammatik insbesondere durch die Anwendung korpusbasierter Methoden und durch sprachgebrauchsbezogene linguistische Theorien wie Psycholinguistik, Spracherwerbsforschung, Interaktionslinguistik, Soziolinguisitik, Varietätenlinguistik, Phraseologieforschung, diachrone Linguistik und Grammatikalisierungsforschung erfahren hat, alles Theorien, in denen die *competence-performance*-Dichotomie keine Rolle spielt (vgl. z. B. die Beiträge in den Bänden Konstruktionsgrammatik I–V (Fischer/Stefanowitsch 2006; Stefanowitsch/Fischer 2008; Lasch/Ziem 2011; Ziem/Lasch 2015; Bücker/Günthner/Imo 2015). Dennoch suchen diese Theorien einen Anschluss an den traditionellen und daher relativ ausgearbeiteten Kernbereich der Grammatiktheorie, also an die Grammatik- und Syntaxtheorie in ihrem bisherigen Verständnis. Die Wahl fällt auf Grund ihrer Gebrauchsbasiertheit auf die KxG, wie sie u. a. von Fillmore, Lakoff und Goldberg konzipiert wurde.

Breit ausgebaut wurde bspw. in der jüngsten Zeit die Interaktionslinguistik im Zusammenhang mit Gesprächsforschung und Mündlichkeit (Günthner/Imo 2006; Deppermann 2007; Imo 2007; Günthner/Bücker 2009; Auer/Pfänder 2011). Günthner (2008: 157) begründet die Suche nach einem traditionell grammatiktheoretischen Bezug folgendermaßen:

> In den letzten Jahren wird in Arbeiten zur Grammatik der gesprochenen Sprache zunehmend das Bedürfnis nach einer sprachtheoretischen Fundierung artikuliert. Empirische Studien klagen immer wieder eine den medialen und handlungstheoretischen Eigenschaften angemessene Grammatikperspektive ein, die sprachliche Strukturen in ihren prozessualen, funktionalen und soziokulturellen Vernetzungen betrachtet [...]

Stefanowitsch (2006: 206–207; vgl. auch Anmerkung 4) stellt in diesem Zusammenhang fest: dass sich „neben dieser Fortschreibung der introspektiven Methode [...] unter dem Dach der Konstruktionsgrammatik [...] eine Vielzahl empirischer Methoden etabliert" hat. Er nennt psycholinguistische Experimente, korpusbasierte Methoden, korpuslinguistische Methoden im engeren Sinne, interaktionistische Verfahren und typologische Analysen.

In allen erwähnten Disziplinen stehen sich nicht einfach Empirie und Theorie gegenüber, sondern in allen Teilbereichen geht es um gegenseitige Bereicherung und Synergien. Es haben sich eigenständige Theorien entwickelt, die sich unter dem gemeinsam Dach „Konstruktionsgrammatik" versammeln.

---

grammatische und semantische Akzeptabilitätsurteile (z. B. Lakoff: 1987; Kay/Fillmore: 1999; Goldberg 1995)".

Das hat aber auch dazu beigetragen, dass sich unter einigen allgemeinen Prämissen sehr viel Unterschiedliches findet,[5] vgl. Ziem/Lasch (2013: 189):

> Es handelt sich bei der Konstruktionsgrammatik um eine äußerst heterogenes Forschungsfeld, in welchem eine Vielzahl unterschiedlicher Ansätze mit unterschiedlichen Motivationslagen um den Konstruktionsbegriff ringen, seine Fundierung in einer Sprachtheorie diskutieren und vor allem seine methodische Anwendbarkeit in der Analyse von Sprachmaterial kritisch prüfen.

Ziem/Lasch geht es um eine Verständigung zwischen unterschiedlichen methodischen Zugriffen auf einen gemeinsamen Bereich. Sie fahren daher fort (2013: 189):

> Da es in all diesen Fragen keine übergreifende Schulbildung gibt, die für ‚allgemeingültige' Grundannahmen und Methoden stehen könnte, war es unser Anliegen, einen Vorschlag zu unterbreiten, der aus der konkreten Forschungsarbeit und dem Dialog zwischen verschiedenen Fachbereichen resultiert und gebrauchsbasierte konstruktionsgrammatische Ansätze anschlussfähiger zu machen sucht [...]

Unter diesem weitreichenden Aspekt ist das Diktum von Lasch/Ziem (2011: V) zutreffend, mit dem sie ihr Vorwort beginnen: „*Eine Konstruktionsgrammatik des Deutschen* ist bisher noch nicht geschrieben, und es darf bezweifelt werden, dass ein derart komplexes Thema zum jetzigen Zeitpunkt überhaupt angegangen werden kann."

Ich verfolge eine andere, komplementäre Strategie. Ich setze bei den im oben charakterisierten Sinne „traditionellen" konstruktionsgrammatischen Theorien an und im Engeren bei der Richtung der KxG, die auf Grund konkreter benennbarer Gegebenheiten der bevorzugte Bezugspunkt für sprachgebrauchsbezogene linguistische Theorien ist: bei der Lakoff-Goldberg-Richtung der KxG und bei Goldberg (1995). Mein Anliegen besteht darin, das von Goldberg entworfene Syntax-Modell am Beispiel des Deutschen kritisch zu überprüfen und weiter zu entwickeln, um aus dieser anderen eingegrenzten Perspektive, aus der Perspektive des traditionellen Kernbereichs der Grammatik, jedoch mit dem Ziel der Sprachgebrauchsbezogenheit, zur gegenseitigen Verständigung beizutragen. Der (relative) Vorteil eines solchen Herangehens ist die Begrenzung auf den Kernbereich.

Das, was die (engere) KxG für die zahlreichen sprachgebrauchsbezogenen Theorien interessant und zum gemeinsamen Bezugspunkt macht, ist, wie gesagt, ihre Gebrauchsbasiertheit. Goldberg (1995: 133) bezeichnet ihr Konzept als

---

[5] Hinzu kommen die Divergenzen innerhalb der „traditionellen" KxG (vgl. Hoffmann/Trousdale 2013).

„*usage-based*".⁶ Ich wähle den Terminus ‚Sprachgebrauchsbezogenheit' aus folgenden Gründen: Gebrauchs*basiert* in einem allgemeinen Sinne ist jede Grammatik. Denn jeder Grammatiker muss trivialerweise von real vorkommenden sprachlichen Handlungen (vom mündlichen oder mindestens schriftlichen Sprachgebrauch – und sei es dem eigenen) ausgehen. Auch Logiker tun das, wenn sie künstliche Sprachen konstruieren. Eine solche Charakterisierung trifft auch auf die KxG zu. Nur erhält der Begriff in der KxG einen besonderen Akzent. Alle Richtungen der KxG betonen, dass sie von real vorkommenden Konstruktionen ausgehen, d. h. keine Konstruktion ausschließen. Das geschieht in Entgegensetzung zu den beherrschenden projektionistischen und generativen Theorien. Denn diese decken in ihren Regeln nur einen Ausschnitt des wirklich Vorkommenden ab, nämlich das, was von diesen erfasst wird, die *core grammar*.

Mit dem Terminus der Sprachgebrauchsbezogenheit bezeichne ich dagegen das Ziel, linguistische Hypothesen über die grammatisch-syntaktische Tätigkeit der Sprecher/Hörer zu formulieren.

Ob bisherige Konstruktionsgrammatiken im engeren Sinne in diesem Sinne sprachgebrauchsbezogen sind, ist fraglich. Die Aufhebung der Dichotomie von *langue* und *parole*, *competence* und *performance* ist m. E. noch in keiner Richtung der engeren KxG behauptet worden, auch nicht von Goldberg (1995, 2006).

Dennoch ist die Überwindung des Dualismus von *langue* und *parole* eine Konsequenz, die sowohl Befürworter als auch Gegner der KxG *(CCxG)* ziehen, befürwortend von einem psycholinguistischen Standpunkt aus bspw. Diessel (2015) und kritisch-ablehnend von Positionen einer Saussure'schen Linguistik aus bspw. Abraham (2015). Beide Seiten gehen davon aus, dass die KxG die Aufhebung der Trennung von *langue* und *parole* vollzieht, obwohl sie bislang wohl noch von niemandem in der (engeren) KxG behauptet wurde.

Unter Sprachgebrauchsbezogenheit (im Unterschied zu Gebrauchsbasiertheit) verstehe ich weder eine *Performance*-Theorie noch eine *Performance*-kompatible *Competence*-Theorie der Grammatik wie die *LFG* (Bresnan 1978), die *HPSG* (Müller 2007) und die *HPSG*-nahe Fillmore'sche *BCxG und die SCxG (Sign Based Construction Grammar)* (Michaelis 2013). Behauptet wird vielmehr gegen Saussure (1967)⁷ die Möglichkeit einer linguistischen Beschreibung der sprachlichen Tätigkeit der Sprecherinnen/Hörerinnen jenseits der Dichotomie von *langue* und *parole*, *competence* und *performance*, m. a. W. jenseits der Hypostasierung der sprachlichen Tätigkeit der Sprecher/Hörer zu einem Abs-

---

6 Vgl. auch Langacker 1987: 46.
7 Mit Saussure ist der Text (Saussure 1967, ¹1916) gemeint, der auf Grund von Vorlesungsmitschriften zusammengestellt worden ist. Dieser Text, der Text des „fiktiven" Saussure, hat real gewirkt, unabhängig davon, was der authentische Saussure gemeint hat.

traktum ‚Sprache'. Der Terminus ‚Sprachgebrauch' zielt also nicht auf den Gebrauch einer vergegenständlichten Sprache,[8] sondern auf sozial verallgemeinerte sprachliche Techniken (oder Operationen) im Sinne von von Gabelentz (1891) und Coseriu (1987, 1988) (vgl. auch Langacker 1987: 57). Coseriu (1987: 86) definiert Grammatik „als die allgemein gültige (d. h. nicht situationell bedingte) einzelsprachliche freie Technik des Sprechens". Die Grammatik ist „kein Mechanismus, sondern eine *tékhnē*, ein ‚Handeln-Können'" (ebd.: 86).

In dieser von Saussure abweichenden Definition von Sprache und Grammatik als Ensemble sprachlicher Techniken ist die Behauptung enthalten, dass eine Beschreibung dieser Techniken auch im Bereich der engeren Grammatik und Syntax möglich ist, also unabhängig von Psychologie und Neuropsychologie und auf der Grundlage traditioneller linguistischer Methoden. Das schließt ein, dass diese Befunde durch weitergehende empirische linguistische Daten zu bestätigen oder zu falsifizieren sind: aus Diachronie, Interaktionslinguistik, Forschungen zur Mündlichkeit, durch Korpuslinguistik und übergreifend durch Daten aus Psychologie und Neuropsychologie (vgl. Dąbrowska/Divjak 2015: 1 in Bezug auf das sog. *Cognitive Commitment* Lakoffs 1990: 40).

Eine so charakterisierte sprachgebrauchsbezogene KxG ist damit auch eine Annäherung von Grammatik im Engeren an die Erfordernisse existierender sprachgebrauchsbezogener linguistischer Disziplinen wie der Interaktionslinguistik, vgl. Günthner (2009: 402–403):

> Analysen grammatischer Strukturen im interaktionalen Gebrauch verdeutlichen einerseits, dass Grammatikkonzepte, die von homogenen, statischen Kategorien ausgehen, für die Analyse grammatischer Phänomen in natürlichen Alltagssituationen nur bedingt brauchbar sind, da grammatische Strukturen in der kommunikativen Praxis heterogener, offener und kontextabhängiger sind als postuliert. Folglich fordern interaktional ausgerichtete Studien eine dynamische Konzeption von Grammatik, die Äußerungen und Sätze nicht länger als fertige Produkte aus einer post factum Perspektive betrachtet, sondern diese im zeitlichen Verlauf ihrer prozessualen Entfaltung in der Interaktion analysiert [...]

In den folgenden Kapiteln wird es um genau dieses dynamische Konzept von Grammatik gehen, selbstverständlich (wie in allen Theorien) in idealisierender und abstrahierender Weise und bezogen wie im Dynamik-Konzept Ågels (2017) auf Grammatik im engeren Sinne. Beispielsweise wird auch die Sprecher-Hörer-Interaktion eine Rolle spielen, u. a. hinsichtlich der Implikaturen, die der Hörer aus dem zu ziehen hat, was der Sprecher ihm sagt. Insofern sind die betreffen-

---

8 Das ist entgegen einer Auslegung formuliert, die der Terminus ‚Sprachgebrauch' suggeriert. Es geht nicht um den Gebrauch eines vergegenständlichten Sprachorgans (vgl. Ryles 1949 Diktum von der Verhexung des Verstandes durch die Sprache). Es geht um die sprachliche Tätigkeit selbst (um die Theorie des Sprechens, Coseriu 1987).

den Analysen zwar ebenfalls interaktionsbezogen, aber nicht identisch mit dem Gegenstand der Interaktionslinguistik, in der es vor allem auch um die Gesprächsrepliken des Hörers geht (und weniger um die Implikaturen des Hörers bei Coercionen und Konstruktionsvererbungen).

Mit dem *langue-parole*-Dualismus wird auch eine strikte Trennung von Synchronie und Diachronie aufgehoben, und zwar in dem Sinne, dass es zwar weiterhin um Synchronie geht, aber um eine Synchronie, die diachrone Aspekte enthält. Dem liegt die Gegebenheit zu Grunde, dass die synchrone sprachliche Tätigkeit der Sprecherinnen/Hörerinnen zu einem gegebenen Zeitpunkt Moment der Tätigkeit der Sprecher/Hörer vergangener und zukünftiger Generationen ist. Die vergangene Tätigkeit reflektiert sich in der Tätigkeit gegenwärtiger Sprecherinnen/Hörerinnen (vgl. Ágels Prinzip der Viabilität als Forderung nach kulturhistorischer und sprachhistorischer Adäquatheit synchron-linguistischer Aussagen, Ágel 1995, 2001; vgl. auch Givón 2015).

In der Wechselwirkung von Konstruktion und Projektion (Kap. 5) und von Konstruktionsvererbung und Projektionsvererbung (Kap. 9–16) wird es um wesentliche Momente der sprachlichen Kreativität der Sprecher/Hörer und der Produktivität von Konstruktionen gehen. Die Verflochtenheit von KxG und Grammatikalisierungsforschung dokumentiert die Überbrückbarkeit der Kluft von Synchronie und Diachronie. In den Kapiteln 9–16 wird die Aufhebung der Dichotomie dadurch vollzogen, dass Grammatikalisierung konstruktionsgrammatisch als Konstruktionsvererbung interpretiert wird.[9]

Erfolg oder Misserfolg der im Folgenden zu formulierenden Grundzüge einer sprachgebrauchsbezogenen KxG wird davon abhängen, inwiefern es gelingt, ausgehend von Lakoff (1977, 1987), Dowty (1991) und Goldberg (1995) das tradierte extensionale, denotative und onomasiologische Konzept semantischer Rollen durch ein intensionales, signifikatives und semasiologisches Konzept zu ersetzen (vgl. Kap. 3 und 4; vgl. auch Welke 1988, 2002, 2011).

1.1 Gliederung

Im Kapitel 2 gebe ich in Stichpunkten einen Überblick über die Hauptkontroverse der modernen Grammatiktheorie (im engeren Sinne): Wort-Satz-Grammatik (Projektionsgrammatik) versus Konstruktionsgrammatik. Im Kap. 3 werden grundsätzliche Fragen des Aufbaus von Argumentkonstruktionen besprochen. Im Mittelpunkt steht das Verhältnis von Argumentkonstruktion und Argument-

---

9 Die Aufhebung der Trennung von *langue* und *parole* und von Synchronie und Diachronie ist damit auch eine gewisse Rückkehr zur Sprachtheorie H. Pauls (1880).

rolle und die Begründung eines intensionalen, signifikativen und semasiologischen Konzepts semantischer Rollen im Gegensatz zu weithin beherrschenden extensionalen, denotativen und onomasiologischen Konzepten. Kap. 4 gibt auf der Grundlage von Kap. 3 einen Überblick über die schematischen Argumentkonstruktionen des Deutschen. Kap. 5 ist das zentrale Kapitel des Teils I. Es behandelt das Verhältnis von Argumentkonstruktion und Projektion. Im Mittelpunkt steht die Instantiierung von Argumentkonstruktionen per Coercion, m. a. W. die Produktivität von Konstruktionen. Kap. 6 ordnet Modifikatorkonstruktionen ein. Gegenstand des Kapitels 7 ist der in der KxG bislang weitgehend ausgesparte Bereich der Wortstellung. Eine KxG, die keine annähernd befriedigende Lösung für das Problem der Variabiliät der Wortfolge findet, bleibt grundsätzlich anfechtbar. Kap. 8 befasst sich mit Substantivkonstruktionen. Der Platz von Substantivkonstruktionen und Modifikatorkonstruktionen (Kap. 6) im Gesamtsystem muss skizziert werden, um ein annähernd ausreichendes Bild zu geben. Ähnlich ausführlich wie bei Goldberg kommt im Teil II das Thema der Vererbung *(inheritance)* zur Sprache, allerdings in einem grundsätzlich anderen Verständnis als in der bisherigen KxG, nicht im Sinne von Netzwerkrelationen im Konstruktikon, sondern in einem sprachgebrauchsbezogenen Konzept von Vererbung analog dem Konzept der Grammatikalisierung in der Grammatikalisierungsforschung. In den Kapiteln zur Konstruktionsvererbung werden zentrale Themen der Grammatiktheorie wie Passiv, Medialisierung und Nominalisierung behandelt. Auch das sind Themen, die bislang in der KxG (wie das Problem der Variabilität der Wortstellung, Kap. 7) weitgehend ausgeblendet wurden.

Vieles wird dennoch unausgefüllt bleiben. Im Wesentlichen konzentriere ich mich auf das, was in traditionellen beschreibenden Grammatiken einfacher Satz genannt wird. Eingehen werde ich also nicht auf Einbettungen (Einfügungen) von Konstruktionen in Konstruktionen: Einfügungen von Substantivkonstruktionen in Argumentkonstruktionen und Einbettungen von Argumentkonstruktionen in Argumentkonstruktionen (Objekt-, Subjekt- und Prädikativsätze und entsprechende Infinitivkonstruktionen). Im Wesentlichen ausgespart bleibt damit auch der große Bereich, den man aus projektionistischer Perspektive unter dem Begriff des komplexen Prädikats zusammenfassen kann und aus konstruktionsgrammatischer Perspektive unter dem Begriff der komplexen Konstruktion.

1.2 Terminologie und Abkürzungen

Neben üblichen aus der Generativen Grammatik stammenden Begriffen (und Abkürzungen) wie Verbalphrase (VP), Adjektivphrase (AP), Nominalphrase (NP), Determinatorphrase (DP), Inflektionsphrase (IP) (bzw. Tempusphrase (TP)) und Complementiererphrase (CP) benutze ich traditionelle Bezeichnungen.

Abkürzungen verwende ich neben ausführlichen Termini, insbesondere wenn sich Begriffe über längere Passagen wiederholen. Das betrifft vor allem die Bezeichnungen von Argumentkonstruktionen.[10] Ich verwende z. B. nebeneinander:

Nominativ-Akkusativ-Konstruktion, Nom-Akk-Konstruktion, N-A-Konstruktion, transitive Konstruktion (im Unterschied zur ditransitiven Konstruktion auch einfach-transitive Konstruktion), Agens-Patiens-Konstruktion (s. unten) und als vollständigste Bezeichnung: $Nom_{1/Ag}$-$Akk_{2/Pat}$-Konstruktion.[11]

Ich unterscheide zwischen *schematischen* Konstruktionen (Type-Konstruktionen) und *teilschematischen* Konstruktionen einerseits und *Token*-Konstruktionen andererseits. Die Differenzierung entspricht der von Type und Token bei Wörtern, Morphemen (Morphem – Allomorph) und Phonemen (Phonem – Allophon, Laut, Phonemvariante). Da die Unterscheidung in Bezug auf Konstruktionen oft weniger selbstverständlich ist als bei Wörtern, verwende ich häufig, aber nicht immer, die differenzierenden Bezeichnungen nach Type und Token.

Schematische Konstruktionen sind Konstruktionen, die nicht durch lexikalisches Material gefüllt sind, d. h. nicht durch Wörter (Vollwörter) instantiiert sind. Sie sind *Konstruktionsmuster*, konventionalisierte Muster für konkrete Token-Konstruktionen. Teilschematische Konstruktionen sind teilweise gefüllte Konstruktionen. Ihre Füllung kann folglich teilweise konventionalisiert und teilweise nicht-konventionalisiert sein (vgl. 2.2.4). Gefüllte kompositionale sowie gefüllte nicht-kompositionale (konventionalisierte) und gefüllte teilweise kompositionale (teilweise nicht-konventionalisierte) Konstruktionen sind *Token-Konstruktionen*. Token-Konstruktionen treten in der sprachlichen Tätigkeit konkret in Erscheinung.

Token-Konstruktionen können voll kompositional sein. Bei teilschematischen Konstruktionen und im Falle der Konventionalisierung von Token-Konstruktionen spreche ich von konventionalisierten Mikro- bzw. Minikonstruktionen.

Zwischen schematischen Konstruktionen bestehen *Hyponymie-Relationen*. Untergeordnete Konstruktionen, also Hyponyme, können *Mikrokonstruktionen* einer übergeordneten schematischen Konstruktion (Hyperonym-Konstruktion) sein. Nebengeordnete schematische Konstruktionen sind Kohyponyme. Am Ende

---

10 Argumentkonstruktionen sind per definitionem Verbalkonstruktionen (zur Besonderheit von prädikativen Nominalisierungen vgl. Kap. 14).
11 Die Indices 1,2,3 geben die perspektivische Rolle (die perspektivische Position) des Arguments an. Ag = Agens, Pat = Patiens.

der Hyponymie-Relation stehen teilschematisierte und lexikalisch voll ausgefüllte konventionalisierte Token-Konstruktionen als *Mikro-* bzw. *Minikonstruktionen*. Auch zwischen Makrokonstruktionen gibt es formal und/oder semantisch motivierte Hyponymierelationen.

Konventionalisierte Konstruktionen (schematische Konstruktionen, teilschematische Konstruktionen und konventionalisierte Token-Konstruktionen) sind im *Konstruktikon* gespeichert (wie Wörter im Wort-Lexikon).

Neben den formbezogenen Bezeichnungen verwende ich – auf Grund der Isomorphie von Form und Bedeutung – auch *semantische Bezeichnungen* für Konstruktionen, und zwar:
- Handlungskonstruktion (Agens-Patiens-Konstruktion)
- Vorgangskonstruktion
- Tätigkeitskonstruktion
- Zustandskonstruktion
- Eigenschaftszuweisungs-Konstruktion

Handlungskonstruktionen sind formal (bis auf die Ausnahme der passivischen Konstruktion mit *kriegen*, *bekommen*, *erhalten* und bestimmte weitere Übergänge, vgl. Kap. 11 und 13) Nominativ-Akkusativ-Konstruktionen.

Vorgangs-, Tätigkeits- und Zustandskonstruktionen sind formal dadurch gekennzeichnet, dass sie kein Akkusativ-Patiens-Argument aufweisen.

Vorgangs- und Zustandskonstruktionen können persönlich oder unpersönlich sein, also Konstruktionen mit oder ohne Vorgangsträger oder Zustandsträger.

Eigenschaftszuweisungskonstruktionen sind Subjektsprädikativ-Konstruktionen (Kopulakonstruktionen).

‚Eigenschaftszuweisungskonstruktion' verwende ich als Oberbegriff für Konstruktionen (a) der *Eigenschaftszuweisung*, (b) der *Subsumtion einer Klasse in eine Klasse* oder *eines Elements in eine Klasse* und (c) *der Identifizierung*.

Entsprechende form- und semantikbezogenen Termini verwende ich auch für *dreistellige transitive Konstruktionen*. Das sind bezogen auf die Formseite:
- Nom-Dat-Akk-Konstruktion, auch ditransitive Konstruktion
- dreistellige Direktivkonstruktion (mit Nominativ, Akkusativ und Direktivum) – im Unterschied zur zweistelligen Direktivkonstruktion aus Nominativ und Direktiv.
- Objektsprädikativ-Konstruktion (OP-Konstruktion).

Der jeweiligen Schwerpunktsetzung entsprechend werde ich die gleichen Konstruktionen auch als Dativ-, Direktiv- oder Prädikativkonstruktionen (Subjektsprädikativ-Konstruktion (SP-Konstruktion) und Objektsprädikativ-Konstruktion (OP-Konstruktion)) bezeichnen und gegebenenfalls als ein-, zwei- oder dreistellig charakterisieren.

Termini für *semantische Rollen* sind:
- Agens (Ag)
- Patiens (Pat)
- Vorgangsträger (Vt)
- Zustandsträger (Zt)
- Eigenschaftsträger (Et) (Et als Oberbegriff (Hyperonym) für Eigenschaftszuweisungsträger, Subsumtionsträger, Identifizierungsträger)
- Benefaktiv (Ben) bzw. Rezipient (Rez)
- Direktivum (Dir): zusammenfassend für Herkunft, Weg, Ziel *(source, path, goal)*. Dieser Terminus steht zugleich für die formale und die semantische Seite der Kodierung (durch Präpositionalkasus und Adverbien) und für die Rolle und das Argument selbst.
- Statisch-lokal (Loc)
- Präpositionalobjekt (PO): für die semantische Seite, die formale Seite und das Argument zugleich
- Prädikativ(um): ebenfalls zugleich für die semantische Seite, die formale Seite und das Argument, untergliedert in Subjektsprädikativ (SP) und Objektsprädikativ (OP)

Termini für die *formale Seite* der Rollen (für die Rollenkodierung) und zugleich für die formale Seite des jeweiligen Arguments sind:
- Nominativ
- Akkusativ
- Dativ
- Genitiv
- Präpositionalkasus (Präpk), neben Direktiv und Präpositionalobjekt
- Direktiv (Dir)
- Prädikativum
- Präpositionalobjekt (PO)

Es entsprechen Termini für Konstruktionen in ihrer formalen Seite wie:
- Nominativ-Akkusativ-Konstruktion
- Nominativ-Konstruktion
- Direktivkonstruktion
- Prädikativkonstruktion
- Subjektsprädikativ-Konstruktion (SP-Konstruktion)
- Objektsprädikativ-Konstruktion (OP-Konstruktion)

Die Bezeichnung der *perspektivischen Rollen* (der fixen *Reihenfolge der Argumente* in den einzelnen schematischen Konstruktionen) erfolgt durch die Nummerierung der Argumente, z. B.: $Nom_{1/Ag}$-$Akk_{2/Pat}$-Konstruktion, $Nom_{1/Ag}$-$Dat_{2/Ben}$-$Akk_{3/Pat}$-Konstruktion. $Nom_{1/Ag}$-$Akk_{2/Pat}$-Dir_3-Konstruktion.

Im Falle von Subjektsprädikativ-Konstruktionen spreche ich auch von *Kopulakonstruktionen*. Bei *adjektivischen* Objektsprädikativkonstruktionen spreche ich (dem Sprachgebrauch in Grammatiken des Englischen folgend) auch von *Resultativkonstruktionen*.

Intransitivkonstruktion nenne ich alle nicht-transitiven Konstruktionen außer Kopulakonstruktionen (Subjektsprädikativ-Konstruktionen). Kopulakonstruktionen siedele ich jenseits der Opposition von transitiv versus intransitiv an. Bei Bedarf spreche ich von *einstelligen* versus *mehrstelligen* Intransitivkonstruktionen.

Die *Kasusbezeichnungen*: Nominativ, Akkusativ, Dativ, Genitiv, Präpositionalkasus stehen pars pro toto für alle formalen Mittel der Kodierung semantischer Rollen (morphologische Kasus, Präpositionen, Wortfolge) und ebenfalls pars pro toto für die jeweiligen Argumente selbst. Ich gehe also auch bei den Bezeichnungen prototypentheoretisch vor. Im Deutschen erscheinen Kasusformen noch als die typischsten *Kodierungmittel* für Rollen. In gleicher Weise prototypisch orientiert spricht man in beschreibenden Grammatiken von einem Dativ versus Akkusativ, selbst wenn diese Kasusformen (auch in analytischer Weise, u. a. durch den Artikel) nicht vorhanden sind und nur paradigmatisch begründbar sind.

Sowohl in Bezug auf Konstruktionen als auch auf Verben spreche ich von *Stelligkeit* (im Unterschied zur Valenztheorie, wo meist von Wertigkeit der Verben gesprochen wird).

Ich unterscheide zwischen *Projektion* (bzw. *Valenz*) auf der Seite des verbalen Kopfes der Argumentkonstruktion und Konstruktion auf der Konstruktionsseite der Argumentkonstruktion.

Von der verbalen Seite (von der Seite des *Kopfes* der Argumentkonstruktion) aus *projizieren* (oder *lizenzieren*) Verben bestimmte Konstruktionen. Von der Konstruktionsseite aus *instantiieren* Verben bestimmte Konstruktionen, bzw. werden Verben in Konstruktionen *implementiert* bzw. *eingefügt*.[12]

Coercion ist in Bezug auf Argumentkonstruktionen das Verfahren der Implementierung von Verben in Konstruktionen, die von den betreffenden Verben nicht projiziert werden. Ich spreche von *Instantiierung* (von Konstruktionen durch Verben) *per Coercion* bzw. von *Implementierung* (von Verben in Konstruk-

---

12 Man könnte auch davon sprechen, dass nicht nur Verben Konstruktionen projizieren oder lizenzieren, sondern umgekehrt auch Konstruktionen Verben projizieren oder lizenzieren. Um Missverständnisse zu vermeiden, reserviere ich den Begriff der Projektion (bzw. – gelegentlich – der Lizenzierung) nur (wie tradiert) für die Verbseite (bzw. Kopfseite).

tionen) *per Coercion* und auch davon, dass ein Verb in eine Konstruktion *gezwungen* wird.[13]

Als Termini für *Operationen über Konstruktionen* verwende ich *Instantiierung* von Konstruktionen (durch Verben im Falle von Argumentkonstruktionen) bzw. *Implementierung* von Verben in Konstruktionen. *Coercion* von Verben in Konstruktionen ist der besonders interessierende, weil auf Produktivität und Kreativität bezogene Sonderfall der Implementierung. Weitere Termini für Operationen über Konstruktionen sind: *Hinzufügung* bzw. *Fusionierung* von Modifikatorkonstruktionen zu bzw. in Argumentkonstruktionen, *Einfügung* bzw. *Einbettung* von Konstruktionen in Konstruktionen, z. B. von Substantivkonstruktionen in Argumentkonstruktionen oder von Argumentkonstruktionen in Argumentkonstruktionen (von Nebensatz-Konstruktionen und Infinitivkonstruktionen in übergeordnete Argumentkonstruktionen) und *Überblendung* von Konstruktionen durch Konstruktionen.

Bei Coercionen und Vererbungen spielen *Implikaturen* eine große Rolle. Ich unterscheide wie üblich pragmatische Implikaturen von semantischen (strikten) *Implikationen*. In der Verbform spreche ich in der Regel von *implikieren* versus *implizieren*.

Im Themenbereich der *Konstruktionsvererbung* spreche ich von *Konstruktionsvererbung* und von *Projektionsvererbung*. Bei *Medialisierung* spreche ich von *Medialkonstruktionen* (im Engeren) und von *modalisierten Medialkonstruktionen*. (Substantivische) Nominalisierungen unterteile ich in *attributive* und *prädikative Nominalisierungen*.

---

[13] Zur Verwendung des Begriffs der Coercion in unterschiedlichen grammatischen und semantischen Theorien vgl. Michaelis (2004: 2).

2 Wort-Satz-Grammatik versus Konstruktionsgrammatik

Das Kapitel hat die Aufgabe, eine allgemeine Orientierung zu geben. Ich werde zunächst (2.1) Positionen der Wort-Satz-Syntax, insbesondere der Generativen Grammatik, auflisten. Nicht alle Positionen gelten in gleicher Weise für alle Richtungen (z. B. die Trennung von Form und Bedeutung und das Postulat der Angeborenheit syntaktischer Strukturen). Ich stelle Positionen der KxG in Stichworten gegenüber. Dem schließen sich (2.2) Grundpositionen einer sprachgebrauchsbezogenen KxG an. Positionen der Wort-Satz-Grammatik sind nicht 1:1 in Positionen der KxG übersetzbar. In 2.1 folgen daher nach jedem Punkt zunächst nur knappe Gegenüberstellungen. Eine innere axiomatische Ordnung ist weder in 2.1 noch in 2.2 angestrebt. Es ist ferner schwierig und im Detail kaum möglich zu sagen, welche Grundpositionen allgemein oder nur für eine bestimmte Variante einer KxG (auch der Projektionsgrammatik) gelten. Insgesamt handelt es sich um meine Sicht der Dinge. Beabsichtigt ist weder ausschließlich eine Wiedergabe von Positionen der KxG im Allgemeinen, noch von Positionen einer bestimmten Richtung, auch nicht der Lakoff-Goldberg-Richtung (BCCxG).

2.1 Wort-Satz-Grammatik

2.1.1 Regeln der Wortkombination, Projektionsregeln

Generell wird in der Grammatik angenommen, dass es Regeln geben muss, die die Satzbildung steuern. Bezogen auf die Grundvorstellung der Wort-Satz-Grammatik sind das Regeln, die festlegen, wie aus Wörtern Sätze bzw. Konstruktionen[1] gebildet werden.

Da in der KxG Konstruktionen die Grundeinheiten der Grammatik sind, kann es in einer KxG nicht um Regeln der Wortkombination zur Bildung von Sätzen gehen. Die KxG kann man jedoch aus der in diesem Buch vorzutragenden Sicht nicht auf das Konstruktikon als ein (durch Vererbungsbeziehungen strukturiertes) Inventar von Konstruktionen reduzieren. An die Stelle von Regeln der Wortkombination (von Projektionsregeln) treten vielmehr Operationen über Konstruktionen, die ihrerseits regelhaft sind. Außerdem werde ich Projektionen und Projektionsregeln nicht ausschließen, sondern integrieren.

---

[1] ‚Konstruktion' schließt neben ‚Satz' auch Zwischenebenen der Zeichenkombination ein, wie es auch bei den Begriffen ‚Wortgruppe', ‚Syntagma', ‚Phrase' der Fall ist, auch unterhalb der Wortebene.

2.1.2 Grammatik als Kalkül

Moderne projektionistische Grammatiken folgen dem Ideal des logischen Kalküls. Sie streben eine (möglichst widerspruchsfreie und vollständige) axiomatische Strukturbeschreibung von Sätzen auf der Grundlage von allgemeinen Regeln und Prinzipien an. Sie sind „Berechnungsgrammatiken". Sie berechnen die grammatische und semantische Struktur von Sätzen.

Der Unterschied, um den es gehen wird, sei durch folgenden Passus aus Wittgenstein (1984b: § 81) angedeutet:

> F. P. Ramsey hat einmal im Gespräch mit mir betont, die Logik sei eine „normative Wissenschaft". Genau welche Idee ihm dabei vorschwebte, weiß ich nicht; sie war aber zweifellos eng verwandt mit der, die mir erst später aufgegangen ist: daß wir nämlich in der Philosophie den Gebrauch der Wörter oft mit Spielen, Kalkülen, festen Regeln, vergleichen, aber nicht sagen können, wer die Sprache gebraucht, müsse ein solches Spiel spielen. [...]
>
> All das kann aber erst dann im rechten Licht erscheinen, wenn man über die Begriffe des Verstehens, Meinens und Denkens größere Klarheit gewonnen hat. Denn dann wird es auch klar werden, was uns dazu verleiten kann (und mich verleitet hat) zu denken, daß, wer einen Satz ausspricht und ihn meint oder versteht, damit einen Kalkül betreibt nach bestimmten Regeln.

2.1.3 Extensionalität

Moderne projektionistische Grammatiken sind dem Kalkül-Ansatz folgend auf Extensionalität gerichtet. Die Bedeutungsbeschreibung folgt dem Kriterium der Wahrheitswertigkeit. Konstruktionen mit gleichem Wahrheitswert (Konstruktionen, die als Behauptungen den gleichen Wahrheitswert hätten) und bestimmte formal-syntaktische Übereinstimmungen aufweisen, werden als semantisch identisch angesehen. Aus der konstruktionsgrammatischen Annahme der Bilateralität von Konstruktionen folgt dagegen eine intensionale Bedeutungsauffassung, nach der formal unterschiedliche Konstruktionen unterschiedliche Konstruktionen sind und nicht Transformationen ein und derselben Konstruktion. Denn diese Konstruktionen unterscheiden sich unterhalb der Schwelle des Wahrheitswertes semantisch sehr wohl voneinander (vgl. Goldberg 1995: 8, die einem solchen Zugang u. a. bei Pinker 1989 zustimmt):

> Differences in semantics are not necessarily truth-functional differences, but may represent a different construal of the situation being described; that is, the relevant semantics is speaker-based.

Es geht um eine intensionale und nicht um eine extensionale Sicht. In traditionellen linguistischen Termini ausgedrückt geht es um eine semasiologische und nicht um eine onomasiologische Sicht.

2.1.4 Regelinvarianz

Bei Regeln als Wortkombinationsregeln wird meist von der Annahme ausgegangen, dass Regeln invariant gelten. Man versucht über einer im Prinzip unendlichen Menge von Wörtern eine endliche Menge invarianter Regeln zu formulieren, die es ermöglichen, grammatisch richtige Sätze zu bilden. Diese Vorstellung ist bereits der traditionellen beschreibenden Grammatik immanent. Chomsky (1957) hat sie übernommen mit dem Ziel, diesen Anspruch explizit und auf der Grundlage eines ausformulieren Regelapparates umzusetzen. Logiker gehen einen analogen Weg. Sie konstruieren künstliche Sprachen, indem sie über einem Inventar von Einheiten Regeln ihrer Kombination formulieren. Linguisten müssen sich nicht unmittelbar von dem Beispiel der Logik leiten lassen, dennoch leitet sie oft die Vorstellung, dass sich Sprachen nach dem Vorbild der Logik beschreiben lassen.

In diesem Zusammenhang halte ich folgende Stellungnahme Stefanowitschs (2011c) für wichtig:

> Wenn man die Ideengeschichte syntaktischer Theorien betrachtet, entsteht leicht der Eindruck, dass bei der Entwicklung und Vielfalt von Theorien eher Formalismen als sprachliche Phänomene im Mittelpunkt stehen. Bedenkt man dann die häufig zu beobachtenden Behauptungen, dass eine neue Theorie nur eine Notationsvariante einer anderen Theorie sei, stellt sich deshalb die Frage, ob in der Entwicklungsgeschichte einer modernen Grammatiktheorie nicht ein Punkt erreicht ist, wo eine Klärung grundsätzlicher Eigenschaften sprachlicher Strukturen und sprachlichen Wissens fruchtbarer wäre als ein Streit über Formalismen, bei denen es häufig auch unabhängig von der Frage ihrer Äquivalenz schwer abschätzbar ist, inwiefern sie über spezielle Notationskonventionen hinaus auch etwas Substanzielles zu unserem Verständnis der menschlichen Sprachfähigkeit beitragen.

Die traditionelle synchrone Grammatik wurde von einem beständigen Widerspruch begleitet. Sie postulierte invariante Regeln, musste aber stets Ausnahmen konstatieren. Das ist ein Problem, das soziale Regeln stets aufgeben. Regeln werden formuliert – und überschritten, nicht nur von Fußgängern vor roten Ampeln. In der modernen Grammatiktheorie werden unterschiedliche Wege zur Lösung oder Umgehung des Problems von Regel versus Ausnahme beschritten: (a) Erfassen der Ausnahmen mittels Formulierung immer feinerer Regeln, (b) Formulierung von Regeln nur für einen Kernbereich des Grammatischen (*core grammar*). Beide Wege werden kombiniert in (c): Gegenüberstellung von Grammatik und Lexikon als ein Verhältnis von Regelgeleitetem und Idiosynkratischem.

Konstruktionsgrammatiken setzen bei Konstruktionen an, die man im Sprachgebrauch vorfindet, die aber nicht immer von den Regelsystemen der bisherigen Grammatik erfasst werden. Um das zu demonstrieren werden in der

KxG oft vom Üblichen abweichende Konstruktionen zum Untersuchungsgegenstand gemacht.

Man kann solche durch Projektionsregeln nicht erfassbaren Konstruktionen ganzheitlich und nicht (aus Projektionsregeln) deriviert auffassen. Überträgt man dieses Verfahren auf (aus projektionistischer Sicht) reguläre Fälle, dann folgt daraus die in der KxG weitgehend geteilte Auffassung, dass Netzwerke von Konstruktionen an die Stelle von Regeln treten.

2.1.5 Kompositionalität

Moderne Theorien der Wort-Satz-Grammatik betonen im Zusammenhang mit dem Invarianz-Postulat und dem regelgeleiteten Aufbau der Satzbedeutung aus elementaren semantischen Einheiten das Frege-Prinzip der Kompositionalität, wonach die Gesamtbedeutung einer Konstruktion sich aus den Einzelbedeutungen ihrer Bestandteile und der Art ihrer Zusammensetzung ergibt. In der KxG wird Nicht-Kompositionalität oder eingeschränkte Kompositionalität als Definitionskriterium für Konstruktion vorgeschlagen. Ich werde Nicht-Kompositionalität nicht als Kriterium für Konstruktion verwenden und Nicht-Kompositionalität durch Konventionalisiertheit ersetzen (vgl. 2.2.4).

2.1.6 Projektion

Wortkombinationen sind typischerweise keine bloßen Additionen (keine symmetrischen Kombinationen).[2] Sie beruhen vielmehr auf Projektionen, die bei einem der beteiligten Wörter angesiedelt werden. Es wird daher angenommen, dass Konstruktionen stets einen Kopf besitzen, der sie projiziert.

Konstruktionsgrammatiken betonen die Eigenständigkeit der Konstruktion gegenüber und vor der Projektion. Eine wesentliche Komponente des in diesem Buch vertretenen sprachgebrauchsbezogenen Ansatzes ist die Annahme einer Wechselwirkung von Konstruktion und Projektion (Kap. 5).

2.1.7 Unterscheidung von Grammatik und Lexikon

Traditionelle und moderne Grammatiktheorien unterscheiden zwischen Grammatik als grammatischem Regelsystem und Lexikon als Speicher der Einheiten, über denen die Regeln operieren. Die Einteilung ist weder in traditioneller Sicht noch

---

2 Spezialfälle wie Koordinationen und Appositionen beiseite gelassen.

in moderner Sicht diskret. Dennoch setzen KxGen an die Stelle der relativen Unterscheidung ein sog. Lexikon-Syntax-Kontinuum (vgl. Hoffmann/Trousdale 2013: 1). Entsprechend setzen sie an die Stelle von Lexikon und Grammatik ein in einem Konstruktikon gespeichertes Netzwerk von Konstruktion. Ich werde auf die Betonung des zweifellos vorhandenen Übergangscharakters nicht verzichten, jedoch weiterhin (mit Diessel 2014: 300 und Pulvermüller 2005) zwischen syntaktischen Konstruktionen und Wörtern unterscheiden. Daraus folgt die Annahme eines Konstruktikons (als Lexikon der Konstruktionen) einerseits und eines Wortlexikons mit Valenz- bzw. Projektionseinträgen andererseits.

2.1.8 Verbalphrase als Prototyp der Phrase

Projektion im Engeren (zur Unterscheidung von Projektion im engeren und weiteren Sinne vgl. 5.2.2) ist typischerweise verbale Projektion. Eine Folge des Invarianz-Postulats ist, dass in Projektionsgrammatiken die Tendenz besteht, alle Konstruktionen nach dem Muster von Verbalkonstruktionen zu beschreiben.

Das gilt bspw. für Substantivkonstruktionen. Verben sind beliebig substantivierbar. Damit im Zusammenhang steht, dass sich die Valenz des Verbs auf eine bestimmte Weise in die substantivische (nominale) Konstruktion vererbt. Das wiederum führt dazu, dass Substantivkonstruktionen generell wie Verbalkonstruktionen beschrieben werden, einschließlich der für Verbalkonstruktionen geltenden Unterteilung in Argumente und Modifikatoren. Dieses Prinzip wird in der Generativen Grammatik auf alle Phrasen ausgeweitet. In der kanonischen Version (der *Government-Binding*-Version, Chomsky 1981) wird angenommen, dass allen Phrasen einer Sprache und allen Phrasen aller Sprachen ein und dasselbe X'-Schema zu Grunde liegt. Dieses Schema ist nach dem Muster von Verbalphrasen geformt.

Mit Croft (2001) wende ich mich gegen den Zwang zur Uniformität, die aus dem Invarianzprinzip folgt. Ich werde Verbalkonstruktionen und Substantivkonstruktionen als das beschreiben, was sie offensichtlich sind, nämlich als Konstruktionen mit grundsätzlich unterschiedlicher Architektur.

2.1.9 Transformation, Derivation, Vererbung

Stets wurde und wird sowohl in traditionellen als auch in modernen Wort-Satz-Grammatiken angenommen, dass die schematischen Konstruktionen einer Sprache eingeteilt werden müssen in zu Grunde liegende (vererbende) und abgeleitete (ererbte) Konstruktionen, dass also bestimmte Konstruktionen auf der Grundlage bestimmter anderer Konstruktionen beschrieben werden müssen.

Diese Annahme der traditionellen Grammatik fand in Chomskys Transformationskomponente der Syntax seine konsequente Fortsetzung. Die Wortkombinationsregeln (Projektionsregeln) wurden ergänzt durch Transformationsregeln (vgl. die Aufteilung in Phrasenstrukturregeln und Transformationsregeln, Chomsky 1957).

Konstruktionsgrammatiken formulieren keine syntaktischen Transformationsregeln. In der in diesem Buch vertretenen sprachgebrauchsbezogenen Version gibt es an Stelle von Transformationen auch keine Vererbungs-Beziehungen (*inheritance*-Beziehungen) zwischen Konstruktionen im Sinne von *HPSG*, *BCxG* und *BCCxG*. Dennoch muss es ein gewisses Pendant geben. Das geschieht zum einen mit einem Konzept von primärer und sekundärer Perspektivierung von Argumenten (Kap. 7) und zum anderen mit dem Konzept einer sprachgebrauchsbezogenen Konstruktions- und Projektionsvererbung (vgl. Kap. 9–16).

2.1.10 Trennung von *langue* und *parole*

Modernen Grammatiken liegt im Allgemeinen das Axiom der Saussure'schen Trennung von *langue* und *parole* zu Grunde, bei Chomsky (1965) *competence* und *parole* genannt. Trennung heißt: In der Tendenz werden *langue* und *parole*, *competence* und *performance* nicht als Aspekte ein und derselben Erscheinung aufgefasst, also die *langue* nicht als eine verallgemeinerte und idealisierte *parole*, sondern die *langue/competence* wird der *parole/perfomance* als dieser zu Grunde liegend gegenüber gestellt. Lexikon und Grammatik sind Bestandteile der *langue*. Sie enthalten folglich die der Kombination zu Grunde liegenden Einheiten und die Regeln ihrer Kombination vor und unabhängig von ihrer Umsetzung in der sprachlichen Tätigkeit der Sprecherinnen/Hörerinnen.

Die hier verfolgte sprachgebrauchsbezogene Version der KxG zerlegt Sprache nicht in *langue* und *parole*, sondern verfolgt ein holistisches Konzept (vgl. Kap. 1).

2.1.11 Trennung von Diachronie und Synchronie

Moderne Wort-Satz-Grammatiken trennen in der Regel scharf zwischen Diachronie und Synchronie.

Auch diese Trennung wird in der KxG tendenziell aufgehoben, wie die prozessual-prototypentheoretische Fundierung der *BCCxG* und die enge Verbindung von Grammatikalisierungsforschung und KxG zeigen.

2.1.12 Trennung von Form und Bedeutung

Generative Grammatiken trennen in der einen oder anderen Weise atomistisch (modular) zwischen Form und Bedeutung sprachlicher Zeichen. Das leitet sich aus dem ursprünglichen Ansatz der syntaktischen Autonomie ab und findet eine Entsprechung in logischen Kalkülen und in der Semiotik. Es wird angenommen, dass Syntax und Semantik relativ unabhängig voneinander beschreibbar und modellierbar sind und dass die Semantik in einem zweiten Schritt der Syntax zugeordnet werden kann. Sehr oft ist in diesem Zusammenhang von Schnittstellen die Rede. Von Schnittstellen zwischen Syntax und Semantik zu sprechen, impliziert, dass Syntax und Semantik atomistisch (modular), als relativ unabhängige Teilsysteme eines Gesamtsystems beschreibbar sind. Diese Auffassung manifestiert sich u. a. in der allgemein zu Grunde gelegten Operation des *Linking*. Es setzt voneinander unabhängig beschreibbare syntaktische und semantische Relationen (Rollen) voraus, deren Zuordnungen gesondert zu beschreiben sind.

Eine wesentliche Grundposition der KxG ist die holistische Annahme, dass Konstruktionen unmittelbar bilaterale Zeichen-Einheiten aus Form und Bedeutung sind. Auch Kasus(formen) sind Zeichen, also bilaterale Einheiten. Die in diesem Buch postulierte sprachgebrauchsbezogene Version der KxG verzichtet daher auf den *Linking*-Begriff. Statt von *Linking* von semantischen Rollen zu syntaktischen Relationen werde ich von der Kodierung von Rollen durch Kasusformen sprechen.[3]

2.1.13 Grammatik von außen

Die Regeln der Grammatik werden in modernen Grammatiktheorien vom Standpunkt eines quasi unabhängigen Beobachters sozusagen von außen gefasst. Sie sind darauf gerichtet, Strukturbeschreibungen abzuleiten, die grammatisch richtige Sätze vorhersagen, unabhängig davon, ob die formulierten Regeln auch in der Tätigkeit der Sprecher und Hörer beim Bilden und Verstehen von Sätzen vorkommen (vgl. 2.1.10).

Eine sprachgebrauchsbezogene KxG stellt die Grammatik von innen als sozusagen teilnehmende Beobachtung der Sprecher- und Hörertätigkeit dar.

---

3 Ich verwende ‚Kasusform' als Oberbegriff für Kodierungen von Rollen, also nicht nur für morphologische Kasusformen, sondern auch für Rollen-Kodierungen durch Wortstellung und Präpositionen (vgl. 1.2).

2.1.14 Angeborenheit

Moderne Wort-Satz-Grammatiken laufen auf Grund ihres axiomatischen Charakters auf Universalität im Sinne von Unveränderlichkeit und Angeborenheit von grundlegenden Strukturen hinaus. Für die Generative Grammatik ist eine solche Annahme notwendig, da sie Syntax aus syntaximmanenten Prinzipien erklärt. Vertreter der *CCxG* bestreiten die mit Angeborenheit verbundene Universalitätsthese. Man kann sich aber auch fragen, ob es in der Sprachtheorie primär um Angeborenheit/Nichtangeborenheit von Sprache gehen muss (auch eingebettet in die allgemeinere Frage nach der Angeborenheit kognitiver Grundlagen). Ich lasse die Frage offen und frage stattdessen, wie es dazu kommt, dass die Sprache ein flexibles und wandelbares Medium von Kognition und Kommunikation ist.

2.1.15 Sprachliches Wissen versus Weltwissen

In Wort-Satz-Grammatiken wird in der Regel atomistisch (modular) zwischen sprachlichem Wissen (Bedeutungswissen) und Weltwissen (enzyklopädischem Wissen) getrennt. In der KxG wird vielfach die holistische Auffassung vertreten, dass es keine Trennung gibt. Das zeigt sich u. a. in dem engen Bezug zwischen KxG und *Frame*-Semantik. Ich werde einen modularen Standpunkt der Trennung von sprachlichem Wissen und Weltwissen einnehmen. Insbesondere werde ich ein sprachliches und ein perzeptives System der Kognition einander gegenüber stellen (vgl. 5.4.2).

2.2 Sprachgebrauchsbezogene Konstruktionsgrammatik

Im Folgenden werden Positionen des in diesem Buch vertretenen sprachgebrauchsbezogenen Konzepts einer KxG (als Grammatik im engeren Sinne, vgl. Kap. 1) erläutert. Diese Positionen decken sich nur z. T. mit Positionen der engeren KxG im Allgemeinen und mit der Goldberg'schen *BCCxG* im Besonderen. Es sind Konsequenzen, die sich aus Positionen der *BCCxG* für eine sprachgebrauchsbezogene Version der KxG ergeben.

2.2.1 Sprachgebrauchsbezogenheit

Eine sprachgebrauchsbezogene KxG beschreibt den Sprachgebrauch mit linguistischen Mitteln (vgl. Kap. 1). Funktionale Grammatiken sind sprachgebrauchsbezogen (vgl. Givón 1979, 2016). Sie gehörten beginnend mit dem Prager Strukturalismus zum sprachtheoretischen Diskurs des 20. Jahrhunderts. Dominierend in diesem Diskurs war die Saussure'sche Sprachtheorie, die in der zweiten Hälfte des Jahrhunderts durch die Generative Grammatik repräsentiert und ausgeformt wurde. Seit der Mitte des Jahrhunderts haben sich funktionale Grammatiktheorien daher meist als empiristische Entgegensetzungen zum Rationalismus der Generativen Grammatik verstanden und ihre Theoreme aus der Polemik entwickelt, z. B. Givón (1979) und Kuno (1987) primär unter dem Aspekt der kommunikativen Funktion von Sprache und Langacker (1987) unter dem Aspekt ihrer kognitiven Funktion.[4]

Diese Entgegensetzung ist ein wesentlicher Impetus der KxG (vgl. Goldberg 1995: 1–6 und Croft 2001: xii–xv, 1–8). Einwände von Seiten der KxG gegen die Angeborenheitsthese, gegen die atomistische (modulare) Trennung von Form und Bedeutung, gegen Ebenenkonzepte und gegen syntaktische Transformationen lassen sich als Einwände gegen die Trennung von *langue* und *parole*, *competence* und *performance* deuten und gegen die damit verbundene Definition der *langue* bzw. *competence* als eigentlichen Gegenstand der Linguistik. Denn sprachgebrauchsbezogen ist die *competence* nicht eine (zufällige) Fähigkeit (Kompetenz) an sich, sondern eine Fähigkeit zur *performance*. Folglich kann man aus sprachgebrauchsbezogener Sicht diese Fähigkeit nicht beschreiben (und erklären), ohne zu beschreiben, wie die Tätigkeit funktioniert, für die die Fähigkeit die Grundlage ist.[5]

Eine Wegmarke ist, ob man sich dazu entschließt, mit Chomsky Sprache vorrangig unter biologischem Aspekt oder mit Wittgenstein (1984b) und einer breiten sprachphilosophischen Tradition (Humboldt 1907, [1]1830–35; Herder 1960, [1]1772; Holenstein 1980; Schneider 1992; Scharf 1994; Feilke 1996; Stetter 1997; Dux 2000; Krämer 2001; Krämer/König 2002; Stetter 2005; Birk 2009; Stockhammer 2014) vorrangig unter sozial-kulturellem Aspekt zu betrachten.

Chomsky hat zwar mit seiner Skinner-Rezension (1959) die theoretische Verortung der Sprachwissenschaft aus dem äußerlichen Verhalten in das menschliche Gehirn (den Geist) (zurück)geholt. Denn er hat gegen den Bloomfield'schen Positivismus durchgesetzt, dass nicht die veräußerlichten sprachlichen Produkte *(e-language, extern language)* als Gegenstand der Sprachwissenschaft angesehen werden, sondern etwas, was seinen Sitz im Geist/Gehirn *(mind/brain)* hat. Das, was dann in der Generativen Grammatik aber *i-language (intern language)* genannt wird, ist von einem sprachgebrauchsbezogenen Standpunkt aus jedoch

---

4 Ich gehe im Sinne der Humbold'schen Sprachtheorie von der Untrennbarkeit beider Funktionen, der kommunikativen und der kognitiven Funktion von Sprache, aus.
5 Das wäre vergleichbar einer Situation, in der jemand das Fahrradfahren erklären will, ohne zu sagen, wie man Fahrrad fährt.

eher wiederum *e-language*. Denn Prozesse, die in der Generativen Grammatik u. a. unter den Begriffen der Projektion, der syntaktischen Transformation bzw. Bewegung *(move a)* oder im minimalistischen Programm (Chomsky 1992) unter Begriffen wie *merge* und *move* zusammengefasst werden, zielen nicht auf Prozesse, die als Tätigkeiten von Sprechern/Hörern beim Bilden und Verstehen von Sätzen ausgeübt werden, auch nicht in linguistisch idealisierter Form.

Frühzeitig wurde von psychologischer Seite angemerkt, dass Transformationen sich (nach anfänglichen Erfolgen) nicht experimentell bestätigen lassen (vgl. Fodor/Bever/Garrett 1974; Kintsch 1977).

Von generativer Seite und aus der Sicht der modernen *Competence*-Grammatik insgesamt wurde und wird demgegenüber betont, dass es sich bei Projektionen und bei Transformationen bzw. Vererbungen nicht um Prozesse des tatsächlichen Sprachgebrauchs handelt, sondern um Prozesse von Strukturzuordnungen im mathematischen Sinne, vgl. Chomsky (1965: 9):

> When we speak of a grammar as generating a sentence with a certain structural description, we mean simply that the grammar assigns this structural description to the sentence.

Vgl. Winograd (1983:12):

> The concept of abstract competence is closely related to notion of proof in mathematics. We can think of mathematics as a ‚language' of formulas, and the job of the mathematician as explaining which imaginations of symbols represent true propositions, given a set axioms and rules of inference. [...] Mathematics is not the study of how people invent such expressions or what goes on in their minds when they read or try to prove them. [...]
> Generative linguistics views language as a mathematical object [...] A sentence is grammatical if there is some *derivation* that demonstrates that its structure is in accord with the set of rules, much as a proof demonstrates the truth of a mathematical sentence.

Auch von Prozessen im metaphorischen Sinne ist die Rede, vgl. z. B. Lohnstein (2014: 170):

> Die Metapher der Konstituentenbewegung mittels *move α* hat häufig Anlass zu Missverständnissen gegeben. Unter *move α* sollte man keine prozedurale Anweisung verstehen, sondern eine grammatische Relation, die in einer logischen Theorie der Sprachkenntnis ohne Bezug auf Raum und Zeit formuliert ist.

Auch in der KxG (im engeren Sinne) ist die *Competence-Performance*-Dichotomie nicht aufgegeben worden (vgl. Kap. 1), auch von Goldberg nicht. Sehr deutlich wird das bei Goldbergs (1995) Vererbungskonzept. Die Vererbungsprozesse (Prozesse der *inheritance*) bilden in ihrem Konzept wie in der *HPSG* und in der *HPSG*-nahen *BCxG und SBCxG* nicht Vererbungen ab, die in der sprachlichen Tätigkeit der Sprecher/Hörer vorkommen. Fragt man sich, wofür in diesem Falle die Metapher steht, so ist eine naheliegende Antwort: Abgebildet wird wie im Transformationskonzept der Generativen Grammatik das logische Verfahren der Klassifikation, ausgeführt als Deduktion. Es werden Strukturen aus Strukturen deduziert. Vorbild ist die Tätigkeit des Informatikers und von dieser abgeleitet die Tätigkeit des Computers.

Bei Goldberg (1995) und in der KxG allgemein treten *inheritance*-Relationen innerhalb eines Netzwerkes von Konstruktionen an die Stelle von Transformationen. Im Prinzip ersetzt eine ganzheitliche Ableitung von Konstruktionen aus anderen Konstruktionen die syntaktischen Transformationen der Generativen Grammatik. Aus diesem Grunde muss auch in der KxG, solange sie an dem tradierten Konzept der Vererbung festhält, der statische, taxonomische und deklarative Charakter dieser Vererbungsbeziehungen betont werden (vgl. 9.3).[6] Auch Traugott/Trousdale (2013) übernehmen dieses Vererbungskonzept. Anliegen des Teils II ist es, ein sprachgebrauchsbezogenes (nicht-deklaratives) Konzept der Konstruktionsvererbung zu entwickeln.

2.2.2 Konstruktion als Grundeinheit

Seit Beginn der Grammatikschreibung gelten Wörter als die Grundbausteine des Satzes. Man stellte sich den Satz als Zusammenfügung (Kombination) von Wörtern zu umfangreicheren Einheiten (Wortgruppen) vor und, sofern die Semantik einbezogen wurde, zu entsprechenden Sinneinheiten. Das geschah meist generativ vom Wort zum Satz aufsteigend. „Der Satz (lógos, die Rede) ist ein Gefüge (sýnthesis) von Wörtern [...]" (Dionysios Thrax, Thümmel 1993: 132). In der modernen Grammatiktheorie folgerte man, dass man sich die Grammatik wie einen logischen Kalkül oder wie ein Computerprogramm vorzustellen hat, der auf Grund einer vorgegebenen Axiomatik in der Lage ist, grammatisch richtige Sätze auf der Basis von Wörtern und von Regeln ihrer Kombination zu generieren, vgl. Winograd (1983:13):

> Our metaphor is that of computation, as we understand it from our experience with *stored program digital computers*.

Im Gefolge von Chomsky (1957) trat daher der Begriff der Phrase an die Stelle des Begriffs der Konstruktion mit der Maßgabe, dass es in der Grammatik nicht

---

6 Der Terminus ‚deklarativ' weist zunächst darauf hin, dass eine Strukturbeschreibung neutral gegenüber einer bestimmten Richtung der Abarbeitung der Beschreibung ist, z. B. als Deduktion oder Induktion. In einem weiteren Sinne drückt der Terminus aus, dass zwar wie in der Generativen Grammatik gerichtete Prozesse beschrieben werden, diese Prozesse aber nicht oder nicht unmittelbar Prozesse der sprachlichen Tätigkeit selbst abbilden.

um empirisch gegebene Konstruktionen der *performance* geht, sondern um Phrasen als Strukturbeschreibungen (Projektionen) von Konstruktionen in der *competence* (vgl. Chomsky 1981; Goldberg 1995). In der KxG geht es um Konstruktionen. In einem faktischen Rückbezug auf die beschreibende strukturelle Grammatik vor Chomsky (Bloomfield 1933; Harris 1951; Fries 1952) wird erneut von Konstruktionen gesprochen, die es zu analysieren gilt. Folglich markieren Abhandlungen über konkret vorkommende Einzelkonstruktionen, die von einem generativen Regelmechanismus nicht ausreichend erfasst werden (Lakoff 1987; Fillmore/Kay/O'Connor 1988), den Beginn der KxG (vgl. auch Fillmore 2013: 111–112).

Die Folge ist, dass sich mit dem Herangehen von der Konstruktion aus nunmehr zwei grammatiktheoretische Ansätze gegenüberstehen, ein seit langem tradierter und ein radikal neuer. Alle bisherigen Alternativen zum beherrschenden generativen Paradigma blieben mit der Generativen Grammatik auf dem Boden der tradierten Grundkonstellation der Wort-Satz-Grammatik. Die KxG kündigt diesen Konsens auf, indem sie die Konstruktion als Grundeinheit an die Stelle des Wortes stellt. Das ist ein radikal anderer Zugang mit weitreichenden Folgen. Er unterscheidet die KxG nicht nur von der traditionellen Grammatik, sondern auch von allgemein semiotischen Zugängen und von der formalen Logik. Auch dort geht es um Kombinationen von elementareren Zeichen zu komplexeren Zeichen. Es sind „*building blocks*"-Theorien (Davidson 2001; Lakoff 1987: xiii).

Für sich genommen sagt die Perspektive von der Konstruktion aus allerdings noch nichts Entscheidendes über den neuen, anderen Zugang. Denn nach der *Default*-Bedeutung des Wortes ‚Konstruktion' sollte eine Konstruktion etwas sein, das aus Bestandteilen konstruiert (zusammengesetzt) wird, eine Wortkonstruktion aus Wörtern und anderen Wortkonstruktionen, eine Morphemkonstruktion aus Morphemen. In dieser Bedeutung ist der Begriff der Konstruktion kompatibel mit der Wort-Satz-Grammatik. So könnte man die Aussage, dass in der KxG die Konstruktion die Grundeinheit ist, so deuten, dass die KxG identifizierend von der Konstruktion zum Wort gelangt und nicht umgekehrt generativ vom Wort zur Konstruktion.

Der These der KxG, dass Konstruktionen die Grundeinheiten der Grammatik sind, liegt jedoch eine Auffassung von ‚Konstruktion' als vorfindlichem Gebilde zu Grunde, das eine von seinen Bestandteilen unabhängige eigene Existenz und Bedeutung besitzt, ohne die Implikation, dass die Sprecher dieses Gebilde aus Wörtern zusammensetzen, vgl. Goldberg (1995: 1):

> A central thesis of this work is that basic sentences of English are instances of *constructions* – form-meaning correspondences that exist independently of particular verbs. That is, it is argued that constructions themselves carry meaning, independently of words in the sentence.

Die Betonung liegt auf ‚*independently*'. Die Berechtigung, so zu verfahren, wird von projektionistischer Seite bestritten. Das geschah bereits in der Kritik Helbigs (1982) an der Fillmore'schen Kasusgrammatik. Helbig zählt (1982: 56, 1992: 24) Fillmores Perspektive vom Kasusrahmen auf das Verb zu den „Nachteilen" der Kasustheorie, vgl. (1982: 56):

> In den Kasusgrammatiken wird etwas verselbständigt und in die nominale Umgebung des Prädikats verlegt, was in der semantischen Struktur des Prädikats bzw. in den semantischen Merkmalen des Verbs bereits angelegt und von dort entscheidend determiniert ist. Es wurde [...] bisher noch nicht überzeugend bewiesen, daß die Unterschiede der semantischen Kasus nicht einfach durch die lexikalische Bedeutung des Verbs gegeben sind.

Es gibt nunmehr den Kompromissvorschlag, dass das konstruktionsgrammatische Herangehen dann nützlich ist, wenn es sich um Konstruktionen handelt, die projektionistisch nicht erfasst werden können, also um Konstruktionen im Randbereich der Grammatik (jenseits der *core grammar*). Dieser Vorschlag ist von projektionistischer Seite und vom Standpunkt einer *Competence-* und Berechnungsgrammatik aus gemacht worden (vgl. 5.1).[7] Er ist darauf gerichtet, nicht zu haltendes Terrain in einem Randbereich abzugeben.

Der Anspruch der KxG (KxG im engeren Sinne) ist jedoch de facto umfassender. Die KxG stellt eine grundsätzliche Alternative zur herkömmlichen Grammatik dar. Denn sie vermag nicht nur Irreguläres, sondern auch Reguläres von einer einheitlichen Position aus zu erfassen (Stefanowitsch 2011). Im Gegensatz zu sowohl traditionellen als auch modernen Grammatiktheorien und im Gegensatz sowohl zu generativen als auch zu funktionalen modernen Grammatiktheorien wählt die KxG den grundsätzlich anderen Ansatz von der Konstruktion als Grundeinheit aus. Das ist, so scheint es, genau der Hebel, dessen es bedarf, zu einer sprachgebrauchsbezogenen Sicht der Grammatik zu gelangen.

2.2.3 Operationen über Konstruktionen – Regeln

Es bleibt die Frage, wie eine Grammatik beschaffen ist, die die sprachliche Tätigkeit (in ihrem syntaktischen Aspekt) nicht als das Bilden von Konstruktionen aus atomaren syntaktischen Einheiten (Wörtern) auffasst, sondern auf Konstruktionen als unabhängige Gebilde zurückgreift. Die ziemlich einhellig gegebene Antwort ist, dass die KxG ein Netzwerk von Konstruktionen ist (Goldberg 2013: 21–23). Damit im Zusammenhang steht die These, dass in der KxG die

---

[7] Konstruktionsgrammatiker bestärken implizit diese Einschränkung, wenn sie als Kriterium von ‚Konstruktion' die Nicht-Kompositionalität ansehen (vgl. 2.1.5).

Unterscheidung von Lexikon und Grammatik zu Gunsten eines Lexikon-Syntax-Kontinuums aufgegeben wird (Hoffmann/Trousdale 2013: 1). Das Konstruktikon als Speicher von Konstruktionen tritt damit nicht nur an die Stelle des Wort-Lexikons, sondern an die Stelle von beidem, von traditionellem Lexikon und von traditioneller Grammatik. Die Sprache erscheint in der Konsequenz als eine Sammlung von Fertigteilen, Konstruktionen genannt, auf die die Sprecher zurückgreifen, um etwas auszudrücken.[8]

Allerdings wird das Konstruktikon in der KxG nicht als eine ungeordnete Liste von Konstruktionen aufgefasst. Denn es wird betont, dass es in einer Netzwerkstruktur organisiert ist und dass die Konstruktionen durch *inheritance links* verbunden sind, in denen Eigenschaften von allgemeineren Konstruktionen auf abgeleitete konkretere Konstruktionen vererbt werden, einschließlich von Mehrfachvererbung (Michaelis 2013: 144–147; Goldberg 1995). Betrachtet man aber die angesetzten Vererbungspfade, so gewinnt man den Eindruck, dass diese an die Stelle von Transformationen der Generativen Grammatik treten, mit analogen Folgen für ihren Status als deklarativ (vgl. Kap. 9). Nach Michaelis (2013: 144) treten an die Stelle von Regeln taxonomische (d. h. deklarative) Charakterisierungen wie in der *HPSG*:

> A leading insight of Construction Grammar from its inception is that grammar rules are not procedures but category descriptions and as such, subject to taxonomic organization. Such taxonomies, which came to be known in the Construction Grammar literature as inheritance networks (see, e.g., Goldberg 1995) provide for cross-cutting generalizations about constructions. The idea, simply put, is that a construct can be an instance of multiple types at once.

Auch das traditionelle Wort-Lexikon hat eine Netzwerkstruktur, und die Hyponymie-Relationen des Wort-Lexikons sind den *inheritance*-Relationen des Konstruktikons vergleichbar. Wenn man Hyponomie-Relationen im traditionellen Wort-Lexikon als Operationen in der sprachlichen Tätigkeit auffasst, handelt es sich um Suchoperationen im Lexikon. Die Netzwerkstruktur des Lexikons vermittelt den Zugriff auf die Grundbausteine (die Wörter). Hinzu kommen jedoch die grammatischen Regeln der Wortkombination. Übertragen auf das Konstruktikon sind Vererbungsrelationen zwischen Konstruktionen ebenfalls Suchoperationen. Es bleibt folglich bei der Aussage, dass das Lexikon-Grammatik-Kontinuum darauf hinausläuft, dass Sprache eine Sammlung von Konstruktionen ist, zwischen denen bei der Sprachverwendung auszuwählen ist.

---

8 Implikationen dieser Art spielen bei Kritikern der KxG zu Recht eine Rolle (z. B. Leiss 2009a, 2009b).

Andererseits zeigt das faktische Vorgehen bspw. Goldbergs (1995), dass nicht einfach ein taxonomisch organisiertes Konstruktikon und Suchoperationen entlang dieser Taxonomien an die Stelle von Regeln (als Quintessenz von Grammatik) treten. Das, was Goldberg (1995) m. E. interessant und über die engere KxG hinaus einflussreich macht, ist, dass Prozesse/Operationen der Instantiierung (der Implementierung von Köpfen in schematische Konstruktionen) detailliert beschrieben werden und dass diese Prozesse sprachgebrauchsbezogen interpretierbar sind als Operationen in der sprachlichen Tätigkeit der Sprecher/Hörer. Was den Regelaspekt darüber hinaus betrifft, so sind diese Implementierungen keineswegs willkürlich. Sie sind vielmehr durchaus regelhaft, bestimmten Regularitäten folgend. Auf Grund ihrer prototypentheoretischen Ausgestaltung gehen diese Regeln allerdings über das tradierte Regelverständnis, das der Invarianzforderung unterworfen ist, hinaus. Sie sind dadurch sprachgebrauchsbezogen interpretierbar, und zwar einerseits im Sinne von sozialen Normen und andererseits im Sinne von kognitiven Bedingungen, die bereits in der Perzeption gegebenen sind, und von Bedingungen der Sprachverarbeitung.[9]

In Operationen über Konstruktionen gibt es folglich durchaus etwas, was dem Prozess der Wortkombination vergleichbar ist und dem Frege-Prinzip der Kompositionalität unterliegt. So werden Verben als Köpfe in Argumentkonstruktionen nicht ungeregelt eingefügt, sondern zunächst solche, die die betreffende Konstruktion projizieren. Folglich kann man sagen, dass in Bezug auf die Implementierung von Verben in Konstruktionen eine Konstruktion kompositional ist, wenn sie durch ein Verb instantiiert wird, das die betreffende Konstruktion projiziert.[10] Dadurch, dass auch Instantiierungen per Coercionen beschrieben werden, werden auch bestimmte zunächst nicht-kompositionale Instantiierungen als mögliche (produktive und kreative) Instantiierungen erfassbar. Damit wird ein Übergangsbereich zwischen Kompositionalität und Nicht-Kompositionalität, zwischen Regelhaften und nicht unmittelbar Regelhaften, grammatiktheoretisch zugänglich. Durch pragmatisch gesteuerte Coercionen von Instantiierungen, die wiederum in einem weiteren Sinne regelhaft sind, werden Token-Konstruktionen, die projektionistisch gesehen nicht kompositional sind, aktuell und momentan kompositional gemacht.

Goldberg (1995) spricht meist allgemein von Fusionen. Es sind jedoch unterschiedliche Arten von sprachgebrauchsbezogen interpretierbaren Operationen über Konstruktionen erkennbar: (1) die Implementierung von Köpfen in Argu-

---

9 Elementare Bedingungen der Sprachverarbeitung sind die Kopplung von Bedeutungen an Zeichenformen (die Bilateralität), die Wort-Satz bzw. Wort-Konstruktion-Gliederung, die Aufeinanderfolge der Wörter in der Zeit.
10 Hinzu kommen natürlich weitere Instantiierungen, u. a. der Substantivkonstruktionen.

mentkonstruktionen (die Instantiierung von Argumentkonstruktionen durch Verben),[11] (2) die Ausgestaltung der Argumentkonstruktion durch Einbettung von Substantivkonstruktionen und weiterer Argumentkonstruktionen, (3) die Hinzufügung von Modifikatorkonstruktionen zu Argumentkonstruktionen,[12] (4) die attributive Ausgestaltung von Substantivkonstruktionen und (5) die Überblendungen von Konstruktionen durch andere Konstruktionen. Schließlich kommen (6) vielfältige Prozesse der Vererbung *(inheritance)* von Konstruktionen hinzu.[13]

Ich fasse Operationen über Konstruktionen als Operationen zur Abwandlung (Metamorphose) von Konstruktionen auf. An die Stelle der Wörter und der Regeln ihrer Kombination in Wort-Satz-Grammatiken treten also Konstruktionen und Abwandlungen von Konstruktionen. An die Stelle von Goldbergs (2006: 18) Slogan: „*It's constructions all the way down*" tritt: „*Es geht stets um Abwandlungen von Konstruktionen.*" An die Stelle von Lexikon und Grammatik treten das Konstruktikon und Operationen der Abwandlung von Konstruktionen. Dabei gehe ich davon aus, dass es neben Konstruktionen, aber unter dem Primat der Konstruktion, weiterhin Wörter als Einheiten sui generis gibt (vgl. 2.1.7). Insbesondere nehme ich an, dass es weiterhin Projektionseintragungen und Projektionsregeln, also Wörter und Operationen über Wörtern, neben Konstruktionen und Operationen über Konstruktionen gibt.

2.2.4 Konventionalisiertheit versus Kompositionalität

Ausgehend m. E. von dem Ansatz, Konstruktionen zu beschreiben, die das Regelsystem einer Projektionsgrammatik nicht erfasst, werden Konstruktionen in der KxG als per definitionem nicht kompositional oder nur eingeschränkt kompositional beschrieben, vgl. Goldberg (1995: 4):

> C is a CONSTRUCTION iff$_{def}$ C is a form-meaning pair < F_i, S_j > such that some aspect of F_i, or some aspect of S_j is not strictly predictable from C's component parts or from previously established constructions.

---

11 Goldberg spricht von Instantiierung (1995: 43), Elaborierung (1997: 386), Spezifizierung (2006: 39). Partizipantenrollen instantiieren, elaborieren oder spezifizieren allgemeinere Argumentrollen.

12 Nur in Bezug auf dieses Hinzufügungen werde ich im Folgenden von Fusion sprechen.

13 Sprachgebrauchsbezogen und synchron betrachte ich Vererbung als Prozesse, die z. T. in der Grammatikalisierungsforschung als Grammatikalisierungen (und Lexikalisierungen) beschrieben werden. (vgl. Kap. 9). Grammatikalisierungen sind insofern sprachgebrauchsbezogene Operationen über Konstruktionen, als sie in den sprachlichen Operationen ablaufen, in denen die Sprecher- und Hörer ihre individuelle Sprachproduktion gestalten.

Dem wird die spätere Einschränkung Goldbergs (2006: 5) hinzugefügt:

> In addition, patterns are stored as constructions even if they are fully predictable as long as they occur with sufficient frequency [...].

Ich ersetze Nicht-Kompositionalität durch Konventionalisiertheit. Konstruktionen, die ins Konstruktikon aufgenommen werden, sind „*conventionalized pairings of form and function*" (Goldberg 2006: 3). Das sind einerseits schematische Konstruktionen sowie teilschematische Konstruktionen und andererseits mit lexikalischem Material gefüllte Konstruktionen, deren Bedeutung sich nicht (nämlich kompositional) aus der Bedeutung der in ihnen verwendeten Wörter ergibt.

Eine solche Definition erfasst auf der einen Seite voll schematisierte Konstruktionen (Konstruktionsmuster, Konstruktionen ohne lexikalisches Material) sowie teilschematische Konstruktionen und auf der anderen Seite konventionalisierte Token-Konstruktionen. Denn im Konstruktikon müssen neben den schematischen Konstruktionen auch die konventionalisierten Token-Konstruktionen gespeichert werden. Die schematischen Konstruktionen nichtkompositional zu nennen, ergibt m. E. keinen Sinn. Denn erst eine voll lexikalisierte Konstruktion, die durch Instantiierung und weitere Operationen über einer gegebenen schematischen Argumentkonstruktion entsteht, kann kompositional oder nicht-kompositional genannt werden. Wenn der Kopf passt, ist in Bezug auf die Instantiierung die (Token)-Konstruktion kompositional.[14] Per Coercion instantiierte schematische Konstruktionen, sind Konstruktionen, die kompositional gemacht werden.[15] Solche kompositionalen Konstruktionen gehören natürlich nicht ins Konstruktikon, sonst müsste dort jede grammatisch richtige Instantiierung einer Konstruktion (jede grammatisch richtige Token-Konstruktion, jede mögliche Coercion, jeder mögliche Satz) enthalten sein. Neben schematischen Konstruktionen sollten sich im Konstruktikon also nur teilschematische Konstruktionen und nicht-kompositionale konventionalisierte Token-Konstruktionen befinden.

Goldberg (2003: 5) formuliert die oben erwähnte Zusatzbedingung der besonderen Häufigkeit wohl deshalb, weil die Bedingung der Nicht-Kompositionalität nicht ausreicht. Gemeint sollten m. E. Token-Konstruktionen sein, die auf einen

---

[14] Ich sehe hier davon ab, dass über das endgültige Ergebnis erst die Instantiierung aller Substantive und Modifikatorkonstruktionen und alle Einbettungen und Überblendungen entscheiden.
[15] Das schließt Regeln des Kompositionalmachens ein. Denn Verben können nicht beliebig und wahllos in Konstruktionen implementiert werden, auch per Coercion nicht (vgl. Kap. 5).

bestimmten kommunikativen Zweck hin *konventionalisiert* (also auch idiomatisiert) und *daher* sehr häufig sind, z.B.:

(1) a. Wie geht es Ihnen?
    b. Kann ich zahlen?
    c. Entschuldigen Sie bitte.
    d. Es ist fünf vor zwölf.

Eine partiell analoge Situation besteht beim traditionellen Lexikon in Bezug auf Wörter. Klarerweise können nicht alle Wort-Token (nicht jede phonetische Realisierung eines Wortes und nicht jede morphologische Wortform, auch nicht jede Ad-hoc-Derivation und Ad-hoc-Komposition) ins Lexikon aufgenommen werden, sondern nur die phonologischen Schemata und phonetischen Gebrauchsnormen sowie die Nennformen der einzelnen möglichen Wort-Token und die konventionalisierten Derivationen und Kompositionen. Nur die usualisierten Wortbildungen werden ins Lexikon übernommen, weil sie mit der Usualisierung zugleich konventionalisiert sind, nämlich durch die Festlegung auf eine bestimmte Art der Derivation (Blockierungen anderer) oder eine bestimmte Komposition (im Unterschied zu anderen möglichen) oder eine bestimmte Benennungsfunktion.

An einer Stelle fasst Golberg (1995: 16) Kompositionalität analog auf:

> By recognizing the existence of contentful constructions, we can save compositionality in a weakened form: the meaning of an expression is the result of integrating the meanings oft the lexical items into the meanings of constructions.

Das ist m. E. keine abgeschwächte Form von Kompositionalität, sondern eine konstruktionsbezogene Definition. Sie ist äquivalent zu der Frege'schen vom Wort zum Satz gehenden Definition.

2.2.5 Bilateralität

Wort-Satz-Grammatiken verteilen in der Regel den formal-syntaktischen und den semantischen Aspekt von Sätzen auf Ebenen, die einander zugeordnet sind. In der KxG ist dagegen jede Konstruktion in sich eine unmittelbare und untrennbare bilaterale Einheit aus Form und Bedeutung. Sprachgebrauchsbezogen schließt das die Behauptung ein, dass es auch in der Tätigkeit der Sprecher/Hörer diese unmittelbare Einheit gibt. Sprecher bilden nicht und Hörer analysieren nicht erst die formal-syntaktische Struktur des Satzes, um dieser dann eine semantische Struktur zuzuordnen (die man sich sprachgebrauchsbezogen dann als unabhängig erzeugt vorstellen müsste).

Jackendoff (1983) fomuliert ein dem Prinzip der Bilateralität entsprechendes „*Grammatical Constraint*":

> Under the reasonable hypothesis that languages serves the purpose of transmitting information, it would be perverse not to take as a working assumption that language is a relatively efficient and accurate encoding of the information it conveys. To give up this assumption is to refuse to look for systematicity in the relationship between syntax and semantics.

Das Prinzip der Bilateralität wird in der KxG oft auf Saussure (1967) bezogen. Saussure ist auf Grund seiner tiefgründigen Diskussion von Problem-Antinomien wie *langue* und *parole*, Diachronie und Synchronie, äußerer und innerer Sprachwissenschaft, Form und Bedeutung des sprachlichen Zeichens, Bedeutung und Wert, Arbitrarität und Motiviertheit der Klassiker der modernen Sprachwissenschaft des 20. Jahrhunderts. Saussure ist aber gleichzeitig auch Klassiker der strukturalistischen Sprachwissenschaft. Denn zu jeder der Problem-Antinomien gibt es Äußerungen, die auf eine atomistische Trennung der Antinomie-Paare deuten, begonnen bei den folgenreichen Thesen, dass die *langue* der eigentliche Gegenstand der Sprachwissenschaft sei und dass Arbitrarität, und nicht Motiviertheit, der beherrschende Grundsatz in der Sprache sei, bis zur Gegenüberstellung von innerer und äußerer Sprachwissenschaft.[16] Daneben findet sich bei Saussure Ausgleichendes zwischen dem positivistischen Ansatz der Vorlesungsmitschriften, die dem Buch zu Grunde liegen, und dem Lebenswerk Saussures als Sprachhistoriker (und m. E. Hermeneutiker). Beispielsweise folgerte Saussure aus dem Grundsatz der Arbitrarität des Zeichens, dass Sprache eigentlich unveränderlich ist. Dem steht sein Wissen als Sprachhistoriker von der Veränderlichkeit der Sprache entgegen. Er fügt gleichsam dialektisch, weil unerklärt, hinzu,[17] dass Sprache unveränderlich und veränderlich zugleich sei (Saussure 1967: 87).

Auch mit Bilateralität betont Saussure, dass das sprachliche Zeichen zwei Seiten hat, woraus man im Kontext des Saussure-Textes folgern kann, dass man diese wie alle anderen Aspekte, beginnend bei *langue* und *parole*, voneinander trennen kann (und anschließend wieder durch *linking* zusammenfügen kann). Wenn man aber in der KxG die Bilateralitätsthese auf Saussure bezieht (Goldberg 1995: 4; Hoffmann/Trousdale 2013: 1), dann gilt das im Sinne der bekannten Erläuterung Saussures, dass Inhalt und Form des sprachlichen Zeichens untrennbar sind wie die zwei Seiten eines Blattes Papier, d. h. es geschieht im Sinne der mit Bilateralität behaupteten Holistik.

---

[16] In der Konsequenz bleibt nur die Beschreibung der formalen und quasi algebraischen Seite der Sprache (die autonome Grammatik) als innere, also eigentliche Sprachwissenschaft zurück.
[17] Saussures Hinweis auf eine Wirkung der Zeit ist keine Erklärung.

Die Bilateralität von Konstruktionen hat eine über die bloße Zuordnung von Form und Bedeutung hinausgehende Konsequenz: Konstruktionen sind bilateral in dem Sinne, dass es eine 1:1-Entsprechung zwischen Form und Bedeutung (Isomorphie), zwischen Konstruktionsform und Konstruktionsbedeutung gibt. Das heißt, es stehen sich *eine* Form (in ihren formal-syntaktischen und morphologischen Variationen) und eine Bedeutung (in ihren prototypisch verbunden Bedeutungsvarianten) gegenüber. Dieses ‚Eine-Form-eine-Bedeutung-Prinzip' verstößt radikal gegen die in der modernen Grammatik üblichen Prinzipien der Trennung von Form und Bedeutung (formal-syntaktischer und semantischer Struktur) als zu unterscheidender Module und der nachträglichen Suche nach Schnittstellen.

Aus dem Bilateralitätsprinzip folgt bspw., dass Konstruktionen wie (2a–5a) versus (2b–5b) als unterschiedliche Konstruktionen mit sowohl unterschiedlicher Form als auch unterschiedlicher Bedeutung angesehen werden müssen. Es sind Konstruktionen, die in projektionistischen und auf Extensionalität gerichteten Grammatiktheorien meist semantisch identifiziert werden (als formale Varianten gleicher Bedeutung angesehen werden).

(2) a. Emil unterstützt Anton.
    b. Emil hilft Anton.

(3) a. Emil betritt den Saal.
    b. Emil tritt in den Saal.

(4) a. Emil schickt Anton das Buch.
    b. Emil schickt das Buch an Anton.

(5) a. Emil beleidigt Anton.
    b. Anton wird von Emil beleidigt.

Wenn man neben Konstruktionen nach wie vor von Wörtern und Morphemen spricht, dann weitet sich das Prinzip der Bilateralität auf alle Zeichen aus. Einrechnen muss man, wie gesagt, dass es auf beiden Seiten, der Form- und der Bedeutungsseite, Variationen innerhalb der jeweiligen Einheitlichkeit gibt: Es gibt semantische Varianten ein und derselben Bedeutung eines Wortes (Polysemie), und es gibt phonetische Varianten ein- und desselben Wortes. Hinzu kommen Morphemvarianten (Allomorphe) als Varianten ein- und desselben Morphems und die Zusammenfassung von morphologischen Kasus, Präpositionen, und bestimmten Informationen aus der Wortstellung als Kodierungen semantischer Rollen (vgl. Kap. 3).

Behauptet man Bilateralität als Grundprinzip, so folgt daraus auch eine bestimmte Position in Bezug auf das Verhältnis von Sprache und Denken, Sprache und Kognition. Da jede spezifische Konstruktion ihre spezifische Bedeutung hat, heißt das bezogen auf synonyme (bedeutungsähnliche) Konstruktionen wie z. B. Aktiv und Passiv, dass diese die Welt auf ihre Weise abbilden. Sie beziehen sich möglicherweise auf den gleichen objektiven Sachverhalt, aber in intensional unterschiedlicher Weise (vgl. auch 2.2.13).

2.2.6 Kein *Linking*

Das Bilateralitätsprinzip gilt auch für Kasus. Jede Kasusform (in einem verallgemeinerten Sinne: morphologischer Kasus, der wiederum in Allomorphe untergliedert sein kann, Präpositionalkasus, Wortstellung) hat ihre spezifische Bedeutung (als Einheit von prototypisch organisierten Varianten). Jede solche verallgemeinerte Kasusform kodiert also spezifisch eine bestimmte Argumentrolle, und jede Argumentrolle wird spezifisch von einer bestimmten Kasusform kodiert. So kodiert der Akkusativ die Rolle ‚Patiens' (vgl. oben (2a)) und der Dativ die Rolle ‚Benefaktiv' (2b).[18]

Im Unterschied dazu wird in modernen Projektionsgrammatiken von *Linking* gesprochen. Beim *Linking* stehen sich Kasusformen (Nominativ, Akkusativ usw.) und Rollen (Agens, Patiens usw.) als denotativ-semantisch definierte Rollen unabhängig voneinander (atomistisch, modular) gegenüber. Die einzelnen Rollen (semantischen Relationen) werden wechselnden unterschiedlichen Formen zugeordnet. Beispielsweise ist nach dem Bilateralitätsprinzip *Anton* in oben (5a) Patiens und in (5b) Vorgangsträger. In *Linking*-Theorien dagegen ist *Anton* in (5a) und (5b) gleichbleibend Patiens.

Hinzu kommt, dass es in *Linking*-Theorien nicht direkt um die Zuordnung von Rollen zu Kasusformen geht. Es handelt sich wegen der Einbettung in die Konstituentenstrukturgrammatik (Phrasenstrukturgrammatik) nur indirekt um die Zuordnung zu Kasusformen. Es handelt sich vielmehr um die Zuordnung von semantischen Rollen zu den phrasenstrukturell definierten syntaktischen Relationen Subjekt, Objekt, Oblique (vgl. Kap. 3).

Angemerkt sei, dass Goldberg (1995) beim üblichen *Linking*-Konzept bleibt. Das steht im Widerspruch zum Rollenkonzept Lakoffs (Lakoff 1977; Lakoff/ Johnson 1980) und im Widerspruch zu ihrem aus dem Bilateralitätsprinzip und dem *No-Syonymy*-Prinzip (vgl. 2.2.7) folgenden Prototypenkonzept – und zur sprachgebrauchsbezogenen Interpretierbarkeit ihres Konzepts (vgl. 3.5).

---

[18] Nur der Nominativ kodiert, der Struktur einer Nominativ-Akkusativ-Sprache entsprechend, alternativ (jedoch mit nachvollziehbaren Übergängen) unterschiedliche Rollen: Agens, Vorgangsträger, Zustandsträger, Eigenschaftsträger (vgl. Kap. 3).

2.2.7 Primat der Form

Wie in Grammatik und Lexik generell, so gilt auch in der KxG das Prinzip des Primats der Form (des Primats der formalen Seite der bilaterlalen Zeicheneinheiten). Das heißt, entscheidend für die Identität eines Zeichens (einer Konstruktion) ist die formale Seite. Dabei ist die formale Seite in der Regel nur *einer* (jedoch aus Varianten bestehenden, also polysemen) Bedeutung zugeordnet (vgl. 2.2.4). Zum Beispiel sind Aktiv und Passiv nicht unterschiedliche Formen ein und derselben Konstruktion, sondern unterschiedliche Konstruktionen mit jeweils eigener Form *und* Bedeutung, wenn auch bedeutungsähnlich und in diesem Sinne synonym (vgl. 2.2.4). Ebenso sind die Ditransitiv-Konstruktion und die Direktivkonstruktion des Englischen unterschiedliche Konstruktionen, und Dativ und *to*-PP sind Kodierungen unterschiedlicher Rollen. Homonymie von Konstruktionen ist ein Grenzfall (vgl. 2.2.8).

2.2.8 *No Synonymy:* Keine Bedeutungsidentität

Das Prinzip der *No Synonymy* steht ganz oben auf der Agenda Goldbergs (1995: 3). Es ist griffig, aber auch missverständlich benannt.[19] Denn nicht Bedeutungsähnlichkeit (die traditionelle Auslegung von Synonymie) kann mit *No Synonymy* gemeint sein, sondern nur *Bedeutungsidentität*. Wenn jedes Zeichen bilateral ist und wenn daher Form und Bedeutung des Zeichens eine unmittelbare, nicht trennbare Einheit bilden, dann befinden sich Form und Bedeutung in der Regel (vgl. 2.2.5) in einem 1 : 1-Verhältnis, einem isomorphen Verhältnis, zueinander. Folglich sollte es unter dem Gesichtspunkt des Primats der Form ausgeschlossen sein, dass es unterschiedliche (formal bestimmte) Konstruktionen identischer Bedeutung gibt. Bezogen auf die Beispiele (2a, b)–(5a, b) behauptet das Prinzip der *No Synonymy* die Nichtidentität der Semantik der jeweilgen Konstruktionspaare. Es behauptet darüber hinaus die Nichtidentität der durch die Kasus kodierten Rollen des jeweils 2. Arguments in diesen Paaren (vgl. aber auch 2.2.19).

2.2.9 Polysemie und Homonymie

Wären Zeichen nicht im Prinzip verlässlich an bestimmte Bedeutungen gebunden, gäbe es keine Kommunikation. Konstruktionen wie Wörter sind dennoch

---

19 Goldberg löst sich wie bei der Übernahme des *Linking*-Begriffs im Gegensatz zu ihrem prototypischen Rollenkonzept nicht von einem generativen Sprachgebrauch, nach dem synonyme Konstruktionen, wenn sie den gleichen Wahrheitswert besitzen, als semantisch identisch gewertet werden.

typischerweise polysem. Ihre Bedeutungen realisieren sich in prototypisch miteinander verbundenen Bedeutungsvarianten. Wie bei Wörtern ist Homonymie relativ selten, d. h. eine Ausnahme.

In der traditionellen Semasiologie sind Wörter dann polysem, wenn für die Sprecher/Hörer eine nachvollziehbare semantische (also prototypische) Ableitung zwischen den Varianten besteht. Wörter sind homonym, wenn für die Sprecher/Hörer keine Verbindungen bestehen. Die Formgleichheit (Homonymie) ist entweder durch phonetischen Wandel entstanden, oder der Bedeutungszusammenhang ist verloren gegangen. Auf Konstruktionen übertragen heißt das: Konstruktionen sind in der Regel polysem. Sie folgen damit dem Prinzip der Isomorphie von Bedeutung und Form. Dieses Prinzip wird nur in Ausnahmefällen durch Homonymie durchbrochen. In der Regel ist Homonymie von Konstruktionen Ausdruck von Konstruktionsvererbung, d. h. von sprachlicher Entwicklung (vgl. Kap. 9–16).[20] Im Unterschied zu homonymen Wörtern (Simplizia) ist bei Konstruktionen der Zusammenhang in der Regel auf Grund der über lange Zeiträume erhalten bleibenden formalen Ähnlichkeiten und auf Grund prototypischer semantischer Übergangshaftigkeit zwischen Konstruktionen über lange Zeiträume für die Sprecher/Hörer weiterhin nachvollziehbar. Das berücksichtigen die Entscheidungen über Zuordnungen zu Konstruktionen, die in den folgenden Kapiteln zu treffen sind. Beispielsweise betrachte ich die Token-Konstruktion (6) als Handlungskonstruktion.

(6) Das Mittelmeer trennt Europa von Afrika.

Die Konstruktion (6) ist eine Handlungskonstruktion mit einem Agens und einem Patiens im prototypischen und signifikativ-semantischen Sinne. Sie zielt auf den außersprachlichen Zustand, dass sich zwischen Europa und Afrika das Mittelmeer befindet. Sie beschreibt diesen *Zustand* metaphorisch als *Handlung* des Mittelmeeres. So lange dieser metaphorische Zusammenhang für die Sprecher/Hörer durchsichtig bleibt (so lange die Metapher lebendig ist), so lange bleibt die Konstruktion das, was sie war. Natürlich gibt es wie bei jedem prototypischen Übergang eine Grauzone. Kriterium muss (wie in der traditionellen Semasiologie) sein, ob die Sprecher/Hörer den Übergang noch nachvollziehen, also ob die Metapher noch lebendig ist oder nicht.[21] Eine Besonderheit von syn-

---

20 Ausnahme wiederum davon ist die Homonymie von intransitiven Konstruktionen als Agens-, Vorgangsträger- und Zustandträgerkonstruktionen (vgl. Kap. 4).
21 Es geht hier nicht um stilistische Auffälligkeiten, sondern um die Einordenbarkeit in das Muster auf Grund prototypentheoretisch gegebener Zusammenhänge. Individuelle Unterschiede sind möglich. Intuitionsurteile der Sprecher/Hörer sind nur bedingt aussagekräftig, da diese möglicherweise oft nach der Denotation urteilen.

taktischen Konstruktionen gegenüber Wörtern besteht vor allem darin, dass auf Grund ihrer syntaktischen Struktur Metaphern sehr lange durchsichtig bleiben.

2.2.10 Übereinstimmung mit Positionen der traditionellen Semasiologie

Vergleicht man Positionen der heutigen KxG *(CCxG)* mit Positionen der traditionellen vorstrukturalistischen Semasiologie des 19./20. Jahrhunderts, ergeben sich Parallelen.

So ist *Bilateralität* im oben angedeuteten Sinne keineswegs eine Erfindung Saussures. Bilateralität ist eine selbstverständliche Position in der traditionellen Semasiologie und Lexikologie.[22] Niemand wäre wohl auf die Idee gekommen, die Bedeutung von Einzelwörtern von ihrer Form zu trennen, um beide Seiten des Wortes anschließend auf einer weiteren Ebene der Beschreibung wieder zusammenzufügen – wie in modernen Grammatiken die syntaktische und semantische Struktur von Sätzen. Bilateralität als 1:1-Zuordnung ist unausgesprochenes Leitprinzip. Aus dem Bilateralitätsprinzip folgten weitere Prinzipien, die sich in der KxG wiederfinden. Zu ihnen gehören:

Primarität der Form: Es ist ein selbstverständliches Prinzip der Semasiologie, dass die Formseite des Wortes über die Identität des Wortes entscheidet. Wörter, die sich formal unterscheiden, sind unterschiedliche Wörter. Die Wörter *bekommen* und *erhalten*, *Hund* und *Köter*, *Hautarzt* und *Dermatologe*, um gleich möglichst stark bedeutungsähnliche (synonyme) Wortpaare zu nehmen, sind verschiedene Wörter. Kein Semasiologe würde Wörter auf Grund ihrer Bedeutung identifiziert haben derart, dass es sich jeweils um ein Wort mit verschiedenen Formen handelt. Grammatiker identifizieren dagegen Aktiv- und Passivsätze, wenn sie diese als formal unterschiedliche Realisierungen der gleichen syntaktischen Tiefenstruktur (der gleichen abstrakten Konstruktion) auffassen.

Polysemie: Wörter besitzen stets nur *eine* Bedeutung. Dennoch sind sie in der Regel polysem. Das heißt, *eine* Wortbedeutung tritt in aller Regel in Varianten auf. Polysemie ist Bedeutungsähnlichkeit. Wörter sind polysem, wenn es für die Sprecher/Hörer Ähnlichkeiten zwischen den Bedeutungsvarianten gibt. Für jemanden, der die (Bedeutungen) Bedeutungsvarianten (7a–c) von *Birne* als ähnlich (als prototypisch verbunden) ansieht, ist *Birne* ein Wort mit *einer* Bedeutung, die in Bedeutungsvarianten auftritt, die durch Ähnlichkeiten verbunden sind.

---

22 Die Grammatik des 19. Jahrhunderts war im Wesentlichen Morphologie, und sie war diachron. Die Grammatik Karl Ferdinand Beckers (1837), die synchron und auf die Syntax gerichtet war und von einem spekulativen Bilateralitätsprinzip ausging, gehörte nicht ins grammatiktheoretische Paradigma des 19. und beginnenden 20. Jahrhunderts.

(7) a. Die Birnen sind reif.
   b. Die Birne ist kaputt/durchgebrannt.
   c. Er hat eins auf die Birne gekriegt.

Polysemie ist gegenüber Homonymie die Regel. Es dürfte kaum ein Wort geben, das nicht polysem ist. In Wörterbüchern spiegelt sich die Einheit der polysemen Varianten eine Wortes in dem Umstand wider, dass die Bedeutungsvarianten unter einem Eintrag (Lemma), also an *einem* Wort (= *einer* Wortgestalt), aufgelistet werden.

Homonymie: Für einen Sprecher, der keinen Bezug (mehr) zwischen den Bedeutungen von *Birne* in (7a) und (7b) sieht, ist das Wort (die Wortgestalt) homonym. Er sieht *Birne* in (7a) und *Birne* in (7b) als unterschiedliche Wörter an, die zufällig gleich lauten. Deren formale Identität ist in der Regel außerhalb der Aufmerksamkeit.[23] Dieser Umstand spiegelt sich in Wörterbüchern wider. Homonyme werden zweifach (oder mehrfach) aufgelistet, als zwei (mehrere) unterschiedliche Wörter mit zufällig gleicher Wortgestalt. Homonyme Wörter (und Morpheme) sind in einem gewissen Maße verkraftbare Unfälle. Denn im Prinzip hängt das Gelingen von Kommunikation (und Denken) von der Diskretheit der Zeichen ab. Homonymie darf ein gewisses Maß nicht überschreiten.

Synonymie: Es gibt zahllose synonyme Wörter, also Wörter mit unterschiedlicher Form und unterschiedlicher, aber ähnlicher Bedeutung. Synonymie ist Bedeutungsähnlichkeit. Bedeutungsidentität dagegen kommt nahezu nicht vor.

Prototypikalität: Allen diesen Auffassungen der traditionellen Semasiologie und Lexikologie liegt ein intuitives Konzept von Prototypikalität zu Grunde. Es wird nicht versucht, eine polyseme Bedeutung eines Wortes auf eine allgemeine und abstrakte Grundbedeutung zurückzuführen. Kriterien der Invarianz, die Definition durch invariante Merkmale als natürliche Klassen (die klassische Definitionsmethode nach *genus proximum* und *differentia specifica* bzw. *models of criterial attributes*) wird nicht angewendet. Man findet folglich keine allgemeine Definition der einheitlichen Bedeutung auf Grund von invarianten, für alle Varianten gleichermaßen gültigen invarianten Merkmalen in einem Wörterbuch. Man findet nur eine Auflistung von Varianten, ohne Feststellung einer gemeinsamen übergeordneten Invariante. Das heißt, man geht nicht nach der Invariantenmethode vor, sondern prototypisch. Oft wird, einer dynamischen Prototypentheorie entsprechend, nach einer gewissen Ordnung verfahren. Es findet sich eine wörtliche Bedeutung am Beginn des Eintrags. Ihr folgen übertragene Bedeutungen, gegebenenfalls weiterhin in einer gewissen Reihenfolge

---

[23] Vgl. die Schwierigkeit, Homonyme aufzufinden.

von näher liegend zu weiter liegend. Die Termini der wörtlichen und übertragenen Bedeutung sind Grundbegriffe der traditionellen Semasiologie.[24]

Produktivität: Die traditionelle vorstrukturalistische Sprachwissenschaft ist nicht wie die moderne Sprachwissenschaft satzbezogen, sondern wortbezogen. Sowohl Konstruktionen als auch Projektionen kommen nur ansatzweise in den Blick. Das Konzept der Projektion erscheint rudimentär als Rektion. In der Morphologie kommt das Konzept der Konstruktion als Flexions- und Wortbildungsmuster zur Geltung und in diesem Zusammenhang das Konzept der Produktivität als Produktivität von Flexions- und Wortbildungsmustern. In Projektionsgrammatiken (in der Syntax) fehlt das Konzept der Produktivität weitgehend, da Produktivität über Projektion hinausgeht, nicht jedoch in der KxG, z. B. bei Goldberg (1995). Nicht zufällig erscheint *productivity* (neben *schematicity* und *compositionality*) bei Traugott/Trousdale (2013) als zentraler Begriff einer diachron orientierten KxG.

2.2.11 Kopfprinzip

Ein übergreifendes Prinzip, das sowohl für Projektionsgrammatiken als auch für Konstruktionsgrammatiken gilt, ist das Kopfprinzip. Konstruktionen (Phrasen) besitzen in der Regel einen Kopf/ein Regens. Ein Unterschied resultiert zunächst aus der Anwendung des Invarianzprinzips in der Wort-Satz-Grammatik und der Anwendung des Prototypenprinzips in der KxG. Eine Projektionsgrammatik, also eine Grammatik, für die es Phrasen bzw. Konstruktionen nur als Projektionen aus Köpfen gibt, muss die Forderung aufstellen, dass jede Phrase einen Kopf besitzt. Anscheinend kopflose Phrasen müssen per Extrapolation einen Kopf zugewiesen bekommen.[25] Aus Sicht einer prototypentheoretisch vorgehenden KxG stellt sich das Problem so dar, dass Konstruktionen typischerweise einen Kopf besitzen, was einschließt, dass es auch kopflose Konstruktionen gibt, wie m. E. Koordinationen und (bedingt) Appositionen. Vom Standpunkt einer prozessualen Prototypentheorie ist ferner zu sagen, dass bestimmte kopf-

---

24 Es wird traditionell auch von Grundbedeutung gesprochen. Der Terminus ist ambig (z. B. bei Brugmann 1903; vgl. Welke 2009b). Vor allem in modernen, der Invariantenmethode folgenden Darstellungen wird Grundbedeutung nicht als prototypische Bedeutung (Ausgangsbedeutung) definiert, sondern als invarianter Kern der Bedeutung. Sogar wörtliche Bedeutung wird als invarianter Kern der Bedeutung interpretiert (Schwarz/Chur 1993), obwohl ‚wörtliche Bedeutung' eigentlich nur die Ausgangsbedeutung (Bedeutung im ursprünglichen, also „wörtlichen") Sinne) gegenüber der übertragenen Bedeutung meinen kann und nicht die Invariante.
25 Das beginnt bei den Kriterien für Kopf. Es wird über das Bloomfield'sche Kriterium (Bloomfield 1933) der Endozentrik einer Konstruktion hinaus auch auf exozentrische Konstruktionen übertragen.

lose Konstruktionen die Tendenz entwickeln können, im Gebrauch Köpfe auszubilden (vgl. Welke 2009b).

Dass nicht nur für Wort-Satz-Grammatiken, sondern auch für KxGen das Kopfprinzip gilt, wird an Goldbergs (1995) Beschreibung von schematischen Argumentkonstruktionen sichtbar (vgl. Kap. 3). Schematische Argumentkonstruktionen enthalten auszufüllende Leerstellen für Verben als Köpfe von (verbalen) Argumentkonstruktionen.

Dem Begriff des Kopfes entspricht in der Dependenzgrammatik der Begriff des Regens.

2.2.12 Dependenzstruktur

Es gibt zwei Typen von Satzstrukturen und entsprechend zwei Typen von Wort-Satz-Grammatiken: Dependenzgrammatiken und Konstituentenstrukturgrammatiken (Phrasenstrukturgrammatiken) (vgl. im Einzelnen Welke 2002, 2011). Die erste modelliert die Satzstruktur primär auf Grund der Relation der Abhängigkeit, die zweite primär auf Grund der Konstituenz. Die Relation der Dependenz bzw. Abhängigkeit besagt, dass jedes Wort typischerweise von genau einem anderen Wort im Satz abhängt, wobei von einem Wort mehrere Wörter gleichzeitig abhängen können. Ausnahme ist das finite Verb des übergeordneten Satzes, das an der Spitze des Stammbaumes steht.

Konstituenz ist die Relation der näheren Zusammengehörigkeit. Die elementaren Konstituenten des Satzes (Wörter bzw. Morpheme) werden schrittweise hierarchisch zu komplexeren Einheiten zusammengefasst, bzw. komplexere Einheiten werden schrittweise hierarchisch in elementarere gegliedert.

Beide Strukturen haben einen formalen und einen semantischen Aspekt. Ich interpretiere die Relation der Abhängigkeit als Übertragung der Bedeutung des abhängigen auf das regierende Wort (vgl. Welke 2002, 2011). Konstituenz betrifft den Umstand, dass die Bedeutungsübertragung in binären Schritten erfolgt. Objektiv sind beide Strukturierungsprinzipen in jedem Satz vorhanden. Die Dependenzstruktur ist die grundlegendere Strukturierung.

Die beiden Grammatiktypen (Dependenzgrammatiken und Konstituentenstrukturgrammatiken) greifen primär auf die eine oder auf die andere Strukturierung zurück. Ergebnis sind unterschiedlich definierte Stammbäume: Dependenzbäume und Konstituentenbäume. Jeder der beiden Grammatiktypen muss jedoch das jeweils andere Strukturierungsprinzip berücksichtigen. Konstituentenbäume geben für sich genommen keine Auskunft darüber, welche der beteiligten Konstituenten der Kopf/das Regens ist. Die Konstituentenstrukturgrammatik berücksichtigt das Dependenzprinzip dadurch, dass eine der beteiligten Konstituenten als Kopf definiert und terminologisch ausgewiesen wird. Denn die

Konstruktionen/Phrasen heißen nach ihrem Kopf Verbalphrase, Nominalphrase usw. Der Kopf wiederum ist das Regens der Dependenzgrammatik. Dependenzbäume für sich genommen geben ihrerseits keine Auskunft darüber, welche Glieder einer Dependenzrelation in welcher Reihenfolge in Konstituentenstrukturen zusammengefasst werden.

Goldbergs (1995) Argumentkonstruktionen und Fillmores (1968) Kasusrahmen entsprechen der Dependenzstruktur der Dependenzgrammatik (vgl. Kap. 3).

2.2.13 Prototypik

Das zentrale Prinzip der Bilateralität und alle daraus folgenden Prinzipien wie ‚Keine Bedeutungsidentität', ‚Kein *Linking*' sind an Prototypik und prototypisch bestimmte semantische Rollen gebunden. Im Umkehrschluss sind die herrschenden Konzepte zur syntaktischen Synonymie und zu semantischen Rollen an Invarianz und im Zusammenhang mit der Invarianzforderung an Wahrheitswertigkeit gebunden.

Moderne (und auch traditionelle) Grammatiken folgen in der Regel den Kriterien der klassischen Definition nach notwendigen und hinreichenden Merkmalen bzw. *genus proximum* und *differentia specifica*. Es sind *criterial attribute models* (Bates/McWhiney 1982: 208–210). Diese Methode zielt auf Invarianz. Erscheinungen werden auf Grund invarianter Merkmale klassifiziert, also nach Merkmalen, die allen Elementen einer gegebenen Klasse ausnahmslos zukommen und diese von allen Elementen anderer Klassen invariant unterscheiden. Die Prototypenmethode zielt nicht auf Invarianz, sondern auf Typik. Sie klassifiziert Erscheinungen nicht nach invarianten, sondern nach typischen Merkmalen. Aus dem Begriff des Typischen folgt, dass die Elemente einer Klasse mehr oder minder typisch bzw. untypisch für eine bestimmte Klasse sind, was einen vagen Übergang zwischen den Klassen einschließt.

Man kann beide Methoden (Invarianz und Prototypik) als in der Kognition zur Anwendung kommende Methoden auffassen, und man kann beide Methoden prozessual auffassen.[26] Beide Methoden können deduktiv *(top-down)* und induktiv *(buttom up)* angewendet werden. Die Invarianzmethode ist jedoch stärker deduktiv und die Prototypenmethode stärker induktiv orientiert. Die Invarianzmethode setzt bereits einen gewissen Überblick voraus. Man fragt nach den Merkmalen, die eine bestimmte Klasse als Klasse bestätigen. Es ist eine

---

26 Die Prototypenmethode gibt die Gegebenheiten der Realität insofern adäquat wieder, als die Erscheinungen auch in der Realität ineinander übergehen.

Methode, die post festum zum Einsatz kommt, nachdem eine Klasse auf Grund typischer Merkmale aufgebaut worden ist.[27]

Die Prototypenmethode geht von Einzelerscheinungen aus und fragt nach Ähnlichkeiten zu einem Prototyp. Sie geht in der neueren Kognitionspsychologie und Linguistik auf die Arbeiten von Rosch (1973, 1978) zurück. Nach dieser Variante der Prototypentheorie steht ein perzeptiv gegebener Prototyp im Zentrum einer Kategorie. Er versammelt die typischen Merkmale der Klasse. Andere Elemente der Klasse besitzen weniger typische Merkmale. Sie besitzen außerdem Merkmale, die auch Elementen anderer Klassen zukommen. Nur der Prototyp besitzt im Prinzip Merkmale, die in ihrer Gesamtheit nur ihm zukommen.

Ich gehe von einer erweiterten prozessualen Variante der Prototypenmethode aus (Lakoff 1977; Lakoff/Johnson 1980; Lakoff 1987; Dowty 1991; Goldberg 1995; vgl. auch Welke 1988, 2002, 2005). Der Prototyp wird als ein erstes Exemplar einer Kategorie bzw. als erstes Merkmal einer entstehenden Kategorie bestimmt. Aus dieser Akzentsetzung folgt, dass der Prototyp im Laufe der Zeit nicht mehr unbedingt im Zentrum eine radialen Kategorie Lakoffs (1987) stehen muss, sondern nur an ihrem Anfang stehen kann. Das ist die ursprünglichere Auslegung des Terminus *Prototyp* und die in Technik und Kunst übliche Auslegung. Ein Prototyp ist ein erstes Exemplar einer Folge von Abwandlungen bspw. eines Autos, eines Flugzeugs, eines Sujets (z. B. des Turmbaus zu Babel), eines Konzepts (z. B. des Atoms). Man vergleiche den Terminus *protoindoeuropäisch*. Er bezieht sich auf die Rekonstruktion einer angenommenen Ursprache, aus der sich alle folgenden vergangenen und heutigen indoeuropäischen Sprachen ableiten. Er bezieht sich nicht auf eine bestimmte indoeuropäische Sprache, die statisch am typischsten für das Indoeuropäische ist.

In der Linguistik wurde und wird im Wesentlichen die Version der Rosch'schen Prototypentheorie rezipiert mit einem ganzheitlich und perzeptiv gegebenen Prototyp im Mittelpunkt. Diese Version ist statisch insofern als der Prototyp nicht 1. Exemplar in einer zeitlichen Abfolge ist, in der die Kategorie entstanden

---

27 Die Abfolge begegnet im Verhältnis von alltäglicher und wissenschaftlich-begrifflicher Verallgemeinerung. Prototypisch definierte Alltagsbegriffe werden durch die Wissenschaft dem Ideal invarianter Definitionen unterworfen („Der Walfisch ist kein Fisch.", „Korallen sind Tiere".) Die Abfolge ist aber auch sowohl im Alltag als auch im wissenschaftlichen Sprachgebrauch für sich genommen vorhanden. Denn auch die Wissenschaft dehnt Begriffe entsprechend neuer Erkenntnisse prototypisch aus. Es folgt eine erneute Fixierung, dieser erneuten Fixierung eine erneute Ausweitung, im Prinzip ad infinitum. Alltagssprachlich begegnet die Abfolge auch in der Bildung von Stereotypen dadurch, dass einige Merkmale oder ein Merkmal aus einer Menge von möglichen (und daher möglicherweise typischen) Merkmalen herausgegriffen und zur Invariante erhoben wird.

ist. Der Prototyp ist 1. Exemplar in der Hinsicht, dass er Kern der Kategorisierung ist („das, woran man zuerst denkt, wenn man den Namen hört").

Die Rosch'sche Version unterscheidet sich durch den ganzheitlich und perzeptiv definierten Prototyp in einem zweiten wesentlichen Punkt von der im Folgenden zu Grunde gelegten prozeduralen Version. In der dynamischen Version geht es nicht um ganzheitliche Prototypen, sondern um prototypische und (mehr oder minder) typische syntaktische oder semantische *Merkmale*. Insbesondere wird es um semantische Merkmale und hier vor allem um Merkmale semantischer Rollen gehen.

Ein wichtiger Anstoß für die erweiterte Prototypentheorie ist der Begriff der Familienähnlichkeit bei Wittgenstein (1984: § 67):

> Warum nennen wir etwas „Zahl"? Nun, etwa, weil es eine – direkte – Verwandtschaft mit manchem hat, was man bisher Zahl genannt hat; und dadurch, kann man sagen, erhält es eine indirekte Verwandtschaft zu anderem, was wir auch *so* nennen. Und wir dehnen unseren Begriff der Zahl aus, wie wir beim Spinnen eines Fadens Faser an Faser drehen. Und die Stärke des Fadens liegt nicht darin, daß irgend eine Faser durch seine ganze Länge läuft, sondern darin, daß viele Fasern einander übergreifen.
>
> Wenn aber Einer sagen wollte: „Also ist allen diesen Gebilden etwas gemeinsam, – nämlich die Disjunktion aller dieser Gemeinsamkeiten" – so würde ich antworten: hier spielst du nur mit einem Wort. Ebenso könnte man sagen: es läuft ein Etwas durch den ganzen Faden, – nämlich das lückenlose Übergreifen dieser Fasern.

Zu analogen Folgerungen gelangt Erdmann (1922: 21)[28] in Bezug auf die Entwicklung der Wortbedeutung:

> Daß schließlich derselbe Sprachlaut Begriffe bezeichnen kann, die auch nicht den allergeringsten direkten Zusammenhang mehr aufweisen, erklärt sich leicht aus der Tatsache, daß es Übertragungen von Übertragungen gibt, daß sich die Bedeutungen in der mannigfaltigsten Weise verzweigen, und daß überdies in der Kette einer Bedeutungsentwicklung einzelne Glieder außer Gebrauch kommen können. Geht der Name eines Begriffes A auf einen Begriff B und von B auf einen dritten C über, so muß wohl jeder mit dem folgenden noch irgendwelche gemeinsame Elemente haben, nicht aber der erste mit dem letzten.

Als Illustration mag folgendes Problem der traditionellen Satzdefinition dienen:

(8) a. Emil kommt.
    b. dass sie Emil fragen.
    c. Komm!
    d. Feuer!

Die Invariantenmethode erlaubt es nur schwer, (8a–d) unter einen gemeinsamen Nenner zu bringen. Wenn man das Merkmal der prädikativen Struktur

---

28 Vgl. Auch H. Paul (1975: 20–21).

(und im Engeren der Subjekt-Prädikat-Struktur) als invariantes Merkmal für ‚Satz' wählt, sind nur (8a, b) Sätze, aber nicht (8c, d). Wenn man das Merkmal des illokutionären Potentials als Merkmal wählt, sind nur (8a) und (8c, d) Sätze, aber nicht (8b).

Diesem Widerspruch kann man ausweichen, indem man eine verborgene prädikative Struktur postuliert. Man kann dann auch (8c) als Satz hinzurechnen *(Komm! = Komm Du!)* – auch Infinitiv- und Partizipialkonstruktionen und sog. *small clauses*. Wollte man aber auch (8d) unter das Merkmal der prädikativen Struktur subsumieren, müsste man ebenfalls eine verborgene prädikative Struktur annehmen, also ‚Feuer' gleichsam als Prädikat bezogen auf den Ausschnitt der Wirklichkeit, auf den ‚Feuer' referiert, mit dem Wirklichkeitsausschnitt als quasi Subjekt. Dann übergeht man jedoch, dass man Prädikation und Referenz gleichsetzt. Auch unterbleibt die Abgrenzung zu einer attributiven Konstruktion wie *ein dickes Buch* in (9), der man ebenfalls eine prädikative Struktur zusprechen kann.

(9) Emil liest ein dickes Buch.

Es bleibt eine Möglichkeit für eine Invariantenlösung (ausgenommen wiederum allerdings *small clauses*): Man kann sagen, dass den Konstruktionen (8a–d) + Infinitiv- und Partizipialkonstruktionen gemeinsam ist, dass ihnen eine relativ selbständige prosodische Struktur zukommt. Diesem Merkmal wird dann jedoch ein großes Maß an definitorischer Relevanz zugesprochen, und man kommt in die Nähe zu dem, was Wittgenstein (1984: § 67, vgl. oben) mit „hier spielst du nur mit einem Wort" meint.

Definiert man den Begriff ‚Satz' prototypisch, kann man bspw. (8a) in (10) als Prototyp (B) ansehen und im Zentrum der Kategorie stehend und (8b–d) als weniger typische Sätze (A) und (C). (8b–d) besitzen jeweils alternativ nur eines der beiden Merkmale von (8a). (8c, d) besitzen das Merkmal i (‚illokutionäres Potential') (A). (8b) besitzt das Merkmal s (‚prädikative Struktur') (C). A und C besitzen kein gemeinsames Merkmal. Nur (8a) besitzt beide Merkmale (i) und (s) und ist daher der Prototyp (B).

(10)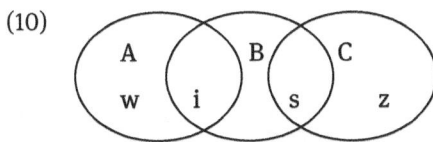

Wenn B mit den prototypischen Merkmalen i (‚illokutionäres Potential') und s (‚prädikative Struktur') der Prototyp ist, dann sind A mit den Merkmalen w, i und C mit den Merkmalen s, z weniger typische Vertreter von

‚Satz'. Die Konstruktionen B und C haben dann kein gemeinsames typisches Merkmal. B und C, sind jedoch über den Prototyp A miteinander verbunden.

Die Darstellung (10) kann sowohl prozessual, als auch statisch im Sinne von Rosch (1973) aufgefasst werden. Wenn man jedoch von dem wahrscheinlichen Szenario ausgeht, dass eine prädikativ entfaltete Struktur wie in der Ontogenese erst ein späterer Schritt der Entwicklung ist, ergibt sich eine andere Reihenfolge der Vererbung nicht mit B als Prototyp, sondern mit A als Prototyp und mit B als Zwischenglied zu einer weiteren Ableitung C. Die Folge ist, dass A, B, C prototypisch miteinander verbunden sind, aber ohne einen gemeinsamen Prototyp zu besitzen. A ist zwar mit B verbunden, aber nicht mehr mit C. A ist nur indirekt mit C verbunden, nämlich über B).[29] Infinitiv- und Partizipialkonstruktionen sind eine weitere Ableitungsstufe mit einer „verborgenen" prädikativen Struktur, in traditionellen Grammatiken auch „verkürzte" Nebensätze genannt.[30]

Es bestehen also grundlegende Unterschiede zwischen dem in diesem Buch vertretenen Prototypenkonzept Wittgensteins (1984b), Wygotskis (1977), Lakoffs (1977) und Goldbergs (1995) zur Invariantenmethode, aber auch zum Prototypenkonzept Roschs (1973): Das Wittgenstein'sche Konzept ist (1) prozessual. Roschs Prototypik ist demgegenüber statisch. Bei Rosch ist (2) der Prototyp ein anschaulich und holistisch gegebenes typisches Exemplar, z. B. ein Spatz als Prototyp des Vogels. Das hat dazu geführt, dass die Prototypentheorie oft als grundsätzlich holistisch und nur perzeptiv orientiert aufgefasst und nicht mit Merkmalkonzepten der Bedeutung kompatibel angesehen wurde. Das prozessuale Prototypenkonzept ist dagegen merkmalbasiert.

Ein prozessuales Prototypenkonzept ist mit der Diachronie kompatibel. Aussagen müssen als Hypothese über diachrone Prozesse auf Grund synchroner Daten betrachtet werden. Die Hypothesen reichen so weit zurück, wie Rückschlüsse auf Grund synchroner Daten möglich sind. Es handelt sich um ein Konzept der Diachronie in der Synchronie.[31] Grundlage der Einheit von Synchronie

---

29 Lakoffs (1987) *radial categories* entsprechen in (10) der Variante mit dem Prototyp B in der Mitte. Der statischen Prototypentheorie Roschs kam bei einer dynamischen Ausdehnung des Prototypenkonzepts der Prototyp abhanden. In der Folge sprach Rosch nicht von einem Prototyp, sondern nur noch von Prototyp-Effekten.
30 Eine de facto prototypische Abstufung findet sich innerhalb einer Invarianten-Methode in der Satzdefinition bei Zifonun/Hoffmann/Strecker (1997), wenn dort zwischen Vollsatz (Sätzen mit illokutivem Potential und prädikativer Struktur) und Satz (Sätzen mit nur prädikativer Struktur unterschieden wird. Ausdruck der Invarianten-Methode ist dann jedoch, dass der Begriff des Satzes durch den Begriff der kommunikativen Minimaleinheit ersetzt wird.
31 Vgl. das Postulat Ágels (1995, 2001), dass synchrone Beschreibungen der diachronen Entwicklung nicht widersprechen dürfen.

und Diachronie ist der Umstand, dass sich sprachliche Entwicklungen nirgendwo anders als in der sprachlichen Tätigkeit der Sprecher/Hörer einer Sprache vollziehen können.

2.2.14 Prototypik und signifikativ-semantische Rollen

In Lakoff (1977), Dowty (1991), Goldberg (1995) und Welke (1988, 2011) werden semantische Rollen prototypentheoretisch interpretiert. Der protoyischen Definition semantischer Rollen kommt eine Schlüsselstellung im Konzept der Lakoff-Goldberg'schen KxG *(BCCxG)* und einer sprachgebrauchsbezogenen KxG zu. Denn ohne eine prototypentheoretische Rollendefinition wären Grundprinzipien wie Bilaterarität, *No Synonymy* (Nicht-Bedeutungsidentität), Isomorphie (bzw. Homomorphie) von Form und Bedeutung und *Scene Encoding Hypothesis* (schematische Argumentkonstruktionen als Abbildungen elementarer Lebenssituationen) nicht aufrecht zu erhalten. Eine prototypentheoretische Definition ist eine intensionale, signifikativ-semantische und semasiologische Definition. Sie geht von der Form aus (von der Form der Konstruktion und von der Form des Argumentkasus) und fragt nach der Reichweite der zur Konstruktion und zur Kasusform gehörenden Bedeutung. Die Ausgangshypothese ist, dass wie im Wortbereich Polysemie die Regel und Homonymie die Ausnahme ist, dass also die Form im Prinzip ein verlässlicher Indikator einer (prototypisch aufgefächerten) Bedeutung ist.

Die prototypentheoretische Definition interpretiert semantische Rollen in Form von Merkmalen, die mehr oder weniger typisch sind, ausgehend von einem typischsten (prototypischen) Merkmal bzw. einer Menge von typischsten (prototypischen) Merkmalen und entlang einer Merkmalhierarchie vom Typischsten (Prototypischen) zum weniger Typischen (vgl. Kap. 3 und 4).

So ist die Ausgangsdefinition für die zentrale Argumentkonstruktion des Deutschen (als einer Nominativ-Akkusativ-Sprache), die Nominativ-Akkusativ-Konstruktion (Agens-Patiens-Konstruktion, Handlungskonstruktion) (vgl. 4.2.3 (57)):

(11) Ein Mensch (Agens) wirkt intentional, konkret, materiell und wahrnehmbar kausal auf seine Umwelt ein. Durch diese Einwirkung verändert sich ein Gegenstand (Patiens) in seiner Beschaffenheit, oder es entsteht ein Gegenstand.

Auf diese Ausgangssituation werden sehr viele weitere Situationen bezogen, die die Sprecher/Hörer als offenbar so ähnlich zur Ausgangssituation interpretieren, dass sie sie ebenfalls in Form einer Nominativ-Akkusativ-Konstruktion versprachlichen. Es entsteht eine Vielzahl von Varianten (Polysemie). Homonymie bildet die Ausnahme (vgl. 4.2.4). Die Varianten werden durch nachvollziehbare semantisch begründete Übergänge zwischen den Varianten und durch die Zuordnung zu ein und derselben Form zusammengehalten.

Der Methode der prototypischen Interpretation steht die übliche Invarianzmethode gegenüber. Nach dieser werden semantische Rollen extensional, denotativ-semantisch und onomasiologisch definiert. Das geschieht im Prinzip so, dass das prototypische Merkmal (bzw. das Ensemble der prototyischen Merkmale) zur Invariante erhoben, diese von der Form, an der sie gewonnen wurde, getrennt und von außen (onomasiologisch) auf die Sprache (die vorfindlichen formal unterschiedlichen Konstruktionen) vergleichend zurückbezogen wird – mit dem Ergebnis einer unübersehbaren Menge von Rollen mit einer undurchschaubaren Vielfalt unterschiedlicher Form-Bedeutungs-Zuordnungen (vgl. Kap. 3 und 4).

2.2.15 KxG und *Frame*-Semantik, sprachliches Wissen und Weltwissen

Es gibt eine enge Verflechtung von KxG und allgemeiner kognitiver Linguistik (vgl. z. B. Dąbrowska/Divjak 2015) und von KxG und einer allgemeinen kognitiven Schema-, Skript *Frame*-Theorie (Bartlett 1932; Schank/Abelson 1977; Minsky 1975; vgl. 5.4.1). Bei Fillmore (1982, 1985) und Lakoff (1987) hat sich das linguistische Interesse in diesem Kontext von der Grammatik (KxG) im engeren Sinne auf eine allgemeine linguistische *Frame*-Theorie verschoben. Die Verflechtung wird für die KxG, die sich als Grammatik an der Form orientieren muss, dann problematisch, wenn diese zu einer Identifizierung oder zur Verwischung der Grenzen führt, zu einer allgemeinen „verstehensorientierten" Semantik (Ziem 2008).

Fillmore ist in den 90er Jahren mit dem *FrameNET*-Projekt (vgl. Baker/Fillmore/Lowe 1998; Fillmore 2007; Fillmore/Baker 2010; Ziem 2014) zu einer formbezogenen *Frame*-Auffassung zurückgekehrt. Aber auch das *FrameNET*-Projekt beziehe ich wie die allgemeine *Frame*-Theorie nicht ein: (1) Die *Frames* in *FrameNET* sind Valenzrahmen, die von verbalen Konzepten ausgehen, und nicht Konstruktionsrahmen. Das Projekt ist also valenz- bzw. projektionsorientiert und nicht konstruktionsorientiert. (2) Es geht onomasiologisch vor, von verallgemeinerten (verbalen) Konzepten aus (vgl. 5.4.1 Anmerkung 28) und nicht semasiologisch.

Die KxG (im engeren Sinne, vgl. Kap. 1) ist eine Grammatiktheorie und wie jede moderne Grammatiktheorie seit Beginn des 20. Jahrhunderts primär eine Syntaxtheorie. Sie ordnet sich von ihrem Gegenstand her, nämlich der Beschreibung von syntaktischen Konstruktionen in ihrer (selbstverständlich) formalen

Gestalt, in das allgemeine Verständnis von Grammatik ein, das sich im 20. Jahrhundert mit dem Strukturalismus herausgebildet hat. Grammatik setzt in diesem Verständnis beim Satz und seiner formal-syntaktischen Struktur an.

Die Aufhebung der Abgrenzung zwischen Grammatiktheorie und kognitiver Psychologie zu Gunsten einer allgemeinen kognitiven *Frame*-Theorie (eine holistische Perspektive in dieser Frage) verfehlt die Möglichkeiten der Grammatiktheorie, einen genuinen Beitrag zu einer allgemeinen Theorie der Kognition durch Aussagen zur spezifischen Rolle von Sprache in der Kognition zu leisten, einer Rolle, die Sprache nun einmal nur auf Grund der materiellen (formalen) Realisierung in Zeichen und Zeichenstrukturen spielt.

In der allgemeinen Wahrnehmung erscheinen KxG und *Frame*-Semantik jedoch oft „unentwirrbar" (Ziem 2014: 263). Das gilt sowohl von Befürwortern der KxG als auch von Kritikern aus.[32] Ich betrachte die allgemeine *Frame*-Semantik weder als identisch mit der KxG noch als Bestandteil einer KxG[33] und plädiere daher für eine Unterscheidung von KxG und allgemeiner *Frame*-Theorie (vgl. 5.4.1).

Im Kern geht es um das Verhältnis von sprachlichem Wissen und Weltwissen, von sprachlicher Bedeutung und enzyklopädischer Bedeutung (5.4). *Frame*-Theoretiker (bspw. Busse 2012 und Ziem 2008) behaupten die Identität von sprachlicher und enzyklopädischer Bedeutung, nehmen also in dieser Frage einen holistischen Standpunkt ein. Ich plädiere für eine atomistische (modulare) Trennung von sprachlichem Wissen und Weltwissen.

Das schließt in keiner Weise aus, dass das Weltwissen der Sprecher/Hörer in die Beschreibung ihrer sprachlichen Tätigkeit auch im engeren Bereich der Grammatik einbezogen werden muss. Das geschieht nicht trotz, sondern auf Grund der modularen Trennung, weil man über einen Zusammenhang erst sprechen kann, wenn man die Pole, zwischen denen ein Zusammenhang besteht, getrennt hat (vgl. auch 2.2.20).

Das Weltwissen bleibt in modularen Konzepten oft sehr unspezifiziert. Das gilt auch für neuere modulare Theorie wie die Zweiebenen-Semantik (Bierwisch 1983; Schwarz 1992) und für Semantik-Pragmatik-Konzepte (z. B. Musan 2002;

---

32 Die Kritik, die Leiss (2009a, 2009b) und Abraham (2015) an der KxG äußern, richtet sich m. E. vor allem gegen eine Konstruktionsgrammatik als eine allgemein-kognitive Theorie. Sie trifft auf die KxG im Engeren nicht zu (vgl. Rostila 2011; Welke 2015a).
33 Damit ist die Relevanz von Untersuchungen und Theorien zur lexikalischen Semantik (Konerding 1993) und zur Wirksamkeit von Metaphern in gesellschaftlichen Meinungsbildungsprozessen (z. B. Ziem 2008; Lakoff/Wehling 2008; Wehling 2016) in keiner Weise negiert. Nur sollte man diese Semantik nicht mit Ziem (2008) und Busse (2012) unmittelbar selbst als Sprachtheorie ansehen und insbesondere nicht an die Stelle von Grammatik und Grammatiktheorie setzen.

Maienborn 2007). Diese greifen allgemein auf den kognitiven Bereich zurück, der sich außerhalb des engeren Spachlich-Kognitiven befindet. Ich fasse diesen Bereich im Anschluss an Barsalou (2008) im Kern als perzeptives Systems der Kognition auf. Das perzeptive System ist zwar eng verflochten mit dem sprachlichen System der Kognition. Es muss dennoch modular (wie das Weltwissen generell) vom sprachlichen System der Kognition unterschieden werden (vgl. 5.4).

2.2.16 Sprache und Denken, Sprache und Kognition

Ich gehe von der Humboldt'schen Annahme der Einheit von Sprache und Denken aus (vgl. z. B. Humboldt 1907) und verstehe diese Einheit von der Sprache aus: Sprachliche Tätigkeit ist eine *an materielle sprachliche Zeichen* gebundene kognitive Tätigkeit. Die Bilateralität von Konstruktionen folgt unmittelbar aus dieser Annahme. Ich plädiere damit gegen eine modulare Trennung, wie man sie häufig antrifft, u. a. in der Generativen Grammatik, vgl. Freidin (2012: 33):

> Language production starts with what might be called thoughts, which are converted into linguistic expressions – i.e. an LF representation that is paired with a PF representation (LF: Logical Form – PF: Phonetic Form, K. W.) [...]

Einheit von Sprache und Denken heißt dennoch nicht, dass kognitive Tätigkeit mit sprachlicher Tätigkeit identisch ist. Zur kognitiven Tätigkeit gehören kognitive Operationen im perzeptiven System der Kognition (des Empfindens, Wahrnehmens und Vorstellens). Zur kognitiven Tätigkeiten gehören auch weitere kognitive Operationen, die über die *unmittelbare* sprachliche Tätigkeit einer Äußerung oder eines Diskurses (beliebigen Umfangs) hinausgehen, ihrerseits aber wiederum sprachlich (auch kunstsprachlich) vermittelt sein können. Das sind Schlussfolgerungen und Voraussetzungen (spezifischer: Implikaturen und Präsuppositionen) bezogen nicht nur auf perzeptive, sondern auch auf andere wiederum sprachlich vermittelte Wissensbestände. Es geht m. a. W. um Weltwissen, das über das engere sprachliche Wissen, das mit einer Äußerung verbunden ist, hinausgeht, was nicht bedeutet, dass Aspekte des engeren sprachlichen Wissens nicht zum Weltwissen, zum Wissen über die Welt, gehören und dass das Weltwissen nicht selbst wiederum sprachlich vermittelt sein kann, auch als Bewusstmachen von Perzeptionen.[34]

---

[34] Zum „Sprachwissen" hinzuzuziehen ist außerdem operatives Wissen, also Sprachverarbeitungswissen. Dazu gehört Wissen über sprachliche Operationen (konstruktionsgrammatisch: Wissen über Operationen, über Abwandlungsmöglichkeiten von Konstruktionen) und Wissen über Kommunikationsmaximen und damit verbundene Operationen der Implikation, Implikatur und Präsupposition.

2.2.17 Semasiologie und Onomasiologie

Aus den Prinzipien der Bilateralität, der Trennung von Sprachwissen und Weltwissen und aus der intensionalen (signifikativ-semantischen und prototypentheoretischen) Interpretation semantischer Rollen folgt das semasiologische Herangehen von der Form aus. Gefragt wird nach der Konstruktionsbedeutung von formal bestimmten Konstruktionen. Gefragt wird nicht onomasiologisch nach kognitiven Inhalten bzw. (verkürzt) nach Welttatbeständen und ihrer Zuordnung zu sprachlichen Formen.

Semasiologie (Bedeutungslehre) und Onomasiologie (Bezeichnungslehre) sind konkurrierende Richtungen der Theorie der Wortbedeutung im 19. und beginnenden 20. Jahrhundert. Die Semasiologie entstand im Kontext der historisch-vergleichenden Sprachwissenschaft. Gefragt wurde nach der Entwicklung einer Wortbedeutung aus einer Grundbedeutung. Ausgangspunkt war das sprachliche Zeichen in seiner materiellen Gestalt. Anfang des 20. Jahrhunderts etablierte sich als konkurrierende Richtung die Onomasiologie. Die beiden Richtungen unterscheiden sich durch die eingenommene Perspektive. Die Semasiologie geht vom Wort (Zeichenkörper) aus und fragt nach dessen Bedeutung und der Geschichte der Bedeutung. Die onomasiologische Richtung geht von den Dingen (im weitesten Sinne) aus und fragte nach deren Bezeichnung durch Wörter.

Es ist jedoch eine m. E. in Semasiologie, Semantik und Semiotik allseits akzeptierte Grundtatsache, dass es keine direkte Verbindung zwischen Wortkörper und Sache gibt, sondern dass Wort(körper) und Sache über die Bedeutung, also über eine kognitive Repräsentation des Gegenstandes verbunden sind (vom Eigennamen-Problem abgesehen).[35] Onomasiologie wird zwar als Perspektive von den Sachen zu den sprachlichen Zeichen aufgefasst. Sie kann jedoch nur die Perspektive von kognitiven Inhalten zu den Sachen sein. Die Folge ist, dass Bedeutungen nolens-volens wie die ihnen entsprechenden Sachen als unabhängig von den Zeichen vorausgesetzt werden müssen.[36] Die onomasiologische Perspektive ist insbesondere beim Sprachvergleich (in der Typologie) methodisch notwendig. Man muss quasi sprachunabhängig ein *tertium comparationis* setzen, um vergleichen zu können. Realiter sind es Wortbedeutungen und bei syn-

---

35 Vgl. das sog. semantische Dreieck (Ogden/Richards 1923).
36 Von dieser Konstellation geht eine weitere Definition des Gegenstandes der Onomasiologie aus. Danach nimmt die Onomasiologie die Perspektive von der Bedeutung zum sprachlichen Zeichen ein, während die Semasiologie die entgegen gesetzte Perspektive vom sprachlichen Zeichen zu seiner Bedeutung einnimmt. Nur wird beim Ausgang von der Bedeutung nicht unbedingt auch von der wirklichen Bedeutung ausgegangen, sondern eher davon, was man für die Bedeutung hält. Denn wenn man von der wirklichen Bedeutung ausginge, braucht man nicht nach ihr zu fragen.

taxbezogenen Vergleichen Konstruktionsbedeutungen einer bestimmten Sprache (oder auch einer Kunstsprache), die zu Grunde gelegt werden.

2.2.18 KxG und Korpuslinguistik

Es gibt eine enge Verflechtung von KxG und Korpuslinguistik. Grundlage ist die Gebrauchsbasiertheit der KxG. Daraus wird gelegentlich die Folgerung abgeleitet (z. B. Lasch 2016: 3–4), dass eine gebrauchsbasierte KxG nur korpuslinguistisch basiert möglich sei.[37] Die in diesem Buch zu entwerfenden Grundzüge einer KxG verzichten wie Goldberg (1995) und wie viele Grammatiktheorien auf die Grundlegung durch korpuslinguistische Untersuchungen.[38] Das hat mit dem Anliegen zu tun, eine (relative) Gesamtschau zu bieten. Eine korpuslinguistische Fundierung würde dieses Anliegen überfordern. Natürlich können korpuslinguistische Befunde zuvor formulierte Annahmen falsifizieren.

2.2.19 Vererbung

In einem sprachgebrauchsbezogenen Konzept von Vererbung kann es nicht um Vererbung in einem deklarativen Sinne und bezogen auf ein statisches Netzwerk von Konstruktionen gehen. Vorgeschlagen wird ein Konzept der Vererbung von Konstruktionen in Konstruktionen im Sprachgebrauch – analog zur Grammatikalisierung in der Grammatikalisierungsforschung. Das wird u. a. bei solch zentralen Themen der Syntaxtheorie wie Passiv, Medialkonstruktion und Nominalisierung geschehen.

Damit wird die tradierte teleologische Sicht verlassen, nach der es Transformationen gibt, die die Funktion haben, synonyme Ausdrücke (z. B. konverse Konstruktionen im Falle des Passivs) bereit zu stellen. Wenn bspw. passivische Konstruktionen neben aktivische Konstruktionen treten und im synchronen Sprachgebrauch als Synomyme neben aktivischen stehen, dann ist das zwar das Ergebnis von zielgerichteten, durch Implikaturen vermittelten Operationen, die aus der Interaktion der Sprecher/Hörer resultieren, jedoch von Operationen, die auf andere wesentlich kleinteiligere Ziele gerichtet waren und nicht auf das

---

[37] Es gibt keine Grammatik, die sich nicht mit „Sprachgebrauchsmaterial" auseinandersetzt (vgl. Kap. 1). Auch eine gebrauchsbasierte KxG wie die *BCCxG* (vgl. prominent Goldberg 1995) ist nicht notwendigerweise korpusbasiert.

[38] In (sc. korrigierbaren) Grundzügen sind grammatische Strukturen auch introspektiv sowie über die üblichen vergleichenden und strukturellen linguistischen Verfahren, über bereits vorliegende Strukturbeschreibungen auf Grund dieser Verfahren und über vorliegende korpuslinguistische Untersuchungen zugänglich.

dann faktisch vorliegende Ergebnis. Die neuen Konstruktionen entstehen gleichsam zufällig, unter der Hand, im Rücken der Handelnden (wie Ergebnisse des Handelns in anderen gesellschaftlichen Prozessen auch). Die entstandenen neuen Konstruktionen werden dann, falls sie sich als geeignet erweisen, zielgerichtet für kognitive und kommunikative Zwecke ausgenutzt, wobei sie sich gleichzeitig weiter verändern.[39]

Analog dem Wechselverhältnis von Konstruktion und Projektion geht es im Bereich der Vererbung um ein Wechselverhältnis von Konstruktions- und Projektionsvererbung.

2.2.20 Semantik und Pragmatik

Es gibt in der KxG und auch bei Goldberg (1995) die Tendenz, die Trennung von Semantik und Pragmatik aufzuheben, vgl. (ebd.: 7):

> Another notion rejected by Construction Grammar is that of a strict division between semantics and pragmatics. Information about focused constituents, topicality, and register is represented in constructions alongside semantic information.[40]

Dass etwas nicht strikt getrennt ist, ist zunächst kein Argument gegen eine Trennung. Denn auch wenn zwei Phänomene ineinander übergehen, bleiben sie getrennte Phänomene. Zwar können auch pragmatische Unterschiede syntaktisch repräsentiert (kodiert) sein. Daraus folgt jedoch nicht, dass pragmatische Unterschiede semantische Unterschiede sind. Wenn man eine solche Ausweitung von Semantischem auf Pragmatisches vornimmt, dann müssen Token-Konstruktionen, die sich nur in der Folge der Argumente unterscheiden, als Token unterschiedlicher schematischer Konstruktionen angesehen werden, also bspw. die Konstruktionen (11a) und (11b) (vgl. Kap. 7).

(12)   a.   Emil findet den Weg.
        b.   Den Weg findet Emil.

Eine solche holistische Aufhebung der Abgrenzung von Semantik und Pragmatik führt in Widersprüche (vgl. Kap. 7).

---

[39] Zur Hinterfragung eines vordergründigen Funktionsbegriffs vgl. auch Ágel (1997).
[40] Goldberg (1995: 67) betont die Vereinheitlichung von Semantik und Pragmatik auch bei der Formulierung des Prinzips der *No Synonymy*: „*The principle of No Synonymy*: If two constructions are syntactically distinct, they must be semantically or pragmatically distinct [...]". Sie beruft sich auf Bolinger (1968: 127): „A difference in syntactic form always spells a difference in meaning."

Auch wenn die Grenze zwischen Semantik und Pragmatik nicht problemlos zu ziehen ist, werde ich keinen holistischen, sondern wie beim Verhältnis von Sprachwissen und Weltwissen (semantischem Wissen und enzyklopädischem Wissen) (vgl. 5.4) einen atomistischen (modularen) Standpunkt einnehmen.

2.2.21 Holismus versus Atomismus (Modularität)

Moderne Grammatiktheorien trennen modular zwischen den Polen der Saussure'schen Antinomien *langue – parole*, Diachronie – Synchronie, Form – Bedeutung des Zeichens, innere – äußere Sprachwissenschaft. Manchmal geschieht das sehr absolut, indem bspw. im klassischen amerikanischen Strukturalismus die Darstellung der Bedeutung sprachlicher Zeichen aus dem Gegenstandsbereich der Sprachwissenschaft ausgeklammert wird. Auch die generative These der Autonomie von Syntax gegenüber Semantik und Pragmatik folgt der Saussure'schen Logik der Argumentation. In der KxG findet sich teilweise das entgegengesetzte holistische Extrem. Es drückt sich in der Aufhebung der Dichotomie von Grammatik und Lexikon zugunsten eines Grammatik-Lexikon-Kontinuums und in der Reduktion von Grammatik auf ein Netzwerk von Konstruktionen aus, sowie in der Tendenz, die Unterscheidung von sprachlicher Bedeutung und enzyklopädischer Bedeutung und von Semantik und Pragmatik aufzugeben. Die Gegensätze von Modularität und Holismus sind m. E. (wie alle Gegensätze) relativ. Ich werde nur in zwei Punkten eine relativ absolut holistische Position vertreten: beim Verhältnis von Form und Bedeutung (unter dem Primat der Form) und beim Verhältnis von *langue* und *parole*, *competence* und *performance*. Auch ein relativ absolut holistischer Standpunkt bringt die Unterscheidung und Entgegensetzung nicht zum Verschwinden, macht sie aber im gegebenen Zusammenhang unwichtig. So nimmt die KxG in Bezug auf das Verhältnis von Form und Bedeutung insofern einen holistischen Standpunkt ein, als sie nicht in eine syntaktische und eine semantische Ebene trennt, die gesondert zu beschreiben und anschließend aufeinander zu beziehen sind. Vielmehr geht sie davon aus, dass jedes Einzelzeichen (jede Konstruktion und jedes Wort und jedes Morphem) eine Einheit von Form und Bedeutung ist. Die in der Unterscheidung von Form und Bedeutung zum Ausdruck kommende Aufspaltung ist im gegebenen Zusammenhang trivial. In gleicher Weise ist die Aufhebung der Trennung von *langue* und *parole* und die Betrachtung von Sprache jenseits der Dichotomie von *langue* und *parole* eine Trivialisierung dieser Unterscheidung (eine Unwesentlichmachung im gegebenen Zusammenhang). Denn die *langue* bzw. *competence* ist in dieser Perspektive nichts anderes als die (selbstverständlich idealisierende und abstrahierende) linguistische *Darstellung* der Sprache (als sprachliche Tätigkeit), und die *performance* ist die Erscheinung der Realität, also die Sprache (als sprachliche Tätigkeit) selbst, die dargestellt wird. Der Zusammenhang ist nur in der ausgewählten eingeschränkten Perspektive unwesentlich, keineswegs aber in einer allgemeineren philosophisch-erkenntnistheoretischen.

In weiteren Punkten nehme ich einen tendenziell modularen Standpunkt ein. Das betrifft die modulare Unterscheidung von Konstruktion versus Wort, Konstruktion versus Projektion, Grammatik als geregelten Operationen über Konstruktionen versus Einheiten (Konstruktionen, Wörtern), über denen operiert wird. Grammatik (mit Konstruktions- und Projektionsregeln) steht dem Konstruktikon und dem Lexikon als Speicher der Einheiten, über denen operiert wird, gegenüber – im Gegensatz zur Annahme eines Lexikon-Grammatik- bzw. Lexikon-Syntax-Kontinuums (Hoffmann/Trousdale 2013: 1).[41] Ebenfalls modular betrachte ich das Verhältnis von sprachlichem Wissen und Weltwissen (vgl. 2.2.15) und von Semantik und Pragmatik (vgl. 2.2.16).

Im Unterschied zu Ebenenmodellen wird es um unmittelbare und detaillierte Verzahnungen gehen, Verzahnungen von Konstruktion und Projektion, sprachlichem Wissen und Weltwissen, Bedeutung und Implikatur. Beim Verhältnis von Synchronie und Diachronie nehme ich z. T. einen modularen Standpunkt ein, unter der Prämisse, dass eine synchrone Darstellung einer sprachlichen Erscheinung nicht ihrer Diachronie widersprechen darf, dass die synchrone Darstellung einer Erscheinung Momente ihrer Diachronie enthält und dass die Rekonstruktion der Diachronie in einem bestimmten Umfang auf der Grundlage synchroner Daten möglich ist.

---

41 Natürlich gehen Grammatik und Lexikon insofern ineinander über, als Idiome (idiomatisierte) Token-Konstruktionen ganzheitlich im traditionellen Lexikon bzw. im Konstruktikon gespeichert werden. Das ist m. E. aber mit Grammatik-Lexikon-Kontinuum nicht gemeint, sondern ein absolutes Zusammenfallen zu Beziehungen zwischen Konstruktionen in einem Netzwerk von Konstruktionen.

I Konstruktion

3 Argumentkonstruktion und Argumentrolle

Mit Fillmore (1968) (3.1) und Lakoff (1977) (3.2 und 3.3) werden zunächst die Anfänge der beiden zentralen konkurrierenden konstruktionsgrammatischen Theorien charakterisiert, der Fillmore'schen *Berkeley Construction Grammar (BCxG)* und der Lakoff'schen *Berkeley Cognitive Construction Grammar (BCCxG)*. Ich werde den Gegensatz zwischen der extensionalen und denotativen (onomasiologischen) und auf Invarianz gerichtete Rollenauffassung Fillmores und der *BCxG* einerseits und der intensionalen und signifikativen (semasiologischen) und prototypentheoretisch begründete Rollenauffassung Lakoffs andererseits darstellen. Goldberg (1995) folgt in ihrer Rollenauffassung im Wesentlichen Lakoff und nicht Fillmore. Denn nur durch intensionale und prototypisch definierte Rollen kann sie ihr zentrales Postulat der Bilateralität von Form und Bedeutung einlösen. Es folgt daher ein weiterer Abschnitt (3.4) zur Rollendefinition Goldbergs (1995). 3.5 gibt eine kritische Einschätzung der Rollentheorie Dowtys (1991), der am breitesten rezipierten prototypentheoretischen Rollentheorie. Dem folgt (3.6) eine Darstellung des in diesem Buch vertretenen Rollenkonzepts.

Verbale Argumentkonstruktionen (Argumentstrukturen) stehen im Mittelpunkt moderner Syntaxtheorien. Nicht zufällig beginnen daher zwei der frühesten Ansätze, die zur heutigen KxG führen, mit verbalen Argumentkonstruktionen. Das ist zum einen Fillmore (1968), ein Aufsatz, der gleichsam die Geburtsurkunde der KxG und des konstruktionsbezogenen Zugangs zu Argumentkonstruktionen ist und zum anderen Lakoffs *gestalts*-Aufsatz (1977), der mit einer prototypentheoretischen intensionalen, signifikativ-semantischen und semasiologischen Definition von semantischen Rollen den Grundstein für die Lakoff-Goldberg-Version der KxG *(BCCxG)* und die in diesem Buch vertretene sprachgebrauchsbezogene Version einer KxG legt.

3.1 Charles J. Fillmore

Fillmores Aufsatz (1968) ist in mehrfacher Hinsicht von grundlegender Bedeutung für die KxG.[1] (1) Fillmores Kasustheorie enthält mit dem Ausgehen vom

---

[1] Man könnte einwenden, dass Fillmore (1968) durch Fillmores *Frame*-Semantik seit langem überholt und sozusagen „out" ist. Grund, dennoch so weit zurück zu gehen, ist das im Kap. 1 begründete Anliegen, einen Beitrag zur KxG als Grammatik im engeren Sinne zu leisten. Denn die allgemeine *Frame*-Semantik führte über Fillmores ursprüngliches grammatiktheoretisches Anliegen hinaus (vgl. 5.4). Analoges gilt für Lakoffs *frame*-semantische Arbeiten.

Kasusrahmen (der Konstruktion) und nicht vom Verb, aber auch mit der These einer Reziprozität von Kasusrahmen und verbalen Merkmalen (von Konstruktion und Projektion) bereits wesentliche Elemente der heutige Konstruktionsgrammatik und der in diesem Buch vertretenen Konzeption. (2) Der Kasusrahmen (die Argumentstruktur) ist bei Fillmore (1968) – und später auch bei Lakoff (1977) – nicht in der bis heute als Satzstrukturierung schlechthin geltenden Subjekt-Prädikat-Struktur (Konstituentenstruktur, Phrasenstruktur) angesiedelt, sondern in der Tesnière'schen Dependenzstruktur. Fillmore hat damit das Format der Argumentkonstruktionen begründet, das Goldberg (1995) zu Grunde legt. (3) Fillmore (1968) hat das moderne Konzept der Kasusrollen (semantischen Rollen) begründet. (4) Auf Fillmore geht aber gleichzeitig auch das bis heute beherrschende extensionale, denotativ-semantische und onomasiologische Konzept semantischer Rollen zurück. Die Überwindung dieses extensionalen Konzepts ist Grundbedingung der Lakoff-Goldberg'schen Version der KxG und der in diesem Buch vertretenen sprachgebrauchsbezogenen Version einer KxG.

Oft werden die Anfänge der KxG in die zweite Hälfte der 80er Jahre datiert, (vgl. Kap. 1). Unberücksichtigt bleibt dann Fillmores Aufsatz von 1968. Denn bereits in Fillmore (1968) treten mit Kasusrahmen Konstruktionen als Grundeinheiten der Grammatik an die Stelle von Wörtern. Das ist eine Wendung, die ihre revolutionäre Sprengkraft schon in den 70er Jahren des vergangenen Jahrhunderts bei der Etablierung kognitiver Handlungstheorien erwiesen hat und erst wesentlich später in der Linguistik in Gestalt der KxG, vgl. Aebli (1980:63):

> Die Kasusgrammatik hat, wie gesagt, indirekt die Handlungstheorie befruchtet, und dies in ungleich höherem Maße als Chomsky. Der Grund liegt darin, daß sie die Syntax der Sprache von der Handlung her deutet und nicht, wie Chomsky, von der Logik des Aristoteles. Denn die Grundstruktur der Chomskyschen Syntax basiert auf der Beziehung von Subjekt und Prädikat, noun phrase und predicate phrase. Die Kasusgrammatik hat aber ein Weiteres bewirkt: Sie hat uns die Augen für die strukturellen Ähnlichkeiten, die zwischen Handlung und Satzstruktur bestehen, geöffnet. Wenn man die grammatischen Kasus so unmittelbar auf die Handlung übertragen kann, so muss eine tiefe Affinität zwischen dem sozialen Handeln und der Sprache bestehen.

Aebli hebt Positionen hervor, die für die heutige KxG und die in diesem Buch vertretene Konzeption gelten (vgl. Goldbergs 1995: 39 *scene encoding hypothesis*). Ein Blick zurück auf Fillmore (1966, 1968) und seinen ursprünglichen Bezug auf die Tesnière'sche Dependenztheorie (1980, ¹1959) lohnt sich daher.

Voraus zu schicken ist, dass Fillmore, ungefähr gleich alt wie Chomsky,[2] wie dieser von einem rationalistischen Grammatikkonzept ausgeht. Er postuliert

---

2 Chomsky wurde 1928 geboren, Fillmore 1929.

(1968) und auch später Universalien und zu Grunde liegende Tiefenstrukturen. Er sieht Kasus (Kasusrollen) einerseits als Rollen der Aktanten in sprachlichen Wiedergaben von elementaren Ereignissen an, andererseits aber auch als angeboren. Damit im Zusammenhang steht, dass er Kasus extensional (onomasiologisch) und nicht intensional (semasiologisch) definiert. Eine intensionale Definition von Kasusrollen findet man bei Lakoff (1977). Sie ist ein zentrales Moment des Unterschiedes des Lakoff'schen *BCCxG*-Modells gegenüber dem Fillmore'schen *BCxG*-Modell. Unmittelbar damit zusammen hängt die am Invarianzmodell orientierte Darstellungsweise Fillmores und die am Prototypenmodell orientierte Lakoffs. Prototypik ist die Grundlage einer intensionalen Definition von Kasusrollen (vgl. 2.2.14). Aus der Invarianzmethode folgt die Nähe der *BCxG* zur *HPSG*.

Ausgangspunkt ist für Fillmore im Kontext der damaligen Diskussion[3] die Frage nach der universellen Basiskomponente der Grammatik (1968: 1). Die tradierte Phrasenstruktur (Konstituentenstruktur) mit ihrer Dichotomie von Subjekt und Prädikat hält er für eine unzureichende Grundlage,[4] da er diese Strukturierung nicht als universell ansieht, vgl. (ebd.: 2–3):

> I shall argue that [...] what is needed is a conception of base structure in which case relationships are primitive terms of the theory and in which such concepts as subject and object are missing. The latter are regarded as proper only to the surface structure of some (but possibly not all) languages.

In einer Anmerkung dazu heißt es (ebd.: 3):

> Notational difficulties make it impossible to introduce ‚case' as a true primitive as long as the phrases-structure model determines the form of the base rules.

Fillmore betrachtet also die Phrasenstruktur (Konstituentenstruktur) als eine Erscheinung der Oberflächenstruktur und nicht der Tiefenstruktur (vgl. auch 2.2.11 und 2.2.12). Aus seiner Sicht sollten Kasus an die Stelle von Kategorien wie Subjekt und Objekt treten. Das geschah im Kontext damaliger Diskussionen derart, dass er die Tiefenkasus, in denen man vom heutigen Standpunkt aus

---

[3] Stichworte: *Deep Structure – Surface Structure* (Chomsky 1965) und Generative Semantik.
[4] Allerdings ist Fillmore seiner ursprünglichen Kritik an der NP-VP-Dichotomie später nicht mehr gefolgt. Die VP und eine Subjekt-Prädikat-Konstruktion wurden für ihn wieder elementare schematische Konstruktionen (vgl. Fillmore/Kay 1993; Fillmore 2013). Auch die Argumentkonstruktionen in Goldberg (1995) entsprechen Dependenzstrukturen und nicht der aristotelischen Subjekt-Prädikat-Aufteilung. Jedoch führt auch Goldberg (2006) im Zusammenhang mit einem Vorschlag, Wortstellungsprobleme zu lösen (vgl. Kap. 7), erneut eine VP als Konstruktion ein, obwohl ihre Argumentkonstruktionen wie in Goldberg (1995) das Subjekt einschließen und nicht ausschließen.

semantische Rollen sehen würde, als syntaktische Kategorien definierte, die als Kategorien der syntaktischen Tiefenstruktur an die Stelle der von ihm als syntaktische Oberflächenkategorien angesehen syntaktischen Relationen des Subjekt, Objekts und *Obliques* zu treten haben.

Da er seine Thesen auf der Grundlage der Unterscheidung von Tiefen- und Oberflächenstruktur entwickelt und Kasus als Kategorien der Tiefenstruktur an die Stelle von Phrasenstrukturkategorien treten sollen, widmet er den ersten Abschnitt seiner Ausführungen (ebd.: 7–17) zunächst der Auseinandersetzung mit traditionellen und zeitgenössischen Kasus-Theorien, die Kasus als Oberflächenphänomene betrachten und dabei versuchen, invariante Einheitsbedeutungen für die Oberflächenformen von morphologischen Kasus zu finden. Diese versuchten stets nachzuweisen, dass Kasusbedeutungen ein kohärentes System bilden. Später (ebd.: 21, vgl. auch unten) spricht er von *„conceptual framework interpretation of case systems"*.

Das in der traditionellen Kasusliteratur zu beobachtende Scheitern von Versuchen, Bedeutungen von Kasusformen invariant voneinander abzugrenzen, bestärkt ihn in der Definition von Kasusrollen als abstrakte Tiefenkasus, d. h. de facto als semantische Rollen, die von ihren formalen morphologischen Kodierungen abgekoppelt sind. Das ist gleichzeitig die Möglichkeit, die extensionale Definition der Rollen aufrecht zu erhalten. Denn die extensionale Defintion sieht er nur in Bezug auf das Postulat, dass Form und Bedeutung isomorph sind, als gescheitert an. Dass auch die invariante Abgrenzung von onomasiologisch definierten Tiefenkasus scheitern wird, kalkuliert er nicht ein. Erst Lakoff (1977) hat zehn Jahre später die Möglichkeit einer intensionalen Definition von Rollen in die Debatte eingebracht. Die *Mainstream*-Linguistik wurde auf diese Alternative erst durch Dowty (1991) aufmerksam.

Der Abschnitt 2: *Some Preliminary Conclusions* (Fillmore 1968: 17–21) gibt Auskunft darüber, wie Fillmore zu seinem Gegenvorschlag gelangt ist, (Tiefen-)Kasus an die Stelle syntaktischer Relationen (insbesondere von Subjekt versus Objekt) zu setzen. Neben der *„conceptual framework interpretation of case systems"* in der traditionellen europäischen Kasustheorie gab es für ihn einen weiteren Grund, Kasus an die Stelle von Phrasenstrukturkategorien wie Subjekt und Objekt zu setzen. Vermittelt wurde diese Idee durch die Rezeption der Tesnière'schen Dependenzgrammatik (Tesnière 1959), vgl. einleitend (ebd. 17):

> I have suggested that there are reasons for questioning the deep-structure validity of the traditional division between subject and predicate, a division which is assumed by some to underlie the basis form of all sentences in all languages. The position I take seems to be in agreement with that of Tesnière (1959, pp. 103–105) who holds that the subject/predicate division is an importation into linguistic theory from formal logic of a concept which is not supported by the facts of language and, furthermore, that the division actually obscures the many structural parallels between ‚subjects' and ‚objects'.

Lässt man die Interpretation in Begriffen der Tiefenstruktur und Oberflächenstruktur beiseite, so wendet sich Fillmore gegen die Beschreibung von syntaktische Strukturen auf der Basis von Phrasenstrukturen und spricht sich für eine Beschreibung auf der Basis von Dependenzstrukturen aus.⁵ Das geschieht mit den gleichen Argumenten, die Tesnière gegen die Subjekt-Prädikat-Dichotomie der traditionellen aristotelischen Logik vorbringt (vgl. Welke 2011). Diese Entgegensetzung stimmt auch mit der Position Freges (1971: 53), des Begründers der modernen Prädikatenlogik, überein:

> Eine Unterscheidung von *Subject* und *Prädicat* findet bei meiner Darstellung eines Urtheils *nicht statt*. [...] Wenn man sagt: „Subject ist der Begriff, von dem das Urtheil handelt", so passt dies auch auf das Object. Man kann daher nur sagen: „Subject ist der Begriff, von dem hauptsächlich das Urtheil handelt." Die Stelle des Subjects in der Wortreihe hat für die Sprache die Bedeutung einer ausgezeichneten Stelle, an die man dasjenige bringt, worauf man die Aufmerksamkeit des Hörers besonders hinlenken will.
> Bei dem ersten Entwurfe einer Formelsprache ließ ich mich durch das Beispiel der Sprache verleiten, die Urtheile aus Subject und Prädicat zusammenzusetzen. Ich überzeugte mich aber bald, dass dies meinem besondern Zwecke hinderlich war und nur zu unnützen Weitläufigkeiten führte.⁶

Da Fillmore an die Stelle von phrasenstrukturell definierten syntaktischen Relationen der Tiefenstruktur wie Subjekt und Objekt geeignetere Relationen, nämlich Tiefenkasus, setzen will, kommt es – unbeabsichtigt – zu jener revolutionären Wendung gegen die projektionistischen Grundlagen der Dependenzgrammatik, die die Valenztheoretiker, die ja ebenfalls von Tesnière ausgingen, seinerzeit so überrascht hat. Lange vor der Herausarbeitung des spezifischen Konzepts der Projektion und lange vor heutigen Diskussion um Projektion versus Konstruktion (z. B. Engelberg/Holler/Proost 2011; Finkbeiner/Meibauer 2016) führt Fillmore (1968) den wichtigsten Grundsatz der heutiger KxG ein, nämlich, dass Konstruktionen (und nicht Wörter) die Grundeinheiten der Grammatik sind.

Denn Fillmore ging nicht vom Verb aus, sondern von einem so genannten Kasusrahmen *(case frame)*. Das ist der Vorläufer der heutigen schematischen Argumentkonstruktion, u. a. bei Goldberg (1995).

Ein Kasusrahmen kann z. B. die Form (1) besitzen.

(1) [_O (A)]   Fillmore 1968: 29 (47)

---

5 Der Bezug Fillmores auf Tesnière verweist darauf, dass es zwischen Dependenzgrammatik und späterer KxG eine wesentlich engere konzeptionelle Verbindung gibt als zwischen Phrasenstrukturgrammatik und KxG (vgl. auch 2.2.11).
6 Frege gibt der Sprache die Schuld. Tesnière (1959) wirft das Gleiche „der" Logik vor. Aber „Schuld" war in beiden Fällen die aristotelische Subjekt-Prädikat-Logik.

O *(Objective)* ist ein obligatorischer Tiefenkasus und A *(Agentive)* ein fakultativer Tiefenkasus. Die Klammer bedeutet also Fakultativität. Der Unterstrich deutet die durch das Verb zu füllende Position an. In den Kasusrahmen (1) passt z. B. das Verb *cook*:

(2) a. Mother is cooking the potatoes.   Fillmore 1968: 29 (48) und (49)
    b. The *potatoes* are cooking.

Wenn man weiß, welche Verben auf welche Weise in einen gegebenen Kasusrahmen *(case frame)* passen, kann man Sätze (lexikalisch gefüllte Konstruktionen mit Satzeigenschaften) bilden. Da nicht jedes Verb in jeden Kasusrahmen passt, sah Fillmore vor, dass Verben über Indices für die Kasusrahmen verfügen, in die sie eingefügt werden können, sog. *frame features*. Das sind Merkmale an Wörtern (Köpfen, regierenden Verben), wie in projektionistischen Theorien. Es geht also bei *frame features* um Valenz bzw. Projektion, vgl. (ebd.: 27):

> In lexical entries for verbs, abbreviated statements called ‚frame features' will indicate the set of case frames into which the given verbs may be inserted. These frame features have the effect of imposing a classification of the verbs in the language.

Fillmore sieht das Verb aus der Perspektive des Kasusrahmens (der Konstruktion). Projektionistische Grammatiken sehen den Kasusrahmen aus der Perspektive des Verbs. Fillmore formuliert damit gleichzeitig eine Möglichkeit, den tradierten Gesichtspunkt der Projektion auf ganz natürliche Weise in die KxG zu integrieren, ohne ihn aufzugeben oder die Frage nach der Projektion zu umgehen, wie es später u. a. bei Goldberg (1995) den Anschein hat (vgl. 5.3.1).

Die Einführung von Kasusrollen (semantischen Rollen) durch Fillmore war für die projektionistische Dependenz- und Valenzgrammatik eine Bereicherung. Denn dort hatte man sich weitgehend damit begnügt, (in syntaktischen Relationen ausgedrückt) die Sonderrolle des Subjekts zu beseitigen und das Subjekt als Ergänzung (Argument) neben anderen Argumenten (u. a. den Objekten) zu beschreiben. Zunächst wurden nur formal-morphologische Unterschiede (Subkategorisierung) und semantische Unterschiede in Form von allgemeinen kategorialen Merkmalen der Argumente (Selektionsbedingungen) berücksichtigt. Das Konzept der Kasusrollen, also der späteren semantischen Rollen, wurde erst im Anschluss an Fillmore eingefügt und nicht eigenständig aus der tradierten europäischen Kasustheorie entwickelt (vgl. Welke 1988). Auch die Projektionsgrammatik insgesamt griff bekanntlich den Vorschlag Fillmores auf.[7]

---

[7] Stichworte: thematische Relation, Theta-Rollen, Theta-Theorie, nach Grubers (1965) Rolle ‚*Theme*'.

Bereits bei Fillmore (1968) deutet sich aber auch der Konflikt zwischen der zukünftigen Konstruktionsgrammatik und den tradierten projektionistischen Grammatiktheorien an. Fillmore (1968), so schien es damals, sei leicht zu widerlegen. Denn gegen seine Auffassung stand eine überwältigende projektionistische Tradition. Bereits der Begriff der Rektion impliziert, dass das Verb den Kasus regiert und nicht der Kasus das Verb. Auch wenn man von intransitiven, transitiven, ditransitiven Verben spricht, ist die Konstruktion, die dahinter steht, vom Verb aus gesehen.

So hat Helbig wiederholt und in gleich lautenden Formulierungen (z. B. 1982: 56; 1992: 24) Fillmores Perspektive vom Kasusrahmen auf das Verb zu den „Nachteilen" der Kasustheorie gezählt (vgl. 2.2.2). Helbig übergeht dabei, dass ebenfalls erst noch zu beweisen wäre, dass die Unterschiede der semantischen Kasus aus der lexikalischen Bedeutung des Verbs resultieren und nicht die lexikalische Bedeutung oder bestimmte Aspekte der lexikalischen Bedeutung aus den Kasus bzw. aus der Konstruktion.

Grundlage dieser Kontroverse sind nämlich zunächst nur Voraussetzungen. Projektionistische Theorien meinen, man komme vom Verb zur Konstruktion. Fillmore (1968) und die heutige Konstruktionsgrammatik nehmen das Gegenteil an. Unmittelbar zu beobachten ist aber nur das Zusammenvorkommen *(co-occurence)* bestimmter Verben mit bestimmten Wörtern/Wortgruppen, wobei letztere in bestimmter morphologisch-syntaktischer Gestalt und in bestimmter kategorialer Bedeutung (Selektion) auftreten. Ob man sagt, dass die Verben ihre Umgebung determinieren bzw. regieren, oder ob man sagt, dass die Umgebung der Verben die Verben determiniert bzw. regiert (oder projiziert, lizenziert), ist eine durch Beobachtungstatsachen nicht unmittelbar gedeckte unterschiedliche Perspektivierung. Beispielsweise kann das Verb *helfen* zusammen mit einem Substantiv im Dativ vorkommen und das Verb *unterstützen* mit einem Substantiv im Akkusativ. Das Verb *helfen* und der Dativ und das Verb *unterstützen* und der Akkusativ gehören also jeweils spezifisch zusammen *(co-occurence)*. Ob aber das Verb den passenden Kasus wählt/regiert oder der Kasus das passende Verb, müssen weitergehende Beobachtungen und Theorien entscheiden. Denn der Kasusrahmen ‚Nominativ-Akkusativ' gehört genauso zu den transitiven Verben *bauen, haben, lieben* wie die Verben *bauen, haben, lieben* zu dem Kasusrahmen, gebildet aus Nominativ und Akkusativ, gehören.

Der Abschnitt 3. *Case Grammar* (Fillmore 1968: 21) beginnt folgerichtig mit der Ankündigung:

> The substantive modification in the theory of transformational grammar which I wish to propose amounts to a reintroduction of the ‚conceptual framework' interpretation of case systems, but this time with a clear understanding of the difference between deep and

surface structure. The sentence in its basic structure consists of a verb and one or more noun phrases, each associated with the verb in a particular case relationship.[8]

Der Begriff ‚*conceptual framework*' kündigt sowohl die spätere KxG als auch die allgemeine *Frame*-Semantik an und wurde von Handlungstheoretikern und Kognitionswissenschaftlern der 70er Jahre in Richtung der allgemeinen kognitiven Schema-Theorie rezipiert (vgl. 2.2.13 und 5.4.1).

Fillmore (1968) und Gruber (1965) sind die Begründer der heutigen Kasus- bzw. Rollentheorien. Keine heutige semantische, grammatische oder auch rein formalsyntaktische Darstellung von Argumentkonstruktionen kommt ohne (semantische) Rollen aus. Vorläufer ist die europäische Kasustheorie (vgl. Dürscheid 1999). In dieser ist bereits die Differenz Fillmore – Gruber durch die Auseinandersetzung zwischen so genannten logischen versus lokalistischen Kasustheorien vorgeprägt. Grubers lokalistisches Konzept hat in Jackendoff (1983, 1990) einen einflussreichen Fortsetzer gefunden (vgl. 4.6.3).

Die meisten Rollenbeschreibungen und Rollentheorien folgen Fillmore und Gruber in ihrer auf Extensionalität und Invarianz gerichteten Denkweise. Hauptquelle dieser Rollentheorien ist Fillmore. Im Gegensatz dazu stand Lakoff (1977; Lakoff/Johnson 1980; Lakoff 1987). Seine prototypentheoretische Kasusauffassung fand im grammatiktheoretischen *Mainstream*-Diskurs keine Beachtung. Sie wurde von Lakoff (1987) und dann vor allem von Goldberg (1995) in die KxG überführt und in die Valenztheorie durch Welke (1988). Eine prototypentheoretische Kasusauffassung bildet einen elementaren Bestandteil der Goldberg'schen *CCxG* und ist Voraussetzung für die Auffassung von Konstruktionen als bilaterale Einheiten aus Form und Bedeutung.

Fillmore (1968 und später), Gruber (1965) und Jackendoff (1983) bleiben bei einer extensionalen Definition von Kasusrollen. Das ändert nichts an dem von Aebli (1980, vgl. oben) hervorgehobene Bezug von syntaktischer und semantischer (kognitiver) Struktur und Handlungsstruktur. Fillmore formuliert das sehr prägnant (1968: 24):

> The case notions comprise a set of universal, presumably innate, concepts which identify certain types of judgements human beings are capable of making about the events that are going on around them, judgements about such matters as who did it, who it happened to, and what got changed.

Auch in Einführungen in die (minimalistische) Generative Grammatik (vgl. z. B. Radford 1997; Adger 2003; Freidin 2012) gibt es diesen ontologischen Bezug. Dieser ist dort als Einstiegshilfe gemeint und steht streng genommen im Widerspruch zur ursprünglichen Autonomiethese und ist so gesehen ein Zirkel-

---

8 Der letzte Satz des Zitats könnte auch von Tesnière stammen.

schluss. Bei Fillmore und später in Goldbergs (1995) *scene encoding hypothesis* geht es dagegen um einen theoretisch motivierten funktionalen Zugang, dem zufolge die Syntax nicht autonom ist.

In Fillmore (1968: 24–25) findet sich folgende Liste von Tiefenkasus (von semantischen Rollen):
- *Agentive* (A), the case of the typically animate perceived instigator of the action identified by the verb.
- *Instrumental* (I), the case of the inanimate force or object causally involved in the action or state identified by the verb.
- *Dative* (D), the case of the animate being affected by the state or action identified by the verb.
- *Factitive* (F), the case of the object or being resulting from the action or state identified by the verb, or understood as a part of the meaning of the verb.
- *Locative* (L), the case which identifies the location or spatial orientation of the state or action identified by the verb.
- *Objective* (O), the semantically most neutral case, the case of anything representable by a noun noun whose role in the action or state identified by the verb is identified by the semantic interpretation of the verb itself; conceivably the concept should be limited to things which are affected by the action or state identified by the verb. The term is not to be confused with the notion of direct object, nor with the name of the surface case synonymous with accusative.

Zur Definition des *Agentives* gibt es folgende aufschlussreiche Anmerkung (Anmerkung 31, ebd. 24):

> The escape qualification ‚typically' expresses my awareness that contexts which I will say require agents are sometimes occupied by ‚inanimate' nouns like *robot* or ‚human institution' nouns like *nation*. Since I know of no way of dealing with these matters at the moment, I shall just assume for all agents that they are ‚animate'.

Eine solche Wendung ist m. E. typisch für eine auf Invarianz orientierte Denkweise. Prototypik und Metaphorik scheinen intuitiv naheliegend. Aber ein prototypentheoretischer Ansatz erscheint nicht als ein theoretisch begründeter Ausweg.[9]

---

9 Klein (1994: 78) beschreibt das Problem in Bezug auf Tempusbedeutungen analog: „A way out is possibly opened by ‚prototype theory' [...] It is not clear, though, how this might work [...], and the fact that it was never applied beyond some elementary examples raises doubt about its general applicability. In what follows, I shall adopt the bad but well-established linguistic practice of ignoring the problem." (vgl. dagegen die Grundlegung der Tempustheorie durch ein prototypentheoretisch-dynamisches Konzept in Welke 2005).

Auch Fillmores Erläuterung zum *Objective* (vgl. oben) beginnt mit einer solchen weicheren Umschreibung, vergleichbar dem unmarkierten Pol in privativen Oppositionen. Dann folgt jedoch wiederum ein Satz, der auf invariante Abgrenzung zum *Factitive* hinausläuft, nämlich im Sinne der traditionellen Unterscheidung von effiziertem Objekt *(Factitive)* und affiziertem Objekt *(Objective)*.

Die Aufzählung (3)–(6) ist eine erste Beispielsammlung Fillmores, die die Differenz zwischen Tiefenkasus und Oberflächenrealisierungen demonstrieren soll. Ich ergänze noch durch (7). Die Beispielsammlung zeigt,[10] dass es bei extensional definierten Kasus keine 1:1 Entsprechung (Isomorphie), keine Bilateralität von Bedeutung und Form gibt.

(3) a. John opened the door.   Fillmore 1968: 25 (29)
     b. The door was opened by John.   Fillmore 1968: 25 (30)

(4) a. The key opened the door.   Fillmore 1968: 25 (31)
     b. John opened the door with the key.   Fillmore 1968: 25 (32)
     c. John used the key to open the door.   Fillmore 1968: 25 (33)

(5) a. John believed that he would win.   Fillmore 1968: 25 (34)
     b. We persuaded John that he would win.   Fillmore 1968: 25 (35)
     c. It was apparent to John that he would win.   Fillmore 1968: 25 (36)

(6) a. Chicago is windy.   Fillmore 1968: 25 (37)
     b. It is windy in Chicago.   Fillmore 1968: 25 (38)

(7) a. The door opened.   Fillmore 1968: 27 (40)
     b. John opened the door.   Fillmore 1968: 27 (41)

John in (3a, b) hat also gleichbleibend die Rolle ‚*Agentive*‘, woraus folgt, dass *door* gleichbleibend die Rolle ‚*Objective*‘ hat. *Key* hat in (4a–c) gleichbleibend die Rolle ‚*Instrument*‘, *John* in (5a–c) die Rolle ‚*Dative*‘, *Chicago* in (6a, b) die Rolle ‚*Locative*‘ und *door* in (7a, b) die Rolle ‚*Objective*‘.[11]

Fillmore definiert Rollen, und er fragt, wie diese Rollen formal kodiert werden.[12] Es handelt sich um ein onomasiologisches Herangehen, ein Herangehen vom Bezeichneten (Referierten) aus – bzw. von etwas, wovon man glaubt, dass

---

10 Das gilt, wenn man Tiefenkasus als das nimmt, was sie sind, nämlich als semantische Rollen.
11 Die Rollenbezeichnungen sind – auch von Fillmore selbst – oft geändert worden. Statt *Agentive* wird heute meist *agent* gebraucht, statt *dative* meist *experiencer* und statt *objective* meist *patient*.
12 Die nächstliegende Antwort wäre: durch Kasusformen. Fillmore bezieht die Rollen jedoch auf syntaktische Relationen.

es bezeichnet wird, nämlich von einem Inhalt aus, der nicht der Inhalt einer bestimmten sprachlichen Form ist. Die terminologische Fixierung der bezeichneten Rolle *(Agentiv, Dative, Instrumental, Objective)* geschieht gleichsam unabhängig von und vor den sprachlichen Formen (den Kasusformen bzw. syntaktischen Relationen), die diese Rollen in der zu untersuchenden Sprache tragen.

Dem steht die von Lakoff (1977) initiierte signifikative, intensionale und semasiologische Auffassung gegenüber. Aus semasiologischer Perspektive geht man nicht von einer unabhängig gesetzten Bedeutung (also angenommenen Referenz) aus, sondern von der Form und fragt, wie die Rolle (die Bedeutung) zu beschreiben ist, die dieser Form zugeordnet ist. Geht man dabei prototypentheoretisch und nicht nach der Invarianzmethode vor, gelangt man zu Rollen, die im Prinzip (Homoymien eingerechnet) isomorph Formen zugeordnet sind, z. B. zu einer prototypisch weit gefassten Rolle ‚Agens' als die dem Subjektsnominativ zugeordnete Rolle in Nominativ-Akkusativ-Konstruktionen (und in Tätigkeitskonstruktionen) (vgl. 3.6.2).

Fillmores Unterscheidungen (und die Unterscheidungen heutiger Verfechter extensional definierter Rollen) gehen m. E. von mehreren miteinander zusammenhängenden Intuitionen aus. Zunächst handelt es sich um die Intuition (1), dass es bei der Semantik sozusagen ungefiltert um die Welt geht. Man nimmt Bedeutungen so, als gäben sie unmittelbar Realität wieder – als irgendwie gegebene sprachfreie kognitive Inhalte, die nicht durch eine subjektive sprachliche Optik gebrochen sind. Diese Intuition wird (2) durch den intuitiven Rückbezug auf das perzeptive System der Kognition gestützt. So nimmt Räumliches im perzeptiven System eine bevorzugte Stellung ein. Folglich erscheint die Konstruktion (8b) gegenüber (8a) nicht nur als der Grundfall, sondern (8a) wird mit (8b) semantisch identifiziert. Der PP *auf den Wagen* und der DP *den Wagen* wird gleichermaßen die Rolle ‚Patiens' zugeordnet.

(8) a. Emil lädt Heu auf den Wagen.
    b. Emil belädt den Wagen mit Heu.

Das leitet zu der Intuition (3) über: Die Rollen werden auf Grund des Umstandes identifiziert, dass jeweils (3a), (4b), (6b), (7b) und (8a) der Normalfall der Versprachlichung im Englischen (bzw. Deutschen) ist, d. h. die unmarkierte Konstruktion. Die Konstruktionen (3b), (4a), (6a), (7a) und (8b) werden mit den unmarkierten Konstruktionen semantisch identifiziert, und die Rollen werden gleichgesetzt. Grundlage ist das in Projektionsgrammatiken übliche Verfahren, synonyme Konstruktionen mittels syntaktischer Transformationen oder lexikalischer Derivationen aufeinander zurückzuführen – unter der Annahme, dass Synonymie bei annähernd gleichem Wahrheitswert Bedeutungsidentität sei.

Eine weitere Intuition (4) hängt damit zusammen, dass Fillmore (und ihm folgend das Gros der Rollentheoretiker) von ihrerseits prototypentheoretisch begründbaren Vorstellungen u. a. über typische Handlungen ausgehen, nämlich von Handlungen, in denen ein menschliches Agens willentlich etwas in einer materiellen Handlung bewirkt, z. B. bei der Beurteilung von *John* als *Experiencer* in (5a–b). Dieses Merkmal wird jedoch nicht prototypentheoretisch skaliert, sondern als Invariante interpretiert, so dass der Akteur *John* in (5a) (in Konstruktionen wie bspw. *etwas glauben, jemanden überzeugen*) nicht als Agens angesehen werden darf. Dennoch ist John in einem über den Grundfall (den Prototyp) erweiterten Sinne wirklich Akteur. Ausgangspunkt ist also ein als *typisch* erscheinendes Agens oder Patiens. Dieser Prototyp wird als invarianter Maßstab gesetzt, also zur Invariante erhoben, mit der Folge, dass einerseits alles ausscheiden muss, was diesem Maßstab nicht vollkommen (invariant) entspricht und dass andererseits identifiziert wird, was auf Grund von Ableitungsmöglichkeiten ähnlich genug erscheint, um identifiziert zu werden, also z. B. *John* in (5a) und (5b). Prototypen werden also zu Invarianten gemacht.

Allgemeine Grundlage ist letztlich der Umstand, dass in Bezug auf das Konstrukt der *langue* bzw. *competence* nach Kriterien der Invarianz entschieden wird, obwohl die Sprecher/Hörer in ihrer realen sprachlichen Tätigkeit nach Kriterien der Prototypik vorgehen. So sollte es eigentlich nach einem ebenfalls intuitiven Verständnis völlig plausibel sein, dass *key* in (4a) „eine Art" Agens, d. h. ein Agens im prototypischen Sinne ist. Denn darauf beruht doch gerade der stilistische Effekt dieser Konstruktion. Der Schlüssel bewirkt wirklich gleichsam etwas. Wenn man diesen Effekt beschreiben will, muss man sich auf den Tatbestand der Prototypik und Metaphorik einlassen und damit auf etwas, was mit der üblichen Invarianzmethode nicht beschreibbar ist und was in der Grammatik- und Semantik-Theorie meist ausgeklammert wird. Analog hat *door* in (7b) und (3b) extensional die Rolle ‚Patiens' nur unter dem Aspekt, dass man (7b) und (3b) auf (7a) bzw. (3a) zurückführt. Für sich genommen ist eine andere Rolle für (3b) angemessener, nämlich ‚Vorgangsträger' (zum Begriff vgl. 3.6). *Chicago* in (6a) ist als ‚Eigenschaftsträger' interpretierbar. Auch „in Wirklichkeit" ist die Stadt Chicago nicht nur ein Ort, sondern auch ein Gegenstand/Ding mit Eigenschaften.

Dass sich andererseits in die Invarianzmethode gelegentlich prototypische Übergänge einmengen, zeigen Applikativkonstruktionen. Durchaus nicht immer werden die Rollen von *Heu* und *Wagen* in (8a), nämlich Patiens und Lokativ (Direktiv), mit denen von *Heu* und *Wagen* in (8b) gleichgesetzt.[13]

---

13 Eine Gleichsetzung nimmt z. B. Wunderlich (1987) vor.

Fillmore behauptet bei der Besprechung traditioneller Kasustheorien (ebd.: 8–14) die Nichtübereinstimmung von Form und Bedeutung in Bezug auf das Verhältnis von Kasusbedeutung und (morphologischer) Kasusform. Bei den Gegenüberstellungen (3)–(7) diskutiert er das gleiche Problem des Verhältnisses von Form und Bedeutung jedoch als Verhältnis von syntaktischen Relationen und Tiefenkasus (semantischen Rollen). Grund der Verschiebung auf syntaktische Relationen ist zum einen, dass es ihm um den Nachweis des oberflächenstrukturellen Status von phrasenstrukturellen Begriffen wie ‚Subjekt' und ‚Objekt' geht (vgl. oben). Er gerät dadurch in einen Widerspruch zu seinem Bezug auf Tesnière und die traditionelle europäische Kasustheorie sowie zur Struktur seiner Kasusrahmen (Konstruktionen), die eben nicht phrasenstrukturell aufgebaut sind.

Bei dieser Verschiebung auf ein generelles Syntax-Semantik-Verhältnis in Gestalt von syntaktischer Relation versus semantischer Rolle[14] ist es in der modernen Linguistik ziemlich ausnahmslos geblieben, auch bei Dowty (1991) und partiell auch bei Goldberg (1995; vgl. 3.5).[15]

Die Interpretation als Verhältnis von syntaktischer und semantischer Struktur ist als *linking* in nahezu allen modernen Rollenkonzepten anzutreffen.[16] *Linking* ist Bestandteil des Konzepts der modularen Trennung von syntaktischer und semantischer Struktur. Es geht um die Beschreibung von Zuordnungen, um so genannte Schnittstellen. Eine konstruktionsgrammatische Theorie, die die Bilateralität von Form und Bedeutung behauptet, muss das *Linking*-Konzept aufgeben. Denn *Linking* setzt Trennung voraus, setzt voraus, dass es zwischen Form und Bedeutung keine prinzipielle 1:1-Zuordnung, also keine Bilateralität (Isomorphie) gibt (vgl. 2.2.6).

Um die durch syntaktische Relationen (Subjekt, Objekt) vermittelte Zuordnung von Kasusformen und extensional definierten Kasusbedeutungen zu beschreiben, werden in extensionalen Theorien Kasushierarchien formuliert, in denen syntaktische Relationen beginnend beim Subjekt semantischen Rollen zugeordnet werden (vgl. Dik 1978; Keenan/Comrie 1977; Dowty 1991; Bühring 1992; Wunderlich 1997; Primus 1999; vgl. kritisch Welke 2002). Auch hierin war Fillmore Vorreiter. Er beschreibt (1968) eine solche Hierarchie (vgl. ebd.: (54.) 33):

---

14 Und nicht als Verhältnis von formaler Kodierung und Rolle.
15 Eingeschlossen ist eine weitere Verschiebung gegenüber der ursprünglichen Fillmore'schen Interpretation als Verhältnis von *syntaktischer* Tiefenstruktur und Oberflächenstruktur zu einer Interpretation als Verhältnis von semantischer und syntaktischer Struktur.
16 Eingeschlossen ist die Komplikation, dass der Bezug auf die Form nicht der direkte Bezug auf die Kasusformen ist, sondern dass der Formbezug der Bezug auf die Phrasenstruktur ist.

If there is an A, it becomes the subject; otherwise, if there is an I, it becomes the subject; otherwise, the subject is the O. (A: Agentive, I: Instrumental, O: Objective, K. W.)

Diese Rollenhierarchien haben sich zu außerordentlich komplizierten Ableitungen entwickelt (vgl. Primus 1999, 2012) – obwohl sie nur an wenigen ausgewählten Fällen exemplifiziert wurden. Sie gehören zu dem Regelapparat, mit dem Wort-Satz-Grammatiken versuchen, Strukturen wohlgeformter Sätze zu berechnen (vgl. auch 3.4). Es ist jedoch äußerst unplausibel anzunehmen, dass die Sprecher/Hörer bei jedem Satz entsprechende komplizierte und undurchsichtige Zuordnungshierarchien vornehmen.

Fazit
Fillmore (1968) hat in mehrfacher Hinsicht bis heute grundlegende Bedeutung. Wesentlich für das Anliegen einer sprachgebrauchsbezogenen KxG ist jedoch auch die Überwindung der von ihm im Kontext der Generativen Grammatik (und von Berechnungsgrammatiken im Allgemeinen) vertretenen extensionalen, denotativ-semantischen und onomasiologischen Definition semantischer Rollen. Das Vorgehen Fillmores (1968) ist exemplarisch für heutige extensionale Rolleninterpretationen. Ich habe daher bereits an dieser Stelle die bis heute unhinterfragten Beweggründe der denotativ-semantischen Interpretationen aufzudecken versucht.

3.2 Lakoffs prototypentheoretisches Rollenkonzept

So wie Fillmore (1968) den Grundstein für die *CxG* im Allgmeinen und die Version der *BCxG* im Besonderen legt, so ist Lakoff mit seinem Aufsatz (Lakoff 1977) der Begründer der zweiten Hauptrichtung der KxG, der *BCCxG*. Er ist das durch seine prozessual-prototypentheoretische intensionale, signifikativ-semantische und semasiologische Interpretation von Kasusrollen. Ohne diese intensionale Rolleninterpretation wären Grundprinzipien der Goldberg'schen KxG und der in diesem Buch vertretenen sprachgebrauchsbezogenen KxG wie Bilateralität, *No-Synonymy*, Isomorphie (bzw. Homomorphie) von Form und Bedeutung, *Scene Encoding Hypothesis* nicht aufrecht zu erhalten.

George Lakoff, geboren 1941, also ungefähr zwölf Jahre jünger als Fillmore und Chomsky, lehrte seit 1972 wie Fillmore in *Berkely, California*. Seine frühe Publikation *Irregularity in Syntax* (1965, Neudruck 1970) verweist auf seine Skepsis gegenüber idealisierenden Systematisierungen. Das ist ein wesentlicher Baustein der späteren KxG, deren Motivation ja gerade syntaktische Strukturen sind, die von dem Regelmechanismus der *core grammar* nicht erfasst werden.

Mit *Linguistics and Natural Logics* (1970) gehört Lakoff zu den Begründern der Generativen Semantik. Entgegen Chomsky und der Tradition des klassischen amerikanischen Strukturalismus sah er die Grammatik (die formalen grammatischen Strukturen) nicht als unabhängig von der Semantik und folglich nicht als unabhängig beschreibbar an. Er eröffnet seine Darlegungen (1970, zitiert nach der deutschen Übersetzung 1971: 1) mit den Sätzen:

> Ob man will oder nicht, es läuft alles Denken, das in der Welt vor sich geht, in natürlicher Sprache ab. Dementsprechend schließt die Verwendung natürlicher Sprache meistens auch Denken irgendeiner Art mit ein. Es sollte daher nicht allzu sehr überraschend sein, wenn wir entdecken, daß die logische Struktur, die für eine natürliche Sprache notwendig ist, um als Werkzeug des Denkens verwendet zu werden, auf irgendeine wesentliche Art der grammatischen Struktur einer natürlichen Sprache entspricht.

Den funktionalen Standpunkt unterstreicht Lakoff durch die Aussage, dass der Zusammenhang von formalsyntaktischer und semantischer (logischer) Struktur nicht zufällig ist (ebd.: 4), m. a. W. dass syntaktische Strukturen nicht autonom sind. Sie sind letztlich dadurch begründet, dass sie die Existenzweise logischer Strukturen sind. Da es ihm um die Semantik natürlichsprachlicher Sätze geht, muss er ferner nach einer Logik Ausschau halten, die dieser Aufgabe entspricht, d. h. nach einer „natürlichen Logik". Das ist eine Logik, die sich nicht wie die formale Logik des 19./20. Jahrhunderts von ihrem Ausgangspunkt und Stichwortgeber, nämlich der natürlichen Sprache, entfernt. Im Schlusswort (ebd.: 149) weist er auf die Modallogik als einen möglichen Weg in dieser Richtung hin. Lakoff beschäftigt sich in Lakoff (1975) aus dem gleichen Grund mit *Fuzzy Logic*. Damit eröffnet er den Zugang zur linguistischen Prototypentheorie. Das geschah (ebd.: 221–224) unter Berufung auf ein frühes unpubliziertes Manuskripts von Eleanor Rosch (Heider Eleanor Rosch 1971), der Begründerin des prototypentheoretischen Ansatzes in der kognitiven Psychologie.

Diesen Weg beschreitet Lakoff weiter in *Linguistic Gestalts* (1977). So wie in Fillmore (1968) Grundlagen der heutigen *BCxG* formuliert werden, formuliert Lakoff in diesem Aufsatz Grundlagen der heutigen *BCCxG*. Wesentliche Positionen Goldbergs (1995) sind hier vorgeprägt.

Der Aufsatz (Lakoff 1977) beginnt mit einem Plädoyer für eine Theorie „*about language as reflecting the way people experience the world*" (ebd: 237). Im Abschnitt 5 (ebd.: 246–247) arbeitet er 15 Merkmale von „*gestalt*" heraus. Er bezieht sich mit dem Begriff der *gestalt* auf die Gestaltpsychologie und sieht nicht nur Sprache, sondern auch Perzeption, Kognition, Emotion und Motorik in *gestalts* organisiert. Wenn man diese Merkmale auf Sprache bezieht, wird der Begriff der Konstruktion definiert.

An der Spitze der Liste steht ein Merkmal, dass auf Konstruktionen angewendet, mit der heute üblichen Grunddefinition von Konstruktion übereinstimmt (ebd.: 246):

> 1. Gestalts are at once holistic and analyzable. They have parts, but the wholes are not reducible to the parts. They have additional properties by virtue of being wholes, and the parts may take on additional significance by virtue of being within those wholes.

Hervorgehoben sei die sowohl von Vertretern, u. a. Goldberg (1995), als Kritikern der KxG vernachlässigte Dopplung: „*at once holistic and analyzable*".

Unter 4. (ebd.: 246) findet sich eine Definition des Begriffs der *inheritance*, ein Grundbegriff der KxG.

> 4. Gestalts my bear external relations to other gestalts. They may be viewed as instances of other gestalts or mapped onto other gestalts in some other way. In such mappings, the parts of one gestalt get mapped on parts of other gestalts. As a result of such mappings, a gestalt may ‚inherit' properties and inherent relations from a gestalt that it gets mapped onto. There are various types of mappings, among them inferential mappings (which are transitive), and mappings that can represent arbitrary, symbolic, or cultural associations (which are typical not transitive).

Es gibt einen Hinweis (ebd.: 260) auf das, was man heute schematische Argumentkonstruktionen nennt. Auch der Terminus der *instantiation* (vgl. Goldberg 1995) kommt darin vor:

> A gestalt is said to be ‚generalized' when one or more elements in it are left unspecified (that is, when there is at least one slot unfilled). When all elements are specified the gestalt is said to be ‚instantiated'.

Lakoff spricht sich (Abschnitt 8, ebd. 265) ähnlich wie Fillmore (vgl. 3.1) gegen Phrasenstrukturdarstellungen (Konstituentenstrukturen) aus und verbindet diesen Standpunkt mit der Ablehnung von Transformationen:

> Transformational derivations are not necessary. The only reason that they are ever thought to be necessary is that Chomsky and others accepted phrase structure analysis without question as the correct way to represent surface structure.

Vgl. auch (ebd.: 284):

> Generative semantics succeeded informally, that is, it made his point by example and argument. But formally it fell apart. There were fundamental formal mistakes. The most obvious one was taking from generative grammar the idea of phrase-structure trees and derivations. This led to endless patching: output conditions, a theory of exceptions, global rules, transderivational rules, syntactic amalgams. By eliminating phrase structure trees and derivations, the theory of linguistic gestalts seeks to put an end to a need for such patching.

Lakoff unterbreitet (ebd.: 265) den Gegenvorschlag der *network represenation*.

> If grammatical relations (subject-of, object-of, etc.) had been used instead with a bit of imagination, there would never have been any arguments for transformational derivations. The reason is that relational network representations have some significantly different properties than phrase structure representations.

Das läuft auf Dependenzstrukturen und mehrstellige Argumentstrukturen (Valenzstrukturen) und damit mehrstellige Argumentkonstruktionen hinaus, wie man sie bei Goldberg (1995) (vgl. unten 3.5) findet. Es folgen Darstellungen wie (9):

(9)　　　　　　　　　　　　　　　　　　　　　　　　Lakoff 1977: 265 (1a)

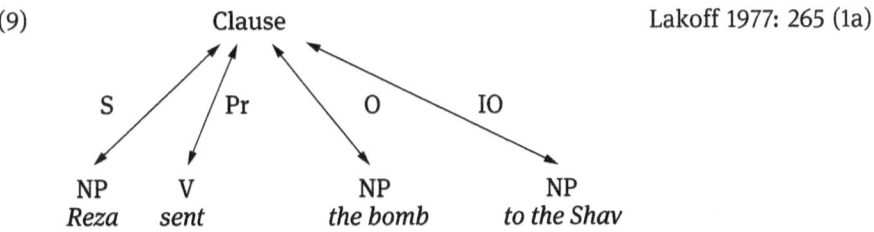

Diese sind unschwer in ein Dependenzformat übertragbar.

(10)

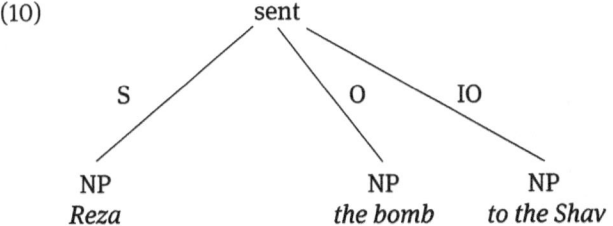

Das Generalthema des Textes (Lakoff 1977) ist die Exemplifizierung eines radikal funktionalen Standpunktes, einer „*experiential grammar*".

Einleitend (ebd.: 236–238) fragt Lakoff nach der Erklärung des Vorhandensein bestimmter synonymer Verben der Zerstörung *(destruction)* und des Nichtvorhandenseins vieler anderer gleicherweise denkbarer Verben zu ähnlichen übergreifenden Konzepten (Hyperonymen). Seine Antwort (ebd.: 237):

> If you think about language as reflecting the way people experience the world then such facts make sense.

In der Zusammenfassung (ebd.: 285) formuliert er in Bezug auf das Universalienproblem den Gegensatz zur generativen Linguistik in Bezug auf die *Relational Grammar*. Er formuliert folgende Kritik und folgenden Standpunkt:

> The aim of relational grammar is to come up with universal laws. In experiential grammar, such universal laws would themselves be in need of explanation wherever possible in extra-linguistic terms. The question to be asked is: what is it about the Mind-and-Body that leads to these laws? For experiential linguistics, universal laws are problems, not solutions. [...] Instead of saying, „I've got a result – a law of universal grammar" you should say „I found a mystery – a universal truth about grammar – and I don't know whether it follows from something external to language, and if so, what? Why should such a law exist? It's something to puzzle over and worry about."

Dem geht (ebd.: 284) ein Plädoyer für eine sprachgebrauchsbezogene Grammatiktheorie voran:

> An even more fundamental formal mistake that generative semantics adopted from generative grammar was the idea of what formalism was supposed to do in linguistics – or rather what it was not responsible for, namely, an account of what people actually do in producing and understanding language. Psycholinguistic studies have indicated that transformational derivations play no direct role in language processing. I find this damning, but generative grammarians need not, since generative grammars aren't responsible for that sort of things.

Zuvor hatte Lakoff (wie bereits erwähnt) den Abschnitt 3 (1977: 243–245) mit einem Verweis auf die Prototypentheorie Eleanor Roschs begonnen. Er bezieht sich auf Roschs gerade im Druck befindlichen Grundlagen-Aufsatz (Rosch 1975). Lakoff fragt (ebd.: 244), ob es prototypische Agens-Patiens-Sätze gibt. Er fragt wohlgemerkt nicht nach einer isolierten Agens- oder Patiens-Rolle, sondern nach dem Zusammenhang im Satz, also in der ganzheitlichen Konstruktion. Er präsentiert (ebd.: 244) eine Liste von typischen Agens- und Patiensmerkmalen.

Beide Aspekte, die prototypentheoretische Definition von Kasus und der Begriff der *gestalt* (also der Konstruktion) gehören zusammen. Lakoff entwickelt Ansätze einer intensionalen (signifikativen und semasiologischen und damit prototypentheoretischen) Rollentheorie. Er fragt (1977: 244): „*Are there prototypical agent-patient sentences?*" und schlägt ein *cluster* von 14 Agens- und Patiens-Merkmalen vor:

(11)   1.   there is a agent, who does something   Lakoff 1977: 244 (2)
          2.   there is a patient, who undergoes a change to a new state (the new state is typically non normal or unexpected)
          3.   the change in the patient results from the action by the agent
          4.   the agent's action is volitional
          5.   the agent is in control of what he does
          6.   the agent is primarily responsible for what happens (his action and the resulting change)

7. the agent is the energy source in the action; the patient ist the energy goal (that is, the agent is directing his energies toward the patient)
8. there is a single event (there is a spatio-temporal overlap between the agent's action and the patient's change)
9. there is a single, definite agent
10. there is a single, definite patient
11. the agent uses his hands, body, or some instrument
12. the change in the patient is perceptible
13. the agent perceives the change
14. the agent is looking at the patient

Dowty (1991: 553–554) interpretiert Lakoffs Auflistung von Merkmalen (1977) als Versuch einer extrem denotativen Aufsplittung der Agens-Rolle in vierzehn Rollen. Er übersieht die Einbettung in den prototypentheoretischen Ansatz Lakoffs. Vgl. Lakoffs Kommentar zu der Merkmalliste (1977: 244):

> This does not mean that prototypical agent-patient sentences always have all these properties [...]. There are agent-patient sentences in which many of these can be cancelled out. These, I suggest, are less prototypical (typical, K. W.[17]).

Allerdings benutzt Lakoff diesen Vorschlag hauptsächlich, um seinen Gestalt-Begriff herauszuarbeiten. Er gibt nur ein Beispiel für eine signifikativ-semantische Rollendefinition, das er Van Oosten (1977) entlehnt, die ihrerseits wie später auch Welke (1988) von Lakoff (1977) ausgeht. Es geht um Konstruktionen wie (12) (vgl. Kap. 11 und 12.2).

(12) This car drives easily.   Lakoff 1977: 248 (1)

Mit Van Oosten (1977, 1986) nennt er diese Konstruktion *patient-subject construction*, macht aber (ebd.: 248) wiederum mit Van Oosten gegen die traditionell denotativen Begriff ‚patient' und ‚agent' deutlich, dass *this car* auf Grund des Merkmals der primären Verantwortlichkeit *(primary responsibility)* die Rolle des Agens im signifikativ-semantischen Sinne besitzt:

> As Van Oosten observes, the point of using the patient-subject construction is to say that properties of the patient are more responsible for what happens than the agent is. [...]

---

17 Um Missverständnisse zu vermeiden, differenziere ich zwischen ‚prototypisch' bzw. ‚archetypisch' im Sinne von Ausgangsmerkmal sowie ‚prototypisch' als allgemein zur Prototypen-Methode gehörig einerseits und ‚typisch' andererseits.

Alle Merkmale (11) zusammen verweisen auf den *experiential* Ansatz und das, was Goldberg (1995) *scene encoding hypothesis* nennt.

Die Liste bleibt in Lakoff/Johnson (1980) annähernd erhalten. Lakoff/Johnson (1980: 70) beziehen sich jedoch zusätzlich auf Piagets (1926) These, dass Kinder Erfahrungen über Kausalität dadurch machen, dass sie Dinge manipulieren. Nach ihrem Befund ist auch in phylogenetischer und in systematischer Hinsicht die eigene Handlung der Prototyp der Kausation (vgl. auch Mead 1934 und Lakoffs 1987 *Embodiment*-These).

Man kann den Gegensatz der intensionalen Kasusauffassung Lakoffs zur Fillmore'schen denotativen Auffassung durch eine intensionale Interpretation der Fillmore'schen Beispielsätze (3)–(7), nochmals wiedergegeben als (13)–(17), verdeutlichen.

(13) a. John opened the door.
b. The door was opened by John.

(14) a. The key opened the door.
b. John opened the door with the key.
c. John used the key to open the door.

(15) a. John believed that he would win.
b. We persuaded John that he would win.
c. It was apparent to John that he would win.

(16) a. Chicago is windy.
b. It is windy in Chicago.

(17) a. The door opened.
b. John opened the door.

Nach Fillmores extensionaler Auffassung ist *door* in (13a, b) gleichermaßen *Objective* (Patiens). Signifikativ (intensional, semasiologisch) muss man *door* jedoch in (13a) als Patiens und in (13b) als Vorgangsträger bestimmen (zum Begriff des Vorgangsträgers vgl. 3.6.2).

Nach Fillmore ist *key* in (14a, b) gleichermaßen Instrument. Signifikativ ist *key* in (14a) Agens und nur in (14b) Instrument. Die PP *with key* ist ferner nicht Argument, sondern Modifikator.

Nach Fillmore ist *John* bzw. *to John* in (15a–c) gleichermaßen *Experiencer*. Signifikativ ist John in (15a) Agens, in (15b) *Experiencer* (bzw. *Benefaktiv, Rezipient*, vgl. 4.3, 4.4) und in (15c) Direktivum oder auch Präpositionalobjekt.

Fillmore zufolge ist *Chicago* in (16a, b) gleichermaßen Lokativ. Signifikativ ist *Chicago* in (16a) Eigenschaftsträger (zum Begriff vgl. 4.7.1) und in (16b) Lokativ, nicht als Argument, sondern als Modifikator.

Schließlich interpretiert Fillmore auch *door* in (17a, b) gleichermaßen als *Objective* (Patiens). Signifikativ ist *door* aber in (17a) Agens (bzw. Vorgangsträger, vgl. Kap. 10) und in (17b) Patiens.

Natürlich wissen die Sprecher/Hörer, dass z. B. *key* in (14a) oder *car* in (12) kein „richtiges" Agens ist. Andererseits wissen sie aber auch, dass *key* in (14a) gerade deshalb durch den Subjektsnominativ kodiert wird, weil der Gegenstand sich wie ein Agens verhält, d. h. prototypisch gesehen „eine Art Agens" ist. Der stilistische Effekt dieses Satzes bestätigt diese Interpretation.

Fazit

Fillmore (1968) und Lakoff (1977) geben wesentliche Anstöße für die beiden heutigen Hauptrichtungen der KxG, die *BCxG* und die *BCCxG*. Fillmore 1968 gibt mit den *case frames* einen entscheidenden frühen Anstoß für eine zukünftige KxG. Das verbindet sich mit einer Ablehnung der Phrasenstrukturgrammatik zu Gunsten der Dependenzgrammatik. Auch Lakoff lehnt die Phrasenstrukturgrammatik de facto zu Gunsten einer Dependenzdarstellung ab. Während jedoch Fillmore noch von der Invarianzmethode und dem rationalistischen Postulat der Angeborenheit ausgeht, nimmt Lakoff eine entgegengesetzte Position ein, die mit Empirismus und Prototypik zu umschreiben ist. Der Unterschied drückt sich darin aus, dass Fillmores Kasustheorie onomasiologisch und rationalistisch und Lakoffs Kasustheorie semasiologisch und empiristisch orientiert ist.

3.3 Dowtys prototypentheoretisches Rollenkonzept

Im Anschluss an Rosch (1973) und Foley/Van Valin (1984) hat Dowty (1989, 1991) eine prototypentheoretische Rollentheorie formuliert. Er legt wie Fillmore (1968), Lakoff (1977) und Van Valin/Foley (1980) die beiden typischen Rollen einer Nominativ-Akkusativ-Sprache zu Grunde: Agens und Patiens (1991: 572). Mit Van Valin spricht er von *Proto-Roles*.

Dowty (1991: 547) geht von der Feststellung aus:

> There is perhaps no concept in modern syntactic and semantic theory which is so often involved in so wide a range of contexts, but one which there is so little agreement as to its nature and definition, as to THEMATIC ROLE (or THEMATIC RELATION) and its derivative, THETA-ROLE in Government-Binding (GB) theory.

Er formuliert (ebd.: 549) eine strenge empirische Forderung an eine Rollentheorie und setzt sich (ebd.: 553–571) mit unzureichenden Ansätzen auseinander (zu einer solchen Forderung vgl. auch einleitend 3.5):

[...] for every verb in the language, what the verb semantically entails about each of its arguments must permit us to assign the argument, clearly and definitely, to some official thematic role or other – it cannot be permitted to hover over two roles, or to ‚fall into in the cracks' between roles – and what the meaning entails about the argument must always be distinct enough that two arguments clearly do not fall under the same role definition.

Dowty geht von einem projektionistischen Gesamtkonzept aus. Er stellt folgende *„contributing properties"* der Agens- und der Patiens-Rolle zusammen. Ich verweise in Klammern auf Entsprechungen aus der Merkmalliste Lakoffs (1977: 244 (2), vgl. oben (11)).

(18) Contributing properties for the Agent Proto-Role: Dowty 1991: 572 (27)
   a. volitional involvement in the event or state   (Lakoff 1977: 244 (2) 4.)
   b. sentence (and/or perception)   (Lakoff 1977: 244 (2) 13., 14.)
   c. causing an event or change of state in another participant
              (Lakoff 1977: 244 (2) 2., 3.)
   d. movement (relative to the position of another participant
   (e. does not exist independently of the event named by the verb)

(19) Contributing properties for the Patient Proto-Role: Dowty 1991: 572 (28)
   a. undergoes change of state   (Lakoff 1977: 244 (2) 2., 3.)
   b. incremental theme
   c. causally affected by another participant   (Lakoff 1977: 244 (2) 3.)
   d. stationary relative to movement of another participant
   (e. does not exist indepedently of the event, or not at all)

Wie bereits erwähnt, betrachtet Dowty Lakoffs Rollen-Beschreibung nicht als eine prototypentheoretische Interpretation, sondern sieht (ebd.: 553–554) sie als *„largest fragmentation of Agency ever proposed"* an. Die folgenden Interpretationen (ebd.: 572–575) und Dowtys Auflistung stimmen jedoch bis in Einzelheiten mit Lakoffs prototypentheoretischer Interpretation der Agens- und der Patiens-Rolle überein.

Dowty betrachtet die einzelnen Bedeutungsmerkmale projektionistisch als Folgerungen *(entailments)* aus dem verbalen Prädikat mit der prototypentheoretischen Maßgabe, dass wenige oder nur eine der Folgerungen zutreffen können. Abgesehen von dem projektionistischen Ansatz ergibt sich im Ergebnis ein analoges Bild zu Lakoff und den Darstellungen in diesem Buch,[18] vgl.:

---

18 Auch Dowty stellt das Patiens abhängig vom Agens dar und das Agens unabhängig vom Patiens, übereinstimmend mit einer Trennung zwischen Handlungskonstruktionen und Tätigkeitskonstruktionen (vgl. auch unten).

(20) a. John sees/fears Mary.   Dowty 1991: 573 (29b)
     b. John knows/believes the statement.   Dowty 1991: 573 (29c)
     c. John needs a new car.   Dowty 1991: 573 (29d)
     d. The rolling tumbleweed passed the rock. Dowty 1991: 573 (29e)

Dowty bestimmt *John* in (20a) als *Agens* und nicht, wie es in einer denotativen Interpretation der Fall wäre, als *Experiencer*. Das Gleiche trifft auf (20b) zu, also auf *know, believe* mit direktem Objekt. Denotativ würde wohl auch niemand *the rolling tumbleweed* in (20d) als *Agens* auffassen, sondern als *Theme*, ebenso wenig wie *John* als *Agens* in (20c).[19] Analoges trifft auf die Beispiele für Proto-Patiens-Rollen zu (ebd.: 573–574 (30)).

Hervorzuheben ist auch, dass es eine Übereinstimmung zwischen Dowty und Lakoff und der in diesem Buch vertretenen Konzeption hinsichtlich der Rigorosität gibt, mit der Agens- und Patiens-Rollen dem Nominativ und dem Akkusativ (bzw. dem Subjekt und dem direkten Objekt) zugeordnet werden. So kommen in den Beispielen (ebd.: 572–576) zum einen nur transitive Konstruktionen vor, neben einigen Beispielen für Agens in einstelligen intransitiven Konstruktionen (also in Tätigkeitskonstruktionen). Das sind Rollenbestimmungen wie z. B. *John* in (20a) als *Agens*, die man von einem denotativen Standpunkt aus, wie gesagt, ablehnen würde. Dowty spricht von „*monostratal syntax*" und Homomorphismus (ebd.: 576; vgl. auch Dowty 1989: 89):

> I still believe that the general expectation of parallelism in syntactic form and semantic function has, historically, led us to insightful analyses of natural languages far more often than it has led us astray.

Ein zwischen Lakoff (und einer sprachgebrauchsbezogenen KxG) und Dowty geteilter Standpunkt ist ferner der empiristische Ausgangspunkt, vgl. (ebd.: 575):

> But semantic distinctions (zwischen Agens- und Patiens-Merkmalen, K. W.) like these entailments ultimately derive form distinctions in kinds of events found ‚out there' in the real world: they are natural (physical) classifications of events, and/or those classifications that are significant to human life.

Unter Berufung auf den Homomorphismus einer „*Montague-style*"-Theorie (ebd.: 576) betrachtet Dowty Argumentselektion nicht als *Linking* zwischen Ebenen.[20] Dennoch kommt er zu einer Art Ebenentrennung, indem er zwischen Relationen (= Prädikaten) und sprachlichen Rollenkodierungen (Zuordnungen) unterscheidet.

---

19 Fragwürdig ist die Bestimmung von *he* als Agens in *He accidentally fell* (ebd.: 573 (29d)).
20 Ich übergehe die subtile Unterscheidung von Homomorphie und Isomorphie und spreche von Isomorphie (vgl. 2.2.5).

Dowtys Verteilungsmechanismus kann man folgendermaßen interpretieren: Es gibt zahlreiche kausale Relationen in der Welt. Diese sind für die Lebenspraxis von besonderer Relevanz, vgl. Dowty (ebd.: 575):

> [...] the properties in 27 and 28 (wiedergegeben als (18) und (19) oben, K. W.) are significant because such categories of events are important to us in the first place [...]

Im Prinzip, so Dowty, liege jedoch niemals kausale Unidirektionalität zwischen den Partizipanten vor, sondern es geht stets um Wechselwirkung.

Beschreibt man mit Dowty die Pole kausaler Wechselwirkungen als Agens versus Patiens (als einwirkende Größe und als Größe, auf die eingewirkt wird), so stehen sich die Partizipanten einer zweistelligen Relation folglich nicht solitär als Agens und Patiens gegenüber, sondern als Partizipanten mit jeweils Agens- und Patiens-Eigenschaften. Sprachlich als Prädikate werden die kausalen Relationen so wiedergegeben, dass dichotomisch proportioniert wird. Die Dichotomie wird dadurch erreicht, dass zwischen den Argumenten quantitativ nach der Zahl der Agens- bzw. Patiens-Eigenschaften unterschieden wird. Argumente mit der höheren Zahl von Agens-Eigenschaften werden als Proto-Agens dem Subjekt zugeordnet. Partizipanten mit der höheren Zahl von Patiens-Eigenschaften werden als Proto-Patiens dem Objekt zugeordnet. Dowty schreibt diese Portionierung der sprachlichen Kodierung (der sprachlichen Form) zu, vgl. (ebd. 575):

> The general point is that discrete feature composition has its proper place in describing syntax, morphology, and phonology, because these domains are aspects of the ‚coding system' of language at various levels and therefore in principle discrete.

Die letztlich doch modulare Vorstellung Dowtys vom Verhältnis von Form und Bedeutung scheint also zu sein, dass es kognitive Inhalte (Prädikate) vor der sprachlichen Formung gibt, in denen die Merkmale noch nicht entsprechend dem *Argument Selection Principle* (vgl. unten) diskret auf ein Agens- und ein Patiens-Argument verteilt sind. Diese diskrete Verteilung kommt erst durch die sprachliche Formung (die Zuordnung zu einer sprachlichen Form) zustande.

Von einem sprachgebrauchsbezogenen Standpunkt aus besser nachvollziehbar wäre es m. E., zu sagen, dass die Gewichtung/Auszeichnung durch die kognitiv-sprachliche Wiedergabe der Realität entsteht. Prädikate setzt Dowty jedoch offenbar mit den in der Realität existierenden Relationen gleich. Sie werden nicht als subjektive Abbildungen von bereits in der Realität unscharfen Relationen interpretiert. Wahrscheinlich deshalb klammert Dowty (ebd.: 564; vgl. auch 563) auch Perspektivierung ausdrücklich aus und unterscheidet nicht zwischen einem 1. und einem 2. Argument:

Therefore, by Ockham's Razor, perspective-dependent thematic roles are unnecessary, and all roles are event-dependent in meaning.

Der wesentliche Dissens: Dowty geht es um ein Berechnungsmodell, in dem danach gefragt wird, wie außersprachliche, prototypisch skalierte Inhalte sprachlichen Formen zugeordnet werden – quasi naturgesetzlich und ohne Zutun der kognitiv tätigen Subjekte, die die Realität aus ihrer Perspektive wahrnehmen und abbilden. Das ist ein im Prinzip onomasiologischer Standpunkt. Die Trennung von Prädikat und sprachlicher Form, also von Prädikat und Verb ermöglicht es Dowty, synonyme, weil annähernd konverse Verben, als *ein* Prädikat anzusehen, das unterschiedlich lexikalisiert ist (vgl. unten).

Es geht in dem *Argument Selection Principle* (ebd.: 576) (vgl. unten (21)) um zweistellige und dreistellige Prädikate und darum, welche Argumente in Abhängigkeit von den Agens- und Patiens-Merkmalen (die aus dem Prädikat folgen) als syntaktische Subjekte oder Objekte lexikalisiert werden. Das heißt, Dowty geht hier gegen seine Ankündigung doch von einer Ebenenvorstellung aus. Er stellt zunächst fest, dass es Prädikate mit unterschiedlicher Verteilung von Agens- und Patiens-Merkmalen der Argumente gibt. Er fragt dann vom Standpunkt eines Berechnungsmodells aus, wie ein außersprachlich gedachter kognitiver Inhalt auf die syntaktischen Relationen Subjekt und Objekt verteilt wird.

Wahrscheinlich hat diese onomasiologische Fragestellung bewirkt, dass Dowtys prototypentheoretische Interpretation als kompatibel mit dem tradierten Konzept des *Linkings* von semantischen Rollen zu syntaktische Relationen und als kompatibel mit den bisherigen Theorien der Rollenhierarchien rezipiert wurde, nur angereichert durch ein Prototypenkonzept (vgl. Primus 1999, 2012; Blume 2000; vgl. auch Dowty 1991: 576, Anmerkung 18).

Das *Linking* von Rollen mit den syntaktischen Relationen ‚Subjekt' und ‚Objekt' stellt Dowty als Resultat eines Wettbewerbs der Agens- und Patiens-Rolle um die Zuordnung zu den syntaktischen Positionen des Subjekts und Objekts dar. Ausschlaggebend ist die Verteilung der Agens- und Patiens-Eigenschaften auf die Partizipanten der Sachverhaltsebene. Das *Argument Selection Principle* legt fest, dass das Argument mit den meisten Agens-Eigenschaften sprachlich als Subjekt und das Argument mit den meisten Patiens-Eigenschaften sprachlich als Objekt realisiert wird, vgl.:

(21) ARGUMENT SELECTION PRINCIPLE: Dowty 1991: 576 (31)
 In predicates with grammatical subject and object, the argument for which the predicate entails the greatest number of Proto-Agent properties will be lexicalized as the subject of the predicate; the argument having the greatest number of Proto-Patient entailments will be lexicalized as the direct object.

Das trifft, Dowty zufolge, auf viele Prädikate zu. Es gibt jedoch, so Dowty, auch Verben, bei denen die Verteilung von Agens- und Patiens-Merkmalen annähend gleich ist, so dass jedes der Argumente als Subjekt lexikalisiert werden kann:

(22) CORALLARY 1: Dowty 1991: 576 (32)
If two arguments of a relation have (approximately) equal numbers of entailed Proto-Agent and Proto-Patient properties, then either or both may be lexicalized as the subject (and similarly for objects).

Bezogen auf die subjektive sprachliche Tätigkeit der Sprecher/Hörer heißt das: Nur in diesem Fall der annähend gleichen Verteilung der Merkmale haben die Sprecher/Hörer eine Wahl (zu einem analogen Problem vgl. 7.2).

Belege für die von Dowty behauptete annähernd ausgeglichene Verteilung von Agens- und Patiens-Eigenschaften sind Psych-Verben. Dowty spricht von *psychological predicates* bzw. *mental verbs*, z. B.:

(23) a. x likes y Dowty 1991: 579 (38)
      b. y pleases x

(24) a. x fears y Dowty 1991: 579 (38)
      b. y frightens x

Allerdings geht es bei Psych-Verben oft nicht um eine Korrespondenz von Agens und Patiens-Eigenschaften in Nominativ-Akkusativ-Konstruktionen, sondern um die Auszeichnung des Subjekts durch die Agens-Rolle gegenüber einem Präpositionalobjekt bzw. Oblique, vgl.:[21]

(25) a. x is surprised at y Dowty 1991: 579 (38)
      b. y surprised x

(26) a. x is disturbed at y Dowty 1991: 579 (38)
      b. y disturbs x

Zur Verdeutlichung stellt Dowty das Agens in (23a)–(26a) als EXPERIENCER SUBJECT dem Agens in (23b)–(26b) als STIMULUS-SUBJECT gegenüber.

Deutsche Entsprechungen von (23) und (24) sind:

---

21 Zu dreiwertigen Verben vgl. COROLLARY 2 (Dowty 1991: 576 (33)).

(27) a. x gefällt y
     b. y liebt x

(28) a. x fürchtet y
     b. y ängstigt x

Die Verteilung der Agens- und Patiens-Merkmale ist jedoch nicht so ausgewogen, wie Dowty voraussetzt. Bereits die denotativ begründete Unterscheidung in *Stimulus* und *Experiencer (Response)* besagt, dass die Hauptursache (bei Dowty: *causing an event*, bei Lakoff: *primary responsibility*) beim Stimulus-Argument liegt. Das *Stimulus*-Agens in (27b) und (28b) erscheint entsprechend als das Argument mit dem Hauptanteil an *volitional involvement*. Auch das Subjekt-Stimulus-Argument der anderen Beispiele Dowtys ist das bessere, stärkere und damit typischere Agens-Argument verglichen mit dem *Experiencer*-Subjekt.[22]

Die Wahlfreiheit des Sprechers ist darüber hinaus deutlich höher, als Dowty meint. Die Sprecher haben nicht nur bei annähernd gleicher Typik die Möglichkeit, die Zuordnung zum Subjekt zu wählen. Sie können auch ein deutlich weniger typisches Agens als Agens-Subjekt auszeichnen.[23] In (29) und (30) und in (31) und (32) werden Partizipanten wegen gewisser Agens-Merkmale als Subjekt ausgewählt, obwohl die jeweiligen Subjekte in (29b)–(32b) keineswegs eine höhere Zahl an Agens-Merkmalen aufweisen als die Subjekte in (29a)–(32a):

(29) a. He opened the door with the key.
     b. The key opened the door.

(30) a. He opens the door.
     b. The door opens.

(31) a. Er mäht den Rasen leicht.
     b. Der Rasen mäht sich leicht.

(32) a. Das ekelt mich.
     b. Ich ekle mich davor.

Angemerkt sei nochmals, dass es entgegen Dowtys Ausgangspunkt oft oder sogar meist gar nicht um eine Wahl zwischen einem Agens-Subjekt und einem Patiens-

---

[22] Es fragt sich allerdings, ob das Ungleichgewicht überhaupt durch eine rein quantitative Verteilung von Agens- und Patiens-Eigenschaften angebbar ist.
[23] Annähernde Gleichwertigkeit der Agentivität der Subjekte findet sich nur bei den (annähernden) Konversionen *buy* und *sell* und *borrow* und *lend* (und den beiden *rent's*, vgl. deutsch *borgen*), von denen Dowty einleitend (ebd.: 579) spricht. Vgl. auch: *Emil gibt das Buch Anna* versus *Anna nimmt das Buch (von Emil)*, Welke (1989).

Objekt geht, sondern nur um die Etablierung eines Agens-Subjekts neben einem 2. (oder 2. und 3.) Argument (oder neben keinem weiteren Argument).

Das heißt aber auch: Dowty übergeht eine weitere Wahlfreiheit der Sprecher/Hörer, nämlich die Freiheit, für annähend gleiche Sachverhalte nicht nur innerhalb von Nominativ-Akkusativ-Konstruktionen andere Perspektiven zu wählen, sondern überhaupt andere Konstruktionen als Agens-Patiens-Konstruktionen zu wählen, z. B.:[24]

(33) a. Emil unterstützt Anton.
b. Emil hilft Anton.

(34) a. Emil erklettert den Berg. *(climbs)*
b. Emil klettert auf den Berg. *(climbs on)*

(35) a. Emil besiegt Anton.
b. Emil siegt über Anton.

In allen diesen Sätzen kommt zwar dem Subjekt die Agens-Rolle zu. Aber nur in den Situationen, die von den Sätzen (33a)–(35a) denotiert werden, kommt *Anton* (in (33a)), *Berg* (in (34a)) und *Anton* (in (35a)) die Rolle des Patiens zu. Dieselbe oder annähernd dieselbe Situation wird in (33b)–(35b) nicht als Einwirken auf ein Patiens beschrieben, sondern als Zuwendung zu einer Person (33b), als lokale Relation (34b) und in wieder anderer Weise durch den Präpositionalkasus (35b). Stets handelt es sich um eine andere mögliche Sehweise. Ein denotatives und onomasiologisches Herangehen würde in Bezug bspw. auf das Dativ-Objekt (33b) zu einer Fehlinterpretation führen, die häufig begegnet, wenn gesagt wird, dass der Dativ ein real weniger starkes Betroffensein, also ein real weniger starkes kausales Einwirken bezeichnet als der Akkusativ in (33a) (vgl. auch 4.3).

Fazit

Auch Dowty hat in seinem einflussreichen und vielfach rezipierten Aufsatz (1991) ein prototypentheoretisches Konzept semantischer Rollen vorgetragen. Es bestätigt das Konzept intensionaler Rollen. Denn Dowty definiert die Rollen ‚Agens' und ‚Patiens' ebenso weit wie Lakoff, und er definiert sie homomorph zur syntaktischen Form (vgl. 4.2 zu einer detaillierten Analyse von Agens-Patiens-Konstruktionen). Der Dissens zu Dowty beginnt bei der Fragestellung. Dowty

---

24 Auch Darstellungen in der formalen Semantik beschränken sich gewöhnlich auf Nominativ-Akkusativ-Konstruktionen. Nur in Bezug auf diese wird das Prädikat CAUS angewendet.

fragt in Art des Berechnungsmodells extensional und im Prinzip onomasiologisch, d. h. von außen und nicht intensional aus der Perspektive der Individuen, die sich mit der Welt auseinandersetzen und Grundsituationen des menschlichen Lebens subjektiv abbilden.

3.4 Goldberg (1995): Prototypik versus *Linking*

Wie bereits betont (Kap. 1), ist Goldberg (1995) nach Lakoff (1977, 1987) die entscheidende Stichwortgeberin für eine sprachgebrauchsbezogene Version der KxG. Grundlage ist Goldbergs prototypentheoretische prozessuale Herangehensweise an die Beschreibung von Argumentkonstruktionen.

Goldbergs (1995) Argumentkonstruktionen ähneln Fillmores Kasusrahmen. Sie entsprechen wie Fillmores Kasusrahmen Dependenzstrukturen und nicht Konstituentenstrukturen. Dennoch sind die syntaktischen Relationen, *Subject*, *Object*, *Oblique* wie bei Fillmore die formale Zuordnungsinstanz, und Goldberg übernimmt den *Linking*-Begriff. Ein Beispiel einer Konstruktionsdarstellung ist (36).

(36)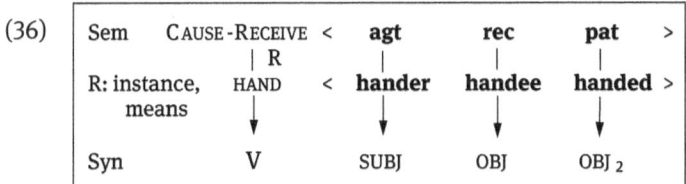

Goldberg 1995: 51, Figure 2.5

Die *Cause-Recieve*-Konstruktion (36) ist unmittelbar dreistellig. Es gibt keine phrasenstrukturelle Untergliederung. Die Aufteilung in quasi Ebenen und die Pfeile bewahren im Widerspruch zum Bilateralitätspostulat das *Linking*-Prinzip der Trennung und Zuordnung von semantischer und syntaktischer Ebene (in einem quasi generativ-semantischen Format).

Goldberg (1995) fundiert ihr Konzept mit Lakoff (1977, 1987) prototypentheoretisch, vgl. z. B. (ebd.: 31):

> Constructions are typically associated with a family of closely related senses rather than a single, fixed abstract sense.

Sie wählt als einleitendes Beispiel die ditransitive Konstruktion (Agens-Rezipient-Patiens-Konstruktion) und charakterisiert (ebd.: 32–34) semantische Unterschiede zwischen einzelnen Token-Konstruktionen auf Grund der Semantik der instantiierenden Verben, wie z. B. in (37):[25]

(37) a. Emil gibt Alfons das Buch.
 b. Emil repariert Alfons das Auto.
 c. Emil verspricht Emil das Buch.
 d. Emil nimmt Alfons das Buch weg.

Goldberg schlussfolgert (ebd.: 33):

> Because of these differences, the semantics involved can best be represented as a category of related meanings. That is, the ditransitive form is associated with a set of systematically related senses. Thus the ditransitive can be viewed as a case of *constructional polysemy*: the same form is paired with different but related senses.

Als Ausgangsbedeutung *(basic sense)* nimmt sie einen aktuell erfolgreichen Transfer an (ebd: 32) und als ein prototypisch *(most prototypical)* ditransitives Verb, das Verb *give* (ebd.: 35). Die Varianten der Ditransitiv-Konstruktion stellt sie als radiale Verzweigungen im Sinne Lakoffs *radial categories* dar, verkürzt wiedergegeben mit nur einer Auswahl der Verben als (38):

(38)

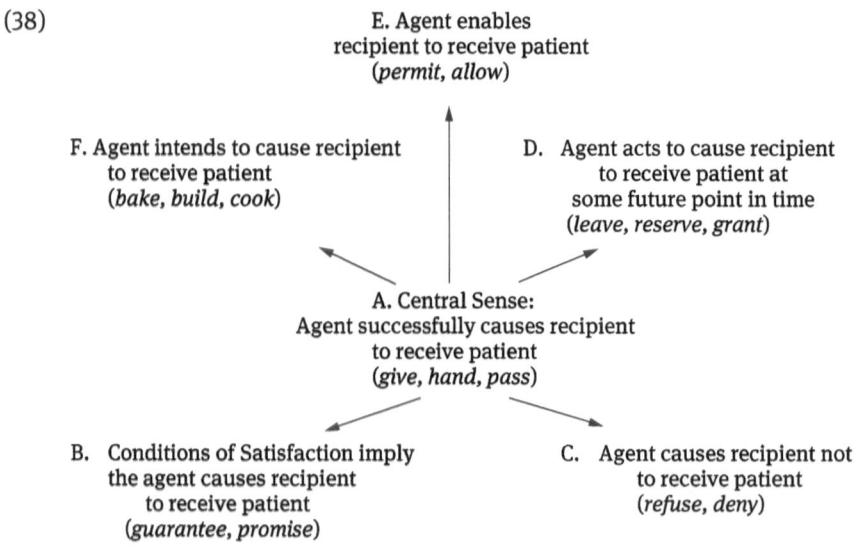

Goldberg 1995: 38, Figure 2.2

---

25 Ich wähle für die Demonstration deutsche Beispiele.

In zwei kurzen Schlussabschnitten des 4. Kapitels entwirft Goldberg (1995: 116–119) unter Berufung auf Dowty (1991) und Foley/Van Valin (1984) ein prototypentheoretisches Konzept der transitiven Konstruktion, in der ein *proto-agent und ein proto-patient* einem Subjekt und einem Objekt zugeordnet sind:

(39)   Transitive Construction   Goldberg 1995: 117, Figure 4.49

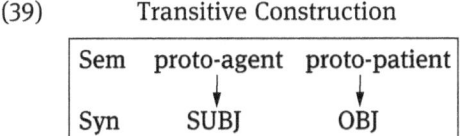

Goldberg konstatiert (ebd.: 117):

> Just like Dowty's proposal the constructional account allows for a limited number of lexical exceptions. Exceptions are cases which do not inherit from (i.e., are not motivated by) the transitive construction, or cases which inherit only the form but override the meaning of the construction.[26]

Auch das Beispiel der transitiven Konstruktion (39) enthält den *Linking*-Pfeil zwischen der jeweiligen Rolle und dem Subjekt und Objekt. Wenn Konstruktionen und ihre Kasus bilateral (und isomorph) organisiert sind, ist der Begriff des *Linkings*, so wie er in der Wort-Satz-Grammatik angelegt ist, jedoch überflüssig.

Dass das *Linking*-Prinzip für Goldbergs Konzepts nicht ungefährlich ist, zeigt wenige Seiten zuvor (ebd.: 110–115) ihre Auseinandersetzung mit der lexikalistischen Wort-Satz-Grammatik. Denn sie bewegt sich hier ganz und gar in einem denotativ-semantischen *Linking*-Konzept, wenn sie z. B. (ebd.: 115) sagt, dass das *Theme*-Argument *(the entity whose motion or location is at issue)* Subjekt (40a), Objekt (40b), Oblique (40c) oder zweites Objekt (40d) sein kann.

(40)   a. *The boy* ran home.   Goldberg 1995: 115 (28)
        b. Pat moved *the bat*.   Goldberg 1995: 115 (29)
        c. Pat loaded the truck with *hay*.   Goldberg 1995: 115 (30)
        d. Pat threw *Chris* the ball.   Goldberg 1995: 115 (31)

Fazit

Goldbergs prototypentheoretisches Rollenkonzept enthält wesentliche Elemente der Lakoff'schen prozessualen Prototypentheorie, aber auch Widersprüche, die aus dem tradierten nicht-sprachgebrauchsbezogenen denotativ-extensionalen Herangehen resultieren.

---

[26] Vgl. hierzu Kap. 11 und 13. Es geht also um Polysemie als Regel und Homonymie als Ausnahme (vgl. 2.2.9).

3.5 Semantische und perspektivische Rollen

Ich stelle zunächst die beiden Konzepte semantischer Rollen, von denen in 3.1–3.4 die Rede war, noch einmal einander gegenüber: Rollen werden (3.5.1) extensional auf Grund der klassischen Definitionsmethode nach invarianten Merkmalen aus einer onomasiologische Perspektive beschrieben und definiert. Das ist die bis heute beherrschende Rollendefinition. Ich nenne diese Rollen denotativ-semantische Rollen. Rollen werden (3.5.2) intensional auf Grund der Prototypenmethode aus einer semasiologischen Perspektive beschrieben und definiert (vgl. Lakoff 1977, Welke 1988, Dowty 1991, Goldberg 1995). Ich nenne diese Rollen signifikativ-semantische Rollen. Das signifikativ-semantische Rollenkonzept muss (3.5.3) durch ein Konzept perspektivischer Rollen ergänzt werden: Intensionale Rollenkonzepte können (im Gegensatz zu extensionalen Rollenkonzepten) das Problem der Rollenzuordnung lösen, wenn sie – entgegen Dowty (1991) – gleichzeitig als perspektivische Rollen aufgefasst werden. Perspektivische Rollen nenne ich die Reihenfolge, in der die Rollen von den Sprechern/Hörern in den Blick genommen werden.[27]

Schematische Argumentkonstruktionen bilden Grundsituationen des menschlichen Lebens und der Welt ab. Sie bilden die Partizipanten dieser Situationen nicht nur dadurch ab, dass diese benannt werden, sondern notwendigerweise auch dadurch, dass die Rollen, die die Partizipanten in der Situation einnehmen, unterschieden werden.

(41) a. Emil verhaut/lobt/tröstet Anton.
     b. Den Anton verhaut/lobt/tröstet der Emil.
     c. Den Anton verhaut/lobt/tröstet Emil.
     d. Der Anton verhaut/lobt/tröstet den Emil.

Ein Hörer muss erfahren, wer wen verhaut/lobt/tröstet (Emil den Anton oder Anton den Emil). Daraus folgt, dass die Rollen auch in irgendeiner Weise für den Hörer (und damit auch für den Sprecher) kodiert sein müssen. Im Falle von (41a) sind die Rollenunterschiede durch die Wortstellung kodiert, im Falle von (41b, c) durch einen morphologischen (und gegebenenfalls analytisch am Artikel) gekennzeichneten Kasus und in (41d) sowohl durch Wortstellung als auch durch morphologischen Kasus, in diesem Falle also redundant. Die Kodierung ist in einer zweistelligen Konstruktion gesichert, wenn sie an mindestens einem

---

27 Die perspektivische Auszeichnung (als 1., 2., 3. Argument) kann sich, muss sich aber nicht in der aktuellen zeitlichen Reihenfolge der Argumente in Token-Konstruktionen (in der „Oberflächenstruktur") abbilden (vgl. Kap. 7).

der beiden Argumente erfolgt und in einer dreistelligen Konstruktion, wenn sie an mindestens zwei Argumenten erfolgt.

Es gibt kaum Fälle, in denen die Kodierung und die Diskriminierung nicht im Prinzip reibungslos verlaufen. Einer der sehr wenigen Ausnahmefälle ist im Deutschen (42a).

(42) a. Emil stellt Anton Ludwig vor.
  b. Emil stellt dem Anton den Ludwig vor.
  c. Emil stellt den Anton dem Ludwig vor.

Anton in (42a) könnte Adressat und *Ludwig* Patiens sein oder umgekehrt (vgl. (42b, c)). Die Zuordnung in (42a) ist nicht durch morphologische Kasus und in diesem Falle auch nicht durch die Normalfolge im Sinne von Lenerz (1977) geregelt.

Eine Sprache, die Rollen nicht in irgendeiner Weise grammatisch kodiert, könnte ihre kommunikative und kognitive Funktion nicht erfüllen, vgl. projektionistisch ausgedrückt Dowty (1991: 549, wieder aufgenommen aus 3.3):

> [...] for every verb in the language, what the verb semantically entails about each of its arguments must permit us to assign the argument, clearly and definitely, to some official thematic role or other – it cannot be permitted to hover over two roles or to ‚fall in the cracks' between roles – and what the meanings entails about every argument must always be distinct enough that two arguments clearly do not fall under the same role definition.

Eine grammatische Kodierung ist, so gesehen, ein funktional durch Welt und Kognition bedingtes Universale, weil es in allen Sprachen darum geht, Situationen (Ereignisse) abzubilden, die mehr als einen Proponenten enthalten.

Zum Beispiel müsste eine Sprache mit Handlungskonstruktionen (Agens-Patiens-Konstruktionen), die über keine formalen Mittel der Kodierung verfügt, eine Sprache sein, die bspw. für Lebewesen zwei Bezeichnungen besitzt, eine Bezeichnung für ein Lebewesen als Agens und eine andere (formal nicht abgeleitete) Bezeichnung für dasselbe Lebewesen als Patiens, vergleichbar dem englischen *pig* und *pork*.

Der (relativen) Vollständigkeit halber sei angemerkt, dass es bestimmte Variationen dieses Prinzips gibt. Sie hängen mit Redundanz zusammen. So könnte man einwenden, dass für die Diskriminierung der Rollen in bspw. (43) eine unterschiedliche Kodierung kommunikativ nicht notwendig ist.

(43) a. Forstarbeiter fällten Bäume.
  b. Bäume fällten Forstarbeiter.

Sowohl in (43a) als auch in (43b) wird ein Hörer auf Grund der lexikalischen Bedeutung der Argumentsubstantive *Forstarbeiter* als Agens und *Bäume* als Patiens interpretieren. Zu beobachten ist also ein gewisser Formüberschuss (vgl. Welke 2002). Das heißt, tendenziell werden Rollenkodierungen durchgängig vorgenommen, auch dann, wenn auf Grund der lexikalischen Semantik der Argumente im Wechselverhältnis mit dem Verb es unwahrscheinlich ist, dass die Rollen vertauscht werden könnten.[28]

Offenbar funktioniert (u. a. im Deutschen) die Rollenzuordnung im Prinzip leicht und umstandslos, so wie man generell von der Annahme ausgehen sollte, dass Sprachen relativ verlässliche Instrumente des Denkens und der Kommunikation sind, vgl. (Jackendoff 1983: 14, wieder aufgenommen aus 2.2.5):

> Under the reasonable hypothesis that language serves the purpose of transmitting information, it would be perverse not to take as a working assumption that language is a relatively efficient and accurate encoding of the information it conveys.

Unter diesen Voraussetzung sollte auch die Rollenzuordnung ein relativ effizienter Vorgang sein.

3.5.1 Denotativ-semantisch definierte Rollen

Angesichts der offensichtlichen Unmöglichkeit, ein verlässliches Inventar von extensionalen Rollen zu definieren (vgl. Dowty 1991: 547, vgl. Zitat oben eingangs 3.3) muss man die bisherigen Rollentheorien als gescheitert ansehen.[29] Basis dieser Rollentheorien ist die extensionale, allein auf Wahrheitswertigkeit orientierte Herangehensweise der modernen Grammatik- und Semantiktheorie. Grund ist ferner, dass unmittelbar von Welt auf Sprache geschlossen wird und die subjektive Tätigkeit der Sprecher/Hörer nicht einbezogen wird.

Das extensionale Herangehen schließt die Auffassung ein, dass es ein vorsprachliches reines Denken gibt, das in der Lage ist, außersprachliche Erscheinungen rein und unmissverständlich abzubilden. Die Sprache wird so zu einer Instanz, die die klare außersprachliche logische Form seltsam verdunkelt und verzerrt. Wilkins (1988: XI) beginnt ihr Vorwort, indem sie diesen Standpunkt an den Beispielsätzen (44) wie folgt erläutert:

---

28 Das gilt m. E. für alle sozialen Normen. Sie werden in der Tendenz eingehalten, auch wenn sie in einem gegebenen Zusammenhang überflüssig sind.
29 Die extensionale Herangehensweise macht *Linking*-Theorien notwendig. Offensichtlich sind jedoch die in *Linking*-Theorien formulierten Rollenhierarchien nicht in der Lage, die reale Rollenzuschreibung und -kodierung durch die Sprecher/Hörer abzubilden. Sie sind wesentlich zu kompliziert, obwohl sie nur ausschnitthaft ausgearbeitet sind.

(44) a. The sun melted the ice cream.   Wilkins 1988: XI (1), (2))
     b. The ice cream melted.

> Grammarians have long recognized the importance of grammatical relations in the description and explanation of linguistic phenomena. These relations, for example, "subject of the sentence„ or "object of the verb", are not relevant, however, for expressing the recognizable relation exemplified by *the ice cream* in both (1) and (2).
> (1) The sun melted the ice cream.
> (2) The ice cream melted.
> Any speaker of English knows that in some basic sense the relationship between *ice cream* and *melt* is the same in these two sentences. In both cases the resulting state is identical for *ice cream*. This is true in spite of the fact that in sentence (1) the noun phrase *ice cream* is the object and in sentence (2) it is the subject. The grammatical system that expresses the English speaker's sense of some shared meaning in (1) and (2) is the system of THEMATIC RELATIONS.

Es geht Wilkins um die Rekonstruktion der Zuordnung einer gleich bleibenden thematischen Struktur zu unterschiedlichen formalsyntaktischen Realisierungen. Denn syntaktische Relationen/syntaktische Oberflächenstrukturen variieren in dieser Sicht über einer gleich bleibenden ein für allemal gegebenen Prädikat-Argument-Struktur mit denotativ bestimmten invarianten Rollen wie Agens, Patiens oder Thema, Rezipient usw. Von einem signifikativ-semantischen Standpunkt aus handelt es sich in den Sätzen (44a, b) dagegen um unterschiedliche sprachliche Wiedergaben für ähnliche und potentiell identische Situationen. Es geht also nicht nur um unterschiedliche formal-syntaktische, sondern auch um unterschiedliche semantische Wiedergaben.

Baker (1988) geht, z. T. mit den gleichen Argumenten, wie ich sie eingangs vorgetragen habe, von der Notwendigkeit der geregelten Zuordnung von thematischen Rollen und syntaktischen Relationen aus. Vom Standpunkt eines denotativen Rollenkonzeptes aus ergibt sich, dass ein kanonischer und „natürlich" scheinender Zuordnungsmechanismus (z. B. Agens – Subjekt) durch Konstruktionen wie Passiv, Antikausativ (Ergativ), Applikativ *gestört wird*, vgl. Baker (1988: 7) in Bezug auf das Beispiel (45):

(45) a. Rover bit Linda.   Baker 1988: 7 (8))
     b. Linda was bitten by Rover.

> Into this natural framework, human language introduces a surprising wrinkle: it allows for what I call grammatical function changing phenomena. Consider the following pair of sentences:
> (8) a. Rover bit Linda.
>   b. Linda was bitten by Rover.

> These sentences, while not identical for all purposes, express fundamentally the same meaning relationship between the things referred to by their parts: in both, the dog's teeth make contact with part of the female human. In other words, the same phrases stand in the same thematic/semantic relationships in the two structures. Such pairs are THEMATIC PARAPHRASES. Yet, there is an equally important difference between the two: they express their thematic relationship in very different surface forms. [...] Here we see a breakdown in the uniformity of the system of pairing form and meaning in English.

Baker identifiziert die Beschreibung einer perzeptiv gegebenen außersprachlichen Situation *(the dog's teeth make contact with part of the female human)*, mit der Bedeutung beider Konstruktionen. Er schlussfolgert, dass Regeln zur Änderung der grammatischen Funktionen wie bspw. die Passivtransformation „*mask the cognitive unity of the phenomenon rather than revealing it*" (Baker 1988: 1). Er sieht den Wechsel der grammatischen Funktionen (syntaktischen Relationen) bei gleich bleibend vorausgesetzten denotativ gefassten thematischen Struktur folgerichtig als eigentlich überflüssig an (ebd.: 8):

> My basic claim is that GF (grammatical function, K. W.) changing does not in fact exist in a fundamental sense; rather it is a side effect of incorporating one word in another.

Die von Baker (ebd.: 46) gezogene Konsequenz ist die *Uniformity of Theta Assignment Hypothesis* (*UTAH*):

> Identical thematic relationships between items are represented by identical structural relationships between those items at the level of D-structure.[30]

Die *D-Structure* (*Deep-Structure*, Tiefenstruktur) liegt der semantischen Interpretation zugrunde, wird jedoch durch die Oberflächenstruktur verdeckt. Nach diesem Konzept müssen die (denotativ gefassten) semantischen Rollen in den unterschiedlichen diathetischen Oberflächenstrukturen einander gleich bleiben, also z. B. wie bei Wunderlich (1987: 298 ff.) die Rollen ‚Thema' und ‚Lokativ' in (46) mit *Wasser* gleichbleibend als Thema und *Blumen* gleichbleibend als Lokativ bei applikativen Konstruktionen.

(46) a. Emil gießt Wasser auf die Blumen.
     b. Emil begießt die Blumen mit Wasser.

Hinter der denotativen Sicht steht unhinterfragt die Sicherheit, dass man sprachliche Rollen sprachunabhängig durch direkten Bezug auf die Welt bestimmen kann. Das soll, so der damit verbundene Anspruch, invariant gesche-

---

[30] Das ist im Grunde genommen das Bilateralitätspostulat der KxG, jedoch auf der Grundlage extensional definierter Rollen.

hen, so als sei es wirklich möglich, die Welt ein für alle Male und invariant zu klassifizieren.

Hinzu kommt, und das ist einigermaßen erstaunlich, dass die Methode des extensionalen und onomasiologischen Herangehens in aller Regel überhaupt nicht reflektiert wird.

Man kann den intuitiv verfolgten Weg m. E. wie folgt beschreiben (vgl. auch bereits 3.1): (1) Die denotative Unterscheidung bspw. der Rollenpaare ‚Agens', ‚Patiens' geht von bestimmten vorfindlichen Konstruktionen aus, nämlich von Nominativ-Akkusativ-Token-Konstruktionen, und zwar in der für schematische Nominativ-Akkusativ-Konstruktionen prototypischen (archetypischen) Konstruktionsbedeutung der Einwirkung eines menschlichen Agens auf einen Gegenstand oder ein Lebewesen als Patiens, diese schaffend oder in irgendeiner Hinsicht verändernd, z. B.:

(47) a. Emil baut ein Haus.
      b. Emil fängt einen Fisch.

Diese Konstruktionsbedeutung und diese Rollen werden an Nominativ-Akkusativ-Konstruktionen und an den Kasusformen ‚Nominativ' und ‚Akkusativ' gewonnen, genauso wie die Rolle des *Experiencers* (im Deutschen) am Dativ und die Rolle des Lokativs an direktiven Präpositionalkasus des Englischen oder Deutschen gewonnen werden. Die Rollen werden also an prototypischen Konstruktionen gewonnen.

Das heißt (2), die intensionale Definition des Prototyps der jeweiligen Rolle wird als Definition einer extensionalen Rolle aufgefasst. Diese intensional und semasiologisch an der sprachlichen Form gewonnen Rollen werden (3) von ihren sprachlichen Formen getrennt und als Sachverhaltsrollen betrachtet,[31] d. h. als vor und außerhalb der sprachlichen Form existierende Inhalte (Konzepte) – und sie werden als selbstverständlich gegebene außersprachliche Kategorien und als angeboren betrachtet.

Als von den sprachlichen Formen unabhängige Bedeutungen werden (4) die verselbständigten prototypischen (archetypischen) Varianten der betreffenden Kasusbedeutungen nunmehr auf sprachliche Konstruktionen in onomasiologischer Weise zurückbezogen, mit der Maßgabe, dass nur diejenige Token-Nominativ-Akkusativ-Konstruktionen, die dem verselbständigten Prototyp entsprechen, Agens-Patiens-Konstruktionen genannt werden dürfen. Es werden also formgleiche Token-Konstruktionen ausgesondert, die vom Prototyp abweichen. Ihnen werden andere Rollen zugeordnet, die wiederum zur exten-

---

[31] Aus diesem Grunde nenne ich sie denotativ-semantische Rollen.

sionalen Invariante erhöht werden, z. B. die Rolle ‚Force' oder ‚Causee' für einen unbelebtes Agens – im Prinzip ad infinitum.

Ferner (5) müssen allen Konstruktionen (sprachlichen Formen), die (annähernd) analoge Verhältnisse ausdrücken (die also ungefähr den gleichen Wahrheitswert besitzen) denselben Rollen zugeordnet werden, falls sich ein Ableitungsverhältnis formal begründen lässt.

Beispielsweise werden Aktiv- und Passivkonstruktionen als semantisch identisch beschrieben mit den gleichen – am Aktiv gewonnen – Rollen.

(48) a. Der Stier jagt den Torero.
    Agens   Patiens

b. Der Torero wird von dem Stier gejagt.
    Patiens   Agens

Die Rolle ‚Goal' wurde an präpositionalen Direktivkonstruktionen gewonnen und auf Konstruktionen mit einfachem Kasus (Akkusativ) übertragen (49d). ‚Theme' wurde (wahrscheinlich) am Akkusativ gewonnen (49c) und auf den Nominativ übertragen (49a).[32]

(49) a. Das Buch   fällt   auf den Boden.
        Theme   *Goal*

   b. Emil   klettert   auf den Baum.
        Theme   *Goal*

   c. Emil   legt   das Buch auf den Tisch.
        Agens   *Theme   Goal*

   d. Emil   erklettert den Berg.
        Theme   *Goal*

Im Umkehrschluss (6) lassen sich unmarkierte von markierten Konstruktionen unterscheiden. Die unmarkierten Konstruktionen sind für die jeweilige Rollenkonstellation die typischeren oder häufigeren. So ist (48a) typischer für den Ausdruck von denotativ gesehenen Agens-Patiens-Bezügen (Handlungen) als (48b). Ebenso ist (50a) für den Ausdruck lokaler Verhältnisse typischer als (50b).

---

32 Es gibt Unsicherheiten/Widersprüche bei der Zuordnung Theme versus Agens. Ist *Emil* in (49b, c, d) Theme oder Agens oder beides? Die Widersprüche resultieren daraus, dass die Termini ‚*Theme*' und ‚*Goal*' auf Gruber (1965) zurückgehen und die Termini ‚Agens' und ‚Patiens' auf Fillmore (1968), d. h. auf zwei unterschiedliche onomasiologische Ansätze, einen „lokalistischen" und einen „logischen" (vgl. 4.6.3).

(50) a. Wim gießt Wasser   auf die Blumen.
                  Patiens   *Lokativ*

    b. Wim begießt die Blumen mit Wasser
                   Lokativ   *Patiens*

Die Unmarkiertheit der einen Konstruktion gegenüber der anderen ist daher mitverantwortlich dafür, dass beispielsweise die intensionalen Rollen von *Wasser* als Patiens und von *auf die Blumen* als Direktivums in der unmarkierten Konstruktion (50a) gleichbleibend, also extensional und onomasiologisch, auch als Rollen von *mit Wasser* und *die Blumen* in (50b) angesehen werden (z. B. bei Wunderlich 1987) – und nicht umgekehrt.

Fazit
Eine Reflexion der Kriterien der Rollenklassifikation fehlt meist in Theorien die mit extensionalen (denotativ-semantischen und onomasiologischen) Rollendefinitionen arbeiten. Das geschieht, obwohl die außersprachliche Welt ebenso wenig selbstverständlich und eindimensional unter einem einzigen ein für alle Male feststehenden Gesichtspunkt klassifiziert werden kann, wie die sprachlichen Repräsentationen dieser Welt. Übersehen wird, dass die Sprache selbst das wichtigste Kriterium der Rollenunterscheidung und der Rollenverallgemeinerung liefert, nämlich durch die Unterschiede der Form der jeweiligen Konstruktionen. Eine signifikativ-semantische Rollendefinition nimmt die formalen Gemeinsamkeiten und Unterschiede als elementar sprachliche Gemeinsamkeiten und Unterschiede, d. h. als Unterschiede, die etwas besagen, ernst und versucht bis zum Beweis des Gegenteils semantische Rollen prototypisch aufgefächert zu definieren.

3.5.2 Signifikativ-semantisch definierte Rollen

Man kann einem Passivsatz (48b). wieder aufgenommen als (51), wenn man diesen nicht aus der Perspektive des Aktivsatzes betrachtet, andere Rollen als üblich zuordnen, nämlich:

(51) Der Torero   wird   von dem Stier   gejagt.
     Vorgangsträger   *Verursacher des Vorgangs*
                                 (Modifikator)

Damit beschreibt man das, was der Satz sagt, treffender und den formalen Unterschieden zwischen (48a) und (48b) Rechnung tragend: Es handelt sich bei dem, was der Satz (48a) bzw. (51) ausdrückt, um einen Vorgang. Der Vorgangsträger, d. h. das, was dem Vorgang zu Grunde liegt, ist der Torero (zur Begründung vgl. Kap. 4 und 10).[33] Analog gibt es für (49), wieder aufgenommen als (52), intensionale, den formalen Konstruktionsunterschieden entsprechende Interpretationen (vgl. Kap. 4):

(52) a. Das Buch   fällt   auf den Boden.
         Vorgangsträger   *Goal (Direktiv)*

    b. Emil   klettert   auf den Baum.
        Agens   *Goal (Direktiv)*

    c. Emil   legt   das Buch   auf den Tisch.
        Agens   *Patiens*   *Goal (Direktiv)*

    d. Emil   erklettert den Berg.
        Agens   *Patiens*

Auch bei Applikativkonstruktionen muss eine andere, nämlich intensionale Rollenzuordnung gewählt werden:

(53) Emil   beschmiert   die Wand   mit Farbe.
     Agens   *Patiens*   *Modifikator*[34]

Wiederum ähnlich, aber auch etwas anders, verhält es sich mit der denotativen Entgegensetzung von *Experiencer – Stimulus*. Der ursprüngliche Benennungsanlass für die Rolle ist der Dativ in dreistelligen Nominativ-Dativ-Akkusativ-Konstruktionen. Nicht zufällig hat Fillmore (1968) die *Experiencer*-Rolle ursprünglich *dative* genannt (sicher auch wegen lat. *dare – geben*). Mit *Experiencer* kommen dann insbesondere bei Psych-Verben Konstruktionen in den Blick, deren Rollen man denotativ Stimulus und *Experiencer* nennt. Dabei steht m. E. die psychologische außersprachliche Unterscheidung von Stimulus und *Response* (Reaktion) Pate mit *Experiencer* als der Größe, in der der Stimulus eine Reaktion auslöst. Das aber ist eine mögliche Beschreibung einer Situation, aber nicht der sprachlichen Konstruktionen, die sich auf dieses Verhältnis der Welt bezieht.

---

33 In die Beschreibung ‚Vorgangsträger als Ding/Person, das/die dem Vorgang zu Grunde liegt' ist bereits die perspektivische Auszeichnung (die perspektivische Rolle) involviert.
34 *Mit Farbe* betrachte ich nicht als Argument, sondern als Modifikator. Angemerkt sei auch: Wenn man die *mit*-PP weiterhin als Argument ansehen würde und statt der Rolle ‚Instrument' eine Rolle ‚Ornativ' ansetzen würde, wäre das wieder ein differenzierender denotativer Standpunkt, nämlich ein Standpunkt von einer denotativ-invarianten und nicht von einer signifikativ prototypentheoretisch skalierten Definition aus.

Die Stimulus-*Experiencer*-Unterscheidung ist zwar als denotatives *tertium comparationis* dazu geeignet, die umfangreiche und interessante Gruppe der Psych-Verben denotativ-vergleichend zu beschreiben. Es gibt jedoch keine signifikative Stimulus-Rolle und keine an einen Nominativ gebundene *Experiencer*-Rolle.

Die Konstruktion (54a) mit dem Psych-Verb *ängstigen* ist wie (54b) in signifikativer Hinsicht eine Handlungskonstruktion mit einem Agens-Nominativ und einem Patiens-Akkusativ.

(54) a. Ludwig   ängstigt   Anton.
         Agens   *Patiens*

     b. Ludwig   verprügelt   Anton.
         Agens   *Patiens*

Auch bei dem zu *ängstigen* oberflächlich konversen Verb *fürchten* sind die Rollen nicht so verteilt, wie es die denotative Stimulus-*Experiencer*-Verteilung zum Ausdruck bringt:

(55) a. Ludwig   ängstigt   Anton.
         Stimulus   *Experiencer*

     b. Anton   fürchtet   Ludwig.
         Experiencer   *Stimulus*

Beide Konstruktionen sind signifikativ-semantisch, d. h. aus der Warte der Sprecher/Hörer, die diese Token-Konstruktionen benutzen und akzeptieren, Nominativ$_{1/Ag}$-Akkusativ$_{2/Pat}$-Konstruktionen:

(56) a. Ludwig   ängstigt   Anton.
         Agens   *Patiens*

     b. Anton   fürchtet   Ludwig.
         Agens   *Patiens*

Das ist, wie in allen solchen Fällen, keine Auffassung der Sprecher/Hörer entgegen den wirklichen Verhältnissen. Ludwig und Anton müssen doch wirklich selbst etwas tun, um jemanden zu ängstigen oder um jemanden zu fürchten (vgl. im Einzelnen 4.2.2 und 4.2.3).

Formal einheitliche Konstruktionen müssen also sprachgebrauchsbezogen dem Bilateralitätsprinzip entsprechend semantisch – im Regelfall (vgl. 4.2.4 und Kap. 11, 13) – einheitlich interpretiert werden. Die durch *ängstigen* und *fürchten* denotierten Situationen erlauben diese Interpretation. So gehören zum Ängstigen und Fürchten, wie man so sagt, „immer zwei", einer, der ängstigt und einer, der sich ängstigen lässt, einer, der fürchtet und einer, der Furcht einflößt. Auch derjenige, der geängstigt wird (der denotative *Experiencer*), ist aktiv, besitzt, denotativ gesehen, Agens-Eigenschaften.

Im Deutschen gibt es m. E. keine der Opposition von *ängstigen* und *fürchten* vergleichbare Opposition von weiteren Psych-Verben als konverse Agens-Patiens-Relationen. Wenn ein denotativer *Experiencer* als signifikatives Agens-Subjekt versprachlicht wird, steht ihm normalerweise kein Stimulus-Patiens gegenüber, sondern typischerweise ein Präpositionalobjekt. Aber auch im Falle von *fürchten* ist in der Gegenwartssprache die intransitive Konstruktion (57) die typischere, häufigere Versprachlichung der denotativen Stimulus-*Experiencer* Relation.

(57) a. Der Wolf   ängstigt   den Wanderer.
        Stimulus   *Experiencer*

     b. Der Wanderer   fürchtet sich vor dem Wolf.
        Experiencer   *Stimulus*

Aus dem transitiven *fürchten* ist durch Medialisierung das intransitive und konverse („ergative") *sich fürchten* geworden (vgl. Kap. 11).

Es gibt im Deutschen relativ viele Psych-Verben, die in Agens-Patiens-Konstruktionen implementiert werden können und bei denen das Agens ein weniger typisches, bspw. ein sachliches Agens, ist, z. B.:

(58) a. Das ärgert mich.
     b. Das amüsiert mich.
     c. Das ekelt mich an.
     d. Das freut mich.

Der offensichtliche Grund: Die Agens-Patiens-Konstruktion mit dem sachlichen Agens-Nominativ gibt die Möglichkeit der Emphase. Durch die Nominativ$_{1Ag}$-Akkusativ$_{2/Pat}$-Konstruktion wird die Unterworfenheit des denotativen *Experiencers* als Patiens unter den denotativen Stimulus als Agens ausgedrückt.

Dennoch bleibt das Agens ein untypisches Agens. Längerfristig besteht daher die Tendenz der Sprecher, zu Konstruktionen mit einem typischeren, weil persönlichen Agens zurückzukehren, indem sie auf konkurrierende Muster mit einem typischeren Agens ausweichen (vgl. auch Kap. 11 und 15):

(59) a. Ich ärgere mich darüber.
   b. Ich amüsiere mich darüber.
   c. Ich ekele mich davor.
   d. Ich freue mich darüber.

Dennoch sterben Verbverwendungen in transitiven Konstruktionen mit weniger typischem (sachlichem) Argument nicht aus. Sie erhalten durch Betonung der Agenshaftigkeit des denotativen Stimulus (also aus Gründen der Emphase), beständig Nachschub (vgl. Wegener 1999):

(60) Das stinkt/kotzt/ödet/macht/törnt mich an.

Grundprinzipien der Lakoff-Goldberg'schen und einer sprachgebrauchsbezogenen KxG sind Bilateralität von Konstruktionen, *No Synonymy* (Nicht-Bedeutungsidentität) formal unterschiedlicher Konstruktionen), Isomorphie (bzw. Homomorphie) von Form und Bedeutung einer Konstruktion sowie Abbildung von Grundsituation des Lebens in schematischen Argumentkonstruktionen *(scene encoding hypothesis)*. Sie basieren auf einem prototypentheoretischen Konzept der Bedeutung und von semantischen Rollen. Gegenargumente beruhen daher nicht zuletzt auf der Anwendung eines denotativen Rollenkonzepts. Das soll kurz an einem Aspekt der Diskussion zum Verhältnis des lexikalistischen (lexikalischen) zum konstruktionsbezogenen (phrasalen) Zugang in *Theoretical Linguistics* (Heft 1, 2014) demonstriert werden.

Zu einem Auftaktaufsatz von Müller/Wechsler (2014a) gibt es Kommentar-Aufsätze, u. a. von Alishahi (2014) und Goldberg (2014). Die Entgegensetzung im Resümee *(Reply Article)*, von Müller/Wechsler (2014b) betrifft vor allem die Lakoff-Goldberg-Richtung der *CxG (BCCxG)*.[35] Die m. E. wichtigste Gegenargumentation Müllers und Wechslers in ihrem Resümee beruht auf einem denotativen Verständnis von Konstruktionsbedeutungen und semantischen Rollen. Falls der denotativ Zugang der allein mögliche bzw. der angemessene wäre, würde diese Argumentation dem Goldberg'schen Konzept und dem in diesem Buch vorgetragenen sprachgebrauchsbezogenen Ansatz die Grundlage entziehen, vgl. Müller/Wechsler (2014b: 210):

> On the eliminative constructionist hypothesis, the child interpreting the nonce word *blicking*, when it occurs in a transitive phrasal context, gets an agentive meaning from the ‚transitive construction'. An obvious problem for that view is that many transitive clauses lack that agentive meaning. The transitive verbs in *I love you, She wants a cookie, I like you, I hate spinach, Can you see me?, I can feel the wind, She owns a car, The cereal*

---

[35] In Bezug auf die *BCxG* und die *SBCxG* verweisen Müller/Wechsler (2014b) vor allem auf die Nähe zur *HPSG*.

contains sugar and many, many other verbs that a child is likely to know, lack any notion of causation. They are stative verbs. Instead, the agentive causal meaning is restricted to a subset if verbs: namely, the ones describing agentive, causal actions.

Der Passus bezieht sich auf Alishahi (2014), die auf Experimente mit *Nonsense*-Verben im Erstspracherwerb als Beleg dafür verweist, dass schematische Argumentkonstruktionen eine vom Verb unabhängige abstrakte Bedeutung besitzen.[36] Alishahis Argumentation trägt nur, wenn transitive Konstruktionen (Nominativ-Akkusativ-Konstruktionen) typischerweise eine agentive Bedeutung besitzen. Aber was heißt agentiv? Was heißt kausal? Wie definiert man diese Begriffe? Und wenn man sie definiert hat, worauf bezieht sich die Definition? Auf die Welt an sich? Oder (auch) auf die Sprache? Die Mehrzahl der Konstruktionen und Verben, die Müller/Wechsler anführen, kann man von einem etwas großzügigeren, prototypentheoretischen Standpunkt u. a. mit Dowty (1991) als agentiv und als Agens-Patiens-Konstruktionen werten, mindestens zunächst *I love you, She wants a cookie, I like you, I hate spinach*, in einem etwas weiteren Sinn auch *Can you see me?, I can feel the wind*. Nur *She owns a car*, und noch wahrscheinlicher *The cereal contains sugar* fallen eventuell heraus (vgl. im Einzelnen 4.2). Natürlich steht hier zunächst nur Intuition gegen Intuition. Dem Intuitions-Urteil von Müller und Wechsler liegt die Bedeutung zu Grunde, die man m. E. als prototypisch ansehen sollte (vgl. 3.1, 3.1.5, 4.2.1 (37)):

(61) Ein Mensch wirkt intentional kausal auf einen Gegenstand ein. Dieser entsteht oder verändert sich durch die Einwirkung.

Wenn man diese prototypische Bedeutung (wie bereits Fillmore 1968, vgl. 3.1) zur Invariante erhebt, fällt das Gros der Nominativ-Akkusativ-Konstruktionen aus dem Raster heraus. Das ‚Ich' in *Ich liebe dich* ist jedoch in einem übertragenen Sinne wirklich Agens dieses Gefühls (also agentiv) und das *dich* in *Ich liebe dich* kodiert wirklich ein Patiens, nämlich einen dem Gefühl des Ich Unterworfenen – auch ohne die möglichen materiellen Folgen, die manchmal sehr dramatisch und einschneidend sein können, vgl.:

(62) Und doch, welch Glück, geliebt zu werden!   Goethe: Willkommen
      Und lieben, Götter, welch ein Glück!   und Abschied

Im übrigen lässt sich durchaus zeigen, dass die jeweils ins Feld geführten Intuitionen theoretisch reflektiert werden können (vgl. 3.1 und 3.5.1).[37]

---

36 Zur Implementierung von *Nonsense*-Verben vgl. auch Welke (2009a).
37 Den Begriff der Kausalität nehme ich aus der Argumentation heraus. Er trifft nur auf perfektive Agens-Patiens-Konstruktionen zu (vgl. 4.2).

3.5.3 Semasiologie versus Onomasiologie

Die signifikative versus denotative Perspektive entspricht der traditionellen Unterscheidung von Semasiologie und Onomasiologie (vgl. 2.2.17). Beispielsweise kann man in onomasiologischer Perspektive nach der Relation der Possession zwischen einem Possessor und einem Possessum fragen (vgl. Seiler 1983, Knobloch 2015). Knobloch (2015: 251) stellt die „Zentralität des Genitivs für Possession" fest und führt weitere Konstruktionen an, in denen Possession zum Ausdruck kommt, z. B.:

(63) a. Vater ist krank. (Possessor = Sprecher)
      b. Er hat den Vater verloren. (Possessor = Subjekt)
      c. Ich schau dir in die Augen. (Possessor = Dativphrase, Pertinenzdativ)
      d. Sie küsst ihn auf den Mund. (Possessor = Akkusativobjekt)
                                                  Knobloch 2015: 252–53 (1)–(4)

Von einem semasiologischen (signifikativ-semantischen) Standpunkt aus, der zugleich ein prototypentheoretischer Standpunkt ist, muss man zwischen einer konstruktionsspezifischen sprachlichen Bedeutung ‚Possession' einerseits und Implikaturen auf ein denotativ-possessives Verhältnis andererseits unterscheiden, die durch die Konstruktionen (63a–d) ermöglicht werden. Unter semasiologischem Aspekt ist im Deutschen daher ‚Possession' nur die Konstruktionsbedeutung von substantivischen Genitivkonstruktionen (vgl. Kap. 8 und 10, vgl. Knoblochs Hinweis oben auf die Zentralität des Genitivs). Die Konstruktion (63d) bspw. ist unter signifikativ-semantischem (semasiologischem) Aspekt eine Nominativ-Akkusativ-Direktiv-Konstruktion, die in der Konstellation *küssen – ihn – Mund* ein possessives Verhältnis zwischen dem von *ihn* und *Mund* Denotierten *impliziert*, jedoch nicht bedeutet, d. h. die Nominativ-Akkusativ-Direktiv-Konstruktion bedeutet keine Possession-Relation. Die Sprecher/Hörer können auf diese jedoch aus der Bedeutung der Nominativ-Akkusativ-Direktiv-Konstruktion schließen, und zwar bei einer bestimmten lexikalischen Füllung (Instantiierung) mit Argumenten, die Köperteile und Personen denotieren, auf deren possessives Verhältnis per Implikatur geschlossen werden kann. Die Implikatur kommt auf Grund einer kognitiven Operation zustande, vgl. (64).

(64) Er ruft sie ins Haus.

Hier wird eine lokale Relation zwischen dem von *sie* und *Haus* Denotierten als Endzustand impliziert und ein gemeinsamer Aufenthalt von dem von *er* und *sie* Denotierten impliziert. Der lokale Endzustand folgt strikt aus der Semantik des

Satzes, gehört also im engeren zur Konstruktionsbedeutung. Dass beide, er und sie, am Ende im gleichen Haus sind, wird nicht strikt impliziert, kann aber mit einer gewissen Wahrscheinlichkeit gefolgert werden und gehört daher nicht zur engeren Semantik der Konstruktion, sondern zur darüber hinaus gehenden Pragmatik. Die Implikatur kann das sein, was mit der Äußerung bezweckt ist, das, was der Sprecher mit seiner Äußerung meint. In (65) wird dieser kommunikative Effekt semantisch gesichert:

(65)   Er ruft sie zu sich ins Haus.

3.5.4 Perspektivische Rollen

Ausgangspunkt von 3.5 war das Zuordnungsproblem, also die Frage, wie es dazu kommt, dass die Sprecher/Hörer schnell und im Prinzip reibungslos Rollen kodieren und dekodieren. Eine denotativ-semantische Rolleninterpretation vermag auf diese Frage keine befriedigende Antwort zu geben. Die Rollenbestimmungen werden nur an einer kleinen Auswahl von Rollen und Konstruktionen vorgenommen, und die Rollenhierarchien sind viel zu kompliziert, um annehmen zu können, dass die Sprecher/Hörer diese Zuordnungshierarchien absolvieren (vgl. Dowtys Stellungnahme 1991: 547; vgl. einleitend 3.5).

Nun lässt sich jedoch auch allein durch eine signifikativ-semantische Rolleninterpretation das Zuordnungsproblem nicht lösen. Es fragt sich nämlich, welchen Gewinn für eine schnelle und reibungslose Zuordnung (eine reibungslose Dekodierung) der Hörer aus der Information ziehen kann, dass bspw. *key* in (66) in prototypischer Hinsicht Agens, also „eine Art" Agens, ist.

(66)   The key opened the door.

Eine Lösung dieses neuerlichen Zuordnungsproblems ist das Konzept der Perspektivierung, ausgedrückt in perspektivischen Rollen (vgl. Welke 1988, 2002).[38] Ein wesentlicher Stichwortgeber ist wiederum Fillmore (Fillmore 1977a). In Bezug auf Argumentstrukturen besagt Perspektivierung, dass die Argumente eines Verbs in einer bestimmten Reihenfolge, also als 1., 2., 3. Argument angeordnet sind.[39]

---

[38] Ich habe diese Rollen wegen ihrer subjektiven Perspektiviertheit seinerzeit (1988) logisch-pragmatische Rollen genannt. Rostila (2007) hat diesen missverständlichen Terminus durch den deutlicheren der perspektivischen Rolle ersetzt.
[39] Überlegungen zur Argumentperspektivierung in Aktiv- und Ergativsprachen finden sich in Welke (2002).

Dass Menschen (und überhaupt Lebewesen) die Welt aus einer bestimmten Perspektive sehen, und zwar der ihren, der Perspektive von realen körperlichen Wesen, ist etwas ganz und gar Elementares (vgl. Fillmore 1977a; Lakoff 1987, Stichwort: *embodied cognition*). Perspektivierung ist ein unhintergehbares, bereits aus dem perzeptiven System der Kognition stammendes kognitives Universal (vgl. auch Koller 2004). Beim Menschen kommt die Fähigkeit der Einfühlung, der *empathy* hinzu (Kuno 1987), d. h. die Fähigkeit, etwas vom Standpunkt eines anderen aus zu sehen, sogar vom Standpunkt eines Gegenstandes aus. Jede Argumentkonstruktion und jedes Verb ist, so gesehen, der Vorschlag der Sprachgemeinschaft (und der vorangehenden Sprechergenerationen) an den jeweiligen Sprecher, einen Sachverhalt aus einer bestimmten Perspektive zu betrachten.

Berühmt ist die Kaufszene Fillmores (1977a) und deren Versprachlichung in *frames*. Zum Beispiel greifen die Verben *kaufen* und *kosten* aus dem Geflecht der Beziehungen, das eine Kaufszene ausmacht, unterschiedliche Beziehungen heraus. Sie perspektivieren also Unterschiedliches an der Kaufszene.

(67) a. Emil kauft ein Buch.
    b. Das Buch kostet 20 Euro.

Weitere (mehr oder weniger spezifische) durch Verben benannte Kaufen-Relationen sind:

(68) a. feilschen: um den Preis feilschen
    b. nehmen: ein Buch aus dem Regal nehmen
    c. aufreißen: die Folie aufreißen
    d. legen: das Buch in den Warenkorb legen
    e. fragen: nachdem Preis fragen

Niemand ist in der Lage, die Kaufszene „an sich" darzustellen – oder auch sie sich in nur einem Bild vorzustellen. Man ist gezwungen, die Aufmerksamkeit auf einzelne Ausschnitte zu richten, sie also in Einzelrelationen *(frames)* zu zerlegen (sowohl auf der linguistischen Ebene als auch bereits auf der perzeptiven Ebene der Kognition, Stichwort: Aufmerksamkeit).

Stets geschieht das in einer bestimmten Reihenfolge der Relationspartner (Argumente). In bspw. (69a) erscheint *Emil* als das Primäre und Anita als das Sekundäre, in (69b) ist es umgekehrt.

(69) a. Emil liebt Anita.
    b. Anita gefällt Emil.

In jeder schematischen Argumentkonstruktion (und bei jedem Verb, in jeder Projektion) folgen die Argumente in einer bestimmten fixen Reihenfolge aufeinander, z. B.:[40]

(70) a. $\text{Nom}_{1/\text{Ag}}$-$\text{Akk}_{2/\text{Pat}}$-Konstruktion
b. $\text{Nom}_{1/\text{Ag}}$-$\text{Dat}_{2/\text{Rez}}$-$\text{Akk}_{3/\text{Pat}}$-Konstruktion
c. $\text{Nom}_{1/\text{Ag}}$-$\text{Akk}_{2/\text{Pat}}$-$\text{Dir}_{3}$-Konstruktion

Das heißt: In einer mehrstelligen Konstruktion (und bei einem mehrstelligen Verb) ist jede semantische Rolle in einer fixen Reihenfolge perspektiviert.[41] Jede Argumentkonstruktion und jedes Verb präsentiert Handlungen oder Vorgänge in einer bestimmten Perspektive der Abfolge der Argumente. Das gilt auch für symmetrische Relationen:

(71) a. Emil ähnelt Wim.
b. Wim ähnelt Emil.

(72) a. Emil ähnelt einem Frosch.
b. ?Ein Frosch ähnelt Emil.

(73) a. Der kleine Mo (gerade geboren) ähnelt sehr dem Vater.
b. ?Der Vater ähnelt sehr dem kleinen Mo.

In der formalen Logik spricht man von einem 1., 2. und gegebenenfalls 3. Argument.[42] Relationen, die sich nur durch die Reihenfolge der Argumente unterscheiden, nennt man konvers, vgl. z. B.:

(74) a. a > b   (a ist größer als b.)
b. b < a   (b ist kleiner als a.)

Die Prädikate „>" (*größer als*) und „<" (*kleiner als*) sind konvers zueinander. Die Sätze (74a) und (74b) entsprechen einander in ihrem Wahrheitswert. Sie sind äquivalent zueinander, d. h. extensional identisch. Wenn (74a) wahr ist, ist auch (74b) wahr. Wenn (74a) falsch ist, ist auch (74b) falsch:

(75) $a > b \equiv b < a$

---

40 Zum Problem der primären und sekundären Perspektivierung vgl. unten und Kap. 7.
41 Zur prinzipiellen Entsprechung von Konstruktion und Projektion vgl. Kap. 5.
42 Das geschieht in der Regel unhinterfragt, was ein Hinweis auf die elementare Gegebenheit ist.

Das Beispiel (74) zeigt, dass die Perspektivierung, also die Einnahme eines stets bestimmten Betrachterstandpunktes, eine unhintergehbare Bedingung der Kognition ist. Man kann das Verhältnis zweier Dinge unterschiedlicher Größe stets nur als a > b oder als b < a sowohl wahrnehmen als auch sprachlich darstellen. Ein neutrales Drittes gibt es nicht, obwohl, für sich genommen, in der Realität, wohl nicht zwei unterschiedliche Relationen des Größer- versus Kleinerseins zwischen a und b vorliegen, vgl.:

(76) ▯ ▯
    a b

Erst das Auge des Betrachters erschafft die unterschiedlichen Aussagen (74a) und (74b). Der Betrachter ist nicht eliminierbar. Perspektivierung ist unhintergehbar. Man vergleiche nochmals die Sätze (55), wieder aufgenommen als (77):

(77) a. Ludwig   ängstigt   Anton
          Agens   *Patiens*

     b. Anton   fürchtet   Ludwig.
          Agens   *Patiens*

Die Sätze (77a) und (77b) sind zwar extensional identisch, aber intensional verschieden. Sie unterscheiden sich nicht nur durch die unterschiedliche Verteilung der semantischen Rollen auf die Personen, die am denotierten Geschehen beteiligt sind, sondern auch durch die Reihenfolge, in der die beteiligten Personen in den Blick genommen werden.

In der Logik sind ‚>' und ‚<' *zwei* intensional verschiedene Prädikate und nicht *ein* Prädikat. Auch in Semantik und Grammatik wird die Perspektiviertheit der Argumente unhinterfragt konstatiert. In der Valenztheorie wird von einer 1., 2., 3. Ergänzung gesprochen, und in Valenzwörterbüchern zählt man die Ergänzungen stets in einer bestimmten Reihenfolge auf. In der *LFG* und in der *HPSG* geht man ebenfalls unhinterfragt von einer jeweils bestimmte Reihenfolge aus (vgl. Kap. 7). In der Generativen Grammatik gibt es die Rollen Theta$_1$, Theta$_2$, Theta$_3$. In der Konstituentenstruktur (Phrasenstruktur) bzw. im X'-Schema liegt eine bestimmte Reihenfolge der Argumente zu Grunde, die sich in der Hierarchisierung der Phrasenstruktur niederschlägt. In Lambda-Darstellungen wird die Perspektivierung der Argumente in der Abbindreihenfolge festgehalten.

Nicht nur die Reihenfolge an sich, sondern auch die im Einzelfall ausgewählte Reihenfolge ist kognitiv-kommunikativ begründet, und zwar letztlich in der gestaltpsychologischen Entgegensetzung von Grund und Figur. Gebräuchliche Termini in der Lingustik sind *topic* und *focus*. In Nominativ-Akkusativ-Sprachen spiegelt die Abfolge der Handlungsbeteiligten (also der Argumente) in Handlungskonstruktionen (Agens-Patiens-Konstruktionen) die Zielgerichtetheit von Handlungen wider. Nominativ-Akkusativ-Sprachen platzieren das Handlungsziel *(focus)* am Ende der Argumentfolge. Der Blick des Betrachters folgt dem zeitlichen Ablauf des Ereignisses vom Anfang zum Ergebnis. Das Ziel ist das, worauf die Handlung hinausläuft. Es steht im Focus der Aufmerksamkeit. Es ist der Schwerpunkt der Aussage. Die für den Anfang und das Ziel der Handlung, den Vorzustand und den Nachzustand, prototypischen Rollen sind in Nominativ-Akkusativ-Sprachen aus Sicht einer „logischen" Kasustheorie *Agens* und *Patiens* und aus lokalistischer Sicht *Source* und *Goal*.[43]

Das gilt im Engeren für zweiargumentige Konstruktionen. In Bezug auf dreiargumentige Konstruktionen wird in der universellen Grammatik gelegentlich von *Topic, Second topic* und *Focus* gesprochen. Der Blick des Betrachters geht vom *Topic* über einen zweiten Handlungsbeteiligten (*second topic*, man kann auch von *second focus* sprechen) zum *Focus*. In der *Focus*-Position ist in dreistelligen Argument-Konstruktionen des Deutschen bei Nominativ-Dativ-Akkusativ-Konstruktionen das Akkusativobjekt und ansonsten das Direktivum, das präpositionale Objekt oder das Objektsprädikativ.

All das kann man als Indizien dafür ansehen, dass es eine elementare und im Prinzip fixe Perspektivierung der Argumente jeder Konstruktion und jedes Verbs gibt, die sich aus Gestaltprinzipien ergibt.

Jedoch wäre auch die Reihenfolge (wären also perspektivische Rollen) allein keine ausreichende Erklärung des Zuordnungsproblems, da alle Einzelzuordnungen von perspektivischen Rollen und Ereignis-Partizipanten (wie sie Goldberg 1995 auf der Seite des Verbs annimmt, vgl. 5.3.2) arbiträr individuell und idiosynkratisch wären. Jeweils für sich müssten Zuordnungen von perspektivischen Rollen und singuläre Partizipanten-Rollen gelernt werden, und zwar nach einem Zufallsprinzip so, dass bspw. ein Agens 1., 2. oder 3. Argument sein kann. Wenn, nur bezogen auf Agens-Patiens-Konstruktionen, das Agens bei einem Verb dem Nominativ als 1. Argument zugeordnet ist, müsste bei einem anderen Verb das Patiens Nominativ und 1. Argument sein können, was nur mühsam vorstellbar ist, weil völlig gegen ein offenbar gültiges syntaktisch-semantisches Prinzip der Strukturerhaltung (vgl. auch Kap. 7 und 12):

---

[43] Dass auch diese in Nominativ-Akkusativ-Konstruktionen eingenommene Perspektive nicht die einzig mögliche, d. h. von der Welt gedeckte (ermöglichte) Perspektive ist, zeigen nicht nur syntaktische Ergativsprachen, sondern auch konkurrierende (synonyme, bedeutungsähnliche) Konstruktionen innerhalb einer Sprache und Vergleiche zwischen Nominativ-Akkusativ-Sprachen.

(78) a. Der Angler$_{1/\text{Agens}}$ angelt einen Barsch$_{2/\text{Akk}}$.
    b. Ein Barsch$_{1/\text{Patiens (und Nominativ)}}$ angelt den Angler$_{2/\text{Agens (und Akkusativ)}}$.

Wenn jedoch perspektivische Rollen und signifikativ-semantische Rollen durch die Sprecher/Hörer einander zugeordnet werden, ergibt sich eine offenbar ausreichende Differenzierung der Rollen. Genauer: Die ausreichende Differenzierung ergibt sich dadurch, dass den elementar gegebenen perspektivischen Rollen signifikativ-semantische Rollen zugeordnet werden, in einer Nominativ-Akkusativ-Konstruktion also im Wesentlichen einheitlich dem 1. Argument die Rolle ‚Agens' und dem 2. Argument einheitlich die Rolle ‚Patiens'. Perspektivierung (Reihenfolge der Argumente) und prototypische Klassifikation der Rollen stützen sich wechselseitig, so dass eine reibungslose Kommunikation möglich wird.

Schematische Konstruktionen geben also elementare Lebenssituationen nicht nur grundsätzlich wieder, sondern folgen darüber hinaus kausal-temporalen Ordnungen dieser Situationen, gebrochen durch die subjektive (aber nicht individuelle) Perspektive der Individuen, die die betreffende Sprache sprechen. Die Sprachen folgen dabei unterschiedlichen konventionalisierten Perspektivierungsmöglichkeiten.[44]

Das trifft auch auf die Abfolge in dreiargumentigen Agens-Benefaktiv (*Experiencer*, Rezipient)-Patiens-Konstruktionen zu. Diese Abfolge ist ebenfalls durch eine mögliche und naheliegende Perspektive motiviert: ein handelndes Agens als 1. Argument, ein Benefaktiv als 2. Argument und ein Patiens als 3. Argument. Der Blick, die Reihenfolge des In-den-Blick-Nehmens, geht vom Agens über den Benefaktiv, den zweiten Handlungsbeteiligten, zum Patiens. In einer syntaktischen Ergativsprache ist die Reihenfolge Absolutiv/Vorgangsträger – Dativ/*Experiencer* ebenfalls eine mögliche Reihenfolge des subjektiven In-den-Blick-Nehmens. Zunächst der Gegenstand, der einem Prozess unterliegt und ihn auslöst, und dann ein möglicher Benefaktiv.

Nominativ-Dativ-Akkusativ-Konstruktionen und Nominativ-Akkusativ-Direktiv-Konstruktionen können bekanntlich synonym (bedeutungsähnlich) sein. Sie werde aber unterschiedlich perspektiviert (77b). Objektsprädikativ-Konstruktionen (77c) werden wie Direktivkonstruktionen (77b) perspektiviert. Alle Perspektiven lassen sich aus Gegebenheiten der Welt ableiten (vgl. 4.6.2).

(79) a. Er schickt ihm das Paket.
    b. Er schickt das Paket an ihn.
    c. Er packt das Paket fertig.

---

[44] Zusätzlich muss eine sekundäre Perspektivierung (die sog. funktionale Satzperspektive bzw. Thema-Rhema-Gliederung) berücksichtigt werden (vgl. Kap. 7).

3.6 Fazit und Ausblick

Eine sprachgebrauchsbezogene KxG beruht wie die KxG Goldbergs (1995) auf einem signifikativ-semantischen Rollenkonzept. Aufgabe des Kapitels war es, diese Rollenauffassung zu begründen und einer denotativ-semantischen Rollenauffassung gegenüber zu stellen. Tragfähig wird dieses Rollenkonzept jedoch erst, wenn es mit dem Gesichtspunkt der Perspektiviertheit von Konstruktionen (und Verben), also mit perspektivischen Rollen, verbunden wird. Die Perspektiviertheit der Argumente hinsichtlich ihrer Reihenfolge als 1., 2., 3. Argument ist ein elementares kognitives Universal. Es erwächst aus der materiell-gegenständlichen Tätigkeit und der Lebenspraxis überhaupt. Die spezifischen Koordinationen von Argumentfolge und signifikativ-semantischen Rollen sind durch Handlungsoptionen gedeckt (bspw. die Zuordnungen 1. Argument – Agens und 2. Argument – Patiens). Die Verbindung der perspektivischen Rollen mit signifikativ-semantischen Rollen ermöglicht eine verlässliche Unterscheidung der Argumente. Die jeweils fixe und unveränderbare Reihenfolge der Argumente als 1., 2., 3. Argument in den schematischen Konstruktionen und in den Projektionen ist eine grundsätzliche Bedingung von Instantiierungen. Die Bedingung besteht darin, dass die Reihenfolgen von Konstruktion und Projektion sowohl bei Normalinstantiierungen als auch bei Instantiierungen per Coercion übereinstimmen müssen (Strukturerhaltungsprinzip, vgl. Kap. 7 und 12). Aus dem Strukturerhaltungsprinzip erklären sich auch Phänomene der Konstruktionsvererbung. Die besondere Rolle von schematischen Konstruktionen wie Passivkonstruktionen und Medialkonstruktionen, die durch Konstruktionsvererbungen entstehen, besteht darin, dass sie es den Sprechern/Hörern ermöglichen, das Strukturerhaltungsprinzip gleichsam (nämlich unbeabsichtigt) zu umgehen (vgl. Kap. 10, 11, 12.).

4 Die schematischen Argumentkonstruktionen des Deutschen

Hier ist nunmehr der Ort, zu handeln von der constructio.
Zweierlei Art hat sie: transitive und intransitive.
Über die einzelnen Teile, die doch Verschiednes bezeichnen,
Geht die constructio hinaus, und so ist die Aussage eine.
Alexander de Villa-Dei 1199[1]

Das Kapitel gibt (4.1) einen summarischen Überblick über die Argumentkonstruktionen des Deutschen. In 4.2–4.4 werden die drei zentralen mehrstelligen Argument-Konstruktionen im reinen Kasus besprochen: Nominativ-Akkusativ-Konstruktion (4.2), Nominativ-Dativ-Konstruktion (4.3) und Nominativ-Dativ-Akkusativ-Konstruktion (4.4). (4.5) erwähnt der Vollständigkeit halber die Genitivkonstruktion und die Konstruktion mit doppeltem Akkusativ. Es folgen (4.6) Konstruktionen mit Präpositionalkasus: Lokalkonstruktion (4.6.1), Direktivkonstruktion (4.6.2) und nach einem Vergleich von logischen und lokalistischen Rollentheorien (4.6.3) ein Abschnitt zu Präpositionalobjekt-Konstruktionen (4.6.4). In (4.7) sind Prädikativkonstruktionen der Gegenstand: Subjektsprädikativ-Konstruktionen (4.7.1) und Objektsprädikativ-Konstruktionen (4.7.2). (4.8) gibt einen Ausblick: Einbettungen von Argumentkonstruktionen in Argumentkonstruktionen.

4.1 Überblick

4.1.1 Formbezogene Klassifikation

Ich unterscheide zwischen Konstruktionen mit substantivischen Argumenten und Konstruktionen mit Prädikativa (Subjektsprädikativa und Objektsprädikativa) als Argumente. Bei Konstruktionen mit substantivischen Argumenten unterscheide ich in Konstruktionen mit einfachem Kasus und Konstruktionen mit Präpositionalkasus.[2]

---

[1] Arens (1955: 32). Es handelt sich um das Kapitel 87 (vgl. Reichling 1893): Est post praedicta constructio iure locanda. / in geminas species constructio scinditur: / transitio debet intransitioque subesse. / cum partes, per quas constat constructio plena, / signant diversa, constructio transeat illa;
[2] Gegebenenfalls sind das Benennungen von Konstruktionen mit ausschließlich reinem Kasus. Es kann sich aber auch um Konstruktionen mit z. B. reinem Kasus (Nominativ, Akkusativ) + Präpositionalkasus oder Kasus + Prädikativum handeln.

Konstruktionen mit einfachem Kasus
Einstellige Konstruktionen

(1) Nom-Verb   *Emil friert.*

Zweistellige Konstruktionen

(2) a. Nom-Verb-Akk   *Emil unterstützt Wim.*
     b. Nom-Verb-Dat   *Emil hilft Wim.*

Dreistellige Konstruktionen

(3) Nom-Verb-Dat-Akk   *Emil gibt Mo den Ball.*

Konstruktionen mit Präpositionalkasus

Ich unterscheide zwischen Direktiv- und Präpositionalobjekt-Konstruktionen. Es handelt sich um eine semantische Unterscheidung, die zur Homonymie führt und folglich nach dem Bilateralitätsprinzip (durch Konstruktionsvererbung) zu unterschiedlichen Konstruktionen. Der Zusammenhang (die Vererbungsbeziehung) zwischen Direktivkonstruktionen und Präpositionalobjekt-Konstruktionen ist deutlich erkennbar. Anzumerken ist aber, dass Präpositionalobjekt-Konstruktionen nicht nur Konstruktionsvererbungen aus Direktivkonstruktionen sind, sondern auch aus Fusionen von Argumentkonstruktionen und Modifikatorkonstruktionen (vgl. Kap. 15).

Zweistellige Konstruktionen mit Präpositionalkasus

(4) a. Direktiv-Konstruktion   *Er springt über den Zaun.*
     b. Präpositionalobjekt-Konstruktion   *Er spricht über das Ereignis.*

Dreistellige Konstruktionen mit Präpositionalkasus

(5) a. Direktiv-Konstruktion   *Er wirft den Ball über den Zaun.*
     b. Präpositionalobjekt-Konstruktion   *Er informiert ihn über das Ereignis.*

Bei Präpositionalobjekt-Konstruktionen muss man nach der jeweiligen Präposition weiter differenzieren, z. B.:

(6) a. Er spricht/denkt nach/freut sich *über* das Ereignis.
    b. Er hofft/wartet/setzt *auf* Erfolg.

Prädikativkonstruktionen

(7) a. Subjektsprädikativ-Konstruktion   *Emil ist fleißig/Lehrer.*
    b. Objektsprädikativ-Konstruktion   *Emil findet Wim fleißig.*
                                         Er betrachtet ihn als zuverlässig/
                                         als Vorbild.

Nebentypen
Neben den drei Haupttypen der Konstruktionen mit einfachem Kasus (Nom-Verb, Nom-Verb-Akk, Nom-Verb-Dativ-Akk) gibt es einige weniger typische und weniger häufige Konstruktionen mit einfachem Kasus:³

Nebentypen: einstellige Konstruktionen

(8) a. Akk-Verb   *Mich friert.*
    b. Dat-Verb   *Mir schwindelt.*

Nebentypen: zweistellige Konstruktionen

(9) Nom-Verb-Gen   *Er gedenkt seiner.*

Nebentypen: dreistellige Konstruktionen

(10) a. Nom-Verb-Akk-Gen   *Sie bezichtigen ihn des Mordes.*
     b. Nom-Akk-Akk   *Er lehrt ihn die englische Sprache.*

Das VALBU (2004) verzeichnet viele Konstruktionen mit zwei Präpositionalkasus. Es müsste gesondert untersucht werden, ob und wann es sich bei dem zweiten Präpositionalkasus um ein Argument oder einen Modifikator handelt, z. B.:

(11) a. jemand bezahlt für etwas mit etwas
     b. jemand kämpft gegen jemanden um etwas

---

3 Ohne Anspruch auf Vollständigkeit.

Nullstellige Konstruktionen

(12) a. Komm.
     b. Hier wird gearbeitet.

Sonderfall: Konstruktionen mit ‚es'

(13) Es wird gearbeitet.

Differenzierungen ergeben sich aus der Variation in finite und infinite Verbformen, durch die Existenz komplexer Prädikate und durch die Einbettung von Argumentkonstruktionen in Argumentpositionen.

Zum Problem von mehr als dreistelligen Konstruktionen:
Ich nehme an, dass sowohl Verben als auch Konstruktionen maximal dreistellig sind. Konstruktionen mit mehr als drei Argumenten interpretiere ich als Überblendungen mehrerer Konstruktionen. Die Möglichkeit der Überblendung führt zum Eindruck von vier- oder fünfstelligen Verben. Beispielsweise steht in (14a) ein dreistelliges Verb *bringen* einer vierstelligen Konstruktion gegenüber. Diese vierstellige Konstruktion ist aus der Überblendung einer Nominativ-Dativ-Akkusativ-Konstruktion und einer Nominativ-Akkusativ-Direktiv-Konstruktion hervorgegangen. In (14b) steht ein zwei- bzw. dreistelliges *fahren*[4] einer fünfstelligen Konstruktion gegenüber, die aus der Überblendung dreier Direktiv-Konstruktionen hervorgeht.

(14) a. Er bringt ihm die Ware ins Haus.
     b. Er fährt die Ware von Ückermünde über Prenzlau nach Berlin.

Die jeweiligen höherstelligen Konstruktionen sind, so nehme ich an, nicht im Konstruktikon eingetragen. Dort gibt es nur maximal dreistellige Konstruktionen.

---

4 Je nachdem, ob man nur einen Lexikoneintrag für *fahren* ansetzt, nämlich ein zweistelliges *fahren* mit Direktivum, oder ob man einen zweiten Eintrag mit einem dreistelligen *fahren* annimmt. Bei einem zweistelligen direktiven *fahren* kommt Coercion in die dreistellige Nom-Akk-Dir-Konstruktion hinzu.

4.1.2 Semantische Klassifikation: Konstruktionsbedeutungen

Den formal bestimmten Haupttypen ordne ich Konstruktionsbedeutungen zu. Diese bilden elementare Lebenssituationen ab. Eine Ausnahme stellen Eigenschaftszuweisungs-Konstruktionen (Subjektsprädikativ-Konstruktionen) dar. Diese bilden nicht (unmittelbar) Lebenssituationen ab, sondern vollziehen diese (nämlich die Zuordnung einer Eigenschaft, die Einordnung in eine Klasse, die Identifizierung). Vergleichbar sind Konstruktionen mit performativen Verben.

Es steht kein geeigneter Terminus als Oberbegriff für Konstruktionsbedeutungen von Argument-Konstruktionen minus Eigenschaftszuweisungs-Konstruktionen zur Verfügung. In Frage kommen die Termini ‚Sachverhaltsdarstellung', ‚Situationsrepräsentation' und ‚Ereignisrepräsentation'. Jeder der drei Termini hat seine alltagssprachlichen Besonderheiten. Sachverhalt und Situation bezeichnen im Vergleich zu Ereignissen eher etwas Statisches, können aber auch übergreifend verwendet werden. Ich werde meist von Situationsdarstellung sprechen, im Falle von nicht-statischen Situationen auch von Ereignisdarstellung.[5]

Worum es in jedem Fall nur gehen kann, ist *subjektive* Situations-, Ereignis- oder Sachverhaltsdarstellung. Eine Konstruktion stellt einen Sachverhalt als Tätigkeit, Handlung, Vorgang usw. dar. Es muss allerdings rational verfolgbare und realitätsbezogene Gründe dafür geben, dass etwas als Handlung dargestellt wird, dass Sprecher also beispielsweise einen Handlungssatz verwenden, um so etwas zu sagen wie:[6]

(15) a. Die Zeit heilt alle Wunden.
     b. Das Mittelmeer trennt Europa von Afrika.

Die Sprecher könnten für das gleiche Geschehen auch Vorgangssätze oder Zustandssätze wählen, d. h. Sätze, die zu den Handlungssätzen (15) synonym sind:

(16) a. Mit der Zeit heilen alle Wunden.
     b. Zwischen Europa und Afrika liegt das Mittelmeer.

Ein Sachverhalt, eine Situation, ein Ereignis kann *begründbar* so oder anders sprachlich (innerhalb einer Sprache und in unterschiedlichen Sprachen) dargestellt werden. Es gibt keine Sachverhalts-, Situations- oder Ereignisdarstellung,

---

[5] Ein geeigneter *Cover Term* ist das in deutschen Grammatiken gelegentlich auftauchende ‚Geschehen oder Sein'.
[6] Zu sagen: „als handele es sich um eine Tätigkeit, eine Handlung, einen Vorgang", wäre eine zu starke Behauptung (und liefe in die Falle der Inhaltbezogenen Grammatik).

die so und nicht anders erfolgen kann. Das heißt, Sachverhalte, Situationen, Ereignisse lassen sich nicht ohne subjektive Brechung kognitiv (perzeptiv und sprachlich) abbilden. Denotative Rollentheorien gehen von der Annahme aus, dass die Rollen der Ereignisproponenten außerhalb und vor ihrer sprachlichen Fassung Evidenz erhalten, so als gelange die Wirklichkeit ohne Zutun der kognitiv-sprachlich Tätigen zu ihrer Repräsentation (vgl. Kap. 3).

Ich unterscheide zwischen „logischen" und lokalistischen Konstruktionen. In Bezug auf ein- und zweistellige Konstruktionen ergibt sich folgende semantische Differenzierung nach logischen Konstruktionen:

(17) Situation:
    dynamisch: Tätigkeitskonstruktion   (Agens) (18a)
                Handlungskonstruktion   (Agens, Patiens) (18b)
                Vorgangskonstruktion   (Vorgangsträger) (18c)
    statisch: Zustandskonstruktion   (Zustandsträger (18d)
                Eigenschaftszuweisungskonstruktion
                                               (Eigenschaftsträger) (18e)

(18) a. Emil arbeitet/arbeitet an einem Buch/klettert auf einen Baum.
     b. Emil öffnet die Tür/legt das Buch auf den Tisch.
     c. Die Suppe kocht. Die Lava strömt aus dem Krater.
     d. Emil liegt auf dem Sofa. Das Buch liegt auf dem Tisch.
     e. Emil ist schlau.

Termini wie ‚Vorgangssatz', ‚Handlungssatz', ‚Tätigkeitssatz', ‚Zustandssatz' sind in beschreibenden deutschen Grammatiken (z. B. Helbig/Buscha 2001) seit Brinkmann (1962) üblich. Entsprechende Termini verwenden auch Chafe (1970) und Dik (1978). Im Alltagsgebrauch wird ‚Vorgang' oft übergreifend für alles Prozesshafte verwendet. Spricht man von einem Vorgang, so klammert man einen Verursacher (ein mögliches Agens) aus der Betrachtung aus (abstrahiert man vom Agens). Das heißt, jede Handlung und jede Tätigkeit kann Vorgang genannt werden, weil man stets abstrahieren kann, vgl.:

(19) Er sprach über die Vorgänge gestern Nacht in der Eckkneipe: Meier hat Müller verprügelt und den Wirt.

Man kann alltagssprachlich aber auch von Vorgängen im Gegensatz zu Handlungen und Tätigkeiten sprechen.[7]

---

[7] Um Missverständnisse zu vermeiden, werde ich, wenn es um Handlungen und Tätigkeiten geht und deren Prozesshaftigkeit betont werden soll, von Prozess und nicht von Vorgang sprechen.

Alltagssprachlich sind die Wörter ‚Handlung' und ‚Tätigkeit' nicht oder nur vage unterschieden. Der Begriff der Handlung betont m. E. etwa stärker das Ergebnis der Tätigkeit. Ich differenziere in dieser Richtung: Tätigkeit nenne ich die Tätigkeit eines Agens, bei der davon abgesehen (abstrahiert) wird, dass sich die Tätigkeit an einem Patiens realisiert. Handlung nenne ich eine Tätigkeit unter dem Gesichtspunkt, dass die Tätigkeit sich auf ein Patiens auswirkt.[8]

Für das 1. Argument von Vorgangs- und Zustands- und Eigenschaftskonstruktionen gibt es im Unterschied zu den Termini ‚Agens', ‚Patiens' keine traditionellen Rollenbezeichnungen. Ich verwende als Termini ‚Vorgangsträger', ‚Zustandsträger' und ‚Eigenschaftsträger'.

Im Hintergrund steht die „*Aristotele-Ryle-Kenny-Vendler Verb Classification*" (Dowty 1979: 51) mit den Situationstypen *state*, *activity*, *accomplishment* und *achievement*. Bei dieser Einteilung geht es um aspektuale und temporale Verhältnisse. Ein Bezug auf die soeben getroffene Einteilung ist jedoch möglich (vgl. Welke 2002). Die Zuordnung von *state* und Zustand liegt auf der Hand. *Activity* kann man Vorgang und Tätigkeit zuordnen. Die Unterscheidung von *accomplishment* und *achievement* wird meist temporal getroffen: *accomplishments* als Situationen mit längerem Verlauf des Zustandswechsels, *achievements* als Situationen mit plötzlichem Zustandswechsel (z. B. Parsons 1990; Van Valin/LaPolla 1997; Rapp 1997). Man kann die Trennung aber auch anders begründen. Dann sind *accomplishments* Zustandswechsel, bei denen die Verursachung (durch ein Agens) miterfasst ist, und *achievements* sind Zustandswechsel, bei denen die Verursachung nicht miterfasst ist.[9] Ryle (1949: 151) nennt *achievements* im Unterschied zu *accomplishments* „*purely lucky achievements*". Indirekt kommt die gleiche Differenzierung bei Dowty (1979) und Pustejovsky (1991) zum Tragen, wenn bei *accomplishments*, aber nicht bei *achievements* das Prädikat *cause* in der semantischen Beschreibung verwendet wird.

Legt man diese letztere Differenzierung zu Grunde, so entsprechen *accomplishments* Handlungen. *Achievements* entsprechen Vorgängen. *Activities* entsprechen Vorgängen oder Tätigkeiten. *States* entsprechen weiterhin Zuständen.

Es gibt eine wesentliche Differenz bzw. Überschneidung: Handlungskonstruktionen (Agens-Patiens-Konstruktionen) sind nur in ihrem prototypischen Kern perfektiv (telisch), also *accomplishments* im Sinne der Aspektklassifikation.

---

8 Vgl. die Unterscheidung von *poiesis* und *praxis* bei Platon (vgl. Prechtl/Burkhard 1996). *Poiesis* ist eine menschliche Tätigkeit unter dem Gesichtspunkt, dass sie für die Gesellschaft nützliche Dinge hervorbringt. Sie hat also ihr Ziel außerhalb ihrer selbst in einem Produkt. *Praxis* ist eine menschliche Tätigkeit, bei der von einem äußerlichen Ziel abgesehen wird. Sie hat als gesellschaftliche Tätigkeit ihr Ziel in sich selbst.
9 Hinzu kommen Zuordnung von accomplishments zu typischerweise längeren und von achievements zu typischerweise kürzeren Zustandswechseln.

In der vergleichsweise abstrakten („logischen") Typologie nach *activities, states, accomplishments* und *achievements* sind Bewegungen im Raum nicht unterschieden. Diachron hat sich der „logische" Typus möglicherweise aus dem „lokalistischen" entwickelt. Aus synchroner und signifikativ-semantischer Perspektive ist der logische Typus der Grundtypus. Der lokalistische Konstruktionstyp überlagert auf Grund der Prävalenz des logischen Typs in Nominativ-Akkusativ-Sprachen den logischen Grundtypus.[10] Es ergeben sich folglich Kreuzklassifikationen.[11]

Lokalistische Typologie (Direktivkonstruktionen und statisch lokale Konstruktionen)

(20) direktive oder statisch lokale Situation:
  dynamisch: Tätigkeitskonstruktion (Agens, Direktiv) (21a)
  Handlungskonstr. (Agens, Patiens, Direktiv) (21b)
  Vorgangskonstruktion (Vorgangsträger, Direktiv) (21c)
  statisch: Zustandskonstruktion (Zustandsträger, Lokativ) (21)

(21) a. Emil wandert nach Wernigerode.
  b. Emil legt das Buch auf den Tisch.
  c. Das Wasser fließt in den Keller.
  d. Das Buch liegt auf dem Tisch.

Konstruktionsbedeutung und formale Semantik

In der formalen Semantik werden Handlungskonstruktionen in der Regel durch das Prädikat CAUS (VERURSACHEN) so beschrieben, dass diesem Prädikat als Argumente nicht ein prototypisch substantivisches Agens und ein prototypisch substantivisches Patiens zugeordnet sind.[12] Die Argumente werden vielmehr als Propositionen dargestellt, vgl. z. B. Dowtys (1979: 91) Interpretation der Sätze (22a) und (23a) durch die semantischen Strukturen (22b) und (23b).

---

10 Anders wird das in der lokalistischen Rollentheorie Grubers (1965) und Jackendoffs (1983, 1990) gesehen (vgl. 4.6.3).
11 Ich werde jeweils das für den Zweck wichtigste Merkmal herausgreifen und bei Konstruktionen, auf die beides zutrifft, abkürzend entweder von bspw. Handlungskonstruktion oder Direktivkonstruktion, von Vorgangskonstruktionen oder lokalen Konstruktionen sprechen.
12 Diese Analysen werden außerdem meist an Nominativ-Akkusativ-Konstruktionen exemplifiziert und nicht an anderen zweistelligen Konstruktionen, die unter denotativem Aspekt in Frage kommen, z. B. an Dativ- oder an Präpositionalobjekt-Konstruktionen.

(22) a. *John killed Bill*   Dowty 1979: 91 (97)
     b. [[John does something] CAUSE [BECOME ¬ [Bill is alive]]]

(23) a. *John painted a picture*   Dowty 1979: 91 (98)
     b. [[John paints] CAUSE [BECOME [a picture exists]]]

Die Analyse besagt: Nicht ein Agens an und für sich kann Ursache einer Veränderung oder Schaffung eines Patiens sein, sondern nur eine Tätigkeit eines Agens oder ein Prozess, in den ein Agens involviert ist. Auf der anderen Seite steht nicht ein Patiens an sich, sondern ein Patiens, mit dem etwas geschieht, ein Patiens also, dass in einen von der Tätigkeit des Agens ausgelösten Prozess involviert ist und in diesem verändert oder geschaffen wird. Gegenüber dieser semantischen Struktur erscheint die syntaktische Struktur als eine reduzierte und amputierte Wiedergabe.

Nur wenige Verben lassen sich jedoch formal-syntaktisch (konstruktionell) so verwenden, wie es die semantische Analyse vorgibt, vgl. (24) versus (25) und (26):

(24) a. Die Zündkerzen verursachten/bewirkten, dass der Motor nicht ansprang.
     b. Dass die Zündkerzen verölten, verursachte/bewirkte, dass der Motor nicht ansprang.

(25) a. Die Großlawine zerstörte Häuser im Zentrum des Ortes.
     b. ?Der Abgang einer Großlawine zerstörte Häuser im Zentrum des Ortes.
     c. Der Abgang einer Großlawine verursachte, dass Häuser zerstört wurden.

(26) a. Emil baut/zerstört/kauft/betrachtet ein Haus.
     b. *Dass Emil etwas tut, baut/zerstört/kauft/betrachtet ein Haus.

Nur relativ wenige Verben wie *verursachen/bewirken* in (24a) ermöglichen die syntaktische Realisierung der ermittelten semantischen Struktur als Nebensatz (oder Infinitivkonstruktion oder Nominalisierung). Nebensatz-Argumente finden sich erst in großer Zahl bei Verben, die sich auf kognitive und emotionale Vorgänge beziehen.

(27) a. Emil sagt, dass er kommt.
     b. Emil freut sich darüber, dass Anita kommt.

Offenbar reicht die Nominativ$_{Agens}$-Akkusativ$_{Patiens}$-Struktur auch heute, also in der entwickelteren Sprache, im Wesentlichen dazu aus, die betreffenden Sachverhalte effizient kommunikativ und kognitiv zu repräsentieren. Das sollte kein Zufall sein und kein Ungenügen der Sprache derart, dass die Sprache kognitive Prozesse (das Denken, das Urteilen) verzerrt und verschleiert. Vielmehr scheint Sprache ein Mittel der Verkürzung nicht nur der kommunikativen Übermittlung von kognitiven Inhalten, sondern auch der kognitiven Inhalte selbst zu sein. Eine Möglichkeit, die Problematik zu beschreiben, sind Analysen des Zusammenwirkens von sprachlichem und perzeptivem System der Kognition via Implikaturen (vgl. 5.4).

Es gibt drei Möglichkeiten der Interpretation: (1) Die üblichen Interpretationen in der modernen Linguistik übergehen die Existenz eines relativ eigenständigen perzeptiven kognitiven Systems. Sie machen allein das sprachliche System für die Kognition verantwortlich, überlasten es aber dadurch. Im Gegenzug gibt es (2) Tendenzen, den Anteil des sprachlichen Systems der Kognition zu unterschätzen und den Beitrag nur auf die formal-syntaktische Verkürzung zu reduzieren. Gemeint sind Tendenzen in der kognitiven Psychologie und in der kognitiven Linguistik, den Beitrag der Sprache auf ihre kommunikative Funktion zu reduzieren, d. h. auf das Versehen von außerhalb der Sprache existierenden kognitiven Inhalten mit „Wortmarken". Eine Kompromissthese (3) deutet semantische Analysen wie (22) und (23) als Beschreibungen, die Implikaturen auf das perzeptive System der Kognition – allerdings im sprachlichen Gewand (vgl. 1) – einbeziehen.

Dass Implikaturen involviert sind, bringt zum Ausdruck, dass die Sprecher/Hörer in der sprachlichen Repräsentation von bestimmten Zusammenhängen abstrahieren.[13] Die Sprecher/Hörer wissen, dass sie bei Bedarf auf die Verbindungen zum perzeptiven System zurückgreifen können, beispielsweise wenn für den Hörer zu entscheiden ist, was ein Sprecher mit einer (bspw. schwer verständlichen) Äußerung meint. Es geht um Vorstellungen,[14] d. h. um Simulationen des Geschehnisses im perzeptiven System der Kognition. In diesem Fall müssen sich die Sprecher/Hörer relativ konkret vorstellen können, dass ein Agens irgendetwas tun muss, was dazu führt, dass ein Patiens entsteht oder sich verändert. So gesehen sind die Umschreibungen der Semantiker Umschreibungen von Perzeptionen, auf die die Sprache in verkürzter und abstrahierter Form zugreift (vgl. auch 5.4).

Zu diesem Befund gehört auch die elementare Opposition von Verben und Substantiven (prädikativen und referentiellen Zeichen) in allen Sprachen der Welt. Bezogen auf Argumentkonstruktionen heißt das: Prototypische Argumente

---

13 Abstraktion ist kein mechanisches Negieren, sondern ein Absehen von etwas (zu bestimmten Zwecken).
14 Vorstellung als erinnernde (und insofern bereits vergleichsweise abstrahierende) kognitive Repräsentation konkret stattgefundener Wahrnehmungen (die ihrerseits gestalthafte Abstraktionen aus einzelnen Empfindungen im perzeptiven System sind).

sind konkrete Dinge (Gegenstände und Lebewesen). Diese werden durch Substantive denotiert. Erst in einem zweiten Schritt und bei höherer Abstraktheit bzw. Kompliziertheit kommt es dazu, dass Argumente ihrerseits Argumentkonstruktionen sind, ausgedrückt in Nebensätzen und Nominalisierungen. Nominalisierungen bringen qua Substantivierung eine metaphorische Verdinglichung von Sachverhalten mit sich (vgl. Kap. 14).

Homonymie von Nominativ-Verb-Konstruktionen
Konstruktionelle Homonymie ist analog zur Lexik ein Sonderfall. Ein Unterschied zur Lexik ist jedoch, dass die Übergänge zu Homonymie auf Grund der strukturellen Gemeinsamkeiten für die Sprecher/Hörer durchsichtig und nachvollziehbar bleiben können.

Bei (zweistelligen) Nominativ-Akkusativ-Konstruktionen (Agens-Patiens-Konstruktionen) gibt es m. E. nur wenige Homonymien (vgl. 4.2.4 und Kap. 11 und 13). Einen zentralen Fall von konstruktioneller Homonymie konstituieren Präpositionalobjekt-Konstruktionen. Diese entstehen durch Konstruktionsvererbung aus Direktivkonstruktionen und aus Argumentkonstruktionen + Modifikatorkonstruktionen (vgl. 4.6.4 und Kap. 15). Es handelt sich um Konstruktionen gleicher oberflächlicher Form, nämlich mit Präpositionalkasus, die sich so weit von ihrer Ursprungsbedeutung entfernen, dass der Zusammenhang zwischen Ursprungsbedeutung und übertragener Bedeutung für die Sprecher/Hörer verloren geht, so dass sich einzelne Token-Konstruktionen von der Mutterkonstruktion lösen und zu einer anderen selbständigen Konstruktion werden. Per Analogie werden dann weitere Verben in die entstehende neue Konstruktion implementiert (vgl. 15).

Es gibt darüber hinaus einen typologisch zentralen Fall von Homonymie, der zugleich ein Sonderfall ist, weil er sich nicht (zumindest nicht unmittelbar) auf Konstruktionsvererbung zurückführen lässt. Er resultiert aus den Kodierungseigenschaften des Subjekts-Nominativs in Nominativ-Akkusativ-Sprachen. Der Nominativ als *Topic*-Kasus (als 1. Argument) und damit als Grundkasus (Ausgangspunkt der Perspektivierung) steht in transitiven Konstruktionen als Agens einem vom Akkusativ kodierten Patiens gegenüber. Der Nominativ ist innerhalb von Nominativ-Akkusativ-Konstruktionen im Wesentlichen (einige Homonymien ausgenommen, vgl. 4.2.3 und Kap. 11 und 13) nicht-homonym, also gleichbleibend Agens. Die Bilateralität ist in diesem Fall konstruktionell gesichert.[15]

---

[15] Unter Nominativ fasse ich nicht nur morphologische, sondern auch allgemein syntaktisch-konstruktionelle Kodierungseigenschaften wie die Wortstellung (vgl. 3.6.4). Den Ausdruck Subjekts-Nominativ gebrauche ich nur der Kürze halber.

Denn Homonymie betrifft ganzheitlich die Konstruktion. Wenn der Nominativ seine Agens-Rolle verliert, verliert auch der Akkusativ seine Patiens-Rolle (mit einer Ausnahme, vgl. 13.3).

Im Unterschied zu transitiven Konstruktionen (Nominativ-Akkusativ-Konstruktionen) sind intransitive Konstruktionen, sofern man eine Einteilung in Tätigkeits-, Vorgangs- und Zustandskonstruktionen zu Grunde legt, wie das im Folgenden geschehen wird (vgl. auch eine mögliche Alternative unten), grundsätzlich homonym. Sie sind bei gleicher Konstruktionsform entweder Tätigkeits-, Vorgangs- oder Zustandskonstruktionen Der Nominativ ist entsprechend Agens, Vorgangsträger oder Zustandsträger.

Grundlage ist die in der Realität gegebene objektive Nähe und Übergangshaftigkeit von Täter (denotativem Agens) und denotativem Vorgangsträger. Mit anderen Worten: Grundlage ist, dass in der Realität die Proponenten von Situationen nicht invariant in die Klassen Agens – Vorgangsträger (und Zustandsträger) – Patiens gruppiert werden können, sondern dass ihre Rollen ineinander übergehen, ein Kontinuum bilden.[16]

Die Übergangshaftigkeit zeigt sich in einer Nominativ-Akkusativ-Sprache darin, dass die Rollen ‚Agens', ‚Vorgangsträger' und ‚Zustandsträger' und die entsprechenden Situationstypen ‚Tätigkeit', ‚Vorgang' und ‚Zustand' nur unscharf voneinander zu trennen sind. Insbesondere geht es um das Gleiten von Agens als Tätigkeitsträger zu Vorgangsträger und von Vorgangsträger zu Agens (Tätigkeitsträger) sowie um die Unschärfe zwischen Vorgangsträger und Zustandsträger, und zwar abhängig von den instantiierenden Verben.

Die Existenz und prinzipielle Abgrenzbarkeit dieser semantischen Konstruktionstypen ist linguistisch und sprachphilosophisch (Stichwort: Situationstypen, vgl. oben) fundamental und bei der Darstellung von Konstruktionsvererbungen m. E. unverzichtbar. Andererseits ist die Unterscheidung von Tätigkeits-, Vorgangs- und Zustandskonstruktionen ein elementarer Verstoß gegen das Bilateralitätsprinzip.[17] Dem Bilateralitätsprinzip zufolge resultieren Homonymien typischerweise aus Konstruktionsvererbungen. Diese sind nicht so grundsätzlicher elementar-struktureller Art wie die Homonymie der intransitiven Konstruktionen.

Ein Vorbild einer auf Homonymie verzichtenden Vorgehensweise ist die übliche typologische Beschreibung von Nominativ-Akkusativ-Sprachen versus Ergativsprachen. Eckpunkte des Vergleichs sind meist die Kategorien S (Subjekt),

---

16 In Ergativsprachen entspricht dem Nominativ der Absolutiv als Grundkasus. In ihm sind denotatives Patiens und Vorgangsträger durch eine Rolle kodiert. Grundlage ist hier die objektive Nähe und Übergangshaftigkeit von Leidendem und Vorgangsträger.
17 Die semantische Sonderrolle des Eigenschaftsträgers ist dagegen formal begründbar (vgl. 4.7.1).

A (Agens) und O (Objekt, Patiens) (vgl. Dixon 1994; Manning 1996). S ist eine syntaktische Kategorie und A und O sind denotativ-semantische Kategorien.[18]

Eine mögliche intensionale Umdeutung könnte beinhalten, dass die Rolle des Nominativs in intransitiven Konstruktionen nur die perspektivische Rolle des 1. Arguments ist. Die Hypothese lautet dann: Intransitive Argumentkonstruktionen (Konstruktionen, die nicht Nominativ-Akkusativ-Konstruktionen sind) besitzen nur ein bis auf die perspektivische Rolle semantisch entleertes Argument.

Dennoch werde ich die Unterscheidung in Tätigkeits-, Vorgangs-, und Zustandskonstruktionen im Folgenden beibehalten, u. a. weil sich Konstruktionsvererbungen auf diese Weise als Übergänge gut darstellen lassen.

Ich nehme jedoch Perspektivierungen und Ableitungen an, insbesondere von Vorgangs- bzw. Zustandskonstruktionen in Tätigkeitskonstruktionen, vgl.:

(28) a. Der Kanarienvogel ist aufs Dach geflogen.
      b. Emil ist zum Bäcker gegangen.
      c. Ein Stein ist aufs Dach geflogen.

Ich interpretiere die intransitiven Token-Direktivkonstruktionen (28) als Vorgangskonstruktionen. Die Token-Konstruktionen (28a, b) können durch die Sprecher/Hörer auch als Tätigkeitskonstruktionen gedeutet werden. Die Token-Konstruktion (28c) muss als Vorgangskonstruktion gedeutet werden. Das heißt, man kann intransitive Direktivkonstruktionen generell als Vorgangskonstruktionen deuten, auch (28b). In einer Mitteilung wie (28b) wird zunächst nur ausgedrückt, dass eine Person auf dem Weg zum Bäcker war/ist. Darauf, dass es sich um eine Tätigkeit dieser Person handelt, kommt es nicht an (vgl. auch Welke 2002). Hinzu kommen bestimmte Auslegungstendenzen (Vorzugs- und Nebenvarianten) mit bspw. *gehen, fahren, fliegen, schwimmen* als typischerweise Tätigkeitsverben und *fallen, treiben, wehen, fließen* als typischerweise Vorgangsverben. Ob die Token-Konstruktion dann als Tätigkeits- oder Vorgangskonstruktionen interpretiert wird, hängt von den inhärenten semantischen Merkmalen des Substantivs ab, das als 1. Argument instantiiert wird, vgl.:

(29) a. Der Kanarienvogel flog auf den Nachbarbalkon.
      b. Das Blatt Papier flog auf den Nachbarbalkon. Der Apfel fiel vom Baum.

---

18 In intensionaler Hinsicht gibt es in syntaktischen Ergativsprachen m. E. (vgl. Welke 2002) keine transitiven Konstruktionen (Agens-Patiens-Konstruktionen), sondern nur Vorgangskonstruktionen mit einem Vorgangsträger (in denotativer Darstellung O) und einem fakultativen Verursacher-Modifikator (in denotativer Darstellung A).

(30) a. Emil geht zum Bäcker.
b. Das Paket geht nach New York.

Die Vagheit und Übergangshaftigkeit des 1. Arguments kann man nochmals an (31) exemplifizieren.

(31) Emil sitzt am Tisch.

Das Verb *sitzen* kann zunächst als Zustandsverb interpretieren werden und die Konstruktion als Zustandskonstruktion. Zum Sitzen gehört jedoch (im Unterschied zum Liegen oder „Im-Sessel Hängen") ein gewisses Maß an Muskelspannung, also Eigenbewegung, wie man aus propriorezeptiver Erfahrung weiß. Also denotativ, bezogen auf den Sachverhalt, könnte es sich um einen Vorgang handeln. Zu Aufrechterhaltung des Vorgangs gehört aber auch Eigenaktivität. Hieraus ergibt sich ein möglicher Übergang in eine Tätigkeitskonstruktion. Dieser Übergang lässt sich kontextuell herbeiführen (32b). Auch die Imperativform (32c) beruht auf der möglichen Auffassung als Tätigkeit.

(32) a. Emil sitzt am Tisch.
b. Emil sitzt, seine Schultern bewusst spannend, kerzengerade/aufgerichtet am Tisch.
c. Sitz gerade!

4.2 Nominativ-Akkusativ-Konstruktion

Die zentrale Konstruktion in Nominativ-Akkusativ-Sprachen, also auch im Deutschen, ist die transitive Konstruktion, die Nominativ-Akkusativ-Konstruktion (N-A-Konstruktion), ein Umstand, der sich bereits in der Bezeichnung ‚Nominativ-Akkusativ-Sprache' niederschlägt.[19] In ihrer Grundform ist diese Konstruktion zweistellig.

(33) $\boxed{\text{Nom}_{1/Ag} - \text{Verb} - \text{Akk}_{2/Pat}}$

---

[19] Der Terminus der Nominativ-Akkusativ-Sprachen wird in der Linguistik metonymisch für Subjekt-Objekt-Konstruktionen bzw. Agens-Patiens-Konstruktionen gebraucht. Die terminologische Unterscheidung von SOV-, SVO- und VSO-Sprachen baut ebenfalls metonymisch auf dem gleichen Grundschema auf. Hier stehen die Satzgliedtermini *Subjekt* und *Objekt* für Nominativ und Akkusativ.

Ausweitungen auf dreistellige Konstruktionen sind Nominativ-Dativ-Akkusativ-Konstruktionen, Nominativ-Akkusativ-Direktiv-Konstruktionen, Nominativ-Akkusativ-Präpositionalobjekt-Konstruktionen und Nominativ-Akkusativ-Objektsprädikativ-Konstruktionen.

Im Folgenden (4.2.1 und 4.2.2) werde ich einige Bemerkungen voranstellen, die auch für die weiteren transitiven Konstruktionen gelten.

4.2.1 Nominativ-Akkusativ-Konstruktion aus denotativer Perspektive

An Nominativ-Akkusativ-Konstruktionen setzen nicht nur die Prototypentheorien Lakoffs (1977, 1987), Dowtys (1991) und Goldbergs (1995) an. Nahezu alle modernen Semantiktheorien gehen von Darstellungen der Art (29) und (30) aus, wiedergegeben nochmals als (34) und (35).

(34) a. *John killed Bill*   Dowty 1979: 91 (97)
      b. [[John does something] CAUSE [BECOME ¬ [Bill is alive]]]

(35) a. *John painted a picture*   Dowty 1979: 91 (98)
      b. [[John paints] CAUSE [BECOME [a picture exists]]]

Die Analysen (34b) und (35b) beziehen sich auf perfektive Nominativ-Akkusativ-Konstruktionen. Die Varianten (34) und (35), also Konstruktionen mit affiziertem und effiziertem Objekt, werden oft angeführt. Die Interpretationen des Prädikats DO schwanken zwischen einer Interpretation als Vorgang im Sinne von unintendiertem Tun und als Tätigkeit im Sinne von intendiertem Tun (vgl. z. B. Welke 2002 in Bezug auf Rapp 1997).

Von einem denotativen Standpunkt aus muss man (34) und (35) als (invariante) Definitionen von Konstruktionsbedeutungen ansehen. Die Definitionen erfassen dann aber zwangsläufig nur einen Teil der N-A-Konstruktionen, genauer: einen Teil der prototypisch miteinander verbundenen Varianten der N-A-Konstruktion.

Wenn man *tun (to do)* als menschliches Tun auslegt (und nicht als Vorgangsbezeichnung, vgl. unten), dann sind (1) N-A-Konstruktionen auf menschliche Verursacher als Agens festgelegt.[20] Durch die Operatoren CAUSE und BECOME sind (2) auf perfektive Vorgänge (Ereignisse) beschränkt. Streng genommen – und das führt auf die Annahme eines Auseinanderklaffens von formalsyntaktischer und semantischer Struktur – stehen sich (3) nicht ein Agens und Patiens gegenüber, wie es in den Beispielsätzen (34a) und (35a) der Fall zu sein

---

[20] Patiens können nach (34b) und (35b) dagegen Personen oder Gegenstände sein.

scheint, sondern zwei Ereignisse, von denen das eine das andere in einem komplexeren Gesamtereignis verursacht. Zurück übersetzt sind die semantischen Strukturen (34b) und (35b) durch (36) zu paraphrasieren:

(36) a. That John killed Bill caused that Bill was becoming not alive.
That John painted (something) caused that a picture was becoming to exist.

Bezogen auf die Rollen ‚Agens' und ‚Patiens' wird die Bedeutung der N-A-Konstruktion meist so definiert:

(37) Ein Mensch wirkt intentional kausal auf einen Gegenstand ein. Dieser entsteht oder verändert sich durch die Einwirkung.

Diese Definition ist stärker als in (34b) und (35b) auf die traditionelle Definition von N-A-Konstruktionen gerichtet mit dem Agens als handelndem Menschen und dem Patiens als dem der Handlung Ausgesetzten, d. h. dem Leidenden (lat: *pati – leiden*). Aber auch von hier aus entstehen sofort Abgrenzungsprobleme, wenn man andere N-A-Token-Konstruktionen vergleicht, z. B. imperfektive Konstruktionen (38a), Konstruktionen mit nicht-menschlichem Subjekt (38b), Konstruktionen mit nicht-gegenständlichem Objekt (38c, d).

(38) a. Emil beobachtet Anton.
b. Der Sturm deckte Dächer ab.
c. Er wiederholt seine Behauptung.
d. Er stellt fest, dass sein Vorschlag berücksichtigt wurde.

Die Bedeutungen der Konstruktionen (38) werden durch (34b) und (35b) nicht erfasst.

Da das so ist, wird in der Regel nicht versucht, die Rollen, die der Nominativ und der Akkusativ in N-A-Konstruktion kodieren, allgemeiner zu fassen *(lumping)*. Vielmehr werden *(splitting)* der Nominativ und der Akkusativ von N-A-Konstruktionen vielen weiteren Rollen zugeordnet.

In (34a), (35a) geht es um handelnde Menschen und um Lebewesen oder Dinge, die dem Handeln der Menschen unterworfen sind. Die in diesen Definitionen erfassten prototypischen (archetypischen) Bedeutungen werden zunächst als invariante Rollen-Definitionen gewertet und in einem zweiten Schritt von ihren Kodierungen getrennt, indem nunmehr (aus onomasiologischer Perspektive) gefragt wird, welche anderen Kodierungen (formalen Zuordnungen) es für diese verselbständigten Inhalte gibt. Denotative Rollen-Theorien müssen also Homonymie annehmen, wo es möglicherweise um Polysemie geht.

Als weiteres prototypentheoretisches Moment kommt die Berücksichtigung unmarkierter Strukturen in die denotative Methode hinein. Zuzüglich wird außer Acht gelassen, dass es Überschneidungen der Rollen sowohl in der Realität als in der kognitiven (sprachlichen) Repräsentation geben kann.

Ergebnis ist bspw., dass dem Subjektsnominativ in (39a) die gleiche Rolle ‚*Experiencer*' zugesprochen wird wie dem Dativ-Argument in (39b).

(39) a. Emil sieht das Haus.
b. Anna zeigt Emil das Haus.

Bereits eine Zusammenfassung von Konstruktionen mit effiziertem und affiziertem Objekt wie in (34) und (35) ist unter einem Invarianz-Aspekt problematisch. Wie soll man auf einen Gegenstand einwirken, den es im Falle des effizierten Objekts vor Beginn der Einwirkung noch gar nicht gibt? Verallgemeinert sollte man (von einem extensionalen Standpunkt aus) von einem Einwirken auf die Umwelt sprechen, bei dem Gegenstände verändert oder geschaffen werden. Vielleicht sollte man aber auch zwischen Konstruktionen mit effiziertem und affiziertem Objekt unterscheiden. Entscheidungen zwischen Verallgemeinerung und Aufgliederung (*lumping* oder *splitting*) sind ein wesentliches Problem denotativer Rollentheorien. Für denotative Theorien wird auch die Differenz zwischen Perfektivität und Imperfektivität ein Problem und zwar nicht nur bei Implementierung von imperfektiven Verben in N-A-Konstruktionen, sondern auch bei Imperfektivierungen, bspw. durch den unbestimmten Plural:[21]

(40) a. Jemand betrachtet/pflegt jemanden.
b. Jemand baut Häuser.

Eine auf dem Invarianz-Postulat beruhende Definition von Rollen muss jedoch nicht nur eine übergreifende Definition für möglichst viele Konstruktionen gleicher Form finden, sondern eine definierte Konstruktion auch invariant von synonymen Konstruktionen abgrenzen. Synonyme Konstruktionen zur Nominativ-Akkusativ-Konstruktion, die mit dieser unmittelbar konkurrieren, sind im Deutschen die Nominativ-Dativ-Konstruktion (41b), die Direktivkonstruktion (42b) und die Präpositionalobjekt-Konstruktion (43b).

---

21 Thieroff (1992) nimmt auf Grund dieser Variabilität an, dass nicht Verben, sondern Situationen perfektiv oder imperfektiv sind. Wenn man ‚Situation' durch ‚Konstruktion' ersetzt, gibt es keine perfektiven oder imperfektiven Verben, sondern nur perfektive oder imperfektive Konstruktionen.

(41) a. Elsa unterstützt Wim.
  b. Elsa hilft Wim.

(42) a. Emil verlässt das Haus.
  b. Emil geht aus dem Haus.

(43) a. Emil besiegt Erwin.
  b. Emil siegt über Erwin.

Obwohl Synonymie in extensionalen Theorien bis zu einem gewissen Umfang mit Bedeutungsidentität gleichgesetzt wird,[22] wird in diesen Theorien m. E. nur zwei der sechs Token-Konstruktionen (41)–(43), nämlich (41a) und (43a), die Patiens-Rolle zugeordnet. *Wim* in (41b) erhält die *Experiencer*- bzw. Benefaktiv-Rolle. Präpositionalobjekte werden stets übergangen. Sie erhalten einen ungeklärten Sonderstatus ‚Oblique' und werden als indirekte Objekte (Argumente, die ihre Rolle indirekt über die Präposition zugewiesen bekommen) aus der Rollenzuordnung herausgenommen.[23] Im Falle von (42) wird bei (42a) wegen der Synonymie zu (42b) eher für Direktivum *(goal)* entschieden, als für Patiens (vgl. 3.6.1). Extensional-denotativ (d. h. sprachunabhängig gesehen), gibt es aber m. E. keinen Grund, das jeweils 2. Argument in (41b) und (43b) nicht als Patiens zu charakterisieren.

Fazit: Es sind unter der Hand angelegte intensional-sprachliche Gesichtspunkte, dass das nicht geschieht. Von Stringenz kann nicht die Rede sein.

Dagegen folgen prototypische Verallgemeinerungen den Vorgaben Lakoffs (1977), Dowtys (1991) und Goldbergs (1995). Goldberg zeigt u. a. an der Ditransitiv-Konstruktion, warum und mit welchen prototypischen Abweichungen Konstruktionen wie (44a–f) Token ein und derselben schematischen Konstruktion mit identischer Bedeutung sind, d. h. Konstruktionen mit einer „*family of related senses, rather than a single abstract sense*".

(44) a. Joe gave Sally a ball. Goldberg 1995: 75 (1.–6.)
  b. Joe promised Bob a car.
  c. Joe permitted Chris an apple.
  d. Joe refused Bob a cookie.
  e. Joe baked Bob a cake.
  f. Joe bequeathed Bob a fortune.

---

22 Unklar ist, bis zu welchem Umfang das geschieht. Wo ist die Grenze der Invarianz? Mit anderen Worten: Prototypik ist unhintergehbar. Es bedarf der prototypischen Abwägung, was als identisch *gelten* soll.
23 Offen bleibt, was das in semantischer Hinsicht heißen soll.

Die einzelnen Varianten sind nach Goldberg (1995: 76) analogisch miteinander verbunden.

4.2.2 Nominativ-Akkusativ-Konstruktion aus signifikativer Perspektive

Extensionale Rollentheorien bieten (vgl. 4.2.1) ein sehr heterogenes Bild. Aus signifikativer Perspektive ist wie bei allen Konstruktionen das Prinzip der Bilateralität (1 : 1 Zuordnung von Form und Bedeutung, Isomorphie) leitendes Kriterium. Formal identische schematische Konstruktionen besitzen *typischerweise* die gleiche prototypisch verallgemeinerte Konstruktionsbedeutung. Diese Bedeutung ist unter prototypentheoretischem Aspekt eine polyseme Einheit von miteinander verbundenen und auseinander ableitbaren Bedeutungsvarianten. Das heißt, die Sprecher/Hörer verallgemeinern prototypisch ineinander übergehende Wirklichkeitsausschnitte unter einem bestimmten, formal scharf konturierten Zeichen, also einer Konstruktion. Mit anderen Worten: Qua Formbezug (Formidentität) werden Wirklichkeitsausschnitte als *eine* (prototypisch aufgefächerte) Konstruktionsbedeutung gekennzeichnet. Die Identität der Konstruktion als bilaterale Einheit hängt davon ab, wie weit die Ableitung möglich ist, ohne dass der semantische Zusammenhang (die 1 : 1 Zuordnung) für die Sprecher/Hörer verloren geht – und diachron Homonymie entsteht und damit der Übergang in eine andere Konstruktion erfolgt.

Im Deutschen oder Englischen als Nominativ-Akkusativ-Sprachen werden aus signifikativer Perspektive sehr viele Situationen unter das Bild der Nominativ-Akkusativ-Konstruktion gebracht, bei weitem jedoch nicht alle Situationen, die darunter passen.[24] Denn es gibt andere konkurrierende Konstruktionen wie Dativ-, Direktiv- und Präpositionalobjekt-Konstruktionen im Deutschen, die eine vergleichbare Situation aus anderen Blickwinkeln sehen lassen, in denen also andere mögliche Rollen mit anderen Kodierungen gewählt werden.

Die Verallgemeinerung, die man aus signifikativer Perspektive bei N-A-Konstruktionen vornehmen kann, ist jedoch sehr weitgehend.[25] Rostila (2007) nimmt daher eine semantische Entleerung des signifikativen Gehalts des Nominativs und Akkusativs an. Zurück bleiben nur die perspektivischen Rollen des 1. und 2. Arguments. Ich werde weiterhin von Agens-Patiens-Konstruktionen sprechen, mit der Möglichkeit der Herausentwicklung (Vererbung) in andere Konstruktionen, also der Entstehung von Homonymie.

---

24 Das Chinesische geht m. E. wesentlich weiter als das Deutsche oder das Englische (vgl. Welke 2009b, vgl. auch Kap. 16).
25 Das trifft auch auf Dativ-Konstruktionen und Konstruktionen mit Präpositionalkasus zu.

Aus dem Gesagten folgt auch, dass ich Transitivität signifikativ-semantisch im Sinne der traditionellen Grammatik fasse, in der Transitivität im Prinzip mit Akkusativ-Rektion gleichgesetzt wird.[26]

Gegen dieses formbezogene Verfahren steht eine Warnung Dowtys (1991: 555) im Raum:

> The methodological dilemma here – i.e. in the view that thematic role-type identification cannot be made from meaning alone but can be affected by syntax as well – is that the possibility of empirical falsification is all but excluded.

Von einem signifikativen und intensionalen Standpunkt aus ist zum einen einzuwenden, dass Rollenklassifikationen, die sich unabhängig von (einzelnen) natürlichen Sprachen sozusagen „direkt" auf die Realität beziehen, ebenfalls alles andere als evident sind – wovon das Scheitern denotativer Klassifikationen zeugt (vgl. neuerlich Kay 2014: 154). Zum anderen gibt es durchaus Notwendigkeiten, formal gleiche (oder formal weitgehend gleiche), aber homonyme Konstruktionen abzugrenzen (vgl. 4.2.3 und Kap 13).

Es geht wie in Grammatiktheorien generell zunächst um eine möglichst plausible und möglichst einfache Ableitung aus allgemeinen Prinzipien, im vorliegenden Fall aus den Prinzipien der Bilateralität, der semantischen Nicht-Identität *(No Synonymy)*, der *Scene Encoding Hypothesis* und der Prototypik.

Eine solche Auffächerung stellt gleichzeitig eine Hypothese über mögliche Entwicklungen dar, die durch diachrone Fakten zu verifizieren oder zu falsifizieren sind, was allerdings bei transitiven Konstruktionen wegen der zeitlichen Dimensionen, die man veranschlagen muss, nur begrenzt möglich ist. Unter anderem muss offen bleiben, welche Voraussetzungen bereits aus einem nicht grundsätzlich auszuschließenden ergativischen Vorzustand berücksichtigt werden müssten.

Der Überschaubarkeit halber gebe ich die Agens- und Patiensmerkmale Lakoffs (45) und Dowtys (46) aus dem Kap. 3 erneut wieder. Wie dort stelle ich der Liste Dowtys in Klammern die entsprechenden Merkmale in der Merkmalliste Lakoffs gegenüber:

(45) 1. there is a agent, who does something   Lakoff 1977: 244 (2)
      2. there is a patient, who undergoes a change to a new state (the new state is typically nonnormal or unexpected)
      3. the change in the patient results from the action by the agent

---

[26] Transitive Konstruktionen (Handlungskonstruktionen) werden damit einerseits enger als bei Hopper/Thompson (1980) definiert. Sie sind andererseits weiter definiert, weil auch Konstruktionen eingeschlossen sind, die Hopper/Thompson nicht als transitiv einstufen würden.

4. the agent's action is volitional
5. the agent is in control of what he does
6. the agent is primarily responsible for what happens (his action and the resulting change)
7. the agent ist the energy source in the action; the patient ist the energy goal (that is, the agent is directing his energies toward the patient)
8. there is a single event (there is a spatio-temporal overlap between the agent's action and the patient's change)
9. there is a single, definite agent
10. there is a single, definite patient
11. the agent uses his hands, body, or some instrument
12. the change in the patient is perceptible
13. the agent perceives the change
14. the agent is looking at the patient

(46) Contributing properties for the Agent Proto-Role: Dowty 1991: 572 (27)
    a. volitional involvement in the event or state   (vgl. Lakoff 4.)
    b. sentence (and/or perception)   (vgl. Lakoff oben (45) 13., 14.)
    c. causing an event or change of state in another participant
                                                                (vgl. Lakoff oben (45) 2., 3.)
    d. movement (relative to the position of another participant)
    (e. does not exist independently of the event named by the verb)

(47) Contributing properties for the Patient Proto-Role: Dowty 1991: 572 (28)
    a. undergoes change of state   (vgl. Lakoff oben (45) 2., 3.)
    b. incremental theme
    c. causally affected by another participant   (vgl. Lakoff oben (45) 3.)
    d. stationary relative to movement of another participant
    (e. does not exist independently of the event, or not at all)

Man kann die heterogene Liste Lakoffs (45) nach primären (prototypischen/ archetypischen) und nach abgeleiteten Merkmalen ordnen: Zentral sind die Merkmale 1 bis 5. Merkmal 4 folgt unmittelbar aus Merkmal 1: Agens als willentlich *(deliberately)* handelnd. Die Merkmale 6 und 7 sind Folgemerkmale aus 1 bis 5. Die Merkmale 11 bis 14 differenzieren die Merkmale 1 bis 3 (und 4). Die Merkmale 8 bis 10 sollen offenbar bewirken, dass nur einfache und nicht zusammengesetzte Argumentstrukturen betrachtet werden. Die Merkmale 9 und 10 sollen wahrscheinlich garantieren, dass nur eine Rolle pro Argumentkonstruktion vorkommt. Folgendes Agens-Patiens-Verhältnis kann man als prototypisch (archetypisch, d.h. als Ausgangsmerkmale) hervorheben (vgl. auch Welke 1988, 2002, 2011):

(48) Der prototypische Kern der N-A-Konstruktion ist nach Lakoff ein Geschehen, in dem ein Mensch als prototypisches Agens willentlich in einer konkreten, wahrnehmbaren Handlung auf einen Gegenstand einwirkt (ihn verändernd oder schaffend).

Es geht also um Kausalität, um von einem Agens ausgelöste willentliche kausale Handlung in Bezug auf einen Gegenstand wie in der Ausgangsdefinition (37) (oben 4.2.1). Aus der prototypischen Agens-Patiens-Konstellation ergeben sich Folgerungen:

(49) In einem prototypischen Agens-Patiens-Verhältnis ist das Agens die Energiequelle (Lakoff: *energy source*) und das Patiens ist dasjenige, worauf die Energie gerichtet ist. Daraus lässt sich ableiten, dass das Agens verantwortlich (Lakoff: *responsible*) für die Handlung und die Ergebnisse der Handlung ist.

Man kann die Liste Lakoffs (45) und die Folgerungsbeziehung (49) in zweifacher Weise interpretieren. Die erste Version *(top down)* zeichnet den Weg nach, auf dem Zuordnungen durch die Sprecher/Hörer vorgenommen werden, nachdem die Kategorienbildung im Verlaufe des Spracherwerbs den Stand eines erwachsenen Sprechers erreicht hat. Diese Interpretation nimmt Lakoff (1977: 244) vor. Sie wird in Welke (1988) übernommen. Sie besteht darin, dass alle typischen Merkmale zusammen als Ausgangspunkt genommen werden und weniger typische Fälle (d. h. weniger typische Agens-Patiens-Konstruktionen) als Konstruktionen gewertet werden, in denen einzelne Merkmale aufgehoben *(cancelled)* werden, im Extremfall alle bis auf ein letztes Merkmal, bei Lakoff das Merkmal ‚*responsibility*'.[27]

Im Folgenden gehe ich nach der zweiten Version *(bottom up)* vor (vgl. auch Welke 2005). Von einem prototypischen Ausgangsmerkmal aus versuche ich Folgemerkmale zu ermitteln. Dadurch wird der Prozess des Entstehens der Gesamtbedeutung der Konstruktion hypothetisch von einem synchronen Standpunkt aus rekonstruiert. Proponenten eines Geschehens oder Seins können so lange als Agens versus Patiens sprachlich gefasst werden, wie die Sprecher/Hörer ihnen Merkmale zubilligen können, die aus den prototypischen (archetypischen) zentralen Merkmalen folgen, vgl.:

(50) Fuß des Berges, Fuß des Tisches

---

[27] Dieses Merkmal könnte von einem Invarianz-Standpunkt aus das invariante Merkmal sein, das alle Nominativ-Akkusativ-Konstruktionen definiert – allerdings nicht in Abgrenzung zu anderen Konstruktionen wie Nominativ-Dativ- oder Nominativ-Präpositionalkasus-Konstruktionen.

Das, worauf ein Berg oder ein Tisch ruht, sind seine Füße, ähnlich und in Analogie zum Fuß eines Menschen. Aus der Entstehensperspektive ist das Merkmal ‚ruhen auf' Folgemerkmal von ‚sich bewegen mittels' und damit zunächst nur abstrakt-potentiell ein typisches Merkmal. Es wird erst durch den Akt der prototypischen Ausweitung (der Analogiebildung, der metaphorischen Übertragung) zu einem Folgemerkmale aus ‚sich bewegen mittels'.[28]

Anmerkungen zu den Listen Lakoffs und Dowtys
(1) Lakoffs und Dowtys Merkmal-Listen scheinen darauf gerichtet zu sein, semantische, also sprachliche Merkmale, wiederzugeben. Das ist jedoch nicht so klar der Fall, wie es den Anschein haben könnte. Dazu folgende Überlegung: Es könnte sich bei den Merkmal-Listen auch um perzeptive Merkmale handeln. Die Sprecher/Hörer greifen auf einen Vorrat von ganzheitlichen perzeptiven Repräsentationen von Situationen zurück,[29] analysieren diese in den und durch die sprachlichen Konstruktionen, die sie schaffen, und übernehmen einzelne Merkmale als sprachliche Merkmale (Rollen und Rollen-Merkmale) in das sprachliche System. Der Prozess schließt eine permanente Rückkopplung zwischen perzeptivem und sprachlichem System und Überprüfung an der Wirklichkeit ein. Die prozessuale prototypentheoretische Methode ist eine (idealisierende und selbstverständlich hypothetische) Rekonstruktion dieser Entwicklung.

(2) Bei Lakoff folgt eine solche Interpretation aus seiner *Embodiment*-These (Lakoff 1987). Aber bereits in Lakoff/Johnson (1980) gibt es Hinweise. Die Autoren beziehen sich auf Piagets These, dass das Konzept der Kausalität in der Ontogenese aus einem vorsprachlichen (also perzeptiven) Konzept von Kausalität entsteht, das Kinder bald nach ihrer Geburt bei ihren Manipulationen mit Gegenständen entwickeln, vgl. (Lakoff/Johnson 1980: 70):

> Piaget has hypothesized that infants first learn about causation by realizing that they can directly manipulate objects around them [...] Such direct manipulations, even on the part of infants, involve certain shared features that characterize the notion if direct causation that is so integral a part of our constant everyday functioning in our environment – as when we flip light switches, button our shirts, open doors, etc.

---

28 Solange die Sprecher/Hörer einen Zusammenhang der Bedeutungen herstellen, handelt es sich also bei *Fuß* um eine Wort, bei dem Form und Bedeutung sich in einem 1:1-Verhältnis befinden. Es liegt Polysemie und nicht Homonymie vor. Würde man analog zu einem denotativen Rollenverständnis vorgehen, wäre *Fuß* homonym und hätte zwei völlig unterschiedliche Bedeutungen. Man kann außersprachlich (also abgesehen von sprachlicher Metaphorik) auch so fragen: Was hat die Beschreibung von Menschenfüßen in einer geografischen Abhandlung über den Chimborazo zu suchen?
29 Die ganzheitlichen perzeptiven Repräsentationen sind ihrerseits durch (perzeptive) Analyse und Synthese der Außenreize zustande gekommen.

Lakoff (1977) und Lakoff/Johnson (1980) stellen ausgedehnte Überlegungen zum Verhältnis von Ganzheitlichkeit *(gestalt)* und Analysierbarkeit an. Lakoff behauptet, dass menschliche Konzepte ganzheitlich und analysierbar zugleich sind. Diese Gegenüberstellung kann man als Überlegungen zum Verhältnis von perzeptiver und sprachlicher Repräsentation interpretieren. Die perzeptive Repräsentation (in Gestalt von Wahrnehmungen und Vorstellungen) erscheint in der Reflexion als eine ganzheitliche Gestalt. Aus der ganzheitlichen Situationsrepräsentation (die bereits im perzeptiven System abstrahiert bzw. schematisiert ist) extrahiert der reflektierende Beobachter (Linguist, Philosoph) perzeptive Merkmale in Gestalt der Listen (45)–(47). Diese durch sprachlich-kognitive Reflexion des Linguisten gewonnen Merkmale können, müssen aber nicht, die sprachlichen Rollen-Merkmale sein, die die Sprecher/Hörer in ihrer sprachlichen Tätigkeit gewonnen haben. Das ist eine weitere Quelle von Problemen und Missverständnissen in Rollentheorien.

(3) Nach Lakoffs (1987) Konzept der *radial categories* müsste es sich bei der prototypischen Auffächerung von Konstruktionen um Folgerungen handeln, die gleichermaßen auf das prototypische Merkmal der (willentlichen) Einwirkung zurückgehen.

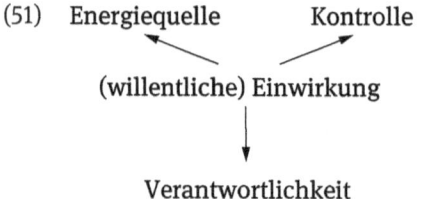

(51)   Energiequelle   Kontrolle

         (willentliche) Einwirkung

         Verantwortlichkeit

Es gibt jedoch nicht nur direkte, sondern auch indirekte Folgerungen aus einem Prototyp (den Entwicklungspfaden in der Grammatikalisierungsforschung entsprechend), statt (51) also eine Folgerungskette (52):

(52) (willentliche) Einwirkung → Energiequelle der Einwirkung → Verantwortlichkeit für die Einwirkung[30]

(4) Der Begriff der primären Verantwortlichkeit (*primary responsibility*) verweist auf den Anteil der beteiligten Gegenstände (oder Personen) am kausalen Geschehen und darauf, dass ihr Anteil qualitativ und quantitativ real unterschied-

---

30 Einwirkung schließt Kausalität ein. Es geht also stets um kausale Einwirkung. Kontrolle kann man auslegen als Kontrolle, die aus der Intention des Agens folgt und die Art der Einwirkung auf das Patiens betrifft.

lich ist (vgl. den Begriff der *force dynamic* (Talmy 1988) der Kraft und Gegenkraft umfasst, vgl. (53).

(53)   Wim gibt Mo den Ball.

Wenn jemand jemandem etwas (wörtliche Bedeutung vorausgesetzt) gibt, so sind alle drei Personen/Gegenstände verantwortlich für den Vollzug des Geschehens: derjenige, der gibt und dabei seine Hände verwendet, der Empfänger, der ebenfalls seine Hände verwendet, um das Gegebene in Empfang zu nehmen, aber auch der Gegenstand, der nicht zu schwer oder zu groß sein darf, um mit den Händen überreicht zu werden. Die Charakterisierung nach primär versus sekundär verweist also auf den objektiven (und möglicherweise messbaren) Anteil der Personen/Gegenstände am Geschehen, so wie es in der Realität abläuft. Hier ist wiederum eine Zusatzbemerkung notwendig: Die Sprecher/Hörer berücksichtigen zwar diesen Anteil bei der Versprachlichung. Sie können aber – und das ist wesentlich – auch von dem objektiven Maßstab abweichen. Die Sprecher können eine beteiligte Person/einen beteiligten Gegenstand als 1. Argument und Agens auszeichnen, die/der für das Geschehen *objektiv* nicht primär verantwortlich ist, abgesehen davon, dass noch anzugeben wäre, in welcher Hinsicht die Qualifizierungen nach objektiv primär/sekundär überhaupt gelten und gemessen werden sollten, vgl.:

(54)   a.   Dieser Schlüssel öffnet die Tür.
       b.   Der Kreisel dreht sich.
       c.   Die Kugel verletzte ihn.

Bezogen auf das objektive Geschehen sind der Schlüssel, der Kreisel oder die Kugel neben dem Menschen, der den Schlüssel benutzt, den Kreisel in Bewegung setzt und die Kugel abfeuert, zwar kausal am Geschehen beteiligt, aber nicht primär verantwortlich für das Geschehen. Vom objektiven Geschehen her würde man daher eher sagen, dass diese Gegenstände eine Mitverantwortung haben, aber nicht die primäre Verantwortung, d. h. nicht die Hauptursache sind. Man muss also betonen, dass es sich um eine höchst subjektive Auszeichnung als primär handelt. Ich verstehe das Merkmal der primären Verantwortlichkeit *(primary responsibility)* grundsätzlich als subjektive, intensionale Auszeichnung – wie die semantische Rolle ‚Agens' insgesamt.

Die Abstufung nach ‚primär' und ‚sekundär' gilt auch in Bezug auf Energiequelle und Kontrolle. Auch die anderen Beteiligten Gegenstände/Lebewesen sind Energiequellen, die auf das Geschehen einwirken (gegen oder in Richtung der primären Energiequelle), und sie sind Gegenstände/Lebewesen, die das Geschehen (mit)kontrollieren.

Dieser grundsätzlichen Subjektivität der Beurteilung unterliegt auch die Wahl des instantiierenden Verbs:

(55) a. Wim gibt Mo den Ball.
      Mo nimmt Wim den Ball weg.

(55a) und (55b) sind Instantiierungen einer schematischen Konstruktion, der Nom-Dat-Akk-Konstruktion. Sie können sich objektiv auf den gleichen objektiven Sachverhalt des Übergangs des Balls von Mo zu Wim beziehen. Die Wertung des Anteils der Proponenten, die der Sprecher für angemessen hält, entscheidet mit über die Verbwahl, vgl.:

(56) Zum Geben/Wegnehmen gehören immer Zwei. Einer, der gibt/wegnimmt, und einer der sich geben lässt/wegnehmen lässt.

Es muss dennoch nicht so sein, dass (55a) bezogen auf die objektiv gleiche Situation und in der gleichen Gesprächssituation wahr ist und (55b) falsch oder umgekehrt. Ob der eine gibt und der andere wegnimmt, bleibt der subjektive Einschätzung des Urteilenden überlassen. Es geht also prinzipiell um subjektive Wertungen und Auszeichnung als Agens, um eine (sc. subjektive) Hervorhebung des Anteils des betreffenden ausgewählten Gegenstandes am Geschehen. Denn alle Geschehnisse sind multikausal. Die Sprecher/Hörer wissen aus außersprachlicher Erfahrung, dass das so ist und dass es subjektive Gewichtungen (Hervorhebungen) geben kann. Sie werden also nicht, wenn sie das Urteil (54a) hören, glauben, dass der Schlüssel ein handelndes Wesen ist wie der Besen im „Zauberlehrling".

4.2.3 Die Reichweite der Nominativ-Akkusativ-Konstruktion

Den Prototyp der Nominativ-Akkusativ-Konstruktion im Sinne von (relativ) erstem Exemplar (in Welke 2005 Archetyp genannt) könnten Token-Konstruktionen bilden, in denen die folgende elementare und zentrale Situation menschlichen Lebens abgebildet wird:

(57) Ein Mensch wirkt intentional, konkret, materiell und wahrnehmbar kausal auf seine Umwelt ein. Durch diese Einwirkung verändert sich ein Gegenstand in seiner Beschaffenheit, oder es entsteht ein Gegenstand.[31]

---

[31] Das ergativische Pendant ist: Ein Gegenstand verändert sich oder entsteht, und eine häufige Ursache ist der einwirkende Mensch (wiedergeben als fakultativer Modifikator – Ergativ).

(58) Jemand pflügt den Acker, pflückt die Pflaumen, tötet ein Mammut, fängt/ füttert ein Tier, brät/kocht das Kaninchen, baut ein Haus, braut Bier, züchtet ein Schaf.

Von Beispielsätzen dieser Art gehen, wie eingangs betont, nicht nur Lakoff (1977), Dowty (1991) und Goldberg (1995) aus, sondern nahezu alle modernen Semantik- und Grammatiktheorien. Die Frage ist, wie weit man diese Interpretation, also die Zuordnung der Rollen ‚Agens' und ‚Patiens', prototypisch auf weitere formale N-A-Token-Konstruktionen ausdehnen kann, oder ob man sie gegebenenfalls einschränken muss.

Die Bedeutungsbeschreibung (57) und die Konstruktionen (58) implizieren, dass das Ziel erreicht werden wird, falls die Handlung zu ihrem natürlichen Abschluss kommt und nicht durch Einwirkung von außen zufällig (kontingent) abgebrochen wird. Das heißt, es handelt sich um perfektive Konstruktionen. In intensionaler Perspektive heißt das, dass es archetypisch um perfektive Konstruktionen geht. In denotativer Perspektive ist mit der Definition (57) gesagt, dass N-A-Konstruktionen (Agens-Patiens-Konstruktionen) stets perfektiv sind.

Von einem denotativen Standpunkt aus fragt sich bereits, ob die Definition nicht zu weit ist, ob also die Verallgemeinerung *(lumping)* der kausalen Einwirkung auf die Welt gegenüber der Aufgliederung *(splitting)* in das Verändern oder das Schaffen von Gegenständen (effiziertes versus affiziertes Objekt) die angemessenere Rollenbeschreibung ist. Entsprechend könnte man in intensionaler Perspektive annehmen, dass Konstruktionen mit affiziertem Objekt den Prototyp bilden, weil das Verändern von vorgefundenen Gegenständen ursprünglich die typischste und häufigste materielle Handlung gewesen ist. Auch heute dürften Verben mit affiziertem Objekt die häufigsten perfektiven N-A-Verben des Deutschen sein. Die prototypische Ausweitung könnte dann aus der Implikatur folgen:

(59) Ein veränderter Gegenstand ist ein Gegenstand, der durch die Verwandlung dieses Gegenstandes entsteht. → Auch ein neu geschaffener Gegenstand ist ein Gegenstand, der durch die Verwandlung von irgendetwas entsteht.

Im Folgenden geht es darum, die intensionale prototypische Definition der Nominativ-Akkusativ-Konstruktion als Agens-Patiens-Konstruktion (Handlungskonstruktion) durch Formulierung von möglichen prototypischen Übergängen (Familienähnlichkeiten) plausibel zu machen.

Agens ohne Intention

Wenn man mit Fillmore (1968) die Agens-Rolle durch das Merkmal ‚intentional handelnder Mensch' definiert, dürfte bei einer denotativen Rollenbestimmung eigentlich bereits Sätze wie (60) nicht als Agens-Patiens-Konstruktionen interpretiert werden.

(60) a. Emil hat das Glas unabsichtlich/aus Versehen umgestoßen.
b. Emil hat aus Versehen die Blume zertrampelt.

Wenn jemand unabsichtlich etwas tut, tut er nach dem üblichen (prototypischen) Sprachgebrauch von *tun* dennoch etwas. Das gilt auch für *handeln*:

(61) Emil handelte unbewusst/instinktiv. Er warf den brennenden Tannenbaum aus dem Fenster.

Da gilt sowohl für den üblichen Sprachgebrauch als auch im juristischen Sinne. Juristisch werden prototypische Abstufungen definiert und mit abgestuften Strafen belegt: Mord – Totschlag – Körperverletzung (unterschieden nach Schwere bzw. Folgen). Alle Ereignisse sind Handlungen mit Ausführenden, die für ihre Handlungen verantwortlich gemacht werden. Auch Geschehnisse, die psychisch unzurechnungsfähig verursacht werden, werden als Handlungen betrachtet, vgl. (Strafgesetzbuch Allgemeiner Teil 2. Abschnitt – Die Tat, 1. Titel – Grundlagen der Strafbarkeit § 20):[32]

(62) Ohne Schuld handelt, wer bei Begehung der Tat wegen einer krankhaften seelischen Störung, wegen einer tiefgreifenden Bewußtseinsstörung oder wegen Schwachsinns oder einer schweren anderen seelischen Abartigkeit unfähig ist, das Unrecht der Tat einzusehen oder nach dieser Einsicht zu handeln.

Die Folgerungskette (52), wieder aufgenommen als (63), beschreibt diese Abstufung.

(63) (willentliche) Einwirkung → Energiequelle/Kontrolle der Einwirkung → Verantwortlichkeit für die Einwirkung

---

[32] Auch alltagssprachlich gibt es entsprechende Differenzierungen. Nicht alle Handlungsverben sind gleich gut mit Adverbien wie *unabsichtlich* kombinierbar: ?*Er hat ihn unabsichtlich ermordet.* ?*Er hat das Haus unabsichtlich gebaut/zerstört. Morden* schließt als Merkmal Absicht ein. Dass jemand eine solche komplexe Tat wie einen Hausbau unabsichtlich bewerkstelligt, ist schwer vorstellbar.

Auch bei einer unabsichtlichen Einwirkung bleibt der Ausführende die Energiequelle und der Kontrollierende.

Das Gleiche sollte nun auch für nicht-menschliche Lebewesen gelten, unabhängig davon, ob man ihnen Intentionaliät zubilligt oder nicht:

(64)   Der Affe öffnete die Nuss. Der Rabe hat das Futter versteckt. Schnecken haben den Salat zerfressen. Regenwürmer haben das Erdreich gelockert.

Unbelebte Verursacher
Das Gleiche gilt für nicht-belebte Verursacher. Auch sie bleiben Energiequelle und kontrollierend:

(65)   a. Der Wind öffnete die Tür.
       b. Der Sturm hat Dächer abgedeckt.
       c. Die Lawine hat die Wanderer unter sich begraben.
       d. Der Blitz hat ihn erschlagen.

Der Prototypeneffekt der Folgerungsreihe (52) bzw. (63) beruht darauf, dass beim Nicht-Vorhandensein von Rollen-Merkmalen, die im Vorbereich der Folgerungs-Relationen stehen (z. B. das Merkmal der willentlichen Einwirkung) das im Nachbereich der Relation stehende Folgemerkmal weiterhin zutrifft, so dass man im prototypischen (metaphorischen) Sinne weiterhin von einem Agens und einem Patiens sprechen kann. Die Implikatur der Sprecher/Hörer lautet:

(66)   Wenn ein Mensch intentional handelt, dann ist er Energiequelle und Kontrollinstanz. → Auch ein lebloser Gegenstand oder eine Erscheinung kann Energiequelle oder Kontrollinstanz sein. Er kann daher die Rolle des Agens zugewiesen erhalten.

Mensch/Lebewesen als Patiens
Analog zu einem leblosen Gegenstand kann auch ein Lebewesen oder ein Mensch Patiens der Einwirkung sein. Denn auch auf Menschen oder Lebewesen kann kausal verändernd oder schaffend eingewirkt werden.

(67)   a. Siegfried hat den Drachen getötet.
       b. Kain hat Abel getötet.

Möglicherweise hat die Patiensrolle von Anfang an sowohl das Merkmal ‚belebt' als auch das Merkmal ‚unbelebt' besessen. Die Grundkonstellation der Handlung könnte jedoch die Relation Mensch – Gegenstand sein. Lebewesen und Menschen als Patiens werden gleichsam zu Gegenständen, weil zum Nicht-Agens.[33]

Gegenstände, deren Lage im Raum verändert werden, als Patiens (denotativ: Theme)
Veränderungen sind zunächst Veränderungen von Gegenständen in ihrer Beschaffenheit. Dabei kann es geschehen, dass Gegenstände ihre Position im Raum ändern. Entsprechend kann man Relationen eines Gegenstandes zu anderen Gegenständen und zu Orten nicht nur als äußerliche Akzidentien auffassen, sondern prototypisch als Eigenschaften dieses Gegenstandes.[34] Es ergibt sich die Möglichkeit der Implikatur:

(68) Wenn ein Gegenstand sich verändert, kann sich seine Position im Raum bzw. seine räumlich Relation zu anderen Gegenständen verändern. → Auch wenn ein Gegenstand ohne Veränderung seiner äußeren Gestalt oder inneren Beschaffenheit seine Position im Raum verändert, kann man das im prototypischen Sinne als eine Art von Veränderung des Gegenstandes ansehen und es durch ein Patiens-Argument ausdrücken.

(69) a. Er trennt braunes und grünes Glas.
b. Er trennt braunes von grünem Glas.
c. Er sortiert Glas nach seiner Farbe.

Insbesondere geht es um das Akkusativ-Argument in Direktivkonstruktionen:

(70) Jemand legt das Buch auf den Tisch.

In einem prototypischen Sinne kann man Ortsveränderungen eines Gegenstandes als eine Art Veränderung dieses Gegenstandes auffassen, mit *Buch* in (70) als Patiens. Es ist in signifikativ-semantischer Hinsicht weder notwendig noch möglich, eine andere Rolle, nämlich ‚Theme', anzusetzen (vgl. auch 4.6.3).

Handlungen mit nicht-materiellen Gegenständen als Patiens
Es gibt einen großen Bereich von Konstruktionen, die kommunikative, kognitive oder emotionale Situationen darstellen. Unter ihnen befinden sich neben einstel-

---

[33] Das kann man auf die These der Inhaltbezogenen Grammatik beziehen, dass durch Akkusativierungen Menschen zu Sachen degradiert werden (Weisgerber 1958).
[34] So argumentiert z. B. Bocheński (1959), wenn er Eigenschaft und Relation zu einem Oberbegriff ‚Beschaffenheit' zusammenfasst.

lig intransitiven Konstruktionen (71a) und Subjektsprädikativ-Konstruktionen (71b) auch N-A-Konstruktionen (71c).

(71) a. Emil stöhnt, freut sich, ärgert sich.
b. Emil ist betrübt/ärgerlich/wütend.
c. Emil sagt/erzählt/berichtet/verkündet/spürt etwas Neues.

Offensichtlich können also kommunikative, kognitive und emotionale Sachverhalte, deren Abgrenzung wiederum in sich fließend ist, in N-A-Konstruktionen (metaphorisch und analogisch) als Handlungen dargestellt werden.[35] Sie sind Agens-Patiens-Konstruktionen mit einem Patiens als Rolle des geänderten oder geschaffenen kommunikativen bzw. kognitiven Gegenstandes, auf den die kommunikative, kognitive oder emotionale Handlung einwirkt oder den sie hervorbringt.[36]

Die Situationen werden sprachlich-konstruktionell als Handlungen ideeller Natur interpretiert mit einem semantisch und formal weniger typischen Patiens. Der Inhalt des Kommunizierens, Denkens, Fühlens bleibt im prototypischen Sinne dadurch Patiens, dass er als ideeller Gegenstand geschaffen oder verändert wird. Der Sprechende/Denkende/Fühlende wird als Agens aufgefasst und das Gesprochene, Gedachte, Gefühlte als Patiens.

Die Implikatur beruht damit zum einen auf der prototypischen Erweiterung des Konzepts ‚Gegenstand'. Materielle Gegenstände sind äußerlich-räumlich von anderen Gegenständen abgegrenzt. Auch Ereignisse, Vorgänge, Vorstellungen, Wahrnehmungen, Gedanken, Ideen sind von anderen Ereignissen, Vorgängen, Wahrnehmungen, Vorstellungen, Gedanken, Ideen abgrenzbar.[37] Die Implikatur lautet:

---

[35] Von einem außersprachlichen Standpunkt aus wird ebenfalls von kommunikativen, geistigen *Handlungen* gesprochen. Das geschieht innerhalb der Sprachwissenschaft auch in der Sprechakttheorie. Bereits der Terminus ‚Sprechakt' verweist darauf.
[36] Der Übergang zur Imperfektivität (vgl. unten) ist hier fließend. Der Satz *Er behauptet, dass Du ein Lügner bist.* kann perfektiv verstanden werden als Behauptung, deren Ziel damit erreicht worden ist, dass die Behauptung in die Welt gesetzt wurde. Die Behauptung kann aber auch imperfektiv verstanden werden als aufrecht erhaltene Behauptung. Hinzu kommt das Wechselspiel mit dem Tempus des Verbs (vgl. Welke 2005).
[37] Als eine weitere prototypisch begründete Abwandlung kommt hinzu, dass die kommunikativen, kognitiven oder emotionalen Inhalte durch Nebensätze oder Infinitivkonstruktionen denotiert werden können, dass also gerade an dieser Stelle Einbettungen von Argumentkonstruktionen in Argumentkonstruktionen erfolgen. Die „Dinghaftigkeit" solcher Einbettungen kann sich zur Nominalisierung steigern, zur Substantivierung von Verben und Adjektiven. Nicht-Gegenständliches wird vergegenständlicht (vgl. Kap. 14).

(72) Kommunikative, kognitive, emotionale Inhalte werden wie materielle Gegenstände verändert oder geschaffen. Sie sind wie materielle Gegenstände von anderen Gegenständen abgegrenzt. → Sie können daher wie Gegenstände sprachlich behandelt werden, u. a. als Patiens in N-A-Konstruktionen.

Zum anderen beruht die Implikatur darauf, dass das Gesagte, Gedachte, Gefühlte von einem prototypisch definierten Agens hervorgebracht wird oder wurde und etwas ist, worüber das Agens die Kontrolle hat und wofür es verantwortlich ist.

Imperfektive Nominativ-Akkusativ-Konstruktionen
Alle bislang besprochenen transitiven Verben/Konstruktionen mit menschlichem Agens entwerfen ein anscheinend unverrückbares Bild: Ein aktives Individuum verändert oder schafft bewusst oder unbewusst, gewollt oder ungewollt, einen materiellen leblosen oder lebenden Gegenstand oder einen virtuelle Gegenstand (einen kommunikativen, kognitiven oder emotionalen Inhalt). Dieses Bild ist nicht nur in der Sprache tief verwurzelt, sondern auch im Alltagsbewusstsein der Menschen. Es gilt auch für Gesagtes, Gefühltes, Gedachtes: Das handelnde Individuum wird als Herr über seine Worte, seine Gedanken und Gefühle angesehen und diese als von ihm bewusst oder unbewusst verändert oder erzeugt.[38]

Der Übergang zwischen Perfektivität und Imperfektivität ist nicht nur bei kommunikativ-kognitiven Verben fließend. Ein Übergang zu einer imperfektiven Konstruktion liegt bereits vor, wenn das Akkusativ-Argument im unbestimmten Plural steht, vgl.:

(73) a. Jemand brät/kocht ein Kaninchen/das Fleisch.
b. Jemand brät/kocht Kaninchen/Fleisch.

Die Konstruktion (73b) bleibt eine Agens-Patiens-Konstruktion. Sie bleibt auf ein Ziel (die Veränderung oder Schaffung des Patiens) gerichtet. Der unbestimmte Plural impliziert Imperfektivität dieses Vorgangs.

---

[38] Dieses Bild der Verantwortlichkeit *(responsibility)* wird in Neurobiologie, Medizin und Psychologie untergraben. Es ist in der Sprache tief verwurzelt, allerdings ebenfalls nicht uneingeschränkt. Das zeigen konkurrierende Konstruktionen, die andere Bilder entwerfen. Es können Vorgangskonstruktionen gewählt werden, z. B. Dativ-Konstruktionen *(Dem Richter ist der Krug zerbrochen)* oder Passivkonstruktionen *(Der Krug wurde zerbrochen)*, in denen das Geschehen als an/in dem Vorgangsträger stattfindend dargestellt wird.

Es gibt darüber hinaus einen großen Kreis imperfektiver transitiver Token-Konstruktionen, die dadurch imperfektiv werden, dass sie durch imperfektive Verben instantiiert werden. Es wird zwar kein Gegenstand verändert oder geschaffen. Der Gegenstand bleibt jedoch unter Kontrolle und Verantwortung des Agens. So können transitive Verben und Konstruktionen materiell-gegenständliche Handlungen denotieren, die keine gegenständliche Veränderung und keine Lageveränderung des Objekts betreffen, sondern nur ein bloßes Berühren ohne gleichzeitige (sichtbare) Veränderung des berührten Gegenstandes. Die Implikatur ist:

(74) Wenn jemand einen Gegenstand verändert, ist es oft so, dass er diesen dabei berührt. → Auch ein Berühren ist im übertragenen Sinne ein Vorgang, bei dem der Gegenstand unter die Kontrolle des Agens gerät (vgl. die Debatten um sexuelle Belästigungen).

(75) a. Endlich tastete/fühlte er Boden unter den Füßen.
b. Ich habe die Figur ja nur leicht berührt (und nicht beschädigt). – Antwort auf eine Ermahnung im Museum.

Analoges gilt aber auch für (76).

(76) Er braucht/gebraucht/benutzt/verwendet etwas.

Eine mögliche Implikatur kann man beschreiben als:

(77) Wenn jemand etwas verändert, dann braucht/gebraucht/benutzt/verwendet er es. → Auch bei einem Gebrauch ohne (sichtbare) Veränderung gerät der Gegenstand unter die Kontrolle des Agens.

Imperfektiv sind auch die Konstruktionen (78), in denen es weiterhin um materiell-gegenständliche oder kommunikative/kognitive/emotionale Einwirkung auf ein Patiens als Unterwerfung unter die Kontrolle und die Verantwortlichkeit des Agens geht:

(78) Jemand pflegt/(be)hütet/betreut/lehrt/unterrichtet/behandelt jemanden.

Wiederum in einem etwas noch entfernteren Sinne bleiben die Konstruktionen (79) Agens-Patiens-Konstruktionen. Bei ihnen geht es um virtuelle Einwirkungen. Es bleibt aber bei Kontrolle und Verantwortlichkeit.

(79) Jemand liebt/hasst/mag/achtet/ehrt/verehrt/unterstützt jemanden.

Die Implikatur lautet:

(80) Wie alles in der Welt können auch kausale Einwirkungen nur gedacht oder gefühlt sein. Aber auch eine virtuelle Einwirkung bleibt eine Einwirkung.

Von der Einwirkungen muss die Person, die durch das als Patiens gekennzeichnete Substantiv denotiert wird, nichts merken. Sie ist als Patiens virtuell unter dem Einflussbereich des Agens mit vielen möglichen sehr handgreiflichen Folgen, auf die ein Hörer über pragmatische Implikaturen schließen kann.

Bei (80) kommt der wiederum unscharfe Übergang zwischen Vorgang und Zustand hinzu. Man kann *lieben*, *hassen* usw. als einen andauernden Zustand auffassen, aber auch als einen sich ständig erneuernden, aber gleichbleibenden Prozess.

Auch in (81) wird kein Prozess denotiert mit einer verursachten Folge, sondern es wird nur gesagt, dass die Lage (der Zustand) des Mittelmeers zwischen Afrika und Europa der Grund dafür ist, dass es eine geografische Barriere gibt.

(81) Das Mittelmeer trennt Europa von Afrika.

Ein Zustand wird metaphorisch als Agens-Patiens-Verhältnis beschrieben. Die Handlungskonstruktion ist eine Metapher für einen Zustand. Die Metapher bleibt lebendig, weil das Verb *trennen* in seiner typischen Verwendung ein auf ein menschliches Agens bezogenes Handlungsverb bleibt.[39]

Bei Nominativ-Akkusativ-Konstruktionen, die kognitive, emotionale oder kommunikative Sachverhalte beinhalten, wird die Abgrenzung von Perfektivität und Imperfektivität notorisch unscharf (vgl. oben, vgl. auch Welke 2005). Man kann den Satz (82) also perfektiv oder imperfektiv interpretieren, nämlich als in die Welt gesetzte Behauptung oder als (dauerhaft) aufrecht gehaltene Behauptung.

(82) Er behauptet, dass du ein Betrüger bist.

Das ist unabhängig vom Tempus, obwohl das Präsens die imperfektive und das Perfekt die perfektive Lesart nahe legt.[40]

---

39 In Bezug auf (81) kann man auch von einem prototypischen Übergang von Ursache zu Grund sprechen.
40 Zum Verhältnis von inhärenter lexikalischer und abgeleiteter flexivischer Aspektualität bzw. konstruktioneller Aspektualität vgl. Welke (2005).

(83) a. Er hat behauptet, dass er ein Betrüger bist.
b. Er behauptet, dass er ein Betrüger bist.

Dabei gilt für perfektiv interpretierbare Konstruktionen, dass man den Inhalt des Gesagten, Gedachten, Gefühlten als etwas auffassen kann, das durch das Sagen, Denken, Fühlen geschaffen (oder verändert) wird, nur nicht mehr als materiell gegenständlich, sondern als quasi (also metaphorisch) gegenständlich, nämlich als Information und/oder Bewusstseinsinhalt. Für imperfektiv interpretierte Konstruktionen gilt die Implikatur:

(84) Wenn etwas geschaffen oder verändert wird, kann es sein, dass es sich um etwas handelt, was nach dem Schaffen oder Verändern durch ein Agens weiter in seinem erreichten Zustand gehalten werden muss. → Auch in Konstruktionen, in denen es um das Aufrechterhalten eines Zustandes geht, handelt es sich um eine Agens-Patiens-Verhältnis.

Schließlich gibt es auch eine prototypische Brücke zu Konstruktionen wie:

(85) a. Emil besitzt einen Garten.
b. Emil hat viel Geld.

Die Implikatur lautet:

(86) Wenn jemand etwas besitzt oder hat, ist es unter der Verantwortung bzw. Verfügungsgewalt des Agens.

Es gibt darüber hinaus einen kleineren Kern relativ klar imperfektiver (atelischer) transitiver kognitiver und emotionaler Verben und Konstruktionen wie:

(87) a. Jemand sieht, betrachtet, beobachtet, fühlt, spürt etwas.
b. Jemanden weiß/glaubt/hofft etwas.

Dennoch handelt es sich weiterhin um $\text{Nom}_{1/Ag}$-$\text{Akk}_{2/Pat}$-Konstruktionen. Das Nominativ-Argument kann weiterhin als Agens im prototypischen Sinne aufgefasst werden, und zwar auf Grund der Agens-Merkmale ‚Energiequelle', ‚Kontrolle' und ‚Verantwortlichkeit' und der dazu reziproken Patiens-Merkmale, dass das Patiens der Energie des Agens ausgesetzt ist, dass es der Kontrolle durch das Agens unterworfen ist, dass es sich unter der Verantwortlichkeit bzw. Verfügungsgewalt des Agens befindet.

Ferner bleiben auch Konstruktionen mit innerem Objekt $Nom_{1/Ag}$-$Akk_{2/Pat}$-Konstruktionen:

(88) Jemand tanzt einen Tanz/singt ein Lied.

Tänze, Lieder werden von handelnden Personen als Ergebnis des Handelns hervorgebracht (vgl. auch 5.5.1.1).

4.2.4 Grenzen der Nominativ-Akkusativ-Konstruktion

Alles in der Welt, jede Naturerscheinung, jeder Vorgang wäre theoretisch auf der Folie von Ursache und Wirkung, also in Nominativ-Akkusativ-Konstruktionen, darstellbar. Das geschieht jedoch in keiner Sprache.[41]

N-A-Konstruktionen sind im Deutschen (1) durch die Existenz konkurrierender Konstruktionen wie Dativ- oder Präpositionalkonstruktionen in ihrer Reichweite begrenzt (vgl. 4.3–4.7). Die Differenz resultiert aus der Möglichkeit, es so oder anders zu sehen, d. h. aus der Möglichkeit unterschiedlicher Perspektivierungen. Es gibt keinen außersprachlichen Grund, dass an Stelle zweistelliger Dativ-, Präpositionalobjekt- und auch Direktivkonstruktionen nicht zweistellige N-A-Konstruktionen verwendet werden könnten und umgekehrt.[42]

Es gibt (2) eine Veränderung (Konstruktionsvererbung) von N-A-Token-Konstruktionen hin zu anderen Konstruktionen. Denn N-A-Konstruktionen können homonym werden, so dass sie zwar formal-syntaktisch noch N-A-Konstruktionen sind (diesen ähneln), aber insgesamt, nämlich formal *und* semantisch und dem Bilateralitätsprinzip entsprechend, keine $Nom_{1/Ag}$-$Akk_{2/Pat}$-Konstruktionen (keine Handlungskonstruktionen im prototypischen Sinne) mehr sind, sondern zu Vorgangskonstruktionen werden. Sie bilden schematische Mikrokonstruktionen in einer übergeordneten schematischen Vorgangskonstruktion oder Zustandskonstruktion (Makrokonstruktion) (vgl. Kap. 9).

Es geht bei dem Übergang um Konstruktionsvererbung. Der Übergang in Homonymie (die Konstruktionsvererbung) erfolgt in zwei unterschiedlichen Weisen: Das Akkusativ-Argument verliert seine Patiens-Merkmale (4.2.4.1). Das

---

[41] Wahrscheinlich stehen auch N-A-Konstruktionen (und Nominativ-Akkusativ-Sprachen), obwohl sie als Situationsabbildungen besonders geeignet erscheinen, nicht am Anfang der Sprachentwicklung.

[42] Versuche, die Differenz von Akkusativ- und Dativkonstruktionen denotativ zu deuten und auf Sachunterschiede zurückzuführen, nämlich auf ein weniger starkes Betroffensein des vom Dativargument Denotierten, lassen sich nicht aufrecht erhalten (vgl. Welke 2002).

Nominativ-Argument verliert seine Agens-Merkmale (4.2.4.2). Der Übergang ist jeweils vage, dennoch deutlich vorhanden und wird in der einen oder anderen Form in der traditionellen Grammatik reflektiert.

4.2.4.1 Verlust der Patiens-Merkmale

Es handelt sich um den überschaubareren und m. E. weniger strittigen Übergang. Das ursprüngliche Patiens-Argument kann seinen Status als Argument verlieren. Das Akkusativ-Argument wird in einigen Nominativ-Akkusativ-Token-Konstruktionen uminterpretiert zu einem Modifkator oder zu einem Prädikatbestandteil. Dadurch wechseln diese Konstruktionen in das Schema der intransitiven Konstruktionen über (Vorgangskonstruktionen, teilweise auch nur Tätigkeitskonstruktionen). Es handelt sich um Konstruktionsvererbungen aus Token-Konstruktionen, die zur transitiven schematischen Konstruktion gehören, in Token-Konstruktionen, die nunmehr zur intransitiven Konstruktion gehören. Es handelt sich um Mikrokonstruktionen, die zugleich Mikrokonstruktionen der benachbarten konkurrierenden Makrokonstruktion werden: u. a. Medialkonstruktion (Kap. 11). Menge-Konstruktion (Kap. 13) und Funktionsverbkonstruktion (Kap. 13).

Die einzelnen Mikrokonstruktionen werden in diesem Kapitel nur summarisch aufgelistet und charakterisiert. Teilweise ist die konstruktionsgrammatische Interpretation mit traditionellen Interpretationen identisch. Zu Mechanismen der Konstruktionsvererbung der drei Mikrokonstruktionen vgl. Kap. 11 und 13.

Mengekonstruktion
Es handelt sich um Token-Konstruktionen wie:

(89) a. Die Versammlung dauert drei Stunden.
      b. Das Brot wiegt 1 kg.
      c. Das Brot kostet zwei Euro.

Schematisch:

(90) $\boxed{\text{Nom}_1 - \text{Verb} - \text{Akk}_{\text{Menge}/2}}$

Rostila betrachtet diese Token-Konstruktionen als Ergebnis einer „Generalisierung über die A-Strukturen (Argument-Strukturen, K. W.) von Verben wie *wiegen, betragen, kosten, dauern* und *währen*", vgl. (ebd.: 349–50):

Besonders interessant beim adverbialen Akkusativ ist, dass er sich u. U. auf die gleiche Weise herausgebildet hat wie nach der zentralen These dieser Arbeit auch grammatikalisierte PO-P (präpositionale Argumente, K. W.) und sonstige A-Strukturkonstruktionen (Argumentkonstruktionen, K. W.): ein für gewisse Verben typisches Komplementationsmuster hat sich selbständig gemacht bzw. ist als eigenständiges Zeichen ins Leben gerufen worden.

Die entsprechende Mikrokonstruktion sieht Rostila weiterhin als eine Mikrokonstruktion in der N-A-Konstruktion an, also als Argument-Konstruktion. Es handelt sich m. E. jedoch um einen klassischen Fall des prototypischen Übergangs zwischen Argumenten und Modifikatoren (vgl. Grimshaw 1990, Dowty 1991: 553–555, Zifonun/Hoffmann/Strecker 1997, Welke 2002) – und damit zwischen transitiven Konstruktionen, also Nominativ-Akkusativ-Konstruktionen, einerseits und intransitiven Konstruktionen andererseits.

Es sind Mikrokonstruktionen innerhalb der Vorgangskonstruktion, also Mikrokonstruktionen, die auf Grund ihrer semantischen Entwicklung homonym zu der ursprünglichen transitiven Konstruktion und zu Mikrokonstruktionen in der schematischen transitiven Konstruktion geworden sind. Zusätzlich zeigen sich bereits gewisse formale Besonderheiten, die für den Modifikator-Status des Akkusativs sprechen. Die Form folgt der Bedeutung allerdings nur verzögert.

Für den Argumentstatus sprechen die Obligatheit des Akkusativs (allerdings alternativ zu Adverbien, vgl. unten). Aus dem gleichen Grunde werden diese Akkusative (und die entsprechenden Adverbien) valenzgrammatisch meist als Ergänzungen (Argumente) eingestuft. Rostila (ebd.: 357–61) geht auf die „Objekteigenschaften der adverbialen Akkusative" unter Verweis auf Bausewein (1990: 57) und Dürscheid (1999: 33) ein. So sind bei einzelnen dieser Verben auch Nicht-Mengen-Angaben möglich, vgl. (91b):

(91) a. Das kostet 10 Euro.
 b. Das kostet seinen guten Ruf/gewaltige Anstrengungen.

Für den Argumentstatus spricht auch die Möglichkeit der Substitution durch ein Interrogativpronomen, vgl. (92a) und (93a) neben (92b) und (93b).

(92) a. Was kostet/wiegt dieser Sack?
 b. Wieviel kostet/wiegt dieser Sack.
(93) a. *Was dauert/währt das?
 b. Wie lange dauert/währt das?

Auf einer pronominalen Auffassung von *viel, wenig, nichts* beruhen die Unterschiede zwischen (94a), (94b) und (94c).

(94) a. Das kostet/wiegt viel/wenig/nichts/*sehr.
 b. Das wiegt viel/wenig/nichts/schwer/*sehr.
 c. Das dauert/währt *viel/*wenig/*nichts/lange.

Gegen einen Argumentstatus spricht die fehlende Substitutionsmöglichkeit durch ein Personalpronomen (95), vgl.:

(95) a. Das kostet 100 Euro/*sie.   Rostila (ebd.: 358)
 b. Der Sack wiegt einen Zentner/*ihn

In Welke (2002, 2011) werden die obligatorischen Dependentien von Verben wie *wiegen, betragen, kosten, dauern* und *währen* trotz ihrer Obligatheit als ausnahmsweise obligatorische Angaben (Modifikatoren) eingestuft. Die semantische Begründung ist die fehlende Argumenthaftigkeit dieser Akkusativ-Dependentien und dieser Adverbien.[43] Die Folgerung für die konstruktionsgrammatische Einordnung ist: Es handelt sich bei Menge-Konstruktionen um schematische Mikrokonstruktionen, die, wie die Obligatheit der Modifikatoren zeigt, ausnahmsweise Modifikatoren als Bestandteil enthalten, (vgl. auch Kap. 6).

Akkusativische Funktionsverbkonstruktion[44]
Den prototypischen Kern bilden Token-Konstruktionen wie:

(96) Er liest Zeitung./Er läuft Ski./Er steigt Treppen.

Schematisch:

(97) $\boxed{\text{Nom}_{Ag/1} - \text{Präd}_{Inkorp}}$

Diese intransitive Konstruktion steht in einem synchron nachvollziehbaren Ableitungsverhältnis zur $\text{Nom}_{Ag/1}$-$\text{Akk}_{Pat/2}$-Konstruktion. Das komplexe Prädikat entsteht durch Inkorporation des ursprünglichen $\text{Akk}_{Pat/2}$-Argumentes in das Prädikat. Im Unterschied zu präpositionalen Funktionsverbgefügen (vgl. Welke 2007) wird nicht das regierende Verb zum Hilfsverb herabgestuft, sondern das ursprüngliche 2. Argument wird zu einem unselbständigen Prädikatbestandteil. Betrachtet man die entstehenden komplexen Prädikate hinsichtlich

---

[43] Zum Kriterium der Argumenthaftigkeit vgl. Welke (1988, 2002), Jacobs (1994). In Welke (1988, 2002) wird von Determiniertheit gesprochen.
[44] Die traditionelle Bezeichnung ist Funktionsverbgefüge (vgl. Welke 2007).

ihrer Merkmalstruktur, so sind die Substantive nicht mehr Argumente, sondern modifizierende Merkmale innerhalb des Prädikats. Es geht um ein spezifisches Lesen, Springen, Schwimmen (vgl. *rückenschwimmen, kraulen, schmettern*). Formale Unterschiede der prototypischen Token-Konstruktionen (96) zur Nom$_{Ag/1}$-Akk$_{Pat/2}$-Konstruktion sind Artikellosigkeit, Plurallosigkeit, das Fehlen von Attributen und daraus folgende Indefinitheit. Ein graphematisches Indiz ist die Tendenz zur Zusammenschreibung. Es gibt einen breiten, auch formal ablesbaren Übergangsbereich (vgl. Gallmann Duden 2005; Welke 2007: 224–228).

Medialkonstruktion
Es handelt sich um Token-Konstruktionen wie:

(98) Er ärgert sich. / Der Zweig biegt sich.

Die reflexive Konstruktion mit dem Reflexivpronomen *sich* ist zunächst eine Mikrokonstruktion innerhalb der Nominativ-Akkusativ-Konstruktion. Einzelne Token-Konstruktionen können medialisieren. Sie konstituieren eine zur Reflexivkonstruktion homonyme Mikrokonstruktion innerhalb der intransitiven Konstruktion (Vorgangskonstruktion, auch Tätigkeitskonstruktion) (vgl. Kap. 11).

4.2.4.2 Verlust der Agens-Merkmale
Die Abgrenzung ist komplizierter als im Falle des Verlusts der Patiens-Merkmale. Beim Verlust der Patiens-Merkmale (4.2.4.1) verliert das Patiens-Argument seine Argumentmerkmale. Beim Verlust der Agens-Merkmale kommt es zu einer intransitiven Konstruktion (Vorgangs- oder Zustandskonstruktion) mit einem ausnahmsweise stehen bleibenden Akkusativargument.

Eine Patiensrolle in einer Vorgangskonstruktion (oder Zustandskonstruktion) ist eine krasse Ausnahme. Im Normalfall kommt die Patiensrolle im Deutschen nur in N-A-Konstruktionen vor. Sie kommt also normalerweise weder außerhalb N-A-Konstruktionen vor, noch kommen Vorgangsrollen in N-A-Konstruktionen vor, noch kommt eine Vorgangsrolle zusammen mit einer Patiensrolle vor. Diese Vorgangsträger-Patiens-Konstruktionen sind untypische Konstruktionsvererbungen. Sie bleiben in einer besonderen Weise hybrid.

Token-Konstruktionen wie (99) können nach den Agens-Patiens-Kriterien als Handlungskonstruktionen mit einem untypischen (weil sachlichen) Agens interpretiert werden. Dem steht allerdings die fehlende Passivierbarkeit (100) entgegen:

(99) a. Das geht dich nichts an.
      b. Das interessiert mich nicht.

(100) a. *Du wirst (davon) nicht angegangen.
 b. *Ich werde (davon) nicht interessiert.

Die Agens-Rolle ist (typischerweise) die Voraussetzung der Passivierung, d. h. der für das Passiv notwendigen Valenzvererbung (vgl. Kap. 10). Fehlende Passivierbarkeit kann daher als Indiz dafür betrachtet werden, dass die Sprecher/Hörer dem 1. Argument *(das, was Emil macht)* keine Agens-Rolle mehr zuschreiben, sondern nur eine Vorgangsträger- oder Zustandsträgerrolle, dass sie also – trotz des Patiens-Akkusativs – die Konstruktion als Vorgangskonstruktion werten.[45]

Betroffen sind insbesondere Handlungskonstruktionen mit Psych-Verben wie (99). Zu registrieren bleibt die Übergangshaftigkeit zwischen Handlung und Vorgang, die durch das Passivkriterium nicht außer Kraft gesetzt wird. Man muss in diesem Zusammenhang auch bedenken, dass Passivfähigkeit nicht absolut durch Vorgangshaftigkeit blockiert wird (vgl. (101), vgl. auch die Möglichkeit der Passivierung von Vorgangsverben (Kap. 10)).

(101) a. Das betrifft mich nicht.
 b. Das tangiert mich nicht.

Zwar scheint das *werden*-Passiv im Falle von *betreffen* ungrammatisch zu sein, jedoch ist eine Kopulakonstruktion mit passivischem Partizip II, also ein sog. Zustandspassiv, möglich (102a),[46] im Falle von *tangieren* kommt auch das *werden*-Passiv vereinzelt vor (102b).

(102) a. Ich bin davon nicht betroffen.
 b. Die eigene wirtschaftliche Existenz wird tangiert durch Entwicklungen in Ländern, wie ...

Die homonymischen Übergänge sind nicht auf Psych-Verben begrenzt, vgl.:

(103) a. Die Flasche enthält Öl.
 b. Das Paket beinhaltet die Bücher.

(104) a. *Öl wird durch die Flasche enthalten.
 b. *Bücher werden durch das Paket beinhaltet.

---

45 Im deutschen Passiv bleibt nur ausnahmsweise ein Akkusativ-Patiens-Argument zurück: *Jetzt wird Zähne geputzt!* Der Akkusativ ist hier ausgewiesen durch den Umstand, dass *Zähne* im Nominativ Plural mit dem Plural *werden* kongruent sein müsste.
46 Die Kopula-Konstruktion *Ich bin interessiert* ist kein sog. Zustandspassiv, sondern ein sog. Zustandsreflex (vgl. Helbig/Buscha 2001) zu *Ich interessiere mich nicht*.

Auch die Token-Konstruktionen (103) lassen sich nach den Agens-Kriterien als Handlungskonstruktionen auffassen. Die fehlende Passivierbarkeit zeigt, dass die Sprecher/Hörer in diesem Grenzfall – trotz des stehen bleibenden Akkusativs – die Konstruktion als Vorgangskonstruktion auffassen.

Ein Ausreißer ist insbesondere die *bekommen-, kriegen-, erhalten*-Konstruktion. Auch in ihr wird ein Nominativ-Vorgangsträger-Argument mit einem Patiens-Argument gepaart.

(105)   Er bekommt/kriegt/erhält ein Paket.

Diese Konstruktion wird allgemein „passivisch" genannt. Die Konstruktionsvererbung aus einer Handlungskonstruktion ist deutlich, wenn man bedenkt, dass bspw. *kriegen* etymologisch zu *Krieg* gehört und ursprünglich ‚durch kriegerische Handlung erbeuten' bedeutete (vgl. Lenz 2013, vgl. 13.3). Auch heute existieren weiterhin ausgesprochen aktivische Varianten, die zweifelsfrei zu den Handlungskonstruktionen zu rechnen sind.[47]

(106)   Du entkommst mir nicht. Ich kriege dich!

Dem stehen deutlich Nicht-Handlungskonstruktionen gegenüber wie:

(107)   Du kriegst Dresche/einen Verweis/einen Strafzettel/eine Geldstrafe.

Dieser Gegensatz ist es, der die *bekommen*-Konstruktionen zu einem Sonderfall macht.

Es ist allerdings zu fragen, warum *kriegen*-Konstruktionen, wenn sie aktivisch aufgefasst werden, nicht oder eingeschränkt passivierbar sind, vgl.:

(108)   ?Du wirst (von mir) gekriegt.

Es scheinen also weitere Faktoren eine Rolle zu spielen, die das Kriterium der Passivierbarkeit relativieren. Ein Faktor könnte die formale Identität von aktivischem und passivischem *kriegen* sein.

Eine zum aktivischen *kriegen* vergleichbares Bild bietet *haben*. Die Passivierbarkeit von *haben* scheint ausgeschlossen zu sein. Dagegen lässt sich das semantisch mit *haben* sehr ähnliche *besitzen* passivieren, vgl.:

---

[47] Erst auf der Folie dieser ausgesprochen aktivischen (handlungsmäßigen) Bedeutung kommt es zur Charakterisierung als passivisch.

(109) a. *Man will etwas haben und wird davon gehabt.
  b. Man will besitzen und wird besessen.
  Andreas Tenzer (www.aphorismen.de/zitat/116909)

Hier könnte eine Rolle spielen, dass das Vollverb *haben* mit dem nicht passivierbaren Hilfsverb *haben* formal identisch ist.

4.2.5 Fazit

Die N-A-Konstruktion steht im Zentrum des Systems der schematischen Konstruktionen des Deutschen. Die Rollen des Nominativs und des Akkusativs in N-A-Konstruktionen sind, legt man eine prototypentheoretische Interpretation zu Grunde, semantisch extrem ausgedehnt. Ich habe versucht, die einzelnen Übergänge zu charakterisieren, dennoch könnte der Eindruck entstehen, dass die beschriebenen Ausdehnungen nicht weniger willkürlich sind als die Einschränkungen und Verallgemeinerungen von semantischen Rollen, die in denotativen, (extensionalen, onomasiologischen) Konzepten vorgenommen werden. In der Tat zeigt die Vielfalt und Reichweite der Übergänge eine bestimmte Willkürlichkeit. Aber es ist, so die Behauptung, die Willkürlichkeit der Sprecher/Hörer selbst, die hier nachgezeichnet wird. Die Sprecher/Hörer gehen eben nicht nach Vorgaben logischer Invarianz vor, sondern so, dass sie die Konstruktionsbedeutung der N-A-Konstruktion (und der betreffenden Verben im Wechselverhältnis mit der Konstruktion) prototypisch und analogisch in unterschiedlichen Richtungen ausdehnen und wiederholt ausdehnen – nicht grundsätzlich anders als in den auf den Spracherwerb bezogenen Experimenten Wygotskis (1977) und Bowermans (1977), die ein sehr willkürliches und geradezu chaotisches und dennoch von Prinzipien der Prototypik geleitetes Bild ergeben. Dass die Ausdehnung nicht bedingungs- und grenzenlos geschieht, zeigen die Übergänge in Homonymien (vgl. auch Kap. 13) und die schematischen Konstruktionen, die mit der N-A-Konstruktion konkurrieren (vgl. 4.3–4.6).

4.3 Nominativ-Dativ-Konstruktion

Zweistellige Nominativ-Dativ-Konstruktionen, Nominativ-Genitiv-Konstruktionen und Nominativ-Präpositionalkasus-Konstruktionen sind Konkurrenten der zweistelligen Nominativ-Akkusativ-Konstruktion. Die Dativkonstruktion hat, was die Zahl der instantiierenden Verben betrifft, Terrain gegenüber der Akkusativkonstruktion verloren (auch noch in der jüngeren Sprachgeschichte), behauptet sich aber. Mater (1971: 15 ff.) führt 671 Verben mit Dativ an. Die Duden-Grammatik (1984: 609–10) listet 136 Verben auf. Das VALBU (204) zeigt 249 Treffer an. Bei allen Quellen müsste in einer genaueren Evaluation unterschieden werden in Dativ-Konstruktionen, die die betreffenden Verben projizieren und in Konstruktionen, in die die betreffenden Verben per Coercion implementiert werden können (Dativ-Argument als sog. fakultatives Argument). Außerdem müssten wahrscheinlich unterschiedliche Lesarten, die im VALBU als Treffer gezählt werden, von der Gesamtzahl der Treffer abgezogen werden.

Der Dativ bei zweistelligen Verben gilt im Unterschied zum Akkusativ als lexikalischer Kasus. Die Unterscheidung erfolgt im Rahmen eines autonom syntaktischen Konzepts. Auf den Akkusativ des Deutschen, so die Argumentation, greifen syntaktische Regeln zurück, z. B. die Passivierungsregel, aber nicht auf den Dativ bei zweistelligen Verben.

(110) a. Anton unterstützt diesen Mann.
b. Dieser Mann wird von Anton unterstützt.

(111) a. Anton hilft diesem Mann.
b. *Dieser Mann wird von Anton geholfen.

(112) a. Emil gibt diesem Mann eine Auskunft.
b. Diesem Mann wird von Emil eine Auskunft gegeben.

Daher wird angenommen, dass der Akkusativ als struktureller Kasus regulär auftritt, d. h. durch eine syntaktische Regel zugewiesen wird. Die Zuweisung des Dativs in zweistelligen Dativkonstruktionen folge, so die Behauptung, dagegen keiner syntaktischen Regel. Sie hänge idiosynkratisch vom je einzelnen Verb ab und ist daher eine Lexikoninformation.

Der Akkusativ ist der typischere Argumentkasus gegenüber dem Dativ, Genitiv und Präpositionalkasus. Alle Kodierungen sind jedoch regulär und idiosynkratisch zugleich (vgl. Kap. 5). Alle Kasus kodieren semantische Rollen, deren Anwendung relativ beliebig ist, d. h. nicht strikt (invariant) vorhersagbar ist, insbesondere dann, wenn man auch Präpositionalkasus als Konkurrenten einbezieht (was meist nicht geschieht). Sowohl Akkusativ-, als auch Dativ- und Präpositionalobjekt-Konstruktionen folgen semantischen Mustern. Die Konstruktionen wären zu einem großen Teil austauschbar, wären sie nicht konventionell gesichert.[48] Es gibt unterschiedliche signifikative Zugriffe auf Sachverhalte, die man unter Wahrheitswertbedingungen als identisch ansehen könnte.

---

48 Warum, so fragt Saussure (1967), sollten Zeichen, die per definitionem beliebig (arbiträr) sind, sich in ihrer Laut-Bedeutungs-Zuordnung verändern?

Es ist folglich zu fragen, ob es semantische Regularitäten nur für den Akkusativ als Patiens gibt und nicht auch für den Dativ. Auch dieser scheint ein in prototypentheoretischer Hinsicht semantisch relativ einheitlichen Kasus zu sein, sogar unabhängig von Zwei- oder Dreistelligkeit des Verbs.

Zur Terminologie

Für die Rollen, die der Nominativ und der Akkusativ kodifizieren, stehen Oberbegriffe bereit, die den Prototyp gut erfassen. Beim Nominativ sind das die Rolle des Agens in N-A-Konstruktionen und in intransitiven Konstruktionen neben den Rollen des Vorgangsträgers, Zustandsträgers und Eigenschaftsträgers. Beim Akkusativ kann man auf die Rollenbezeichnung ‚Patiens' zurückgreifen. Für den Nominativ und den Akkusativ in N-A-Konstruktionen gibt es traditionell keine (denotativ intendierten) Benennungen für prototypische Varianten. Bei Dativ-Rollen gilt das Entgegengesetzte: Man kann auf eine Fülle von traditionellen Bezeichnungen für Varianten zurückgreifen. Davon hebt sich keine als eine besonders passende Benennung des Prototyps heraus. Sowohl ‚Rezipient' als auch ‚*Experiencer*' als auch ‚Benefaktiv' kommen in Frage. Geeignet ist auch ‚Dativ' (lat. *dare* – geben). Der Terminus ‚Dativ' ist allerdings für die Kasusform reserviert, wie der Terminus ‚Akkusativ', der ebenfalls semantisch motiviert ist (lat. *accusare* – anklagen).

Die einzelnen Benennungen von Dativ-Rolle sind denotativ angelegt als invariante Benennungen unterschiedlicher, von einem Invarianz-Standpunkt aus homonymer Rollen, die bis auf ‚Rezipient' am freien Dativ gewonnen worden sind. Man kann jedoch prototypische Übergänge finden, die alle diese Varianten zu Benennungen von Abstufungen innerhalb ein und derselben signifikativen Rolle machen, also zu Benennungen von Varianten einer einheitlichen Bedeutung. Keiner der unterschiedlichen Termini benennt den Prototyp jedoch geeigneter als die übrigen. Ich wähle die Bezeichnung ‚Benefaktiv' als Prototyp der Dativbedeutungen sowohl in zweistelligen als auch in dreistelligen Konstruktionen. Geeignet wären ebenfalls die Bezeichnungen ‚Dativ' oder ‚Rezipient' bzw. ‚Adressat'. Bei der Bezeichnung ‚Dativ' würden allerdings Form- und Bedeutungsbezeichnung zusammenfallen (wie bei ‚Direktiv').[49] Die Bezeichnung ‚Rezipient' kann man für die Bezeichnung des Prototyps des Dativs in dreistelligen Konstruktionen verwenden, wenn man ‚Benefaktiv' als die Bezeichnung des prototypischen Ursprungs, des Archetyps, des (heutigen) Dativs, unabhängig von Zwei-, Drei- (und auch Einstelligkeit) interpretiert. Unterschiedliche Bezeichnungen für prototypische Ableitungen sind Versuche, gewisse Grenzen

---

[49] Fillmore (1969) hat *dative* daher durch *experiencer* ersetzt.

oder Einschnitte in einem Kontinuum zu fixieren. Bezeichnungen geben also nur gewisse Hinweise.

Die prototypische (archetypische) Bedeutung: Benefaktiv

Man kann dem Dativ eine prototypische Bedeutung zuordnen. Diese bleibt wie die Bedeutungen ‚Agens' und ‚Patiens' auch für dreistellige Konstruktionen gültig.

Nach H. Paul (1958, III: 216; 378 ff.) sind im Dativ die Funktionen von vier älteren Kasus zusammengeflossen: Dativ, Lokativ, Instrumental und Ablativ. Die Angabe einer Grundbedeutung hält H. Paul (ebd.: 380) für diachron unmöglich.[50]

In synchronen Beschreibungen gibt es mit unterschiedlichen Akzentsetzungen (auf den Dativ bei zweistelligen Verben oder auf den Dativ bei dreistelligen Dativkonstruktionen oder auf den freien Dativ) die unterschiedlichsten Deutungen.[51] Sie sind Versuche, die besonders auffälligen Variationen unter denotativem Aspekt zu klassifizieren. Solche Benennungen sind:

(113)   Rezipient, Adressat, Dativ (Fillmore 1968), *Experiencer* (Fillmore 1969), *Benefactiv/Malefactiv*, *Commodi/Incommodi*, Zuwendgröße – gegenüber Grundgröße (Nominativ) und Zielgröße (Akkusativ)   (Glinz 1965)

In synchron prototypentheoretischer Perspektive schält sich eine prototypische (originäre, archetypische) Bedeutung des Dativs zweistelliger Dativ-Verben heraus. Sie lässt sich durch die Merkmale [‚Zuwendung zu einer Person' und ‚in guter/schlechter Absicht' beschreiben, zusammengefasst unter der traditionellen Bezeichnung ‚Benefaktiv'.[52]

Hervorzuheben ist das Merkmal ‚Person' entsprechend der traditionellen Grundbeobachtung: Dativ der Person versus Akkusativ der Sache. Der Akkusativ bezieht sich prototypisch auf Gegenstände, die als Patiens der Handlung eines Agens unterliegen. Der Dativ bezieht sich prototypisch auf Personen, denen sich ein Agens zuwendet. Das sind signifikative Unterscheidungen:

---

50 Wie viele andere differenziert er bei dem Terminus ‚Grundbedeutung' nicht in Ausgangsbedeutung von prototypisch aufeinander bezogenen Varianten einer Bedeutung und invarianter Bedeutung.
51 Einen Überblick geben Helbig (1973) und Wegener (1985).
52 Die Differenzierungen zwischen Benefaktiv und Malefaktiv, *Commodi* und *Incommodi* sind dem Invarianz-Standpunkt geschuldet. Prototypisch ist die negative Variante eine Abwandlung der prototypischen positiven Variante, so wie der negierte Satz eine Variante (eine Abwandlung) des affirmativen Satzes, des Prototyps, ist.

(114) a. Emil hilft Anita.
b. Emil unterstützt Anita.

Denotativ (sachverhaltsbezogen) kann man sowohl dem Dativ als dem Akkusativ in (114) die Rollen des *Experiencers* (Adressaten, Rezipienten, Benefaktiv) oder Patiens zuweisen.

Zum prototypischen Kern ‚Benefaktiv' der zweistelligen Dativ-Konstruktionen gehören Konstruktionen, die von Grundverben wie (115) instantiiert werden:

(115) antworten, danken, dienen, drohen, gehorchen, helfen, trauen, trotzen, schaden, schmeicheln, zürnen

Die Reihe kann man mit verbalen Ableitungen weiterführen:

(116) beipflichten, beispringen, beistehen, beistimmen, entgegnen, entgehen, entstammen, gehorchen, kündigen, zustimmen

In dem Merkmal ‚Zuwendung zu einer Person' spielen zwei Dimensionen zusammen: ‚Person' und ‚Zuwendung'.[53]

Prototypisch zu erklärende Abwandlungen folgen zum einen aus der Negation. Ein Malefaktiv ist ein negierter Benefaktiv ,–Ben' (vgl. Anmerkung 52).

Ableitungen aus dem Merkmal ‚Person' können zum einen Denotationen weiterer Lebewesen sein (117a). Es können aber auch Abstrakta (117b) oder Konkreta sein, die mehr oder minder verlebendigt (metaphorisch) als Person gedacht werden (117c). Das typischere Merkmal des Dativ-Arguments bleibt das Merkmal ‚Person'.

(117) a. einem Hund drohen/helfen
b. dem Zufall danken/trotzen, einer Sache/dem Staat dienen
c. dem Sturm trotzen, dem Haus schaden
d. dem Frühling huldigen

Für ein Prototypenkonzept ist, wie bereits betont, die Tatsache, dass es keine invariante Ausschließlichkeit zwischen einem akkusativischen Patiens-Argument und einem dativischen Benefaktiv-Argument gibt, kein Gegenargument, sondern erwartet:

---

[53] Beide Bestimmungen hängen zusammen: Personen werden im Allgemeinen zurückhaltender, vorsichtiger behandelt als leblose Gegenstände, vgl. die These Weisgerbers (1958), dass durch Akkusativierung Menschen wie Sachen behandelt werden.

(118) a. Er hilft ihm.
b. Er unterstützt ihn.

(119) a. Er befielt mir.
b. Er bittet mich.

(120) a. Er rät mir.
b. Er unterweist mich.

(121) a. Er folgt mir.
b. Er begleitet mich.

(122) a. Das missfällt mir.
b. Das ärgert mich.

Die Gegenüberstellungen zeigen sowohl die Nähe der beiden Sichtweisen als auch ihre Differenz. Die Nähe wird besonders deutlich bei Präfigierung des gleichen Stammes, vgl.:

(123) a. Er berät mich.
b. Er rät mir.

(124) a. Er verfolgt mich.
b. Er folgt mir.

Das Gleiche zeigen diachrone Wechsel zwischen Akkusativ und Dativ in beiden Richtungen und Reduzierungen von ursprünglichen Dativ-/Akkusativ-Varianten zu Gunsten nur eines der beiden Kasus, vgl. H. Paul (1971: 380–390). Ein prominentes Beispiel ist *rufen*. Neben der älteren Rektion (125a) gibt es die neuere (125b).

(125) a. Er ruft mir.
b. Er ruft mich.

Auch zwischensprachlich lässt sich die Nähe belegen, vgl. dt. *folgen* + Dativ und lat. *sequi* + Akkusativ, dt. *helfen* + Dativ und lat. *(ad)iuvare* + Akkusativ. Beide Verben (*folgen* und *helfen*) wurden auch im Deutschen zeitweilig mit dem Akkusativ verbunden (vgl. H. Paul ebd.: 387; 381).

Die Verteilung auf Akkusativ- und Dativkonstruktionen ist global gesehen zufällig. Es gibt eben im Deutschen diachron bedingt diese Verteilung. Die Sprecher/Hörer haben nach unterschiedlichen, aber möglichen Merkmalen klassifiziert, dabei berücksichtigend (jedoch wiederum nicht invariant differenzierend), ob sich die Tätigkeit eines Agens auf Dinge oder auf Menschen (Personen) bezieht. Die Sprecher/Hörer des Deutschen haben die Klassifikation über Jahrhunderte beibehalten, nicht als formale, inhaltslos gewordene Unterscheidung, sondern stets semantisch gestützt durch Folgemerkmale. Das heißt, jede der Zuordnungen lässt sich für sich aus den Akkusativ-Merkmalen und den Dativ-Merkmalen begründen. Sie folgt in sich semantischen Analogien. Es gibt speziellere Reihen von wiederum ähnlicheren Verben, einen Akkusativ die einerseits und die Rolle ‚Patiens' andererseits verlangen, und von Verben, die einen Dativ und die Rolle ‚Benefaktiv' verlangen. Eine solche semantische Dativ-Reihe bilden z. B. Konstruktionen mit den Verben (126). Sie stärken und stabilisieren die signifikativ-semantischen Rollen.[54]

(126) *helfen, beistehen, beispringen, zur Hand gehen, unter die Arme greifen, assistieren*

Die formale Differenzierung in Akkusativ- und Dativkonstruktionen oktroyiert rückwirkend eine bestimmte Sehweise. So transportiert bspw. (119a) die Sehweise als Patiens und (119b) die Sehweise als Benefaktiv, obwohl das Verb *befehlen* wegen der Strenge der damit bezeichneten Illokution eher zur Rolle ‚Patiens' passen würde und *bitten* eher zur Rolle ‚Commodi'. Die Sprecher/Hörer können sich diesem semantischen Sog der formalen Kodierung durch Akkusativ versus Dativ nicht entziehen.

In einer Vielzahl der Konstruktionen tritt der Dativ in einer über den prototypischen Kern hinaus abgewandelten Bedeutungen auf.

Abwandlung: Commodi
Das Merkmal ‚Zuwendung zu einer Person in guter oder schlechter Absicht' (Benefaktiv/Malefaktiv) setzt ein zuwendendes/abwendendes, wohlmeinendes/übelmeinendes intentionales Agens in Tätigkeitskonstruktionen voraus. Es gibt jedoch auch zweistellige Vorgangskonstruktionen mit einem Vorgangsträger (oft als sachliches, nicht-belebtes Subjekt):

(127) Das bekommt/gefällt/schadet/gehört mir.

---

[54] Verben mit den Partikeln bzw. Präfixen *unter-* oder *be-* (vgl. Kap. 16) verlangen den Akkusativ. Verben mit den Präfixen *zu-* oder *bei-* verlangen (wie bereits die zu Grunde liegenden Präpositionen) dagegen den Dativ. Diese Reihenbildung ist eine formale Stütze, aber auch eine semantische.

Zur Dativ-Variante in Konstruktionen dieser Art passt die Bezeichnung ‚Commodi/Incommodi'. Als Analogiereihe, nach der heutige Sprecher den Zusammenhang interpretieren, kann man ansetzen:

(128)   Benefaktiv → Commodi.

Das vermittelt folgende Implikatur:

(129)   Die typische originäre Dativrolle ‚Benefaktiv' hat das Merkmal ‚Person, der sich ein Agens (in guter oder schlechter) Absicht zuwendet'. Wenn jemand sich aus guter Absicht einem anderen zuwendet, folgt daraus ein gutes (oder schlechtes) Ergebnis für die betreffende Person. → Der Dativ kann auch die Rolle einer Person kodieren, der etwas Gutes (oder Schlechtes) geschieht: Commodi/Incommodi.

Vorgangsverben stellen den überwiegenden Teil der bei H. Paul (1971: 380) angeführten oder/und besprochenen Dativ-Verben dar:[55]

(130)   ahn(d)en, dauern, jucken, nützen, frommen, bekommen, schaden, behagen, gefallen, belieben, (ge)ziemen, gebühren, passen, glücken, gelingen, geraten, geschehen, (er)scheinen, bleiben, genügen, mangeln, gebrechen, fehlen, träumen, bangen, gehören, es graut/ekelt/schwindelt

Aus Mater (1971) kann man ergänzen:

(131)   anheim fallen, eignen, fehlschlagen, misslingen, missraten

Vergleicht man die Einträge im Grimm'schen Wörterbuch, so lässt sich auf eine diachrone Abfolge von Tätigkeits- zu Vorgangskonstruktionen schließen. Man könnte jedoch auch die größere Zahl der unpersönlichen Dativverben als Indiz dafür werten, dass diese die originäre Bedeutungsvarianten repräsentieren. Außerdem sind die Verben (130) und (131) z. T. (überhaupt oder in dieser Verwendung) veraltend. Auch das kann ein Indiz dafür sein, dass die unpersönliche Konstruktionsvariante älter ist. Prototypentheoretisch begründbar ist eine Ableitung sowohl in der einen als in der anderen Richtung. Wenn die unpersönliche Variante die ältere sein sollte, könnte die oben vorgenommene Ableitung eine Reorganisation auf Grund der heutigen synchronen Gegebenheiten sein. Die Hypothese wäre also, dass die *heutigen* Sprecher/Hörer die Tätig-

---

[55] H. Paul differenziert nicht zwischen Tätigkeits- und Vorgangsverben.

keitskonstruktion mit Benefaktiv als die primäre bewerten. Denn die Token-Konstruktionen der Dativ-Tätigkeitskonstruktion sind heute weitaus typischer als die Token-Konstruktionen der Dativ-Vorgangskonstruktionen.

Als Tätigkeits- oder Vorgangsverben können z. B. verwendet werden:

(132)   schaden, dienen, helfen

(133)   a. Irene schadet/dient/hilft Egon.
        b. Das schadet/dient/hilft Egon.

Wie bei Vorgangskonstruktionen mit stehen bleibendem Akkusativ (4.2.4.2) ist Passivierbarkeit ein Indiz. Vorgangskonstruktionen lassen im Unterschied zu Tätigkeitskonstruktionen (typischerweise) kein (unpersönliches) Passiv zu, vgl.:

(134)   a. Dem Egon wird (von Irene) geschadet/geholfen.
        b. ?Dem Egon wird (davon) geschadet/geholfen.

Relatum
Es gibt eine kleine Gruppe von zweistelligen Dativverben, die neutral gegenüber den subjektiven Merkmale des Guttuns (Benefaktiv) oder Gutbekommens (Commodi) sind. Verben, die zu dieser Gruppe gehören, sind Verben des Folgens und Ähnelns. Sie bilden zwei begrenzte Reihen von Tätigkeitsverben (135a) und Vorgangsverben (135b). Es handelt sich um:

(135)   a. folgen, begegnen, entgegengehen, entgegenkommen
        b. ähneln, gleichen, entsprechen, gleichstehen, (dem Vater/der Mutter), nachkommen, nacharten

Das Merkmal der Zuwendung zu einer Person wird aufgehoben. Den Verben (135) fehlt damit auch das Folgemerkmal des Subjektiv-Emotionalen (‚in guter Absicht'), das durch Zuwendung impliziert wird. Ferner wird auch die Restriktion des Dativs auf Personen z. T. aufgehoben.

(136)   Er folgte dem Flußlauf. Ein Haus gleicht dem anderen.

Übrig bleibt nur die verallgemeinerte Rolle: ‚Person oder Gegenstand, auf die oder den sich eine Handlung oder ein Geschehen bezieht'. Da keiner der traditionellen denotativen Dativ-Termini für eine Benennung geeignet scheint, nenne ich diese Variante ‚Relatum'.

An die Stelle der Implikatur (129) tritt die Implikatur (137).

(137) Die typische originäre Dativrolle ‚Benefaktiv' hat das Merkmal ‚Person, der sich ein Agens in guter/schlechter Absicht zuwendet'. Man kann sich auch ohne erkennbare Absicht einer Person zuwenden, und eine Person kann, ohne dass ein Veranlasser (Agens) vorhanden ist oder mitgeteilt wird, in eine Relation zu einem Gegenstand oder einer Person gelangen. → (1): Der Dativ kann auch nur die Rolle einer durch eine Relation (und zwar die Relation des Folgens und Ähnelns) betroffenen Person kodieren. → (2): Ein solches In-Relation-Bringen oder In-Relation-Sein kann auch auf Gegenstände ausgedehnt werden.

Fazit
Der Dativ in zweistelligen Argumentkonstruktionen ist kein nur idiosynkratischer Kasus. Er folgt deutlich prototypischen Linien. Relativ stabile Merkmale sind ‚Person', ‚Zuwendung' ‚in guter/böser Absicht'. Ich setze synchronprototypisch die Variante ‚Benefaktiv' als primär an. Folgemerkmale sind ‚gut/schlecht tun' (Commodi) und ‚in Relation bringen/in Relation sein' (Relatum). Die prototypische Folgerungskette (der Entwicklungspfad) ist:

(138) Benefactiv → Commodi → Relatum

Eine Kongruenz zur diachronen Entwicklung kann, muss aber nicht bestehen. Möglicherweise handelt es sich um eine Restrukturierung aus der Sicht späterer Sprecher.

Verglichen mit Akkusativ-Konstruktionen eröffnen Dativ-Konstruktionen eine andere subjektive und konventionell gewordene Sichtweise auf sachlich Vergleichbares. Vergangene Sprecher sind diesem Muster gefolgt. Da es sich weiterhin um ein mögliches Interpretationsmuster handelt und die Merkmalfolge prototypisch gedeckt ist, folgen heutige Sprecher weiterhin. Diachrone Wechsel zwischen Dativ- und Akkusativkonstruktionen belegen die grundsätzliche Austauschbarkeit. Auch der Dativ in dreistelligen Nom-Akk-Konstruktionen (4.4), und zwar sowohl der gebundene als auch der freie Dativ, lässt sich auf die Ausgangsbedeutung zurückführen.

4.4 Nominativ-Dativ-Akkusativ-Konstruktion

In der Nominativ-Akkusativ-Konstruktion (4.2) und in der Nominativ-Dativ-Konstruktion (4.3) werden zwei Aspekte menschlicher Tätigkeit in zwei unterschiedlichen Argumentkonstruktionen ausgedrückt. In der dreistelligen Nominativ-Dativ-Akkusativ-Konstruktion werden diese beiden Aspekte (Handlungen über einen Gegenstand und Zuwendungen zu einer Person) in einer komplexeren Konstruktion vereinigt. Diese Konstruktion gibt Handlungen des sozialen Austausches von Gegenständen (im wörtlichen und übertragenen Sinne) zwischen Menschen wieder.[56] Beschrieben wird ein Ereignis als eine Handlung, in der (typischerweise) ein Mensch (Agens) sich einem anderen Menschen (Rezipient) zuwendet und bewirkt, dass dieser einen Gegenstand (Patiens) hat. Auch das ist eine Grundsituation menschlicher Lebenspraxis. Die Konstruktion wird daher formal-semantisch seit Lakoff (1970, vgl. auch McCawley 1968) als (139b) analysiert (vgl. auch Kap. 5).

(139) a. Emil gibt Anton das Buch.
       b. A cause: B hat C.

Diachron muss es einmal einen Übergang von Zweistelligkeit zu Dreistelligkeit gegeben haben.[57] Das heißt nicht, dass alle heutigen instantiierbaren Token-Konstruktionen durch eine solche Vereinigung (Überblendung) konkreter Token-Konstruktionen entstanden sind. Das Gros der heutigen Nominativ-Dativ-Akkusativ-Token-Konstruktionen dürfte mit Sicherheit durch Analogie auf der Basis der ersten bereits etablierten Nominativ-Dativ-Akkusativ-Konstruktionen entstanden sein.

Der prototypische Zusammenhang der Rollen heutiger zweistelliger Akkusativ- und Dativkonstruktionen mit den Rollen dreistelliger Nominativ-Dativ-Akkusativ-Konstruktion liegt auf der Hand. Alle drei Kasus (Nominativ, Akkusativ und Dativ) behalten im prototypentheoretischen Sinne ihre ursprüngliche Bedeutung. Nominativ und Akkusativ behalten ihre Funktion, die Agens-Rolle und die Patiens-Rolle zu kodieren. Der Dativ behält die Funktion, die Zuwendung zu (oder Abwendung von) einer Person zu kodieren. Das wird beim Dativ nur schwach verdeckt durch die unterschiedlichen ursprünglichen denotativ intendierten Benennungen: *Benefactiv/Commodi* und Rezipient.

Den Zusammenhang hat Schöfer (1992) beschrieben. Er geht allerdings von der Bedeutung ‚Rezipient' in dreistelligen Konstruktionen als Prototyp aus. Auch Wegener (1985) geht vom Rezipient in dreistelligen Konstruktionen aus. Ich folge der Maxime, dass sich Komplizierteres aus Einfacherem entwickelt, gehe also den entgegengesetzten Weg.

---

56 Eine analoge Konstellation besteht bei Nominativ-Akkusativ-Konstruktionen versus Nominativ-Akkusativ-Direktiv-Konstruktionen. Auch in diesem Fall werden zwei Gesichtspunkte vereinigt (vgl. 4.6.2).
57 Ein heutiger Übergang ist am freien Dativ gut erkennbar, allerdings mit der Einschränkung, dass dieser dauerhaft nicht-projiziert bleibt (vgl. Kap. 5).

Beim Dativ verstärken sich dadurch, dass zwei Personenrollen (Agens und Rezipient) zusammenkommen, Ähnlichkeiten zwischen diesen Rollen. Auf der Sachverhaltsebene übt die Person, die von der Transferhandlung betroffen ist, ebenfalls Kontrolle über das Geschehen aus und ist mitverantwortlich für das Geschehen.[58] Diese Merkmale sind nicht Rollenmerkmale, sondern ergeben sich aus Implikaturen. Wenn bspw. ein Gebender (A) jemandem (B) etwas (C) gibt, dann ist A auf die Kooperation von B angewiesen. Beim Wegnehmen muss er gegen den Widerstand des anderen handeln. (vgl. das Konzept der *Force-Dynamik* bei Talmy 1988).

(140) a. Emil gibt Anton einen Brief.
 b. Anton nimmt Emil den Brief weg/ab.

Der prototypische Personenbezug des Dativs bleibt bemerkenswert stabil, wesentlich stabiler als bei zweistelligen Dativkonstruktionen. Die prototypischen Ableitungen entsprechen in manchen Punkten der Agens-Rolle, sind aber wesentlich stärker restringiert. So sind wie beim Agens Ausweitungen auf andere Lebewesen, auch Pflanzen, zwar möglich, aber stark eingeschränkt:

(141) a. Er gibt/spendiert dem Hund einen Knochen.
 b. Er gibt/spendet den Pflanzen Wasser.

(142) a. ?Er leiht der Katze Milch.
 b. ?Er verkauft dem Hund den Knochen.

Die instantiierenden Verben in (141) und (142) projizieren Dativ-Argumente mit dem Merkmal ‚Person'. Ausweitungen auf Gegenstände sind ebenfalls stark eingeschränkt:

(143) Diesem Herd können Sie unbesorgt Ihr Brathühnchen anvertrauen.
 Schöfer 1992: 76 (19)

Coercionen gelingen oder misslingen abhängig von der Möglichkeit, Relevanz zu unterstellen (vgl. Kap. 5). Beispielsweise kann auf die Mitverantwortung von *Herd* gefolgert werden.

---

[58] Das Dativobjekt in dreistelligen Dativkonstruktionen wird daher gelegentlich auch als Gegensubjekt bezeichnet.

4.5 Weitere Konstruktionen mit reinem Kasus

In diesem Abschnitt werden zwei weitere marginale Argument-Konstruktionen mit Argumenten im reinen Kasus erwähnt: Genitiv-Konstruktion (4.5.1) und Nominativ-Akkusativ-Akkusativ-Konstruktion (4.5.2).

4.5.1 Genitiv-Konstruktion

Mater (1971) listet 40 Verben auf, die den Genitiv regieren. Als Argumentkasus ist der Genitiv also fast ausgestorben. Die Gebrauchseinschränkungen dieser 40 Verben weisen auf den Rückgang hin.[59] Die Verben (144) aus dieser Liste von 40 Verben veralten.

(144)   sich annehmen, sich befleißigen, sich bemächtigen, sich entäußern, gedenken, harren, innewerden, unterziehen, wehren, zeihen

Andere Verben (145) bleiben gebräuchlich. Sie können im Unterschied zu den Verben (144) einstellig verwendet werden, d. h. sinnvoll (relevant) in einstellige Konstruktionen implementiert werden.

(145)   sich bedienen, sich besinnen, sich brüsten, sich erbarmen, sich erinnern, sich wehren, sich freuen, sich rühmen, sich schämen, sich vergewissern, sich wehren

Die Verben (145) sind Medialverben. Der Ursprung sollte (type-bezogen) also die dreistellige Reflexivkonstruktion sein, vgl.:

(146)   Er erinnert sich seiner.

Die Verben (145) werden teilweise in weitere konkurrierende Konstruktionen implementiert, und zwar in Konstruktionen mit Argumentkonstruktionen als Argument (Nebensätze) (147) und in Präpositionalobjekt-Konstruktionen (148) (vgl. auch Kap. 15).

(147)   sich freuen, dass ..., sich rühmen, dass ..., sich schämen, dass ..., sich vergewissern, dass ..., genießen, dass ...

(148)   sich freuen über, sich erinnern an, mangeln an, spotten über

---

[59] Im VALBU (2004) werden nur vier Verben angeführt: *sich erinnern, sich freuen, sein, versichern*.

Bei einigen Verben bleibt die Implementierbarkeit in eine zweistellige Akkusativ-Konstruktion zurück:

(149)   jemanden berauben, jemanden achten

4.5.2 Nominativ-Akkusativ-Akkusativ-Konstruktion

Es gibt m. E. nur zwei Verben, die diese Konstruktion instantiieren: *lehren* und *kosten*. Das VALBU enthält das Verb *lehren* nicht, führt aber *fragen* an, und zwar mit *etwas* (und einen Beleg mit einem *ob*-Nebensatz):

(150)   jemand fragt jemanden etwas

Der Status von *etwas* und von Objektsätzen müsste gesondert im Zusammenhang mit der in diesem Buch nicht thematisierten Einbettung von Argumentkonstruktionen in Argumentkonstruktionen geklärt werden, sollte jedoch nicht als Projektion eines Akkusativ-Arguments gewertet werden. Es bleiben die Vorkommen von *kosten* und *lehren* mit doppeltem Akkusativ. Bei *lehren* fällt auf, dass das Verb nicht nur in dreistelligen Konstruktionen (mit doppeltem Akkusativ) vorkommt, sondern mit jedem der beiden Akkusativ-Argumente auch einzeln:

(151)   a. Er lehrt sie die deutsche Sprache.
        b. Er lehrt sie.
        c. Er lehrt die deutsche Sprache.

Eine Überblendung der beiden Token-Konstruktionen (151b, c) könnte den doppelten Akkusativ erklären.

Das Verb *kosten* wurde aus dem Lateinischen entlehnt (*constare* + Dativ). Die Rektion des persönlichen Objekts schwankte frühzeitig zwischen Dativ- und Akkusativ (vgl. Grimm'sches Wörterbuch).

Beide Verben entwickeln sich aus der Konstruktion mit doppeltem Akkusativ heraus. *Lehren* wird in Nominativ-Dativ-Akkusativ-Konstruktionen implementiert, und *kosten* in eine nur zweistellige Nominativ-Akkusativ-Konstruktion bzw. einstellige Nominativ-Akkusativ$_{Menge}$-Konstruktion.

4.6 Konstruktionen mit Präpositionalkasus

Im Deutschen wirkt ein noch im Ansatz vorhandenes System von reinen Argument-Kasus mit Präpositionalkasus zusammen. Es gibt ein breit gefächertes Reservoir von Rollenkodierungen durch Präpositionalkasus in drei Typen verbaler Argumentkonstruktionen: Lokalkonstruktionen, Direktivkonstruktionen und Präpositionalobjekt-Konstruktionen.

Lokal- und Direktivkonstruktionen

Mit *Lokal- und Direktivkonstruktionen* kommen die beiden Rollen ‚Lokativ' (für statisch Lokales) und ‚Direktiv' für Richtungsangaben ins Spiel.

Lokal- und Direktivkonstruktionen verdanken ihren Platz im Kreis der Argumentkonstruktionen einer universell zu Grunde liegenden Ontologie: Konstruktionen beschreiben Situationen, die elementar als Gefüge (Relationen) von Dingen (Dingen und Lebewesen) perzeptiv und sprachlich (modal und amodal) wiedergegeben werden. Der Sonderstatus von Lokal- und Direktiv-Argumenten besteht darin, dass in ihnen Repräsentationen von Räumlichem (Orte und Richtungen) neben Repräsentationen von Dingen (und Lebewesen) den Argument-Status in Argument-Konstruktionen erhalten.[60] Das hängt mit der herausgehobenen Rolle der Orientierung im Raum zusammen. Räumliches ist analog zu Gegenständen und Ereignissen unmittelbar perzeptiv zugänglich. Räumliches kann außerdem in einer relativ direkten Weise in das sprachliche System als Räumliches übersetzt werden – anders als Zeitliches, das metaphorisch über Räumliches ausgedrückt werden muss (vgl. z. B. Lakoff/Johnson 1980).

4.6.1 Lokalkonstruktion

Bei Lokal- und Direktivkonstruktionen geht es u. a. um die Unterscheidung von Argumenten und Modifikatoren. Die Unterscheidung in Argumente und Modifikatoren entspricht mit einer wesentlichen Ausnahme der Unterscheidung der traditionellen Satzgliedtheorie in Subjekt und Objekt einerseits und Adverbialbestimmung andererseits. Adverbialbestimmungen sind Temporal-, Kausal-, Modal- und Lokalbestimmungen. Ein Indiz für die strukturabhängige Sonderstellung des Lokalen ist der Umstand, dass Direktiva und einige statische Lokalbestimmungen nach den gängigen Valenzkriterien der Regiertheit und/oder Obligatheit (vgl. Welke 1988, Jacobs 1994, Ágel 2000) als Argumente zu betrachten sind. Unter das Argument-Kriterium fallen die Richtungsbestimmungen (Direktiva). In einigen Fällen werden auch statisch-lokale Adverbialbestimmungen (durch das Kriterium der Obligatheit) als Argumente ausgewiesen, nämlich bei Verben wie *stehen, liegen, sich befinden, wohnen*:

---

[60] Argumentkonstruktionen können als eingebettete Ereignisrepräsentationen (Objektsätze) ebenfalls Argumente in Argumentkonstruktionen sein: *Er hofft, dass es bald schneit* (vgl. 4.8). Sie erhalten damit wie Orte den Status von Dingen (vgl. Davidsons 1967 Gleichsetzung von Ereignissen und Dingen).

(152)   Er wohnt in Potsdam.

Alle übrigen traditionellen Adverbialbestimmungen sind Modifikatoren. Als ausnahmsweise obligatorische Modifikatoren betrachte ich die Adverbien *abscheulich* und *lange* in (154) (vgl. Welke 2011).

(153)   a. Er benimmt sich abscheulich.
        b. Das dauert lange.

Diese unterliegen nicht dem Kriterium der Argumenthaftigkeit (Determiniertheit Welke 1988, 2011; Inhaltsspezifik Jakobs 1994). Sie denotieren nicht Dinge (oder Orte).
   In modernen Syntaxtheorien werden Adverbialbestimmungen generell wie in der traditionellen Satzgliedtheorie (vgl. Welke 2007) oft als Modifikatoren bewertet. Ausnahmen sind hier nur Lokalbestimmungen, in der Regel allerdings nur direktive. Bei Jackendoff (vgl. 1983: 163) werden auch statisch lokale Bestimmungen bei Verben, die diese obligatorisch verlangen, als Argumente interpretiert.
   Die Rolle von Argumenten, die statisch-lokale Positionen im Raum als Argument benennen, wie *in Berlin* oder *auf dem Tisch* in (154) nenne ich ‚Lokativ'.

(154)   a. Emil wohnt in Berlin.
        b. Das Buch liegt auf dem Tisch.

Im Unterschied zu den Verben in (154), sind die Verben in (155) nicht auf einen Ort perspektiviert. Die Konstruktionen (155) enthalten also kein Lokal-Argument, sondern einen lokalen Modifikator.

(155)   a. Emil arbeitet in Berlin.
        b. Die Rosen blühen im Garten.

Es handelt sich bei den Token-Konstruktionen (155) um Fusionen einer Argument-Konstruktion und einer Modifikator-Konstruktion. Die Verben in (155) bedeuten nicht lokalen Relationen. Sie projizieren daher semantisch keine lokalen Argumente. Die Präpositional-Phrasen in (155) sind Modifikatoren.
   Es gibt nur wenige Verben, die lokale Argumente morphologisch und semantisch projizieren und damit eine Argumentkonstruktion mit statisch lokaler Konstruktionsbedeutung konstituieren. Im Wesentlichen sind das (vgl. oben) die Verben *liegen, stehen, sitzen, wohnen, sich befinden*.

Die Konstruktion besitzt nur eine stark eingeschränkte Produktivität verglichen mit der Möglichkeit, nicht-direktive Verben durch Coercion in eine Direktivkonstruktion zu implementieren (vgl. Kap. 5).

Die Argumentkonstruktion ‚Lokalkonstruktion' unterscheidet sich formal nicht von Fusionen aus Argument- und Modifikator-Konstruktion. Sie ist also homonym zu diesen Fusionen. Man kann diesen Umstand als Indiz dafür betrachten, dass die Lokalkonstruktion möglicherweise aus Fusionen dieser Art entstanden ist.

Eine erste Bedingung einer Lokalkonstruktion ist erfüllt, wenn Verben entstehen, die semantisch auf einen Ort perspektiviert sind. Eine zweite Bedingung liegt vor, wenn diese Konstellation sich gegenüber den sie projizierenden Verben als Argument-Konstruktion verselbständigt hat. Vorstellbar ist folgendes Szenario: Der Vorgang oder Zustand des Zeltens könnte irgendwann einmal keine zeitweilige kulturelle Gepflogenheit mehr sein, sondern zu einer ständigen kulturellen Gewohnheit werden. Unter dieser Bedingung könnte es passieren, dass der Bezug auf Ortsangaben obligatorisch wird, dass die Ortsangabe bei *zelten* also zu einem Argument wird wie zuvor bei *wohnen*, so dass wie bei *wohnen* ein Satz wie (156a) grammatisch abweichend wird, weil die Aussage ohne Ortsangabe irrelevant ist.

(156) a. Emil zeltet.
 b. ?Emil wohnt.

Umgekehrt könnte es sein, dass die kulturelle Gepflogenheit, dass nahezu jeder einen festen Wohnsitz besitzt, verschwindet (z. B. im Falle zunehmender Obdachlosigkeit oder Ortslosigkeit von Managern oder von Menschen in prekären Verhältnissen). Bei *zelten* könnte die Projektion von ein- zu Zweistelligkeit umschlagen, so wie es an der Entstehung von Präpositionalobjekten aus Modifikatoren (Kap. 15) beobachtbar ist.

4.6.2 Direktivkonstruktion

Es gibt eine zweistellige (157) und eine dreistellige Direktivkonstruktion (158). Die Konstruktionen enthalten als 2. Argument oder 3. Argument ein Direktivum.

(157) a. Emil fährt nach Berlin.
 b. Der Stein flog auf das Dach.

(158) a. Emil legt das Buch auf den Tisch.
 b. Emil wirft den Stein auf das Dach.

Direktiva sind stets Argumente. Sie sind als solche im Deutschen durch das formale Kriterium der Regiertheit indiziert. Denn sie enthalten entweder Wechselpräpositionen wie *in, auf, an, unter* mit Akkusativ und nicht mit Dativ, oder sie enthalten spezifisch direktive Präpositionen wie *zu, nach* bzw. spezifisch direktive Adverbien wie *hierhin, dorthin, weg* (vgl. auch Welke 2011). Dem Umstand, dass Direktiva stets Argumente sind, entspricht, dass Verben in Direktivkonstruktionen typischerweise direktiv perspektiviert sind. Wenn Verben nicht bereits lexikalisch direktiv perspektiviert sind, aber dennoch in Direktivkonstruktionen vorkommen, werden sie per Coercion in diese implementiert (vgl. Kap 5).

Die Rolle des Direktivums wird allgemein in die Rollen ‚Herkunft' *(source)*, ‚Weg' *(path)* und ‚Ziel' *(goal)* untergliedert.

(159)   Emil fährt von Berlin über Frankfurt nach Poznan.

Verben und Konstruktionen sind typischerweise auf die Rolle des Ziels *(goal)* perspektiviert (160a). Das entspricht der tief in der Sprache verwurzelten Zielorientiertheit menschlichen Handelns. Es gibt aber auch Verben/Konstruktionen, die die Herkunft (160b) oder den Weg (160c) perspektivieren (vgl. Welke 1988, 1989).

(160)   a. Er fährt nach Berlin.
        b. Er holt die Kartoffeln aus dem Keller.
        c. Er schlendert durch den Wald.

Ich betrachte drei- oder mehrstellige Token-Konstruktionen, die sich aus dem möglichen Nebeneinander von Herkunft, Weg und Ziel ergeben, als Konstruktionen, die über kanonische zwei- oder dreistellige schematische Konstruktionen hinaus durch Überblendung mehrerer Direktivkonstruktionen erweitert worden sind.

4.6.3 Lokalistische versus logische Rollentheorien

In denotativ-semantischen Rollentheorien gibt es die Tendenz, nicht-direktive Konstruktionen, die zu direktiven Konstruktionen synonym sind, als direktive Konstruktionen zu interpretieren. Diese Tendenz hat zu tun mit zwei konkurrierenden denotativ-semantischen Rollentheorien, einer „logischen" und einer lokalistischen. Primär etabliert hat sich die Fillmore'sche logische Richtung. Die Ausgangsannahme der Rollenbeschreibung war und ist daher in Übereinstimmung mit der Tradition eher logisch als lokalistisch. Sätze wurden und werden primär als Handlungen von Personen an Gegenständen/Personen mit Rollen wie Agens und Patiens interpretiert (oder als Vorgänge an ihnen) und nicht primär als Bewegungen von Gegenständen im Raum mit Rollen wie *Theme* und *Goal*.

Die Alternative hat eine Parallele bzw. einen Vorläufer in einem Grundlagendisput des 19. Jahrhunderts über die diachrone Priorität von lokalen oder „logischen" Interpretationen (vgl. Dürscheid 1999). Dieser wurde ausgelöst durch die Behauptung, dass man die Kasus des Indoeuropäischen auf lokale Bestimmungen zurückführen kann. Man kann z. B. damit argumentieren, dass der Dativ ursprünglich u. a. ein statisch lokales Verhältnis bezeichnete und der Akkusativ (161) eine Richtung im Raum.

(161) lat.: Roman ire, dt.: heim gehen

Zentrale Rollen der modernen lokalistischen Rollentheorie sind die Rollen des örtlichen Zieles ‚*Goal*' und die Rolle ‚*Theme*' (Thema) als Rolle des Gegenstandes, der bewegt wird.[61]

(162) a. Steine *(Theme)* fallen auf den Tisch *(Goal)*.
       b. Emil *(Agens)* legt das Buch *(Theme)* auf den Tisch *(Goal)*.

Vom Standpunkt einer signifikativ-semantischen und bilateralen Rollenauffassung gibt es keinen Grund, von dem bislang entworfenen logischen Rollensystem als dem primären System abzuweichen. Es kann bei den Rollen ‚Agens', ‚Patiens' und ‚Vorgangsträger' bleiben, aber ergänzt durch die Rolle ‚Direktivum' (oder *Goal*).

(163) a. Blätter *(Vorgangsträger)* fallen auf den Tisch *(Direktivum)*.
       b. Er legt das Buch *(Patiens)* auf den Tisch *(Direktivum)*.

Das Nebeneinander und die Überschneidung von Rollen wie ‚Agens', ‚Patiens' versus ‚theme', ‚goal' ist aus der Existenz dieser zwei unterschiedlichen denotativen (onomasiologischen) Rollenkonzepte in der modernen Linguistik entstanden. Das weithin herrschende logische Konzept geht auf Fillmore (1968) zurück. Das konkurrierende „lokalistische" System hat ziemlich zeitgleich Gruber (1965) begründet. Es wurde von Jackendoff (1983) übernommen und weiterentwickelt.[62]

---

[61] Statisch-lokale Konstruktionen spielen in denotativen Theorien meist keine Rolle, weil Argumente, die sich auf Statisch-Lokales beziehen, nicht angenommen oder übergangen werden.
[62] Auf die Agens-Rolle kann allerdings auch das Gruber-Jackendoff'sche Rollensystem nicht verzichten. Später versuchte Jackendoff (1990) daher, sein System durch die Annahme zweier Rollentypen *(tiers)* zu reformieren. Umgekehrt gibt es bei Fillmore die Rolle des Lokativs (vgl. 3.1).

Gruber und Jackendoff versuchen, Rollen so weit wie möglich lokal zu definieren, d. h. denotativ (onomasiologisch) auf Bewegungen im Raum zurückzuführen.

(164) a. Emil knackt die Nuss mit dem Stein.
        b. Emil isst die Nuss.
        c. Emil gibt Anita das Buch.
        d. Emil betrachtet ein Gemälde.

Sätze wie (164) werden nach ihrer Theorie als Wiedergaben von Bewegungen im Raum interpretiert. In (164a) geht der Schlag von Emil über den Stein zur Nuss: Emil nimmt einen Stein und bewegt ihn mit Kraft auf die Nuss. In (164b) befördert Emil die Nuss in seinen Mund (und durch Kauen dann weiter). In (164c) bewegt Emil das Buch zu Anita. In (164d) geht der Blick Emils zum Gemälde, vgl. Jackendoffs Analysen von *see* (1983: 150–51) und *give* (1983: 192–93).

Die kognitive Grundlage des Disputes besteht in Folgendem: Menschen sind wie alle Lebewesen körperliche Lebewesen, die sich im Raum orientieren (vgl. Lakoff 1987). Daraus resultiert, dass das Sinnliche (Perzeptive und Motorische) tief in das Denken verwoben ist. Die amodale (rationale) Aneignung (Abbildung) der Realität ist eine (Prinzipien der Prototypik folgende) Übersetzung/ Abstraktion des unmittelbareren modalen (motorischen und perzeptiven) Zugangs in den sprachlichen Zugang (vgl. 5.4.2). Das Räumliche ist der Bereich des Perzeptiv-Motorischen, der für die Übersetzung ins Amodale (Rationale, Sprachliche) am unmittelbarsten und direktesten zugänglich ist. Das heißt: Räumliches ist am unmittelbarsten in das sprachliche (amodale) System, nämlich als weiterhin Räumliches, übersetzbar. Zeit lässt sich nicht so unmittelbar amodal erfassen. Sie wird mit Hilfe räumlicher Metaphern ins Amodale übersetzt, wie der lokale Ursprung von zeitlich verwendeten Präpositionen wie *in, aus, vor, nach* zeigt (vgl. Lakoff/Johnson 1980; Lakoff 1987).

Versucht man die Sachverhalte, die mit den Sätzen (164) bezeichnet werden, sich konkret (d. h. perzeptiv) vorzustellen, dann stellt man diese sich als Bewegungen im Raum vor. Dennoch werden die bewegten Gegenstände, von denen in (164) die Rede ist, sprachlich (im sprachlichen System der Kognition) als Patiens interpretiert, d. h. als Gegenstände, mit denen etwas geschieht (die bewegt werden oder sich bewegen).[63]

---

[63] Bei intransitiven Konstruktionen entspricht der denotativen Rolle ‚Theme' die signifikative Rolle des Vorgangsträgers, Zustandsträgers oder Agens *(Der Stein/Emil fliegt durch die Luft. Emil/der Stein liegt auf dem Boden.).*

Sprachgebrauchsbezogen geht es darum, nach der in einer Sprache vorgenommenen intensionalen (signifikativ-semantischen) Interpretation zu fragen. In dem Spezialfall perzeptiv lokaler Verhältnisse ist zu entscheiden, ob das Perzeptiv-Lokale sprachlich (amodal) analog als lokal (direktiv) wiedergeben wird oder ob es in ein abstrakteres, „logisches" Verhältnis (Agens-Patiens) überführt wird.

Für dieses Vorhaben geben das *No-Synonymy*-Prinzip Goldbergs bzw. das Jackendoff'sche Prinzip des *Grammatical Constraint* (Jackendoff 1983; vgl. 2.2.5) die Orientierung.[64] Ausgangskriterium ist die formale Seite der Konstruktion (vgl. 2.2.7). Soweit wie möglich interpretieren die Sprecher/Hörer formal gleiche Konstruktionen als semantisch gleich (,gleich' im prototypentheoretischen Sinne).

Die Sätze (164a–d) sind zweistellige oder dreistellige Nominativ-Akkusativ-Konstruktionen. Es gibt keinen Grund, von der generellen Interpretation des Akkusativs als Patiens abzuweichen. Es gilt (vgl. 4.2) die Zuordnung: Der Akkusativ kodiert nahezu durchgängig ein Patiens. Ein Direktivum ist an Präpositionalkasus gebunden.

Nach Fillmore (1968) und in Kasuskonzepten, die der Fillmore'schen Linie folgen, dürfte man Konstruktionen wie (164) nicht lokalistisch interpretieren. Da seine Kasustheorie jedoch denotativ-semantisch vorgeht, gibt es Abweichungen. So analysiert Fillmore (vgl. 3.1) *Chicago* in (165a) auf der Folie von (165b) als Lokativ.

(165) a. Chicago is windy.
       b. It is windy in Chicago.

Das geschieht auf Grund des Markiertheitsprinzips (vgl. 3.1). Die unmarkierte Konstruktion für die Bezeichnung dieses Sachverhaltes ist (165b).

Nach diesem Muster des Bezugs auf unmarkierte Konstruktionen verfahren auch andere denotative Konzepte. Da Bewegungen im Raum oft lokalistisch und nicht logisch interpretiert werden und da Lokales auf Grund seiner unmittelbar perzeptiven Zugänglichkeit a priori zu Grunde liegend erscheint, werden Konstruktionen, die perzeptiv Räumliches sprachlich als Nominativ$_{Agens}$-Akkusativ$_{Patiens}$-Verhältnis wiedergeben, auf der Folie der konkurrierenden direktiven Konstruktion analysiert. Aus dem formbezogenen Ansatz folgt jedoch, dass man (166a) als eine direktive Konstruktion auffassen muss, aber nicht (166b) – entgegen einer weithin, auch von Goldberg (1995), vorgenommenen Analyse.

---

[64] Jackendoff verstößt mit seinem Rollenkonzept gegen dieses von ihm formulierte Prinzip.

(166) a. Emil geht aus dem Raum *(Direktivum, source)*.
b. Emil verlässt den Raum *(Patiens)*.

In gleicher Weise sind im Englischen Ditransitivkonstruktionen signifikativ-semantisch von Direktivkonstruktionen unterschieden mit *him* in (167a) als Benefaktiv/Rezipient und mit *to him* in (167b) als Direktivum.

(167) a. He gives him the book.
b. He sends the book to him.

Meist wird im Englischen wegen der Präponderanz der Direktivkonstruktion gegenüber der Dativkonstruktion das Dativ-Argument als *goal* interpretiert.[65]

Es geht insbesondere um die Interpretation von Token-Konstruktionen wie (168) als Agens-Patiens-Konstruktionen (vgl. auch Kap. 16):

(168) a. Emil betritt den Raum.
b. Emil durchstreift die Gegend.
c. Emil überquert die Straße.
d. He enters/leaves the room.

Dem Bilateralitätsprinzip von Form und Bedeutung entsprechend muss die logische versus lokalistische Interpretation im Einklang mit der sprachlichen Form erfolgen.

$Nom_{1/Ag}$-Akk-$Akk_{2/Pat}$-Konstruktionen wie (168) geben eine in der Perzeption gegebene lokale (direktive) Relation als ein Agens-Patiens-Verhältnis wieder. Das heißt nicht, dass die zu Grunde liegende lokale Wirklichkeitsrelation unerkennbar wird bzw. verschwindet.[66] Die in der Wirklichkeit bestehende Relation bleibt als lokale Relation durch das perzeptive System gesichert, die Abstraktion also sozusagen geerdet.

Die Unterscheidung von Akkusativ-Patiens-Konstruktionen versus Direktivkonstruktionen (in Bezug auf perzeptiv lokale Relationen) entspricht der typologischen Unterscheidung von Sprachen, die perzeptiv-lokale Relationen als (vornehmlich) *verb-framed* oder als vornehmlich *satellite-framed* kodieren (Talmy 1985, 1991, 2000). Patiens-Konstruktionen, die perzeptiv-lokale Relation wieder-

---

[65] Huddleston/Pullum (2002: 233) betrachten die Rolle ‚Rezipient' als „*the subtype of goal applying in the field of possession*". Und weiter: „*Thus in the above ‚Kim gave the key to Pat' the goal ‚Pat' is, more specifically, the recipient.*"

[66] Das wäre ein denotativer Gesichtspunkt, wie ihn Weisgerber (1963) und die Inhaltsbezogene Grammatik einnehmen, wenn sie behaupten, dass die Sprachen die Wirklichkeit anders darstellen als sie ist.

geben, sind *verb-framed*. Auf ein lokales Verhältnis kann ein Hörer aus der Perzeption und bei Partikelverben außerdem aus der Partikel schließen. *Satellite-framed*-Konstruktionen geben die direktiv-lokale Relation durch das Direktivum (seine Präpositionen) wieder (und bei Verben, die Direktivkonstruktion projizieren, auch durch die Bedeutung des Verbs). Präfigierungen und Partikelverbbildungen, die auf direktive Konstruktionen zurückgehen, stellen eine perzeptiv-lokale Relation nicht mehr *satellite-framed*, sondern *verb-framed* dar (vgl. Kap. 16).

4.6.4 Präpositionalobjekt-Konstruktionen

Präpositionalobjekte sind Argumente (Eroms 1981; Lerot 1982; Breindl 1989; Zifonun/Hoffmann/Strecker 1997; Dürscheid 1999). Sie gehen vermittelt über Analogien auf Direktivkonstruktionen und auf Modifikatorkonstruktionen zurück (Kap. 15). Wenn sie aus Modifikatorkonstruktionen vererbt sind, muss ein Umspringen vom Modifikator zum Argument stattgefunden haben.

Es geht um folgende Präpositionen:

Direktive Präpositionen

(169) a. die Wechselpräpositionen *an, auf, in, über* mit Akkusativ
b. die Präpositionen *gegen* und *um* mit Akkusativ
c. die Präpositionen *aus, nach, von, zu* mit Dativ

Nicht-direktive Präpositionen (Modifikatorpräpositionen)

(170) a. die Wechselpräpositionen *an, auf, in, über* mit Dativ
b. die Präpositionen *für* und *mit*

PO-Konstruktionen gemeinsam ist das Verblassen der Bedeutung der jeweiligen Präposition von der direktiven Bedeutung im Falle einer direktiven Präposition (171a) zu einer semantisch verblassten und nicht mehr direktiven Präposition (171b) und von bspw. einem instrumentalen oder comitativen konkreteren *mit* in einer Modifikatorkonstruktion (172a) zu einem abstrakteren verblassten *mit* in einer Argumentkonstruktion (172b).

(171) a. Wim klettert auf dem Baum.
b. Wim freut sich auf den Weihnachtsmann.

(172) a. Er geht mit ihr ins Kino.
b. Er geht mit ihr. (Im Sinne von: Sie sind ein Paar.)

Präpositionalkasus von Präpositionalobjekten spielen in den üblichen Rollentheorien keine Rolle. Ein Grund dürfte sein, dass sie nicht unter kanonische Rollen wie *Theme, Goal, Experiencer* subsumierbar und nicht in Kasushierarchien unterzubringen sind. Ein weiterer Grund ist die Etikettierung als indirektes Objekt, womit gemeint ist, dass ein indirektes Objekt seinen Kasus nicht direkt vom Verb, sondern nur indirekt über die Präposition zugewiesen erhält. Letzteres ist jedoch in diesem Zusammenhang eine relativ oberflächliche Charakterisierung. Auch ein indirekt vom Verb regiertes (d. h. projiziertes) Argument ist ein vom Verb regiertes (projiziertes) Argument. Als solches muss es auch eine Rolle erhalten. Das Problem der Rollenzuordnung ist jedoch von einem denotativen Standpunkt und einem Standpunkt der Invarianz aus nicht lösbar (vgl. Kap. 3).

Präpositionen in PO werden oft als semantisch leer, als bedeutungslos, charakterisiert (Hundt 2001; Duden 2005). Es gibt jedoch im Prinzip kein absolutes Ausbleichen von Präpositionen, keine semantisch absolut leeren Präpositionen. PO-Konstruktionen mit einer bestimmten Präposition bewahren vielmehr in ihrer übertragenen Bedeutung mehr oder minder entfernte Ähnlichkeiten mit direktiven Vorläufern (*an, auf, aus, gegen in, nach, über, um, zu*) oder mit nichtdirektiven Präpositionen (*mit, für* und Wechselpräpositionen mit Dativ). Zwar verblassen *(bleach)* die Bedeutungen, aber sie verschwinden nicht. Was allerdings bleibt, ist der Umstand, dass die Bedeutungen, also die semantischen Rollen von PO, ausgesprochen diffus und vage sind, so dass sie von einem denotativen Standpunkt aus unanalysierbar erscheinen.

Es bietet sich zunächst eine bereits in 3.6 diskutierte Lösung an: Da sich Argumente stets perspektivisch nach 1., 2., 3. Argument unterscheiden, erübrigt sich eine (signifikativ)-semantische Differenzierung. Es reicht aus, dass die Sprecher/Hörer nach 1., 2., 3. Argument unterscheiden. Die Zuordnung wäre konventionell gesichert, aber auch idiosynkratisch.

Die notwendige Gedächtnisleistung und der Lernaufwand wären jedoch groß, allerdings verringert gegenüber dem Aufwand, der zu leisten wäre, wenn alle Argumente nur perspektivisch unterschieden wären (vgl. 3.6). Das PO-Argument ist einfach das 2. Argument nach dem Agens oder Vorgangsträger oder das 3. Argument nach Agens und Patiens. Dennoch wäre der Lernaufwand bei völlig idiosynkratischer konventioneller Zuordnung immer noch groß. Jeweils individuell müsste bspw. gelernt werden, ob ein 2. oder 3. präpositionales Argument mit der Präposition *an, auf, in, über* oder *um* + Akkusativ vorkommt, vgl.:

(173)   Er verlässt sich auf/*an/*in/*über/*um die Antwort.

Als Argumente in PO-Konstruktionen mit ursprünglich direktiven Präpositionen erben die PO von den Direktiv-Argumenten jedoch eine verblasste (signifikative)

Semantik. Sie erben mit dem Argument-Status auch eine perspektivische Rolle, und zwar die des 2. bzw. 3 Arguments. Dieses kommt zu den durch semantische Rollen bereits verorteten 1. bzw. 1. und 2. Argumenten hinzu, vgl.:

(174)   a. Emil *(Agens₁)* klettert auf den Baum *(Direktiv₂)*.
        b. Emil *(Agens₁)* hofft auf eine gescheite Frage. (---₂)

(175)   a. $\boxed{\text{Nom}_{1/\text{Ag bzw. Vt}} - \text{Verb} - \text{Präpk}_{2/\text{Dir}}}$
        b. $\boxed{\text{Nom}_{1/\text{Ag bzw. Vt}} - \text{Verb} - \text{Präpk}_{2/....}}$

(175b) drückt aus, dass das PO-Argument einfach ein zusätzliches Argument ist, in diesem Falle ein 2. Argument, auf das sich *hoffen* seiner Bedeutung nach in einer Art bezieht, die sich aus Implikaturen über mögliche Bezüge ergibt.

Eine verallgemeinerte semantische Rolle muss der Hörer diesem Argument nicht unbedingt zuschreiben. Es reicht theoretisch aus, die aus der Verbsemantik resultierende mögliche relationale Bedeutung als individuelle semantische Rolle auf das Argument zu übertragen – als das, worauf sich das Verb in seiner Bedeutung über die anderen Argumente hinaus bezieht (beziehen soll).

Das Procedere wäre dem Konzept der individuellen Partizipantenrollen Goldbergs (vgl. 5.3.2) vergleichbar. So wie nach Goldberg in (176) *Emil* und *Baum* die Rollen besitzen, die das konkrete Verb seiner Bedeutung nach voraussetzt, nämlich ‚Fällender' und ‚Gefälltes' (das, was gefällt wird), so wäre analog dazu ‚das, worauf gehofft wird' im Falle von (175b), jetzt (176b) das Argument, das *hoffen* seiner Bedeutung nach als 2. Argument voraussetzt.

(176)   a. Emil fällt den Baum.
        b. Emil hofft auf eine gescheite Frage.

Eine verallgemeinerte semantische Rolle (Argumentrolle) muss der Hörer diesem Argument nicht unbedingt zuschreiben. Eine Schwierigkeit besteht dennoch, wie bereits gesagt, darin, dass die Präposition, die das jeweilige Verb regiert, für sich, ohne semantische Stütze, gelernt werden müsste. Beschreibende Grammatiken und Lehrbücher des Deutschen als Fremdsprache, die Listen von Verben mit PO präsentieren, gehen von dieser Voraussetzung aus, nämlich dass POs idiosynkratische Erscheinungen sind und dass die Zuordnung von Verb und Präpositionalkasus für jedes Verb gesondert gelernt werden muss.

Alle Präpositionen von PO erben jedoch etwas von ihrer ursprünglichen direktiven Semantik in Direktivkonstruktionen oder ihrer Semantik in Modifikatorkonstruktionen. Bereits die erste Metaphorisierung einer direktiven Präposition und die erste Verwandlung einer Modifikator-Präposition in eine Argument-Präposition kommen analogisch zu Stande (vgl. Kap. 15). Die betreffenden POs sind dadurch nicht nur in perspektivischer, sondern auch in rollensemantischer Hinsicht keine isolierten Partizipanten. Es handelt sich von Anfang an um prototypisch verallgemeinerte Rollen.

Es gibt wahrscheinlich kein einziges Präpositionalobjekt, das nicht in einem Zusammenhang (in einer Reihe, einer Nische) mit mindestens einem anderen PO in gleichem Präpositionalkasus steht. Zwar handelt es sich um einen geringeren Verallgemeinerungsgrad als im Fallen von reinen Kasus. Das führt dennoch auf die Grundthese zurück, dass die Funktion prototypisch verallgemeinerter semantischer Rollen darin besteht, die perspektivische Grundunterscheidung zu stabilisieren (vgl. 3.6.3). Denn auch die Rollen der reinen strukturellen Kasus sind untereinander und zu lexikalischen Kasus und Präpositionalkasus nur prototypisch vage abgegrenzt.

Ein Effekt dieser Reihen besteht darin, dass ihre Existenz den Spracherwerb erleichtert. Goldberg (1995: 125–26) spricht im Anschluss an Pinker (1989) von „partial productivity", von „*narrow-range rules which classify verbs into narrowly defined semantic classes*".

Das gilt auch für Präpositionalobjekte und sollte in Lehrbüchern berücksichtigt werden. Es bilden sich Reihen von Token-Konstruktionen mit ähnlicher Konstruktionsbedeutung (vgl. Rostila 2007; Höllein 2019 und in Bezug auf Nominalisierungen Schierholz 2001). Ursache ist das analogische Wachsen von Konstruktionsmustern. Es entstehen semantische Nischen, Reihen semantisch ähnlicher Verben mit Präpositionen, die zwar ihre konkrete Ursprungsbedeutung nicht mehr besitzen, aber Restbedeutungen, die z. T. der Ursprungsbedeutung ähneln und die mit der Semantik der Verben korrespondieren. Lerot (1982) spricht von Kongruenz zwischen Verbbedeutung und Präpositionsbedeutung.

Da sich die entstandenen PO-Konstruktionen analogisch vererben, kommt es zu weiteren Ähnlichkeiten und Unterschieden. Es bilden sich Gruppierungen von Token-PO-Konstruktionen mit einer bestimmten Präposition und untereinander ähnlichen Bedeutungen, die sich von anderen wiederum untereinander ähnlichen Konstruktionen mit der gleichen Präposition unterscheiden, bei mehr oder minder globalen Ähnlichkeiten der Gruppen (Nischen) untereinander.

So hängt es mit der ursprünglichen direktiven Bedeutung der Präposition *von*, nämlich ‚Herkunft', und der ursprünglichen Bedeutung von *auf*, nämlich ‚Richtung auf etwas' zusammen, dass die Verben (177a) das Objekt mit *von* anschließen und die Verben (177b) das Objekt mit *auf*. Folglich ähneln die Verben in (177a) einerseits und (177b) andererseits und die entsprechenden Token-Konstruktionen einander.

(177) a. abhalten von, ablenken von, befreien von, dispensieren von, lossagen von, abwenden von, erholen von
b. warten auf, hoffen auf, sich freuen auf, rechnen auf, sparen auf, harren auf

Konstruktionen mit der Präposition *auf* bilden wie Konstruktionen mit der Präposition *von* in sich Nischen von einander semantisch ähnlichen Token-Konstruktionen. Man kann bei *auf*-Konstruktionen bspw. eine Nische mit einer prospektiven temporalen Bedeutung (178a) von einer Nische mit einer prospektiven bzw. retrospektiven Bedeutung (178b) unterscheiden.

(178) a. *prospektiv:* warten auf, hoffen auf, sich freuen auf, rechnen auf, sparen auf, harren auf, sich vorbereiten auf, gespannt sein auf, kommen auf (jemand kommt darauf, dass)
b. *prospektiv* bzw. *retrospektiv:* sich verlassen auf, beharren auf, bestehen auf, pochen auf, Wert legen auf, rechnen auf, sich besinnen auf

Die einzelnen Nischenbedeutungen liegen oft eng beieinander:

(179) hoffen auf – betteln um – hungern nach

Einzelne Verben können mehrere Varianten von PO-Konstruktionen instantiieren. Es handelt sich um Varianten mit mehr (180) oder minder (181) geringen Abweichungen der entsprechenden Konstruktionsbedeutungen.

(180) a. sprechen von, über etwas
b. kämpfen für, gegen, um
c. schimpfen über, mit

(181) a. drängen nach, auf, zu etwas
b. fluchen, schimpfen, schelten auf, über
c. sich äußern, etwas bemerken zu, über

An den Rändern kann es daher zu Unsicherheiten bei der Instantiierung einer PO-Konstruktion kommen (vgl. auch Lerot 1982):

(182) schelten, schimpfen auf/mit/über – fluchen auf/über/?mit

Die Nischen wachsen prototypisch. Es ist kein Zufall, dass z. B. *fluchen, schimpfen* gleiche PO-Konstruktionen instantiieren. Die Reihe lässt sich fortsetzen bis zu Ad-hoc-Instantiierungen (Coercionen), vgl.:

(183) a. fluchen, schimpfen – meckern, nörgeln, einen Flunsch ziehen *über*
b. sprechen, reden, sagen, diskutieren, disputieren, raunen, flüstern, nuscheln über
c. klagen, lamentieren, weinen, heulen, flennen über
d. hoffen, wetten, spekulieren, subskribieren auf
e. suchen, verlangen, trachten, streben, fragen, fischen, graben, stochern, bohren nach

Die Möglichkeit der Fortsetzung mit Ad-hoc-Bildungen zeigt, dass die Nischen prototypisch wachsen, dass die Muster produktiv sind (vgl. Höllein 2019). Die schematische PO-Konstruktion gehört folglich in den Kreis der in Kap. 5 zu besprechenden schematischen Konstruktionen, die für Coercionen, d. h. produktive Erweiterungen, besonders zugänglich sind.

Rostila (2007) löst das Rollenproblem wie Goldberg (1995) durch die Gegenüberstellung von Argumentrollen und Partizipantenrollen. Er stellt sprachübergreifend zwei sich gegenüber stehende Möglichkeiten der Zuordnung von Rollen zu Argumenten fest, eine kopfspezifische und eine konstruktionsspezifische. Kopfspezifisch ist die Zuordnung von Partizipantenrollen zu Argumenten in isolierten Token-Konstruktionen. Konstruktionsspezifisch ist die Zuordnung von semantisch verallgemeinerten Rollen (Argumentrollen) zu Argumenten in schematisierten Type-Konstruktionen. Rostila stellt eine Tendenz des Übergangs von Kopfspezifität (mit ausschließlich Partizipantenrollen) zur Dominanz von Argumentkonstruktionen (mit Argumentrollen) fest. Er vermutet darüber hinaus einen Wandelzyklus zwischen den beiden Polen. Aus der Existenz semantischer Reihen (Nischen) folgert er, dass es im Bereich der PO Generalisierungen gibt, die zu Argumentkonstruktionen mit Argumentrollen führen. Diese hätten zwar einen geringeren Verallgemeinerungsgrad als herkömmliche Kasusrollen, aber prinzipiell handele es sich um Argumentrollen. Zum Beispiel setzt er für eine bestimmte Reihe, die sich mit *auf* + Akkusativ bilden lässt, (in die in diesem Buch verwendete Notation übertragen) eine Konstruktion (184) an und diskutiert prototypische und metaphorische Ableitungen.

(184) $\boxed{\text{Nom}_{1/\text{Zukunftsgerichteter}} - \text{Verb} - auf + \text{Akk}_{2/\text{künftiges Ereignis}}}$

Rostila 2007: 176 (37)

Es fragt sich jedoch, ob nicht alle heute vorkommenden Token-PO-Konstruktionen unter irgendeine der vielen möglichen Generalisierung gebracht werden können, ob es also überhaupt isoliert stehende Token-PO-Konstruktionen gibt und ob nicht ansatzweise jede konkrete PO-Konstruktion in eine Nische gehört.[67]

---

[67] Davon ist zu trennen ist, wie produktiv die jeweilige Konstruktion ist.

4.7 Prädikativkonstruktionen

Prädikativkonstruktionen sind zweistellige Subjektsprädikativ-Konstruktionen (Kopulakonstruktionen) (185) und dreistellige Objektsprädikativ-Konstruktionen (186). Neben Subjekts- und Objektsprädikativa gibt es freie Prädikativa (sog. depiktive Prädikate oder prädikative Attribute) (187). Diese sind Modifikatorkonstruktionen.

(185) a. Der Frosch ist flink.
b. Das ist ein Frosch.

(186) a. Emil färbt die Hose blau.
b. Emil nennt Anton einen Lügner.
c. Emil betrachtet Anton als einen Lügner.
d. Er betrachtet Anton als faul.

(187) Emma trinkt den Kaffee heiß.

Subjektsprädikativ- und Objektsprädikativ-Konstruktionen nehmen in der Grammatiktheorie einen breiten Raum ein und werden auf vielfältige Weise eingeordnet.

4.7.1 Subjektsprädikativ-Konstruktionen

Subjektsprädikativ-Konstruktionen (SP-Konstruktionen, Kopulakonstruktionen) nehmen sprachübergreifend eine Sonderstellung ein. Zu verweisen ist auf den besonders umstrittenen Status von Kopulakonstruktionen in der Situationssemantik, auf die Rolle dieser Konstruktionen in der Diachronie (Grammatikalisierung des Perfekts und des Passivs) und auf die Problematik des sog. Zustandspassivs.

SP-Konstruktionen sind verblos (bspw. im Russischen) oder werden wie im Deutschen durch ein Verb, das Kopulaverb *sein*, instantiiert, auch durch *werden*, *bleiben* und eventuell *scheinen* als aspektuale und modale Synonyme zu *sein*.

Kopulakonstruktionen sind in der traditionellen aristotelischen Logik die Urteilsfom schlechthin. Offenbar meinte man, dass Urteile in reinster bzw. unverfälschter Form in Kopulakonstruktionen (des Griechischen) ausgedrückt werden:

(188) Sokrates ist sterblich./Sokrates ist ein Mensch.

Philosophen und Logiker fanden den Zusammenhang von Satzform und Urteil derart überzeugend, dass man bis zum Ende des 19. Jahrhunderts Urteile als zweistellig ansah, und zwar als Aussagen über die Eigenschaften von Dingen (als Aussagen über Substanz und Attribut).

SP-Konstruktionen unterscheiden sich von allen anderen Argument-Konstruktionen. Argument-Konstruktionen bilden normalerweise entsprechend der *scene encoding hypothesis* (Goldberg 1995) Situationen ab. SP-Konstruktionen bilden dagegen nicht primär Situationen ab, also nicht die Situation des Besitzens von Eigenschaften oder die Situation der Zugehörigkeit zu Klassen von Dingen. Sie sind vielmehr selbst Situationen/Ereignisse des Behauptens, nämlich des Zusprechens (oder Absprechens) von Eigenschaften oder Klassenzugehörigkeiten. Insofern ähneln sie Konstruktionen, die performativ gebraucht werden, aber durch Verben instantiiert werden, die nicht per se performativ sind:

(189) Hiermit taufe ich dich auf den Namen Anna. Hiermit ziehe ich meinen Antrag zurück.

Normalerweise ist die performative Verwendung also eine zusätzliche Verwendung zur illokutiven:

(190) Er tauft das Schiff auf den Namen Anna. Er zieht seinen Antrag zurück.

Kopulakonstruktionen sind jedoch als solche, d. h. prototypisch, performativ. Weil das Verb *sein* das typische Kopulaverb ist, ist es typischerweise performativ. Zu unterscheiden ist die nicht-performative Verwendung von *sein* u. a. in Lokalkonstruktionen (vgl. unten):

(191) Er ist in Berlin.

Eine weitere Besonderheit der SP-Konstruktion ist, dass sie im Wesentlichen durch die Kopula *sein* projiziert wird und dass weitere Verben, mit Ausnahme von *werden* und *bleiben* und eventuell *scheinen*, weder regulär noch per Coercion in die Konstruktion implementiert werden können.

SP-Konstruktionen sind formal deutlich von anderen schematischen Konstruktionen unterschieden. Ihr 2. Argument ist entweder ein Adjektiv oder ein Substantiv im Nominativ.[68]

(192) a. Emil ist schlau.
       b. Emil ist Student/ein Student.

---

68 Die Implementierung von *sein* in die Token-Konstruktion (191) ist die Implementierung in eine andere Konstruktion (eine Lokalkonstruktion).

Nach dem Bilateralitätsprinzip entsprechen unterschiedlichen Formen unterschiedliche Konstruktionsbedeutungen. In der Tat gibt es zwei formal und semantisch unterschiedliche Kohyponyme des Hyperonyms ‚SP-Konstruktion'. Bei der *adjektivischen SP-Konstruktion* handelt es sich um die Zuweisung einer Eigenschaft zu dem vom 1. Argument Denotierten (192a). Bei der *substantivischen SP-Konstruktion* handelt es sich um die Einordnung in eine Klasse (192b). Diese semantische Unterscheidung entspricht der logischen Unterscheidung von Prädikation und Subsumtion (vgl. Geist/Rothstein 2007: 6).[69]

Ich benutze mangels eines neutralen Ausdrucks sowohl für Prädikation als auch für Subsumtion, den Terminus ‚Eigenschaftszuweisungskonstruktion' (abgekürzt: Eigenschaftskonstruktion), als Cover-Terminus für die Hyperonymkonstruktion. Diese besteht aus den Kohyponymen ‚Eigenschaftskonstruktion' (adjektivische Kopulakonstruktion) und ‚Subsumtionskonstruktion' (substantivische Kopulakonstruktion) (vgl. bereits 4.1.2).

Ein möglicher Einwand gegen diese Grenzziehung ist, dass die Grenze zwischen den Bedeutungen der adjektivischen und der substantivischen SP-Konstruktion fließend sei. Sowohl mit dem Substantiv in (193a) als auch mit dem Adjektiv in (193b) könnte jeweils sowohl die Klasse als auch die Eigenschaft gemeint sein:

(193) a. Großvater ist Katholik.
       b. Großvater ist katholisch.

Man muss jedoch auch hier, wie in vielen anderen Fällen, zwischen Bedeutung und Implikatur unterscheiden. Wird etwas/jemand in eine Klasse/Menge A eingeordnet, so impliziert das, dass es/er die Eigenschaften besitzt, die den Elementen der Klasse/Menge A zukommen. Umgekehrt gilt ebenfalls: Wenn etwas/jemand eine Eigenschaft a besitzt, so folgt daraus, dass es/er in die Klasse der Dinge gehört, denen die Eigenschaft a zukommt.[70] Die eine der beiden kohyponymen Konstruktion impliziert die andere, ist aber nicht bedeutungsidentisch mit dieser.

Die substantivische Kopulakonstruktion kann man weiter untergliedern:

(194) a. Dieser Fisch ist eine Plötze.
       b. Die Plötze ist ein Süßwasserfisch.
       c. Dieser Mann ist der Einbrecher von gestern.

---

[69] Schmidt (1961: 62), dem es um logische Interpretationen von Ausdrücken der natürlichen Sprache geht, unterscheidet zwischen determinativ und subsumierend, d. h. determinierend hinsichtlich einer Eigenschaft und subsumierend in eine Klasse/Menge.
[70] Vgl. die Parallelität von Prädikatenlogik und Klassenlogik (Begriffslogik).

Bei (194a) handelt es sich um die Subsumtion eines Elements in eine Klasse, bei (194b) um die Subsumtion einer Klasse in eine Klasse, bei (194c) um die Beziehung der Identität. Ob sich die Differenzierungen konstruktionsgrammatisch aufrecht erhalten lassen, hängt von der Möglichkeit ab, formale konstruktionelle Differenzen zuzuordnen. Elementsein könnte durch das Auftreten von Eigennamen oder durch den definiten Artikel im Singular gerechtfertigt werden. Ein Problem ist die formal nicht ausgedrückte Differenz von generischem und individuellem Singular:

(195) a. Der Wal ist ein Säugetier.
 b. Der Wal in diesem Aquarium ist ein Liebling der Besucher.

Eigenschaftszuweisungskonstruktion versus Zustandskonstruktion
Die Abgrenzung zwischen Eigenschaftszuweisungs- und Zustandskonstruktionen scheint zunächst formal und semantisch klar definierbar. Pole sind auf der einen Seite adjektivische SP-Konstruktionen (196a) und auf der anderen Seite Zustandskonstruktionen (196b):

(196) a. Der Koffer ist schwer.
 b. Der Koffer steht in der Ecke.

Der Übergangscharakter (die Möglichkeit der Implikatur von Eigenschaft auf Zustand und umgekehrt) zeigt sich zum einen an der Möglichkeit, lokale Zustandskonstruktionen durch *sein* zu instantiieren:

(197) a. Der Koffer steht in der Ecke.
 b. Der Koffer ist in der Ecke.

(198) a. Emil befindet sich in Wien.
 b. Emil ist in Wien.

In der traditionellen Satzgliedtheorie ist zu entscheiden, ob die PP in (197b) und (198b) Subjektsprädikative oder Lokalbestimmungen sind. Konstruktionsgrammatisch handelt es sich um Lokalkonstruktionen. Das Verb *sein* kann auf Grund der semantischen Nähe zwischen Eigenschaft und Zustand in eine Lokalkonstruktion per Coercion implementiert werden (vgl. Kap. 5).[71] Möglicherweise

---

71 Der Zusammenhang spiegelt sich in dem Umstand wider, dass das Verb *sein* (dem generellen Weg vom Konkreten zum Abstrakten folgend, vgl. 9.2.1) aus einem lokalen Zustandsverb entstanden ist, vgl. den Eintrag im Grimm'schen Wörterbuch, vgl. auch Lühr 2007, Remberger/ Gonzàlez-Vilbazo 2007.

hat die Implementierung per Coercion dazu geführt, dass das Verb *sein* nicht nur Kopulakonstruktionen projiziert, sondern auch eine Lokalkonstruktion projizieren kann.

Analog ist die Implementierung von *sein* in weitere Konstruktionen zu beurteilen.

(199)   Emil scheint verlegen.

Projektionstisch könnte man (199) als Ellipse erklären aus:

(200)   Emil scheint verlegen zu sein.

Eine konstruktionsgrammatische Erklärung ist eine ursprüngliche Implementierung per Coercion und eine Konventionalisierung des Gebrauchs, die dazu geführt hat, dass *scheinen* nunmehr alternativ die Kopulakonstruktion projizieren kann anstelle einer SP-Konstruktion im Infinitiv.

Ebenfalls möglich ist die Implementierung in Konstruktionen wie:

(201)   a. Er ist essen.
        b. Er ist (mal kurz) zum Bäcker.

Auch diese Konstruktionen können als Ellipsen aufgefasst werden, vgl.:

(202)   a. Er ist essen gegangen.
        b. Er ist zum Bäcker gegangen.

Eventuell kann man annehmen, dass die elliptischen Konstruktionen (201) sich zu relativ selbständigen Mikrokonstruktionen innerhalb der Direktivkonstruktion entwickelt haben. In diese wurde (zunächst per Coercion) erneut das Verb *gehen* nunmehr typischerweise im Präsens implementiert, vgl.:[72]

(203)   a. Er ist essen.
        b. Er geht essen.

Dadurch werden (203a, b) zu Token einer Mikrokonstruktion, die durch *sein* und *gehen* projiziert wird (vgl. Vogel 2007).

---

[72] Das Präsens von *sein* und das Präsens von *gehen* unterscheiden sich temporal-aspektual. Denn das Präsens von *sein* erbt in diesen Konstruktionen von dem ursprünglichen Perfekt die perfektivische Vergangenheitslesart.

SP-Konstruktionen in der Situationssemantik

Nicht zufällig ist die Beurteilung von Kopula- und Zustandskonstruktionen in der Situationssemantik umstritten. Es wird diskutiert, ob ihnen ein Situationsargument zugesprochen werden kann (vgl. z. B. Maienborn 2005). Aus konstruktionsgrammatischer (und prototypentheoretischer) Sicht geht es um die Abgrenzung zweier Konstruktionstypen (schematischer Konstruktionen). Aus dem performativen Status von Eigenschaftszuweisungskonstruktionen folgt, dass diesen und nur diesen kein Situationsargument zukommt. Wechsel in der Auffassung von Eigenschaft zu Zustand und umgekehrt kann man als Implikaturen auffassen. Wenn etwas eine Eigenschaft besitzt, dann befindet es sich in dem Zustand, den die Eigenschaft beschreibt und umgekehrt.

Als Komplikation kommt hinzu: Eigenschaftszuweisungs-Konstruktionen denotieren typischerweise das Vorhandensein einer dauerhaften Eigenschaft. Das heißt, Subjektsprädikativa sind typischerweise Individuenprädikate im Sinne von Kratzers Unterscheidung von Individuen- und Stadienprädikaten (Kratzer 1989). Die Problematik des Übergangs zwischen Eigenschaftszuweisungs-Konstruktionen und Zustandskonstruktionen ist daher auch die Problematik des Übergangs zwischen Individuenprädikaten und Stadienprädikaten.

Im Deutschen werden bspw. die Verben *bleiben* und *werden* oft zu den Kopulaverben gezählt. Jedoch ist nur *sein* in seiner prototypischen Bedeutung ein Individuenprädikat, vgl. die Paraphrasen (204b–d) für (204a):

(204) a. Die Wand bleibt grün.
b. Sie ändert nicht ihre Farbe, verfärbt sich nicht.
c. Ich bin dagegen, die Farbe zu ändern.
d. Auch wenn ich genauer hinschaue. Die Wand bleibt für mich (nach meinem Urteil) grün.

Nur (204d) paraphrasiert eine Eigenschaftszuweisung im Sinne einer dauernden Eigenschaft (Individuenprädikat). (204b, c) enthalten Stadienprädikate und sind Zustandslesarten. Analog verhält sich *werden*, vgl.:

(205) a. Die Wand wird grün.
b. Die Wand befindet sich im Übergang zum Grünwerden.
c. In Zukunft (nachdem sie angestrichen wurde) wird die Wand grün sein.

(205b) paraphrasiert die Vorgangslesart. (205c) paraphrasiert die Lesart der Eigenschaftszuweisung. Die Vorgangslesart von *werden* (im Sinne von *entstehen, in einen anderen Zustand geraten*) sollte die ältere Lesart (Bedeutung) sein, wie die Zustandslesart von *sein*.[73]

4.7.2 Objektsprädikativ-Konstruktionen

Wie Subjektsprädikativ-Konstruktionen untergliedern sich Objektsprädikativ-Konstruktionen in formal und semantisch unterschiedliche Kohyponyme innerhalb der Hyperonymkonstruktion ‚Objektsprädikativ-Konstruktion'. Die einzelnen Subtypen unterscheiden sich durch die Form des Prädikativums. Das Prädikativum ist ein Adjektiv, ein Substantiv oder ein Prädikativ mit *als*, dessen Hyponyme wiederum die Prädikativa *als* + Substantiv und *als* + Adjektiv sind.

(206)

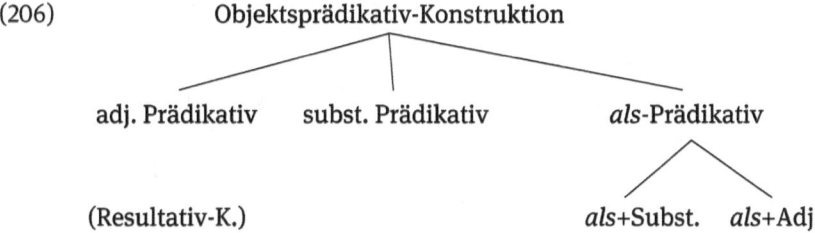

Die adjektivische OP-Konstruktion wird auf Grund ihrer spezifischen Resultatbedeutung (telischen bzw. perfektiven Bedeutung) Resultativkonstruktion genannt. Konstruktionen mit substantivischem Prädikativ und *als*-Prädikativ sind atelisch bzw. imperfektiv und keine Resultativkonstruktionen.[74] Goldberg (1995) und Boas (2003) verallgemeinern unter dem Terminus ‚Resultativkonstruktion' Direktivkonstruktion und adjektivische Objektsprädikativ-Konstruktion. Die Zusammenfassung widerspricht dem Bilateralitätsprinzip. Direktiv- und OP-Konstruktionen sind formal unterschiedliche Konstruktionen. Sie haben eine unterschiedliche Bedeutung. Direktivkonstruktionen besitzen lokale Bedeutung. OP-Konstruktionen besitzen keine lokale, sondern eine „logische" Bedeutung. Es sind unterschiedliche, wenn auch semantisch ähnliche (synonyme) Konstruktionen. Auf einem anderen Blatt steht die Möglichkeit, sie als kohyponyme Konstruktionen innerhalb einer abstrakten (virtuellen) Hyperonymkonstruktion

---

[73] Aus der Kopulalesart wiederum könnte das Futur des Deutschen entstanden sein, (vgl. Welke 2005).

[74] Im Allgemeinen lässt sich leichter sagen, dass ein Verb/eine Konstruktion perfektiv ist, als dass ein Verb/eine Konstruktion imperfektiv ist. Zur generellen Problematik der nicht möglichen scharfen (invarianten) Trennung von Perfektivität und Imperfektivität vgl. Welke (2005).

zusammenzufassen, die man übergreifend Resultativkonstruktion nennen kann (vgl. 9.2.2.1).

(207)   Resultativkonstruktion

adjektivische OP-Konstruktion   Direktivkonstruktion

Prädikativkonstruktionen gehören zu den umstrittensten Gebilden der Syntax. Die Einordnung als Prädikate oder Nebenprädikate ersetzt nicht die Frage nach dem Argumentstatus. Denn als Nebenprädikate sind die Prädikativa zusammen mit ihren Dependentien Argumente oder Modifikatoren des übergeordneten Prädikats. Subjekts- und Objektsprädikativa sind einerseits Argumente des übergeordneten Prädikats. Andererseits sind sie, wie der Name *Prädikativum* sagt, in semantischer Hinsicht (wie das freie Prädikativ) Prädikate. Argumente des Prädikativums sind das Subjekt oder das Akkusativobjekt, die gleichzeitig Argumente des übergeordneten Prädikats sind.

Im generativen Paradigma, und zwar sowohl in der *small-clause*-Analyse, Chomsky (1981), als auch in der Prädikationsanalyse, Williams (1983), wird gewöhnlich der Akkusativ einer Objektsprädikativ-Konstruktion (und einer *AcI*-Konstruktion) nur als Argument des untergeordneten Prädikativums aufgefasst. Auch Kratzer (2005: 179) schließt eine Interpretation des Akkusativobjekts als Argument des Verbs aus.

Konstruktionsgrammatisch sollte man den Akkusativ auf das übergeordnete Verb beziehen, also in (208) als Objekt zu *schneiden* auffassen.

(208)   Emil schneidet das Haar kurz.

Denn nach vorhandenen Konstruktionsmustern kommt für den Akkusativ nur die Abhängigkeit vom Verb in Frage.

4.8 Ausblick: Einbettungen von Argumentkonstruktionen in Argumentkonstruktionen

Die in diesem Buch dargestellten Grundzüge enthalten nur das, was man traditionell annähernd den einfachen Satz im Unterschied zum zusammengesetzten Satz nennt. Ausgespart ist das umfangreiche Kapitel der Einbettungen von Argumentkonstruktionen in Argumentkonstruktionen. Einfache Argumentkonstruktionen (Sätze) sind Konstruktionen, in deren Argumentpositionen

Substantivkonstruktionen (und Pronomina und Adverbien) eingebettet werden. Zusammengesetzte Argumentkonstruktionen sind Konstruktionen, in deren Argumentpositionen wiederum Argumentkonstruktionen (Nebensätze und Infinitivkonstruktionen[75]) eingebettet werden.[76] Das schließt zwei Behauptungen ein: (1) Prototypentheoretisch und langfristig diachron gehen einfache Argumentkonstruktionen zusammengesetzten voraus. (2) Einbettungen von Argumentkonstruktionen in Argumentkonstruktionen entwickeln sich in sich prototypisch weiter. Das heißt, nicht alle Einbettungen von Argumentkonstruktionen in Argumentkonstruktionen werden an Positionen vorgenommen, die einfache Argumentpositionen sind. So sind bspw. nicht alle Objektsätze „Akkusativobjektsätze" (oder „Präpositionalobjektsätze").

Nach dem, was provisorisch zusammengesetzte Argumentkonstruktionen genannt werden kann, folgt das wiederum umfangreiche Kapitel der komplexen Argumentkonstruktionen. Es entspricht dem, was in projektionistischen Theorien komplexe Prädikate genannt wird. Auch dieses Kapitel ist nicht aufgenommen. Eine gewisse Überlappung ergibt sich bei Objektsprädikativ-Konstruktionen.

4.9 Fazit

Ziel war es, den Kreis der elementaren Argumentkonstruktionen abzustecken und diese formal und semantisch zu charakterisieren und voneinander abzugrenzen. Schwerpunkte waren die einfach transitive Konstruktion (Nominativ-Akkusativ-Konstruktion), die zwei- und dreistellige Dativkonstruktion und die Konstruktionen mit Präpositionalkasus (Direktivkonstruktion und Präpositionalobjekt-Konstruktionen). Eine Zusammenschau gibt folgende mögliche Klassifikation nach Hyponymie-Relationen (vgl. auch Kap. 9).[77]

---

[75] Ein Sonderfall sind prädikative substantivische Nominalisierungen (vgl. Kap. 14) – und adjektivische (vor allem partizipiale) prädikative Nominalisierungen (vorangestellte erweiterte Partizipien: *die von ihm gestern getroffene Entscheidung*).
[76] Hinzu kommen Einbettungen von Argumentkonstruktionen in Substantivkonstruktionen (Relativsätze).
[77] Zwei- und dreistellige Genitivkonstruktionen wurde nicht berücksichtigt. Eine dreistellige intransitive Konstruktion wie *Er hilft ihm aus dem Zug* sollte man als abgeleitet (als Überblendung) betrachten.

(209)

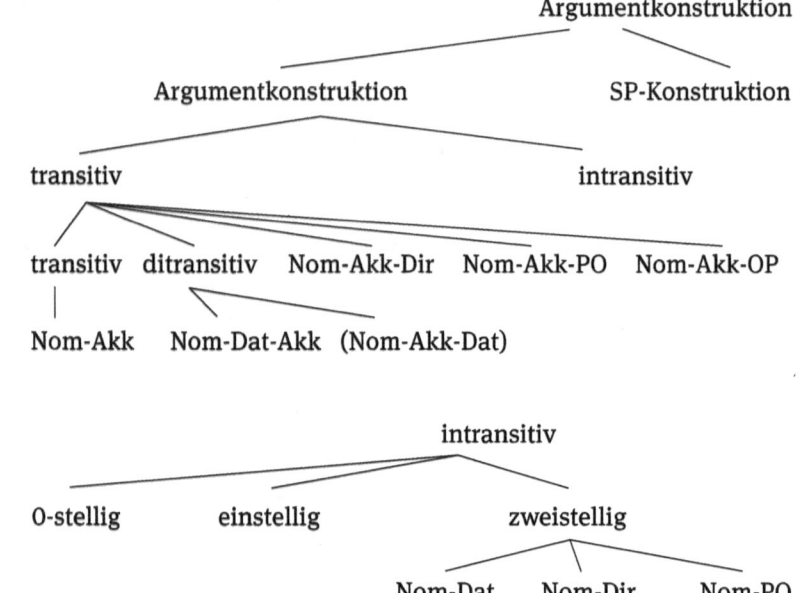

5 Konstruktion und Projektion

Einleitend (5.1) begründe ich, dass es weder um ein Entweder-Oder, noch um ein Nebeneinander, sondern um eine Wechselwirkung von Konstruktion und Projektion gehen muss. In 5.2 werden Konstruktionen charakterisiert, die den Anstoß zu einer konstruktionsgrammatischen Interpretation von Argument-Konstruktionen gegeben haben. Das sind projektionistisch ausgedrückt Konstruktionen mit „überschüssigen" oder „freien" Argumenten. In 5.3 werden diese Phänomene konstruktionsgrammatisch aus dem Wechselverhältnis von Konstruktion und Projektion erklärt, und zwar als eine regelgeleitete Instantiierung von Konstruktionen durch Verben, die diese Konstruktionen nicht projizieren. In 5.4 wird die Trennung von Weltwissen und sprachlichem Wissen als Voraussetzung einer Theorie des Wechselverhältnisses von Konstruktion und Projektion diskutiert. In 5.5 stelle ich eine konstruktionsgrammatische Lösung des Problems von projizierten versus nicht-projizierten Argumenten vor.

5.1 Die Wechselwirkung von Konstruktion und Projektion

Wörter werden nicht frei und beliebig zu Sätzen kombiniert. Elementar wird das in der tradierten Einteilung nach Wortarten (Distributionsklassen) festgehalten. Verben werden prototypisch mit Substantiven und Adverbien kombiniert, Substantive mit Adjektiven. Artikel und Präpositionen gehören syntaktisch zu Substantiven, Hilfsverben zu Vollverben. Alle diese Kombinationen sind Beobachtungstatsachen. Sie werden bei Tesnière (1959) im Begriff der *connexion* verallgemeinert und in den Begriffen der *co-occurrence* und Distribution im klassischen amerikanischen Strukturalismus.

Ebenfalls traditionell wird außerdem eine bestimmte Gewichtung vorgenommen, die über die unmittelbare Beobachtung hinaus geht. Sie manifestiert sich in Bezeichnungen wie ‚Adverb' = Hinzufügung zum Verb (und nicht umgekehrt), ‚Adjektiv' = Hinzufügung zum Substantiv (und nicht umgekehrt) und im Begriff der (Kasus-)Rektion: Ein Verb oder eine Präposition regieren einen Kasus (und nicht umgekehrt). Tesnières (1959) theoretische Verallgemeinerung zu letzterem ist der Begriff der Abhängigkeit (Dependenz). Er unterscheidet nach Regens und Dependens. Dem Begriff des Regens entspricht in der generativen Tradition zurückgehend auf Bloomfield (1933) der Begriff des Kopfes *(Head)*.

In der der X'-Theorie der Prinzipien-und-Parameter-Version der Generativen Grammatik gibt es den Begriff der Projektion. Projektion und Abhängigkeit laufen auf das Gleiche hinaus. Der Kopf/das Regens projiziert die von ihm abhängigen Dependentien. Das lässt sich verallgemeinern: Der Kopf projiziert nicht nur die einzelnen Dependentien, jedes für sich genommen, sondern die gesamte Wortgruppe, in der Generativen Grammatik ‚phrase' und im amerikanischen Strukturalismus ‚construction' genannt und von Tesnière weniger glücklich als ‚noeud' bezeichnet, in der Übersetzung Engels (1980) ‚nexus'. In der Mannheimer Richtung der Valenztheorie gibt es den aus der Inhaltsbezogenen Grammatik stammenden Begriff des Satzbauplanes (vgl. VALBU 2004).

Die Gewichtung von Konstruktionsbestandteilen als Regens (Kopf) und Dependens, bestimmt die gesamte Grammatiktradition. Unmittelbar beobachtbar ist nur die *co-occurance*, die *connexion*, das Zusammen-Vorkommen. So wie man sagen kann, dass das Adjektiv vom Substantiv abhängt, könnte man auch sagen, dass das Substantiv vom Adjektiv abhängt. Das entscheidet sich danach, welche der beiden Abhängigkeiten man auszeichnet. Man kann den Umstand, dass das Adjektiv ein Bezugswort benötigt, das es näher erläutert, Abhängigkeit des Adjektivs vom Substantiv nennen. Man kann aber auch die konverse Relation Abhängigkeit nennen. Denn das Substantiv hängt insofern vom Adjektiv ab, als es das Adjektiv benötigt, um näher erläutert zu werden. Nicht nur das Substantiv projiziert das Adjektiv (enthält einen Plan für die *co-occurence* mit dem Adjektiv), sondern auch umgekehrt. Man kann genauso sagen, dass *helfen* den Dativ (ein Substantiv/eine Substantivkonstruktion im Dativ) regiert/projiziert/valenzfordert, wie man reziprok sagen kann, dass *helfen* durch ein Substantiv im Dativ regiert, gefordert wird. Denn genauso wie *helfen* einen Dativ verlangt, verlangt der Dativ u. a. *helfen*, nämlich ein Exemplar der Subklasse von Verben, die mit dem Dativ vorkommen können.

Diese Reziprozität gilt generell für das Verhältnis von Kopf (Verb) und Argumentkonstruktion.[1] Eine bestimmte Subklasse von Verben kommt in Nominativ-Dativ-Konstruktionen vor. Genauso wie man meinen kann, dass diese Subklasse die N-D-Konstruktion projiziert, kann man meinen, dass die N-D-Konstruktion die entsprechende Subkasse von Verben projiziert. Bezogen auf das Substantiv-Adjektiv-Beispiel: Genauso wie das Substantiv eine attributive Konstruktion mit einem Adjektiv projiziert, projiziert die attributive Adjektivkonstruktion den substantivischen Kopf.

Ersetzt man Abhängigkeit bzw. Projektion durch den ebenso leeren, aber weniger belasteten Terminus der Determination, dann kann man nur feststellen, dass einerseits Köpfe (Verben) die Konstruktion, in der sie vorkommen können, determinieren, dass aber auch umgekehrt die Konstruktionen die Verben determinieren, die in ihnen vorkommen können.

---

[1] Sie gilt für den Abhängigkeitsbegriff überhaupt. Nicht nur das Volk hängt von der Regierung ab, sondern auch die Regierung vom Volk – wenn auch jeweils in unterschiedlicher Hinsicht. Es kommt also darauf an, wie man die noch relativ leeren (formalen) Begriffe der Rektion, Dependenz, Projektion definiert.

Nimmt man nun die Begriffe der Dependenz und der Projektion so, wie sie traditionell festgelegt worden sind, nämlich einseitig nur in der Richtung Kopf → Konstruktion, dann ist der Terminus Projektion eingeschränkt auf das Verhältnis: Kopf → Konstruktion. Nennt man die konverse Richtung: Konstruktion → Kopf ‚Konstruktion', dann geht es bei der wechselseitigen Determination/Dependenz/Projektion von Kopf und Konstruktion um das Wechselverhältnis von Projektion und Konstruktion.[2]

Projektionsgrammatiken gingen und gehen vom Wort (Kopf der Konstruktion) aus und gelangten von dort zur Konstruktion (sehen also allein die Konstruktion abhängig vom Kopf an). Dagegen wird oft angenommen, dass die KxG ebenfalls ausschließlich von der Konstruktion ausgeht (also umgekehrt das Verb allein abhängig von der Konstruktion ansieht). Zu diesem Eindruck hat die KxG selbst beigetragen, wenn bspw. Goldberg (1995) den Begriff des Arguments und der Argumentrolle nur für die Seite der Konstruktion reserviert und auf der Seite des Wortes (des Verbs) nicht von Argumenten und Argumentrollen spricht, sondern von Partizipanten und Partizipantenrollen (vgl. 5.3.2).

Inzwischen gibt es auf dieser Basis und der Basis der Definition von Konstruktionen als nicht-kompositional (vgl. 2.1.5) einen gewissen Konsens. Man stellt sich das Terrain zwischen Projektionsgrammatik und KxG entlang der Linie der Kompositionalität versus Nicht-Kompositionalität aufgeteilt vor. Danach ist das Feld der Projektionsgrammatik das Feld der kompositionalen Strukturen (Konstruktionen), während sich die KxG mit den übrig bleibenden nicht-kompositionalen Konstruktionen (Token-Konstruktionen) befasst. Nach dieser Maxime sollte ein konstruktionsgrammatischer Zugang erst dann gewählt werden, wenn projektionistische Ansätze ausgeschöpft sind (Jacobs 2008, 2016; Müller 2016; Altmann 2016). Die Arbeitsteilung wird aus dem Gesichtspunkt der Projektionsgrammatik vorgeschlagen, nach dem es in der Grammatik um die Berechnung syntaktischer Strukturen geht. Der nicht berechenbare bzw. nicht gleichermaßen berechenbare Rest (das Feld der Produktivität syntaktischer Strukturen) bleibt der KxG überlassen.[3]

---

[2] Man könnte, wie oben geschehen, von der Seite der Konstruktion aus ebenfalls von Projektion oder Lizenzierung sprechen. So wie ein Verb (und eine Klasse von Verben) eine Argumentkonstruktion projiziert oder lizenziert, so projiziert oder lizenziert eine Konstruktion eine Klasse von Verben, nämlich genau die Verben, die umgekehrt die Konstruktion projizieren oder lizenzieren. Um Missverständnisse zu vermeiden, verwende ich die Begriffe der Projektion und Lizenzierung wie üblich nur für die Seite des Verbs und spreche von der Seite der Konstruktion aus einfach nur von Konstruktion.

[3] Zu dieser Sichtweise hat, wie oben angedeutet, die KxG beigetragen, und zwar mit ihrer These der Nicht-Kompositionalität von Konstruktionen sowie durch die Fokussierung auf Konstruktionen, die durch das Regelwerk der Projektionsgrammatik nicht erfasst werden konnten (vgl. z. B. Lakoff 1987; Fillmore/Kay/O'Connor 1988).

Auch die ersten Annäherungen der Valenzgrammatik des Deutschen an die KxG, vorgetragen durch finnische Linguisten (Järventausta 1994; Hyvärinen 2000; Kolehmainen 2000), folgen dieser Linie der günstigsten Beschreibbarkeit. Während im Deutschen Coercionen in Nominativ-Akkusativ-Konstruktionen über Präfix- und Partikelkonstruktionen erfolgen (vgl. 5.5.6.2 und Kap. 16), gehen Coercion im Finnischen ohne diesen Umweg vor sich. Folglich ging man nur von diesem möglichen Resultat aus, also von transitiven Präfix- und Partikelverben mit ihrer im Lexikon verzeichneten Valenz. Gefolgert wurde, dass es (in diesem Bereich) im Deutschen Valenzpriorität gibt und im Finnischen Konstruktionspriorität.[4]

De facto erhebt die KxG jedoch sehr wohl den Anspruch, eine Theorie des Gesamtbereichs der Grammatik (eine Theorie des Satzes) zu sein (vgl. auch Stefanowitsch 2011a). Daraus folgt, dass es von der KxG aus nicht um eine mechanische Negierung der Projektion gehen kann und auch nicht um die Kompromisslösung eines Nebeneinanders (vom Standpunkt der Projektionsgrammatik aus), sondern dass es um eine *Integration* von Aspekten der Projektionsgrammatik in die KxG gehen muss.

Um eine Integration von Projektionsgrammatik (Valenztheorie) und KxG mit dem Ziel, die Produktivität grammatischer Konstruktionen zu erfassen, geht es auch Ágel (2015, 2017). Es besteht dennoch ein Dissens. Dieser lässt sich als „Primat der Valenz" (Ágel 2015: 62, 81–82) versus Primat der Konstruktion (Welke 2015: 37) zusammenfassen, also als Integration von Aspekten einer KxG in eine Projektionsgrammatik versus Integration von Aspekten einer Projektionsgrammatik in eine KxG. Ágel bleibt (vgl. auch Ágel 2017: 9, Anmerkung 13, 47–54) in einer gewissen, wenn auch differenzierteren Weise als andere Projektionsgrammatiker, bei dem oben charakterisierten Kompromiss, vgl. (Ágel 2015: 82):

> Konstruktionsgrammatische Modellierungen von Routine-Valenzrealisierungen, die selbst in literarischen (Prosa-)Texten dominieren dürften, sind umständlich: anzunehmen, dass etwa auch im Falle der normalen ditransitiven Realisierung von *geben* das Verb und die Ditransitive-Konstruktion getrennte Entitäten darstellen würden und dass das Verb mit der Konstruktion fusionieren müsste, um seine Valenzpotenz zu entfalten, ist unplausibel. Denn ohne die Kenntnis der statischen Valenz (Grundvalenz, K. W.) von *geben*, d. h., wenn man die Valenz in die Konstruktion verlegt, wüsste man gar nicht, warum der VTR (Valenzträger, K. W.) ausgerechnet mit der Ditransitive-Konstruktion fusionieren sollte. Plausibel ist eine Fusionierungsannahme jedoch bei kreativen Realisierungen, bei denen das Verb samt seiner statischen Valenz ein ihm fremdes Valenzrealisierungmuster ‚aufoktroyiert' bekommt.

---

4 Rostila (2014) hält mit Kopfspezifität versus Dominanz der Argumentkonstruktion (und mit der Goldberg'schen Aufteilung in Partizipantenrollen und Argumentrollen) an dieser Gegenüberstellung fest.

Ágel setzt die Primarität der Valenz voraus. Nur wenn man bereits von der Vorgängigkeit der Valenz ausgeht, sind Konstruktionen Valenzrealisierungsmuster. Ich setze entgegen, dass die Valenz des Verbs die Speicherung des Konstruktionsmusters am Verb ist, das das Verb (normalerweise, d. h. in seiner Grundvalenz = Valenz) instantiiert. Verb (Projektion) versus Konstruktion (Konstruktionsmuster) befinden sich in einem Wechselverhältnis.[5]

Begründungen für das Primat der Konstruktion in diesem Wechselverhältnis sind: Es gibt überschüssige, nicht-projizierte (nicht-valenzverlangte) Argumente. Ihre Existenz (und Grammatikalität), also die dynamische Valenz Ágels (2015, 2017), lässt sich mit Ágel nur aus dem Primat der Konstruktion erklären. Aber auch Realisierungen der Grundvalenz können von der Konstruktion aus (als ‚Normalinstantiierungen') beschrieben werden. Projizierte und nicht-projizierte Argumente können also einheitlich erfasst werden.

Ein weiteres Argument ergibt sich aus der Frage nach denkbaren oder realen Prozessen der Entstehung von (neuen) Projektionen (Grundvalenzen, bei Ágel: statischen Valenzen). Auch hier sollte m. E. der Ausgangspunkt von der Konstruktion aus der plausiblere Weg sein: Neue Projektionen (Grundvalenzen, statische Valenzen) entstehen (zur Problematik vgl. 5.5) aus der Implementierung von Verben in Konstruktionen, in die die betreffenden Verben zuvor nicht implementiert worden sind,[6] vgl. Ágel (2000: 270):

> Valenzkreativität im konkreten Sprechen ist natürlich noch (bei weitem) kein Valenzwandel. [...] Valenzwandel ist die (späte) Folge der Sozialisierung (= Konventionalisierung und evtl. auch Lexikalisierung/Grammatikalisierung) von einem Bruchteil kreativer Valenzrealisierungen. Die entscheidenden Fragen, die eine künftige Theorie des Valenzwandels zu beantworten hat, sind daher
> (i)   das Wie und das Warum der Sozialisierung bestimmter normwidriger Zuordnungen bzw.
> (ii) das Warum-Nicht der Sozialisierung bestimmter anderer normwidriger Zuordnungen

Der Dissens im Konsens ist: Es gibt keine kreativen Valenzrealisierungen. Es gibt Valenz nur als statische Valenz. Es gibt nur Valenzwandel als Wandel dieser statischen Valenz. Valenzwandel kann dadurch ausgelöst werden, dass Verben mit ihrer (statischen) Valenz (kreativ) in Konstruktionen gezwungen werden, die diese Verben nicht projizieren. Die Folge einer gelungenen Coercion kann sein (muss aber nicht sein), dass sich die betreffenden Verben in ihrer

---

5 Ad-hoc-Valenz (vgl. Ágel 2000: 139) setzt Konstruktion voraus. In gleicher Weise setzt Analogie Struktur (Konstruktion), „Proportionengruppen" (H. Paul 1880) voraus (vgl. auch Stefanowitsch 2011b: 377–380).
6 Es können in diesem Prozess auch neue Verben, nämlich Präfixverben und Partikelverben, entstehen; vgl. Kap. 16.

Bedeutung und Valenz wandeln. Die Folge kann auch sein, dass sich die betreffenden Konstruktionen in ihrer Bedeutung und damit in der Reichweite ihrer Instantiierbarkeit wandeln.

Nahe kommt meiner Interpretation des Verhältnisses von Projektion und Konstruktion die von Stefanowitsch (z. B. 2011b) eingenommenen Position (ebd.: 369):

> [...] it is possible that argument structure is best modeled as a mixture of item-specific and structurally-distributed information [...]

Vgl. ferner (ebd. 384):

> [...] I would thus argue that a descriptively adequate construction grammar must absorb valency grammar, or vice versa. A combined model, incidentally, would not be dominantly one ore the other, but it would be true hybrid.

Der Dissens im Konsens ist hier, dass ich vom theoretischen Primat der Konstruktion ausgehe (m. E. in Übereinstimmung mit Stefanowitsch 2011a).[7]

Stefanowitsch (2011b: 371–372, 375–377) geht auf das Ökonomieprinzip ein, das der Kompromisslösung der Arbeitsteilung zu Grunde liegt, wie es von Ágel (2015: 85; vgl. Zitat oben) formuliert wird. Er betont, dass die Entscheidung theorieabhängig ist, vgl. (ebd.: 375):

> Any phenomenon in the domain of argument-structure can theoretically be modeled in terms of verb-specific valency or in terms of verb-independent argument-structure constructions. Which of the resulting models is preferable depends largely on the aims of the modeler. If the aim is theoretical parsimony, for example, the choice depends on which of the two accounts can achieve descriptive adequacy with fewer theoretical constructs and/or which of the two accounts yields the simpler overall model. If the aim is psycholinguistic plausibility, the choice depends on empirical evidence concerning the acquisition, representation and processing of argument structure [...]

Die in diesem Kapitel zu formulierenden Annahmen der Wechselwirkung von Projektion (Valenz) und Konstruktion folgen aus dem Prinzip der Sprachgebrauchsbezogenheit, d. h. aus der Bildung von Hypothesen über den Sprachgebrauch mit linguistischen Mitteln. Analog dazu ist psycholinguistische Plausibilität die Bildung von Hypothesen über den Sprachgebrauch mit psycholinguistischen Mitteln.

---

[7] Das theoretische Primat muss jedoch unterschieden werden vom praktischen Primat des Vorgehens der Hörer beim Verstehen von Sätzen, nämlich je nach Verbstellung inkrementell von der Konstruktion oder vom Verb aus (vgl. Kap. 7), und möglicherweise auch bei der Satzbildung von einem bestimmten Verb oder von einer bestimmten schematischen Konstruktion aus.

Die Grundidee einer Integration unter dem Primat der Konstruktion findet sich bereits bei Fillmore (1968, vgl. 3.1), indem er vom Kasusrahmen (der Konstruktion) ausgeht und dem Kasusrahmen die für die Instantiierung in Frage kommenden Verben mit ihren *frame features* (= Projektionen) gegenüberstellt. Abhängig davon, ob die Verben den Kasusrahmen (die Konstruktion) projizieren, sind sie in der Lage, die Konstruktion zu instantiieren, so dass kompositionale *Token*-Konstruktionen entstehen. Das Spannende an diesem Vorgehen sind nicht die kompositionalen Token-Konstruktionen. Diese werden erfasst und bleiben die Grundlage. Das Spannende und Neue ist die Möglichkeit, nicht nur die Existenz kompositionaler Strukturen zu erklären, sondern auch die Existenz von Strukturen, die allein aus dem Gesichtspunkt der Projektion bzw. Projiziertheit nicht erklärbar sind.[8] Es geht m. a. W. um die Erklärung der Produktivität syntaktischer Strukturen (konkret: von Argumentkonstruktionen), um die Erklärung der grammatischen Dynamik im Unterschied zur grammatischen Statik (Ágel 2000, 2015, 2017).

In Goldbergs Modell (Goldberg 1995) ergibt sich eine Dreiteilung der Verben in Bezug auf eine bestimmte schematische Konstruktion: Den Normalfall stellen Verben dar, die reibungslos in eine schematische Konstruktion passen, weil verbale Projektion und Konstruktion übereinstimmen. Die entstehende Token-Konstruktion ist also kompositional (vgl. 2.2.4). Dem stehen zahlreiche Fälle von Verben gegenüber, die nicht reibungslos in eine gegebene schematische Konstruktion implementierbar sind, die jedoch in die betreffende Konstruktion gezwungen *(coerced)* werden können. Es entstehen auf diese Weise akzeptable (grammatisch richtige) Konstruktionen, obwohl das betreffende Verb die Konstruktion nicht projiziert. Es entstehen also Konstruktionen, die kompositional gemacht werden. Die dritte Möglichkeit wird von Goldberg nicht erwähnt, ergibt sich jedoch zwangsläufig. Sehr viele Verben können eine gegebene Konstruktion nicht instantiieren, ohne dass die Konstruktion unakzeptabel (ungrammatisch, nicht-kompositional) wird.

Von einem empiristischen Standpunkt aus müssen Projektionen einmal entstanden sein, und es muss möglich sein, dass neue Projektionen entstehen und sich ändern. Der Vorgang ist auch synchron und in relativ nahe zurück liegenden Zeiträumen nachweisbar. Beispiele sind Projektionswechsel und Projektionserweiterungen.

Projektionswechsel
Ein Beispiel für Projektionswechsel ist der Wechsel zwischen der Projektion von Nominativ-Akkusativ-Konstruktionen und Nominativ-Dativ-Konstruktionen.[9]

---

8 Zum Begriff der Kompositionalität vgl. 2.2.4.
9 Vgl. Colleman (2011) zum Valenzwechsel bei englischen ditransitiven Konstruktionen.

Dieser Wechsel betrifft nicht nur die Form (Akkusativ versus Dativ) sondern auch die Rolle (Patiens versus Benefaktiv) (vgl. Kap. 4). Ein Dativ-Verb, das zu einem Akkusativ-Verb wird, wird auch semantisch von einem Benefaktiv-Verb zu einem Patiens-Verb (und umgekehrt).[10]

(1) a. Er ruft ihm.
    b. Er ruft ihn.

(2) a. Er hilft ihn.
    b. Er hilft ihm.

Wenn die Implementierungen sich wiederholen und von den Hörern (zu denen auch normierende Instanzen wie die Duden-Redaktion gehören) akzeptiert werden, ändert sich die Projektion. Nach ursprünglichen Coercionen gibt es zwei Projektionen nebeneinander (also die Möglichkeit, dass ein Verb zwei unterschiedliche Konstruktionen projiziert), dann wird meist die ältere durch die neuere Instantiierung abgelöst, wie in anderen Bereichen des Sprachwandels.

Die Bedingungen des Wechsels sind rekonstruierbar: Grundbedingung ist die semantische Nähe. Zweistellige Dativ- und Akkusativ-Konstruktionen können (annähernd) den gleichen Sachverhalt bezeichnen. Beim Wechsel von Akkusativ- zur Dativ-Projektion spielt der semantische Faktor der Personenbezogenheit eine Rolle. (Der Akkusativ kann personenbezogen sein, der Dativ ist typischerweise personenbezogen.) Beim Wechsel vom Dativ zum Akkusativ, der im heutigen Deutschen überwiegen dürfte, spielt die Tendenz zur Akkusativierung, d. h. konstruktionsgrammatisch die Tendenz zur Bevorzugung der Nominativ-Akkusativ-Konstruktion, die entscheidende Rolle.

Ein weiteres Beispiel ist der Wechsel der Projektion von Genitiv-Konstruktionen zur Projektion anderer Konstruktionen, z. B. zur Präpositionalobjekt-Konstruktion (3) und (4).[11] Auch ein Wechsel zur Akkusativ-Konstruktion kommt vor (3c), (5b).

(3) a. Er erinnert sich des Vorfalls.
    b. Er erinnert sich an den Vorfall.
    c. Er erinnert den Vorfall.

---

10 Der reziproke Konstruktionswechsel betrifft jedoch nur den Typ der Dativ- versus Akkusativ-Verben. Denn einzelne Verben ändern anscheinend in überschaubaren Zeiträumen ihre Projektion nicht zurück in den ursprünglichen Zustand.

11 Vgl. auch: *sich dessen brüsten – sich mit etwas brüsten, sich dessen freuen – sich über etwas freuen, sich seiner besinnen – sich auf ihn besinnen.*

(4) a. Er freut sich des Lebens.
    b. Er freut sich über das Leben.

(5) a. Er achtet seiner.
    b. Er achtet ihn.

Dieser Wechsel gehört in den Trend, den Genitiv als Argument Kasus aufzugeben. Die meisten Genitiv-Verben unterliegen jedoch keinem Wechsel. Die Verben veralten (6) oder werden aufgegeben *(gedenken, sich befleißigen, ermangeln, entraten)*, weil die Konstruktion veraltet. Im anderen Fall müssten neue Verben nachrücken. Produktiv oder unproduktiv sind also nicht Verben, sondern Konstruktionen.

(6) a. Er nimmt sich seiner an.
    b. Er bedient sich seiner.
    c. Es bedarf eines Planes.

Projektionswechsel zwischen gleichstelligen Konstruktionen sind jedoch, wie sich zeigen wird, nur ein Epiphänomen der Produktivität. Sie kommen bei der zweistelligen Nominativ-Dativ-Konstruktion und der zweistelligen Nominativ-Akkusativ auf Grund der nicht mehr vorhandenen Produktivität der N-D-Konstruktion und der eingeschränkten Produktivität der N-A-Konstruktion nur singulär und begrenzt vor.[12]

Projektionserweiterungen
Projektionserweiterungen lassen sich im Zusammenhang mit der Emergenz von Präpositionalobjekt-Konstruktionen beobachten, die auf nicht-direktive Präpositionen zurückgehen (vgl. (7) und (8), vgl. 5.7, vgl. ferner 4.6.4 und Kap. 15).

(7) a. Er fürchtet sich.
    b. Er beschäftigt sich.

(8) a. Er fürchtet sich vor der Nacht.
    b. Er beschäftigt sich mit Grammatik.

Projektionswechsel und Projektionserweiterungen sind nicht bewusst – durch Willensentscheidungen – herbeizuführen. Projektionen sind konventionell fest verankert und nahezu unumstößlich. Denn sie sind idiosynkratisch (vgl. 5.2.3) und nur konventionalisiert fixiert. Saussure (1967) führte das zu seiner berühmte

---

[12] Anders verhält es sich beim Wechsel zwischen der produktiven N-D-A-Konstruktion und der produktiven N-A-Dir-Konstruktion: E*r liefert ihm die Ware – Er liefert die Ware an ihn.*

Aporie, dass sprachliche Zeichen unveränderlich und veränderlich zugleich seien. Ein Weg der Beseitigung der Aporie, d. h. der Erklärung, ist ein Konzept der Wechselwirkung von Konstruktion und Projektion.

5.2 Überschüssige Argumente

Beschreibung des Projektionswechsels und der Projektionserweiterung im obigen Sinne (5.1) stehen nicht im Zentrum konstruktionsgrammatischer Erklärungen. Der Schwerpunkt bei Goldbergs (1995) und auch in diesem Kapitel sind Phänomene, die man, projektionistisch ausgedrückt, „überschüssige" oder, in Analogie zum sog. freien Dativ, „freie" Argumente nennen könnte. Erst bei diesen und nicht allein durch das Registrieren von Projektionswechseln und Projektionserweitungen, d. h. nicht allein bei stattgefundenen Veränderungen der Projektion von Verben, kommt in den Blick, was man als Produktivität von sprachlichen Strukturen, Mustern bzw. Konstruktionen bezeichnen kann und bezogen auf die sprachlichen Tätigkeit als Kreativität der Sprecher/Hörer.

Die Produktivität drückt sich primär in der Instantiierung von geringerstelligen Verben in höherstellige Konstruktionen aus. An den aus projektionistischer Perspektive „überschüssigen" bzw. „freien" Argumenten setzt daher die Argumentation an, mit der Goldberg ihr Konzept des Wechselverhältnisses von Verb und Konstruktion (von Projektion und Konstruktion) einführt (vgl. 1995: 9):

> By recognizing constructions and verbs to be interrelated but independent, the nature of constructional meaning, the principles that relate verb and construction, and the relations among constructions are brought to the foreground.

Goldberg führt im Abschnitt 1.4 (9–21) *Advantages of the Constructional Account* Argumente an, die ihren Zugang stützen. Vier der insgesamt sechs Argumente Goldbergs betreffen die linguistische Plausibilität ihres Herangehens. Ich bespreche die ersten beiden Argumente.

1 Implausible Verb Senses Are Avoided
Es ist das bekannteste und am meisten zitierte Argument. Goldberg (1995: 9; 1997: 184) verweist auf Sätze vom Typ (9) und (10):

(9) a. He sneezed the napkin off the table.
    b. She baked him a cake.
    c. Dan talked himself blue in the face.

(10) a. The train screeched into the station.
 b. Elena sneezed the foam off the cappuccino.
 c. Pat smiled her appreciation.

Es handelt sich, projektionistisch ausgedrückt, um freie Dativ-Argumente (9b), (10c), freie Direktiva (9a), (10a, b) und freie OP-Prädikativa (9c). Analoge Beispiele des Deutschen sind:

(11) a. Motorräder knatterten durch das Dorf.
 b. Er nieste die Serviette vom Tisch.
 c. Er pfiff ihn aus dem Saal.
 d. Er buk ihr eine Torte.
 e. Karlchen isst den ganzen Teller leer.
 f. Er isst sich durch den Brei.
 g. Er schnarchte sie wach.
 h. Er schlief sich gesund.
 i. Er lobt ihn nach oben.

In (9)–(11) werden (wieder zunächst projektionistisch gesehen) Wörter/Wortgruppen zu Verben hinzugefügt, die wie Argumente (Ergänzungen) aussehen und das Valenzkriterium der Regiertheit erfüllen, jedoch nicht im engeren Sinne projiziert zu sein scheinen. Zum Beispiel liefern Helbig/Schenkel (1969) für *essen* einen Eintrag, auf dessen Grundlage Sätze wie (12a) konstruierbar sind, aber nicht wie (12b).

(12) a. Karlchen isst Kuchen.
 b. Karlchen isst den ganzen Teller leer.

Im Lexikon lizenziert (projiziert) sind nur Sätze wie (13), aber nicht wie (11).

(13) a. Motorräder knatterten.
 b. Er nieste.
 c. Er pfiff.
 d. Er buk eine Torte.
 e. Die Katze fraß die Maus.
 g. Er isst Brei.
 f. Er schnarchte.
 g. Er schlief.

Goldberg thematisiert den semantischen Aspekt. Wenn man die Semantik einbezieht und wenn man davon ausgeht, dass letztlich die syntaktische Struktur aus der Semantik folgt,[13] dann muss man aus projektionistischer Sicht dem jeweiligen Verb ad hoc eine Bedeutung zuschreiben, die es offensichtlich nicht besitzt (vgl. oben: „*Implausible Verb Senses Are Avoided*"). In der Bedeutung von *niesen* (11b) ist kein Merkmal enthalten, aus dem im Sinne von Projektion im engeren Sinne (vgl. 5.2.2) folgt, dass ein Gegenstand bewegt wird. In der Bedeutung von *schlafen* (11h) ist kein Merkmal enthalten, aus dem die Projektion eines Objektsprädikativums folgt.

Mit anderen Worten: In *niesen* oder *schlafen* gibt es kein prädizierendes Merkmal, das die Folgerung gewährleistet. Dass ein Gegenstand bewegt werden kann oder dass jemand durch etwas gesund werden kann, ist in Bezug auf *niesen* oder *schlafen* keine semantische Folgerung, sondern eine pragmatische Folgerung (eine Implikatur).

2 Circularity is Avoided

Dieses Argument basiert darauf, dass eine projektionistische Grammatik für jede Konstruktion, in der ein Verb vorkommen kann, eine spezielle Projektion vorsehen muss. Denn das folge aus der projektionistischen (und traditionellen valenztheoretischen, vgl. Helbig/Schenkel 1969) Annahme, „*that the verb determines how many and which kinds of complements will co-occur with it*" (Goldberg 1995: 11).

Goldberg (1995) listet als Beleg sieben Konstruktionen auf, in denen das Verb *kick* vorkommen kann.[14]

(14) a. Pat kicked the wall.   Goldberg 1995: 11 1.–8.
      b. Pat kicked Bob black and blue.
      c. Pat kicked the football into the stadium.
      d. Pat kicked at the football.
      e. Pat kicked the foot against the chair.
      f. The horse kicks.
      g. Pat kicked his way out of the operation room.

---

13 Denn Satzbildung (in ihrem formalen Aspekt) ist kein Selbstzweck. Sie (und damit die syntaktische Struktur) dient dem Ziel, den Hörer zu veranlassen, auf der Grundlage von Wörtern und Konstruktionen (als Form-Bedeutungs-Paaren), die in seinem Lexikon und Konstruktikon gespeichert sind, und auf der Grundlage erlernter Techniken der Operationen über Wörtern und Konstruktionen Satzbedeutungen herzustellen.
14 Im VALBU (2004) werden 14 unterschiedliche Satzbaupläne für das Verb *schreiben* aufgezählt. Analoges gilt für viele andere Verben im VALBU.

Um einem Verbvorkommen in einer gegebenen Konstruktion gerecht zu werden, muss man aus projektionistischer Sicht also annehmen, dass das Verb diese Konstruktionen projiziert (Projektion im engeren Sinne), also entsprechende Lexikoneinträge besitzt. Goldberg folgert (ebd.: 11):

> A constructional approach to argument structure allows us to avoid the circularity of arguing that a verb is an *n*-ary predicate and ‚therefore' has *n* complements when and only when it has *n* complements. Instead, the ternary relation, for example, is directly associated with the skeletal ditransitive construction. The verb, on the other hand, is associated with one or a few basic senses which must be integrated into the meaning of the construction.

Die Argumente Goldbergs laufen auf eine Konsequenz hinaus: Projektionistische Grammatiken müssen annehmen, dass unterschiedliche schematische Konstruktionen, in denen eine Verb vorkommen kann, durch die gleiche Zahl unterschiedlicher Projektionen determiniert (sanktioniert, lizenziert) sind. Mit anderen Worten: Projektionistische Grammatiken sehen nur die Richtung Projektion → Konstruktion vor und keine Wechselwirkung. Die Annahme der KxG, dass (Argument)-Konstruktionen gegenüber Verben eine Eigenexistenz besitzen, erlaubt dagegen die Annahme einer Wechselwirkung. Ausgedehnt auf die semantische Seite und bei der Annahme der Bilateralität (Einheit von Form und Bedeutung des Zeichens) heißt das: Das Wechselverhältnis besteht zwischen Verben (ihren formal-syntaktischen und semantischen Projektionen) auf der einen Seite und formal-syntaktisch und semantisch spezifizierten schematischen Konstruktionen mit einem entsprechenden Argument-Gerüst auf der anderen Seite.

Die Annahme eines solchen Wechselverhältnisses erklärt die Dreiteilung der Instantiierungsoperationen (Implementierungen von verbalen Köpfen in Konstruktionen): Instantiierungen können (1) reibungslos und problemlos vonstatten gehen, wenn Verb- und Konstruktionsbedeutung (und die damit verbundene formale Seite der Projektion und der Konstruktion) übereinstimmen. Sie können (2) bei Nicht-Übereinstimmung zu ungrammatischen bzw. unakzeptablen Sätzen führen. Sie können (3) bei Nicht-Übereinstimmung zur Coercion des Verbs in eine Konstruktion führen. Das Wechselverhältnis beschreibt also nicht nur kompositionale Strukturen, sondern auch Verletzungen, die zu ungrammatischen Token-Konstruktionen führen können, und es erklärt Coercionen, d. h. die Möglichkeit, Token-Konstruktionen kompositional zu machen.

Daten, die dieses Phänomen dokumentieren, hat bereits H. Paul (1958, [1]1919) gesammelt und analysiert, vgl. (ebd. Bd. 3: 225–26):

> Aber neben dem durch die Tradition gebundenen Akk. stehen einige freiere Gebrauchsweisen, die auch neben sonst intransitiven Verben möglich sind und neben Verben, die sonst eine andere Art des Akk. zu sich nehmen. Hierher gehört der sogenannte Akk. des Inhalts.

In der Valenztheorie sind die Problemfälle (9)–(11) vor allem im Zusammenhang mit den formalen Valenzkriterien diskutiert worden. Ergebnis waren die Begriffe der Grundvalenz und der Reduktion und Erweiterung gegenüber der Grundvalenz (Korhonen 1977; Welke 1988) sowie der Ad-hoc-Valenz (Ágel 2000; vgl. auch Fillmore 2013).

5.2.1 Projektionsgrammatische Lösungen

Mit Problemfällen Goldbergs (1995, 1997) wie (9) und (10) hatte sich zuvor die Valenztheorie von einem projektionistischen Standpunkt aus beschäftigt.

Zum einen wurde und wird angenommen, dass die überschüssigen Argumente bereits im Verb latent vorhanden sind (Eroms 2012). Das heißt aber auch, dass jegliche denkbare heutige und jegliche in Zukunft vielleicht realisierbare Argument-Konstruktion durch ein Verb prädisponiert ist, das diese potentiell schon immer projiziert, auch wenn das betreffende Verb das heute *realiter* noch gar nicht leistet, weil die Kombination zwar möglich, aber zu ungewöhnlich ist wie eventuell *Er nieste die Serviette vom Tisch* oder weil einfach noch niemand an diese Möglichkeit gedacht hat. Der Hinweis darauf, dass überschüssig scheinende Argumente schon im Verb angelegt sind, läuft also auf die Annahme einer schon immer vorhandenen Gesamtvalenz bzw. auf das maximale Argumentpotential Wotjaks (1984) hinaus. Ein Valenzlexikon müsste alle überschüssigen Argumente aufführen, obwohl das nicht nur praktisch, sondern auch theoretisch unmöglich ist. Denn man kann nicht alles Neue vorhersagen. Ein Nebeneffekt dieser Annahme wäre überdies, dass die mühsam gezogene Grenze zwischen Modifikatoren und Argumenten verschwindet. Denn auch Modifikatoren sind in einem allgemeinen Sinne im Verb angelegt, also projiziert (vgl. 5.2.2).[15]

Eine projektionistische Theorie muss also einen Standpunkt einnehmen, nach dem auch noch nicht Existierendes bereits als *Möglichkeit*, d. h. als *Wirklichkeit* der *langue* bzw. der *competence*, vorgegeben ist, als eine abstrakte Möglichkeit, die alles und nichts umfasst. Um Fälle wie bspw. (15) zu berücksichtigen (vgl. auch Kap. 10), müsste man ein transitives *gehen* mit einem persönlichen Objekt vorsehen (und nicht nur mit dem Akkusativ des Inhalts).

---

[15] Man muss natürlich einräumen, dass es nicht nur sozusagen absolute Neuheiten unter den überschüssigen Argumenten gibt, sondern auch relative. Die Sprecher/Hörer des Deutschen wissen beispielsweise, dass man Konstruktionen durch Dativ-Argumente erweitern kann. Insofern ist diese Erweiterung „angelegt". Es muss also etwas Drittes gefunden werden, das sie als in gewisser Weise geregelte Erweiterungen erklärt.

(15) Er ist nicht gegangen. Er wurde gegangen.

Eine Grenze wäre kaum abzustecken, vgl.:

(16) a. *Der Lehrer singt die Schüler.
     b. *Peachum bettelt Leute.

Dass die Inhalte von (16) prinzipiell ausdrückbar sind, zeigen (17) und (18).

(17) a. Der Lehrer lässt die Schüler singen.
     b. Peachum lässt/schickt Leute betteln.
(18) a. Emil kocht die Suppe.
     b. Die Suppe kocht.

Auch Passivierungen der Art (19) analog zu (15) sind *systematisch* nicht völlig ausgeschlossen.

(19) a. *Die Schüler singen nicht, sie werden gesungen.
     b. *Die Leute betteln nicht, sie werden gebettelt.

Es geht um das Grundproblem von Rationalismus versus Empirismus. Muss man Sprache mit Saussure (1967) als unabhängig von der sprachlichen Tätigkeit der Individuen existierende *langue* auffassen, oder entsteht und entwickelt sich Sprache in der kommunikativ-kognitiven Tätigkeit gesellschaftlicher Individuen? Die KxG eröffnet die Möglichkeit, Sprache mit Humboldt (1907, ¹1830–35), H. Paul (1975, ¹1880) und Coseriu (1988) als ein Verfahren der Kommunikation und Kognition zu erklären, das durch die Sprecher/Hörer gestaltet und umgestaltet wird.[16]

Vordergründig ergab sich für die Valenztheorie das Problem der Abgrenzung von Argumenten und Modifikatoren. Ordnete man bspw. alle Dependentien im reinen Dativ als Argumente ein, würde die Zuordnung via Rektion problematisch werden, weil Rektion Subkategorisierung einschließt,[17] jedoch unübersehbar viele Verben mit einer Dativ-NP vorkommen können. Folglich versuchte

---

[16] Es geht also auch um eine Rückkehr von Saussure, dem Überwinder der Junggrammatiker (Helbig 1970: 42), zu H. Paul (1880).
[17] Es gibt keinen Grund für einen Lexikoneintrag, wenn alle Verben mit einem Dativ-Dependens kombiniert werden können. Die Kombination ist „frei" – wie die Kombination mit einem Modifikator.

man den freien Dativ aus dem Kreis der Argumente auszuschließen und als Modifikator zum Verb (20) oder zum Substantiv (21) zu interpretieren (vgl. Helbig/Schenkel 1969: 42; Helbig/Buscha 2001: 462–464).

(20) a. Er baut ihr ein Haus.
     b. Er baut ein Haus für sie.

(21) a. Er schneidet ihr die Haare.
     b. Er schneidet ihre Haare.

Bei überschüssig scheinenden Direktiva oder Objektsprädikativa musste die Argumentation anders ausfallen. Denn diese sind nach dem Kriterium der Rektion Argumente und außerdem nicht beliebig mit allen Verben kombinierbar. Dennoch blieb die Intuition, dass es sich um Verbbegleiter handelt, die nach den Valenzkriterien Argumente sein sollten, die aber dennoch irgendwie nicht oder nicht auf gleiche Weise projiziert zu sein scheinen, sondern vielleicht irgendetwas Drittes zwischen Argumenten und Modifikatoren sind.[18]

Etwas später wurde in der Valenztheorie der Vorschlag gemacht, eine Grundvalenz anzusetzen, von der bei der Satzbildung nach unten durch Valenzreduktion und nach oben durch Valenzerweiterung abgewichen werden kann. Die Abweichung nach unten war durch Helbigs (1965) Unterscheidung von obligatorischen und fakultativen Ergänzungen etabliert, also seit Beginn der Valenztheorie.

Der Terminus „Grundvalenz" kam ins Spiel, als Korhonen (1977) darauf hinwies, dass es auch Ergänzungen gibt, die nicht fakultativ weglassbar, sondern fakultativ hinzugefügt werden können. Der Vorschlag wurde von Tarvainen (1981) und Welke (1988) aufgegriffen. Den Terminus hatte Korhonen von Ehnert (1974) übernommen. Mit Grundvalenz hatte Ehnert begründet, dass er für eine Liste besonders häufiger deutscher Verben eine Auswahl unter möglichen Einträgen vorgenommen hatte. Das ist ein Verfahren, das der Praxis früherer und heutiger Valenzwörterbücher entspricht. Diese tendieren dazu, eine mittlere Ebene zu beschreiben, die Abweichungen nach unten als fakultative Ergänzungen vermerkt und Abweichungen nach oben (also die überschüssigen Argumente) ignoriert. So finden sich bis heute in Valenzwörterbüchern tendenziell keine

---

18 Dem Vorschlag einer statisch-protypentheoretischen Lösung, wie sie in Zifonun/Hoffmann/Strecker (1997) und Welke (2002) diskutiert wurde, gehe ich nicht nach, weil diese Lösung im gegebenen Zusammenhang nicht weiterführen würde. Die Aufteilung zwischen Argumenten und Modifikatoren ist (entgegen neodavidsonistischen Interpretationen) so fundamental, dass unter dem Strich ein Entweder-Oder zwischen Argument und Modifikator trotz aller Übergänge stehen muss (vgl. auch Bierwisch 2005).

Eintragungen von Fällen wie oben (11) (vgl. den Eintrag zu *essen* bei Helbig/ Schenkel 1969 und im VALBU 2004).

Es wurde also versucht, überschüssige Argumente als Valenzerweiterungen (Pojektionserweiterungen) gegenüber einer Grundvalenz analog zu Valenzreduktionen (den ursprünglichen fakultativen Ergänzungen) zu beschreiben. Dieser Versuch ist in Bezug auf das Lexikon zum Scheitern verurteilt. Denn es ist zwar technisch möglich, Informationen über die Weglassbarkeit von Ergänzungen ins Valenzlexikon aufzunehmen. Der Eintrag sagt dann, dass die Realisierung einer Ergänzung, die im Lexikon vorgesehen ist, in einer realisierten Äußerung unterbleiben kann. Daraus folgt aber, dass Erhöhungen nicht auf die gleiche Weise behandelt werden können. Denn, wenn man Valenzerhöhungen als Zusatzinformationen über mögliche Erweiterungen ins Lexikon aufnimmt, dann nimmt man sie de facto auf.

Um Problemfälle wie (9)–(11) von einem projektionistischen Standpunkt aus interpretieren zu können, nimmt Ágel (2000) eine Ad-hoc-Valenz an. Mit anderen Worten: Damit ein Verb eine Konstruktion mit einem Argument projizieren kann, das es vom seinem Lexikoneintrag her nicht projiziert, ordnet Ágel diesem Verb ad-hoc die geforderte Valenz zu (also einen *implausible sense*, vgl. Goldberg oben). Eine Bemerkung Ágels (2000: 139) deutet die konstruktionsgrammatische Lösung und damit eine Erklärung an:

> Ein Ad-hoc-VT (Valenzträger, K. W.) ist nur als Produkt okkasionell. Die zugrunde liegenden Muster (also Konstruktionsmuster, K. W.) sind konventionalisiert.

Eine Ad-hoc-Valenz muss man von einem ausschließlich valenztheoretischen (projektionistischen) Standpunkt aus annehmen. Etwas muss zunächst ad hoc und vorübergehend als Valenz (Projektion) da sein, um eine Konstruktion projizieren zu können. Von einem konstruktionsgrammatischen Standpunkt aus kann man aber auch annehmen, dass ein Verb, so wie es ist, mit seiner im Lexikon eingetragenen Bedeutung, in eine Konstruktion implementiert wird (vgl. 5.5; vgl. auch den letzten Satz aus dem Zitat 5.1 oben 2015: 82):

> Plausibel ist eine Fusionierungsannahme jedoch bei kreativen Realisierung, bei denen das Verb samt *seiner statischen Valenz* (Hervorhebung K. W.) ein ihm fremdes Valenzrealisierungsmuster ‚aufoktroyiert' bekommt.

Allerdings setzt der Ausdruck ‚Valenzrealisierungmuster' doch wieder die Vorgängigkeit der Valenz voraus.

Eine Lösung analog zu den valenztheoretischen Konzepten der Valenzerweiterung und der Ad-hoc-Valenz bieten auch Müller/Wechsler (2014b: 194) an:[19]

---

[19] Vgl. auch die *Lexical Decomposition Grammar* (Wunderlich 1997, 2000), vgl. 5.5.2.

On the lexical approach we derive a resultative like (3a) by a lexical rule that adds an object and a telic result phrase to the valence structure of sneeze.

(22)   She sneezed the foam off the cappuccino.

Müller/Wechsler 2014b: 194 (3a)

5.2.2 Projektion im weiteren und im engeren Sinne

Bereits oben war gelegentlich von „Projektion im engeren Sinne" die Rede. Weitere und engere Projektion (Dependenz und Valenz) ist eine theorieübergreifende Unterscheidung. Sie ist grundsätzlicher Art, wenn auch in Bezug auf ihre empirische und definitorische Festlegung im Einzelnen umstritten. Die Einteilung führt auf die Differenz von *Argumenten* und *Modifikatoren* und damit auf die Eingrenzung auf Argumentkonstruktionen zurück. Die Konturen sind relativ klar: Sowohl in prädikatenlogischer als auch in situationssemantischer Hinsicht gibt es (projektionistisch ausgedrückt) einen engeren Kreis von Verbbegleitern bzw. Dependentien, d. h. Argumente, und einen weiteren Kreis von Verbbegleitern bzw. Dependentien, d. h. Modifikatoren.

Tesnière (1959) hat die Differenz in seiner bekannten Dramen-Metapher festgehalten. Sätze sind gleichsam kleine Dramen. Diese enthalten ein Verb, das eine Handlung symbolisiert und Aktanten, *actants* (Argumente) als Protagonisten der Handlung. Die Handlung ist eingekleidet in Umständen, *circonstants* (Modifikatoren, gewissermaßen Kulisse). In Bezug auf die Argumente wählte Tesnière eine weitere Metapher, die Valenz-Metapher. Nach dieser sind Verben in der Lage, eine bestimmte Zahl und Art von Dependentien als Argumente zu verlangen (während Modifikatoren als Wiedergaben erläuternder Umstände frei hinzugefügt werden).

In der Generativen Grammatik (in der X'-Theorie) gibt es eine technische Unterscheidung. Argumente werden auf den beiden fixen Projektionsstufen X' (maximal zwei Komplemente) und X" (XP) (Spezifikator) projiziert, während Modifikatoren (Adjunkte) beliebig hinzugefügt werden können, ohne die Projektionsstufe zu erhöhen, nämlich durch Vervielfachung der Stufen X' und X" (XP). Als terminologischer Nebeneffekt dieser technischen Verallgemeinerung ergibt sich die Notwendigkeit, zwischen Projektion im engeren und im weiteren Sinne zu unterscheiden, obwohl der Begriff der Projektion eigentlich, von seiner Intention her nicht allgemein auf Dependenz, sondern nur auf Valenz zielt.[20]

---

[20] Die Schwierigkeit der Differenzierung zeigt sich auch bei der Definition von Dependenz versus Valenz. Oft werden beide Begriffe identifiziert.

Über empirische Kriterien der Abgrenzung von Argumenten und Modifikatoren (engerer und weiterer Projektion) entstand in der Valenztheorie ein ausgiebiger und am Ende fruchtloser Streit, die sog. Valenz-Misere (Jakobs 1994; vgl. auch Welke 2011).[21] Als wesentlich haben sich zwei Kriterien herausgestellt. Das ist zum einen das Kriterium der Rektion (Subkategorisierung). Argumente sind subklassenspezifisch (bezogen auf Subklassen von Verben) sowohl formal als auch semantisch (formspezifisch und inhaltsspezifisch, Jacobs 1994) vom Verb projiziert.[22] Das Kriterium der Obligatheit sichert in der Valenztheorie als zweites quasi formales Kriterium zusätzlich die Erfassung des (nicht regierten) Subjekts, aber auch bestimmter statisch-lokaler (nicht-regierter) Verbbegleiter als Argumente.[23]

Zum Verhältnis von weiterer und engerer Projektion ist aus konstruktionsgrammatischer Perspektive zunächst festzuhalten: Argumentkonstruktionen bestehen aus Kopf (Regens) und Argumenten. Modifikatoren gehören nicht originär zu Argumentkonstruktionen, sondern sind eigenständige Konstruktionen, die erst durch Fusionen zu Argument-Konstruktionen hinzukommen (zur Existenz konventionalisierter Minikonstruktionen aus Argument-Konstruktionen plus Modifikator-Konstruktionen vgl. Kap. 6).

Was den engeren Projektionsbegriff betrifft, so ergibt sich zum einen das Bild, dass Projektionen stets Konstruktionen gegenüberstehen und umgekehrt. So wie Verben auf bestimmte Konstruktionen eingerichtet sind (sie in diesem Sinne projizieren, also erwarten lassen – Stichwort: Valenz), so lassen Konstruktionen bestimmte Verben erwarten. Beispielsweise lässt das Verb *helfen* eine Nominativ-Dativ-Konstruktion erwarten, und eine Nominativ-Dativ-Konstruktion lässt u. a. das Verb *helfen* erwarten.

Zum anderen – und das wird in der Valenzdiskussion weithin übersehen – ist diese verbale Projektion (Projektion im engeren Sinne, Valenz) an einen

---

21 Diskussionen zu Kriterien von Projektion, *Government, Head, Complement* versus *Adjunct* (Zwicky 1985; Goldberg 1995; Croft 1996; Fillmore 2013) wiederholen z. T. dependenz- und valenzgrammatische Überlegungen zu Dependenz, Valenz, Rektion, Regens (= *Head*) und Valenzträger, Ergänzung und Angabe, Argument und Modifikator.
22 Auch beim Terminus der Rektion muss unterschieden werden zwischen Rektion im weiteren und im engeren Sinne. Rektion im weiteren Sinne ist Abhängigkeit (vgl. den Begriff des Regens bei Tesnière 1959). Rektion im engeren Sinne ist Rektion, die Subkategorisierung einschließt. Das ist prototypisch Kasusrektion: *helfen* regiert den Dativ, *unterstützen* den Akkusativ. Der (Subjekts-)Nominativ wird nicht im engeren Sinne regiert (vgl. im Einzelnen Welke 2002, 2011). Eisenberg (1999) unterscheidet nicht zwischen Rektion im engeren und weiteren Sinne und betrachtet auch den Subjekts-Nominativ als regiert, setzt also engere und weitere Rektion gleich.
23 Es sicherte als zweites quasi formales Kriterium die Abgrenzung, da man versuchte, die Semantik (Inhaltsspezifik, Argumenthaftigkeit) auszuklammern.

Lexikoneintrag gebunden. Valenz ist die im Lexikon eingetragene Projektion. Diese Bindung an den Lexikoneintrag ist für den Begriff der Valenz konstitutiv, sorgt aber auch für andauernde Unsicherheiten und Widersprüche. Denn die Valenztheorie hat nicht nur versucht, Argumente von Modifikatoren mit Hilfe formaler und semantischer Kriterien wie Rektion, Obligatheit, Determiniertheit (Prädikation) abzugrenzen, sondern sie hat gleichzeitig versucht, auch Valenz (Projektion im engeren Sinne) auf diese Weise zu definieren. Sie hat also Argumenthaftigkeit und Projektion im engeren Sinne identifiziert. Ergebnis sind die erwähnten zahllosen Fälle überschüssiger Argumente, die von den Kriterien klar als Argumente erfasst werden, die aber dennoch in den Valenzlexika nicht auftauchen, und zwar deshalb nicht, weil sie nicht valenzverlangt, also nicht im engeren Sinne projiziert sind.

Das heißt, es gibt Verbbegleiter (im Sinne von *co-occurrence*), die zwar den formalen Kriterien der Regiertheit und Obligatheit genügen, die also, wenn sie im Satz vorkommen, als Argumente auftreten, die aber dennoch nicht projiziert sind. Der Widerspruch besteht zwischen der Definition von Argument und der Auffassung von Valenz als Projektion im engeren Sinne. Die formalen Kriterien der Rektion und der Obligatheit, ergänzt durch das semantische Kriterium der Argumenthaftigkeit (Prädikation, Inhaltsspezifik nach Jacobs 1994), erfassen zwar im Wesentlichen den Unterschied von Argumenten und Modifikatoren. Sie erfassen jedoch nicht den Unterschied von Valenz und Dependenz, von Projektion im engeren und im weiteren Sinne.

Valenz (Projektion im engeren Sinne) ist an einen Lexikoneintrag gebunden. In diesem Lexikoneintrag sind nur Argumente eingetragen, die dauerhaft, d. h. konventionalisiert, gefordert werden. Mit anderen Worten: In realisierten Sätzen können Wörter/Wortgruppen als Argumente auftreten, die zwar von den Kriterien für Argumente erfasst werden, die jedoch nicht zum Lexikoneintrag, also der Valenz bzw. der Projektion im engeren Sinne, gehören, die also vom Verb nicht gefordert werden. Die Existenz dieser überschüssigen Argumente hängt mit dem Verhältnis von Regelhaftigkeit und Idiosynkrasie zusammen.

5.2.3 Regel und Idiosynkrasie

Von einem projektionistischen Standpunkt aus geht es bei der Gegenüberstellung von Regel und Idiosynkrasie um die Trennung von Lexikon und Grammatik: Im Lexikon (Wortlexikon) sind die lexemspezifischen idiosynkratischen Abhängigkeiten verzeichnet. Nicht-lexemspezifische Abhängigkeiten sind in einem unabhängigen Regelapparat enthalten (vgl. Engelberg 2007; Proost 2009). Vgl. Engelberg (2007: 11):

In der deskriptiven Linguistik wie auch in den meisten modernen Grammatiktheorien herrscht die Annahme vor, dass die grammatische Struktur und die Bedeutung von Sätzen auf zwei Quellen zurückgehen, allgemeine semantische und grammatische Regeln einerseits und idiosynkratische semantische und grammatische Eigenschaften einzelner Lexeme andererseits. Allgemeine Regeln legen etwa fest, dass dem finiten Verb im Hauptsatz (von wenigen Ausnahmen abgesehen) nur eine Konstituente vorangehen kann: [...] Dass das Verb *helfen* neben der als Subjekt fungierenden obligatorischen Nominativ-NP eine fakultative NP im Dativ, nicht aber eine im Akkusativ erlaubt, wird dagegen als eine spezifische Eigenschaft des Verbs *helfen* angesehen, [...]

Die Aufteilung von Idiosynkrasie und Regel wird traditionell auf Argumente und Modifikatoren bezogen: Argumente sind „gefordert". Modifikatoren sind „frei". Argumente sind vom Verb projiziert. Modifikatoren sind vom Verb nicht im engeren Sinne, sondern nur in einem weiteren Sinne projiziert. Diese Abgrenzung trifft jedoch anscheinend nur typischerweise zu. Sie gilt offenbar nicht für alle Argumente und nicht für alle Modifikatoren. Modifikatoren können obligatorisch sein wie *lange* in (23a) und *schlecht* in (23b).

(23) a. Die Sitzung dauert lange.
     b. Er benimmt sich schlecht.

Diese wurden in der Valenztheorie wegen ihrer Obligatheit als Argumente angesehen. In Welke (1988, 2011) werden sie als ausnahmsweise obligatorische Modifikatoren interpretiert, also als Modifikatoren, die sich ausnahmsweise, was das Argumentkriterium der Obligatheit betrifft, wie Argumente verhalten, aber keine Argumente sind. Aus konstruktionsgrammatischer Perspektive interpretiere ich die Konstruktionen (23) als konventionalisierte Minikonstruktionen (vgl. Kap. 6).

Dem stehen Verbbegleiter gegenüber, die nach dem formalen Kriterium der Rektion Argumente sein sollten, bei ihrer Realisierung im Satz auch Argumente sind, die aber dennoch nicht im engeren Sinne projiziert, d. h. nicht im Lexikon als valenzgefordert eingetragen sind.

In Projektionsgrammatiken wird (vgl. oben) ein Modifikator einer Argumentkonstruktion regelhaft hinzugefügt. Entsprechend kann man sagen, dass in der KxG eine Modifikatorkonstruktion einer Argumentkonstruktionen oder einer anderen Modifikatorkonstruktion regelhaft hinzugefügt wird, d. h. mit dieser regelhaft zu einer globaleren Konstruktion fusioniert wird.[24]

---

[24] Ich sehe an dieser Stelle davon ab, dass wie bei (22) oben Gebrauchshäufigkeiten zu konventionalisierten globaleren Konstruktionen (Minikonstruktionen) aus beispielsweise einer Argumentkonstruktion und einer Modifikatorkonstruktion führen können (vgl. Kap. 6).

Oben war ebenfalls davon die Rede (vgl. das Zitat aus Engelberg 2007: 11), dass in Projektionsgrammatiken die Trennung zwischen Idiosynkrasie und Regelhaftigkeit auf das Lexikon, d. h. auf Projektion, einerseits und übergreifende grammatische und semantische Regeln andererseits aufgeteilt ist. Allerdings muss man bei genauerer Betrachtung die in Invarianz-Grammatiken streng gezogene Grenze prototypentheoretisch lockern. Idiosynkrasie und Regelhaftigkeit sind (wie m. E. stets in der Grammatik) voneinander getrennte Pole eines Kontinuums. Idiosynkratisches enthält Regelhaftes, und Regelhaftes enthält Idiosynkratisches. Dennoch sind es Pole, und in der Regel sind die Gewichte nicht völlig gleich verteilt.

Idiosynkrasie impliziert Einzelheit, einzelne ungeregelte Fälle, Regelhaftigkeit impliziert Verallgemeinerung. So führt Engelberg (2007: 11; vgl. Zitat oben) die Dativrektion als idiosynkratische Einzelheit an. Aber auch die Rektion des Dativs ist nicht nur idiosynkratisch-einzelhaft. Denn auch die Dativ-Rektion von *helfen* ist geregelt, nämlich geregelt im übergreifend Idiosynkratischen. Denn es gibt semantische Analogien zu anderen Dativ-Verben entlang des Dativ-Merkmals ‚Benefaktiv' (vgl. Kap. 4). Da es sich bei Merkmalen wie Benefaktiv versus Patiens um subjektive Sichtweisen handelt, die sich überschneiden, ist die Dativ-Rektion insgesamt idiosynkratisch, wenn auch nicht singulär. Sie gilt nach den gleichen (prototypisch skalierten) Merkmalen für alle Verben, die eine N-D-Konstruktion projizieren. Insofern ist die Zuweisung des Dativs durch *helfen* nicht spezifisch von diesem Verb allein abhängig, sondern hängt von einem prototypisch definierten semantischen Merkmal (‚Zuwendung zu einer Person') ab, dem alle Dativ-Verben folgen. Es ist dennoch eine Sache subjektiver (nicht individueller) Auffassung, ob die Sprecher des Deutschen ein Geschehen, dass sich auf eine Person richtet, als Handlung über einem Patiens oder als Zuwendung zu einer Person interpretieren, der man irgendetwas antut. Folglich ist es nicht sicher voraussagbar und in diesem Sinne im Regelhaften idiosynkratisch, ob Verben (die sich typischerweise auf Personen beziehen) ein Dativ- oder ein Akkusativobjekt regieren, vgl.:

(24) a. Emil schmeichelt ihr.
  b. Emil lobt sie.

Auf der anderen Seite ist auch die Akkusativ-Rektion nicht global regelhaft, was der Terminus des strukturellen Kasus suggerieren könnte. Auch die Akkusativ-Rektion ist idiosynkratisch und regelhaft. Denn man kann nicht vorhersagen, ob ein gegebenes Verb einen Akkusativ, einen Dativ oder einen Präpositionalkasus regiert. Der Akkusativ erscheint also nur auf Grund der Häufigkeit seines Vorkommens als regel- oder systemhaft.

Projektionen im engeren Sinne sind insgesamt idiosynkratisch, weil nicht regelhaft voraussagbar. Sie enthalten aber auch Regelhaftigkeiten, nämlich den Bezug auf Merkmale (und Analogien untereinander), aber unter der Einschränkung, dass es eine Sache der subjektiven, analogisch vermittelten und konventionalisierten Auffassung ist, ob die Sprecher einer Sprache ein Argument nach diesem oder jenem Merkmal kodieren, als Patiens im Akkusativ, als Benefaktiv im Dativ oder als Präpositionalobjekt:

(25) a. Er lobt ihn.
 b. Er dankt ihm.
 c. Er redet über ihn.

5.3 Konstruktionsgrammatik: Wechselwirkung von Konstruktion und Projektion

Aus projektionistischer Perspektive geht es in der sprachlichen Tätigkeit ausschließlich um Projektion. Auf Argument-Konstruktionen bezogen: Argument-Konstruktionen (Phrasen) werden aus Verben projiziert, was einschließt, dass die Verben die für die Projektion notwendigen Informationen (also den Plan der Konstruktion bzw. Phrase) enthalten. Auch aus konstruktionsgrammatischer Sicht enthalten Verben den Plan einer schematischen Konstruktion. Konstruktionen besitzen jedoch gegenüber ihren Köpfen eine Eigenexistenz. Im Engeren geht es um schematische Konstruktionen. Schematische Konstruktionen sind Konstruktionsmuster. Es geht um die selbständige Existenz solcher Muster. Sprachliche Tätigkeit (Konstruktionsrealisierung) kann man in Bezug auf Argument-Konstruktionen[25] als die Ausfüllung von Mustern durch die sie realisierenden lexikalischen Elemente (Wörter) ansehen.[26] Normalerweise stimmen (vgl. oben) (1) die für die Instantiierung einer Argument-Konstruktion ausgewählten Verben in ihrer Projektion mit der Konstruktion überein. Konstruktionsmuster werden durch solche Verben instantiiert, die dieses Muster projizieren, also durch Verben mit den entsprechenden *frame features* (Fillmore 1968). Da Argumentkonstruktionen jedoch gegenüber Verben eine eigenständige Existenz besitzen, kann es (2) in der Tätigkeit der Sprecher/Hörer zu Widersprüchen zwischen Projektion und Konstruktion kommen. Diese Widersprüche werden in

---
25 Hinzu kommen Kombinationen von Konstruktionen wie Hinzufügungen von Modifikator-Konstruktionen zu Argumentkonstruktionen, Einbettungen von Konstruktionen in Argumentkonstruktionen und Überblendungen von Argumentkonstruktionen.
26 Dazu gehört natürlich auch die Ausfüllung (Instantiierung) bspw. der Argumente.

Kommunikation und Kognition gelöst, indem die Hörer dem Grice'schen (1993) Relevanz-Prinzip (Maxime der Relation) folgend Implikaturen vornehmen, die einen Sinn kreieren.[27] Ein Verb wird mit seiner Projektion in eine Konstruktion gezwungen (per *Coercion* implementiert) (vgl. Goldberg 1995: 24–66, Michaelis 2004: 24–30). Es kann (3) auch zu völlig unpassenden Instantiierungen kommen, zu ungrammatischen und/oder sinnlosen (nicht mit Sinn zu versehenden) Instantiierungen. Der Sprechakt misslingt.

Die passende Normalinstantiierung ist auch für die KxG der Grundfall. Das spezifische Erklärungspotential liegt jedoch bei der Erklärung von nicht passenden Instantiierungen. Zum einen können sich Konstruktionen an Verben anpassen, indem sie durch immer neue instantiierende Verben zunehmend in ihrer Konstruktionsbedeutung verändert und im prototypentheoretischen Sinne verallgemeinert werden. Umgekehrt, und darum geht es vor allem in diesem Kapitel, werden Verben per Implikaturen in Konstruktionen gezwungen (per *Coercion* implementiert). In der Beschreibung dieser Prozesse bzw. Sprachspiele (Wittgenstein 1984b) wird ein Teil der Kreativität der sprachlichen Tätigkeit der Sprecher/Hörer sichtbar, aus der sich auch ein Teil der Plastizität und Wandelbarkeit von Sprache erklärt.

Da Konstruktionen gegenüber Verben eine selbständige Existenz besitzen, kommt es in der sprachlichen Tätigkeit zu Widersprüchen zwischen Verben und Konstruktionen (verbalen Argumenten und Argumentrollen einerseits und konstruktionellen Argumenten und Argumentrollen andererseits). Dieser Widerspruch ist eine der Quellen, aus denen sich im syntaktischen Bereich Produktiviät von Strukturen und Kreativität der Sprecher/Hörer erklärt. Die Sprecher/Hörer nutzen den Widerspruch kreativ für ihre kognitiven und kommunikativen Zwecke aus und machen ihn dadurch produktiv.[28]

Bei der Lösung dieser Widersprüche kommt der Konstruktion das Primat zu. Projektionen entstehen aus Konstruktionen und nicht umgekehrt Konstruktionen aus verbalen Projektionen, wie die projektionistische Sehweise nahe legt. Beispielsweise entstehen Tomasello (2003) zufolge in der Ontogenese zunächst sog. Verbinsel-Konstruktionen, d.h. holistische Konstruktionen, in denen es noch

---

[27] Primus (2010) verteidigt die projektionistische Sicht dadurch, dass sie pragmatische (konzeptuelle) Anpassungen *(Coercion)* zur Projektion zählt. Wenn man pragmatische Anpassungen unter den Begriff der Projektion subsumiert, wird der Begriff der Projektion jedoch in Richtung auf ein abstraktes Argumentenpotential hin überdehnt. Projiziert ist dann wiederum alles, worauf die kreative Phantasie heutiger und künftiger Sprecher/Hörer kommen kann.
[28] Entsprechend geht sprachlicher Wandel generell nur in der individuellen sprachlichen Tätigkeit der Sprecher/Hörer und nicht in einer abstrakten von den Individuen losgelösten *langue* oder *competence* vor sich (vgl. H. Paul 1975; Traugott/Trousdale 2013: 21).

keine Differenzierung zwischen Kopf und Nicht-Kopf gibt. Köpfe bilden sich bei der analogischen Vervielfältigung von Token-Konstruktionen heraus. Ein Beispiel sind *pivot*-Strukturen in der Ontogenese.

Im Zusammenhang mit der Differenzierung von Konstruktion und Kopf, von Konstruktikon und Wort-Lexikon[29] und ihrer gleichzeitigen Verallgemeinerung und Verselbständigung, kommt es zur Dopplung von Argumenten und Argumentrollen der Konstruktion einerseits und des Verbs andererseits. Daraus folgt: Verbale Projektionen sind die an Verben (verbalen Köpfen) gespeicherten Informationen darüber, in welche Konstruktion das betreffende Verb implementiert wird. Diese Informationen sind notwendig, da es – grob gesagt – nur konventionell geregelt ist, welches Verb mit welcher Konstruktion kompatibel ist, ob ein Verb also eine Nominativ-Dativ-Konstruktion, eine Nominativ-Akkusativ-Konstruktion oder eine Nominativ-Präpositionalkasus-Konstruktion projiziert (vgl. oben 5.2.3).

Beim Produzieren und Verstehen von Sätzen wirken der Zugang von der Projektion und der Zugang von der Konstruktion aus sich wechselseitig ergänzend zusammen. So gibt es psycholinguistische und neurolinguistische Evidenz dafür, dass das Satzverständnis inkrementell erfolgt (vgl. Bornkessel-Schlesewsky/Bornkessel 2011; McRae/Hare/Elman/Ferretti 2005; vgl. auch Kap. 7). Bezogen auf verbale Prädikat-Argument-Strukturen geht die Analyse folglich je nach Verbstellung projektionistisch oder konstruktionsbezogen vor sich, beginnend bei Informationen aus dem Verb über die erwartete Konstruktion oder bei Informationen aus der Konstruktion bezüglich des einsetzbaren Verbs.

Durch das Wechselverhältnis von Valenz und Konstruktion erhält man ein Bild von Grammatik zurück, wie es Paul (1975) in der vorstrukturalistischen Periode der Sprachwissenschaft entworfen hat. Das ist eine Theorie, die die Grammatik nicht als ein durch Wortkombinationsregeln und Projektionen bis ins letzte determiniertes System beschreibt, sondern als ein System, dass offen ist für Veränderungen, d. h. offen für Veränderungen der Regeln und Projektionen, vgl. H. Paul (1958: Bd. 3, 8):

> Diesen Bemühungen um konsequente Disposition liegt eben die Verkennung der eigentlich selbstverständlichen Tatsache zugrunde, daß sich geschichtlich gewordene Verhältnisse nicht in ein logisches System einpressen lassen.

Ebenso Sapir (1921: 38):

> Were a language ever completely ‚grammatical', it would be a perfect engine of conceptual expression. Unfortunately, or luckily, no language is tyrannically consistent. All grammars leak.

---

29 Auch Bedeutungen kommen nicht aus dem Nichts. Bedeutungen entstehen aus Implikaturen, vgl. Traugott/König (1991), Traugott (2008), Welke (2002, 2005).

Die Erläuterung von Boas (2011: 1272) zu dieser Textstelle lautet:

> Following Sapir's terminology, the term *leakage* is used to refer to instances in which otherwise unacceptable utterances become acceptable in a given context.

5.3.1 Instantiierungen bei Goldberg (1995)

Im Hauptteil des Buches beschäftigt sich Goldberg (1995) mit der Wechselwirkung von Verben und Konstruktionen (Kap. 2 *The Interaction between Verbs and Constructions* und Folgekapitel) – neben dem zweiten Schwerpunkt, der Konstruktionsvererbung (Kap. 3 *Relations among Constructions*).

Das Schema einer Normal-Instantiierung ist (26).

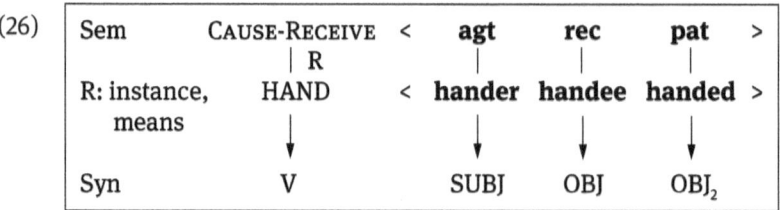

Goldberg 1995: 51, Figure 2.5

Die obere Zeile beschreibt die semantische Seite der Konstruktion. Es handelt sich um eine *cause-receive*-Konstruktion mit den Argumentrollen ‚Agens', ‚Rezipient' und ‚Patiens'. Diese allgemeinen Argumentrollen werden mit den konkreten Verb-Rollen, den Partizipantenrollen, fusioniert. Im Falle des Verbs *hand* geschieht das problemlos ohne Widersprüche, ohne *mismatches*. Die untere Zeile beschreibt die formale Seite der Konstruktion. Eine solche Normal-Instantiierung liegt vor, „*if a verb is a member of a verb class that is conventionally associated with a construction*" (ebd.: 50).

Geleitet wird die Normal-Instantiierung Goldberg zufolge durch zwei Prinzipien. (1) Das *Semantic Coherence Principle* (ebd.: 50) beschreibt das Faktum der Übereinstimmung. Dieses Prinzip muss sicher stellen, dass die Kohärenz für solche Verb-Konstruktions-Verhältnisse gilt, in denen die Verbrollen Instanzen (Elemente) der allgemeinen Argumentrollen sind, also bspw. *hander* Instanz von Agens, *handee* von Rezipient und *handed* von Patiens.

Das *Corresondence Principle* bezieht sich (2) darauf, dass Rollen unterschiedlich profiliert sein können. Profilierung von Rollen entspricht zum einen der valenztheoretischen Unterscheidung von fakultativen und obligatorischen Argumenten. Obligatorische Argumente sind profiliert. Der Ausdruck der Profilierung zielt hier auf den Umstand, dass obligatorische Argumente semantisch

5.3 Konstruktionsgrammatik: Wechselwirkung von Konstruktion und Projektion — 217

hervorgehoben, in diesem Sinne also profiliert bzw. perspektiviert (Goldberg ebd. 44) sind, weil sie stets zu der in der Konstruktion dargestellten Szene (dem *frame*) gehören. Goldberg bezieht sich (ebd.: 44) auf Langacker (1987) und Fillmore (1977b).

Das *Correspondence Principle* enthält zwei Regularitäten (ebd.: 50). Sie lauten:

> Each participant role that is lexically profiled and expressed must be fused with a profiled argument role of the construction. If a verb has three profiled participant roles, then one of them may be fused with a nonprofiled argument role of a construction.

Widersprüche zwischen Verben und Konstruktionen behandelt Goldberg anschließend zunächst als *Mismatches of Roles*. Sie unterscheidet zwischen *Profiling Mismatches* (ebd.: 52–53) und *Mismatches of the Number of Roles* (ebd.: 53–55).

Zunächst zu den Widersprüchen in der Profilierung von Rollen (Argumenten): Den Widerspruch zwischen einer lexikalisch profilierten und einer konstruktionell nicht profilierten 3. Rolle stellt (27) dar:

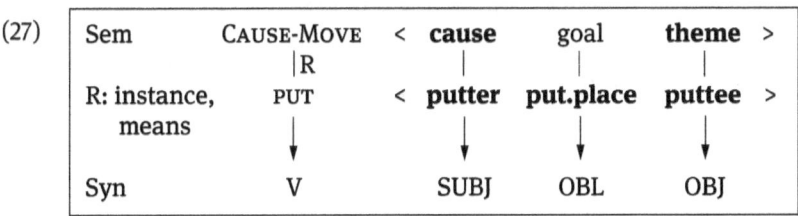

Goldberg 1995: 52, Figure 2.7

Profilierte Rollen hebt Goldberg durch Fettdruck hervor. Zusätzlich wird die Nichtprofilierung durch eine gestrichelte Verbindung angedeutet.[30]

Goldberg führt kein Beispiel an. Ein Beispiel mit dem Verb *put* könnte (28) sein.

(28) He puts the salt on the table.

Voraussetzung wäre allerdings die Grammatikalität von (29), valenztheoretisch: die Valenzreduktion (vgl. hierzu auch Kap. 12).

(29) ?He puts the salt.

---

30 In Figure 2.7 ist bei Goldberg eine gestrichelte Linie auch zwischen *theme* und *puttee*. Das ist anscheinend ein Druckfehler und hier nicht wiedergegeben. R (für *relation*) fehlt. Ich ergänze es.

218 — 5 Konstruktion und Projektion

Widersprüche in der Profilierung von Rollen (Argumenten) zwischen einer lexikalisch nicht profilierten und einer konstruktionell profilierten 3. Rolle werden folgendermaßen dargestellt:

(30)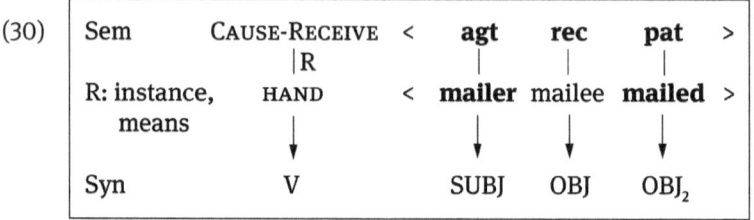

Goldberg 1995: 53, Figure 2.8

(31) He mailed her the answer.

Widersprüche in der Zahl der Rollen (Argumente) zwischen zweistelligem Verb und dreistelliger Konstruktion stellt Goldberg in (32) dar:

(32)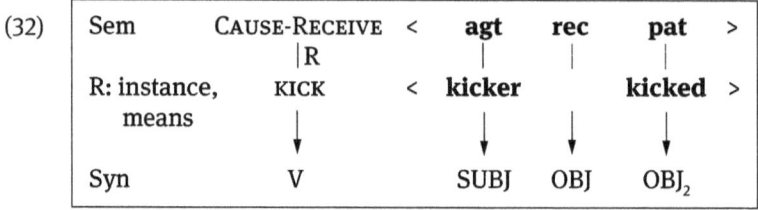

Goldberg 1995: 54, Figure 2.9

(33) He kicked him the ball.

Es folgt die Darstellung von Widersprüchen in der Zahl der Rollen (der Argumente) zwischen einstelligem Verb und dreistelliger Konstruktion:

(34)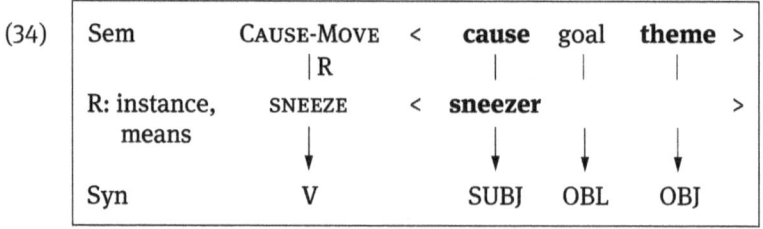

Goldberg 1995: 52, Figure 2.7

(35) He sneezed the napkin off the table.

Ich folge Goldberg nur in der Grundidee, nämlich darin, dass es um Instantiierungen von Verben als Köpfe in Konstruktionen geht und dass verbale Projektion und Konstruktion zwar im Normalfall übereinstimmen, aber sich auch oft widersprechen.

Die Schemata Goldbergs und die Erläuterungen sind jedoch noch zu nahe an einer projektionistischen Sicht.

Ich teile (1) nicht die Ansicht, dass es sich bei dem Abgleich um den Abgleich zwischen (singulären) verbalen Partizipantenrollen und konstruktionellen (generalisierten) Argumentrollen handelt (vgl. 5.3.2).

Die Trennung von semantischer Struktur (Sem) und syntaktischer Struktur (Syn) widerspricht (2) dem Bilateralitätsprinzip und folgt einem *Linking*-Prinzip, obwohl die Zuordnung von Rollen und syntaktischen Relationen (Subjekt, Objekt und Oblique) in den gerade besprochenen Fällen stets gleich bleibt. Die Anleihe bei *Linking*-Theorien wird auch in der Übernahme von syntaktischen Relationen als formale Zuordnungsinstanz deutlich. Ich spreche nicht von syntaktischen Relationen, sondern von Kasuskodierungen (vgl. Kap. 3 und 4).

Goldberg übernimmt (3) den Begriff des *Oblique* als Argument, dem eine Rolle nur indirekt, nämlich über eine Präposition zugewiesen wird, und setzt dieses *Oblique* (ohne Begründung) auf die gleiche Stufe wie fakultative Ergänzungen. Das *Oblique* ist aber an sich weder fakultativ noch nicht-profiliert. Gibt man diese Zuordnung auf, so entfällt die Unterscheidung zwischen Widersprüchen der Profilierung *(Profiling Mismatch)* und Widerprüchen auf Grund der Zahl der Rollen *(Mismatsch of the Number of Roles)*.

Goldberg arbeitet (4) mit valenztheoretischen Begriffen wie fakultativen und obligatorischen Argumenten und Zahl der Rollen (Profilierung), also dem, was in der Valenztheorie quantitative Valenz genannt wird. Das ist Ausdruck einer noch zu projektionistischen Sicht.

Eine konstruktionsgrammatisch adäquatere Beschreibung ergibt sich, wenn man davon ausgeht, dass Verben mit ihren Projektion (ihrer Stelligkeit) auf Konstruktionen mit ihrer Stelligkeit treffen. Auf diese Weise lassen sich die Verb-Konstruktions-Verhältnisse angemessener, einfacher und einheitlich als Korrespondenzen/Nicht-Korrespondenzen zwischen verbaler Projektion und Konstruktion darstellen.

In (26) oben liegt Übereinstimmung vor. Ein dreistelliges Verb steht einer dreistelligen Konstruktion gegenüber. In (27) wird ein dreistelliges Verb in eine zweistellige Konstruktion gezwungen (per Coercion implementiert). In (30) und (32) wird ein zweistelliges Verb in eine dreistellige Konstruktion gezwungen. In (34) wird ein einstelliges Verb in eine dreistellige Konstruktion gezwungen.

Ich stelle sowohl verbale Projektion als auch Konstruktion dem Bilateralitätsprinzip entsprechend ohne Trennung von formal-syntaktischer und semantischer Seite dar.

Dem Schema (26) entspricht:

(36) $hand_{Nom/1/Ag, Dat/2/Rez, Akk/3/Pat}$ $\boxed{Nom_{1/Ag} - Dat_{2/Rez}, Akk_{3/Pat}}$

Dem Schema (27) entspricht:[31]

(37) $put_{Nom/1/Ag, Akk/2/Pat, Dir}$ $\boxed{Nom_{1/Ag} - Dir_2}$

Den Schemata (30) und (32) entsprechen:

(38) a. $mail_{Nom/1/Ag, Akk/2/Pat}$ $\boxed{Nom_{1/Ag} - Dat_{2/Rez}, Akk_{3/Pat}}$

      b. $kick_{Nom/1/Ag, Akk/2/Pat}$ $\boxed{Nom_{1/Ag} - Dat_{2/Rez}, Akk_{3/Pat}}$

Dem Schema (34) entspricht:

(39) $sneeze_{Nom/1/Ag}$ $\boxed{Nom_{1/Ag} - Akk_{2/Pat}, Dir_3}$

Unter *Other Kinds of Mismatches* (ebd. 55–56) behandelt Goldberg das Verhältnis von Nominativ-Dativ-Akkusativ-Konstruktionen und Nominativ-Akkusativ-Direktiv-Konstruktionen.

(40) a. Joe sent Chicago a letter.   Goldberg 1995: 55 (49)
      b. Joe sent a letter to Chicago.   Goldberg 1995: 55 (50)

(41)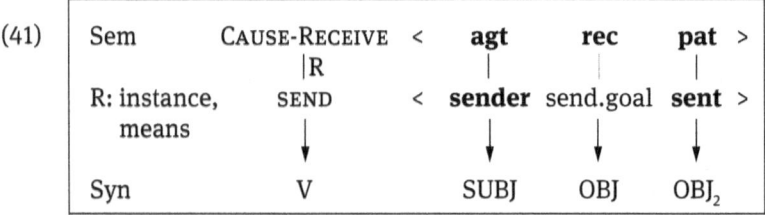

Goldberg 1995: 55, Figure 2.11

Hier wird – vom Englischen aus gesehen – ein dreistellig direktives Verb in eine dreistellig ditransitive Konstruktion gezwungen. Vom Deutschen aus gesehen

---

31 Voraussetzung ist, dass das Verb *put* unter der Bedingung der Grammatikalität implementierbar ist (dass Valenzreduktion möglich ist).

sollte es m. E. umgekehrt sein. Ein dreistelliges (ditransitives) Verb wird in eine dreistellige Direktivkonstruktion gezwungen. Die Entscheidung hängt davon ab, wie die Valenzverhältnisse (Grundvalenz) jeweils empirisch beschaffen sind. Es handelt sich um einen Wechsel zwischen gleichstelligen produktiven Konstruktionen per Coercion auf der Grundlage der Synonymie (Bedeutungsähnlichkeit) dieser Konstruktionen, ohne dass dieser Wechsel als Eintrag im Lexikon erscheinen muss – wie im Falle der im Folgenden (5.5) zu besprechenden Coercionen von geringerstelligen Verben in höherstellige Konstruktionen und von höherstelligen Verben in geringerstellige Konstruktion.[32]

Anschließend streift Goldberg (ebd.: 56–59) unter dem Gesichtspunkt des *profilings* (der Perspektivierung) Themen wie Passiv und Medialkonstruktionen. Sie bleibt auf dem Boden einer Sicht, wie sie in projektionistischen Theorien, u. a. in der Valenztheorie, entwickelt worden ist (vgl. auch Kap. 10 und 11).

Abschließend fragt Goldberg (ebd.: 66):

> Could *any* verb class in principle be conventionally associated with a particular construction?

Aus der Verneinung dieser Frage ergibt sich (ebd.: 59–66) eine Suche nach Regularitäten, die bei der Lösung der Widersprüche zwischen Verben und Konstruktionen eine Rolle spielen könnten (vgl. unten 5.5).

Zuvor will ich Goldbergs Theorie der Partizipantenrollen versus Argumentrollen kritisch resümieren.

5.3.2 Goldberg: Verbale Partizipantenrollen versus Argumentrollen

Goldberg (1995) stellt nicht die verbalen Projektionen (d. h. die von Verben projizierten Konstruktionen, ihre Valenz) den Konstruktionen gegenüber, in die Verben implementiert werden, also nicht verbale Argumentrollen konstruktionellen Argumentrollen, sondern sie stellt verbale Rollen als *individuelle* verbale Partizipantenrollen und Argumentrollen als *generalisierte* Argumentrollen der Konstruktion einander gegenüber (vgl. die Schemata oben). Diese Annahme bringt eine unnötige Komplikation mit sich. Die Komplikation ergibt sich m. E. aus dem Bestreben, mit der projektionistischen Sicht zu brechen.

Partizipantenrollen sind nach Goldberg die konkreten individuellen Rollen eines konkreten individuellen Verbs, z. B. ‚derjenige, der etwas gibt' (‚Geber'), ‚demjenigen, dem etwas gegeben wird' und ‚was gegeben wird' (‚Gegebenes').

---

[32] Zu einem Wechsel zwischen gleichstelligen nicht produktiven Konstruktionen vgl. oben 5.1: *Projektionswechsel.*

Fusionierung ist bei Goldberg der Abgleich dieser beiden Rollentypen, der konkreten und der verallgemeinerten, von *Token* und *Type*. Partizipantenrollen instantiieren, elaborieren oder spezifizieren allgemeine Argumentrollen.[33]

Natürlich kann man semantische Rollen als Verallgemeinerungen von noch nicht verallgemeinerten Rollen konkreter Verben ansehen.[34] Die Frage ist nur: Wo steckt das Konkrete und wo die Verallgemeinerung? Bei Goldberg (1995) steckt die Verallgemeinerung ausschließlich in der Konstruktion. Der Verbeintrag im Lexikon[35] enthält dagegen allein die konkreten Partizipantenrollen. In einer Projektionsgrammatik steckt die Verallgemeinerung in der Valenz des Verbs, also im Valenzeintrag, und die konkrete Partizipantenrolle hat keine davon losgelöste Existenz. Eine selbständige konstruktionelle Seite existiert nicht – wie generell in Projektionsgrammatiken.

Der Haupteinwand ist, dass man Einzelnes und Allgemeines nicht so grundsätzlich trennen sollte, sondern holistisch auffassen muss. Die Frage ist nämlich: Wie kommt es zu den Verallgemeinerungen, und wie kommt es zu den Spezifizierungen? Vom Standpunkt der Trennung aus müsste man annehmen, dass das Kind ausgerüstet mit Partizipantenrollen in die Kommunikation mit den Erwachsenen eintritt. Kinder müssen dann lernen, welche allgemeinen Rollen zu den konkreten Rollen, die sie mitbringen, passen. Das heißt, sie müssen herausbekommen, mit Hilfe welcher der schematischen Konstruktionen, die sie in der Erwachsenensprache vorfinden, man über bestimmte Sachverhalte oder Situationen reden kann. Aber woher haben die Kinder die Partizipantenrollen?

Nach Tomasello (2003) (vgl. oben) beginnt der Erwerb von Konstruktionen (der Aufbau von schematischen Konstruktionen der Erwachsenensprache) bei holistischen konkreten einzelnen Konstruktionen mit konkreten einzelnen Verben, die er Verbinsel-Konstruktionen nennt. Erst im Verlauf des Spracherwerbs werden Verbinsel-Konstruktionen prototypisch zu bestimmten abstrakten Konstruktionsmustern verallgemeinert. Die konkreten Rollen, die innerhalb von Verbinsel-Konstruktionen auftreten, könnte man Partizipantenrollen nennen.

Ob es in der Erwachsenensprache noch Verbinsel-Konstruktionen gibt, sei dahingestellt. Eher ist das zu verneinen. Das vorherrschende Prinzip ist in der Erwachsenensprache das Operieren über abstrakten schematischen und teil-

---

33 Goldberg spricht von Instantiierung (1995: 43), Elaborierung (1997: 386), Spezifizierung (2006: 39).
34 In der Valenztheorie gibt es bei Seyfert (1979) neben Anklängen an die heutige KxG (vgl. z. B. ebd. 289–93) eine analoge Reduktion.
35 Wenn man Goldberg darin folgt, dass auch einzelne Lexeme Konstruktionen zu nennen sind, hat alles in einem einheitlichen Konstruktikon Platz. Dennoch kommt man nicht umhin, den Sonderstatus von Verben zu berücksichtigen, der in der Projektion von Partizipanten (Argumenten) bzw. Konstruktionen besteht.

schematischen Konstruktionen, über konventionalisierten Minikonstruktionen und vollidiomatisierten Token-Konstruktionen. Das aber stellt die Fusionierung, die Goldberg vorschlägt, in Frage. Denn Goldberg setzt voraus, dass Verben stets nur ihre konkreten Partizipantenrollen mitbringen (zum Problem vgl. auch Rostila 2007). Nach dieser Voraussetzung wüssten die Sprecher/Hörer in ihrem Verb-Lexikon nichts von der Möglichkeit der Verallgemeinerung zu semantischen Rollen – obwohl sie es wissen müssen. Denn sie sind in der Lage Partizipantenrollen und verallgemeinerte Konstruktionsrollen zu fusionieren.

Folgende Annahme scheint in Bezug auf die Ontogenese plausibel: Von dem Zeitpunkt an, wo Kinder beginnen, mit schematischen Konstruktionen (Konstruktionsmustern) zu operieren, werden die bereits vorhandenen Verbinsel-Konstruktionen (falls sie verallgemeinerbar sind) unter die entstehenden abstrakten Konstruktionen subsumiert. In der Erwachsenensprache gibt es m. E. keine konkreten singulären Konstruktionen, die nicht in der einen oder anderen Form lexikalisch gefüllte Abwandlungen von ansatzweise schematischen Konstruktionen sind, auch die ausgefallensten Token-Konstruktionen haben stets einen gewissen Grad an Verallgemeinerung, d. h. sind auf Grund gewisser Analogien gebildet.[36] Der springende Punkt ist eine offensichtlich notwendige Weiterung: Was geschieht beim Erwerb neuer Verben *nach* dem Erwerb von schematischen Konstruktionen, in die diese passen könnten? Die Annahme, dass diese Konstruktionen durch das Kind zunächst stets als Verbinsel-Konstruktionen, also unabhängig von den bereits entstandenen abstrakteren Konstruktionen, aufgebaut werden, erscheint nicht plausibel. Wenn ein Kind in der Lage ist, aus vorhandenen Verbinsel-Konstruktionen abstrakte Konstruktionen zu gewinnen, dann sollte es auch in der Lage sein, neue Verben ohne Ausbildung von Partizipantenrollen sofort in vorhandene Konstruktionsmuster einzupassen. Für die Erwachsenensprache sollte gelten: Wenn neue Verben nicht stets zuerst, wie in sehr frühen Stufen des Spracherwerbs, in Verbinsel-Konstruktionen verwendet werden, sondern auf der Grundlage bereits existierender Konstruktionen, dann gibt es die Partizipantenrollen in diesen Fällen nicht unabhängig und vor der Verallgemeinerung. Mit anderen Worten: Einzelnes und Allgemeines haben in diesen Fällen keine voneinander getrennte Existenz. Die einzelne Verbverwendung ist sofort eine Anwendung in einer Argumentkonstruktion (eine Implementierung in eine Argumentkonstruktion).

Man könnte versuchen, Partizipantenrollen aus der perzeptiven Abbildung von Situationen (vgl. 5.4) abzuleiten, nämlich als perzeptive Rollen, die vor sprachlichen Argumentrollen existieren. Hier könnten sie ihren Ort haben.[37] Aber

---
36 Einige Überlegungen dazu finden sich in Welke (2009b).
37 Sie wären allerdings dort (im perzeptiven System der Kognition) ebenfalls nicht singulärkonkret, sondern bereits verallgemeinert.

nur für sehr frühe Phasen des Spracherwerbs trifft zu, dass das Kind allein mit konkreten wahrnehmungsmäßigen oder motorischen Partizipantenrollen den sprachlichen Konstruktionen der Erwachsenensprache begegnet, also mit Partizipantenrollen, die noch nicht von sprachlichen Verallgemeinerungen (Verallgemeinerungen im sprachlichen System der Kognition) überlagert sind. Für die sprachliche Tätigkeit generell und auch für spätere Etappen des Spracherwerbs kann das so nicht gelten.

5.3.3 Fazit

Es gibt verallgemeinerte verbale Argumentrollen (Agens, Patiens usw.) und verallgemeinerte konstruktionelle Argumentrollen (Agens, Patiens usw.). Das ist keineswegs eine überflüssige Verdopplung, die dem Prinzip des Ockham'schen Rasiermesser zum Opfer fallen sollte. Vielmehr lässt sich aus dieser Verdopplung (dieser Dialektik) erklären, wie es zu Projektionsänderungen und zu neuen Projektionen kommen kann und zu Coercionen, die sich nicht in Lexikon-Einträgen als Projektionen niederschlagen. Eine der Grundlagen der Erklärung ist die Differenz von sprachlichem Wissen und Weltwissen.

5.4 Sprachliches Wissen und Weltwissen, sprachliches und perzeptives System der Kognition

Wenn man die Differenz von sprachlichem Wissen und Weltwissen als eine wesentliche Grundlage der Erklärung von sprachlichen Regularitäten ansieht (vgl. 2.2.15), ist eine Auseinandersetzung mit dem Konzept der *Frame*-Semantik in der KxG notwendig.

5.4.1 KxG und *Frame*-Semantik

KxG und *Frame*-Semantik sind durch das Wirken Fillmores eng miteinander verbunden. Denn Fillmore ist durch seine Kasustheorie nicht nur der wichtigste Wegbereiter der KxG, sondern mit späteren Arbeiten auch der wichtigste Proponent einer allgemeinen *Frame*-Semantik (vgl. 2.2.15), und Lakoff folgt ihm auch in diesem Punkt. Mit seiner Kasustheorie (1968), die mit den *case frames* bereits den Terminus ‚Frame' enthielt, gehört Fillmore in den Kontext der allgemeinen Schema-, Skript- bzw. *Frame*-Theorie, die sich in den 70er Jahren des vergangenen Jahrhunderts herausbildete (vgl. Kap. 1). In diesem Konzept verbanden sich kognitive Psychologie, Computerwissenschaft, Logik und Handlungstheorie zu einer allgemeinen kognitiven Theorie. Fillmore hat diese allgemeine Schematheorie mit seiner Kasustheorie beeinflusst. Denn diese griff auf die Idee der Kasusrollen zurück, indem sie diese als semantische (konzeptuelle) Rollen interpretierte.[38] Gleichzeitig ist Fillmore durch die allgemeine Schematheorie beeinflusst worden. Denn Fillmore dehnte, wie bereits gesagt, den linguistischen *Frame*-Begriff in den 70er Jahren des vergangenen Jahrhunderts im Sinne dieser allgemeinen kognitiven Schematheorie aus, und zwar im Sinne seines allgemeinen Begriffs der Szene. Die Szene war bei ihm zunächst nur für die Einbeziehung des Welt-Hintergrundes (des Weltwissens) verantwortlich, verschmolz aber zunehmend mit dem *Frame* bzw. ersetzte ihn.[39]

Ende der 90er Jahre kehrte Fillmore mit dem *FrameNET*-Projekt zu einer explizit syntaxorientierten Betrachtungsweise zurück, allerdings weniger zu einer konstruktionsgrammatischen als zu einer valenztheoretischen (projektionistischen) Betrachtungsweise (vgl. unten).

Die Verflechtung von *Frame*-Theorie und KxG im Werk Fillmores hat zu einer weitgehenden Identifizierung von KxG und *Frame*-Semantik (und allgemeiner kognitiver Linguistik) geführt – sowohl in einzelnen Äußerungen von Grammatiktheoretikern (Goldberg 1995, 2011; Boas 2014), als auch bei Vertreter einer allgemeinen nicht an Grammatik und Syntax gebundenen linguistischen *Frame*-Theorie (Busse 2012; Ziem 2008, 2014; Lasch 2016 unter Regress auf von Polenz 1985). Busse und Ziem geht es um die Überwindung einer „syntaxzentrierte(n) Sichtweise" (Busse 2008: 153).

Ziem (2008) polemisiert gegen ein „syntaxzentriertes Sprachmodell" (ebd: 102) und dagegen, „reduktionistisch zu verfahren (Konzeptuelles auf Semantisches zu reduzieren, K. W.) und einem syntaktozentristischen Fehlschluss zu obliegen" (ebd.: 228). Er meint damit die Bindung der Semantik an die syntaktisch-morphologische *formale* Struktur. Das gilt für Ebenenmodelle, gegen die er polemisiert, betrifft aber genauso und sogar noch stärker die KxG (KxG im Engeren, vgl. Kap. 1) in der von dieser behaupteten unmittelbaren Einheit von Form und Bedeutung. Bindet man die Semantik an die syntaktische Struktur, wie es nicht nur die KxG (im Engeren), sondern auch alle Ebenenmodelle der Gramma-

---

38 Rollen wie ‚Agens' und ‚Patiens' kann man als sprachliche formal-syntaktische Rollen (wie zunächst Fillmore), aber auch als semantische Rollen, als Rollen in der kognitiven Abbildung von Sachverhalten und als Sachverhaltsrollen auffassen. Das Konzept konnte daher sowohl in der Linguistik (in der syntaktisch-autonomen Grammatik als Theta-Rollen und in der Semantik bzw. Syntax-Semantik als semantische Rollen) als auch in der Kognitionstheorie als Repräsentationen von Handlungsrollen und in der Handlungstheorie als Handlungsrollen verwendet werden.
39 Das arbeitet Busse minutiös als eine Entwicklung in Richtung auf Sprengung der formal-syntaktischen Fesseln der Grammatik heraus, in Richtung auf eine Abschaffung der Syntax (vgl. unten).

tik tun, dann geht die Semantik (zunächst) nicht über die syntaktische Struktur hinaus und ist eine aus dem Gesamtraum des Konzeptuellen ausgegliederte Bedeutung (Konstruktionsbedeutung im Falle der KxG) von Zeichen und Zeichenstrukturen. Bindet man sie nicht an die syntaktische Struktur und ersetzt Argumentrollen (Konstruktionsrollen, semantische Rollen) durch allgemeine Situationsrollen, wie Ziem es im Anschluss an von Polenz (2005) vorschlägt, dann löst man de facto die Grammatik auf.

KxG und *Frame*-Semantik scheinen dennoch sowohl für Kritiker als auch für Proponenten der KxG eng verwoben. Ziem (2014: 263) kann sich daher neben Haiman (1980) und Langacker (1987) auch auf Goldberg (1995) beziehen. Denn auch Goldberg behauptet, dass es ihr im Sinne der Fillmore'schen allgemeinen *Frame*-Semantik um die Ausweitung der Semantik über die Grenzen der Syntax hinaus geht, vgl. Goldberg (1995: 30):

> It is pointed out here that if we wish to ultimately account for a wider domain of language than the syntactic expression of arguments, we need to appeal to a much richer notion of semantic structure.

Goldberg (1995) integriert die *Frame*-Semantik, indem sie Verben im Gegensatz zu Konstruktionen eine framesemantische Bedeutung zubilligt („*to allow the verbs to be associated with rich frame-semantic meaning*", ebd.: 29).[40] Die Konstruktion übernimmt im Unterschied zum Verb (vgl. 5.3.2) den Part der eingeschränkten grammatischen Bedeutung. In der im Folgenden (5.4.2) behaupteten (teilweisen) Entsprechung von perzeptivem Wissen und globaler *Frame*-Semantik übernimmt das Verb also den Part des perzeptiven Wissens.[41]

Goldberg (1995) löst ihre Ankündigung jedoch nicht ein. Verben projizieren bei ihr in ihrer Gesamtheit nicht mehr Partizipanten als die ihnen gegenüber stehenden Konstruktionen. Auf beiden Seiten stehen sich maximal drei Rollen (drei Partizipantenrollen und drei Argumentrollen) gegenüber. Im Normalfall projizieren Verben außerdem Konstruktionen in einer bestimmten Stelligkeit, und Konstruktionen lizenzieren umgekehrt Verben, die der Stelligkeit der betreffenden Konstruktionen entsprechen.[42] Das heißt, Verben mit ihren Projektio-

---

40 Goldberg (2011: 318) differenziert im Anschluss an Langacker (1987: 118) „a word sense's *profile* from the rest of the frame [...] as the *background frame*". „A word's profile is what the word designates or asserts [...] its background frame is what is taken for granted or presupposed." (Ebd. 318). Dennoch bleibt beides, *profile* und *background frame* gleichermaßen an das Verb als Bedeutung (vielleicht: Hauptbedeutung und Nebenbedeutung bzw. Konnotation) gebunden.
41 Goldbergs Partizipantenrollen kann man als den Versuch interpretieren, perzeptive Rollen (d. h. die Rollen perzeptiver *Frames*) als semantische Verbrollen zu interpretieren (vgl. 5.4.2).
42 Auch in der Reihenfolge der Argumente entsprechen sich bei Goldberg und generell Konstruktion und Projektion (vgl. Kap. 3, vgl. auch Kap. 7 und Kap. 12).

nen und Konstruktionen stehen sich im Default-Fall sogar 1:1 gegenüber. Auf Grund der Selbständigkeit von Konstruktionen gegenüber Verben kann es jedoch zu Widersprüchen zwischen Projektion und Konstruktion kommen (vgl 5.3.1, vgl. Goldberg 1995: 24–66). Die Widersprüche werden durch Coercion gelöst (vgl. 5.5). – Oder die Instantiierung misslingt. Der Satz wird unakzeptabel oder ungrammatisch.

FrameNet
Aus der allgemeinen *Frame*-Theorie entstand das umfangreiche Projekt des *FrameNet* (vgl. z. B. Boas 2005b; 2014a). In diesem Projekt kehrt Fillmore, wie gesagt, zu einer Bindung der Semantik an die sprachliche Form zurück. Dennoch bleibt das Grundkonzept der Aufhebung der Trennung von sprachlicher Bedeutung und Weltwissen erhalten. Es handelt sich ferner um ein valenztheoretisches Projekt, vergleichbar dem VALBU (2004) oder dem *ValPaL*-Projekt (Leipzig *Valency Classes Project*, Malchukov/Comrie 2015). Ausgangspunkt sind Gruppen von Verbbedeutungen und Bedeutungen prädizierender Wörter (Verbalsubstantive und Adjektive), die zu gleichen oder ähnlichen semantischen *Frames* gehören. Diese werden syntaktischen Strukturen zugeordnet. *FrameNet* geht also nicht von der syntaktischen Seite von Konstruktionen aus, sondern von einer verallgemeinerten Semantik. Es geht also wie das *ValPaL*-Projekt nicht signifikativ-semantisch und semasiologisch vor, sondern denotativ und onomasiologisch, der Herangehensweise eines Sachwörterbuches wie *Roget's thesaurus* (1989), Wehrle/Eggers (1961) oder Dornseiff (2004) vergleichbar.

5.4.2 Sprachliches und perzeptives System der Kognition

Mit der allgemeinen *Frame*-Semantik stellt sich zum wiederholten Male die traditionelle Frage nach dem Gegenstand der Sprachwissenschaft und nach der Abgrenzung vom Gegenstand anderer kognitiver Wissenschaften. Traditionell ging es um die Abgrenzung der Sprachwissenschaft gegenüber Logik und Psychologie. Saussures Vorschlag war seinerzeit die Abstraktion der *langue* als Gegenstand der Sprachwissenschaft. An diese Eingrenzung hat sich die Sprachtheorie seither gehalten.

Da Sprache mit Kognition eng verwoben ist, läuft die Antwort nach dem Verhältnis zwischen Sprache und Kognition oft auf ein Alles oder Nichts hinaus. Entweder ist die Linguistik eine zu vernachlässigende Größe, oder sie ist diese allgemeine kognitive Wissenschaft selbst. Bezogen auf eine allgemeine *Frame*-Semantik ergibt sich unter dieser Alternative des Alles oder Nichts: Entweder gibt es eine allgemeine Kognitionstheorie (Bartlett 1932; Minsky 1975; Norman/

Rumelhart 1975; Schank 1975; Schank/Abelson 1977), zu der die Linguistik keinen wesentlichen eigenen Beitrag zu leisten hat, oder diese allgemeine Kognitionstheorie ist die Sprachtheorie, verstanden als linguistische *Frame*-Theorie, selbst.[43]

Moderne Grammatik- und Semantiktheorien postulieren in der Regel eine Abgrenzung zwischen sprachlichem Wissen und außersprachlichem Wissen (Weltwissen), sprachlicher und enzyklopädischer Bedeutung (vgl. z. B. Löbner 2002; Maienborn 2017).

Die beiden m. E. wichtigsten modernen Konzepte, in denen diese Trennung expliziert wird, sind zum einen die Zweiebenensemantik (Bierwisch 1983; Bierwisch/Lang 1987), in der zwischen einer semantischen und einer konzeptuellen (sowie einer syntaktischen) Ebene unterschieden wird, und zum anderen Semantik-Pragmatik-Konzepte, in denen zwischen einer semantischen und einer pragmatischen Ebene unterschieden wird (Maienborn 1996, 2007). Die sprachliche Ebene (das Sprachwissen) ist in diesen Konzepten neben der syntaktischen Ebene die semantische Ebene. Die konzeptuelle oder die pragmatische Ebene ist der Bereich des sog. Weltwissens. Der Übergangsbereich der sprachlichen zur konzeptuellen bzw. pragmatischen Ebene sind die sog. Schnittstellen.

Charakteristisch für alle im Engeren linguistischen Theorien ist, dass die Semantik auf sprachliche Zeichen in ihrer äußeren Form zurückbezogen bleibt. Auch in der ursprünglichen Kasustheorie (Fillmore 1968), in der KxG und im *FrameNET*-Projekt bleibt die Semantik (die semantische Seite des Zeichens) auf die Formseite bezogen. Auch in der KxG (im engeren Sinne, vgl. Kap. 1) muss man daher zum einen wie in jeder Grammatiktheorie weiterhin nach einer Abgrenzung zwischen Weltwissen und Sprachwissen suchen. Zum anderen muss man (semasiologisch) von der Form ausgehen. Nur so kann man sowohl dem spezifischen Anteil der Sprache an der menschlichen Kognition als auch der spezifischen Rolle der Grammatik (Syntax) in Sprache und Kognition gerecht werden.

Neben Bartlett (1932), Minsky (1975) und Schank/Abelson (1977) beziehen sich Ziem und Busse (Ziem 2008: 56; Busse 2012: 361–413) bei ihrer Ausweitung der Semantik und Sprachtheorie zu einer allgemeinen Kognitionstherorie (vgl. 5.4.1) auch auf Barsalou. Interessant ist nun, dass Barsalou zwar ursprünglich

---

[43] Eine analoge Alternative stellte sich in der neueren Philosophie. Der klassischen Philosophie wurde vorgehalten, die Rolle der Sprache negiert zu haben, indem sie durch die Brille der Sprache auf die Welt blickte, ohne es zu bemerken. Stattdessen wurde behauptet, dass die Frage Kants nach den Bedingungen der Möglichkeit von Erkenntnis erneut und besser zu beantworten sei, da er sie ohne Berücksichtigung der Sprache gestellt hatte. Die Sprache und nicht die Kognition im Allgemeinen wurde als die entscheidende Bedingung der Möglichkeit von Erkenntnis betrachtet. Die Sprachphilosophie übernahm, sich auf Humboldt, Herder, Hamann und Vico beziehend, die Aufgabe der Kant'schen Transzendentalphilosophie (vgl. Apel 1963; Lorenz 1970; Kamlah/Lorenzen 1973; Mittelstrass 1974).

Schematheoretiker war, seit Anfang der 90er Jahre aber zu einem entschiedenen Kritiker der Schematheorie in der kognitiven Psychologie geworden ist und damit zu einem Initiator einer erneuten Unterscheidung des Kognitiven in getrennte Bereiche, nämlich in ein außersprachliches perzeptives System der Kognition und ein sprachliches System der Kognition (Stichworte: *embodied cognition, grounding*, modale versus amodale Repräsentation, perzeptives versus sprachliches System der Kognition).

Dieses perzeptive System der Kognition macht m. E. einen nicht unwesentlichen Teil dessen aus, was man in der Linguistik vage Weltwissen nennt und worauf Fillmore mit dem Begriff der Szene *(scene)*, über den er zu seiner allgemeinen *Frame*-Theorie gekommen ist (vgl. z. B. Fillmore 1977c), zunächst zielte.

Die Crux eines Begriffs wie Weltwissen ist, dass dieses Wissen gleichsam im luftleeren Raum angesiedelt wird. Denn wenn man sich fragt, wie dieses Wissen von der Welt repräsentiert ist, so gibt es wie für jedes Wissen die Antwort: im Gehirn der Menschen. Und die nächste gleichsam automatische Antwort lautet: unter Zuhilfenahme sprachlicher (materieller) Symbole. Aber es gibt, und das wird in der *Frame*-Semantik ausgeblendet, auch eine Repräsentanz von Bewusstseinsinhalten vor und außerhalb der Sprache, nämlich als Bewusstseinsinhalte motorischer und perzeptiver Art, sowohl im tierischen Bereich als auch beim Menschen und dort relativ abgetrennt, d. h. unterscheidbar, von der Sprache.[44] Durch den Umstand, dass das *Bewusstwerden* perzeptiver Bewusstseinsinhalte in Sprache erfolgt, werden sie als solche dem unmittelbaren introspektiven Zugriff teilweise entzogen.[45] Ein nicht unwesentlicher Teil kognitionspsychologischer Forschung gilt daher dem experimentellen Nachweis vor- und außersprachlicher kognitiver Repräsentationen.

Barsalou und mit ihm eine neuere einflussreiche Richtung in der kognitiven Psychologie unterscheiden zwischen einem perzeptiven System der Kognition, das modal und simulierend arbeitet, und einem sprachlichen System der Kogni-

---

44 Eine völlig isolierte und abgetrennte Existenz gibt es nicht. Die Module bestehen nur relativ. Sie sind durchlässig, was nicht heißt, dass sie nicht voneinander abtrennbar sind. Abtrennbarkeit heißt nicht Übergangslosigkeit (Stichwort: Schnittstelle). Gleichsetzung von Abtrennbarkeit und absoluter Diskretheit ist von einem Invarianzstandpunkt aus, einem Standpunkt des Alles oder Nichts, ein oft gezogener Schluss. Dass sich zwischen Sprachwissen und Weltwissen „keine scharfe Trennlinie ziehen lässt" (Ziem 2008: 442) heißt also nicht, dass sich überhaupt keine Trennlinie ziehen lässt, und auch nicht, dass sie nicht gezogen werden darf.
45 Man kann sich jedoch Szenen, Situationen, Wege, Gegenstände visuell und in unterschiedlichen Modalitäten (gesehen, gehört, getastet, gerochen, geschmeckt) vorstellen, auch ohne sprachliche Repräsentation. Erst das Bewusstwerden oder Bewusstmachen dessen, was man da gerade simuliert, bringt Sprache (Worte) ins Spiel (vergleichbar dem Erwachen aus einem Traum, der begleitet ist vom Bewusstwerden des Geträumten).

tion, das amodal und nicht-simulierend arbeitet, zwischen *perceptive mode* und *linguistic mode*.

Für diese Auffassung gibt es einen Vorläufer in der Pawlow'schen Theorie (Pawlow 1952) vom 1. Signalsystem (Perzeption, Motorik) und 2. Signalsystem (Sprache).[46] Verwiesen sei in diesem Zusammenhang auf traditionelle Begriffe wie Empfindung als erste psychische Umsetzung von Reizen und Wahrnehmung als Verarbeitung von Empfindungen zu Komplexen aus Empfindungen.[47] Schließlich kommen Vorstellungen als im Langzeitgedächtnis aufbewahrte (abstrahierte und schematisierte) perzeptive und motorische kognitive Inhalte hinzu. Behauptet wurden also stets kognitive Inhalte und kognitive Prozesse außerhalb und vor der Sprache.[48] Aufgegriffen wurde diese Art der Portionierung des Kognitiven in Image-Theorien (Paivio 1971, 1986; Kosslyn 1980; vgl. dazu Welke 1983). Hinzu kommt nun aus der kognitiven Psychologie das aktuelle Angebot der *Embodied-Cognition-* oder *Grounding*-Theorie (nämlich des Verankertseins des Kognitiven im Motorischen und Perzeptiven), in Weiterentwicklung auch als *LASS*-Theorie (*Language-and-Situated-Simulation*-Theorie) bezeichnet (Barsalou et al. 2008).

Barsalou hat seine Theorie seit den 90er Jahren des vergangenen Jahrhunderts entwickelt (z. B. Barsalou 1993a, b, 1999). Danach laufen im perzeptiven System der Kognition – und nicht im sprachlichen System der Kognition – die wesentlichen kognitiven Prozesse ab. Gewissermaßen ist das eine (Fast-)Vereinheitlichung des Kognitiven vom anderen Ende her, nicht vom sprachlichen Ende aus wie bei Ziem und den traditionellen Schematheoretikern (vgl. unten), sondern vom Perzeptiven her. Unter dem Strich bleibt das gleiche Ergebnis: Danach gibt es einen (im Wesentlichen) einheitlichen Raum des Perzeptiv-Kognitiven, der in der Konsequenz nichts mit Sprache (weil nichts mit sprachlichen Formen, sprachlichen formalen Strukturen) zu tun hat. Sprache (sprachliche Formen und Strukturen) sind nur als äußere (und theoretisch uninteressante) kommunikative Hinweise auf kognitive Gehalte in der Kommunikation notwendig. Alle wesentlichen kognitiven Prozesse spielen sich vor und außerhalb der Sprache im perzeptiven System ab.

Eine solche extreme Position versucht Barsalou allerdings abzumildern (vgl. auch unten). Sie entspricht Tendenzen in der Psychologie, von Sprache abzusehen und bspw. Wörter nur als nachträgliche „Wortmarken" für unabhän-

---

46 Es handelt sich bei Pawlow um einen Ausblick auf die anzunehmende Existenz eines 2. Signalsystems beim Menschen zusätzlich zu dem von ihm untersuchten 1. Signalsystem der Tiere (vgl. Kardos 1962).
47 Auch diese kognitiven Prozesse sind mit Verallgemeinerung und Abstraktion verbunden.
48 Erwähnt sei bspw. auch die Aufgliederung der Wortbedeutung in begrifflichen Kern, Vorstellungskomponente und emotionale Komponente durch Erdmann (1922).

gig von ihnen gebildete Begriffe anzusehen. Die Position Barsalous kommt aber auch aus der Erkenntnis, dass in der Psychologie und in der allgemeinen Kognitionswissenschaft nicht nur das sprachliche System ungenügend vom perzeptiven System abgegrenzt wird, sondern dass auch umgekehrt das perzeptive System der Kognition nicht genügend vom sprachlichen System abgrenzt und in seiner spezifischen Leistung erkannt und beschrieben wird. Was die *Grounding*-Theorien damit erreichen, ist, die Aufmerksamkeit auf die (modulare) Abgrenzung der beiden Bereiche zu lenken. Das Ergebnis sind neue empirisch fundierte Erkenntnisse über den perzeptiven Bereich. Mehr Aufmerksamkeit als m. E. bislang in der kognitiven Psychologie ist damit aber auch auf den spezifischen Anteil der Sprache an kognitiven Prozessen gelenkt worden – gegen eine Tendenz, die Sprache nicht als Teil der Kognition, sondern nur als Fenster auf die Kognition zu sehen, durch das Psychologen (wie die klassischen Philosophen, vgl. oben Anmerkung 43) notgedrungen schauen müssen.

Ziem (2008) und Busse (2012) beziehen sich auf Barsalou, weil dieser ebenfalls mit dem Schema-Begriff arbeitet. Barsalou kritisiert aber am Schema-Begriff gerade das, was Ziem und Busse mit Hilfe des Schema-Begriffs zu überwinden versuchen, nämlich die Bindung des tradierten Schemabegriffs an syntaktische Strukturen. Denn Barsalou wirft der traditionellen Schema-Theorie vor, dass sie zu linguistisch, zu sprachgebunden an die Beschreibung des Kognitiven herangegangen sei. So kritisiert Barsalou (1993a: 43) bspw., dass in Merkmallisten die Merkmale von Dingen mit sprachlichen Merkmalen benannt werden (d. h. durch Wörter bezeichnet werden). Dies verschleiere, dass Merkmalgebung bereits im perzeptiven Bereich stattfindet:[49]

> Most commonly, psychologists simply label the features of concepts with linguistic expressions, a practice adopted from linguistics (e.g. using ‚feathers' to represent a feature of *bird*).

Barsalou fährt fort (ebd.: 43):

> However, psychologists also frequently use propositional logic and predicate calculus from philosophy to represent concepts (e.g. RED *(robin)*, ABOVE *(head, neck)*), as well as data structures and procedures from computer science (e.g. networks, productions). In all of these approaches, language, in one form or other, lies at the heart of representing conceptual content: [...]

---

[49] In Welke (1983) habe ich die These vertreten, dass die linguistische Annahme der Angeborenheit semantischer Merkmale aus der rationalistischen Verkennung der perzeptiven Grundlagen der Kognition resultiert.

Propositional logic ist Sprache insofern, als logische Prädikat-Argument-Strukturen idealisierte und in künstlichen Sprachen weiter ausgebaute bzw. konstruierte sprachliche Argument-Strukturen sind (vgl. die Formeln im Zitat oben). Barsalou reklamiert diese Strukturen für das perzeptive System der Kognition und will sie in der Tendenz aus der Sprache herausnehmen. Würde man Barsalou folgen, wäre die Vereinheitlichung des Kognitiven vom anderen Ende aus erreicht, nämlich empiristisch von unten, der Erde, aus, und nicht rationalistisch von oben, dem konzeptuellen Himmel der *Frame*-Semantik aus.

Man kann allerdings nicht sagen, dass die linguistischen propositionalen, d. h. *syntaktisch*-semantischen Strukturen nichts mit perzeptiven Strukturen und letztlich Strukturen der Welt (im Blick des Menschen) zu tun haben. Sie sind nur in dem Sinne etwas grundsätzlich anderes, als sie auf der Grundlage ihrer sprachlichen materiellen Fixierung in Zeichen einen Abstraktionsgrad und ein Niveau der kognitiven Verarbeitung erreichen, die nur dem Menschen auf Grund der Sprache zugänglich sind. Das heißt, in abstrahierender und idealisierender Weise bilden auch Konstruktionen in ihrer semantisch-syntaktischen Struktur ausgewählte Ausschnitte der Welt ab.

Dass es hier Übergänge gibt, dass Welt, Perzeption der Welt und sprachgebundenes Denken über die Welt nicht hermetisch voneinander abgegrenzt sind, wird von Goldberg (1995: 39) mit ihrer *scene encoding hypothesis* behauptet. Dieser ikonische Zusammenhang von Sprache, Perzeption und Welt findet sich in den Beschreibungen der Konstruktionsbedeutungen und der Konstruktionsrollen in der KxG wieder und wird durch psychologische Untersuchungen im Zusammenhang mit der *LASS*-Theorie bestätigt (vgl. z. B. Louwerse 2008).[50]

Aus Barsalous Sicht sind kognitive Repräsentationen jedoch im Wesentlichen perzeptive Repräsentationen, vgl. (1993b: 26):

> We believe that the fundamental conceptual representations in the human cognitive system are schematic perceptual images extracted from all modes of experience.

Barsalou formuliert (ebd.: 26–27) drei Grundannahmen:
1. Perzeptive Repräsentationen sind nicht „*holistic analogue images (i.e., ‚pictures in the head').* *Instead, they are compositional images in the weak sense of being built analytically from smaller component images.*"

---

[50] Die *scene encoding*-Hypothese gilt nicht nur für Argumentkonstruktionen. Bereits eine einfache Attribution wie bspw. *reifer Pfirsich* bildet Welt ab, indem sie sagt, dass es sich bei dem vorliegenden Gegenstand um einen Pfirsich handelt, dem das Merkmal ‚reif' zukommt. Die abstraktive Leistung der Sprache gegenüber der Perzeption beginnt mit der Trennung von Merkmal und Gegenstand.

2. Perzeptuelle Repräsentationen sind typischerweise wesentlich sparsamer als aktuelle Perzeptionen. Sie sind abstrakt und schematisch, oft Informationen ausgliedernd, die in aktuellen Perzeptionen vorhanden sind.
3. Perzeptuelle Repräsentationen rekrutieren sich aus allen fünf Sinnesmodalitäten einschließlich Propriozeption und Introspektion, d. h. aus jedem Aspekt von Erfahrung *(experience)*. Sie sind also nicht im traditionellen Sinn perzeptuell, sondern *experiental*.

Was den Gesichtspunkt der *experience (experiental)* betrifft, verweist Barsalou (ebd.: 26-29) auf Linguisten wie Lakoff/Johnson (1980), Lakoff (1987), Sweetser (1990), Talmy (1988), insbesondere auf Langacker (1987). Und in der Tat scheinen die schematischen bildlichen Darstellungen Langackers eher Darstellungen von perzeptiven Repräsentationen zu sein als von sprachlichen. Zumindest sind sie es oft gleichzeitig. Denn sehr oft geht es bei Langacker um die Wiedergabe lokaler Relationen. Diese spielen linguistisch eine besondere Rolle, weil sie in der Sprache als lokale Verhältnisse (also auch als lokale Argumente in Argumentkonstruktionen) wiedergegeben werden können (vgl. 4.6.3).

Diese schematischen perzeptiven Repräsentationen betrachtet Barsalou (ebd.: 32) als *Frames*:

> As developed in Barsalou (1993 = 1993a, K. W.) frames are large collections of perceptual symbols integrated to form a unified representation of an entity [...].

Barsalou (1993a: 56) spricht – für Linguisten (und Semiotiker) m. E. befremdlich – von perzeptiven Symbolen. Mit Symbol meint er, dass etwas (verallgemeinernd und abstrahierend) für etwas steht. Der semiotisch erwartete Zusatz: ‚mit Hilfe eines formalen sprachlichen Zeichens' fehlt. Denn sprachliche Zeichen sind für ihn Symbole von Symbolen ohne eigenen kognitiven Beitrag (vgl. ebd.: 61):

> I do *not* assume that deeper, more conceptual forms of linguistic symbols develop that correspond to something along the lines of predicate calculus, propositions, or any other type of amodal arbitrary symbols. Instead, I assume that linguistic symbols only exist in the cognitive system as memories of external linguistic symbols.[51]

Linguisten werden dem kaum folgen. Dennoch hat Barsalou mit seinem Vorstoß bewirkt, dass in der Psychologie größere Aufmerksamkeit auf die Unterscheidung getrennter Bereiche des Kognitiven gelenkt wurde.

---

[51] *Linguistic symbols* sind also die perzeptiven Repräsentationen der Zeichenformen und *external linguistic symbols* sind die Zeichenform selbst.

Beispielsweise verweist Barsalou (2009: 1286–1287) auf Experimente von Zwaan/Madden (2005) zur Rolle visueller Simulationen beim Sprachverstehen. Zwaan und Madden haben Versuchspersonen u. a. entweder den Satz (42a) oder den Satz (42b) präsentiert:

(42) a. John pounded the nail into the wall.
      b. John pounded the nail into the floor.

Darauf wurden den Versuchspersonen Abbildungen eines Nagels in horizontaler und vertikaler Position gezeigt mit der Aufgabe, den Gegenstand zu benennen. Widersprach die Abbildung des Nagels (horizontal oder vertikal) dem, was der Satz sagt, erfolgte die Benennung verzögert. Daraus kann man schließen, dass die Versuchspersonen die perzeptive Simulation des sprachlich mitgeteilten Ereignisses bei der Lösung der Benennungsaufgabe einbezogen.[52] Analoge Effekte lassen sich (Barsalou 2009: 1287) auch im motorischen Bereich nachweisen. Nach Pulvermüller (2005) rufen Verben für Kopf-, Arm- oder Beinbewegungen kortikale Erregungen für die entsprechende Motorik hervor.

Wie bereits gesagt, mildert Barsalou (Barsalou/Santos/Simmons/Wilson 2008) seine Position dadurch ab, dass er das sprachliche System der Kognition ausdrücklich einbezieht und von einer *LASS*-Theorie *(Language and Situated Simulation Theory)* spricht. Im Wesentlichen bleibt er jedoch dabei, dass Sprache für die Kognition etwas Äußerliches ist, vgl. (ebd.: 248):

> We further suspect that the processing of experience continues to be more central in human cognition than the processing of words.

Und schließlich (ebd.: 250):

> [...] when we refer to the „linguistic system" here, we are referring to the system that processes linguistic forms, not to the system that represents linguistic meaning. As described earlier, we assume that meaning is largely represented in the simulation system.

Durch die Arbeiten aus dem Forschungsbereich Barsalous hat sich die *embodied cognition hypothesis* zu einer wichtigen forschungsleitenden Hypothese in der kognitiven Psychologie entwickelt (vgl. bspw. Welke et al. 2015). Nach traditioneller Auffassung bieten Motorik und Perzeption nur das Ausgangsmaterial

---

52 Ein ähnliches Experiment (Zwaan/Stanfield/Yaxley 2002) zeigt einen Adler *(eagle)* einmal fliegend (also mit ausgebreiteten Flügeln) und ein anderes Mal an einem Ort sitzend. Die Abbildungen von Adlern hatten die gleiche unterschiedliche Wirkung je nachdem, ob sich Satz und Bild entsprachen oder nicht. Die Sätze lauteten: *The ranger saw the eagle in the sky* und *The ranger saw the eagle in its nest.*

für die eigentliche kognitive Verarbeitung. Nach Barsalou laufen die wesentlichen Prozesse bereits im perzeptiven Bereich ab. In welchem Umfang das geschieht, ist jedoch weiterhin umstritten, also auch die Frage, ob dem perzeptiven System der Kognition oder dem sprachlichen System das größere Gewicht zukommt.[53] Der *embodied hypothesis* steht weiterhin eine *disembodied hypothesis* gegenüber. Dazwischen gibt es Abstufungen von einer peripheren Rolle des perzeptiven Systems bis hin zu einer zentralen. Bei Barsalou findet sich m. E., wie gesagt, die Tendenz, das Perzeptive überzubewerten. Er betont wiederholt, dass es wenig psychologische experimentelle Evidenz für den unabhängigen kognitiven Status von Sprache gibt (z. B. Barsalou/Santos/Simmons/Wilson 2008: 620).

Als erstes kann der stark zuspitzenden und polarisierenden Theorie Barsalous entgegen gehalten werden, dass nur Wörter, die Dinge und konkret wahrnehmbare Eigenschaften und Relationen (Situationen) denotieren, leicht auf Perzeptives zurückgeführt werden können, aber nicht Wörter, die sich auf abstrakte Begriffe beziehen,[54] vgl. Mahon/Caramazza (2008: 60):

> For abstract concepts there is no sensory or motor information that could correspond in any reliable or direct way to their ‚meaning'. The possible scope of the embodied cognition framework is thus sharply limited up front; at best, it is a partial theory of concepts since it would be silent about the great majority of the concepts that we have.

Mahon/Caramazza (2008) kommen zu dem Schluss, dass alle bisherigen empirischen Ergebnisse mit der Annahme einer strikten (also modularen) Trennung eines abstrakten und symbolischen kognitiven Inhalts von sensorischer und motorischer Information in Einklang gebracht werden können. Sie betonen aber (ebd.: 9):

> Nevertheless the issue of whether the embodied cognition hypothesis offers a cogent and empirically valid account of the representation of concrete objects and actions is in itself interesting.

Es geht also nicht um die Anerkennung oder Nicht-Anerkennung von zwei Bereichen des Kognitiven. Mahon/Caramazza (2008) unterbreiten einen Kompromissvorschlag, den sie *grounding by interaction* nennen. Danach geht es um

---

53 Wenn man die Sprache herausnimmt, wie m. E. oft üblich in der Psychologie, so geht es darum, ob und inwiefern eine niedere Stufe konkret perzeptiver Operationen von einer höheren Stufe abstrakter Operationen unterschieden werden muss bzw. ob die niedere Stufe nur die Ausgangsinformationen liefert und die eigentlichen kognitiven Operationen erst im höheren abstrakten Bereich ablaufen.
54 Barsalou hat versucht, diesen Einwand zu berücksichtigen (vgl. Barsalou 1993b: 6).

eine Änderung der in der kognitiven Psychologie oft üblichen Gewichtung des perzeptiven Bereich gegenüber dem abstrakt symbolischen (also sprachlichen) Bereich zu Gunsten der Sprache (vgl. ebd.: 68):

> Within the grounding by interaction framework, sensory and motor information colors conceptual processing, enriches it, and provides it with a relational context. The activation of the sensory and motor systems during conceptional processing serves to ground ‚abstract' and ‚symbolic' representations in the rich sensory and motor content that mediates our physical interaction with the world.

Das heißt, die sprachliche (wörtliche) Mitteilung wird in einem Zweiebenenmodell von perzeptivem und linguistischem System durch perzeptive und motorische Erfahrung grundiert,[55] vgl. Mahon/Caramzza (ebd.: 68):

> Sensory and motor information on that view, contributes to the ‚full' representation of a concept. [...] The activation of specific sensory and motor representations complements the generality and flexibility of ‚abstract' and ‚symbolic' conceptual representations.

Mahon/Caramazzo (ebd: 69) demonstrieren das u. a. an folgendem Beispiel:[56] Vom Standpunkt der *embodied hypothesis* könnte man sagen, dass es in den Sätzen (43) um zwei Konzepte von HUND (DOG) geht, nämlich eines großen und eines kleinen Hundes.

(43) a. The dog easily jumped over the chair.
b. The dog could easily walk under the chair.

Aus einer Sicht des *grounding by interaction* entgegnen Mahon und Caramazzo, dass die Verallgemeinerung erst in der Sprache erfolgt:

> In contrast, on the grounding by interaction view, the sensory construct of the imagined ‚dog' is different in the two cases; however, the same ‚abstract' concept dog is retrieved in both cases.

Abschließend (ebd.: 69) verweisen die Autoren darauf, dass durchaus auch abstraktere Konzepte perzeptiv grundiert werden können:

> The ‚abstract' and ‚symbolic' representation BEAUTIFUL is given specificity by the sensory and/or motor information with which it interacts in a particular instantiation.

---

55 Das ist eigentlich das, worauf Ziem und Busse Wert legen, jedoch unter der Prämisse, dass das nur ein holistisches Modell leisten könne.
56 Auch auf das Nagel-Beispiel (42) und das Adler-Beispiel (Anmerkung 52) trifft die Demonstration zu.

Wesentlich für die Unterscheidung von Sprachlichem und Perzeptivem ist auch die Feststellung Mahons und Caramazzas, dass Konzepte für konkrete Dinge wie z. B. HAMMER nicht nur perzeptiv sind, sondern stets auch abstrakt sind, m. a. W. abstrakt-sprachlich im Sprachwissen existieren, gesondert vom perzeptiven Wissen, vom „Weltwissen", vgl. (ebd.: 69):

> Thus, the concept HAMMER has an abstract representation that would be the relevant mental unit on a formal analysis of the concept HAMMER.

Mahon und Caramazza (ebd.: 67) verweisen auf Befunde aus der Apraxie-Forschung, die zeigen, dass Patienten zwar nicht wissen, wie bestimmte Objekte zu benutzen sind, dass sie die Objekte aber dennoch bezeichnen können. Das falsifiziere strenge Formen der *embodied cognition* Hypothese – spricht also für die Existenz des sprachlichen Systems neben dem perzeptiven.

Aus linguistischer Perspektive wäre der Befund so zu interpretieren, dass die Bezeichnung mehr ist als nur die bloße äußerliche Wortmarke. Die Versuchspersonen müssen schließlich auf Grund irgendwelcher semantischer Merkmale des Gegenstandes erkennen, dass dieser Gegenstand und nicht jener (z. B. eine Zange) *Hammer* genannt wird.[57] Das heißt, sensorisch feststellbare Merkmale müssen zu sprachlichen (semantischen) Merkmalen abstrahiert worden sein, um die Versuchspersonen in die Lage zu versetzen, ein Objekt zu bezeichnen, weil Voraussetzung der Bezeichnung die Unterscheidung von anderen Objekten ist.

Man kann m. E. annehmen, dass das Verstehen von Sätzen (Konstruktionen) oft allein im sprachlichen System abläuft. Nach Barsalous *LASS*-Theorie ist das ein oberflächliches abgekürztes Verständnis. Gewissermaßen reicht es dem Hörer zu wissen, dass er die sprachliche abstrakt-logische und prototypentheoretisch zu fassende Konstruktionsbedeutung auf Perzeptionen beziehen könnte. Es gibt jedoch zahlreiche Fälle, in denen die Interpretation nicht glatt und reibungslos verläuft, z. B. bei der Instantiierung von Konstruktionen durch Verben, die die betreffenden Konstruktionen nicht projizieren. Zur Überprüfung der Interpretierbarkeit der Äußerung befragt ein potentieller Hörer in diesem Fall das perzeptive System. Das heißt, der Hörer versucht, das Geschilderte zu simulieren, es sich vorzustellen. Mit diesem Kriterium der (perzeptiven) Vorstellbarkeit werde ich im Folgenden arbeiten.

---

57 Denn Bezeichnung setzt Bedeutung voraus (Stichwort: semantisches Dreieck).

5.5 Coercionen (produktive Instantiierungen)

Coercionen sind Implementierungen von Verben in Konstruktionen, die von diesen Verben nicht projiziert werden. Konstruktionen, die durch Verben instantiiert werden, die diese Konstruktionen nicht (im engeren Sinne) projizieren, sind produktive Konstruktionen (produktive Konstruktionsmuster). Statt von Coercionen kann man daher auch von produktiven Instantiierungen sprechen.

Nach einleitenden Bemerkungen zu Regeln der Coercion folgen zunächst Diskussionen der drei eingangs (5.2) genannten kritischen Fälle freier (überschüssiger) Argumente: Coercionen (produktive Instantiierungen) in die Nominativ-Dativ-Akkusativ-Konstruktion (projektionistisch: überschüssige (freie) Dativ-Argumente) (5.5.2), Coercionen in die zwei- und dreistellige Direktivkonstruktion (projektionistisch: freie Direktiva) (5.5.3) und Coercionen in die Objektsprädikativ-Konstruktion (projektionistisch: freie Objektsprädikativa) (5.5.4), Coercionen in die Präpositionalobjekt-Konstruktion (5.5.5), Coercionen in die Nominativ-Akkusativ-Konstruktion. Bei allen diesen Coercionen geht es um Instantiierungen von geringerstelligen Verben in höherstellige Konstruktionen (projektionistisch ausgedrückt um Valenzerhöhungen). In 5.5.7 geht es um Instantiierungen höherstelliger Verben in geringerstellige Konstruktionen (projektionistisch ausgedrückt um Valenzreduktionen).

5.5.1 Regeln der Coercion

Schematische Konstruktionen können nicht durch beliebige Verben instantiiert werden, auch nicht durch Coercion. Da das so ist, müssen Coercionen (produktive Instantiierungen) auf irgendeine Weise geregelt sein. Mit anderen Worten: Auch die Lösung des Widerspruchs zwischen Konstruktion und Projektion läuft in geregelten Bahnen ab.

Bereits an der Gliederung von 5.5 wird deutlich, dass es generelle Restriktionen gibt. Zum einen erscheinen nicht alle schematischen Konstruktionen in dieser Gliederung. Denn es gibt unproduktive Konstruktionen. Das sind Konstruktionen, in die Verben, die diese Konstruktion nicht projizieren, nicht gezwungen werden können. Zum anderen gibt es bestimmte Unterschiede zwischen Instantiierungen höherstelliger Konstruktionen durch geringerstellige Verben und Instantiierungen geringerstelliger Konstruktionen durch höherstellige Verben. Ein Wechsel zwischen gleichstelligen Konstruktionen findet nur ausnahmsweise statt. Des Weiteren müssen Verb und Konstruktion in der Reihenfolge der Argumente übereinstimmen (Stichwort: Strukturerhaltungsprinzip, vgl. 3.6, Kap. 7 und 12).

5.5.1.1 Coercionen von geringerstelligen Verben in höherstellige Konstruktionen

Die Coercion von geringerstelligen Verben in höherstellige Konstruktionen (valenzgrammatisch: Valenzerhöhung) betrifft den Widerspruch zwischen Projektion und Konstruktion, der unter dem Gesichtspunkt der Kreativität und Produktivität vor allem interessiert.

In Welke (2009a; 2009b; 2011) wurde die Geregeltheit von Coercionen nicht beachtet. Ich hatte angenommen, dass per Coercion implementierte Verben bei entsprechender Gebrauchshäufigkeit zu Verben werden, die die Konstruktion, in die sie gezwungen wurden, projizieren (also per *entrenchment* einen Lexikoneintrag erhalten).

Engelberg (2009) zeigte jedoch, dass Fälle, die in Welke (2009a) als nichtprojizierte Argumente angesehen werden, wegen ihrer Vorkommenshäufigkeit als mit der entsprechenden Projektion lexikalisiert eingestuft werden müssten. Engelberg (2009) hat eine Korpusanalyse zu Geräuschverben, die als Bewegungsverben verwendet werden, durchgeführt. Eine Zufallsauswahl von 200 Belegen der Verben *donnern, knattern, knistern, quietschen, rauschen, schwirren* und *tuckern* ergab folgende Vorkommen (44a) in zweistelligen Direktivkonstruktionen wie z. B. (44b).

(44) a. tuckern 173, schwirren 160, rauschen 124, donnern 99, knattern 87, quietschen 8, knistern 1.
 b. Motorräder tuckerten/knatterten durchs Dorf.

Legt man Frequenzunterschiede zu Grunde, so sollten mindestens die Verben *tuckern, schwirren* und *rauschen* eine Valenz und einen entsprechenden Lexikoneintrag ausgebildet haben. Dafür sprechen auch die Zahlen des Vorkommens in Direktivkonstruktionen (per 1 Milliarde laufender Wörter), vgl. (ebd.: 83):

(45) rauschen 2421, donnern 2038, schwirren 1271, tuckern 702, knattern 230, quietschen 39, knistern 5

Engelberg (2009: 95) wendet daher gegen Welke (2009a) ein:

> Konzeptuelle Anpassungen auf der Basis einer Direktionalkonstruktion spielen bei der Emissions-als-Bewegungsverben keine Rolle.

Aus Engelbergs Daten muss man, wenn man Geregeltheit nicht einkalkuliert, schließen, dass sich einige Geräuschverben auf Grund ihrer Vorkommenshäufigkeit in Direktivkonstruktionen bereits dauerhaft so verändert haben, dass sie in einer ihrer Bedeutungsvarianten Direktivkonstruktionen projizieren, dass sie also nicht mehr per Coercion implementiert werden. Aus Geräuschverben wären in diesen Fällen Fortbewegungsverben geworden. Das heißt, es müsste ein Umbau der Verbbedeutung stattgefunden haben, in der z. B. bei *tuckern* die Bedeutung ‚tuckern' ein prädizierendes Merkmal (Funktor-Merkmal nach Bondzio 1976–78) erworben hat, das auf eine Richtung (*goal*, *path* oder *source*) verweist und das Verb zu einem Fortbewegungsverb macht. Aus der Bedeutung (46a) müsste die Bedeutung (46b) geworden sein:

(46) a. Emission des Geräusches des Tuckerns
b. Fortbewegen unter Emission des Geräusches des Tuckerns

(47) a. TUCKERN (x)
b. TUCKERND (Modifikator-Merkmal) FORTBEWEGEN $_{nach/von/durch}$ (x, y)

Das wiederum scheint jedoch nicht der Fall zu sein. Das Verb *tuckern* bleibt trotz hoher Frequenz des Gebrauchs in einer Direktivkonstruktion ein einstelliges Geräuschverb. Daraus folgt die Hypothese, dass das generell für produktive Implementierungen gilt.

Grund ist zum einen, dass Veränderungen der Stelligkeit, die aus der Implementierung folgen, Qualitätssprünge sind. Denn die Veränderung der Stelligkeit muss sich auf die Bedeutung, d. h. auf die innere semantische Struktur des betreffenden Verbs, auswirken. Das aber scheint nur sehr schwer und möglicherweise erst über weitere Umwege (weitere Bedeutungsänderungen) der Fall zu sein.[58]

Gegen Engelbergs Diktum, dass Coercionen im Bereich der Emissions-als-Bewegungsverben keine Rolle spielen, spricht im Übrigen, dass es sehr unterschiedliche Verteilungen der Häufigkeit gibt, wie die Reihen (44) und (45) zeigen. Da man nicht ganz vereinzelte Vorkommen als Indiz von Projektion werten kann, so sollten Implementierungen von *quietschen* oder *knistern* in Direktivkonstruktionen zwar vorkommen, aber ohne diese zu projizieren. Darüber

---

[58] Indizien dafür gibt es auch aus Phylogenese und Ontogenese. Phylogenetisch scheint es eine sehr langsame Entwicklung zu höherstelligen Konstruktionen und in der Folge zu höherer Stelligkeit von Verben zu geben. Indizien sind die mutmaßliche Entwicklung heutiger dreistelliger Konstruktionen und entsprechender dreistelliger Verben aus zweistelligen Konstruktionen und entsprechenden zweistelligen Verben und die Emergenz der relativ jungen Präpositionalobjekt-Konstruktion (Kap. 15). Ontogenetisch gibt es einen Qualitätssprung von Einstelligkeit zu Zweistelligkeit. Ein Indiz ist ferner die Entwicklung in der formalen Logik von einer Logik nur einstelliger Prädikate zur modernen Prädikatenlogik mit grundsätzlich mehrstelligen Prädikaten. G. Klaus (1958) legte diese Entwicklung der Logik als Reflex eines generellen Übergangs von klassifizierender traditioneller Naturwissenschaft zu relationsorientierter moderner Naturwissenschaft aus.

hinaus kommt Engelberg (ebd.: 81) auf Grund eines Vergleichs mit der Liste der Geräuschverben in Dornseiff (2004), zu der u. a. die Verben (48) gehören, zu dem Schluss, dass die Bewegungsvariante bei den meisten Geräuschverben äußerst selten auftreten dürfte.

(48) kreischen, klirren, knallen, rasseln, schrillen

Bei den Verben (48) wie auch bspw. bei *knistern* aus (45) muss also die Implementierung von Geräuschverben in eine Direktivkonstruktion durch Coercion erfolgen.

Jedoch auch bei *tuckern* kann man aus der Gebrauchshäufigkeit nicht auf Projektion schließen. Denn die Gebrauchshäufigkeit von z. B. *tuckern* in Direktivkonstruktionen kann man auch als Konventionalisierung von *Minikonstruktionen* erklären. Nach Boas (2003, vgl. unten) erfolgen Coercionen nicht unmittelbar in schematische Konstruktionen, sondern über konventionalisierte Minikonstruktionen, d. h. über analogische Abwandlungen. Diese Minikonstruktionen sind, weil konventionalisiert, als solche im Konstruktikon gespeichert.

(49) a. Ein Traktor tuckerte durchs Dorf.
      b. Motorräder knatterten durchs Dorf.

Für die Annahme von konventionalisierten Minikonstruktionen sprechen auch Befunde Engelbergs: Im Kontext von Fahrzeugen erhöht sich die Gebrauchsvorhäufigkeit von Geräuschverben in Direktiv-Konstruktionen signifikant. Weiterhin werden schematische Direktiv-Konstruktionen vor allem mit Direktiva der Richtung *(goal)* gebildet, während Emissions-als-Bewegungs-Verben vor allem mit Direktiva des Weges *(path)* vorkommen. Diese Informationen werden nicht in Projektionen festgehalten. Das Mittel, sie zu bewahren, sind konventionalisierte Minikonstruktionen, die die Sprecher/Hörer nach allgemeinen Prinzipien der Ähnlichkeit (Analogie) und nach folgendem Implikatur-Muster abwandeln können:

(50) Wenn es bei *tuckern* die Metonymie ‚Geräusch für Fortbewegung' gibt, probiere, ob Du ähnliche charakteristische Bezüge zwischen Geräuschverben und bestimmten Fortbewegungsarten in weiteren Token-Konstruktionen erfolgreich verwenden kannst!

Ein analoges Implikatur-Muster, so kann man folgern, gilt für alle überschüssigen Argumente. Die Analogien erfolgen nach syntaktischen, semantischen und vor allem pragmatischen Regeln.

Die pragmatischen Regeln machen das Vorkommen von Verben in Konstruktionen, die sie nicht projizieren, jedoch nicht prinzipiell voraussagbar. Diese Nicht-Voraussagbarkeit (zusammen mit der verbreiteten Abstinenz gegenüber der Einbeziehung der Pragmatik) dürfte der wichtigste Grund für Versuche sein, überschüssige Argumente trotz ihrer Besonderheiten als ungeregelte (idiosynkratische) Projektionen zu beschreiben. Der kritische Kern des für die Klärung notwendigen Regelbegriffs ist daher seine pragmatische Komponente. Das soll im Folgenden an einer Auseinandersetzung von Boas (2003) mit Goldberg (1995) exemplifiziert werden.

Goldberg (1995: 193–198) formuliert syntaktische und semantische Regeln für englische Resultativkonstruktionen und formuliert damit den Anspruch, dass Resultativkonstruktionen zwar per *Coercion*, dennoch nicht beliebig, sondern syntaktisch und semantisch geregelt instantiierbar sind. Boas (2003, 2005, 2011) zeigt jedoch, dass die von Goldberg formulierten semantischen und syntaktischen Regeln Übergeneralisierungen nicht ausschließen, dass sie also nicht ausreichen, um mögliche (akzeptable) Konstruktionen von unmöglichen Konstruktionen zu trennen, also z. B. (51a) von (51b).

(51) a. He sneezed the napkin off the table.
      b. *He whispered the napkin off the table.
      c. He blew the napkin off the table.

Boas (2003) fügt einer semantischen Komponente im Engeren eine Komponente ‚Weltwissen' (‚*world knowledge*') hinzu. Dieses Weltwissen, so zeigen seine Interpretationen, vervollständigt die Beschreibung möglicher Resultativkonstruktionen.

Ich interpretiere das vom semantischen Wissen unterschiedene Weltwissen als perzeptives Wissen und die beiden kognitiven Bereiche, um die es hier geht, als sprachliches versus perzeptives System (vgl. 5.4.2). Die Bedingung für die Akzeptabilität von nicht-projizierten Konstruktionen formuliere ich auf der Grundlage dieser Trennung des linguistischen Systems vom perzeptiven System der Kognition und nenne diese Bedingung *Vorstellbarkeit*. Es geht darum, dass die sprachliche Formulierung dem perzeptiven kognitiven System des Hörers genügend Input geben muss. Der Hörer muss sich eine Situation konkret genug vorstellen können, auf die die betreffende Aussage zutreffen könnte, vgl.:

(52) a. Emil niest die Serviette vom Tisch.
      b. *Emil atmet die Serviette vom Tisch.

Dass ein Niesen so heftig ausfallen kann, dass eine Serviette vom Tisch gefegt wird, ist vorstellbar.[59] Dass Atmen das Gleiche bewirkt, ist nicht im gleichen Maße vorstellbar. Boas operiert bezogen auf Weltwissen mit den gleichen Argumenten.

Hinzu kommt die Bedingung der *Relevanz* (der Grice'schen Maxime der Relation). Es muss eine kausale Ableitung von Relevanz (von Sinnhaftigkeit) möglich sein. Ein Sprechakt gelingt, wenn der Hörer in einem zweiten Schritt (nicht unbedingt im zeitlichen Sinne) der Äußerung auf Grund der Möglichkeit, sich eine entsprechende Situation vorzustellen, Relevanz zusprechen kann, so dass er annehmen kann, dass der Sprecher diese Situation schildern wollte.

Boas (2003, 2005, 2011) formuliert seine Einwände gegen Goldbergs (1995) Analyse von Resultativkonstruktionen anhand von englischen und deutschen Resultativkonstruktionen. Er zeigt u. a. am Beispiel von (53), dass man eine Aufteilung vornehmen muss in bereits konventionalisierte Resultativkonstruktionen[60] wie (53a) und in nicht-konventionalisierte Resultativkonstruktionen wie (53b), wo aktuell eine Coercion notwendig ist.

(53) a. Tom blew the napkin off the table.
b. Tom sneezed the napkin off the table.

Den Satz (53a) betrachtet Boas entsprechend der Vorkommenshäufigkeit von *blow* in dreistelligen Direktivkonstruktionen als eine konventionalisierte Minikonstruktion. Diese Differenzierung gilt auch für das Deutsche, vgl.:

(54) a. Tom blies die Krümel vom Tisch.
b. Tom nieste die Krümel vom Tisch.

Boas macht damit auf eine von Goldberg (1995) und später auch von Welke (2009a) übersehene Differenz aufmerksam. Diese Differenz ist wesentlich, weil man auf ihrer Grundlage eine nicht-konventionalisierte Minikonstruktion (54b) als Analogie zu einer konventionalisierten Minikonstruktion (54a) erklären kann. Wenn man aber Analogie annimmt, so stellt sich die Frage nach den Bedingungen der Analogie, also danach, durch welche Bedingungen sich akzeptable von unakzeptablen Analogien unterscheiden. Das aber sind neben syntaktischen und semantischen Bedingungen pragmatische Bedingungen des Weltwissens, d. h. des perzeptiven Systems der Kognition.

---

59 Vorstellbar im oben genannten perzeptiven Sinne.
60 Boas subsumiert wie Goldberg Direktiv- und adjektivische Objektsprädikativ-Konstruktionen unter den Terminus der Resultativkonstruktion.

5.5.1.2 Coercionen von höherstelligen Verben in geringerstellige Konstruktionen

Produktivität ist primär die Ausdehnung der Reichweite von Konstruktionen auf Grund der Coercionen geringerstelliger Verben in höherstellige Konstruktionen, valenztheoretisch: Valenzerhöhung.

Der entgegengesetzte Weg der Coercion von höherstelligen Verben in geringerstellige Konstruktionen ist dem gegenüber sekundär.[61] Es geht vor allem um die Coercion zweistelliger Verben in einstellige Konstruktionen. Valenztheoretisch handelt es sich um Valenzreduktion, um fakultative Argumente, und zwar definit und indefinit weglassbare Argumente (Sæbø 1984, vgl. auch Welke 2011: 136–37). Ein traditioneller Begriff wie der des intransitiv gebrauchten transitiven Verbs deutet die konstruktionsgrammatische Interpretation an: Intransitiv gebrauchte transitive Verben sind transitive Verben, die in intransitiven und in diesem Falle einstelligen Konstruktionen verwendet werden können, d. h. in intransitive Konstruktionen per Coercion implementiert werden können.

Kriterium der Implementierbarkeit höherstelliger Verben in geringerstellige Konstruktionen ist zunächst die kontextgestützte Vorstellbarkeit einer denotierten Situation (vgl. 5.4). In Welke (2015) wurde daher vorgeschlagen, Valenzreduktionen genauso zu behandeln wie Valenzerhöhungen, d. h. Reduktionen ebenfalls nicht ins Lexikon aufzunehmen (vgl. 5.2). Denn es ist zwar möglich, Valenzreduktionen im Lexikon zu vermerken, und das geschieht seit Helbig/Schenkel (1969). Das heißt aber nicht, dass das notwendig ist und dass es im realen mentalen Lexikon der Sprecher/Hörer solche Eintragungen gibt. Für die Überflüssigkeit der Einträge sprechen die zahlreichen Fälle, in denen Helbig/Schenkel (1969) oder das VALBU (2004) Fakultativität nicht verzeichnen, also streng genommen Obligatheit vorgeben (vgl. Welke 1988: 30–32). Man kann fragen, welchen Nutzen die Behauptung einer Unterscheidung bringt, die nur unzureichend eingehalten wird.

Gravierender ist, dass es kaum plausibel erscheint, dass die Weglassbarkeit von Argumenten ein Lexikoneintrag ist und zur Projektion im engeren Sinne gehört und nicht einer allgemeine Regularität folgt, die sich in syntaktischen, semantischen und pragmatischen Bedingungen ausdrückt. Abspeicherung in einem Lexikoneintrag würde bedeuten, dass es bei jedem einzelnen Verb einen idiosynkratischen Eintrag der Merkmale ‚obligatorisch' oder ‚fakultativ' gibt. Das wäre ein nicht zu bewältigender Lernaufwand. Nicht nur Valenzerhöhungen (vgl. 5.2), sondern auch Valenzreduktionen sollten daher nicht im mentalen Lexikon eingetragen sein. Es muss Prinzipien außerhalb des Lexikons geben, die die Weglassbarkeit regeln.

---

[61] Die Gewichtung ist also umgekehrt zur valenzgrammatischen.

Konstruktionell ausgedrückt geht es darum, dass ein Verb, z. B. *essen*, das im Lexikon als zweistellig verzeichnet ist, weil es eine zweistellige Handlungskonstruktion projiziert, unter beschreibbaren semantischen, syntaktischen und pragmatischen Bedingungen in eine einstellige Tätigkeitskonstruktion gezwungen werden kann:[62]

(55) a. Er isst Gemüse.
     b. Er isst.

Zunächst sollten das die pragmatischen Bedingungen der Vorstellbarkeit und der Relevanz sein, vgl. (57a) und (57b):

(56) a. Stör ihn nicht. Er telefoniert/isst gerade.
     b. Stör ihn nicht. ?Er repariert/reklamiert/offeriert/verfügt/versieht gerade.

In (56a) ist die Bedeutung des Verbs so konkret, dass sie dem Hörer eine Vorstellung des Vorgangs ermöglicht, ohne dass der Hörer weiß, was gegessen wird oder mit wem telefoniert wird. Eine genauere Information ist dem Sprecher nicht möglich, oder er hält sie für den Zweck nicht nötig, eventuell sogar für ablenkend. In (56b) ist die Bedeutung des Verbs jedoch so allgemein, dass der Hörer sich den Vorgang nicht vorstellen kann (nicht „konkret genug" vorstellen kann).

Der Weglassung (56a) entspricht dem, was man in der Valenztheorie nach Sæbø (1984, vgl. auch Welke 2011: 136–37) indefinite Auslassung nennt und was in der Logik durch den Existenzquantor (Bindung einer Variablen durch den Existenzquantor) ausgedrückt wird. Die Sätze in (56b) dagegen sind kontextlos unakzeptabel. Sie können nur akzeptabel werden, wenn sich im Kontext eine geeignete Größe finden lässt, die als 2. Argument dienen könnte (valenztheoretisch nach Sæbø 1984: definite Auslassung).

Ein Sonderproblem stellen Blockierungen der Implementierung transitiver Verben in intransitive Konstruktionen dar, wenn es sich um transitive Präfix- und Partikelverben handelt (vgl. 5.5.7).

(57) a. Er besteigt den Berg.
     b. *Er besteigt.

---

[62] Analoge Implementierungen erlauben auch zweistellige Verben mit anderen Projektionen, z. B. zweistellige Verben mit Dativ-Projektion *(helfen, danken)* oder direktive Verben *(gehen, fahren): Ich helfe gern. Ich danke vielmals. Ich gehe/fahre jetzt.*

(58) a. Er durchfährt die Stadt.
b. *Er durchfährt.

Es gibt einige zusätzliche Bedingungen. Eine Bedingung betrifft die Realisierung/Nichtrealisierung des Subjektsnominativs. Konstruktionell ausgedrückt geht es im Deutschen um die Möglichkeit von subjektlosen Akkusativkonstruktionen, vgl.:

(59) a. Mich friert.
b. *Mich fragt.

Coercion in eine einstellige Konstruktion wie (59a) ist keine aktuelle Operation. Es ist hier zunächst (synchron) nur zu konstatieren, dass es einstellige subjektlose unproduktive Konstruktionen der Art (59a) gibt, die nur von wenigen Verben instantiiert werden können und dass es sich um konventionalisierte Mikrokonstruktionen handelt.

Eine andere Bedingung betrifft idiosynkratische Bedeutungseinschränkungen (Verlust von Kompositionalität). Solche nicht voraussagbaren (idiosynkratischen) Fälle müssen, folgt man der Valenztheorie und der Praxis der Valenzwörterbücher, im Lexikon einen Eintrag als selbständige einstellige Varianten erhalten. Dazu gehören Fälle wie:

(60) a. Er sitzt (im Gefängnis). Der Anzug sitzt.
b. Du gibst (u. a. die Karten beim Kartenspiel, machst den Aufschlag beim Tischtennis).
c. Die Uhr geht.
d. Das reicht. Das geht.

Projektionistisch formuliert ist Valenzreduktion in diesen Fällen keine aktuelle synchrone Operation. Valenzreduktion hat sich hier diachron mit einer semantischen Veränderung (Bedeutungsverengung bzw. Bedeutungsspezialisierung) verbunden, die zu einem dauerhaften Valenzeintrag geführt hat. Beispielsweise setzen Helbig/Schenkel (1969) eine gesonderte einstellige Variante für *gehen* im Falle von (60c) an. In der Valenztheorie werden diese Fälle lexikalisierte Ellipsen genannt (vgl. Welke 1988). Konstruktionsgrammatisch handelt es sich um konventionalisierte Minikonstruktionen. Es sind diachron zurückliegende Coercionen der entsprechenden Verben in einstellig intransitive Konstruktionen begleitet von Bedeutungs- und Projektionswandel.

Es bleibt zu prüfen, ob es Fälle von Implementierungen höherstelliger Verben in geringerstellige Konstruktion außer der Implementierung von zweistelligen Verben in einstellig intransitive Konstruktionen gibt. Problematisch scheint insbesondere die Implementierung dreistellig direktiver Verben in zweistellig transitive Konstruktionen zu sein. Es scheint m. E. kaum Fälle zu geben, in denen diese Implementierung dem Kriterium der Vorstellbarkeit genügt (in denen eine indefinite Weglassung möglich ist). Dieser Umstand könnte zur Erklärung von Blockierungen wie (57) und (58) herangezogen werden (vgl. Kap. 16).

5.5.1.3 Konstante Verbbedeutung und Projektion
Eine Grundbedingung der Coercion sowohl von geringerstelligen Verben in höherstellige Konstruktionen (5.5.2–5.5.6.1) als auch von höherstelligen Verben in geringerstellige Konstruktionen (5.5.7) ist die dauerhafte Fixiertheit der im Lexikon eingetragenen Bedeutung und Projektion der instantiierenden Verbs einerseits und der im Konstruktikon eingetragenen schematischen Konstruktionen andererseits. Mit anderen Worten: Die Coercionen gehen vonstatten, ohne dass es zu einer Ad-hoc-Änderung der Projektion (Projektion im engeren Sinne) kommt. Grundlage dafür, dass es dennoch Bewegung, Entwicklung und Produktivität gibt, ist die Wechselwirkung von Projektion und Konstruktion. Sie erklärt das Phänomen, das aus projektionsgrammatischer Sicht in der Valenzerweiterung und -reduktion (und Valenzänderung bei Gleichstellung) und aus konstruktionsgrammatischer Perspektive in der Implementierung von Verben in Konstruktionen per Coercion besteht.

In den Kapiteln zur Wortstellung (Kap. 7) und zur Konstruktionsvererbung (vgl. insbesondere Kap. 12) wird es um eine Ausweitung der These der Unveränderbarkeit der Projektion (und der schematischen Konstruktion) auf die Reihenfolge der Argumente gehen: Auch die projizierte Reihenfolge der Argumente ist unveränderbar.[63]

5.5.2 Nominativ-Dativ-Akkusativ-Konstruktion

Der projizierte (gebundene, lexikalische) Dativ in dreistelligen N-D-A-Konstruktionen ist in seinem vermutlichen Ursprungsort, der zweistelligen Nominativ-Dativ-Konstruktion, heute auf relativ wenige Verben eingegrenzt (vgl. 4.3). Er

---

[63] Nichts ist absolut unveränderbar. Gemeint ist zunächst nur eine Ad-hoc-Veränderung im Augenblick der so genannten Valenzerweiterung (und -reduktion) und eine Ad-hoc-Implementierung von Verben, wenn die Reihenfolge der vom Verb projizierten Argumente und die Reihenfolge der Argumente der Konstruktion nicht überein stimmen. Im ersten Fall kann man eine Änderung der Projektion innerhalb eines größeren Zeitraums nicht ausschließen. Im zweiten Fall (der Reihenfolgeänderung) kommt es über langfristige Prozesse der Konstruktionsvererbungen zu Konstruktionen mit (partiell) geänderter Reihenfolge der Argumente.

hat also als projizierter Kasus im Deutschen eine beträchtliche Ausweitung in projizierten Nominativ-Dativ-Akkusativ-Konstruktionen erfahren.[64] Nominativ-Dativ-Akkusativ-Konstruktionen gehören darüber hinaus im Deutschen (im Unterschied zum Englischen) zu den produktivsten Konstruktionen (Stichwort: freier Dativ).

Dreistellige Dativ-Konstruktionen (vgl. 4.4) scheinen nahezu beliebig instantiierbar zu sein, was in der Valenztheorie zu dem Vorschlag geführt hat, den freien Dativ als Modifikator zu betrachten. Es sind kaum syntaktische und semantische Regularitäten zu finden, die die Instantiierung einschränken. Aber auch in pragmatischer Hinsicht ist die Spannweite groß.[65] Insbesondere lassen sich perfektive einfach-transitive Verben weitgehend in Nominativ-Dativ-Akkusativ-Konstruktionen implementieren.

(61) a. Er baut ihm ein Haus.
b. Er repariert ihm das Fahrrad.
c. Er schreibt ihm den Aufsatz.

Auch imperfektive transitive Verben scheinen, wenn auch pragmatisch eingeschränkter, implementierbar zu sein:

(62) a. Jemand pflegt/(be)hütet/betreut/lehrt/unterrichtet/behandelt mir jemanden.
b. Jemand liebt/hasst/mag/achtet/ehrt/verehrt/unterstützt mir jemanden.

Zur Produktivität der Dativkonstruktion trägt bei, dass sie mit dreistelligen (projizierten oder nicht-projizierten) Direktivkonstruktionen und auch mit Objektsprädikativ-Konstruktionen überblendet werden kann. Das führt zu vierstelligen Token-Konstruktionen:

(63) a. Er stellt ihm das Buch ins Regal.
b. Er trägt ihm den Koffer zum Bahnhof.
c. Er malt ihm die Kuh blau.

---

64 Der Dativ wird in projektionistischen Theorien auf Grund der möglichen Vorstufung (Promotion) des Dativ-Arguments im sog. Rezipientenpassiv zum Subjekt oft als struktureller Kasus betrachtet.
65 Andererseits hat es in der Valenztheorie auch Versuche gegeben, den freien Dativ als regiert (also projiziert, als Argument) zu betrachten. Eine genauere Analyse nach dem Vorbild der Analyse der Resultativkonstruktionen von Boas (2003) wäre notwendig.

Dass dagegen eine Kreuzung (Überblendung) mit sich selbst, auch mit einer projizierten Konstruktion, kaum möglich ist, liegt m. E. an Tendenzen zur Vermeidung von semantisch zu engen Dopplungen (vergleichbar dem Ein-Kasus-pro-Satz-Prinzip bzw. Theta-Prinzip).

(64) a. ?Er trägt seinem Freund dem Nachbarn den Koffer nach oben.
b. Aber: Er trägt für seinen Freund dem Nachbarn den Koffern nach oben.

Bei Projektionsänderungen müsste eine semantische Umorganisation des Verbs vonstatten gehen, von bspw. einem Zuwendungsverb zu einem Patiensverb (vgl. 5.1). Es ist aber zu fragen, ob und inwieweit regelgeleitete Coercionen eine semantische Umorganisation des zu implementierenden Verbs einschließen. In Welke (2009a; 2011, vgl. oben 5.4.1) wurde eine relativ weitgehende Umorganisation angenommen. Die in 5.5.1.3 formulierte Generalisierung schließt dagegen die Umorganisation aus. Die Analysen in Welke (2009a und 2011) sollen daher im Folgenden revidiert werden.

Ausgangspunkt waren (Welke 2009a; 2011) die semantischen Analysen McCawleys (1968) und Lakoffs (1970):

(65) a. Emil gibt Anita das Buch.
b. Emil macht (CAUSE), dass Anita das Buch hat (POSS).

(65b) ist eine Analysen aus projektionistischer Sicht, nämlich eine Analyse des Verbs und seiner inneren semantischen Struktur. Gleichzeitig kann man die Struktur (65b) aber auch als eine semantische Analyse der Konstruktion ansehen, die das Verb *geben* projiziert. Das Verb *geben* enthält die zwei prädizierenden semantischen Merkmale (Funktoren) CAUSE und POSS mit ihren jeweiligen Projektionen (Leerstellen). Ich wähle das Dependenzformat, um die konstruktionelle Seite so weit wie möglich gleichzeitig darstellen zu können, entsprechend dem Zusammenhang von Dependenz und Konstruktion (vgl. 2.2.12).[66]

---

[66] Die Umwandlung in ein Dependenzformat ist allerdings nur unvollkommen möglich. Semantische Analysen dieser Art gliedern unter dem Einfluss der Konstituentenstrukturgrammatik dreistellige Relationen hierarchisch in zweistellige auf. Sie gehen dabei denotativ vor und behandeln Implikationen wie Denotationen. So ist POSS (Anita, Buch) keine explizite (denotierte) Prädikation, sondern nur eine Implikation. Das Verb *geben* z. B. denotiert nicht den Endzustand: POSS (Anita, Buch), sondern impliziert ihn, und zwar strikt als sog. *target-state* (Parsons 1990). Es bleibt hier nur, sich mit dem Vorhandenen in leichten Abwandlungen zu begnügen.

(66) a.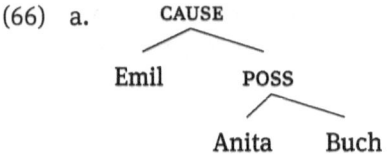

b. CAUSE (Emil, (POSS (Anita, Buch)))

Die Analyse Lakoffs (1970) ist im Laufe der Zeit verfeinert und ausgestaltet worden. Einen wesentlichen Zusatz erhält sie bei Dowty (1979: 91). Er nimmt für den Satz (67a) die semantische Struktur (67b) an.

(67) a. John killed Bill.
b. [[John does something] CAUSE [BECOME [Bill is alive]]]

Eine ähnliche Analyse findet sich bei Pustejovsky (1991: 58):

(68) a. John closed the door.
b. CAUSE ([ACT (j, the-door)], BECOME [CLOSED (the-door)])

Ich stelle (67b) bzw. (68b) in einem gegenüber Welke (2002, 2009a, 2011) geänderten und vereinfachten Dependenzformat dar und bezeichne die Argumente nur durch ihre Rollen (Agens, Patiens, PROC):[67]

(69) a. $\boxed{\text{Nom}_{1/\text{Ag}} - \text{Verb} - \text{Akk}_{2/\text{Pat}}}$

b.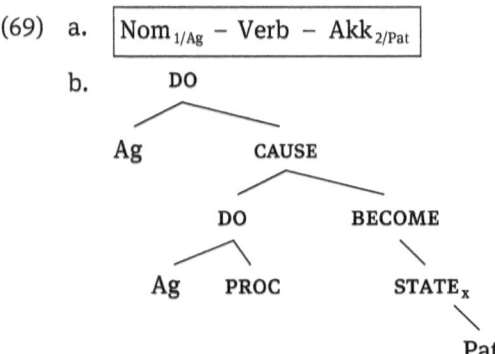

c. DO {Ag, [CAUSE (DO (Ag, PROC), BECOME (STATE$_x$ (Pat))]}
Jemand verursacht durch eine Tätigkeit (durch das willentliche Auslösen eines Prozesses), dass ein Gegenstand (ein Ding, eine Person, eine Information) in einen bestimmten Zustand (STATE$_x$), oder in die Existenz (EXIST) gerät.

---

[67] Pat (Patiens) dient zur Identifizierung der letztlich zu CAUSE gehörenden signifikativen Rolle. Bezogen auf PROC oder STATE allein müsste man von Vorgangsträger sprechen.

Den Funktor DO und sein Argument ‚something' in Dowtys Analyse (67b) fasse ich mit Dowty sehr unbestimmt als einen durch DO (ACT) bewirkten Prozess (Vorgang) auf, als ein „Tun" *(do something)*. Der Funktor PROC wird durch das implementierte Verb spezifiziert. STATE$_x$ soll andeuten, dass einfache Handlungsverben einen Nachzustand implizieren und nicht wie Direktivkonstruktionen und Resultativkonstruktionen (5.5.3 und 5.5.4) denotieren. Informationen über den STATE$_x$ muss der Hörer aus der Semantik des Verbs und gegebenenfalls zusätzlich aus dem Kontext und dem perzeptiven Wissen (der Vorstellbarkeit) erschließen. Der Funktor CAUSE bezieht sich nur auf den Handlungsaspekt, d. h. auf die Einwirkung eines Agens auf ein Patiens. Davon zu unterscheiden ist die Kausalität von perfektiven (telischen) Tätigkeits- oder Vorgangsverben und -konstruktionen. Denn diese enthalten ebenfalls Kausalität, aber nicht als kausale Einwirkung auf ein Patiens.

In diesen Zusammenhang gehört die Unterscheidung der telischen (perfektiven) Aspektklassen *‚accomplishment'* und *‚achievement'* in einer von der üblichen abweichenden Definition.[68] Nach einer weniger üblichen Definition sind *accomplishments* durch ein Agens herbeigeführte Ereignisse. *Achievements* sind dagegen als Ereignisse definiert, die entweder nicht von einem Agens intentional herbeigeführt werden oder bei denen von einer Agens-Verursachung abgesehen wird. Sie „passieren halt". Sie sind *„purely lucky achievements"* (Ryle 1949: 151).

Die semantische Beschreibung einer *geben*-Konstruktion (70a) ist (70b, c). Die semantischen Strukturen von (69) und (70) unterscheiden sich durch die Spezifizierung des STATE als STATE$_x$ (Pat) versus POSS (Rez, Pat).

(70) a. $\boxed{\text{Nom}_{1/Ag} - \text{Verb} - \text{Dativ}_{2/Rez} - \text{Akk}_{3/Pat}}$

b. DO {Ag, [CAUSE (DO (Ag, PROC), BECOME (STATE$_{POSS}$ (Rez, Pat))]}

c.
```
            DO
           /  \
         Ag    CAUSE
              /    \
            DO      BECOME
           /  \        \
         Ag   PROC    STATE_POSS
                       /    \
                     Rez    Pat
```

---

68 Die übliche Definition bezieht sich auf die zeitliche Ausdehnung. *Achievements* sind punktuell. Der Zustandswechsel ist plötzlich. Bei *accomplishments* erstreckt sich der Zustandswechsel über einen längeren Zeitraum. Diese Definition stellt typische Begleitumstände eines tiefe-

Den Funktor STATE$_{POSS}$ betrachte ich (wie alle solche Funktoren) nicht als Invariante, sondern als Prototyp, auf dessen Grundlage es zahlreiche direkte und indirekte Abwandlungen gibt, entsprechend den einzelnen Dativbedeutungen. Es ergibt sich eine Kette von Abwandlungen eines prototypischen handgreiflichen Habens, z. Bx. als Zugutekommen (*dativus commodi*) einschließlich der Negationen (*dativus incommodi*) (vgl. Kap. 4).

Wenn bspw. ein zweistelliges Handlungsverb in die dreistellige Nominativ-Dativ-Akkusativ-Konstruktion implementiert wird, so teilen die dreistellige Konstruktion und das zweistellige Verb den größten Teil der semantischen Struktur:[69]

(71)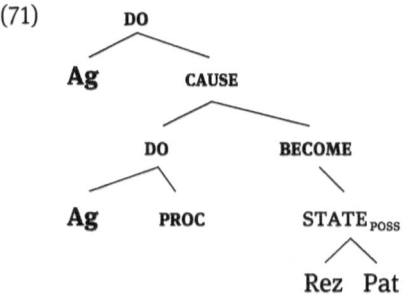

Der Funktor PROC wird durch das Verb spezifiziert. Wird bspw. das Verb *bauen* in eine Nominativ-Dativ-Akkusativ-Konstruktion implementiert, so wird dem Hörer mitgeteilt, dass durch den Prozess BAUEN (x) (Dowtys „x does something", vgl. oben) jemand das Gebaute erhält. Das Verb *bauen* impliziert den Resultatzustand GEBAUT bzw. EXIST. Diese Implikation bleibt erhalten, steht jedoch nicht mehr im Vordergrund (ist nicht mehr perspektiviert).

Das Verb *bauen* wird abgesehen von dieser Perspektiveänderung, so wie es ist, d. h. ohne semantische Veränderung, ohne die Annahme einer ad hoc geänderten Valenz, in die dreistellige N-D-A-Konstruktion implementiert. Die Konstruktion allein steuert den Rest der Gesamtsemantik der Token-Konstruktion bei. Es ändert sich wie gesagt nur die Gewichtung der Implikation ‚STATE$_x$' bzw. ‚GEBAUT' des zweistelligen Agens-Patiens-Verbs *bauen* gegenüber der Implikation ‚STATE$_{poss}$ (Rez, Pat)' der dreistelligen N-D-A-Konstruktion.

Zu Grunde liegt die Implikatur:

(72) Das gewählte Verb ist kein *geben*-Verb, sondern ein zweistelliges Handlungsverb, das sich affizierend oder effizierend auf etwas bezieht. Es ist

---

ren Unterschiedes fest, der in der weniger üblichen Definition festgehalten wird (vgl. im Einzelnen Welke 2002).
69 Der von Konstruktion und Verb geteilte Teil der semantischen Struktur ist fett gedruckt.

möglich, dass eine solche Handlung einer Person dadurch zugute kommt, dass sie den veränderten oder geschaffenen Gegenstand (Pat) erhält. Für die Wiedergabe einer solchen Situation steht eine Nominativ-Dativ-Akkusativ-Konstruktion bereit. Instantiiere die Nominativ-Dativ-Akkusativ-Konstruktion durch das gewählte Verb!

Regularitäten der Implementierung
Über die in der Implikatur genannte Bedingung der Implementierung von Handlungsverben hinaus lassen sich m. E. kaum weitere Spezifizierungen formulieren. Das hat u. a. zu der vielfach akzeptierten Annahme beigetragen, dass der freie Dativ ein Modifikator sei. In Welke (2009a, 2011) wurde ein Regress auf die Komponente ‚Tätigkeit' (DO) von *bauen* minus CAUSE postuliert. Das ist unnötig und widerspricht wegen der Grammatikalität von bspw. *Er bebaut ihm das Grundstück* dem Umstand, dass *be*-Verben nicht intransitiv verwendbar sind (vgl. auch Kap. 16).

Valenzerweiterung und Lexical Decomposition Grammar (LDG)
Ein lexembasiertes Konzept, in dem es um nicht-projizierte Argumente geht, liegt mit der *Lexical Decomposition Grammar (LDG)* Wunderlichs (u. a. 1997, 2000) vor. Als ein Hauptanliegen seiner Theorie formuliert Wunderlich (2000: 247):

> Lexical Decomposition Grammar (LDG) [...] assumes that the addition of arguments is triggered by a semantic extension of verbs [...]

Wunderlich exemplifiziert das (ebd.: 247 ff.) u. a. an Beispielen wie:

(73) a. The children ran the lawn flat.
 b. Mir zerbrach die Brille.
 c. Er trank mir den Kühlschrank leer.
 d. Sie fällten eine Schneise in den Wald.
 e. Markus stellt den Keller voll.
  Wunderlich 2000: 247 (1b), (2b) und (5a, b, c)

Das sind die strittigen Fälle der überschüssigen Argumente von Objektsprädikativ-Konstruktionen (73a, c, e), N-D-A-Konstruktionen (73b) und N-A-Dir-Konstruktionen (73d). Als Lösung sieht Wunderlich (2000) eine Erweiterung zu einem komplexen Prädikat vor. Ein Verb wird semantisch durch ein zusätzliches semantisches Prädikat BECOME (Q(z) bzw. POSS (z, x) erweitert, vgl. (ebd. 248). Die Probleme beginnen jedoch mit den Frage, wie es zu der Projektionsänderung kommt und wodurch die Bedeutungsänderung verursacht ist (falls das Verb wirklich ad hoc seine Bedeutung ändert), bzw. wodurch die Implementierbarkeit begrenzt ist. In der *LDG* hat letzteres ein Konzept von möglichen versus unmöglichen Verben zu leisten (vgl. Wunderlich 2000; Kaufmann 1995). Die Basis ist wie in anderen projektionistischen Theorien, dass alles, was in einer Argumentkonstruktion erscheint, projiziert sein muss (vgl. 5.1 und 5.2).

5.5.3 Direktivkonstruktionen

Sowohl in dreistellige als auch zweistellige Direktivkonstruktionen können Verben implementiert werden, die diese Konstruktionen nicht projizieren.

5.5.3.1 Dreistellige Direktivkonstruktion

In den Beispielen (74) und (75) handelt es sich um dreistellige Direktivkonstruktionen, die vom betreffenden Verb nicht projiziert sind. In (74) ist das Direktivum nicht-projiziert. In (75) sind sowohl das Akkusativobjekt als auch das Direktivum nicht-projiziert, vgl. (74) mit (76) und (75) mit (77):[70]

(74) a. Alfons baute ein Theater auf den Hügel.
     b. Alfons malte ein Bild an die Wand.

(75) a. Alfons pfiff ihn aus dem Zimmer.
     b. Er nieste die Serviette vom Tisch.

(76) a. Alfons baute ein Theater.
     b. Alfons malte ein Bild.

(77) a. Alfons pfiff. *Alfons pfiff ihn.
     b. Er nieste. *Er nieste die Serviette.

Charakteristisch für dreistellige Konstruktionen mit zwei nicht-projizierten Argumenten sind insbesondere Medialkonstruktionen (vgl. Kap. 11):

(78) a. Alfons lächelte/blödelte sich in die Gunst der Zuschauer.
     b. Alfons lächelte/blödelte. *Alfons lächelte/blödelte sich.

Dreistellige Direktivverben gehören zu den Handlungsverben. Sie enthalten den Funktor CAUSE, übertragen auf dreistellige Direktivkonstruktionen:

---

[70] Wunderlich (1997, 2000) spricht von schwachen und starken Resultativkonstruktionen.

(79) a. Alfons stellt das Buch in das Regal.

b. $\boxed{\text{Nom}_{1/\text{Ag}} - \text{Verb} - \text{Akk}_{2/\text{Pat}} - \text{Dir}_3}$

c. DO {Ag, [CAUSE (DO (Ag, PROC), BECOME (STATE (Pat, Loc)))]}

Die Coercion von zweistelligen Nominativ-Akkusativ-Verben in dreistellige Direktivkonstruktionen entspricht z. T. der Coercion von zweistelligen Nominativ-Akkusativ-Verben in Nominativ-Dativ-Akkusativ-Konstruktionen. Die dreistellige Direktivkonstruktion denotiert den Endzustand ‚LOC (Pat, Loc)'.[71]

(80) a. Wittgenstein baut ein Haus in die Kundmanngasse.

b.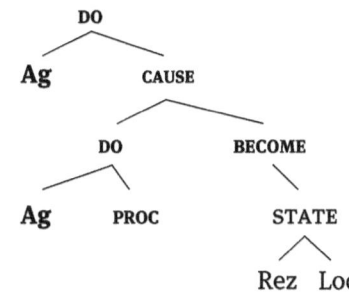

Die Implikatur lautet:

(81) Das gewählte Verb ist kein Direktivverb, sondern ein Handlungsverb, das sich affizierend bzw. effizierend auf etwas bezieht. Eine Handlung mit einem Gegenstand kann verursachen, dass der Gegenstand seine Position verändert (oder bei Schaffung des Gegenstandes eine Position erhält). Für die Wiedergabe einer solchen Situation steht eine Nominativ-Akkusativ-Direktiv-Konstruktion bereit. Instantiiere die Nominativ-Akkusativ-Direktiv-Konstruktion durch das gewählte Verb!

Wie bei der Instantiierung in die N-D-A-Konstruktion (vgl. oben) wird die Gewichtung der beiden (strikten) Implikationen geändert. Die Implikation auf den Nachzustand des Gebautseins, die das Verb *bauen* enthält, tritt gegenüber der Implikation auf das lokale Ziel zurück, die die Konstruktion beisteuert, verschwindet aber nicht.

---

[71] Der von der Konstruktion und vom Verb geteilte Teil der semantischen Struktur ist wieder fett markiert.

Der nicht-projizierte Teil der Konstruktion kann bei dreistelligen Direktivkonstruktionen noch weit größer sein als bei N-D-A-Konstruktionen. Denn auch einfache Tätigkeitsverben und sogar Vorgangsverben wie das durch Goldberg berühmt gewordene *niesen*, die als Tätigkeitsverben gedeutet werden, können in eine Direktivkonstruktion implementiert werden:[72]

(82)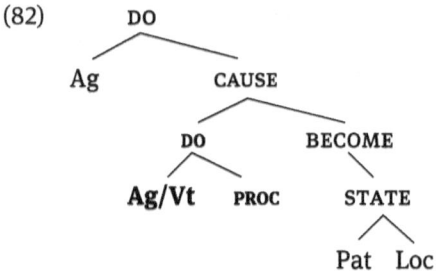

(83) Emil niest die Serviette vom Tisch.

Die Implikatur lautet:

(84) Das gewählte Verb ist kein Direktivverb, sondern ein Tätigkeits- oder ein als Tätigkeitsverb deutbares Vorgangsverb. Eine Tätigkeit und ein von einem Agens ausgelöster Vorgang können verursachen, dass ein Gegenstand seine Position verändert. Für eine solche Situation steht eine dreistellige Direktiv-Konstruktion bereit. Instantiiere die Nominativ-Akkusativ-Direktiv-Konstruktion durch das gewählte Verb!

Restriktionen der Implementierung (1)
Der kommunikative Erfolg der Direktivkonstruktion hängt von pragmatischen Bedingungen ab, nämlich davon, wie plausibel es für die Sprecher/Hörer ist, eine Ortsveränderung als Folge einer Tätigkeit oder eines Vorgangs aufzufassen. Die Wahl des Sprechers muss berücksichtigen, ob es einen vorstellbaren Zusammenhang gibt (Kriterium der Vorstellbarkeit) und ob er es für möglich hält, dass der Hörer die Implikatur nachvollziehen kann (Kriterium der Relevanz). Das sind partikuläre Implikaturen, die zu der generellen Implikatur (84) hinzukommen und die Implementierbarkeit begrenzen.

---

[72] Der projizierte Teil der Konstruktion ist wieder fett gedruckt.

Restriktionen der Implementierung (2)
Im Unterschied zu Nominativ-Dativ-Akkusativ-Konstruktionen gibt es bei dreistelligen Direktivkonstruktionen eine ziemlich stabile Restriktion. Es gibt transitive Verben, die nicht in dreistellige Direktivkonstruktionen gezwungen werden können.[73] vgl. (85) und (86):

(85) a. Er malte ein Bild auf die Tapete.
　　 b. Er niest die Serviette vom Tisch.

(86) a. Er bemalte ein Bild *auf die Tapete.
　　 b. Er benieste die Serviette *vom Tisch.

Das hat offenbar mit der Präfigierung zu tun. Ursache ist der direktive Ursprung des Präfixes (vgl. Kap. 16).

5.5.3.2 Zweistellige Direktivkonstruktion
Zweistellige Direktivkonstruktionen sind Vorgangs- bzw. Tätigkeitskonstruktionen.

(87) a. Der Stein flog auf das Dach.
　　 b. $\boxed{\text{Nom}_{1/Vt} - \text{Verb} - \text{Dir}_2}$
　　 c. PROC (BECOME (STATE (a, Loc)))

(88) a. Der Vogel flog auf das Dach.
　　 b. $\boxed{\text{Nom}_{1/Ag} - \text{Verb} - \text{Dir}_2}$
　　 c. DO (a, PROC (BECOME (STATE (a, Loc))))

Auch die zweistellige Direktivkonstruktion kann durch Verben instantiiert werden, die kein Direktivum projizieren, vgl.:

(89) a. Er brüllte/fluchte ins Zimmer.
　　 b. Die Rosen wuchsen über die Mauer.
　　 c. Es regnete ins Zimmer.

Die Implikatur lautet:

---

[73] Analoges gilt für Objektsprädikativ-Konstruktionen (5.5.4).

(90) Das gewählte Verb ist kein zweistelliges Fortbewegungsverb, sondern ein einstelliges Vorgangsverb oder Tätigkeitsverb. Ein Vorgang/eine Tätigkeit kann sich im Raum ausbreitet. Für die Wiedergabe einer solchen Situation steht eine zweiargumentige Direktivkonstruktion bereit. Instantiiere die Konstruktion durch das gewählte Verb!

In diesem Konstruktionsmuster werden auch Verben verwendet, deren Implementierung sich nicht aus der Implikatur (90) erklären lässt. Denn das Knattern oder Pfeifen in (91) ist nicht Ursache der Ortsveränderung, sondern Begleitumstand:

(91) a. Motorräder knatterten durch das Dorf.
     b. Der Wind pfiff um die Ecke.

(92) a. Motorräder fuhren knatternd durch das Dorf.
     b. Der Wind zog pfeifend um die Ecke.

Hier ist folglich eine weitere Implikatur, nämlich Metonymie, im Spiel:

(93) Das gewählte Verb ist kein Fortbewegungsverb, sondern ein einstelliges Geräuschverb. Ein Geräusch kann Begleitumstand einer Fortbewegung sein. Metonymie ist ein im Sprachgebrauch vielfach eingeübtes Verfahren. Setze das Geräusch, das Begleitumstand der Fortbewegung ist, metonymisch an die Stelle der Fortbewegung! Für die Wiedergabe einer solchen Situation steht eine zweiargumentige Direktivkonstruktion bereit. Instantiiere die Konstruktion durch das gewählte Verb!

Wie Geräuschverben können die Sprecher/Hörer auch Verben verwenden, die nicht Geräusche, sondern andere Begleitumstände von Fortbewegungen benennen, vgl.:

(94) Egon torkelte/humpelte/schlürfte/hopste/stelzte/zitterte/bibberte turnte davon.

Voraussetzung dieser Diagnose ist, dass man die beteiligten Verben nicht als Fortbewegungsverben einstuft, ihnen also nicht den Valenzeintrag (die Projektion) eines Direktivums zubilligt (vgl. auch Maienborn 1994). Das trifft auf die Verben in (94) zu. Denn es handelt sich um Bewegungsverben, aber nicht um Fortbewegungsverben.

5.5.4 Objektsprädikativ-Konstruktionen

In 4.7.2 wurden drei Kohyponyme innerhalb der Hyperonymkonstruktion ‚Objektsprädikativ-Konstruktion' unterschieden: adjektivische Objektsprädikativ-Konstruktionen (Resultativkonstruktion) (95a), substantivische Objektsprädikativ-Konstruktion (95b) und Objektsprädikativ-Konstruktion mit *als* (95c).

(95) a. Emil färbt die Hose blau.
b. Emil nennt Anton einen Lügner.
c. Emil betrachtet Anton als einen Lügner/als schlau.

5.5.4.1 Adjektivische OP-Konstruktion

Bei der Besprechung adjektivischer Resultativkonstruktionen listet Gallmann (Duden 2005: 957; 802) zunächst Konstruktionen mit Verben auf, die ein adjektivisches Prädikativ „verlangen", die man also als projiziert auffassen müsste, und zwar:

(96) a. Der Kleine machte sich die Finger schmutzig.   Duden 2005: 957
b. Der Architekt ließ die Wand unverputzt.
c. Das Medikament hielt den Patienten ruhig.
d. Sein Vorstoß stimmte mich nachdenklich.
e. Anna stellte das Kind ruhig.   Duden 2005: 802

Die Verben in (96) sind Verben in Bedeutungsvarianten, die in Hinsicht auf die Konstruktion projiziert zu sein scheinen. *Lassen* + Adjektiv (96b) kann man als einen Sonderfall betrachten, nämlich eine elliptische Reduktion aus *lassen* + *sein* + Adjektiv, analog zu *scheinen* + *sein* + Adjektiv. Es handelt sich um eine komplexe Konstruktion (projektionistisch: um eine Konstruktion mit einem komplexen Prädikat). *Machen* ist ein Passe-partout-Verb, nimmt also ebenfalls eine Sonderstellung ein. Dass in den Sätzen (96d–e) das Adjektiv als projiziert erscheint, führe ich darauf zurück, dass hier sowohl das Akkusativ-Argument als das Prädikativ-Argument nicht projiziert sind (vgl. unten) und dass Gallmann hier eventuell von der Nominativ-Akkusativ-Kombination ausgegangen ist, die ohne das Adjektiv nicht akzeptabel wäre. Bei (96c) ist es die semantisch nicht akzeptabel erscheinende Kombination von *Medikament* mit dem Akkusativargument, die zu dieser Interpretation führt.

Daneben finden sich aber auch Token-Konstruktionen wie:

(97) a. Otto putzte den Tisch sauber.   Gallmann 2005: 957
     b. Der Zimmermann drückte den Balken gerade.
     c. Die Malerin strich die Wand gelb.
     d. Die Mutter färbt das Kleid blau.
     e. Ich reibe den Spiegel blank.

Bei den Verben in (97) erscheint nur das Prädikativum als überschüssiges Argument. Die Verben weisen keine semantische Ausrichtung auf die Konstruktion aus (keine Argumenthaftigkeit, Welke 2011, keine Inhaltsspezifik, Jakobs 1994). Die Prädikativa denotieren nur mögliche Konsequenzen, d. h. nur pragmatische und nicht strikt implizierte Nachzustände. In (97) handelt es sich also deutlich um Konstruktionen, die durch das jeweilige Verb nicht projiziert sind. Gallmanns Kommentar (ebd.: 957) weist in die gleiche Richtung – und bestätigt die Vermutung hinsichtlich seiner Interpretation von (96a–e):

> Diesem Satzbauplan kommen Konstruktionen nahe, in denen man eine Erweiterung des Satzbauplans [Subjekt] + [Akkusativobjekt] + Prädikat durch eine prädikative Angabe (freies Objektsprädikativ; [...]) sehen kann.[74]

Die semantische Struktur von adjektivischen Resultativkonstruktionen entspricht der semantischen Struktur von einfachen Handlungskonstruktionen, vgl. (69), wieder aufgenommen als (98):

(98) a.

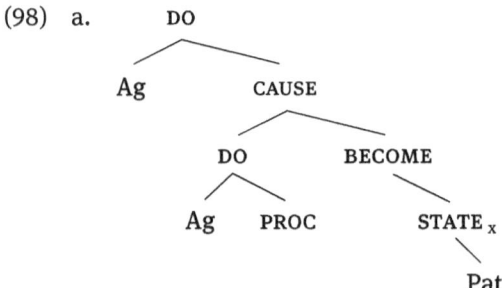

b. DO {AG, [CAUSE (DO (AG, PROC), BECOME (STATE$_x$ (Pat))]}

Die formal-syntaktische Struktur der adjektischen OP-Konstruktion ist der semantischen Struktur, die in der Wiedergabe erscheint, ähnlicher als die einfache Handlungskonstruktion, auf die die Formel ursprünglich zielt. Denn in der

---

[74] Eine ‚prädikative Angabe' bzw. ein freies Objektsprädikativ ist ein Modifikator. Die Einordnung Gallmanns entspricht dem traditionellen valenztheoretischen Verfahren, nicht-projizierte Argumente als Angaben (Modifikatoren) zu betrachten (vgl. 5.2.1).

OP-Konstruktion wird das Prädikat STATE (Pat) syntaktisch ausgewiesen und als Adjektiv lexikalisch realisiert (also denotiert), bleibt also nicht wie bei der Nominativ-Akkusativ-Konstruktion impliziert. Das Adjektiv ist annähernd tautologisch zum Nachzustand, den das Verb impliziert.[75] Es spezifiziert Nuancen und Grade des ansonsten nur implizierten Nachzustands. In der einfachen Handlungskonstruktion muss der Hörer den Nachzustand allein aus der Semantik des Verbs erschließen. Ansonsten ist die semantische Struktur der beiden Konstruktionen identisch. Das gilt jedoch nur für Fälle wie (97), in denen nur das Prädikativum (projektionistisch gesehen) überschüssiges Argument ist.

Die Entsprechung kann man an Synonymien zwischen deadjektischem Verb und Verb + Adjektiv verdeutlichen.

(99) a. Emil schärft das Messer.
      b. Emil macht das Messer scharf.

(100) a. Man kann das verdeutlichen.
      b. Man kann das deutlich machen.

(101) a. Emil gart das Huhn.
      b. Emil kocht das Huhn gar.

Die OP-Konstruktion leistet bei Implementierungen per Coercion wie bei den entsprechenden Direktivkonstruktionen den Hauptbeitrag:[76]

(102)

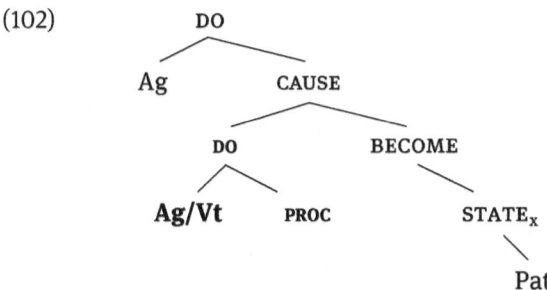

Synonymie von Direktiv- und adjektivischen Objektsprädikativ-Konstruktionen
Direktivkonstruktionen und adjektivische OP-Konstruktionen sind formal und semantisch deutlich unterschieden. Dennoch sind sie als Kohyponyme (der

---

75 Lüdeling (2001: 151) nennt Resultativkonstruktionen mit einem semantisch annähernd tautologischen Adjektiv-Argument kanonische Resultativa.
76 Die Übereinstimmung zwischen Verb-Projektion und Konstruktion ist wieder fett gedruckt.

übergeordneten Resultativkonstruktion) einander synonym (bedeutungsähnlich), vgl.:

(103) a. Er trinkt ihn unter den Tisch.
b. Er macht ihn betrunken.

(104) a. Er hämmert das Silber flach.
b. Er hämmert das Silber zu einem dünnen Blatt.

Wie in anderen Fällen (dem Verhältnis von N-A-Konstruktionen zu N-D-Konstruktionen oder N-D-A-Konstruktionen zu N-A-Dir-Konstruktionen) handelt es sich um unterschiedliche gleichstellige Konstruktionen, mit unterschiedlicher Form *und* unterschiedlicher Konstruktionsbedeutung, also auch um unterschiedliche Perspektivierung auf einen potentiell gleichen Sachverhalt.

Das Verb *bauen* in (105b) impliziert nicht strikt (als *target state* nach Parsons 1990) einen lokalen Nachzustand, so wie das Verb *malen* in (106a) kein Farbadjektiv projiziert:

(105) a. Er baut ein Haus.
b. Er baut ein Haus auf den Hügel.

(106) a. Er malt das Pferd.
b. Er malt das Pferd blau.

Diese Nachzustände werden durch die Konstruktion als 3. Argument zur Verfügung gestellt, durch das Adjektiv der adjektivischen Resultativkonstruktion (106b) und durch das Direktivum der Direktivkonstruktion (105b).

Restriktionen der Implementierung (1)
Wie bei Direktivkonstruktionen sind die imperfektive und intransitive Verwendbarkeit des Verbs Bedingung der Implementierung, vgl.:

(107) a. Emil kratzt die Scheiben frei/blank.
b. Emil zerkratzt die Scheiben *frei/blank.

(108) a. Emil streicht die Wand grün.
b. Emil bestreicht die Wand ?grün.

(109) a. Emil kaut den Apfel klein.
b. Emil zerkaut den Apfel *klein.

Für OP-Konstruktionen gelten also die gleichen Restriktionen wie für Direktivkonstruktionen.

Restriktionen der Implementierung (2)
Die Möglichkeit, Verben in adjektivische OP-Konstruktionen durch Coercion zu implementieren ist stark begrenzt. Anzunehmender Grund ist die oben charakterisierte Synonymie von einfachen zweistelligen Handlungskonstruktionen und dreistelligen adjektivischen-OP-Konstruktionen. Das übliche, fest etablierte Konstruktionsmuster ist die Nominativ-Akkusativ-Konstruktion. Diese ist der zentrale Konstruktionstyp des Deutschen und von Nominativ-Akkusativ-Sprachen überhaupt. Der Prototyp dieses Musters hat perfektive (telische) Bedeutung (vgl. 4.2). Die Implikation auf den Nachzustand *(target state)* leistet das, was die OP-Konstruktion durch die adjektivische Denotation des Nachzustandes leistet. Adjektivische OP-Konstruktionen stehen damit einer nahezu übermächtigen Konkurrenz gegenüber. Es eröffnen sich nur wenige zusätzliche sinnvolle Ausdrucksmöglichkeiten (Nischen) verglichen mit den zahlreichen Verben, die die Instantiierung von Nominativ-Akkusativ-Konstruktionen übernehmen. Dem stehen ebenfalls nur vergleichsweise wenige Adjektive gegenüber, die für die Nuancierungen der durch einfach transitive Verben strikt implizierten Nachzustände geeignet sind. Nicht zufällig ist daher die Produktivität der OP-Konstruktion stark eingeschränkt. Ausnahmen sind nur OP-Konstruktionen mit *machen* (110a) und eventuell *finden* (110b) einerseits (vgl. Möller 2010) und die produktive Nische der medialen OP-Konstruktion andererseits (111) (vgl. Kap. 11) :

(110) a. Er macht etwas sauber/kaputt/ganz/schön/schlecht.
        b. Er findet sie schön/interessant/angenehm/lustig.

(111) Er isst sich satt/müde/dick/rund/krank.

Zu berücksichtigen ist außerdem die Wortbildung, nämlich (projektionistisch ausgedrückt) die Bildung deadjektivischer Verben per Stammkonversion, also durch Übertritt in eine andere Wortart, und durch Präfixkonversion:[77]

(112) sauber – säubern, rot – röten, kurz – (ver)kürzen, besser – (ver)bessern, schlecht – verschlechtern, hoch – erhöhen, niedrig – erniedrigen

---

77 Zu konstruktionsgrammatischen Interpretation der Präfigierung vgl. Kap. 16.

(113) a. Er macht es besser/schlechter/schlimmer.
  b. Er verbessert/verschlechtert/verschlimmert es.

Diese Möglichkeit dieser Art der Gewinnung weiterer transitiver Verben verstärkt das Gewicht der Nominativ-Akkusativ-Konstruktion gegenüber der adjektivischen OP-Konstruktion.

Anmerkung Konversion (Wortbildung)
Konstruktionsgrammatisch kann man den *Prozess* der Konversion als Implementierung eines Adjektivs in eine Verbalkonstruktion per *Coercion* interpretieren. Die Bedingungen der Verbalkonstruktion erzwingen dabei die Konjugation des Adjektivs.

(114) $besser_{Adjektiv}$ → | Nominativ – Verb – Akkusativ |

Erst post festum, falls es zu einer Lexikalisierung (Eintrag im Lexikon) kommt, ist *besser-* als ein Verb im Lexikon eingetragen, das eine Nominativ-Akkusativ-Konstruktion projiziert (vgl. auch Kap. 11 und 16).

Die wichtigste Nische für OP-Konstruktionen sind Implementierungen von imperfektiven intransitiven und intransitiv gebrauchten Verben, also aus projektionistischer Perspektive Erweiterungen um die zwei Argumentstellen Akkusativ und Prädikativum. Ergebnis sind einzelne kreative Token-Konstruktionen, die wegen ihrer Seltenheit und Gelungenheit in der Tendenz als spezifische Minikonstruktionen gespeichert werden. Da es sich oft um einmalige Kombinationen Verb – Prädikativum handelt mit einer Tendenz zur Idiomatisierung (Aufgabe von Kompositionalität, Speicherung als konventionalisierte Minikonstruktion), tendieren die Sprecher/Hörer dazu, die Kombination als ein Wort aufzufassen (Univerbierung), vgl.:

(115) a. Er aß den ganzen Teller leer.
  b. Der Arzt schreibt den Patienten krank/gesund.
  c. Der Richter spricht den Angeklagten frei/schuldig.

Eine verstärkte Produktivität bringt die Mikrokonstruktion der medialen OP-Konstruktion mit sich (vgl. auch Kap. 11):

(116) a. Die Fans schrien sich die Kehle heiser.
  b. Der Patient liegt sich wund.
  c. Er schwimmt sich frei.

5.5.4.2 Substantivische OP-Konstruktion und *als*-OP-Konstruktion

Substantivische OP-Konstruktionen und OP-Konstruktionen mit *als* sind als Kontrast- bzw. Vergleichsgrößen zu adjektivischen OP-Konstruktionen interessant.

Substantivische OP-Konstruktion

Die substantivische OP-Konstruktion wird nur durch die Verben (117) instantiiert (vgl. Gallmann: Duden 965):

(117) heißen, nennen, schimpfen, schelten, schmähen

Im heutigen Deutsch stehen die Token-OP-Konstruktionen (118b) den zweistelligen Token-Konstruktionen (118a) gegenüber, vgl.:

(118) a. Er heißt/nennt/schimpft/schilt/schmäht Anton.
       b. Er heißt/nennt//schimpft/schilt/schmäht Anton einen Lügner.

Hinter den oberflächlich identischen Token-Konstruktionen (118a) verbergen sich zwei unterschiedliche schematische Konstruktionen, zum einen die Subjektsprädikativ-Konstruktion (Kopulakonstruktion), instantiiert durch *heißen*, zum anderen die N-A-Konstruktion, instantiiert durch *nennen, schimpfen, schelten, schmähen*.

Die OP-Konstruktion mit substantivischem Prädikativum ist nicht produktiv. Der eingegrenzte Kreis der instantiierenden Verben weist trotz der m. E. weitgehend fehlenden Unterschiede der lexikalischen Bedeutung zwischen der zwei- und der dreistelligen Variante (mit Ausnahme der *heißen*-Konstruktion) auf Projiziertheit dieser OP-Konstruktion hin.

Als-OP-Konstruktion

Die OP-Konstruktion mit *als* (119) ist projiziert.

(119) a. Emil betrachtet Anton als einen Lügner.
       b. Er sieht Anton als schlau an.

Neben *betrachten* und *ansehen* projizieren auch die Verben *bezeichnen* und *empfinden* diese Konstruktion. Es findet eine deutliche Veränderung der Bedeutung vom zwei- zum dreistelligen Verb statt, so dass es in seiner Bedeutung auf die *als*-Phrase perspektiviert ist, sie also (im engeren Sinne) projiziert. Bei den zweistelligen Verben *betrachten, ansehen, bezeichnen* und *empfinden* geht es um die konkrete Handlung des Betrachtens, Ansehens, Bezeichnen und Empfinden von etwas. Die dreistelligen Varianten bezeichnen dagegen nicht die konkret-gegenständliche Situation des Betrachtens, Ansehens, Bezeichnens und Empfindens, sondern die abstraktere Situation des Bewertens von jemandem oder von etwas.

Die Produktiviät der Konstruktion zeigt sich in der Instantiierbarkeit durch weitere Verben, bei denen eine vergleichsweise lexikalisch-semantische Veränderung, aus der Inhaltsspezifik folgen würde, nicht stattfindet, vgl.:

(120)   a. Er verwendete die Zange als Hammer.   Gallmann 2005: 959
        b. Er verkleidet sich als Graf.

Gallmanns (2005) Darlegungen zu Problemen wie diesen bestätigen die Interpretation. Denn er legt ein Valenzkonzept zu Grunde, das nicht-projizierte Argumente z. T. als Angaben (Modifikatoren) einstuft, z. T. aber auch den Begriff der Valenzerweiterung übernimmt. Man kann seine Einordnungen daher als Indizien für die Unterscheidung von Verben interpretieren, die OP-Konstruktionen projizieren und Verben, die diese nicht projizieren. Gallmann (2005: 959), der an anderer Stelle (vgl. oben) nicht-projizierte Argumente als Modifikatoren (Angaben) einstuft, spricht bei (120) von Valenzerweiterung:[78]

> Verwandt sind Satzstrukturen, in denen der Satzbauplan [Subjekt] + [Akkusativobjekt] + [Prädikativ] um ein (das, K. W.) Prädikativ erweitert wird.

Fazit und Ausblick
Die adjektivische OP-Konstruktion ist produktiv, wenn auch bis auf bestimmte Nischen stark restringiert. Relativ offen ist, ob es überhaupt Verben gibt, die diese Konstruktion projizieren. Eventuell sind das die Verben *machen* und *finden*. Die OP-Konstruktion mit substantivischem Prädikativum ist nicht produktiv. Die OP-Konstruktion mit *als* ist nur schwach produktiv. Notwendig wäre eine Untersuchung der Entstehung von OP-Konstruktrionen (analog etwa zu Kap. 15: Präpositionalobjekt-Konstruktionen). Nur in Ansätzen ist eine prototypentheoretische Rekonstruktion möglich. Die Hypothese in Bezug auf die adjektivische OP-Konstruktion lautet: Die Konstruktion ist aus einer Überblendung zweier Argumentkonstruktionen entstanden, einer Nominativ-Akkusativ-Konstruktion und einer Subjektprädikativ-Konstruktion. Es handelt sich um eine Konstruktion, zu der es im Wesentlichen keine die Konstruktion projizierenden Verben gibt, nämlich nur die Verben *machen* und *finden*. Bei *finden* könnte man Projiziertheit auf

---

[78] Valenzerweiterung aber entspricht konstruktionsgrammatisch der von einem Verb nicht projizierten Konstruktion.

die Bedeutungsänderung gegenüber der zweistelligen Variante zurückführen *(Ich finde das Buch. – Ich finde das spannend)*, analog zu den Verben der *als*-Konstruktionen. Es handelt sich bei der OP-Konstruktion (wie bei den anzunehmenden Anfängen der Präpositionalobjekt-Konstruktion, Kap. 15) um die Entstehung einer neuen Konstruktion ohne Vorhandensein einer Makro-Zielkonstruktion (vgl. Kap. 9 und 15).

5.5.5 Präpositionalobjekt-Konstruktionen

PO-Konstruktionen ordne ich an dieser Stelle nur der Systematik halber ein. Sie werden unter dem Gesichtspunkt der Konstruktionsvererbung im Kap. 15 behandelt. Die zweistellige und die dreistellige Präpositionalobjekt-Konstruktion gehören neben der zweistelligen und dreistelligen Direktivkonstruktion, der dreistelligen Dativkonstruktion und der Nominativ-Akkusativ-Konstruktionen (über den Umweg der Präfix- und Partikelkonstruktion (vgl. 5.5.6.2 und Kap. 16)) zur Gruppe der produktivsten syntaktischen Konstruktionen im Deutschen.

5.5.6 Nominativ-Akkusativ-Konstruktion

Die Nominativ-Akkusativ-Konstruktion ist die zentrale Argumentkonstruktion des Deutschen. Es ist anzunehmen, dass sie diachron der Kristallisationspunkt für die Herausbildung von dreistelligen Dativ-, Direktiv- und Objektsprädikativ-Konstruktionen gewesen ist, die als 3. Argument (im Falle der N-D-A-Konstruktion) und als 2. Argument (im Fall von Direktiv- und OP-Konstruktionen) ein Akkusativ-Argument enthalten. Auch die N-A-Konstruktion ist produktiv, jedoch mit charakteristischen Besonderheiten.

5.5.6.1 Coercion von intransitiven Verben in die N-A-Konstruktion

Geht man vom *No-Synonymy*-Prinzip (vom Prinzip der semantischen Nicht-Identität) aus, so sollten Konstruktionen wie (121a) und (121b) semantisch nicht identisch sein.

(121)   a. Er tanzt einen schnellen Tanz.
          b. Er tanzt schnell.

Diese Konstruktionen sind formal und signifikativ-semantisch unterschiedlich, beziehen sich aber potentiell auf die gleiche Situation und sind dadurch synonym (aber nicht bedeutungsidentisch). (121a) ist eine zweistellige Argumentkonstruktion. (121b) ist die reguläre (kompositionale) Fusion einer einstelligen Argumentkonstruktion mit einer Modifikatorkonstruktion zu einer komplexeren Konstruktion. Hinzu kommen bei (121a) die spezifischen Leistungen der attributiven Substantivkonstruktion, die den Bezug auf das Wissen des Hörers um unterschiedliche Arten von Tänzen (z. B. schnellen und langsamen) herstellt. Traditionell wird im Falle von (121a) von ‚inneren Objekten' gesprochen.

Gallmann (2005: 823) verweist darauf, dass die Bewertung als Argument oder Modifikator schwankt. Beispiele sind nach Gallmann (122), bezeichnenderweise mit dem Objekt in Klammern:

(122) a. Er schlief [einen unruhigen Schlaf].   Gallmann 2005: 823
      b. Sie sprang [den Sprung ihres Lebens].
      c. Meine Großtante ist [einen schlimmen Tod] gestorben.

Bis auf den Sonderfall der Konstruktionen mit innerem Objekt gibt es im Deutschen kaum Coercionen von intransitiven (intransitiv ein- und mehrstelligen) Verben in transitive Konstruktionen. Ein Einzelfall ist die transitive Verwendung von *erinnern* – gegenüber bspw. *lügen*.[79]

(123) a. Er erinnert sich des Vorfalls.
      b. Er erinnert sich an den Vorfall.
      c. Er erinnert den Vorfall.

(124) a. Er hat gelogen.
      b. *Er hat ihn gelogen.

Weitere Beispiele transitiver Verwendungen ursprünglich intransitiver Verben könnten *sprechen, kommunizieren* und (im österreichischen Deutschen) *klagen* sein:

(125) a. Er will Sie sprechen.
      b. Man muss das besser kommunizieren.
      c. Er wird ihn klagen.

---

79 Allerdings handelt es sich bei *sich erinnern* in (123b) um eine Medialkonstruktion mit Präpositionalobjekt, die die Verwendung von *erinnern* in einer Nominativ-Akkusativ-Genitiv-Konstruktion mit persönlichem Akkusativ abgelöst hat (vgl. Grimm'sches Wörterbuch). Das transitive *erinnern* mit sachlichem Akkusativ (123c) könnte eine Lehnübertragung aus dem Englischen sein: *I remember the accident.*

5.5.6.2 Coercionen in die N-A-Konstruktion via Präfigierung und Partikelverbbildung

Abschließend folgt eine Hypothese über die Einbeziehung von Präfigierung und Partikelverbbildung in die Syntax der Instantiierung von Argumentkonstruktionen (vgl. Kap. 16).

Projektionistisch ist dieses Thema seit langem besetzt, nämlich als die Möglichkeit, durch Präfigierung und Partikelverb-Bildung Verben zu transitivieren, z. B. durch *be*-Präfigierung (Eroms 1980; Michaelis/Ruppenhofer 2001). Verben können sich dabei in ihrer Projektion ändern. Aus intransitiven Verben können via Präfigierung und Partikelverbbildung transitive Verben werden.

(126) a. Er tritt in den Raum.
b. Er betritt den Raum.

(127) a. Er hat auf/über ihn geschimpft.
b. Er hat ihn beschimpft.

(128) a. Er hat gelogen.
b. Er hat ihn belogen.

(129) a. Er hat gelogen.
b. Er hat ihn angelogen.

Bei Präfigierung und Partikelverbbildung geht es um Wortbildung und nicht (wie bspw. beim Passiv) um Wortformbildung. Das mögliche Ergebnis der Wortbildung sind Wörter als Lexikoneinheiten. Vom möglichen Ergebnis der Lexikalisierung (Konventionalisierung) aus stellen Präfixverben, Partikelverben und Partikelpräfixverben[80] damit kein gesondertes syntaktisches Problem dar.[81] Einmal ins Lexikon aufgenommen stehen Präfixverben und Partikelverben (und Partikelpräfixverben) neben nicht derivierten Verben. Sie können wie andere Verben problemlos ohne Coercion in Nominativ-Akkusativ-Konstruktionen implementiert werden, also *erkennen* nicht anders als *kennen* und *auffallen* nicht anders als *fallen*. Denn als Lexikoneinheiten haben sie denselben syntaktischen Status wie

---

80 Sofern man diese als Wörter ansieht, was hier geschehen soll. Partikelpräfixverben nennen Altmann/Kemmerling (2000) Verben mit nicht-trennbare Partikeln: *Jemand durchquert die Stadt* im Unterschied zu *Er streicht das Wort durch*.
81 Beim Passiv geht es um die Bildung der passivischen Wortform, die im Normalfall nicht als Ergebnis im Lexikon eingetragen wird, was aus projektionistischer Perspektive die Annahme von Transformation oder Vererbung im Sinne der *HPSK* notwendig macht (vgl. Kap. 9 und 10). Substantivierungen (Nominalisierungen) nehmen eine Zwischenstellung ein. Sie werden, Chomsky (1970) folgend, oft lexikalistisch, nämlich wie originäre Substantive beschrieben, in späterer Zeit aber auch als Argumentvererbung (Grimshaw 1990, Ehrich/Rapp 2000) behandelt (vgl. Kap. 14).

Simplizia. Sie besitzen eine Projektion (Fügungspotenz, Valenz), auf deren Grundlage sie bestimmte schematische Konstruktionen instantiieren oder nicht instantiieren.[82]

Wie die Transitivierung zustande kommt, kann jedoch nicht projektionsgrammatisch, sondern erst konstruktionsgrammatisch erklärt werden (so wie die Existenz überschüssiger Argumente erst konstruktionsgrammatisch erklärt werden kann).

Folgendes Procedere erscheint möglich: Voraussetzung der Entstehung von Partikel- und Präfixverben sind Partikel- und Präfixkonstruktionen als Mikrokonstruktionen in intransitiven (130) und transitiven (131) Makrokonstruktionen.[83]

(130) a. Der Motor springt an.
b. Die Blume erblüht.
c. | Nom $_{1/Ag/Vt}$ _____ Partikel/Präfix |

(131) a. Er lächelt sie an.
b. Sie belächelt sein Verhalten.
c. | Nom $_{1/Ag}$ _____ Akk $_{2/Pat}$ Partikel/Präfix |

In die schematischen zwei- oder dreistelligen Partikelverb- oder Präfix-Konstruktionen (130c) und (131c) können Verben per Coercion implementiert werden, die die entsprechende einfach-intransitive oder einfach-transitive Makrokonstruktionen projizieren oder auch nicht projizieren.[84] Auf diesem Wege kann bspw. das Verb *lächeln* im Deutschen in eine Nominativ-Akkusativ-Partikelverb- oder Präfixkonstruktion implementiert werden:

(132) a. Sie belächelt ihn.
b. Sie lächelt ihn an.

---

[82] Sie können allerdings auf Grund ihrer Geschichte nicht auf gleiche Weise wie unpräfigierte Verben in Direktivkonstruktionen oder Objektsprädikativ-Konstruktionen gezwungen werden (vgl. 5.5.3 und 5.5.4).
[83] Es handelt sich um Vererbungen aus Direktivkonstruktionen und Präpositionalobjekt-Konstruktionen (vgl. Kap. 16).
[84] Über Restriktionen und Erweiterungen wäre gesondert zu befinden, z. B. zwei Präfixe (*erversuchen), aber Partikel + Präfix (*anberaumen*).

Eine Bedingung ist zunächst, dass die betreffende Instantiierung Sinn ergibt, dass also eine perzeptiv mögliche und relevante Aussage entsteht (Kriterium der Vorstellbarkeit).

Die Konstruktionen (133b–e) sind möglich, weil sie den Kriterien der Vorstellbarkeit und der Relevanz genügen.

(133)   a. Er lächelt/faucht/brüllt *Paul.
       b. Er lächelt/faucht/brüllt Paul an.
       c. *Er lächelt/faucht/brüllt Paul durch.
       d. Er belächelt/befaucht/bebrüllt Paul.
       e. *Er verlächelt/verfaucht/verbrüllt Paul.

Warum sollte es bspw. nicht ein *verfauchen* geben, so wie es ein *verbellen* gibt, warum nicht ein *bebrüllen*, so wie es ein *belächeln* gibt? Das heißt, als eine weitere, spezifisch einschränkende Bedingung der Akzeptabilität, nicht der Bildbarkeit überhaupt, kommt die Konventionalisierung (und daraus folgend Lexikalisierung) der Kombination Partikel- bzw. Präfix + Verb als Partikel- bzw. Präfixverb hinzu.

Partikel- und Präfixkonstruktionen sind andererseits produktiv. Denn es gibt Neuinstantiierungen. Diese müssen außer der Hürde der Vorstellbarkeit und Relevanz folglich die Hürde nehmen, dass sie nicht eingeübt sind. Dennoch sind sie möglich und können prinzipiell eingeübt werden (vgl. die Gegenüberstellung von System und Norm in der Wortbildung).

Es besteht eine gewisse Analogie zum Verhältnis von konventionalisierten und (noch) nicht konventionalisierten Objektsprädikativ-Konstruktionen. Dennoch ist auszuschließen, dass es sich bei den eingeübten und konventionalisierten Fällen um konventionalisierte Minikonstruktionen handelt. Denn es existieren – im Gegensatz zu der begrenzten Menge konventionalisierter Objektsprädikativ-Minikonstruktionen – wesentlich zu viele mögliche Instantiierungen von Präfix- und Partikelkonstruktionen, als dass man das annehmen könnte. Die Erklärung der Konventionalisierung liegt hier nicht in der Annahme von Minikonstruktionen im Konstruktikon, sondern in der Lexikalisierung (Konventionalisierung) von Kombinationen aus Präfix- bzw. Partikel + Verb zu Präfix- und Partikelverben, die einen Eintrag im Lexikon erhalten. Ihr Zusammenwachsen wird durch das äußerliche Zusammenwachsen im Wort dokumentiert (vgl. die Zusammenschreibung als Reflex der Sprecherintuition).[85] Mit dem Eintrag ins

---

85 Das Zusammenwachsen ist zum einen etwas Vorauseilendes. Etwas wird als Worteinheit bereits äußerlich formal realisiert, auch wenn es im Lexikon (noch) keinen Eintrag hat (vgl. sog. Augenblickskomposita). Andererseits setzt eine Lexikoneinheit eine Worteinheit nicht unbedingt voraus (vgl. z. B. phraseologische Wendungen oder Medialverben).

Lexikon (Valenzlexikon) ist dann Projektion gegeben, also die Möglichkeit der konventionalisierten Vorhersage aus dem Lexikoneintrag.

Diese Ableitung schließt als Ergebnis ein, dass nach der Lexikalisierung (Konventionalisierung) die Präfix- oder Partikel-Mikrokonstruktion als Durchgangsstadium in Bezug auf das betreffende Partikel- oder Präfixverb überflüssig wird. Als eingetragenes Verb instantiiert das Partikel- oder Präxiverb nunmehr eine intransitive oder transitive Konstruktion (wie ein nicht-präfigiertes Verb oder ein Nicht-Partikelverb, vgl. oben eingangs) ohne den Zwischenschritt der entsprechenden Mikrokonstruktion. Also: Vor der Lexikalisierung sind Partikel/Präfixe Bestandteil der entsprechenden Mikrokonstruktion. Nach der Lexikalisierung sind sie Verbbestandteile (vgl. Kap. 16).

Da jedoch Präfigierung und Partikelverbbildung produktiv sind, bleibt der Ableitungsmechanismus über die Präfix- bzw.- Partikel-Mikrokonstruktion in der sprachlichen Tätigkeit der Sprecher/Hörer erhalten – und damit die Existenz von Partikel- und Präfixkonstruktionen.

Wie in den übrigen Fällen von Coercion ist also für eine Erklärung der Produktivität von Präfigierungen und Partikelverb-Bildungen die Wechselwirkung von Konstruktion und Projektion die Grundlage.[86]

Be-Präfigierung
Be-Verben sind verglichen mit anderen Präfigierungen und Partikelverb-Bildungen typisch für Nominativ-Akkusativ-Konstruktionen. Eroms (1980: 24) stellt in einer umfangreichen Liste nur wenige Fälle fest, die von diesem Muster abweichen. Diese sind jedoch meist mediale Verben, z. B. *sich bedanken, sich beeilen, sich bemüßigen, sich bewahrheiten, sich bewegen, sich begnügen mit, sich bekennen zu*. Teilweise gehen diese Medialisierungen auf ursprünglich transitive Verben zurück, die nicht mehr im Gebrauch sind, z. B. *bedanken* (134a), *beeilen* (134b), *bewahrheiten* (134c):

(134) a. die schönheit wird allein mit dieser frucht bedanket
                                              Grimm WB Bd. 1, Sp. 1219
     b. man beeilte die hinrichtung des verurtheilten
                                              Grimm WB Bd. 1, Sp. 1242
     c. vorstehende gedichte bewahrheiten diese ansicht
                                              Grimm WB Bd. 1, Sp. 1264

---

86 So lange bspw. der Weg der Medialisierung zu Medialkonstruktionen im Wissen der Sprecher/Hörer erhalten bleibt, so lange ist auch die Bildung von Medialverben produktiv (vgl. Kap. 11).

Es bleiben nur wenige nicht-transitive *be*-Verben zurück, nämlich einige Dativ-Verben (z. B. *behagen, begegnen*) und Verben mit Präpositionalobjekt (z. B. *beruhen auf, bestehen in*).

Nicht zufällig sind daher gerade *be*-Verben als Beleg einer typologischen Entwicklung des Deutschen zu einer immer rigideren Nominativ-Akkusativ-Sprache gewertet worden, z. T. in sprachkritischer und kulturkritischer Absicht (Weisgerber 1958), aber auch mit dem Ziel, die strukturellen Vorzüge der Nominativ-Akkusativ-Konstruktion herauszuarbeiten (Eroms 1980).

Die besondere Produktivität dieser Mikrokonstruktion hat im Übrigen dazu geführt, dass nicht nur Verben per Coercion in die Nominativ-Akkusativ-*be*-Konstruktion implementiert werden, sondern u. a. auch Substantive: *bestuhlen, bestücken, beflaggen, belauben, beflecken, beschiffen, beziffern*.[87]

Be-Verben werden bei Synonymie zu dreistelligen Direktivverben projektionsgrammatisch unter dem Gesichtspunkt der logischen Konversion (Argumentänderung, Argumentvertauschung) behandelt (Wunderlich 1987; Eroms 1980; Michaelis/Ruppenhofer 2001) und als Applikativbildung direktiven Konstruktionen gegenüber gestellt:

(135) a. Er lädt Heu auf den Wagen.
b. Er belädt den Wagen mit Heu.

Aus sprachgebrauchsbezogener Sicht handelt es sich bei Applikativa um ein Epiphänomen. Das Verb *laden* wird in eine zweistellige *be*-Präfixkonstruktion gezwungen. Diese kann mit einer Modifikator-Konstruktion *(mit Heu)* unter den Kriterien der Vorstellbarkeit und Relevanz (Kriterien, die für jede Fusion gelten) fusioniert werden.

Zu fragen bleibt allerdings, wie es dazu kommt, dass im Unterschied zum direktiven Simplexverb *laden* nicht der Gegenstand, der bewegt wird, sondern der Ort, zu dem bewegt wird, als Patiens-Akkusativ gewählt wird, vgl.:

(136) a. Er belädt Heu.
b. Er belädt den Wagen.

---

87 Auch *be*-Derivationen, zu denen es bereits eine verbale Konversion gibt, sollte man dazu rechnen (*begrünen, beflaggen, beschiffen*). Denn es ist sprachgebrauchsbezogen plausibler, nicht eine Derivation über den Umweg der Infinitivkonversion des Simplexverbs (*grünen, flaggen, schiffen*) anzunehmen (vgl. Michaelis/Ruppendorfer 2001: 19–22).

Die Ursache dafür geht wahrscheinlich weit in die Diachronie zurück und hat zu tun mit der Konstruktionsvererbung von Direktivkonstruktionen in Präfix-Konstruktionen und Partikel-Konstruktionen (vgl. Kap. 16).

Anmerkung: Medialkonstruktionen
Die Annahme, dass Präfixe und Partikeln vor der Kondensierung (Lexikalisierung zum Präfix- oder Partikelverb) zunächst zur Konstruktion und nicht zum Verb gehören, hat eine Analogie in Medialkonstruktionen (Kap. 11). Auch bei Medialkonstruktionen gehört der Operator *sich* zunächst zur Medialkonstruktion und ist nicht lexikalischer Bestandteil des Verbs. Mit der Konventionalisierung einzelner Kombinationen von Verb + (ursprünglichem) Reflexivpronomen kann ein neues im Lexikon eingetragenes Medialverb entstehen, das als Vorgangsverb regulär eine intransitive Konstruktion projiziert. Dem entspricht, dass in projektionistischen Grammatiken von reflexiven Verben bzw. Medialverben gesprochen wird – im Unterschied zum vollsemantisch (und damit vollsyntaktisch) reflexiven Gebrauch des Reflexivpronomens und zur modalisierten Medialkonstruktion, wo die Medialisierung nicht am Verb lexikalisiert ist. Helbig/Buscha (2001) differenzieren daher zwischen Medialverben und Medialkonstruktionen. Medialkonstruktionen gehören zu dem Rest, der projektionistisch nicht (als reflexive Verben bzw. als Medialverben) erklärt werden kann.[88]

Anmerkung: Passiv
Im Unterschied zur Präfigierung, Partikelverbbildung und Bildung nicht-modalisierter Medialkonstruktionen führt Passivierung nicht (oder nur in Ausnahmefällen) zur Eintragung von Passivformen im Lexikon. Passivierung bleibt ein Prozess mit einer geregelten sekundären Projektion. Das drückt sich in der morphologischen Unterscheidung von Wortformbildung (Passiv) und Wortbildung aus. Wortbildung (Instantiierungen von Wort(bildungs)mustern, also von Wort-Konstruktionen) führt per *entrenchment* zu Konventionalisierung (zu einem Lexikoneintrag), Wortformen werden in der Regel nicht ins Lexikon eingetragen. Ausnahmen sind lexikalisierte Partizipien und Konversionen (Infinitiv- und Stammkonversionen).[89]

---

88 Helbig/Buscha verwenden die Begriffe des Medialverbs und der Medialkonstruktion also genauso wie in den heutigen Kompromiss-Vorschlägen, nach denen die KxG erst dann zum Zuge kommt, wenn die Mittel der projektionistischen Erklärung ausgeschöpft sind (vgl. 5.1).
89 Konversionen werden daher zur Wortbildung gerechnet.

5.5.7 Coercionen von höherstelligen Verben in intransitiv-einstellige Konstruktionen

Den in 5.5.2–5.5.6.1 besprochenen Fällen von Coercionen in höherstellige Konstruktionen stehen die konstruktionsgrammatisch weniger prominenten Fälle von Coercionen in geringerstellige Konstruktionen gegenüber (vgl. 5.5.1.2).[90] Am Typischsten ist die Coercion der Nominativ-Akkusativ-Konstruktion in eine einstellig intransitive Konstruktion.

Dass wie im Falle der Implementierung geringerstelliger Verben die Unverändertheit der Verbbedeutung und der Projektion die Bedingung der Coercion ist, geht bereits aus der Argumentation in 5.5.1.2 hervor. Der Begriff der indefiniten Weglassung (vgl. (Sæbø 1984, Fillmore 2013: 125) und die Erklärung durch den Existenzquantor setzen voraus, dass die Valenz auf das nicht realisierte Argument (das Patiens-Argument im Falle eines transitiven Verbs) nicht gelöscht wird, sondern erhalten bleibt. Nur wenn diese Valenz indefinit oder – unter bestimmten Bedingungen – durch Kontextinformation definit „gesättigt" wird, lässt sich das Verb in die intransitive Konstruktion implementieren.

5.6 Fazit und Ausblick

Die Produktivität sprachlicher Strukturen bleibt einem Ansatz verschlossen, dem zufolge Konstruktionen (als Phrasen) per definitionem projiziert sind. Ein Konzept des Wechselverhältnisses von Projektion und Konstruktion eröffnet Wege, den kreativen Gebrauch sprachlicher Strukturen zu erklären.

Produktivität ist die Produktivität von Mustern, also von (schematischen) Konstruktionen.[91] Argumentkonstruktionen sind produktiv, wenn es den Sprechern/Hörern möglich ist, höherstellige Konstruktionen durch geringerstellige Verben per Coercion zu instantiieren. Das geht einher mit einer allgemeinen (diachronen) Entwicklungstendenz von geringerstelligen zu höherstelligen Argumentkonstruktionen. Der reziproke Weg der Instantiierung von geringerstelligen Konstruktionen durch höherstellige Verben ist demgegenüber sekundär.

Nicht produktiv sind Nominativ-Dativ-Konstruktionen, Nominativ-Genitiv-Konstruktionen, Subjektsprädikativ-Konstruktionen und substantivische Objekts-

---

90 Projektionsgrammatisch (valenztheoretisch) ist die Valenzreduktion (die Coercion in eine geringerstellige Konstruktion) der prominentere Fall der Valenzveränderung (vgl. 5.2.1).
91 Der Terminus ist traditionell daher nicht zufällig im Bereich der Wortbildung (also in Bezug auf Wortbildungsmuster) üblich (vgl. 2.2.10) und in Projektionsgrammatiken nicht üblich, sondern erst unter dem Druck der Fakten in Beschreibungen aufgenommen.

prädikativ-Konstruktionen. Produktiv sind Direktivkonstruktionen und Objektsprädikativ-Konstruktionen. Besonders produktiv sind Nominativ-Dativ-Akkusativ-Konstruktionen, Präpositionalobjekt-Konstruktionen (vgl. Kap. 15)[92] und – über die Zwischenstufe von Präfix- und Partikelverb-Konstruktionen – Nominativ-Akkusativ-Konstruktionen.

Die Implementierung von geringerstelligen Verben in höherstellige Konstruktionen (projektionsgrammatisch: Valenzerhöhung) erfolgt in ihrer im Lexikon eingetragenen Bedeutung und Projektion, also ohne (vorübergehende) Bedeutungsänderung des Verbs und ohne Ad-hoc-Valenz (ohne die Annahme von *implausible verb senses*, Goldberg 1995: 9, also ohne Valenzerhöhung). Das Verb leistet nur einen Teilbeitrag zur Gesamtbedeutung der Konstruktion. Die Implikation auf den Nachzustand, der aus einer perfektiven Verbbedeutung folgt, bleibt erhalten. Sie tritt jedoch in ihrer Gewichtung gegenüber der aus der Konstruktionsbedeutung folgenden Implikation zurück.

Auch die Implementierung von höherstelligen Verben in geringerstellige Konstruktionen erfolgt ohne Änderung der Verbbedeutung. Denn die nicht realisierte Ergänzung wird weiterhin durch das Verb projiziert.

Die Grenze zwischen zweistelligen synonymen Konstruktionen (zwischen zweistelligen Dativkonstruktionen, Genitivkonstruktionen, PO-Konstruktionen und Akkusativkonstruktionen) können die Sprecher/Hörer trotz der offensichtlichen Synonymie zwischen entsprechenden Token-Konstruktionen nicht ohne Weiteres überwinden, da diese arbiträr nebeneinander stehen.

Diese Restriktion trifft auf Implementierungen von geringerstelligen Verben in höherstellige Konstruktionen und von höherstelligen Verben in geringerstellige Konstruktionen nicht zu, da es sich bei diesen um motivierte (nicht-arbiträre) kommunikativ-kognitive Erweiterungen bzw. Reduktionen handelt.

Da Verben mit ihrer im Lexikon eingetragenen Bedeutung und Projektion per Coercion in höherstellige oder geringerstellige Konstruktionen implementiert werden, werden sie auch mit ihrer im Lexikon eingetragenen Reihenfolge der Argumente implementiert. Das heißt, dass eine Implementierung, bei der sich die Argumentfolge des Verbs und der Konstruktion widersprechen (konvers zueinander sind), nicht möglich ist (Prinzip der Strukturerhaltung, vgl. Kap. 7 und 12). Konvers erscheinende Implementierungen kommen durch Konstruktions- und Projektionsvererbung zustande (vgl. Kap. 10–12).

---

[92] Coercionen in Präpositionalobjekt-Konstruktionen werden erst im Kap. 15 besprochen.

6 Modifikatorkonstruktion

Das Kapitel resümiert Gemeinsamkeiten der Behandlung von Modifikatoren in projektionistischen und konstruktionsbezogenen Theorien und stellt Grundlagen konstruktionsgrammatischen Herangehens heraus.

Die Entgegensetzung von Argumenten und Modifikatoren ist eine Grundunterscheidung in nahezu allen modernen und traditionellen Syntaxtheorien. Sie zeigt sich in folgenden Entsprechungen:

(1) Satzgliedlehre   Prädikat   Subjekt   Objekt   AB   Attribut
    X'-Theorie   Kopf   Spezifikator Komplement   Adjunkt   –
    Valenztheorie   Valenzträger   Ergänzung   Angabe   –
    Semantik   Prädikat   Argument   Modifikator –

In traditionellen und z. T. auch noch in modernen Syntaxtheorien, auch in der CxG (Fillmore 2013, Michaelis 2013) ist diese Grundunterscheidung überdeckt durch die Sonderstellung des Subjekts, also durch die traditionelle Subjekt-Prädikat-Struktur, und die daraus folgende Auffassung der Konstituentenstruktur mit dem Subjekt als externem Argument (die NP/DP-VP-Struktur).

In allen Theorien ist darüber hinaus eine einheitliche Gewichtung vorhanden. Argumentkonstruktionen (einstellige Argumentkonstruktionen im Sinn der traditionellen Logik oder mehrstellige im Sinne der modernen Logik) stehen stets im Mittelpunkt der Aufmerksamkeit. Modifikatoren (Modifikatorkonstruktionen) kommen sekundär hinzu. Die Gewichtung beruht auf der Annahme, dass Modifikatoren nicht-valenzgefordert (nicht-projiziert) sind. Sie sind keine Argumente. Sie gehören nicht zur (verbalen) Prädikat-Argument-Struktur. Unter anderem aus dieser Perspektivierung folgt ihre Randstellung, nicht nur in der Valenztheorie, vgl. Fabricius-Hansen/Lang/Maienborn (2000: v):

> A common prejudice shared by most studies in the field until recently is this: From a grammatical point of view the adjuncts' contribution to linguistic structure is dispensable. Optionality has been the trademark of adjuncts, marking them as a negligible category. [...] Only very recently have the traditional one-sided views on adjuncts been challenged and proved insufficient, notably by studies in the field of event semantics and the syntax of adverb placement.

Die Tesnière'sche Dramenmetapher (Tesnière 1959: 102–103) formuliert eine ontologische Grundlage der Aufteilung in Argumente und Modifikatoren: Verben (Prädikate) als Wiedergabe von Handlungen von und zwischen Mitspielern (*actants*, Argumenten), eingebettet in Umstände (*circonstants*, Modifikatoren) – analog zu Dramenhandlung und Kulisse. Mit anderen Worten: Schematische

Argumentkonstruktionen bilden Grundsituationen des Lebens ab. Mit Hilfe von Modifikatoren fügen die Sprecher (fakultativ) Informationen über die genauere Beschaffenheit der Situation hinzu.

Tesnière hat diese Vorstellung durch die Valenzmetapher verdeutlicht: Valenzgeforderte *actants* sind die in den Blick genommenen Bestandteile einer Situation. Nicht-valenzgeforderte *circonstants* sind weitere Ausgestaltungen der Situation.

Ein ähnliches Bild entwirft Fillmore (1977a), der Tesnière rezipiert hat (vgl. Kap. 3), mit der Gegenüberstellung von *frames* und *scenes*. *Frames* sind eingebettet in umfassendere Szenen. Sie entstehen auf Grund der Perspektivierung ausgewählter Aspekte einer Gesamtsituation. Zusatzinformationen sind aus der jeweiligen Szene abrufbar.[1] Man kann das Verhältnis von *Frames* und Szenen auf das Verhältnis von Argumentkonstruktionen und Modifikatorkonstruktionen ausdehnen. Modifikatoren sind Erweiterungen auf Aspekte von Szenen.

(2)   Brutus ermordete Caesar mit einem Dolch auf dem Capitol.

Der instrumentale Modifikator *mit einem Dolch* und der lokale Modifikator *auf dem Capitol* sind satzinterne sprachliche Erweiterungen über die durch die Argumentstruktur gegebene Minimalszene (den *Frame*) hinaus. Dem folgen satzexterne Erweiterungen (Stichwort Parataxe versus Hypotaxe) und weitere Einbettungen in Texte (vgl. Davidson 1985).

Hinzu kommen satzinterne (und satzexterne) Ausdehnungen auf bspw. zeitliche oder modale Verhältnisse, die man nicht in gleicher Weise als faktische Ausdehnung einer Gesamtszene ansehen kann. Zum Beispiel sind temporale Bestimmungen wie *heute, gestern, morgen* (im prototypischen Fall) Relationen zu einem vom Sprecher gesetzten Evaluationszeitpunkt (dem Sprechzeitpunkt), also nicht im gleichen Sinne szenische Erweiterungen.

Den Gesichtspunkt, dass die Sprecher/Hörer in der Lage sind, unterschiedliche Perspektiven zu wählen, kann man auf das Verhältnis von Argumenten und Modifikatoren anwenden und damit zeigen, dass die Perspektivierung in *Frame* (Argumentkonstruktion) und Szene (Szeneaspekte) relativ ist:

---

[1] Fillmore hat diesen Gesichtspunkt zur späteren *Frame*-Semantik ausgebaut. Ich interpretiere diese Erweiterung des in Sätzen (und Verben) nur ausschnitthaft perspektivierten Wissens nicht *frame*-semantisch, sondern als Ergänzung der in Sätzen repräsentierten kognitiven Inhalte durch weitere in diesen Sätzen nicht repräsentierte Inhalte (Wissensbestände), insbesondere durch perzeptive Repräsentationen (vgl. 5.4).

(3) a. Ich hoffe, dass er kommt.
    b. Er kommt hoffentlich.
    c. Er kommt. Das hoffe ich.
    d. Er kommt, wie ich hoffe.

In (3a) geht es um eine Argumentkonstruktion mit *hoffen* als Kopf, in die als 2. Argument die Argumentkonstruktion *er kommt* eingebettet ist. In (3b–c) geht es dagegen um die Argumentkonstruktion *Er kommt*, die durch einen satzinternen Modifikator (3b) oder satzextern (3c) modifiziert wird oder durch eine Übergangsform zwischen (3b) und (3c), einen sog. weiterführenden Nebensatz (3d), vgl. auch:

(4) a. Er schneidet das Brot mit dem Messer.
    b. Er benutzt das Messer beim Schneiden des Brotes/um Brot zu schneiden.

Einmal (4a) ist *Brot* Argument (und damit Teil des *Frames*), einmal (4b) *Messer*.

Man kann auch den Umstand, dass Diathesen wie Passiv oder Applikativ sich in der Zahl der Argumente voneinander unterscheiden, in gleicher Weise interpretieren.

(5) a. Er bemalt die Wand.
    b. Die Wand wird *von ihm* bemalt.

(6) a. Er schmiert Farbe auf die Wand.
    b. Er beschmiert die Wand *mit Farbe*.

In der Passiv- und Applikativkonstruktion ist eines der Argumente der Vergleichskonstruktionen (*von ihm* in (5b), *mit Farbe* in (6b)) nicht Bestandteil der Argumentkonstruktion (des *Frames*) sondern Modifikator (ein Aspekt der Szene) (vgl. aber unten).

Satzunterordnungen und damit die Einteilung in Hauptsatz und Nebensatz bieten ein analoges Bild:

(7) a. Er kommt nicht, weil er keine Zeit hat.
    b. Er hat keine Zeit, so dass er nicht kommt.

(8) a. Bevor er ging, verschloss er alle Türen.
    b. Nachdem er alle Türen verschlossen hatte, ging er.

Aus der unterschiedlichen Auszeichnung von Argumenten und Modifikatoren, Argumentkonstruktion und Modifikatorkonstruktion, folgt ein prototypentheoretisch begründetes Nacheinander in der theoretischen Explikation. In traditionellen Theorien ist dieses Nacheinander oft explizit gegeben. Sie beginnen beim sog. einfachen Satz und fassen diesen als Satzkern, bestehend zunächst aus Subjekt und Prädikat (mit Prädikat als einfachem Verb oder Kopula + Prädikativum).[2]

In modernen projektionistischen Theorien ist die Grundsatzunterscheidung in der Annahme vorhanden, dass Argumente (Spezifikator + Komplemente) (im engeren Sinne) projiziert sind und dass Modifikatoren (Adjunkte) nicht im engeren Sinne projiziert sind (vgl. Kap 5).

Die Differenz von Projektion im weiteren und engeren Sinne (vgl. Kap. 5) weist auf einen gewissen Übergang hin. In der X'-Theorie drückt er sich in der Iterierung von Positionen (V' und IP') im X'-Schema aus und in der Behauptung, dass V'- und IP'-Adjunktionen die Projektionsebene nicht erhöhen – obwohl sie im Stammbaum graphisch als Erhöhungen erscheinen.

Auch für die KxG stellt sich das Problem. Einerseits werden Argumentkonstruktionen ohne Einbeziehung von Modifikatoren beschrieben, andererseits gehört die *Möglichkeit* der Andockung von Modifikatorkonstruktionen an Argumentkonstruktionen (die Möglichkeit der Fusionierung mit Modifikatorkonstruktionen) zum sprachlichen Wissen über Argumentkonstruktionen. Wenn auch anders als durch Leerstellen (Slots) für Verben muss auch die potentielle Zugehörigkeit von Modifikatoren zu Argumentkonstruktionen dokumentiert werden (vgl. Kap. 7).

Alle Theorien müssen sich ferner mit dem Problem auseinandersetzen, dass die Position von Modifikatoren in der Argumentkonstruktion, also im Satz, „frei" und dennoch nicht absolut beliebig ist. Stellungsregularitäten sind daher ein Hauptfeld der Beschäftigung mit Modifikatoren (vgl. das Eingangszitat). In generativen Theorien (X'-Theorie) wird in der Regel angenommen, dass Adjunkte an bestimmten Positionen im X'-Schema basisgeneriert werden und durch Bewegungstransformationen (Topikalisierung, Extraposition, *scrambling*) wie Argumente (Spezifikator und Komplemente) in abgeleitete Positionen gebracht werden können. Da KxGen grundsätzlich auf Transformationen verzichten, ergibt sich die Frage, wie die Variabilität der Modifikatorstellung (und der Wortstellung überhaupt) in einer KxG berücksichtigt werden kann (vgl. Kap. 7).

Argumentkonstruktionen sind ganzheitliche Gebilde aus ein bis drei Argumenten. Sie enthalten originär in Gestalt der Argumente keine Modifikatoren. Modifikatorkonstruktionen werden als selbständige Konstruktionen zu Argumentkonstruktionen hinzugefügt. Es sind Adverbien oder syntaktisch als Adverbien verwendete Adjektive. Ferner handelt es sich um Präpositionalphrasen und um Konjunktionalphrasen (mit subordinierender Konjunktion).

---

[2] Später erfolgte ausgehend von der Rezeption der Valenztheorie eine Korrektur. Der Satzkern entspricht nunmehr der Argumentkonstruktion (z. B. bei Jung 1967).

Ausnahmsweise kommt es zu konventionalisierten und im Konstruktikon gespeicherten) Mini- und Mikrokonstruktionen, die Modifikatoren enthalten, z. B.:

(9) a. Die Sitzung dauert lange.
   b. Er benimmt sich schlecht.

Modifikatoren wie *lange* oder *schlecht* in (9) wurden wegen ihrer Obligatheit in der Valenztheorie als Ergänzungen angesehen (vgl. auch Welke 1988, 2011, 2015b).[3] Die Abgrenzung von Modifikatoren und Argumenten ist darüber hinaus im Einzelnen problematisch, weil es zahlreiche prototypische Übergänge gibt.[4]

Anmerkung
Es gibt darüber hinaus vier Gruppe von Präpositionalkonstruktionen, deren Status als Modifikator versus Argument notorisch umstritten ist. Das sind Konstruktionen mit den Präpositionen *an* + Dativ, *für* + Akkusativ, *mit* + Dativ und *von* + Dativ:

(10) a. Er schreibt immer noch an diesem Buch.
    b. Er arbeitet für eine bekannte Firma.
    c. Er beschmiert die Wand mit Farbe.
    d. Die Wand wird mit Farbe beschmiert.

Eine Option, der ich nicht nachgegangen bin, besteht darin, diese Zweifelsfälle wie die Zweifelsfälle oben (Kap. 5) generell oder teilweise als nicht projizierte Argumente zu interpretieren, also als potentielle Entwicklungen von bestimmten intransitiven Konstruktionen (10a, b), von Applikativkonstruktionen (10c) und von Passivkonstruktionen (10d) zu Konstruktionen, die um die Stelle des

---

[3] Im VALBU 2004 (und in der in der Valenztheorie insgesamt) werden oft Modifikatoren zum Valenzrahmen gerechnet, de facto also als Argumente betrachtet. Einer der Gründe ist, dass textsortenabhängig konventionalisierte Fusionen aus Argument- und Modifikatorkonstruktionen (die m. E. noch nicht generell als konventionalisierte Minikonstruktionen anzusehen sind) einbezogen werden.

[4] Diese Unschärfen werden statisch-prototypentheoretisch in Zifonun/Hoffmann/Strecker (1997) und Welke (2002) charakterisiert. Das ändert nichts daran, dass die Sprecher/Hörer die Unterscheidung in ihrer sprachlichen Tätigkeit – möglicherweise variabel – durchführen (vgl. Fischer 2013: 117–19). Zumindest ist das dem theorieübergreifenden Konsens über die Grundsatzunterscheidung (vgl. (1)) zu entnehmen. Ausnahmen sind nur neodavidsonistische Situationssemantik und einzelne Stimmen aus der Valenztheorie, vgl. Welke 2011: 88–92; zur Kritik an der neodavidsonistischen Theorie vgl. Bierwisch 2005.

betreffenden präpositionalen Arguments aktuell und nach Entstehung der betreffenden geringerstelligen Konstruktionen erweitert worden sind. Da das (mit Ausnahme der *für*-Konstruktion) Erweiterungen ohne eine vorhandene höherstellige Zielkonstruktion wären, bin ich dieser Option nicht nachgegangen.[5]

Modifikatoren sind typischerweise für den Zweck der Fusionierung in Argumentkonstruktionen spezifisch geformt. Sie enthalten Konjunktionen und Präpositionen, die die Anbindung signalisieren, wie der Name ‚Konjunktion' zeigt (vgl. auch die übergreifenden Termini ‚Bindewort' bzw. ‚Junktor'). Die Andockfunktion kann sich in ihrer Spitzenstellung ausdrücken. Konjunktionen und Präpositionen stehen (im Deutschen) konstruktionseinleitend. Ausnahme sind nachgestellte „Präpositionen", d. h. Postpositionen. Mit anderen Worten: Konjunktionen und Präpositionen besitzen eine gewisse Fügungspotenz, eine bestimmte prädikative Qualität, vergleichbar der verbalen Valenz.

Es spricht einiges dafür, die Möglichkeit eines langfristigen diachronen Übergangs von Modifikatoren zu Argumenten (von Adjunkten zu Komplementen) anzunehmen, u. a. beim Übergang von einer ergativischen zu einer akkusativischen Konstruktionsweise. Darauf könnte man die Janusköpfigkeit bestimmter Präpositionen als Modifikatoranschlüsse (Bindewörter im engeren Sinne) und als Operatoren, die die Relation Prädikat – Argument moderieren, zurückführen (vgl. Miller/Johnson-Laird 1976, vgl. auch die traditionelle Gegenüberstellung von grammatischer Bedeutung als modifizierende Bedeutung und als Beziehungsbedeutung).

Was die innere Struktur von Modifikatorkonstruktionen betrifft, so stellt sich das Problem der Differenz zur Struktur von Argumentkonstruktionen (vgl. auch Kap. 8). Das Gemeinsame von Modifikator- und Argumentkonstruktionen besteht zunächst nur darin, dass sie ebenfalls in der Regel einen spezifischen Kopf (eine Präposition oder eine Konjunktion) besitzen.[6] Auf einer Ebene darunter sind Modifikatorkonstruktionen wiederum Substantivkonstruktionen (nämlich als Bestandteile von präpositionalen Konstruktionen, PP) und Argumentkonstruktionen (als Bestandteile von Nebensätzen, Infinitiv- und Partizipialkonstruktionen).

Fazit

Es gibt ein grundsätzliches Nebeneinander von Argumentkonstruktionen und Modifikatorkonstruktionen. Modifikatorkonstruktionen werden mit einer gegebenen Argumentkonstruktion fusioniert. Das geschieht im Wesentlichen kompositional.

---

[5] Zu einer projektionistischen Interpretation der *von*-PP beim Passiv als neuerliche Valenzerhöhung vgl. Welke 1988.

[6] Allerdings gehören Junktoren m. E. unmittelbar zur Modifikatorkonstruktion. Sie sind nicht wie die Köpfe von Argumentkonstruktionen nur variabel (als Leerstellen) vorhanden.

7 Wortstellung

In 7.1 stelle ich eine konstruktionsgrammatische Beschreibung der variablen Folge der Argumente in Argumentkonstruktionen zur Diskussion. 7.2 stellt eine Beziehung zur funktionalen Satzperspektive und zur Informationsstruktur her. 7.3 beschäftigt sich mit der alternierenden Position des Verbs in Argumentkonstruktionen und 7.4 mit der variablen Stellung von Modifikatoren. 7.5 gibt eine konstruktionsgrammatische Interpretation des topologischen Modells der Satzstruktur. In 7.6 skizziere ich eine konstruktionsgrammatische Lösung des Problems der mehrfachen Vorfeldbesetzung. 7.7 vergleicht projektionistische und konstruktionsbezogene Beschreibungen der Variabilität der Wortstellung unter dem Gesichtspunkt der Sprachgebrauchsbezogenheit.

Es gibt keine absolut identischen Konstruktionen. Spätestens der Vergleich von Sätzen, die sich im Wesentlichen nur durch die Abfolge der Argumente unterscheiden, stellt die KxG vor das Identitätsproblem. Denn auch in der KxG sollte man sagen können, dass, abgesehen von bestimmten pragmatischen Effekten der Reihenfolge, den Sätzen (1a) und (1b) die gleiche schematische Konstruktion (2) zu Grunde liegt.

(1) a. Anton betrachtet ein Foto.
    b. Ein Foto betrachtet Anton.

(2) | Nominativ$_{1/Ag}$ – Akkusativ$_{2/Pat}$ |

Es geht darum, wie man diese Variationen konstruktionsgrammatisch beschreiben kann.

Serialisierungsunterschiede wie in (1) werden in Grammatiken ziemlich einheitlich als Variationen eine Satzes (also einer identischer schematischen Konstruktion) angesehen. Die KxG muss sich folglich mit dem Vorwurf auseinandersetzten, dass sie Konstruktionen, die sich in der Wortstellung unterscheiden und dadurch formal unterschieden sind, auf Grund des Bilateralitätsprinzips nicht als (in wesentlicher Hinsicht) identische Konstruktionen beschreiben kann, dass sie also, wie Müller (2006a, vgl. auch 2006b) in Bezug auf Resultativkonstruktionen folgert, für jede Stellungsvariante eine andere Konstruktion vorsehen muss.

Bezogen nur auf die Folge der drei Argumente der Nominativ-Dativ-Akkusativ-Konstruktion wären das sechs unterschiedliche schematische Konstruktionen. Annehmen sollte man aber eigentlich nur eine Nominativ-Dativ-Akkusativ-Konstruktion, die, was die Abfolge der Argumente betrifft, variabel ist.

Stellungnahmen zu Wortstellungsvariationen fehlen in der KxG bislang weitgehend. Goldberg (1995) beschränkt sich auf wenige Andeutungen. Am Anfang des 1. Kapitels (ebd.: 3, Anmerkung 4) macht sie jedoch klar, dass sie von

Stellungsvariationen ein und derselben Konstruktion ausgeht, also von Konstruktionen, die abgesehen von der Wortstellung identisch sind:

> Word order is not part of argument structure constructions, but rather is inherited from other more general constructions in the language.

Wie diese Variabiliät zu beschreiben ist, steht auf einem anderen Blatt. In Goldberg (1995) deuten sich drei einander widersprechende Wege an. Einen möglichen Ansatz (1) bietet folgende Bemerkung (ebd.: 110):

> Certain constructions further down the inheritance hierarchy, such as the topicalization construction or the locative *there* construction [...] can override the word order constraint with construction specific constraints.

Topicalization constructions und *there constructions* sind nicht reine Wortfolgevariationen. Überträgt man die Interpretation Goldbergs auf eine reine Serialisierungsvariation, wie sie für das Deutsche typisch ist, gäbe es im Deutschen bspw. eine unmarkierte Nominativ-Dativ-Akkusativ-Konstruktion entsprechend der unmarkierten Reihenfolge: Nominativ, Dativ, Akkusativ, die durch schematische Konstruktionen mit geänderter Argumentfolge überschrieben werden kann.

Eine solche Darstellung liefe (wie das in der KxG übliche *Inheritance*-Konzept, vgl. Kap. 9) auf eine Transformation hinaus, die zwar ganzheitlich gefasst ist, dennoch aber eine Transformation *einer* syntaktischen Konstruktion mit einer bestimmten Abfolge der Argumente in eine *andere* Konstruktion mit einer anderen Abfolge der Argumente bleibt (wie es bei den englischen *topicalization constructions* und *there constructions* der Fall ist).

In Goldberg (2013: 21) heißt es daher:

> Not all constructions specify word order. For example Argument Structure constructions do not, and thus they do not directly determine phrase structure trees (pace Müller 2006). Instead, word order is determined by combining Argument Structure constructions with constructions such as the VP construction, Subject-Predicate construction, and/or Long-distance Dependency constructions.

VP-Konstruktionen und Subjekt-Prädikat-Konstruktionen sind Einheiten der Konstituentenstrukturgrammatik. Goldberg greift auf sie ad hoc und im Widerspruch zu dem flachen dependentiellen Aufbau zurück, den Argumentkonstruktionen als elementare Konstruktionen in Goldberg (1995) besitzen (vgl. auch Kap. 3).

Andererseits rechnet Goldberg (1995: 67, vgl. auch 2.2.18) pragmatische und auch informationsstrukturelle Aspekte zur Semantik, d. h. zur Bedeutungsseite vom Konstruktionen (vgl. auch ebd: 7). Daraus würde sich auf Grund des *No-Synonymy*-Prinzips ein entgegengesetzter Befund (2) ergeben. Konstruktionen, die auf Grund unterschiedlicher Argumentfolgen unterschiedliche Informationsstrukturen besitzen, müssten unterschiedliche schematische Konstruktionen sein. Man müsste also für jede Stellungsvariante ein eigenes Konstruktionsschema vorsehen, wie es Müller (vgl. oben) folgert. Die KxG wäre höchstens auf relativ positionsfeste Sprachen wie das Englische anwendbar.

Ich werde für eine Lösung des Wortstellungsproblems unter dem Gesichtspunkt einer primären und sekundären Perspektivierung (Welke 1992, 2002) plädieren, und das als Alternative zu einer syntaktischen Transformation.

Insgesamt ergibt sich eine Dreiteilung meiner Argumentation: (1) Argumentfolge (7.1 und 7.2), (2), Implementierung des Verbs an unterschiedlichen Positionen in eine Argumentkonstruktion (7.3) und (3) Fusionierung von Modifikatorkonstruktionen an unterschiedlichen Positionen in eine Argumentkonstruktion (7.4).

Die Dreiteilung folgt aus grundlegenden Prämissen der KxG, und sie entschärft das Problem unterschiedlicher Serialisierungen. Es reduziert sich im Wesentlichen auf unterschiedliche Argumentfolgen. Denn unterschiedliche Verb-Argument-Folgen (7.3) und unterschiedliche Argument-Modifikator-Folgen (7.4) sind nicht betroffen. Verben und Modifikatoren können – bis auf eine Komplikation, auf die ich unten eingehen werde – an unterschiedlichen Positionen in identische schematische Argumentkonstruktionen fusioniert werden.

7.1 Argumentfolge, primäre und sekundäre Perspektivierung

Aus der Prämisse der KxG, dass schematische Argumentkonstruktionen holistische Gebilde aus ein bis drei Argumenten und einer Leerstelle für das Verb sind, könnte man folgern, dass jede Variation der Argumentfolge als eine gesonderte eigenständige Konstruktion betrachtet werden muss, so wie es Müller (vgl. oben) kritisch anmerkt. Dennoch werde ich im Folgenden gleichzeitig sowohl von fixer Abfolge der Argumente (primärer Perspektivierung) als von Variation der Abfolge (sekundärer Perspektivierung) sprechen.

Die primäre Perspektivierung ist eine Abfolge nach 1., 2., 3. Argument, die in flektierenden und agglutinierenden Sprachen nicht obligatorisch an die zeitliche Abfolge der Wörter im Satz gekoppelt ist.

(3) a. Der Lehrer lobt den Schüler.
    b. Den Schüler lobt der Lehrer.

Sowohl in (3a) als auch in (3b) wird eine tiefer liegende Argumentfolge (primäre Perspektivierung nach 1., 2., 3. Argument, vgl. Kap. 3) durch eine sekundäre Argumentfolge (sekundäre Perspektivierung der Argumente) überlagert. In (3a) stimmen primäre und sekundäre Perspektivierung überein, in (3b) widersprechen sie einander. In (3a) und (3b) wird das 1. Argument der primären Perspektivierung unabhängig von seiner Position im Token-Satz (unabhängig von der Serialisierung) durch den Artikel im Nominativ als 1. Argument gekennzeichnet, bei (3a) zusätzlich zur Kennzeichnung durch den Artikel durch die Voranstellung.

Die Differenz zwischen tiefer liegender und oberflächlicher Reihenfolge zeigt sich im Deutschen (im Unterschied zum Englischen) deutlich, weil im Deutschen die Reihenfolge der Argumente nicht nur durch die Wortstellung, sondern auch durch morphologische Oppositionen wie in (3) kodiert wird. In Fällen, in denen die formalen Oppositionen (Stichwort: Kasusschwund) aufgehoben sind, übernimmt auch im Deutschen – wie im Englischen – die Wortfolge allein die Aufgabe der Kodierung nach 1., 2., 2. Argument, also die Kodierung der tiefer liegenden primären Perspektivierung, vgl. (4) im Unterschied zu (3).[1]

(4) a. Lehrer loben Schüler.
    b. Schüler loben Lehrer.

In (4a) ist *Lehrer* und in (4b) ist *Schüler* durch die Erststellung als 1. Argument kodiert.[2]

Ein Indiz für die Existenz einer primären und einer sekundären Perspektivierung liefern die Sätze (5).

(5) a. Frankreich grenzt an die Schweiz.
    b. Die Schweiz grenzt an Frankreich.
    c. An die Schweiz grenzt Frankreich.
    d. An Frankreich grenzt die Schweiz.

Trotz Symmetrie der Relation gibt es deutliche Unterschiede und Gemeinsamkeiten zwischen den vier Varianten. (5a) und (5c) sowie (5b) und (5d) sind hinsichtlich der postulierten tiefer liegenden Reihenfolge der Argumente identisch, aber nicht (5a) und (5d) und nicht (5b) und (5c). Trotz Permutation des 1. und

---

[1] In allen Sprachen besteht m. E. jedoch eine Tendenz, die primäre Perspektivierung an die Reihenfolge der Wörter im Satz zu binden, auch im Lateinischen.

[2] Da im Deutschen die Nachstellung des Subjekts auf Grund der Möglichkeit der morphologischen Kodierung grundsätzlich möglich ist, muss das 1. Argument auch bei fehlender morphologischer Kennzeichnung nicht in Erststellung erscheinen, wenn die Rollenzuordnung aus dem Kontext oder der inneren Semantik der Argumentkonstruktion hervorgeht, vgl.: *Lehrer geben Zensuren* versus *Zensuren geben Lehrer*. *Lehrer* muss gegenüber *Zensuren* aus semantischen und perzeptiven Gründen (Gründen des Weltwissens) mit der Agens-Rolle versehen werden. Die Einordnung als Agens und damit 1. Argument (vgl. Kap. 3) bleibt erhalten. Dennoch gibt es die Tendenz, trotz semantischer Auflösbarkeit die Erstplatzierung beizubehalten, in Welke (2002: 87–89) Prinzip der Formkonstanz (des Formüberschusses) genannt.

2. Arguments (Subjekts und Objekts) bleibt also erkennbar, dass die Relation auf einer grundlegenden Ebene vom 1. Argument (Subjekt) aus gesehen wird. Daneš (1976), von dem das Beispiel stammt, postuliert eine „spezifische Ebene der Perspektivisierung (oder Hierarchisierung) der semantischen Satzelemente", vgl. (ebd.: 115):

> Diese Perspektivisierung darf prinzipiell nicht mit der sogenannten ‚funktionellen Satzperspektive', d. h. mit der Thema-Rhema Gliederung, identifiziert werden. Die Mitteilungsperspektive betrifft die dynamische und kontextbedingte kommunikative Struktur der Aussage, wogegen die Perspektive im ersten Fall die statistische (statische, K. W.) Struktur des Satzes ‚in abstracto' betrifft.

In Welke (1992, 2002) wurde die Perspektivierung nach 1., 2., 3. Argument projektionistisch erklärt und allein der nicht aufhebbaren Perspektivierung der Verben von einem 1. zu einem 2. Argument (oder von einem 1. über ein 2. zu einem 3. Argument) zugeschrieben.[3]

Übertragen in den konstruktionsgrammatischen Rahmen: Konstruktionen sind wie die entsprechenden Verben in einer fixen, nicht veränderbaren Reihenfolge perspektiviert. Die fixe Reihenfolge ist sowohl im Konstruktikon als auch im Lexikon gespeichert. Die Abfolge entspricht der Normalfolge (Normalfolge nach Lenerz 1977). Die beiden Ebenen der primären und der sekundären Perspektivierung fallen in der Normalfolge zusammen. Das Subjekt (das 1. Argument) befindet sich in Erstposition. Die Argumentfolge kann in der Oberfläche variieren, so dass sich ein Widerspruch zwischen tieferer im Konstruktikon und Lexikon *gespeicherter* und oberflächlich *realisierter* Perspektivierung ergibt. Es handelt sich um einen Widerspruch zwischen zwei Ebenen der Perspektivierung, einer fest im grammatischen System verwurzelten und sowohl im Konstruktikon als auch im Lexikon (Stichwort: Valenz) gespeicherten Perspektivierung und einer mehr oberflächlich realisierten Perspektivierung, von Givón (1979) als Verhältnis von *syntactic mode* und *pragmatic mode* beschrieben.[4]

Die Hypothese lautet: Konstruktionen sind im mentalen Konstruktikon mit einer fixen Reihenfolge der Argumente ganzheitlich gespeichert. Im Deutschen gibt es z. T. (noch) eine morphologische Kodierung der Argumente. Durch diese

---

3 Die gleiche Interpretation liegt der lexikalischen Derivation in der *HPSG* zu Grunde. Dort unterscheiden sich die Argumente durch ihre fixe Nummerierung (Listung) am Verb (vgl. Müller 2007).
4 Der Bezug zwischen *syntactic* und *pragmatic mode* hat Givón zufolge einen diachronen Aspekt. Aus *pragmatic mode* wird diachron-evolutionär *syntactic mode* (eine feste syntaktische, also konstruktionelle Formung). Der *pragmatic mode* bleibt erhalten und kann einen erneuten *syntactic mode* ergeben, z. B. beim Übergang von einer Ergativsprache in eine Akkusativsprache, vgl. auch den tendenziellen Übergang zu einem (voreilig manchmal bereits so genannten) „Dativsubjekt": *Dem Richter ist der Krug zerbrochen.*

wird zusammen mit der signifikativen Rolle die entsprechende perspektivische Rolle gekennzeichnet (vgl. Kap. 3). Das sind bspw. bei (4) oben die Rollen ‚Agens' als 1. Argument und ‚Patiens' als 2. Argument. In den Fällen, in denen die primäre Perspektivierung morphologisch gekennzeichnet ist, kann die Stellung der Argumente in der aktuellen Äußerung (der Wortfolge in der Zeit) für die Kennzeichnung einer Reihenfolge genutzt werden, mit der die Argumente *aktuell* in den Blick genommen werden (sekundäre Perspektivierung).[5]

Das geschieht wie bspw. beim Klöppeln, wo ein rechts herunter hängender Faden eines Faden-Paares zunächst über den links von ihm befindlichen geschlagen wird, also nach links versetzt wird – ohne dass damit außer Kraft gesetzt wird, dass dieser Faden originär rechts hängt, vgl.:

(6) a.

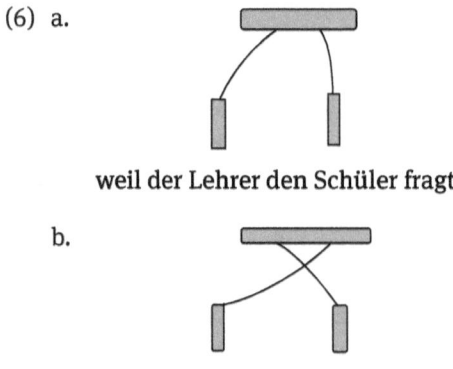

weil der Lehrer den Schüler fragt

b.

weil den Schüler der Lehrer fragt

Etwas, was beim Klöppeln (und anderen Tätigkeiten) praktisch möglich ist, und etwas, was in der Imagination (u. a. des Klöppelns) möglich ist, sollte auch beim Abrufen von Konstruktionen aus dem mentalen Konstruktikon möglich sein. Vorausgesetzt ist, dass die formalen Möglichkeiten der doppelten Kodierung durch morphologische Kasus einschließlich von Präpositionalkasus (in einer flektierenden oder agglutinierenden Sprache) einerseits und durch Wortstellung andererseits vorhanden sind. Valenzgrammatik, *LFG* und *HPSG* verfahren bei der Derivation analog (vgl. 7.7).

---

[5] Mit diesem Umstand korreliert die in der grammatischen Literatur oft anzutreffende Feststellung, dass syntaktisch-semantische Relationen wie Konstituenz und Dependenz linearisiert werden müssen, weil Sprechen und Hören Vorgänge in der Zeit sind, dass also nicht-lineare Relationen wie Dependenz und Konstituenz in eindimensional lineare überführt werden müssen (vgl. z. B. Tesnière 1980: 32–39; Eroms 2000: 309–322).

Die primäre Perspektivierung der Argumente einer bestimmten Konstruktion ist eine sprachhistorisch fest gewordene Abfolge.[6] Das geht u. a. aus der bekannten typologischen Auflistung von Merkmalen des Subjekts in unterschiedlichen Sprachen (Keenan 1976, vgl. dazu auch Welke 2002) hervor. Die *Topic*-Funktion erscheint in dieser Auflistung zwar als eine Position unter anderen. Es ist jedoch unmittelbar ablesbar, dass nahezu alle festgestellten Subjektmerkmale aus der *Topic*-Eigenschaft folgen, dass das Subjekt der Fixpunkt ist, um den sich alles dreht. Es ist die Größe, die zunächst strukturell auf der 1. Ebene der Perspektivierung als Ausgangspunkt der Betrachtung gesetzt wird. Es ist 1. Argument und geht als solches den anderen Argumenten voran, vgl. Frege (1971: 53):

> Eine Unterscheidung von *Subject* und *Prädicat* findet bei meiner Darstellung eines Urtheils *nicht statt*. [...] Wenn man sagt: „Subject ist der Begriff, von dem das Urtheil handelt", so passt dies auch auf das Object. Man kann daher nur sagen: „Subject ist der Begriff, von dem hauptsächlich das Urtheil handelt." Die Stelle des Subjects in der Wortreihe hat für die Sprache die Bedeutung einer ausgezeichneten Stelle, an die man dasjenige bringt, worauf man die Aufmerksamkeit des Hörers besonders hinlenken will.

Aus der *Topic*-Eigenschaft folgt typischerweise (vgl. Keenan 1976), dass es sich um eine Größe mit autonomer (absoluter Referenz) handelt, die definit ist, die den weitesten Skopus hat, die relativiert, erfragt, gespalten werden kann, die in Spitzenposition steht, auf die alles weitere bezogen bleibt (Kontrollphänomene, *Equi-NP-Deletion*, Hebung, *Advancement*). Das Subjekt ist folglich auch die NP, die normalerweise hinsichtlich des Kasus unmarkiert ist. Das Subjekt steht im Nominativ oder in einer Sprache mit syntaktischer Ergativität im Absolutiv. Auch die ausgezeichnete Stellung in der Konstituentenstruktur (die unmittelbare Dominanz durch S bzw. IP oder VP) folgt daraus.

In unmarkierter Wortfolge fallen primäre und sekundäre Perspektivierung, wie gesagt, zusammen. Das 1. Argument (Subjekt) ist im Aussagesatz nach Engel (1972) zu 60 % und sprachübergreifend nach Givón (1979: 210) zu 80–90 % erstplatziert.[7] Auch nach Keenan (1976) ist universell das Topic (das erstplatzierte Argument) meist das Subjekt.

---

6 Wenn vom „mentalen" Lexikon (und Konstruktikon) die Rede ist, dann ist auch die neurologische Repräsentanz angesprochen. Die Hypothese über eine fixe Reihenfolge der Argumente im „mentalen" Lexikon und Konstruktikon ist also auch eine Hypothese über die neurologische Repräsentanz. Auch in neurologischer Hinsicht muss die Abfolge in irgendeiner Form gespeichert sein. Ob das lokal oder/und temporal geschieht (wie in der sprachlichen Oberfläche der schriftlichen oder lautlichen Realisierung), sei dahingestellt.
7 Der Unterschied entsteht wahrscheinlich daraus, dass Engel im Deutschen auch Modifikatoren mitzählt, Givón aber nur Argumente zählt.

Primäre und sekundäre Perspektivierung des 2. und 3. Arguments

Das Verhältnis von primärer und sekundärer Perspektivierung gilt nicht nur in Bezug auf die Voranstellung des 1. gegenüber dem 2. und 3. Argument, sondern auch in Bezug auf die Voranstellung des 2. gegenüber dem 3. Argument. Das Dativ-Argument steht in der Nominativ-Dativ-Akkusativ-Konstruktion als 2. Argument dem Akkusativ-Argument als 3. Argument gegenüber (7a). Das Akkusativ-Argument steht als 2. Argument in der Direktivkonstruktion (7b) und in der Objektsprädikativ-Konstruktion dem Direktivum und dem Objektsprädikativ (7c) als 3. Argument gegenüber.

(7) a. Emil schickt Erwin das Buch.
b. Emil schickt das Buch an Erwin.
c. Emil trinkt die Tasse leer.

Bei N-D-A-Konstruktionen (7a) kann man annehmen, dass das prototypische Dativ-Merkmal ‚Mensch' dazu führt, das Dativ-Argument wie das Subjekt vor dem Akkusativ-Argument zu perspektivieren. Das 2. Argument einer zweistelligen Resultativkonstruktion (Direktivkonstruktion) (7b) und das 3. Argumente einer dreistelligen Resultativkonstruktion (Direktivkonstruktion oder Objektsprädikativ-Konstruktion) (7c) denotieren das Resultat einer Tätigkeit, eines Vorgangs oder einer Handlung. Diese Argumente denotieren nicht wie die Nominativ-, Dativ- und Akkusativ-Argumente (typischerweise) Gegenstände bzw. Personen, sondern bei Direktivkonstruktionen (7b) Orte als Ziele und bei Objektsprädikativ-Konstruktionen (7c) resultierende Eigenschaften als Ziele. Die perspektivische Rolle ist durch diese Gegebenheit aus der Logik der Situation und ihrer Wahrnehmung elementar motiviert (weil ikonisch). Denn das Resultat (Ziel, *goal*) einer Handlung oder eines Vorgangs befindet sich auf dem Zeitpfeil am Ende des Geschehens. Das gilt wiederum unbeschadet der Möglichkeit, eine sekundäre Perspektivierung nach Thema und Rhema anzulegen, die die primäre Perspektivierung überlagert, jedoch nicht aufhebt. Auch vorangestellt bleibt das Direktivum oder das Objektsprädikativ Resultat und als solches unverändert 2. Argument der zweistelligen und 3. Argument der dreistelligen Resultativkonstruktion, vgl.:

(8) a. Nach Wien fliege ich zweimal im Jahr.
b. Nach Wien habe ich diesmal wenig Bücher mitgenommen.
c. Fein solltest du den Kaffee mahlen.

Die sekundäre Perspektivierung entspricht der Bewegung (Transformation) von Argumenten innerhalb der Konstituentenstruktur in der X'-Theorie. Bezogen auf (9a) sind (9b,c) Topikalisierungen des 2. oder 3. Arguments (Bewegung in die

Spezifikator-Position der CP) (vgl. (10)). In (9d) liegt, wiederum bezogen auf (9a), *scrambling* des 3. und 2. Arguments vor (vgl. 11).

(9) a. Emil schreibt der Erna diesen Brief.
    b. Der Erna schreibt Emil diesen Brief.
    c. Diesen Brief schreibt der Erna Emil.
    d. Emil schreibt diesen Brief der Erna.

(10)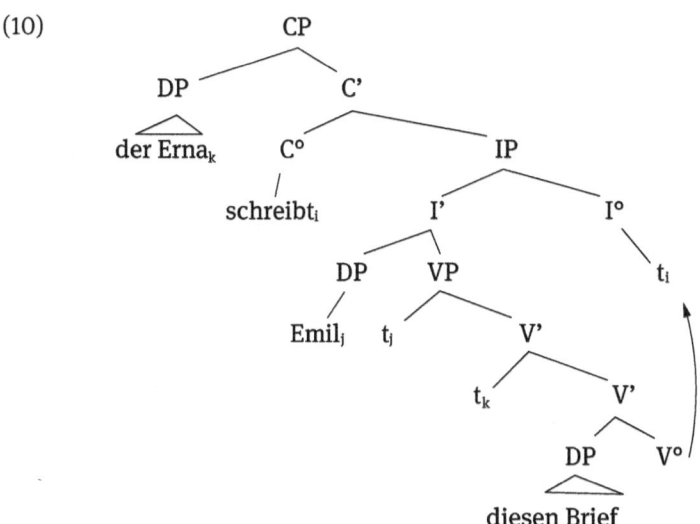

(11)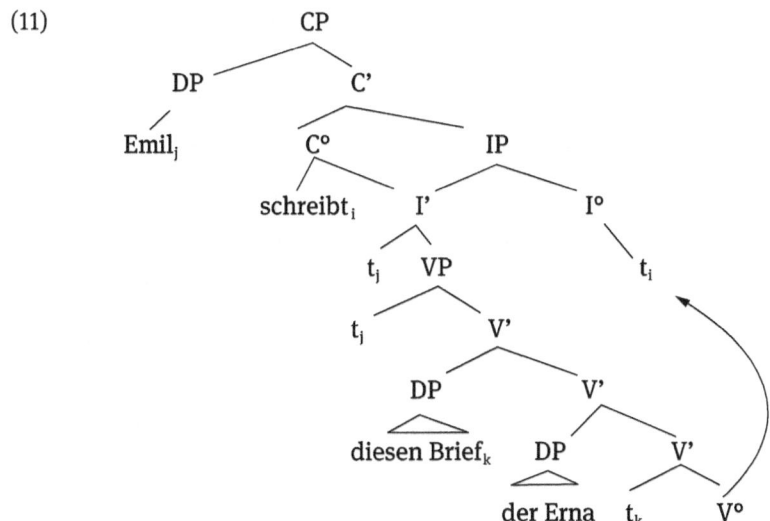

Die Abfolge der Argumente im X'-Schema (in der VP, d.h. in der Tiefenstruktur) gibt die Abfolge in der primären Perspektivierung wieder. Die Bewegungstransformationen der Topikalisierung und des *Scramblings* der Argumente entsprechen der sekundären Perspektivierung. Die Topikalisierung des 1. Arguments ist dem Mechanismus der Theorie geschuldet.

Damit sind die Vergleichsmöglichkeiten zu Bewegungstransformationen erschöpft. Denn eine vorgegebene Reihenfolge (primäre Perspektivierung) als fest gespeicherte Folge im Konstruktikon gibt es nur für die Abfolge der Argumente, aber nicht für die Positionierung von Verben und Modifikatoren.

Fazit
Die Annahme, dass es eine fixe Argumentfolge gibt, ist daran gebunden, dass es potentiell zwei Ebenen der Perspektivierung gibt, eine primäre tiefer liegende und grundsätzlichere Ebene und eine mehr oberflächliche Ebene. Die primäre Perspektivierung ist eine Abfolge nach 1., 2., 3. Argument, die in flektierenden und agglutinierenden Sprachen nicht obligatorisch an die zeitliche Abfolge der Wörter (und Argumente) im konkreten realisierten Satz gekoppelt ist.

7.2 Sekundäre Perspektivierung und Thema – Rhema, *Topic – Comment, Topic – Focus*

Das, was in 7.1 als sekundäre Perspektivierung beschrieben wurde, wird in der Regel als Thema-Rhema- oder *Topic-Focus*-Gliederung gefasst.[8] Diese Parallele ergibt sich allerdings erst, wenn man annimmt, dass das Thema bzw. *Topic* die Erstposition im Satz einnimmt.

Oft und insbesondere in der generativ geprägten Linguistik wird dagegen angenommen, dass die Thema-Rhema-Gliederung von der Wortstellung unabhängig ist. Diese Auffassung ergibt sich aus einer bestimmten Interpretation von Thema versus Rhema, nämlich durch inhaltliche Charakterisierungen wie ,bekannt' oder ,vorerwähnt' für Thema und ,neu' für Rhema. Der Gegensatz von Thema und Rhema entsteht in dieser Interpretation aus dem Vorwissen und aus dem situativen und sprachlichen Kontext und – als sozusagen letzte Verankerung in Formalem – aus dem Satzakzent. Das Thema kann nach dieser Rechnung überall im Satz stehen, und das Rhema kann satzeinleitend stehen. So

---

8 Es gibt natürlich bestimmte Unterschiede: Der Begriff der sekundären Perspektivierung, wie er in 7.1 verwendet wurde, bezieht sich nur auf die Abfolge der Argumente. Das Konzept der Thema-Rhema-Gliederung dagegen lehnt sich an die Dichotomie von Subjekt und Prädikat der traditionellen aristotelischen Logik an.

verfahren z. B. Eroms (1986) und Zifonun/Hoffmann/Strecker (1997) (vgl. Welke 1992: 21–27 in Auseinandersetzung mit Haftka 1982).

Ein Grund für eine Uminterpretation in der neueren Literatur ist eine Interessenverlagerung. Galt das Interesse früher dem Verhältnis von Thema und Rhema, so gilt es nunmehr aus vielfältigen Gründen dem *Focus* als Teil der Informationsstruktur. Es scheint nämlich keine völlige Parallelität zu Thema – Rhema zu geben (vgl. Lambrecht 1994).[9]

Forschungen zur Informationsstruktur bewegen sich auf einem weit gefächerten und intensiv bearbeiteten Feld. Es kann hier nicht um eine Bestandsaufnahme gehen. Ich will jedoch mit zwei Begründungen die These stützen, dass das Thema bzw. *Topic* erstplatziert ist. Das erste Argument (1) richtet sich gegen die Ersetzung des semantischen Thema-Merkmals ‚Gegenstand der Mitteilung'[10] durch Merkmale wie ‚alt', ‚vorerwähnt', ‚nicht neu'. Das Argument resultiert daraus, dass bei dieser Argumentation aus einer Implikatur ein semantisches Merkmal gemacht wird. Eine Definition, die von einer semantischen Bestimmung des Themas als Satzgegenstand, Ausgangspunkt der Mitteilung ausgeht und diese isomorph an die formale Bestimmung (vgl. 2.2.7) durch Anfangsstellung koppelt, wertet dagegen Bekanntheit und/oder Vorerwähntheit als typische, aber nicht notwendige Folgerungen aus der an Erststellung gebundenen Thema-Funktion, also als Implikaturen der Sprecher/Hörer, vgl. die Zeitungsmeldung (12) (Beispiel von Haftka 1982, vgl. auch Welke 1992: 21–27):

(12) Eine schwimmende Milchfarm ist vor der Küste Singapurs vor Anker gegangen.

Folgt man der Dichotomie ‚bekannt' versus ‚neu', so ist *eine schwimmende Milchfarm* Rhema, und *vor der Küste Singapurs* ist Thema. Bindet man das Thema an die Erstposition und definiert man es als Satzgegenstand,[11] dann impliziert das, dass der Hörer zwar etwas Bekanntes, Nicht-Neues in Erstposition erwartet, dass seine Erwartung aber enttäuscht werden kann.[12] Das heißt, dem Thema *eine schwimmende Milchfarm* kann das Merkmal ‚neu' bzw. ‚nicht vor-

---

9 Die ebenfalls vorkommende begriffliche Entgegensetzung *Topic – Comment* (statt *Focus*) ist eher eine Parallele zu Thema – Rhema.
10 Vgl. die Herkunft aus der Begriffsopposition von grammatischem versus psychologischem Subjekt, d. h. Satzgegenstand versus Mitteilungsgegenstand bei von der Gabelentz (1891) und H. Paul (1880).
11 Es geht bei thematischen Elementen in erster Linie um Argumente. Zum Problem von Modifikatoren als Thema vgl. unten 7.5, vgl. auch Welke (1992).
12 Entsprechend der Definition von Implikatur als nicht-strikter Implikation, als pragmatischer Folgerung.

erwähnt' zugeordnet werden, und zwar im Widerspruch zur Erwartung (Implikatur) des Hörers, dass der Sprecher seine Mitteilung mit Vorerwähntem/ Bekanntem und nicht mit Neuem beginnt. Das wiederum erklärt den stilistischen Effekt dieses Satzes: Etwas Unbekanntes, etwas Rätselhaftes wird *überraschend* als Thema (also in Erstposition) gesetzt. Voraussetzung ist, dass das Thema nicht als Funktion ohne formale Kodierung aufgefasst wird, sondern als durch die Erstplatzierung (für den Hörer) formal indizierter Mitteilungsgegenstand, und dass gegen die typischerweise vorgenommene Implikatur von ‚Mitteilungsgegenstand' auf die Merkmale ‚nicht neu' bzw. ‚vorerwähnt' verstoßen werden kann.[13]

Es geht auch hier um den Grunddissens zwischen Grammatik als Kalkül und Grammatik als sozialer Tätigkeit (vgl. Kap. 2). Nach Haftka (1982) berechnet sich die Thema-Rhema-Verteilung aus semantischen Merkmalen wie ‚bekannt', ‚neu', mit einem schmalen Überschneidungsbereich ‚nicht neu', in dem es Wahlfreiheit für die Sprecher und Hörer gibt. Thema versus Rhema sind ansonsten rein inhaltliche, nicht an formale Merkmale gebundene Zuschreibungen. Diese erscheinen den Sprechern/Hörer als von außen aufgegebener Kalkül, in dem es keine freie Wahl gibt, da die Wahl sich aus dem Kalkül errechnet.[14]

Das zweite Gegen-Argument (2) bezieht sich auf die grundsätzliche Bindung von *Focus* an Rhema und auf die Gegenüberstellung von *Topic* und *Focus* analog zu Thema und Rhema. Gibt man diese Bindung auf und damit die Gleichsetzung von Rhema und *Focus*, dann kann man sagen, dass auch das Subjekt (das 1. Argument der primären Perspektivierung) *Focus* werden kann, d. h. als *Thema* fokussiert werden und *neue Information* tragen kann (und Satzakzent erhalten kann), m. a. W. zusätzlich, also sekundär perspektiviert werden kann, vgl. Krifka (2007: 41):

> Just as with the notion of ‚focus', the notion of ‚topic' has not been used in a terminologically clean way. [...] In the Prague school, the notion is called ‚theme', and conflated with the one of old information [...]. We should refrain from this, even if in many cases, topic constituents are ‚old' in the sense of being inferable from the context. But there are cer-

---

13 Es gibt eine weitere Volte im Wechselspiel von Sprecher und Hörer. Einerseits kann der Sprecher den Hörer dadurch überraschen, dass er gegen die geteilte Implikatur verstößt. Andererseits ist der Hörer für seine eigene Informationsverarbeitung nicht an die Zuordnung von Erststellung und Thema (Satzgegenstand) gebunden. Wenn man Satzgegenstand als diejenige Größe auffasst, um die es in der Mitteilung in erster Linie gehen soll, dann kann der Hörer sich von seinem Interesse (und Vorwissen) aus immer noch anders entscheiden und bei (12) nicht die Tatsache interessant finden, dass es irgendwo *schwimmende Milchfarmen* gibt, sondern die Tatsache, dass gerade vor der Küste Singapurs etwas derartiges passiert, wodurch für ihn individuell *Küste Singapurs* zum Thema wird.
14 Vgl. dagegen Givón (1979: 37): „It seems, then, that once you have allowed the ghost into the machine (or the software into the hardware, the user into the grammar) you cannot deny it the freedom of communicative choice, lest it would become indistinguishable from the machine."

tainly cases of new topics. The following sentence introduces a new entity into discourse and, at the same time, uses it as the denotation of a topic constituent, which amounts to introducing a new file card in the CG content.[15]

(13) [A good friend of mine] $_{Topic}$ [married Britney Spears last year] $_{Comment}$
Krifka 2007: 42 (40)

Krifka könnte zu dieser Aussage nicht kommen, wenn er nicht von der Erstplatzierung des Themas/Topics ausginge.
Er definiert Focus wie folgt (ebd.: 18 (6)):

> Focus indicates the presence of alternatives that are relevant for the interpretation of linguistic expressions.

Damit nimmt Krifka *Focus* aus der Dichotomie *Topic – Focus* heraus. Auch *Topics* können fokussiert werden. Es handelt sich dann um *contrastive topics*. Diese sind Krifka zufolge wie *Foci* durch Akzent gekennzeichnet, wenn auch nicht durch den Hauptakzent. Dieser bleibt auf dem Rhema (dem *comment*), vgl.:

(14) a. What do your siblings do? Krifka 2007: 44 (44)

b. [My [SIster]$_{Focus}$]$_{Topic}$ [studies MEDicine]$_{Focus}$,
and [my [BROther]$_{Focus}$]$_{Topic}$ is [working on a FREIGHT ship]$_{Focus}$

(15) a. Where were you (at the time of the murder)? Krifka ebd.: 44 (45)
b. [[I]$_{Focus}$]$_{Topic}$ [was [at HOME]$_{Focus}$]$_{Comment}$

In Welke (1992) werden einige der in der Literatur genannten Abweichungen von der Erstposition des Themas, also Fälle der angenommenen Erstposition des Rhemas, besprochen. Stets handelt es sich jedoch nach der vorangegangenen Argumentation (vgl. auch Welke 1992: 32–44) um fokussierte thematische Erstkonstituenten (Subjekte und andere Argumente, Modifikatoren und Bestandteile von komplexen Prädikaten), die Krifka zufolge Alternativen implizieren. Es geht um Kontrastbetonung des 1. Satzgliedes im Aussagesatz (16) und im Antwortsatz auf Ergänzungsfragen (17):

(16) HEINrich schreibt ein Theaterstück. Eroms 1986: 11 (2)

(17) a. Wer kann am Donnerstag hingehen? Haftka 1981: 752 (165)
b. ICH kann am Donnerstag hingehen. Haftka 1981: 752 (165a)

---

15 *CG (Common Ground)* bezieht sich auf ein Informationsmodell, nach dem geteiltes Wissen *(Common Ground)* im Laufe der Kommunikation fortlaufend so angepasst wird, dass Präsuppo-

Bezogen auf die Definitionen des Themas als bekannt und des Rhemas als neu wäre in (16) *Heinrich* Rhema und *ein Theaterstück* Thema (noch deutlicher bei Definitheit: *das Theaterstück*). Dennoch, so kann man entgegnen, ist *Heinrich* Thema. Es wird durch die Betonung unterstrichen, dass über Heinrich etwas gesagt werden soll. Aus diesem Widerspruch führt die Topic-Definition Krifkas heraus:

(18) a. [HEINrich]$_{Focus}$]$_{Topic}$ [schreibt ein Theaterstück]$_{Focus}$
      b. [HEINrich]$_{Focus}$]$_{Topic}$ [schreibt [ein Theaterstück]$_{Focus}$]$_{Comment}$

Die doppelte Zuordnung *Focus + Topic* resultiert nach Welke (1992) aus einem paradigmatischen Kontrast. Es wird betont, dass Heinrich und kein anderer ein Theaterstück geschrieben hat. Der Kontrast wurde als ein implizites Thema-Rhema-Verhältnis gedeutet, der Art, dass *Heinrich* einerseits Rhema zu einer situativ-kontextuell gegebenen Person X ist, andererseits Thema gegenüber dem Satzrest,[16] vgl.:

(19) $\begin{bmatrix} [\text{PersonX}]_{\text{Thema, Topic}}{}^{17} \\ \uparrow \\ [\text{HEINrich}]_{\text{Rhema, Focus}} \end{bmatrix}_{\text{Thema, Topic}}$ [schreibt ein THEATERstück]$_{\text{Rhema, Focus}}$

Antwortsätze auf Ergänzungsfragen (15) lassen sich analog erklären. Der Kontext der Frage legt diese Erklärung sogar besonders nahe.

(20)   [Was] $_{Topic}$[18] will Paul verkaufen?
           ↑
      [Seine UHR] $_{Focus}$]$_{Topic}$ [will [Paul]$_{Focus}$ verkaufen.]$_{Comment}$

---

sitionen durch Assertationen ersetzt werden. *File card* bezieht sich darauf, dass der *Common Ground* sich über Topics wie ein *file card system* aufbaut, über das Wissen abgespeichert wird, eine Definition, die verträglich ist mit ‚Satzgegenstand' und ‚Aufmerksamkeitsschwerpunkt' (Literatur vgl. Krifka ebd.).

16 Bezeichnenderweise spricht auch Haftka (1981: 755) in solchen Fällen von „spezielle(n) kommunikativ-pragmatische(n) Faktoren der Thematisierung". Vielleicht sollte man trennen zwischen (paradigmatischem) Kontrastfokus und Kontrastakzent einerseits und Rhemafocus und Satzakzent andererseits, wobei der Satzakzent mit paradigmatischem Kontrastakzent zusammenfallen kann: *Heinrich hat ein THEATERstück geschrieben (und nicht eine Erzählung).*
17 Die Fokussierung von *Heinrich* impliziert eine Person X als Redehintergrund (Thema).
18 *Was* präsupponiert *Gegenstand X*.

Häufig wird (abhängig vom Register) nicht im Satz geantwortet. Dann ist der Einwortsatz nur Rhema zu X, das durch das Fragepronomen präsupponiert wird. Eine innere Gliederung der Antwort nach Thema – Rhema entfällt.

(21) [Was] $_{Topic}$[19] will Paul verkaufen?

　　　↕

　　[Seine UHR] $_{Focus}$

Die hier vorgetragenen Überlegungen betreffen, wie bereits betont, die Argumentfolge allein ohne Modifikatoren als *Topics*. Eine Folgerung könnte sein, dass es bei einargumentigen Konstruktionen, solange nicht Modifikatoren hinzu kommen, kein Thema-Rhema-Verhältnis gibt. Wie jeder Satz, so stehen jedoch auch zweigliedrige Geschehenssätze wie (22) unter einem Intonationsbogen, zu dem ein Satzakzent gehört. Dieser Satzakzent ist nur dann an *Focus* gekoppelt, wenn Kontrastbetonung und damit Kontrastfocus dem Argument oder dem Prädikat zukommt:

(22)　a.　VAter schimpft – und kein anderer.
　　　b.　Vater SCHIMPFT – und ist in keinem anderen emotionalen Zustand.

Prädikate kommen als *Topic* nicht in Frage, weil es bei *Topics* um Argumente (und Modifikatoren, vgl. unten) und nicht um Prädikate geht.[20] Das ist ein Gegenargument gegen Lambrecht (1994: 200), der als Argument gegen das *„topic-first principle"* anführt, dass es Sprachen mit VOS- oder VSO-Folge gibt.

Fazit
Die Annahme von zwei Ebenen der Perspektivierung wird durch das traditionelle Nebeneinander einer Satzgliedebene (Gliederung nach Satzgliedern: Subjekt – Objekt, Subjekt – Prädikat) und Thema – Rhema, *Topic – Comment*, *Topic* – Focus gestützt. Das hat allerdings zur Voraussetzung, dass man das Thema (mit Welke 1992 und Krifka 2007) nicht primär semantisch-pragmatisch, sondern primär formal-syntaktisch (durch Anfangsstellung) definiert.

---

19 *Was* präsupponiert *Gegenstand X*.
20 Vgl. Givón (1990: 740): Topicality is a property of the nominal participants („referents') – most commonly subjects or objects – of clauses.

7.3 Verbstellung

Im Deutschen lassen sich Verberst-, Verbzweit- und Verbletzt-Sätze unterscheiden. Die Positionsbestimmung als Verbzweit bezieht sich nicht nur auf Argumente, sondern auch auf Modifikatoren.

Argumentkonstruktionen sind Folgen von Argumenten mit einer Leerstelle für das Verb als Kopf der Konstruktion.[21] Sie enthalten als schematische Konstruktionen noch keine Modifikatoren. Der eingangs vorgenommenen Dreiteilung in Argumentfolge, Verb-Argument-Folge und Argument-Modifikator-Folge entsprechend, kann man die Argumentkonstruktion zunächst gesondert betrachten, wie in 7.1 geschehen, und anschließend festhalten, dass sich die Leerstelle für das Verb an unterschiedlichen Stellen der Argumentfolge befinden kann, im Deutschen also an 1., 2. und letzter Position (einer beliebigen Argumentfolge in der Oberfläche):

(23) a. | __ Arg | Arg | Arg |

    b. | Arg | __ Arg | Arg |

    c. | Arg | Arg | Arg __ |

(24) a. *Gibt* Egon Erna das Buch?
    b. Egon *gibt* Erna das Buch.
    c. dass Egon Erna das Buch *gibt*

Zwischen wechselnden Verb-Positionen und wechselnden Argument-Positionen gibt es einen gravierenden Unterschied: Wechselnde Argumentpositionen sind Wechsel zwischen unmarkierter Folge einerseits und markierter und pragmatisch ausgezeichneter Wortfolge andererseits. Entsprechend wird die primäre Perspektivierung durch die sekundäre Perspektivierung überlagert. Daraus folgt, dass sich unterschiedliche Positionen von Verb und Argumenten nicht in demselben Verhältnis zueinander befinden wie unterschiedliche Argumentpositionen zueinander, also nicht in einem Verhältnis zueinander, das man im oben (7.1) erläuterten Sinne in gewisser Weise transformationell nennen könnte. Das Verhältnis von Konstruktion und Variation der Verbposition (von Allgemeinem und Besonderem, Identischem und Verschiedenem) ist vielmehr eine Hyponymie-Relation zwischen schematischen Konstruktionen unterschiedlichen Grades der Verallgemeinerung.

---

21 Mehrverbkonstruktionen (komplexe Konstruktionen) wie *Er wird gehen. Er muss gehen. Er sieht ihn gehen.* sind gesondert zu beschreiben.

(25)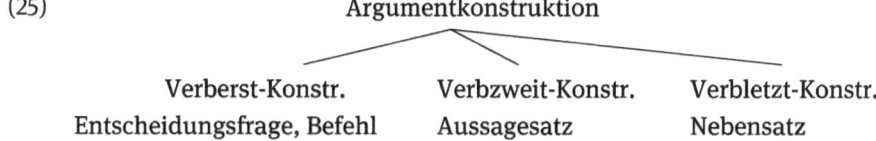

Das Verb wird an unterschiedlichen Positionen in die Konstruktion implementiert. Zu diesen formalen Unterschieden gesellen sich dem Bilateralitätsprinzip entsprechend semantische Unterschiede (in einer wiederum prototypischen und nicht invarianten Zuordnung): Verberst- und Verbzweitsätze sind typischerweise (übergeordnete) Hauptsätze. Sie beinhalten das hauptsächliche, übergeordnete illokutive Potential des Gesamtsatzes. Verberstsätze sind typischerweise Befehls- und Ausrufesätze. Verbzweitsätze sind typischerweise Aussagesätze.[22]

7.4 Modifikatorstellung

Modifikatoren können an unterschiedlichen Positionen in die Argumentkonstruktion fusioniert werden:

(26) a. Modif. Modif. Modif. Modif.
    Arg_n Arg_n Arg_n
b. weil morgen Emil Anna das Buch gibt.
c. weil Emil morgen Anna das Buch gibt.
d. weil Emil Anna morgen das Buch gibt.
e. weil Emil Anna das Buch morgen gibt.

Modifikatoren sind nicht originäre Bestandteile der Verbkonstruktion (Argumentkonstruktion). Sie werden mit dieser erst sekundär fusioniert und werden (bezogen auf die Gesamtklasse, die oberste Hyperonymkonstruktion), aber nicht auf einzelne Unterklassen (Hyponyme), z. B. *so-dass*-Nebensätze, vor, in oder nach Argumentkonstruktionen fusioniert.

In formalsyntaktischen und semantischen Theorien zur Rolle der Modifikatoren im Satz wird außerdem gezeigt, dass Modifikatoren nicht an allen mög-

---

[22] Nur bei Abweichungen vom Typischen (bspw. bei Nebensätzen mit Verberststellung) könnte man in Bezug auf die Position der Verben von unmarkierter und markierter Verbstellung sprechen, was jedoch m. E. nie geschieht.

lichen Positionen gleichermaßen fusioniert werden, sondern dass es bestimmte Regularitäten gibt.[23]

In der X'-Theorie befindet sich die kanonische Position der Modifikatoren zwischen dem Spezifikator und den Komplementen. Variationen gegenüber dieser Basis-Position werden durch Bewegungstransformationen (einschließlich *scrambling*) dargestellt. Inzwischen sind weitere unterschiedliche Vorschläge eingebracht worden. Sie reichen von völliger Variabilität der Positionierung bis hin zur Annahme von Basispositionen auf der Grundlage von unmarkierten und markierten Abfolgen wie beim Positionswechsel von Argumenten.

Maienborn (1996) ermittelt auf Grund differenzierter Diagnoseverfahren für markierte und unmarkierte Abfolgen drei Basispositionen für lokale Modifikatoren (Adjunkte). Sie unterscheidet bezogen auf das X'-Schema (1) eine lokale VP-Adjunkte (Adjunktion unter V', also auf der kanonischen Position zwischen Spezifikator und Komplementen), (2) eine lokale V-Adjunkte (zusammen mit Direktiva und Objektsprädikativa) auf einer zu diesem Zweck eingeführten Zwischenprojektionsebene V^u und eine VP-externe lokale Adjunktion (IP-Adjunktion), vgl.:

(27)   CP   Maienborn 1996: 121 (87)

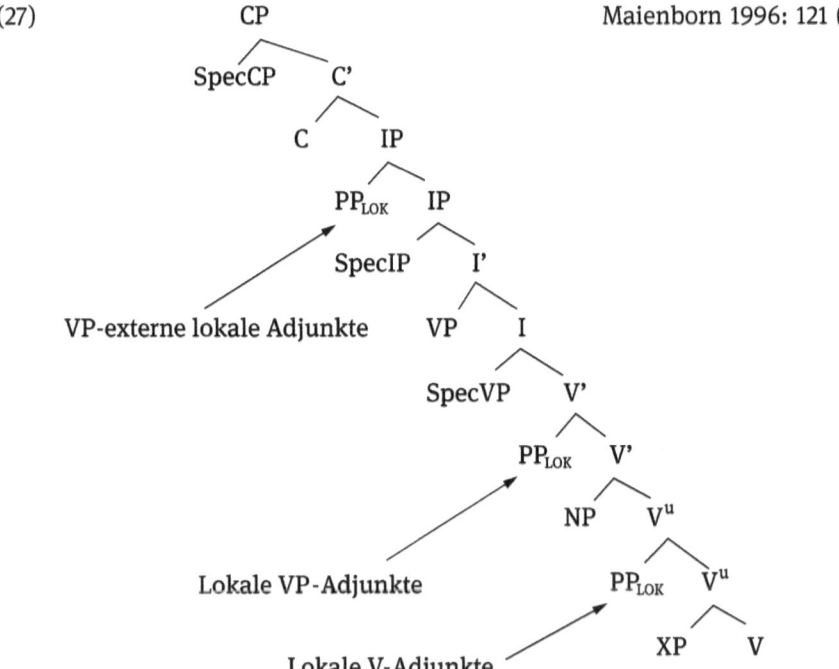

---

[23] Einer der ersten Vorschläge (bezogen auf die Konstituentenstruktur) findet sich in Heidolph/Flämig/Motsch (1981).

Maienborn zeigt, dass die Wahl dieser Positionen mit semantisch-pragmatischen Faktoren zusammenhängt. Das heißt, es gibt günstige und weniger günstige Plätze für modifizierende lokale Informationen.

Den semantischen Beitrag lokaler VP-Adjunkte (1) sieht Maienborn „in der globalen räumlichen Einordnung der durch die VP denotierten Situation" (ebd.: 98).

(28)   Paul hat auf dem Jungfernstieg die MARSEILLAISE gesungen.

Maienborn 1996: 93 (27)

Der semantische Beitrag lokaler V-Adjunke (2) besteht in der „situationsinterne(n) Verankerung der Lokalisierungsrelation" (ebd.: 146). Die Adjunkte beziehen sich auf den „internen Situationsaufbau" (ebd.: 100).

(29)   Die Spieler haben den Torschützen auf den SCHULTERN getragen.

Maienborn 1996: 101 (43)

Der semantische Beitrag der VP-externen lokalen Adjunkte (3) besteht (1996: 111–112) darin, „den Geltungsbereich der mit dem Denotat der Verbalprojektion verbundenen Aussage räumlich einzuschränken".

(30)   In Europa ist VW technologisch die Nr. 1.   Maienborn 1996: 112 (71a)

Das Gros der Belege für VP-externen lokale Adjunkte weist Erstposition (Thema-Position) des lokalen Adjunkts auf.[24] Um einen nicht vorangestellten lokalen Modifikator handelt es sich dagegen in (31):

(31)   Bestechungsgelder an Journalisten tragen in Guatemala einen eigenen
         Namen: *fafa*.   Maienborn 1996: 112 (71e)

Maienborn macht durch ihre Diagnoseverfahren und den Vergleich von Satzpaaren wie (32) deutlich, dass es sich bei VP- und V-Adjunkten um einen Wechsel von unmarkierter und markierter Wortfolge handelt.[25]

---

24 Vgl. Beispielsammlungen „sinnloser Gesetze". Die Charakterisierung beginnt meist einordnend mit dem Land, in dem das sinnlose Gesetz gilt: *In Utah haben Vögel auf allen Highways Vorfahrt* (https://www.travelworks.de/teens-magazin/lustige-gesetze.html, 6.1.2016), oft allerdings mit der Schreibkonvention: Name des Landes/Ortes + Doppelpunkt: *Utah: ...*).
25 Kapitälchen = Focus.

(32) a. Paul hat auf dem Jungfernstieg die MARSEILLAISE gesungen.
Maienborn 1996: 93 (27)
b. Die Spieler haben den Torschützen auf den SCHULTERN getragen.
Maienborn 1996: 101 (43)

Die unmarkierte Position (Basisposition) von VP-Adjunktionen befindet sich in zweistelligen Nominativ-Akkusativ-Konstruktionen vor dem Akkusativobjekt. Die unmarkierte Position von V-Adjunktionen befindet sich nach dem Akkusativobjekt. Bezogen auf die Thema-Rhema-Gliederung ist die VP-Adjunktion in der Normalfolge thematisch und das Akkusativobjekt rhematisch.[26] In der V-Adjunktion ist es umgekehrt. Das Akkusativobjekt ist thematisch und das V-Adjunkt ist rhematisch.

Die Umkehrung der Wortfolge ändert den Bedeutungsbeitrag des VP- bzw. V-Adjunkts nicht. Nur ihre thematische Bewertung ändert sich.

(33) a. Paul hat die Marseillaise auf dem JUNGFERNSTEIG gesungen.
Maienborn 1996: 93 (28)
b. ?Die Spieler haben auf den Schultern den TORSCHÜTZEN getragen.
Maienborn 1996: 101 (44)

Unabhängig von der thematischen Bewertung bleibt der Bedeutungsbeitrag des VP-Adjunkts (34) und des V-Adjunkts (35) konstant.

(34) a. Paul hat auf dem Jungfernstieg die MARSEILLAISE gesungen.
Maienborn 1996: 93 (27)
b. Paul hat die Marseillaise auf dem JUNGFERNSTEIG gesungen.
(35) a. Die Spieler haben den Torschützen auf den SCHULTERN getragen.
Maienborn 1996: 101 (43)
b. ?Die Spieler haben auf den Schultern den TORSCHÜTZEN getragen.

Die Belegung der Positionen vor dem Akkusativobjekt durch die VP-Adjunktion und die Belegung nach dem Akkusativobjekt durch die V-Adjunktion (in der zweistelligen Konstruktion) bzw. die Positionierung im X'-Schema im Falle der VP-Adjunktion unter V' und der V-Adjunktion unter V^u kann man so interpretieren, dass die jeweilige unmarkierte Position günstiger für die Identifizierung

---

26 Zu Grunde lege ich eine Auffassung von Thema-Rhema als eine zeitliche Abfolge von mehr thematischen zu mehr rhematischen Elementen, also einen kontinuierlichen Übergang beginnend beim Satzthema in der Erstposition als primäres Thema in Bezug auf den gesamten Satzrest (vgl. Firbas 1964, zur Definition von ‚Thema' als Satzgegenstand vgl. oben).

des spezifischen semantischen Beitrags ist. Für die globale räumliche Einordnung ist die V'-Position (die Position vor den Komplementen) geeigneter als die V^u-Position nach den Komplementen. Denn die Position vor den Komplementen, die zugleich die thematische Position ist, lässt sich gut mit der Aufgabe verbinden, der globalen räumlichen Einordnung zu dienen, die ja die Argumente mit erfassen muss. Umgekehrt ist die Position nach den Argumenten, die günstigere Position für Informationen über den internen Situationsaufbau, also über spezifischere lokale Bezüge dadurch, dass sie kontrastierend zur lokalen VP-Adjunktion die V-Adjunktion im rhematischen Bereich platziert.

Sowohl das VP-Adjunkt (36a) als auch das V-Adjunkt (36b) kann aber stets auch in Erstposition stehen:

(36) a. Auf dem Jungfernstieg hat Paul die Marseillaise gesungen.
　　 b. Auf den Schultern haben die Spieler den Torschützen getragen.

Diese Adjunktionen stehen dort markiert, weil die Erstposition als Thema dann markiert ist, wenn sie nicht vom 1. Argument (Subjekt) oder bestimmten Adjunkten, zu denen die lokale VP-externe Adjuntion gehört, eingenommen wird.[27]

Wiederum kann man sagen, dass die Position vor dem finiten Verb, also die Thema-Position als unmarkierte Position VP-externer Adjunkte, am besten dem Bedeutungsbeitrag dieser Adjunkte entspricht, den Geltungsbereich der Gesamtaussage einzugrenzen.[28] Sie entspricht darüber hinaus der Aufgabe der Themasetzung. Durch die thematische Position (durch das Thema, den Satzgegenstand) wird festgelegt, für welchen Redegegenstand die Aussage aktuell gelten soll. Wiederum ist auch diese Position nicht die einzig mögliche Position für VP-externe Adjunkte (vgl. (36)).

Maienborn argumentiert bei VP-externen Adjunkten nicht mit Vergleichen zwischen unmarkierter und markierter Wortfolge. Dennoch gehört auch die Variation zwischen Satzthema-Position und Mittelfeldposition zur Variation zwischen markierter und unmarkierter Folge. Wie bei VP-Adjunkten ist die thematische Position die unmarkierte Position. Nur ist sie in diesem Fall die maximale thematische Position, die im Regelfall durch das Subjekt eingenommen wird.

Stützen kann man die Hypothesen über die „günstigste" Position durch die Feststellung Maienborns (ebd.: 8; 70), dass es sprachlich (also im Sprachsystem) nur eine Grobsteuerung für das Eingreifen von Modifikatoren in die Gesamtbedeutung des Satzes gibt. Die Feinsteuerung erfolgt Maienborn zufolge

---

27 Das gilt wie alles wiederum typischerweise, vgl. *Das interessiert mich – Mich interessiert das.*
28 Maienborn spricht in Bezug auf VP-externe Adjunkte von der Einschränkung des Geltungsbereichs der *Aussage* und bei VP-Adjunkten von globaler Einordnung der *Situation*.

durch das Weltwissen, das konzeptuelle System innerhalb der Zweiebenensemantik, (vgl. ebd.: 32–33, Anm. 2) bzw. das perzeptive System (vgl. 5.4.2), vgl. Maienborn (1996: 8):

> Die Auflösung von Ambiguitäten kann wie im Falle von (2) (= 37a) durch außersprachliches Wissen gesteuert sein, durch Standardannahmen über die Welt, deren Aktivierung von Kontext nahegelegt wird [...], sie kann aber auch, wie bei (4) (= 37b), durch genuine sprachliche, etwa prosodische Information, unterstützt werden.

(37) a. *Oben* war das Hemd grünlich. Maienborn 1996: 7 (2)
    b. Die Gebäcke sind *in unserer Bäckerei* frisch hergestellt.
                                                       Maienborn 1996: 8 (4)

Vgl. auch (ebd.: 47):

> Damit wird deutlich, daß das Lokaladverbial allein keine sicheren Schlußfolgerungen auf die Lokation der beteiligten Objekte zuläßt. Es ist vielmehr Weltwissen, nicht-sprachliches Wissen über die Größe von Gärten, Hosentaschen, Tischen, Feuerzeugen und Menschen sowie Merkmale einer Situation vom Typ ‚Finden', das hier Rückschlüsse auf die Objektlokationen ermöglicht und steuert.

Vgl.:

(38) a. Die Ganoven sind auf Fahrrädern geflüchtet.
                                                       Maienborn 1996: 101 (42b)
    b. Die Cowboys haben in Stiefeln geschlafen.
                                                       Maienborn 1996: 101 (42e)

Das V-Adjunkt ordnet der Situation eine Lokalisation zu. Für welche Teile bzw. Bereiche der Situation die Lokalisation gilt, ergibt sich aus der perzeptiven Erfahrung.

Diese Aussage kann man auch auf die genauere Lokalisation der von den Argumenten denotierten Partizipanten beziehen, vgl.:

(39) a. Angela hat das Feuerzeug im Garten gefunden.
                                                       Maienborn 1996: 47 (5)
    b. Angela hat das Feuerzeug in ihrer Hosentasche gefunden.
    c. Angela hat das Feuerzeug unter dem Tisch gefunden.
(40) a. Emil hat die Wurst in der Küche gebraten.
    b. Emil hat die Wurst in der Pfanne gebraten.

Bei bspw. (40a) kann man aus dem perzeptiven Wissen schließen, dass nicht nur die Wurst, sondern auch Emil in der Küche ist. Im Falle von (40b) ist zu schließen, dass Emil sich nicht zusammen mit der Wurst in der Pfanne befindet. Auch in diesen Fällen handelt es sich um V-Adjunktionen.

Fazit
Maienborns (1996) im Rahmen des generativen Paradigmas (der X'-Theorie) entwickelte Theorie der Platzierung lokaler Modifikatoren an unterschiedlichen Positionen stützt das in diesem Kapitel vorgetragene Konzept der wechselnden Modifikatorstellung vor, zwischen und nach vorgegebenen Argumentpositionen. Das trifft auch auf die semantischen und insbesondere pragmatischen Regularitäten (Stichwort: Weltwissen) der Platzierung an unterschiedlichen Positionen zu.

Interferenz mit der Verbzweitstellung
Allerdings gibt es im Deutschen in Sätzen mit Verbzweitstellung eine wesentliche Interferenz: Vor dem Verb kann typischerweise nur ein Argument *oder* ein Modifikator platziert werden, jedoch nicht ein Argument und ein Modifikator gleichzeitig. Das gilt für das Subjekt (41c, d), aber auch für die anderen Argumente (41e, f).

(41) a. Emil gibt morgen Anna das Buch.
 b. Morgen gibt Emil Anton das Buch.
 c. *Morgen Emil gibt Anna das Buch.
 d. *Emil morgen gibt Anna das Buch.
 e. *Morgen der Anna gibt Emil das Buch.
 f. *Das Buch morgen gibt Emil Anna.

Das heißt, dass sich im Deutschen Argumentfolge, Argument-Verb-Folge und Argument-Modifikator-Folge nicht völlig unabhängig voneinander modellieren lassen.[29]

Dieser Umstand hängt, so kann man annehmen, mit der Möglichkeit des Deutschen zusammen, ein 2. oder 3. Argument in die 1. Position der Oberflächenstruktur (die Thema-Position) zu bringen, eine Möglichkeit, die sich aus dem flektierenden Charakter des Deutschen ergibt.

---

[29] Im Englischen kann dagegen ein Modifikator vorangestellt werden unabhängig von der Position des Verbs nach dem Subjekt: *Yesterday I met my friend.*

Durch die Möglichkeit, alternativ zum 1. Argument auch ein 2. oder 3. Argument in Erstposition vor dem Verb zu realisieren, ist eine deutlich abgegrenzte Thema-Position (*Topic*-Position des Spezifikators der CP im generativen Sprachgebrauch) entstanden, die wesentlich variabler einsetzbar ist als die Erstposition im Englischen und wesentlich deutlich als in einer Sprache mit Verbendstellung. Daraus ergibt sich die Besonderheit des Deutschen, an Stelle von Argumenten auch Modifikatoren in dieser herausgehobenen Position als Satzthema zu realisieren.

Diese Umstände erzwingen im Deutschen die Erweiterung auf ein Satzschema, das eine durch Modifikatorkonstruktionen erweiterte Argumentkonstruktion darstellt. Ein solches Satzmodell liegt mit dem topologischen Modell (Feldermodell, Stellungsfeldermodell) des Deutschen vor.

7.5 Konstruktionsgrammatik und topologisches Satzmodell

Ausgangspunkt des topologischen Modells (Feldermodells) ist der Umstand, dass das Prädikat im Deutschen sich bei Verb-Zweitstellung (und Verb-Erststellung) in einen finiten und in einen infiniten Teil (oder in Stamm und Partikel, bei Funktionsverbgefügen in Verb und Verbalabstraktum) aufteilt. Zwischen diesen befindet sich das sog. Mittelfeld. Dem Verb voraus geht das Vorfeld. Dem infiniten Teil (oder der Partikel oder dem Verbalabstraktum) folgt das Nachfeld.

In Einführungen in die X'-Theorie und die entsprechenden Bewegungstransformation, die sich auf das Deutsche beziehen, wird oft das topologische Modell als Verständnishilfe herangezogen.[30] Im Verbendsatz stehen die Rahmenbestandteile adjazent. Es ist daher in einem Konstituentenstrukturmodell, in dem idealerweise zusammensteht, was zusammengehört, naheliegend, einen transformationellen Zusammenhang anzunehmen. Der prädikative Rahmen entsteht einem solchen Konzept zufolge aus der Bewegung des Finitums in die den Rahmen öffnende Position C°. Die rahmenöffnende Position kann man auf C° beziehen, da in der Feldertheorie das Rahmenprinzip auf Verbendstellungen ausgedehnt worden ist mit der subordinierenden Konjunktion (C°) als rahmenöffnendem Element und und dem finiten Verb als rahmenschließendem Element.[31]

---

[30] Es wird auch unmittelbar selbst als eine generative Satztheorie interpretiert (Wöllstein 2010).
[31] Dependenziell kann der Bezug durch die direkte Abhängigkeit des Finitums von der subordinierenden Konjunktion gerechtfertigt werden, analog zur direkten Abhängigkeit der infiniten Verbform vom finiten Verb.

Ebenso können die Bewegungstransformationen der Topikalisierung (Bewegung zum Satzanfang in die Position des Spezifikators von CP) und der Extraposition (Bewegung zum Satzende unter eine adjungierte IP') durch Bezug auf das topologische Schema motiviert werden. Wenn man von der Annahme ausgeht, dass sich zunächst alle Dependentien des Prädikats (alle Argumente und Modifikatoren) im Mittelfeld befinden, sind die Besetzungen des Vorfeldes Bewegungen einer Konstituente (Argument oder Modifikator) aus dem Mittelfeld ins Vorfeld. Die Besetzungen des Nachfeldes sind Bewegungen einer oder mehrerer Konstituenten aus dem Mittelfeld ins Nachfeld.

Das transformationelle Feldermodell kann man aber auch konstruktionsgrammatisch interpretieren, d. h. nicht transformationell, sondern als schematische Satzkonstruktion, entweder wie üblich generalisiert auch für Verbletztsätze (mit der Konjunktion als rahmenöffnendem Element) oder weniger generalisiert – und damit das Rahmenprinzip weniger stark ins Zentrum rückend – für Verbzweitsätze (auch für Verberstsätze), also nur in Bezug auf komplexe Prädikate.

Letzteres kann dadurch geschehen, das man das Konstruktionsschema mit Verbzweitstellung ergänzt durch ein Schema für gespaltene Prädikate mit zwei Slots für die Rahmenbestandteile:

(42) X   — $Y_1 ... Y_n$ — $Z_1 ... Z_n$
      Vorfeld   Mitte   Nachfeld

X, Y, Z = „Stellungsglieder" im Vorfeld, Mittelfeld und Nachfeld, und zwar Modifikatoren oder Argumente, im Vorfeld in der Regel nur ein Stellungsglied.

Die Ausklammerung von Konstituenten (die Extraposition, Verschiebung in Positionen nach dem Rahmen) hängt vor allem von ihrem Umfang ab und damit von dem sprachgebrauchsbezogenen Faktor der Belastung des Kurzzeitgedächtnisses. Das betrifft bei Modifikatoren und Argumenten die Entfernung zwischen den Prädikatsbestandteilen. Das betrifft bei Argumenten zusätzlich die sekundäre Perspektivierung, wenn diese von der primären Perspektivierung abweicht. Daraus folgt die Regel, dass umfangreichere und vor allem umfangreichere satzwertige Konstituenten tendenziell im Nachfeld stehen. Die Nachfeldposition ist in diesem Fall sogar die unmarkierte Position, vgl. (43a) und (43b), (44a) und (44b).[32]

---

[32] Aus generativer Sicht (als Transformation betrachtet), heißt das im Falle der unmarkierten Ausklammerung also, dass von einer markierten Stellung in eine unmarkierte transformiert wird.

(43) a. Ich kann, wenn du genügend Zeit für mich hast, kommen.
 b. Ich kann kommen wenn du genügend Zeit für mich hast.

(44) a. Ich habe das Buch, das du so lange und vergeblich gesucht hast, gefunden.
 b. Ich habe das Buch gefunden, das du so lange und vergeblich gesucht hast.

Platzierungen von Modifikatoren und Argumenten im Nachfeld sind unmarkiert oder markiert (üblich oder weniger üblich). Das wird in beschreibenden Grammatiken auch grammatische vs. stilistische Ausklammerung genannt. Weder bei markierten noch bei unmarkierten Platzierungen liegt ein vergleichsweise transformationeller Vorgang vor.[33]

Termini wie Aufspaltung, Rahmenbildung, Entzweiung des Prädikats, Voranstellung, Ausklammerung legen auf Grund ihrer Interpretierbarkeit als *nomina actionis* eine prozesshafte Darstellung nahe. In der Tat kann es einmal einen irgendwie gearteten Übergang von eventuell vorwiegender Verbendstellung im Indoeuropäischen zur Verbzweitstellung im Englischen und im Deutschen (im Hauptsatz) gegeben haben. Er sollte jedoch nicht als transformationelle Bewegung des Finitums nach C° abgelaufen sein. Diachron hat sich die Aufspaltung des Prädikats im Deutschen wahrscheinlich eher aus der Differenzierung von Zweitstellung im Hauptsatz und beibehaltener Endstellung im Nebensatz und in der Infinitivkonstruktion ergeben. In der Gegenwartssprache beobachtbar geschieht das dadurch, dass beim Übergang bspw. vom Vollverb *drohen* (45a) zu einem sog. modifizierenden Hilfsverb *drohen* (45b) eine Konstruktionsvererbung vor sich geht, in deren Verlauf eine abhängige Infinitivkonstruktion (IK) (47a) ihre Selbständigkeit einbüßt und mit der übergeordneten Argumentkonstruktion zu einer einheitlichen Argumentkonstruktion mit komplexem Prädikat verschmilzt (45b).

(45) a. Er drohte, vom Dach zu springen.[34]
 b. Ein Dachziegel drohte vom Dach zu fallen.

(46) $\boxed{\text{Nom}_{1/Ag} - \text{Verb} - {}_{IK}[\text{Dir} - \text{Verb}_{zu+Inf}]}$
 $\downarrow$
 $\boxed{\text{Nom}_{1/Vt} - \text{Verb}_1 - \text{Dir} - \text{Verb}_{2/Inf}}$

---

33 Eine Ausnahme wäre die Platzierung eines Vorgängerarguments ins Nachfeld.
34 Dem Komma entspricht eine Sprechpause.

Die Trennung von Partikel und Stamm bei Partikelverben wird auf der Grundlage des X'-Schemas als Bewegung des finiten Verbs in die *Topic*-Position unter Zurücklassung der Partikel beschrieben. Diachron und unter dem Gesichtspunkt der Konstruktionsvererbung kann man sie als Reduktion eines Direktivums auf die Präposition erklären mit nachfolgendem Übergang der Präposition zum Bestandteil der Partikelkonstruktion (zur Partikel) (vgl. Kap. 16). Das Direktivum bzw. das Präpositionalobjekt ist 3. Argument. Die Präposition, nunmehr Bestandteil des Verbs, bleibt bei Verbzweitstellung auf der Endposition:

(47) a. (weil) er das Buch auf den Tisch legt
     b. (weil) er das Buch auf ~~den Tisch~~ legt

(48) a. Er legt das Buch auf den Tisch.
     b. Er legt das Buch auf ~~den Tisch~~.

Hilfsverbstellung und Partikelstellung verhalten sich beim Wechsel von Verbzweitstellung (oder Verberststellung) und Verbendstellung analog. Es bildete sich ein einheitliches Rahmenmuster heraus, dem man Funktionsverbgefüge, Objektsprädikativ-Konstruktionen und Direktivkonstruktionen zuordnen kann (mit dem Objektsprädikativ und dem Direktivum als gewissermaßen rahmenschließendem Teil).

Auf diese Weise wird sichtbar, dass das Rahmenprinzip mit einem anderen Prinzip verwandt ist, nämlich der vom 1. bis zum 3. Argument zunehmenden semantischen Nähe der Argumente zum Prädikat. Bei Endstellung des Verbs steht das semantisch am engsten zum Verb gehörende Argument dem Verb am nächsten (adjazent). Bei Zweitstellung des Verbs steht es am weitesten vom Verb getrennt.

Die Abstufung nach semantischer Nähe der Argumente zum Verb kommt in der traditionellen Unterscheidung von direktem und indirektem Objekt zum Ausdruck sowie in der Hierarchie der Konstituentenstruktur und daraus abgeleitet in der Abbindreihenfolge in Lambda-Darstellungen in der formalen Semantik.

Die Endstellung des Direktivums und daraus abgeleitet des Präpositionalobjekts sowie des Objektsprädikativs und in N-D-A-Konstruktionen des Patiens ist eine ikonische Abbildung der Zielgerichtetheit menschlichen Handelns.

7.6 Mehrfache Vorfeldbesetzung

In der Feststellung, dass im deutschen Aussagesatz das finite Verb an zweiter Stelle steht, drückt sich eine elementare Intuition aus. Syntaktische Theorien, beginnend bei der Satzgliedtheorie (vgl. Welke 2007: 114–124), versuchen dem Invarianzpostulat folgend an ihr festzuhalten. Möglichst theorieneutral ausgedrückt geht es darum, dass sich vor dem finiten Verb nur *ein* Wort oder *eine* Wortgruppe befindet – mit Ausnahme u. a. von koordinierenden Konjunktionen. Der Satzgliedtheorie zufolge befindet sich das finite Verb im deutschen Aussage genau nach einem und nur einem Satzglied in Zweitstellung. Diese Aussage korrespondiert mit der Unterscheidung von Satzgliedern im eigentlichen Sinne und Attributen als Komponenten von Satzgliedern (als sog. Satzgliedteilen). Satzgliedtheoretisch ist unter mehrfacher Vorfeldfeldbesetzung also zu verstehen, dass es ein Wort oder eine Wortgruppe vor dem Verb gibt, das/die sich nicht als Attribut innerhalb eines Satzgliedes in Vorfeldposition auffassen lässt (und nicht u. a. als koordinierende Konjunktion), sondern als ein zweites Satzglied vor dem Verb betrachtet werden muss. Es gibt jedoch Token-Konstruktionen, die diesem Prinzip nicht zu folgen scheinen:

(49)   Vor drei Tagen auf dem Sportplatz habe ich ihn noch gesehen.

Solche Verstöße gegen das Verbzweit-Prinzip werden mehrfache Vorfeldbesetzung genannt. Ich werde der Lösung, die Müller (2003, 2005; vgl. auch Müller/Bildhauer/Cook 2012) für das Problem der mehrfachen bzw. *scheinbar* mehrfachen Vorfeldbesetzung vorsieht, eine konstruktionsgrammatische Lösung gegenüber stellen.

Müller (2003) beschreibt auf der Grundlage einer umfangreichen Belegsammlung mehrfache Vorfeldbesetzungen aus Sicht der *HPSG*. Das Problem, dass sich für generativ inspirierte Ansätze ergibt, entspricht dem der Satzgliedanalyse. Diskutiert wird das Problem in Bezug auf die Konstituentenstruktur: Vor dem Verb sollte sich bei Verbzweitstellung nur eine Konstituente befinden. Das gilt in dem Sinne, dass sich alle Wörter und Wortgruppen vor dem finiten Verb unter einem einheitlichen Knoten der Konstituentenstruktur zusammenfassen lassen müssen. Müller zufolge ist das der Fall. Müller (2005) spricht daher von *scheinbar* mehrfacher Vorfeldbesetzung.

Auf der Basis der Konstituentenstruktur können zunächst Voranstellungen von Infinitiven und Partizipien eines komplexen Prädikats, allein oder zusammen mit Argumenten und Modifikatoren als eine Konstituente interpretiert werden:[35]

---

[35] Das ist eine Konstellation, die in Satzgliedbegriffen nicht beschreibbar ist. Denn Infinitive oder Partizipien (allein und zusammen mit Argumenten und Modifikatoren) haben nicht die Geltung von (selbständigen) Satzgliedern.

(50) a. Er hat auf diese Weise sein Ziel erreicht.
   b. *Erreicht* hat er auf diese Weise sein Ziel.
   c. *Sein Ziel erreicht* hat er auf diese Weise.
   d. *Auf diese Weise sein Ziel erreicht* hat er.

Das Vorangestellte kann nach den Regularitäten des X'-Schemas unter V° [*erreicht*]$_{V°}$ (52b) oder unter einer Projektionsstufe V' von V° [*sein Ziel erreicht*]$_{V'}$ (52c) bzw. [*auf diese Weise* [*sein Ziel erreicht*]$_{V'}$]$_{V'}$ (50d) zusammengefasst werden. Basis ist die Aufspaltung des Prädikats in V° und I°.

Müller (ebd.: 21) konstatiert diese Erklärungsmöglichkeit als gegeben. Offen bleibt allerdings, wie Sätze zu erklären sind, in denen der Infinitiv des komplexen Prädikats nicht gleichzeitig im Vorfeld steht, und wie bei Sätzen zu verfahren ist, die kein komplexes Prädikat enthalten.

Müller trägt 24 Fallgruppen zusammen. Oft geht es um Adverbien als Zweitbestandteil,[36] u. a. Akkusativobjekt + Adverb (bzw. adverbial gebrauchtes Adjektiv) (51), Präpositionalobjekt + Adverb (52), statisch lokales Argument + Adverb (53), Direktiv + Adverb (54).

(51) a. [Gezielt] [Mitglieder] [im Seniorenbereich] wollen die Kendoka allerdings nicht werben.   Müller 2003: 36 (18a)
   b. [Ganz sicher] [keine lebendige Bildungsweise] repräsentieren derartige Partizipialkonstruktionen [...]   Müller 2003: 36 (18f)

(52) a. [Kaum] [mit heimischer Basis] verbinden sich dagegen die Negationspräfixe [...]   Müller 2003: 41 (32a)
   b. [Negativ] [auf die Auflagenzahlen] dürften sich vor allem Meldungen [...] auswirken   Müller 2003: 42 (32h)

(53) a. Einsam auf dem kleinen Bahnhof im Moor blieb der lächelnde Junge zurück.   Müller 2003: 40 (27a)
   b. Einsam am Eingang steht ein [...] Infoterminal [...]   Müller 2003: 40 (27b)

(54) a. Außerdem nach Sevilla dürfen [...]   Müller 2003: 46 (49a)
   b. Frontal gegen einen Baum prallte ein [...]   Müller2003: 47 (49b)

Sehr oft kommen aber auch umfangreichere Zweitglieder (also nicht nur Adverbien) vor, z. B. Akkusativobjekte und adverbiale Präpositionalphrasen (55) und

---

[36] Müller verwendet in der Datensammlung Satzgliedbegriffe neben dem Wortartbegriff ‚Adverb' und neben Phrasenbegriffen wie Präpositionalphrase.

Kombinationen von Modifikatoren, z. B. von temporalen und lokalen Modifikatoren (56).

(55) a. [Nichts] [mit derartigen Entstehungstheorien] hat es natürlich zu tun, daß [...]   Müller (2005): 34 (14a)
  b. [6.500 Euro] [von der NPD] verlangt das Unternehmen [...]
     Müller (2005): 35 (14i)

(56) a. [Im Hause am Bergsee] [zur Sommerzeit] sei es [...]
     Müller (2005): 38 (23a)
  b. [Vor wenigen Wochen] [im Deutschen Theater] sagte ich [...]
     Müller (2005): 38 (23c)

Die Belegsammlung zeigt, dass es zum einen zahllose Fälle von mehrfacher Vorfeldbesetzung ohne Partizip oder Infinitiv eines komplexen Prädikats als Kopf gibt und zum anderen analoge mehrfache Vorfeldbesetzungen bei einfachen Prädikaten.

Müllers Lösungsansatz knüpft an Vorschläge Fanselows (1993) und Hobergs (in Zifonun/Hoffmann/Strecker 1997)[37] an, vgl. (Müller 2005: 11):

> Die diskutierten Daten lassen sich am leichtesten erfassen, wenn man davon ausgeht, daß die Elemente im Vorfeld von einem leeren Kopf abhängen bzw. einen leeren Kopf modifizieren. Der leere Kopf hat die Eigenschaften des Verbs im restlichen Satz [...].

Müller bezieht sich auf die Feststellung Fanselows (1993: 67) dass die Konstituenten vor dem finiten Verb „Satzgenossen" sein müssen, ferner auf eine Bemerkung Olsens (p. c.), dass die „Abfolge der vorangestellten Konstituenten relativ fest ist" und (2003: 55) auf die Annahme von Lötscher (1985), dass „beliebige Ketten vom linken Rand des Verbalkomplexes vorangestellt werden können". Das heißt, dass diese Voranstellungen denjenigen von V°-Projektionen mit Partizip oder Infinitiv entsprechen. Müller nimmt daher wie Fanselow und Hoberg an, dass es sich um Voranstellungen mit einem leeren Kopf handelt, vgl. (2003: 27):

> Ich nehme an [...] dass der leere Kopf als Bestandteil des Prädikatskomplexes analysiert wird und daß die Voranstellung analog zur Voranstellung von Prädikatskomplexteilen [...] funktioniert.

Leere, nicht sichtbare Elemente werden in KxG-Zugängen abgelehnt und sind sprachgebrauchsbezogen problematisch. Aber auch eine konstruktionsgrammatische Lösung des Problems der mehrfachen Vorfeldbesetzung kann nicht

---

37 Von Müller m. E. unkorrekt zitiert. Ich gebe die korrekte Quelle an.

einfach behaupten, dass es neben dem V2-Muster marginal ein V3-Muster (und V4, V5, ... Muster) gibt. Dann sollte nämlich die Verbdritt-Stellung auch oder sogar vor allem für Sätze mit Subjekt in Erst- oder Zweitposition gelten. Mehrfache Vorfeldbesetzungen mit dem Subjekt im Vorfeld sind jedoch auf bestimmte unten zu erläuternde Fälle begrenzt. Das Gros der Belege Müllers enthält Sätze, in denen 2. oder 3. Argumente und Modifikatoren mehrfach im Vorfeld vorkommen, aber nicht 1. Argumente (Subjekte) mit anderen Argumenten oder mit Modifikatoren, außer mit Satzadverbialen (vgl. unten).

Die Charakteristik ‚Verbzweitstellung' ist auf die Satzglied- bzw. Konstituentenstruktur bezogen. Aus konstruktionsgrammatischer Perspektive geht es nicht um Satzglieder oder um Konstituentenstruktur. Man ist also nicht daran gebunden, dass sich die Konstituenten vor dem Verb zu einem Satzglied oder, den Regularitäten des X'-Schemas folgend, zu einer Konstituente vereinigen lassen. Erstposition muss also nicht phrasenstrukturell definiert werden.

Eine neutrale Definition von Erstposition ergibt sich, wenn man sagt, dass im Regelfall ein Argument oder ein Modifikator[38] die Erstposition vor dem Verb einnimmt und hinzufügt, dass auch eine Argument-Argument-Folge, eine Argument-Modifikator-Folge oder eine Modifikator-Modifikator-Folge in Erstposition vorkommen kann. Bedingung ist – und damit kommt Konstruktionsgrammatik ins Spiel –, dass diese Folgen *mögliche Ausschnitte* (und zwar möglichst unmarkierte Ausschnitte) aus Argumentkonstruktionen oder Argument-Modifikator-Konstruktionen sind, vgl.:

(57) a. Am Bahnhof, im Kosmetiksalon, traf sich die Creme der Stadt.
 Müller 2005: 37 (20a)
 b. Die Creme der Stadt traf sich *am Bahnhof, im Kosmetiksalon.*

(58) a. Mit Bällen und Stoppuhren durch den Nebeneingang, ... kommen die Spieler auf den Sportplatz ... Müller 2005: 39 (26)
 b. Die Spieler kommen *mit Bällen und Stoppuhren durch den Nebeneingang* auf den Sportplatz ...

(59) a. Einsam auf dem kleinen Bahnhof im Moor blieb der lächelnde Junge zurück. Müller 2005: 40 (27a)
 b. Der lächelnde Junge blieb *einsam auf dem kleinen Bahnhof im Moor* zurück.

(60) a. Erstmals für Wirbel sorgte die Antifa-Gruppe 1996, [...]
 Müller 2005: 41 (32d)
 b. Die Antifa-Gruppe sorgte 1996 *erstmals für Wirbel*

---

38 Mit dem Zusatz, dass nicht alle Modifikatoren thematisch sind (vgl. Welke 1992).

(61) a. Bundesweit Spitzenreiter ist Mitte bei den Heiratsorten.
 Müller 2005: 43 (36a)
 b. Mitte ist bei den Heiratsorten *bundesweit Spitzenreiter*.

(62) a. Hauptberuflich als Anwalt hat er nur kurz gearbeitet.
 Müller 2005: 45 (42c)
 b. Er hat nur kurz *hauptberuflich als Anwalt* gearbeitet.

(63) a. Zu ihm nach Lübeck reiste Kohl nach seiner Beichte.
 Müller 2005: 46 (47)
 b. Kohl reiste nach seiner Beichte *zu ihm nach Lübeck*.

(64) a. Vom Leutnant zum Hauptmann wird Karl befördert.
 Müller 2005: 47 (48))
 b. Karl wird *vom Leutnant zum Hauptmann* befördert.

(65) a. Frontal gegen einen Baum prallte ein Wieslocher Autofahrer, [...]
 Müller 2005: 48 (49b)
 b. Ein Wieslocher Autofahrer prallte *frontal gegen einen Baum*.

Stets handelt es sich darum, dass mögliche Ausschnitte aus einer Gesamtkonstruktion (vgl. die Beobachtungen von Fanselow, Olsen und Hoberg oben) topikalisiert werden, und zwar Ausschnitte, die in der Normalstellung, also mit dem Subjekt in Erstposition, vorkommen würden.[39] Es handelt sich um Thematisierungen, jedoch nicht um Thematisierungen einzelner Wörter oder Wortgruppen, sondern um die Thematisierung von (im Mittel- und Nachfeld) möglichen unmarkierten Folgen von Wörtern oder Wortgruppen. Die mehrfache Vorfeldbesetzung lässt sich also als sekundäre Perspektivierung von Argument-Modifikator-Folgen, erklären, d. h. von Folgen, die insgesamt thematisch werden (anstelle einzelner Argumente und Modifikatoren).

Bei Voranstellung von Argument + Modifikator schließt die sekundäre Perspektivierung den in 7.1 besprochenen Widerspruch von sekundärer Perspektivierung eines 2. oder 3. Arguments in Erstposition zu primärer Perspektivierung des 1. Arguments (des Subjekts) ein. Der Modifikator wird mit dem betreffenden Argument mitgenommen und mitthematisiert. Bei mehrfachen Vorfeldbesetzungen von Argument-Argument-Folgen geht es um sekundäre Perspektivierungen von Argumentfolgen. Wie bei Vorfeldbesetzung durch ein einzelnes 2. oder 3. Argument sind es Vorgriffe gegenüber Argumenten, die auf der Ebene der primären Perspektivierung vorangehen. Das erklärt die Sonderstellung des 1. Arguments (Subjekts) (vgl. unten).

---

39 Im Grenzfall kann sogar eine Folge mehrerer syntaktischer Einheiten topikalisiert werden.

Ein Bezug auf die Formate der Satzgliedtheorie oder der Phrasenstrukturgrammatik (auf einen übergeordneten Knoten der Phrasenstruktur) ist nicht notwendig (und im Rahmen der hier vertretenen Version der KxG auch nicht möglich). Wesentlich für den konstruktionsgrammatischen Zugang ist nur, dass es sich um mögliche und relativ unmarkierte Argument/Modifikator-Folgen handelt. Das heißt, die Voranstellungen ist konstruktionsgeleitet und folgt einem universellen sprachlichen Grundprinzip, das ich im Anschluss an Plank (1985) Prinzip der Strukturerhaltung nenne. Plank (1985: 158) spricht vom Prinzip der Strukturbewahrung, vgl. (ebd.: 155):[40]

> [...] die hier zur Diskussion gestellte These ist, sehr allgemein und vereinfacht formuliert, daß *erweiterte* und *markierte* Konstruktionen so weit wie möglich analog entsprechenden einfachen und unmarkierten Konstruktionen strukturiert sind.

Transformationell ausgedrückt: Die Konstruktion, aus der herausbewegt wurde, muss für den Hörer erkennbar bleiben. Es geht m. a. W. um Bedingungen der Sprachverarbeitung.

Anmerkung
Das Prinzip der Konstruktionsgeleitetheit bzw. der Strukturerhaltung kann man auch für Phänomene verantwortlich machen, die in der Generativen Grammatik Subjazenz genannt werden und Barrieren für Bewegungen darstellen, vgl.:

(66) a. Wen meint Ede hätte Tom angerufen?
Grewendorf/Hamm/Sternefeld 1988: 242 (147d)
b. *Wen meint Ede Tom hätte angerufen?
Grewendorf/Hamm/Sternefeld 1988: 242 (148b)

Die Akzeptabilität hängt davon ab, ob *meint Ede* in (66a) eine mögliche Folge ist, die im Vergleich zu einer möglichen anderen Folge thematisiert wird, vgl.:

(67) a. Wen [meint Ede$_i$] hätte Tom angerufen [...$_i$]?
b. Wen hätte Tom angerufen, meint Ede.

(68) a. *Wen [meint Ede$_i$] Tom hätte angerufen [...$_i$]?
b. *Wen Tom hätte angerufen, meint Ede.

---

40 Das ist ein Prinzip, dass insbesondere auch für Konstruktionsvererbungen (vgl. Kap. 9 und 12) und im Rückschluss für Instantiierungen per Coercion (Kap. 5) gilt.

In Bezug auf Vorfeldbesetzung und Informationsstruktur ausgedrückt: Die Folge *meint Ede* wird adjazent zu der Konstituente (zu dem Argument im Vorfeld) platziert, die hervorgehoben (markiert) wird. Hierher gehört m. E. auch das von Müller eingangs (2005: 30) diskutierte Beispiel einer Fernabhängigkeit.

(69) [Um zwei Millionen Mark]$_i$ soll er versucht haben, [eine Versicherung __$_i$ zu betrügen].   Müller 2005: 30 (2)

Bei der Platzierung von Modifikator-Modifikator-Folgen im Vorfeld geht es nicht um sekundäre Perspektivierung.[41] Aber auch hier handelt es sich um mögliche Ausschnitte von Konstruktionen. In beiden Fällen geht es um Konstruktionsgeleitetheit, also darum, dass es sich um mögliche und für den Hörer erwartbare Strukturen handelt. Grundlagen sind das Verhältnis von primärer und sekundärer Perspektivierung und die relativ freie Fusionierbarkeit von Modifikatoren in Positionen vor, innerhalb und nach der Argumentkonstruktion (vgl. 7.4).

Diese Interpretation wird, wie bereits angemerkt, dadurch gestützt, dass Subjekte nur marginal in mehrfachen Vorfeldbesetzungen vorkommen. Müller (2003) verzeichnet nur je ein Vorkommen des Subjekts mit *richtig* und *gleichzeitig im Vorfeld* und mehrere Vorkommen mit *vermutlich* (vgl. auch Müller/Bildhauer/Cook 2012).

(70) a. Richtig Geld wird aber nur im Briefgeschäft verdient.
                                                             Müller 2003: 31 (3a)
    b. Alle Träume gleichzeitig lassen sich nur selten verwirklichen.
                                                             Müller 2003: 31 (3b)
    c. Vermutlich Brandstiftung war die Ursache für ein Feuer [...]
                                                             Müller 2003: 31 (5a)
    d. Vermutlich derselbe Täter hatte sich zuvor bei seiner Suche nach einem Fluchtvehikel auf dem Schlüchterner Park & Ride-Platz bereits an einem anderen Fahrzeug zu schaffen gemacht.
                                                             Müller 2003: 31 (3d)

Die Adverbien *richtig* in (70a) und *gleichzeitig* in (70b) können als Attribute zu *Geld* bzw. *alle Träume* aufgefasst werden. *Vermutlich* (70d) kann als Satzadverb

---

[41] Nicht alle erstplatzierten Modifikatoren sind thematisch, also Gegenstand der Mitteilung (vgl. oben). Bei Modifikator-Modifikator-Folgen sollte das allerdings der Fall sein.

interpretiert werden.⁴² Als solches hat es Skopus über den gesamten Satz. Diese Eigenschaft ist nicht von seiner Stellung im Satz abhängig, vgl.:

(71) a. Vermutlich hatte derselbe Täter sich zuvor bereits an einem anderen Fahrzeug zu schaffen gemacht.
 b. Derselbe Täter hatte sich *vermutlich* zuvor bereits an einem anderen Fahrzeug zu schaffen gemacht.
 c. Derselbe Täter hatte sich zuvor *vermutlich* bereits an einem anderen Fahrzeug zu schaffen gemacht.
 d. Derselbe Täter hatte sich zuvor bereits *vermutlich* an einem anderen Fahrzeug zu schaffen gemacht.

Die mehrfache Vorfeldposition von Satzadverbial + Subjekt ist also anders begründet als die übrigen mehrfachen Vorfeldpositionen. Das Subjekt nimmt die Vorfeldposition ein, weil es im gegebenen Satz thematisch ist. Das Adverbial nimmt die Vorfeldposition neben dem Subjekt ein, weil es sich als Satzadverbial auf den Gesamtsatz bezieht, oder es ist Attribut.⁴³ Wie bei den VP-externen Adjunkten Maienborns (vgl. 7.4) ist die Satzeinleitung die günstigste Position für den Skopus über den Gesamtsatz. Das Satzadverbial *vermutlich* erhält durch den adjzenten Bezug auf das folgende thematische Argument zusätzlich Teilskopus über dieses folgende Argument. Das ist ein Bezug, der durch das Verb unterbrochen sein kann. Da aber die Vorfeldposition verglichen mit der Argument-Erstposition nach dem Verb und verglichen mit der Argument-Erstposition im Verbletztsatz die markiertere (deutlichere) Themaposition ist, wird ein Teilskopus über das im Vorfeld adjazente Satzglied ebenfalls deutlich markiert.⁴⁴

„Wirklich" mehrfache Vorfeldbesetzungen durch Subjekt + Modifikator stehen in einem deutlichen Kontrast zu scheinbar mehrfachen Vorfeldbesetzungen. Wiese/Öncü/Bracker (2017) weisen sie im türkisch-deutschen Sprachkontakt nach.

---

42 Das Adverb *vermutlich* kann auch innerhalb einer Konstituente (Phrase, Teilkonstruktion) auftreten. Dann ist sein Skopus auf diese Phrase begrenzt: *Derselbe Täter hatte sich zuvor bereits an einem vermutlich anderen Fahrzeug zu schaffen gemacht.*
43 Das Satzadverbial *vermutlich* wird bei Einnahme der Vorfeldposition nicht zum Satzthema. Das Satzthema befindet sich auf der Position unmittelbar nach dem Verb, vgl.: *Vermutlich hatte derselbe Täter sich zuvor bereits an einem anderen Fahrzeug zu schaffen gemach*t verus *Vermutlich hatte an einem anderen Fahrzeug derselbe Täter sich bereits zuvor zu schaffen gevmacht.*
44 Ein Teilskopus ist auch durch Pause und Intonation im Mittelfeld oder durch Realisierung im Nachfeld markierbar: *Derselbe Täter hatte sich zuvor bereits # vermutlich an einem anderen Fahrzeug # zu schaffen gemacht. Derselbe Täter hatte sich zuvor bereits zu schaffen gemacht (#) vermutlich an einem anderen Fahrzeug.*

(72) a. jetz ich bin 18   Wiese/Öncü/Bracker 2017: 32 (1a–c)
     b. dann die sind zur Ubahn gerannt
     c. jestern wir gucken FUßball

Diese Vorfeldbesetzungen lassen sich nicht als vorgezogene Ausschnitte aus Normalfolgen interpretieren. Sie stellen einen grundlegenden Verstoß gegen bislang geltende Prinzipien der Wortstellung im Deutschen dar.

Fazit
Auch für das Problem der (scheinbar) mehrfachen Vorfeldbesetzung lässt sich eine konstruktionsgrammatische Lösung formulieren. Mehrfache bzw. scheinbar mehrfache Vorfeldbesetzungen sind Thematisierungen möglicher (unmarkierter) Ausschnitte aus Sätzen (aus Argumentkonstruktionen und aus Fusionen von Argument- und Modifikatorkonstruktionen). Vorangestellte Argument-Argument-Folgen mit einem 2. und 3. Argument sind vorangestellte Ausschnitte aus unmarkierten Argumentkonstruktionen. Vorangestellte Argument-Modifikator-Folgen und Modifikator-Modifikator-Folgen sind Ausschnitte aus unmarkierten fusionierten Argument-Modifikator-Konstruktionen. Vorangestellte Subjekt-Modifikator-Folgen sind marginal möglich, jedoch begrenzt auf den Zusammenhang von Satzadverb + Subjekt und begründbar aus der Rolle von Satzadverbien. Folgen von Subjekt und 2. oder 3. Argument oder Subjekt und Modifikator (außer Satzadverbien und Attributen) sind ausgeschlossen, weil es sich nicht um thematisierte mögliche Ausschnitte von unmarkierten Argument-Argument-Folgen oder Argument-Modifikator-Folgen handelt. Denn unmarkiert befindet sich das Subjekt in Erstposition. Die Ungrammatikalität dieser Folgen stützt den vorgetragenen Lösungsansatz.

7.7 Projektionsgrammatik versus Konstruktionsgrammatik

Im Folgenden stelle ich die typologischen Befunde in Dryer (2005a–c) sprachgebrauchsbezogenen Interpretationen von Grundaussagen zur Wortstellung in Generativer Grammatik, *HPSG* und KxG gegenüber.

    Zunächst ist festzuhalten, dass theorieübergreifend, (1) sowohl in Projektionsgrammatiken (Generativer Grammatik, Valenztheorie, *LFG* und *HPSG*) als auch in der KxG eine Reihenfolge (Normalfolge) der Argumente als 1., 2. und 3. Argument angenommen wird (vgl. Kap. 3). Ebenfalls im Prinzip einheitlich werden (2) diese Argumente auf die Folgen Subjekt-Dativobjekt-Akkusativobjekt und Subjekt-Akkusativobjekt-Direktivum (bzw. -Präpositionalobjekt) sowie Subjekt-Akkusativobjekt-Objektsprädikativ bezogen. Alle Theorien gehen ansonsten (3) von der empirisch gegebenen Tatsache aus, dass das Verb im aktuellen Satz an unterschiedlichen Positionen auftreten kann, im Prinzip vor, in und nach der jeweiligen Argumentfolge.

Die Generative Grammatik nimmt an, dass es auch für das Verb eine Normalposition (die Verbend-Stellung im Deutschen) gibt. Auf Grund der Annahmen über eine fixe Abfolge der Argumente und eine fixe Position des Verbs in der Tiefenstruktur müssen Bewegungen der Argumente und des Verbs angenommen werden (Bewegungstransformationen in der X'-Theorie und Bewegungen zur Ausübung der Funktion ‚merge' in der minimalistischen Theorie).

Das Konzept der generativen Phrasenstruktur sieht vor, dass jeweils zwei in der syntaktischen Tiefenstruktur unmittelbar zusammenstehende Konstituenten zu einer Phrase vereinigt werden.[45] Das kanonische X'-Schema in Bezug auf das Deutsche ist in (73) wiedergegeben.[46]

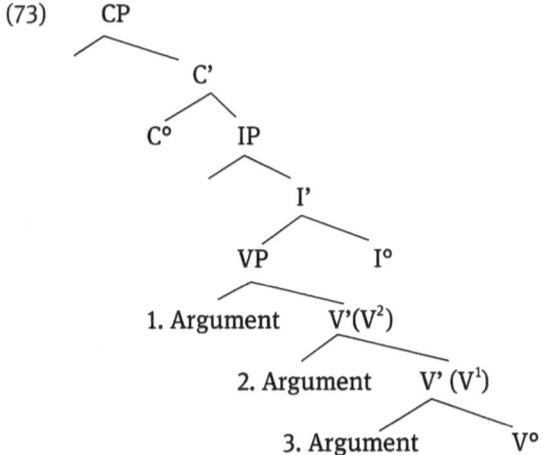

Die Argumente werden reziprok zu ihrer Anordnung als 1., 2., 3. Argument, also beginnend mit dem 3. Argument, schrittweise hierarchisch mit dem Verb zu einer komplexen Phrase vereinigt (semantisch gesehen zu einer Bedeutungseinheit) und anschließend in ihre aktuellen Positionen (Positionen auf der Oberfläche) untereinander oder/und gegenüber dem Verb (durch Topikalisie-

---

45 Im klassischen amerikanischen Strukturalismus war das als *immediate constituent analysis* vorgebildet.
46 Geht man von der inzwischen üblichen VP-internen Subjekt-Position aus, so reicht die Betrachtung der Struktur der VP für den Vergleich aus. Modifikatoren sind in dem Schema ausgespart.

rung, Extraposition und *scrambling*) verschoben. Bei Erst- oder Zweitstellung des Verbs wird dieses ebenfalls verschoben.[47]

Wollte man diesen Prozess des Aufbaus einer Argumentkonstruktion sprachgebrauchsbezogen und hörerseitig deuten, hieße das, dass der Hörer sogar bei Normalfolge der Argumente in der aktuellen Äußerung vom 1. zum 2. zum 3. Argument bei jeder Verbstellung, also auch bei Verbletztstellung im Nebensatz, stets die Vorgängerargumente zunächst in seinem Kurzzeitgedächtnis speichern muss, um die Argumente anschließend mit dem letzten Argument beginnend zu einer V^1, V^2 und schließlich VP zu vereinigen. Bei V-Zweit- oder V-Erst-Stellung erhöht sich der Aufwand, weil auch das Verb im Kurzzeitgedächtnis so lange gespeichert werden muss, bis das letzte Argument (und der letzte Modifikator) in der Linearfolge des realen Satzes erschienen ist. Das heißt, in sprachgebrauchsbezogener Hinsicht ist das Satzmodell der Konstituentenstrukturgrammatik und der Generativen Grammatik, auch abgesehen von der Annahme von syntaktischen Transformationen des Verbs und bezogen auf Modifikatoren, wenig pausibel.

Lexikalistische Theorien wie Valenztheorie, *LFG* oder *HPSG* sind nicht auf die Abfolge der Hierarchisierungsschritte der kanonischen Konstituentenstruktur festgelegt und damit nicht an Transformationen gebunden. Hier enthält der Lexikoneintrag eines Verbs Informationen über die projizierte Konstruktion mit einer bestimmten fixen Reihenfolge der Argumente, die aus der Abzählung der Argumente hervorgeht, vgl. (74)–(76):

(74) lieben$_2$ → Sn, Sa   Helbig/Schenkel 1971: 193

(75) ‚LOVE   (arg 1 ,   arg 2)'   Bresnan 1982: 6, Figure 1.1
         (agent) (theme)

(76) ARG-ST < NP[*nom*] [1], NP[*acc*] [2] >   Müller 2014: 192 (8)

Das Problem wird lexikalistisch und deklarativ-beschreibend dadurch gelöst, dass Verben zwar mit einer fixen Reihenfolge der Argumente als 1. und 2. Argument im Lexikon eingetragen sind, dass aber die Abarbeitung in der Reihenfolge erfolgt, wie die Argumente in der Linearstruktur des Satzes (in der Realisierung seiner Bestandteile in der Zeit) erscheinen, aber unter der Voraussetzung, dass es eine fixe Reihenfolge der Argumente nach 1., 2., 3. Argumente (und auch der

---

47 Hinzu kommt die obligatorische Verschiebung des 1. Arguments (Subjekts) in die Position des Spezifikators von IP (um Kasus zu erhalten) und, falls seine Position als 1. Argument aktuell beibehalten wird, in die Spezifikator-Position von CP, andernfalls bleibt es in der Spezifikator-Position von IP.

Bedeutungskomplexion) gibt, vgl. die Struktur (77a) mit der aktuellen Folge 2. – 1. Argument und die Darstellung (77b):⁴⁸

(77) a. dass das Wasser Menschen verschmutzen
      b.
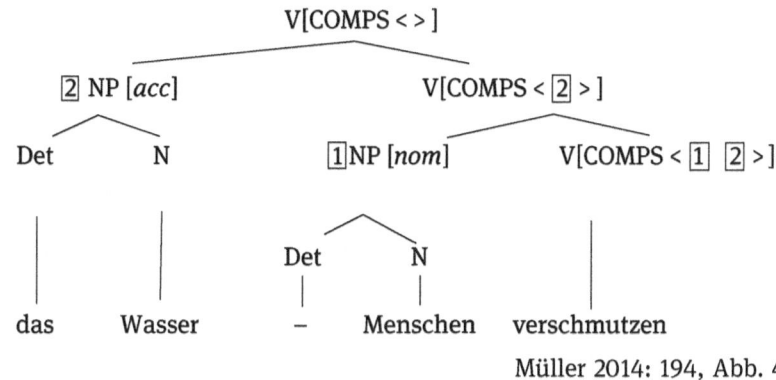
Müller 2014: 194, Abb. 4

Fast alle Sprachen, die in Dryer (2005a–c) verglichen werden, weisen eine SO-Folge auf. Auf der Grundlage der Annahmen der Generativen Grammatik müsste man jedoch die Reihenfolge VOS als die sprachgebrauchsbezogen optimale Reihenfolge werten: Das Verb projiziert in diesem Fall seine Argumente in der Reihenfolge, in der sie mit dem Verb schrittweise zu komplexeren Phrasen vereinigt *(merge)* werden. Das ist stets die Folge 3. Argument, 2. Argument, 1. Argument. Der VOS-Satz beginnt mit dem Verb, das die Argumente vom 3. Argument beginnend projiziert. Eine OS-Folge gibt es jedoch nur in 40 der 1228 Sprachen. Die Reihenfolge VOS gibt es Dryer zufolge sogar nur in 26 der 1228 Sprachen. Nur 111 Sprachen weisen insgesamt (also bei V-Erst, V-Zweit oder V-Letzt) eine OS-Folge auf. Das heißt, 1177 der ausgewerteten Sprachen haben eine SO-Folge.

Eine leichte Mehrheit der Sprachen (verglichen mit SVO-Sprachen) besitzt eine SOV-Folge (497 Sprachen).⁴⁹ Verbendstellung, die in generativen Grammatiken für das Deutsche als grundlegend angesehen wird, weist also den größten Widerspruch zu einer projektionistisch günstigen Abfolge auf.

---

48 In ihrem Kommentaraufsatz zu Müller/Wechsler (2014a) wendet Goldberg (2014: 120) gegen den projektionistischen Ansatz ein, dass dieser (sprachgebrauchsbezogen) nur für die Sprecherperspektive gelte. Müller/Wechsler (2014b: 208) entgegnen, dass der *HPSG*-Ansatz neutral gegenüber der Sprecher- versus Hörerperspektive ist. Man kann hinzufügen, dass in sprachgebrauchsbezogener Hinsicht die Hörer- versus Sprecherperspektive vom Projektion-Konstruktion-Verhältnis unabhängig ist (vgl. unten).
49 435 Sprachen sind also Sprachen mit SVO-Folge.

Aber auch die projektionistisch eigentlich günstigste Abfolge VOS ist typologisch marginal (vgl. oben). Auch die Verbzweit-Folge ist gegenüber der Verbletzt-Folge (vgl. oben) etwas geringer vertreten (435: 497 bei SO-Folge).

Diese Befunde kann man als Indizien für die Primarität der Konstruktion gegenüber der Projektion deuten. Nicht die Projektion ist der primäre Faktor in der Sprachverarbeitung (der Bedeutungskomplexion), sondern die Konstruktion (die schematische Konstruktion, das Konstruktionsmuster). Die Annahme, dass die im Sprachbewusstsein präsenten schematischen Argumentkonstruktionen (Konstruktionsmuster) die Sprachverarbeitung leiten, erklärt, warum die projektionistisch ungünstigen Verbzweit- und insbesondere Verbletzt-Stellungen sprachübergreifend die bevorzugten Abfolgen sein können.

Es ergibt sich folgendes grob skizzierte Szenario: Schematische Argumentkonstruktionen existieren (gespeichert im Konstruktikon) unabhängig von einzelnen Verben. Zusätzlich sind Argumentkonstruktions-Muster im (Wort-)Lexikon an spezifischen Köpfen (Verben) gespeichert (Projektion im engeren Sinne). Daraus ergibt sich ein Wechselverhältnis zwischen Konstruktion (Argumentkonstruktion) und Projektion (vgl. Kap. 5). Der Prozess des Bildens und Verstehens von Sätzen (der Prozess des Bedeutungsaufbaus) ist ein inkrementeller Prozess (vgl. 5.3). Er verläuft Wort für Wort in der Zeit, etwa in Art von *Augmented Transition Networks* (Wanner/Maratsos 1978). Das Verstehen, also der hörerseitige Prozess, beruht auf Prognosen aus Konstruktionsmustern und sich aufbauenden Konstruktionsmustern auf das zu erwartende Verb und auf der Prognose aus Verben, Argumenten und Modifikatoren über zu erwartende Konstruktionen (Konstruktionsmuster).

Der Produktionsprozess ist wesentlich schwerer rekonstruierbar als der Verstehensprozess. Das gilt auch für psychologische Experimente. Dennoch kann man sich auch sprecherseitig den Anfang eines inkrementellen Prozesses sowohl bei schematischen Argumentkonstruktionen (Konstruktionsmustern) vorstellen als auch bei Verben (und ihren Projektionen). Die Prognosen resultieren auch beim Sprecher aus Konstruktionsmustern über mögliche Instantiierungen und aus kopfgesteuerten Prognosen (Projektion, Valenz) über zu realisierende Konstruktionen. Sie resultieren insgesamt aus dem Wechselspiel von konstruktionsgesteuerten (kopfunabhängigen) und kopfgesteuerten Prognosen. Die einzelnen prognostizierten und teilweise bereits realisierten (mit lexikalischem Material gefüllten) Konstruktionsmuster bleiben solange im Kurzzeitgedächtnis bis sie erfolgreich abgearbeitet sind.

7.8 Fazit

Entgegen den kritischen Einwendungen Müllers (2003, 2005) bietet die KxG Möglichkeiten, die Variabilität der Wortfolge zu berücksichtigen und zu erklären. Die Variation sowohl der Verb- als auch der Modifikator-Positionen stellt zunächst kein Problem dar. Wechselnde Verbstellungen (Verbzweit-, Verberst- und Verletztstellung) konstituieren unterschiedliche Kohyponyme des Hyperonyms ‚Argumentkonstruktion'. Argumentkonstruktionen und Modifikatorkonstruktionen sind unterschiedliche und erst zu fusionierende Konstruktionen. Notwendig ist nur die Annahme, dass Modifikatorkonstruktionen an unterschiedlichen Positionen mit der Argumentkonstruktion fusioniert werden können, nämlich vor, innerhalb und nach der Argumentkonstruktion. Die im Rahmen der X'-Theorie vorgenommene Analyse Maienborns (1996), nach der unterschiedliche Arten von Modifikatoren für unterschiedliche Positionen günstig (typisch) sind, lassen sich ohne Weiteres integrieren.[50]

Auch für die KxG bleibt das Problem der wechselnden Argumentfolge. In diesem begrenzten Bereich der Argumentfolge (und nicht der Verb-Argument-Folge und nicht der Modifikator-Argument-Folge) ist die Annahme einer Transformation notwendig als Transformation einer zu Grunde liegenden Argumentfolge, die mental (im *„mentalen"* Konstruktikon und Lexikon) repräsentiert ist, in eine Folge der Argumente in ihrer Realisierung im Satz. Der linguistisch-konstruktionsgrammatische Ausdruck dafür ist das Verhältnis von primärer und sekundärer Perspektivierung (vgl. 7.2 und 7.3).

Komplikationen bringt die Verb-Zweit-Stellung im Deutschen als einer flektierenden Sprache mit sich, weil in der Position vor dem Verb nicht nur ein Argument, sondern alternativ zu einem Argument auch ein Modifikator platziert werden kann. Zur Lösung dieses Problems habe ich das topologische Satzmuster des Deutschen zur Erklärung herangezogen und konstruktionsgrammatisch interpretiert.

Eine konstruktionsgrammatische Lösung des Problems der scheinbar mehrfachen Vorfeldbesetzung nimmt darauf Bezug, dass es sich um vorgezogene (topikalisierte) Ausschnitte aus grammatisch möglichen unmarkierten syntaktischen Strukturen (Gesamtkonstruktionen) handelt, um unmarkierte Argument-Argument-Folgen, Modifikator-Argument-Folgen und Modifikator-Modifikator-Folgen. Diese Ausschnitte werden unter dem Gesichtspunkt der sekundären Perspektivierung (Thema-Rhema-Gliederung) und dem Prinzip der Strukturerhaltung folgend in der Erstposition realisiert. Strukturerhaltung ist ein auch

---

[50] Auch hier (und nicht nur bei Argumentfolgen, die von der Normalfolge abweichen) muss die Argumentkonstruktion als Muster im Kurzzeitgedächtnis präsent gehalten werden.

für die Bereiche der Instantiierung und der Konstruktionsvererbung gültiges Grundprinzip (vgl. Kap. 9 und 12).

Die typologische Variabilität von Verb-Argument-Folgen und die Prävalenz von SVO- und SOV-Folgen ist ein starkes Indiz für die Primarität der Konstruktion gegenüber der Projektion.

8 Substantivkonstruktion

Das Kapitel vergleicht Argumentkonstruktionen (Verbalkonstruktionen) und Substantivkonstruktionen nach Gemeinsamkeiten (8.1) und Unterschieden (8.2).

Verbale Konstruktionen sind Prädikat-Argument-Konstruktionen. Diese bestehen in ihrer Grundform aus einfachen Verben (Prädikaten) und Substantiven (Argumenten). Verben denotieren Handlungen, Tätigkeiten, Vorgänge, Zustände und damit Funktionen (Relationen, Eigenschaften) von Dingen, die ihrerseits von Substantiven denotiert werden. Aristoteles unterschied nach Substanz und Attribut, Logiker (sowie die Kategorialgrammatik und die formale Semantik) differenzieren in (Eigen)namen und Prädikate, (vgl. z. B. Kamlah/Lorenzen 1990, Bocheński 1959). Kognitionspsychologisch geht es um die Perzeption von Dingen und Ereignissen und die Attribuierung der Dinge durch Erfahrungen mit diesen Dingen (Kasper 2015).

Die Opposition von Verben und Substantiven (Argumentkonstruktionen und Substantivkonstruktionen) ist für Philosophie, Grammatik, Logik und Kognitionspsychologie gleichermaßen grundlegend. Dem steht in der modernen Linguistik die Tendenz entgegen, die Unterschiede zugunsten von Gemeinsamkeiten einzuebnen. Das wird deutlich, wenn man vergleicht, welche und wie viele syntaktische Grundrelationen in einzelnen grammatischen Theorien angesetzt werden (vgl. Kap. 6 (1), wieder aufgenommen und erweitert (1)).

(1)					
Satzgliedlehre	Prädikat	Subjekt	Objekt	AB	Attribut
X'-Theorie	Kopf	Spezifikator	Komplement	Adjunkt	–
HPSG	Kopf		Komplement	Adjunkt	–
Valenztheorie	Valenzträger		Ergänzung	Angabe	–
Ling. Semantik	Prädikat		Argument	Modifikator	–
Kategorialgr.	Prädikat		Argument	Prädikat	–
Dependenzgr.	Regens		Dependens		–

Nur in der traditionellen Satzgliedlehre gibt es mit dem Attribut einen Begriff, der sich gesondert auf syntaktische Relationen innerhalb der substantivischen Wortgruppe bezieht.[1] Moderne Theorien wie Valenztheorie, Generative Grammatik (X'-Theorie) und *HPSG* übertragen die an der Verbalkonstruktion (Satz) gewonnenen Relationen auf eine substantivische Wortgruppe (und andere Wortgruppen). Kategorialgrammatik und Dependenzgrammatik stellen übergreifende Gemeinsamkeiten von Verb- und Substantivgruppen heraus, die

---

[1] Hinzu kommen Extrapolationen auf Adjektiv- und Adverbkonstruktionen: *sehr groß*, *schon dort* (vgl. Welke 2007).

Kategorialgrammatik vom außersprachlich[2]-logischen Standpunkt der Prädikation aus, die Dependenzgrammatik von der syntaktischen Grundrelation der Dependenz aus. Alle modernen Grammatiktheorien verzichten auf die syntaktische Relation ‚Attribut' und damit auf die Entgegensetzung von Verbal- und Substantivkonstruktionen. Das Attribut ist in der modernen Linguistik nur eine Beschreibungskategorie ohne theoretische Relevanz. Attribute sind Komplemente oder Adjunkte, Argumente oder Modifikatoren.

Die Konstruktionsgrammatik (KxG) wertet sehr viel von dem auf, was in generativ geprägten Theorien als vortheoretisch und abgelegt gilt, begonnen beim Begriff der Konstruktion selbst. Das sollte auch auf die Kategorie des Attributs zutreffen. Wie für Substantivkonstruktionen generell, so gibt es auch für das Attribut noch keine spezifisch konstruktionsgrammatische Einordnung.

In diesem Kapitel soll gezeigt werden, dass der traditionelle Attributbegriff aus konstruktionsgrammatischer Sicht gut zu begründen ist. Zu diesem Zweck werden Substantiv- und Verbalkonstruktionen einander gegenüber gestellt. Ergebnis ist, dass es sich um zwei formal und semantisch grundsätzlich zu unterscheidende elementare Konstruktionstypen handelt. Gegenstand des Kapitels sind originäre Substantivkonstruktionen, d. h. Substantivkonstruktionen mit originären Substantiven (Konkreta). Nominalisierungen werden erst im Kap. 14 konstruktionsgrammatisch eingeordnet. Die Essenz des Kap. 14 wird sein: Im Zusammenhang mit Derivation (und Konversion) führen Realisierungen der verbalen Valenz in Substantivkonstruktionen zu einem konstruktionellen Widerspruch zwischen Form und Bedeutung. Dieser wird zunächst und primär (attributive Nominalisierung, 14.1) zu Gunsten der substantivischen Konstruktionsbedeutung überbrückt. Ein verbaler Inhalt wird nicht nur formal in eine Substantivkonstruktion überführt, sondern auch in eine substantivische Semantik. Im zweiten Fall (prädikative Nominalisierung, 14.2) wird die Konstruktionsbedeutung der Substantivkonstruktion gesprengt. Es entsteht ein erneuerter Widerspruch zwischen Form und Bedeutung. Ein verbaler Inhalt, eine semantische Prädikat-Argument-Struktur, wird im formalen Gewand einer Substantivkonstruktion realisiert.

Keine der modernen Theorien verfügt über die Relation des Attributs (vgl. (1)). Zu Grunde liegt die Auffassung, dass substantivische Wortgruppen sich nicht grundsätzlich von anderen, insbesondere verbalen, unterscheiden. Am deutlichsten wird dieser Standpunkt in der Generativen Grammatik. Beispielsweise wird in der X'-Theorie angenommen, dass alle Phrasen einer Sprache und alle Phrasen aller Sprachen mit dem X'-Schema (und seinen Abwandlungen im Minimalismus) eine einheitliche Architektur besitzen. Methodologisch liegt dem

---

[2] Außersprachlich hier: nicht unmittelbar vom Standpunkt einer natürlichen Sprache aus.

das Streben nach maximaler Verallgemeinerung zu Grunde, gefördert in der generativen Linguistik durch den Versuch, mit möglichst allgemeinen Regeln und mit universellen Prinzipien eine gesuchte universale angeborene syntaktische Architektur der Sprachen zu erfassen.[3] Konstruktionsgrammatiker betonen die Vielgestaltigkeit von Konstruktionen.

Betrachtet man die Konstruktionsweise von verbalen Konstruktionen und nominalen Konstruktionen, fallen neben einigen allgemeinen Gemeinsamkeiten gravierende Unterschiede auf. Sie zwingen aus der Perspektive der KxG dazu, die Unterschiede im Gegensatz zu anderen grammatischen Theorien hervorzuheben. Zunächst zu Gemeinsamkeiten.

8.1 Gemeinsamkeiten von verbalen und substantivischen Konstruktionen

Die Dependenzrelation ist die grundlegende syntaktische Relation (vgl. 2.2.12). Daraus folgt, dass verbalen und substantivischen Konstruktionen (und auch adjektivischen und adverbialen[4] Konstruktionen) gemeinsam ist, dass sie in Dependenzstrukturen organisiert sind. Sie besitzen jeweils typischerweise einen Kopf, ein Regens in dependenzgrammatischer Terminologie, von dem die übrigen Konstruktionsbestandteile abhängen.[5]

Verbale und substantivische Konstruktionen sind semantisch ebenfalls in einer bestimmten Hinsicht gleich organisiert (vgl. auch Welke 2002, 2011). Nach Tesnière (1959: 43) ist die semantische Abhängigkeit entgegen gesetzt zur formalen gerichtet:

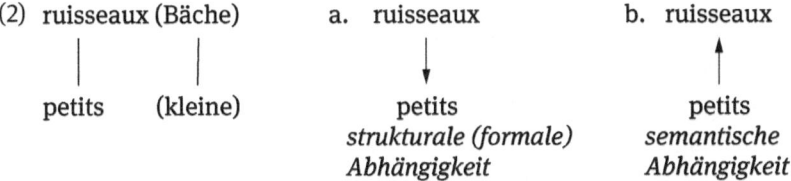

(2) ruisseaux (Bäche)   a. ruisseaux   b. ruisseaux

petits (kleine)   petits   petits
  strukturale (formale)   *semantische*
  Abhängigkeit   *Abhängigkeit*

---

3 Das hat u. a. die Konsequenz, dass ständig neue funktionale Köpfe angenommen werden müssen, um der empirischen Vielgestaltigkeit von Sprachen Rechnung zu tragen (vgl. Ackermann/Webelhuth 1998: 30–31).
4 Zum Beispiel: *gerade jetzt, genau dort*.
5 Dem Kopf entspricht in der Dependenzgrammatik das Regens. Der Konstruktion entspricht bei Tesnière der Nexus. Das gilt typischerweise, also mit geringen Ausnahmen. Eine substantivische Konstruktion ohne (substantivischen) Kopf ist die Koordination: *Äpfel und Birnen*. Eine Argumentkonstruktion ohne (verbalen) Kopf ist ein verbloser Satz wie *Das mir!*

Auch Gegenläufigkeit ist ein Zusammenhang. Man kann also Dependenzbeziehungen, wenn man der Analyse Tesnières zustimmt, als formalen Ausdruck der semantischen Zusammengehörigkeit von Regens und Dependens ansehen.[6] Ein Regens regiert ein Dependens. Die Aufgabe des Dependens besteht darin, das Regens semantisch zu determinieren. Die Abhängigkeit ist formaler Ausdruck der semantischen Determination. Insofern ist das Regens semantisch vom Dependens abhängig.[7] Die formale Dependenzbeziehung kodiert die Aufforderung des Sprechers an den Hörer, die Bedeutung des Dependens (entgegengesetzt zur formalen Dependenz) als Merkmal auf die Bedeutung des Regens zu übertragen (vgl. Welke 2002).[8]

Tesnière entwickelt die These der Gegenläufigkeit von formaler und semantischer Dependenz am Beispiel der Substantivkonstruktion. Was die Verbalkonstruktion betrifft, so umgeht er die Frage nach dem Status des Subjekts. Denn hier kommt die traditionelle Definition des Subjekts als Satzgegenstand ungelegen. Wenn man zunächst von Prädikation absieht und Verbalkonstruktionen situationssemantisch interpretiert, so wird jedoch eine durchgehende Parallelität deutlich. In Substantivkonstruktionen wird der substantivische Kopf durch seine Attribute hinsichtlich von Merkmalen spezifiziert, die diesem zukommen. In Verbalkonstruktionen wird der verbale Kopf durch seine Argumente hinsichtlich von Merkmalen spezifiziert, die diesem zukommen.

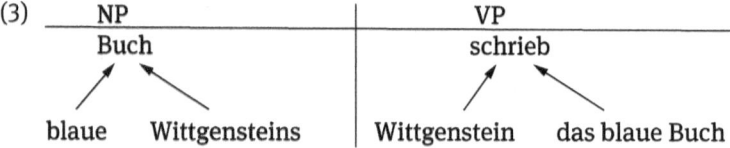

Anmerkung: wechselseitige Determination
Man muss zusätzlich berücksichtigen, dass Regens und Dependens (Kopf und Konstruktion) stets in der Lage sind, sich wechselseitig zu determinieren. Eine der beiden möglichen Richtungen ist zwar durch die formale Abhängigkeitsstruktur ausgezeichnet. Dennoch bleibt dem Hörer die Freiheit, seine Aufmerksamkeit auf die entgegengesetzte Richtung der Merkmalübertragung zu lenken, vgl. (4).

---

6 Das gilt unbeschadet der Tatsache, dass Tesnière wie Chomsky Syntax als autonom betrachtet.
7 Abhängigkeit (Dependenz) ist für sich genommen ein leerer (ungesättigter) Begriff. Es kommt darauf an, zu definieren, in welcher Hinsicht die Abhängigkeit, von der man redet, gelten soll.
8 Genauer gesagt, geht es darum, die Bedeutung des Regens durch die Bedeutung des Dependens zu spezifizieren. Denn die Bedeutung des Regens enthält im Regelfall in allgemeiner kategorialer Form die Bedeutung des Dependens.

(4) Ich habe einen Krimi von Håkan Nesser geschenkt bekommen.

Aus der Tatsache, dass *Krimi* der Kopf der Substantivkonstruktion ist, kann ein Hörer entnehmen, dass der Krimi durch den Bezug auf Håkan Nesser charakterisiert werden soll (mit der Implikatur: von Håkan Nesser verfasst). Ein Hörer kann aber auch eine Merkmalspezifizierung entgegen der Operationsanweisung vornehmen, so dass für ihn *Håkan Nesser* durch *Krimi* determiniert wird. Das kann beispielsweise der Fall sein, wenn der Hörer den Namen *Håkan Nesser* noch nie gehört hat und aus der Mitteilung entnimmt, dass Håkan Nesser ein Krimi-Autor ist. Regens und Dependens (Dependentien) sind also stets in der Lage, sich wechselseitig semantisch zu determinieren – in der aus der Abhängigkeitsrelation ablesbaren Richtung und entgegen dieser syntaktisch kodierten semantischen Richtung.

Dieser prinzipiellen Wechselseitigkeit entspricht die Reziprozität von Argumentkonstruktion und Projektion. Die Argumentkonstruktion enthält Informationen über mögliche Köpfe. Der Kopf enthält Informationen über die schematische Konstruktion, die durch ihn instantiiert werden kann.

Die Wechselseitigkeit entspricht auch der Reziprozität von situationssemantischer und prädikatenlogischer Interpretation. *Situationssemantisch* gesehen determinieren die Argumente das Prädikat, indem sie die Rollen spezifizieren, die das Verb in allgemeiner kategorialer Form vorgibt. *Prädikatenlogisch* determiniert das Prädikat seine Argumente hinsichtlich einer Relation, die dem von den Argumenten Denotierten zukommt.

(5)

a. situationssemantisch	b. prädikatenlogisch

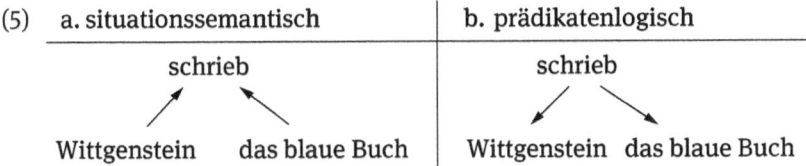

Die situationssemantische Interpretation entspricht der von Tesnière postulierten Übertragungsrichtung, und sie entspricht dem konstruktionsgrammatischen Zugang von der Konstruktion aus. Die prädikatenlogische Interpretation entspricht bei Verbalkonstruktionen dem projektionistischen Zugang vom Kopf der Konstruktion aus.

Nimmt man den prädikatenlogischen Zugang bezogen auf seinen ontologischen Ursprung, dass Dinge durch Prädikate hinsichtlich Relationen oder Eigenschaften charakterisiert werden, und geht man davon aus, dass die Möglichkeit der Merkmalspezifizierung stets reziprok gegeben ist, so erklärt sich der Umstand, dass man Attribute teilweise als präsupponierte Prädikate ansehen kann, vgl. z. B. Helbig/Buscha (2001), vgl. (11).

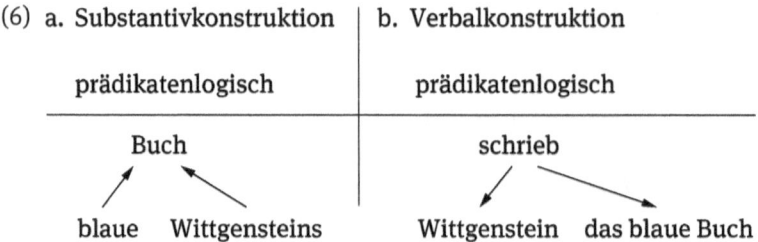

Die prädikatenlogische Interpretation geschieht gleichsam von außen und ist onomasiologisch. Sie geht von dem prädikativen Verhältnis von Beschaffenheit (Relation, Eigenschaft) und Ding(en) als onomasiologisch vorgegeben aus und fragt nach der sprachlichen Realisierung dieses Verhältnisses in Verbal- und Substantivkonstruktionen.

Es gibt weitere Gemeinsamkeiten. Adjektive gehören zwar primär in den Bereich der Substantivkonstruktion und Adverbien in den Bereich der Verbalkonstruktion. Die beiden Wortarten überschneiden sich jedoch, wie sich auch Merkmale von Dingen und Merkmale von Situationen überschneiden. Daraus resultieren Gemeinsamkeiten von Substantiv- und Verbalkonstruktionen. Adverbien können im Deutschen mit formaler Markierung (Derivation) (7a) oder ohne formale Markierung (7b) in den nominalen Bereich übernommen werden, und umgekehrt können Adjektive in den verbalen Bereich übernommen werden (7c).

(7) a. der morgige Tag
    b. der Tag morgen
    c. den Kaffee heiß trinken

Angemerkt sei auch, dass (7a) und (7b) formal unterschiedliche Konstruktionen sind, und dass das nach dem *No-Synonymy*-Prinzip eine Bedeutungsdifferenz einschließen sollte, vgl.:

(8) a. der Wolf dort/hier
    b. ?der dortige/hiesige Wolf
    c. die dortigen/hiesigen Wölfe

(9) a. Das Buch dort/hier
    b. ?das dortige/hiesige Buch
    c. der dortige/hiesige Buchmarkt

Die Übernahme von originären Adverbien ohne Wortbildungskennzeichen, also nach Tesnière (1959) die Übernahme ohne Translativ, kann man m. E. als unmittelbare Wiedergabe einer Perzeption ansehen, d. h. ohne Voraussetzung eines explizit verbalen Ausdrucks wie (10b).

(10) a. der Wolf dort
b. der Wolf, der dort steht

Ebenso können lokale und auch temporale präpositionale Konstruktionen aus dem verbalen in den nominalen Bereich übernommen werden.

(11) a. der Weg nach Ahlbeck
b. das Haus im Wald

8.2 Unterschiede zwischen verbalen und substantivischen Konstruktionen

Die Dependentien in Substantiv- und Verbalkonstruktionen sind zum Teil von sehr unterschiedlicher formaler Beschaffenheit, und sie schließen einander aus. In Verbalkonstruktionen sind Dependentien Argumente,[9] typischerweise durch den Nominativ, Akkusativ, Dativ und marginal durch den Genitiv kodiert. Besonders hervorstehende Dependentien (Konstruktionsbestandteile) in Substantivkonstruktionen sind flektierte und in der Regel vorangestellte Adjektive und (nachgestellte) Substantive im Genitiv (aber nicht im Nominativ, Dativ oder Akkusativ), analytische Umschreibungen mit *von* sowie vorangestellte in der Regel artikellose Genitivattribute. Das sind starke formale Anhaltspunkte dafür, (originäre) Substantivkonstruktionen strikt von Verbalkonstruktionen zu unterscheiden.[10] Gemäß dem Bilateralitätsprinzip sollten sich verbale und substantivische Konstruktionen daher auch semantisch grundsätzlich voneinander unterscheiden.

Hinzu kommt der elementare Unterschied, dass, wie der Name sagt, in Verbalkonstruktionen das Verb der Kopf (Regens) ist und in Substantivkonstruktionen das Substantiv. So steht hinter der situationssemantischen Interpretationen (aber auch hinter der prädikatenlogischen) die elementare Ontologie, nach der die Welt eine Ansammlung von Dingen ist, organisiert in Situationen und Ereignissen. Bezogen auf die ontologische Grundunterscheidung in Situationen und

---

[9] Modifikatoren sind zunächst typischerweise nicht Bestandteil von Verbalkonstruktionen. Sie kommen erst durch Fusionierung in eine dann erweiterte Verbalkonstruktion hinzu (vgl. Kap. 6).
[10] Vgl. auch die Möglichkeit der Pronominalisierung, dem keine vergleichbare „Proverbalisierung" gegenüber steht.

Dinge, geht es in verbalen Konstruktionen (mit Ausnahme der Kopulakonstruktion), um die Beschreibung/Charakterisierung einer Situation durch die (unbelebten und belebten) Dinge, die in der Situation eine Rolle spielen. Je nach Stelligkeit der Konstruktion handelt es sich bei den Dependentien des Verbs um ein, zwei oder drei Dinge (Personen) als Partizipanten („Mitspieler"). In der substantivischen Konstruktion handelt es sich dagegen um die Beschreibung/Charakterisierung eines Dinges (einer Person) durch eine Eigenschaft. Das ist ein gravierender Unterschied in der ansonsten formal-semantisch gleichen Dependenzrelation. In einer Verbalkonstruktion geht es (situationssemantisch) um die semantische Spezifizierung eines Verbs, das in einer allgemeinen Form eine Situation denotiert (auf eine Situation referiert). In der Substantivkonstruktion geht es um die semantische Spezifizierung eines Substantivs, das ein Ding denotiert (auf ein Ding referiert). In der Situationssemantik findet sich dieser Unterschied festgemacht am Situationsargument, das Situationsbeschreibungen, also Verbalkonstruktionen, zukommt, aber nicht Dingbeschreibungen, also nicht Substantivkonstruktionen.

Aus diesen Differenzen von verbalen und substantivischen Konstruktionen folgen weitere. Bekannt und viel diskutiert sind die Unterschiede im Bereich der Valenz. Originäre Substantive besitzen keine Valenz. Der Zusammenhang liegt auf der Hand. Originäre Substantive verfügen nicht über Valenz, weil sie keine Situationen denotieren bzw. keine Prädikate sind. Auch die üblichen formalen Valenzkriterien, Obligatheit und Regiertheit (Subkategorisierung) der Dependentien, treffen auf originäre Substantive in der Regel nicht zu. Ebenfalls gilt das dritte Valenzkriterium, die Argumenthaftigkeit von Dependentien (vgl. Welke 1988, Jacobs 1994) nicht für originäre Substantive. Originäre Substantive sind nicht Prädikate zu Argumenten. Das trifft auch auf relationale Substantive zu (12).

(12)   a.   Vater/Sohn/Bruder Emils
        b.   Weg/Straße/Pfad nach Ahlbeck

Auch der Genitiv bei relationalen Substantiven hat die prototypische Bedeutung ‚Possessivus' (vgl. 14.1).

Wenn Dependentien von originären Substantiven keine Argumente sind, gilt für Substantivkonstruktionen auch nicht die Opposition von Argumenten und Modifikatoren. Ob man die Dependentien in Nominalkonstruktionen nun Attribute nennt oder Modifikatoren, ist solange eine terminologische Frage, wie man Modifikatoren der Verbalkonstruktion und Modifikatoren der Nominalkonstruktion nicht identifiziert. Verbale Modifikatoren gehören nicht zur (verbalen) Argumentkonstruktion. Sie kommen (typischerweise) erst durch Fusion zur verbalen Argument-Konstruktion hinzu (Kap. 6). In Substantivkonstruktionen sind die Modifikatoren bzw. Attribute Bestandteile der Konstruktion.

Der folgende grobe Überblick zeigt Differenzen von Verbal- und Substantivkonstruktionen.

Schematische Argumentkonstruktionen (Verbalkonstruktionen) enthalten eine Leerstelle für den verbalen Kopf, z. B.:

(13) $\boxed{\text{Nom}_{1/\text{Ag}} \_\_ \text{Dat}_{2/\text{Rez}} \quad \text{Akk}_{3/\text{Pat}}}$

Das projektionistische Pendant dieses Musters ist das Valenzmuster (der Satzbauplan). Es enthält als feste Position das Verb bzw. die Verbklasse und als Leerstelle die vom Verb bzw. der Verbklasse projizierte Konstruktion.

Elementare Substantivkonstruktionen enthalten Leerstellen für Attribute:

(14) $\boxed{\text{Adjektiv} \_\_ \text{Substantiv}}$ das kleine Haus

(15) $\boxed{\text{Substantiv} \_\_ \text{NP/Genitiv}}$ das Gästehaus der Universität

(16) $\boxed{\text{NP/Genitiv} \_\_ \text{Substantiv}}$ Tante Emmas[11] Haus

(17) $\boxed{\text{Substantiv} \_\_ \text{von-PP}}$ das Haus von Tante Emma

(18) $\boxed{\text{NP + Poss.-Pron.} \_\_ \text{Substantiv}}$ Tante Emma ihr Haus

(19) $\boxed{\text{Poss.-Pron.} \_\_ \text{Substantiv}}$ ihr Haus

Die schematischen Konstruktionen (14)–(19) sind elementare, vielfach eingeübte und durch den Gebrauch sanktionierte Konstruktionsmuster. Offenbar ist das Verhältnis von Kopf und Konstruktion der Substantivkonstruktion nicht dem Verhältnis von Kopf und Konstruktion der Argumentkonstruktion analog. Es geht folglich nicht um die Instantiierung der Konstruktion durch Implementierung des Kopfes (in die Leerstelle für den Kopf), sondern umgekehrt um die Instantiierung der Konstruktion durch Attributionen (durch die Implementierung von Attributen).

Analog zu Überblendungen von Konstruktionen im verbalen Bereich können umfangreichere Attributionen als ein- oder mehrfache Überblendungen der

---

[11] *Tante Emma(s)* ist natürlich wiederum eine Konstruktion. Es handelt sich um eine Einbettung.

Muster (14)–(19) interpretiert werden, also bspw. die Token-Konstruktion (20) als eine Überblendung der schematischen Konstruktionen (14) und (16).

(20) Tante Emmas kleines Haus

Als Multiplikationen mit sich selbst kann (21a) gedeutet werden, entweder als parallele *(kleine, alte)* oder als einbettende zweite Attribution *(kleine alte)*.

(21) a. das kleine alte Haus
  b. das kleine alte Haus

Die Substantivkonstruktion (22a) enthält eine Adjektivkonstruktion mit einem Adverb als Attribut (22b).

(22) a. das sehr kleine Haus
  b. das sehr kleine Haus

Kombinationen mit Adverbien und mit präpositionalen Anschlüssen (23) sind Randmuster, bei denen sich verbale und substantivische Konstruktionen überschneiden.

(23) a. das Haus dort
  b. das Haus in der Breiten Straße

Dazu gehören auch die seltenen Substantivkonstruktionen mit Direktiva:

(24) Weg/Straße nach Rom

8.3 Fazit

Bereits ein oberflächlicher und summarischer Blick auf Gemeinsamkeiten und Unterschiede zeigt fundamentale Differenzen zwischen Substantivkonstruktion und Verbalkonstruktion (Argumentkonstruktion). Gemeinsamkeiten resultieren vor allem aus Vererbungen der verbalen Projektion (der Projektion von Verben) auf Substantivkonstruktionen. Im Kap. 14 wird es um eine konstruktionsgrammatische Interpretation dieser Vererbungen gehen.

II **Konstruktionsvererbung**

9 Ein sprachgebrauchsbezogenes Konzept der Konstruktionsvererbung

Vererbungen sind Ableitungen, Derivationen, Transformationen von sprachlichen Strukturen aus sprachlichen Strukturen bzw. in sprachliche Strukturen.[1] Das sind in der Generativen Grammatik syntaktische Transformationen, in *LFG*, *HPSG* und Valenztheorie lexikalische Derivationen und in der KxG Konstruktionsvererbungen. Vererbung kann sprachgebrauchsbezogen und nicht-sprachgebrauchsbezogen definiert werden.[2]

Sprachgebrauchsbezogene Konzepte von Vererbung wurden in der Diachronieforschung entwickelt, begonnen beim Evolutionskonzept der historisch-vergleichenden Sprachwissenschaft des 19. Jahrhunderts, fortgeführt in der junggrammatischen Richtung der Sprachwissenschaft und wieder aufgegriffen in der Grammatikalisierungsforschung des 20. Jahrhunderts. Im Bereich der synchronen flexivischen Morphologie und der Wortbildung (Derivation) ist das Konzept der Vererbung nahe an einer sprachgebrauchsbezogenen Auslegung geblieben.[3]

Grundsätzlich anders stellt sich die Situation in der synchronen Syntax des 20. Jahrhunderts dar. Dort wird Vererbung entsprechend der Saussure'schen Trennung von *langue* und *parole* nicht-sprachgebrauchsbezogen definiert. Eine spezifische Ausprägung hat das nicht-sprachgebrauchsbezogene Konzept der Vererbung im klassischen amerikanischen Strukturalismus (Harris 1957) und schließlich in der Generativen Grammatik (Chomsky 1957, 1965, 1992) erfahren. Nicht-sprachgebrauchsbezogen ist auch das Konzept der Vererbung *(inheritance)* als lexikalische Derivation in beschränkungsbasierten Theorien wie in der *HPSG* und in der Fillmore-Kay-Richtung der KxG *(BCxG)* und in der *Sign Based CxG* (Sag 2012; Michaelis 2013) konzipiert. Vererbung als lexikalische Derivation ist sprachgebrauchsbezogen interpretierbar. Das Vererbungskonzept Goldbergs (1995) sieht eine Art ganzheitlicher syntaktischer Transformation vor. Es ist im Gegensatz zu ihrem Konzept der Instantiierung und dem Derivationskonzept der *HPSG* nicht sprachgebrauchsbezogen interpretierbar.

---

[1] Die Begriffe der Vererbung und der Transformation sind konvers zu den Begriffen der Ableitung und der Derivation. A vererbt sich in/auf B bzw. wird in B transformiert. B wird aus A abgeleitet bzw. wird aus A deriviert.
[2] In Anlehnung an die generative Begrifflichkeit (*intern* versus *extern grammar*, *i-grammar* versus *e-grammar*, vgl. Kap. 1) könnte man von *I*-Vererbung und *E*-Vererbung sprechen.
[3] Wenn man sagt, dass das Substantiv *Hoffnung* aus dem Verb *hoffen* abgeleitet ist, so ist das nicht nur eine synchron-systematische Derivation, sondern auch eine Derivation, die diachron und faktisch einmal in der Tätigkeit der Sprecher/Hörer des Deutschen stattgefunden hat und von heutigen Sprechern nachvollzogen wird. Sie ist also sprachgebrauchsbezogen interpretierbar.

Ich skizziere zunächst (9.1) ein sprachgebrauchsbezogenes Konzept der Konstruktionsvererbung. Anschließend (9.2) verweise ich auf die Geschichte des Vererbungskonzepts in der Linguistik und stelle sprachgebrauchsbezogene (9.2.1) und nicht-sprachgebrauchsbezogene Vererbungskonzepte (9.2.2) einander gegenüber. Zu letzteren gehört auch das Vererbungskonzept Goldbergs (9.2.2.1).

9.1 Skizze eines sprachgebrauchsbezogenen Konzepts der Konstruktionsvererbung

Unter Konstruktionsvererbung (in einem sprachgebrauchsbezogenen Sinne) verstehe ich zum einen Konstruktionsvererbung in einem engeren Sinne und zum anderen Projektionsvererbung.

Als Konstruktionsvererbung in einem engeren Sinne bezeichne ich Prozesse des Übergangs (der Metamorphose) einer schematischen Konstruktion A in eine andere schematische Konstruktion B im Sprachgebrauch der Sprecher/Hörer einer Sprache.

(1) Konstruktion A → Konstruktion B

Es handelt sich z. T. um Prozesse, die unter dem Gesichtspunkt der Grammatikalisierung in der Grammatikalisierungsforschung beschrieben werden (vgl. 9.2.1.2). Prominente Beispiele sind Passivierung (Kap. 10) und Medialisierung (Kap. 11).

Als Projektionsvererbung bezeichne ich den Prozess der Vererbung der Projektion einer schematischen Konstruktion A auf eine schematische Konstruktion B.

(2) Projektion$_A$ → Konstruktion B

Konstruktionsvererbung (1) ist Vererbung bezogen sowohl auf die Ausgangs- als auch auf die Zielkonstruktion. Sowohl *aus* der Konstruktion A als auch *auf* die Konstruktion B wird vererbt. Konstruktionsvererbung (2) (Projektionsvererbung) ist Konstruktionsvererbung nur in Bezug auf die Zielkonstruktion. Nicht eine Konstruktion A wird auf eine andere Konstruktion B vererbt, sondern nur die Projektion einer Konstruktion A wird auf eine Konstruktion B vererbt.[4]

---

[4] Der Konstruktionsvererbung (im engeren Sinne) entspricht bei Ágel (2015: 65) die konstruktionelle Valenzdynamik. Der Projektionsvererbung entspricht bei Ágel die kategoriale Valenzdynamik. Ágel spricht (2017: 896) auch davon, dass die Grundvalenz (die statische Valenz) konstruktionell oder kategorial dynamisiert wird.

Konstruktionsvererbung (im engeren Sinne) und Projektionsvererbung sind eng miteinander verwoben. In ihrem Verhältnis wiederholt sich das Wechselverhältnis von Konstruktion und Projektion. Zum Teil begleitet Projektionsvererbung Konstruktionsvererbung (im engeren Sinne). Zum Teil folgt Projektionsvererbung, zum Teil geht Projektionsvererbung voraus. So folgt Projektionsvererbung der Konstruktionsvererbung von Subjektsprädikativ-Konstruktionen in Passivkonstruktionen in Form der Vererbung der verbalen Projektion (des aktivischen finiten Verbs) auf die Passivkonstruktion. Andererseits geht der Konstruktionsvererbung von Subjektsprädikativ-Konstruktionen in Passivkonstruktionen (vgl. Kap. 10) eine Projektionsvererbung des (finiten) Verbs auf das Partizip II voraus – und dieser bei Entstehen von Partizipien möglicherweise eine wiederum frühere Konstruktionsvererbung.

Man könnte dafür plädieren, bei einer strikten modularen Trennung von Diachronie und Synchronie zu bleiben.[5] In diesem Fall dürfte es in einer synchronen sprachgebrauchsbezogenen Konstruktionsgrammatik nur um Projektionsvererbung gehen. Konstruktionsvererbung wäre allein der Diachronie und der Grammatikalisierungsforschung vorbehalten. Ich werde die diachrone Seite aus folgenden Gründen einbeziehen:

Die Diachronie trägt (neben vergleichsweise äußeren Bedingungen der sprachlichen Tätigkeit wie der Hervorbringung des Schallstromes in der Zeit) dazu bei, zu erklären, warum eine sprachliche Erscheinung so ist, wie sie ist, warum bspw. die Passivierung bestimmten Bedingungen unterliegt.[6] Konstruktionsvererbungen finden weiterhin aktuell statt. Spuren stattgefundener Konstruktionsvererbungen sind außerdem als Bedingungen der heutigen sprachlichen Tätigkeit in dieser Tätigkeit wirksam. Das wirkt sich auf das Verhältnis von Konstruktionsvererbung und Projektionsvererbung aus. Konstruktionsvererbung erklärt Projektionsvererbung. Projektionsvererbung erscheint in gewisser Weise als eine verkürzte und komprimierte Form der Konstruktionsvererbung (ähnlich dem Verhältnis von Ontogenese und Phylogenese), vgl. Givón (1971: 394, zitiert nach Heine/Claudi/Hünnemeyer 1991: 12, vgl. auch Givón 2015, Chapter 1):

> [...] in order to understand current morphologies and morphotactics of a language, one must construct specific hypotheses about the syntactic order and transformational structure of the language at some earlier stage of its historical development.

---

5 Allerdings bleibt die Trennung grundsätzlich relativiert, wenn man sprachgebrauchsbezogen vorgeht.

6 Insofern ist die Sprache „wie jedes Erzeugnis menschlicher Kultur ein Gegenstand der geschichtlichen Betrachtung (H. Paul 1975: 1)." Auch die Generative Grammatik geht in einem abstrakten Sinne genetisch vor, wenn sie die syntaktische Struktur aus angeborenen syntaktischen Prinzipien erklärt.

Konstruktionsvererbungen (in einem faktischen Sinne) finden in der Tätigkeit aktueller zur betreffenden Zeit gegenwärtiger Sprecher statt (vgl. H. Paul 1975). Prozesse wie bspw. die Herausbildung der Passivkonstruktion oder der Medialkonstruktion vollziehen sich über sehr lange Zeiträume. Sie gelangen immer nur zu einem vorübergehenden und relativen Abschluss, d. h. sie setzen sich auch in der Tätigkeit gegenwärtiger Sprecher/Hörer fort. Das ist insbesondere an Konstruktionsvererbungen jüngeren Datums ablesbar: an Medialkonstruktionen (Kap. 11), Präpositionalobjekt-Konstruktionen (Kap. 15) und Partikelkonstruktionen (Kap. 16).

Ein gewisses Maß für die relative Gegenwärtigkeit von Konstruktionsvererbung besteht darin, in welchem Grade eine prototypentheoretische Rekonstruktion von Konstruktionsvererbung auf Grund synchroner Daten möglich ist (vgl. 2.2.13). Sie ist bei Medialkonstruktionen, Präpositionalobjekt-Konstruktionen und Partikelkonstruktionen in einem höheren Maße möglich als beim Passiv (Kap. 10). Aber auch beim Passiv gibt es die Fortsetzung des Vererbungsprozesses in der Gegenwart. Rückschlüsse auf Grund synchroner Daten sind bei Präfixkonstruktionen (Kap. 16) und bei Nominalisierungen (14) nur bedingt möglich.

Vererbungsprozesse lassen sich z. T. synchron, d. h. aus synchronen Daten, rekonstruieren, da sie über sehr lange Zeit stattfinden und da sich syntaktische Konstruktionen in ihrem formalen Aspekt nur sehr langsam verändern.[7] Eine Methode dieser Rekonstruktion ist eine dynamische Prototypentheorie (vgl. 2.2.13, vgl. Welke 2005). Sie beinhaltet die Hypothese, dass sich Entwicklungen anhand synchroner Daten rekonstruieren lassen. Die Rekonstruktion reicht so weit zurück, wie es die synchronen Daten erlauben. Sie folgt Prinzipien der Plausibilität, Folgerichtigkeit und Einfachheit, nicht anders als die Ableitungen in modernen synchronen Syntaxtheorien, mit dem Vorteil, dass die gewonnenen Beschreibungen durch diachrone empirischen Daten falsifizierbar sind.

Eine wesentliche Rolle spielen Annahmen über Implikaturen. Es handelt sich (zusammen mit der Befolgung von kommunikativen Maximen) um kognitive Operationen, von denen man annehmen kann, dass sie bereits zu früheren Zeiten galten und daher von einem heutigen Standpunkt aus rekonstruierbar sind. Das ermöglicht eine Beobachtung von Konstruktionsvererbungen gleichsam in ihrem Verlauf, vgl. H. Paul (1895: 72, zitiert nach Heringer 2008: 1449):

---

7 Vgl. bspw. den auch heute noch sichtbaren Zusammenhang von vollsemantischer Reflexivkonstruktion und Medialkonstruktion (Kap. 11), von Verbalkonstruktion und Substantivkonstruktion mit substantivierten Verben (Kap. 14), von Direktivkonstruktion und Akkusativkonstruktion + Modifikatorkonstruktion einerseits und Präpositionalobjekt-Konstruktion andererseits (Kap. 15), von Direktivkonstruktion und Präpositionalobjekt-Konstruktion einerseits und Partikelkonstruktion andererseits (Kap. 16).

Für denjenigen aber, der die Entstehung der Bedeutungen auseinander erforschen möchte, sind eben diese Beispiele des Uebergangs, welche die Entwicklung einer neuen Bedeutung aus einer alten darstellen, die wichtigsten; denn in diesen zeigt sich ihm die Möglichkeit, das allmähliche Werden einer neuen Bedeutung gleichsam zu belauschen und den Grund des Entstehens zu erfahren.

9.1.1 Konstruktionsvererbung

Bei Konstruktionsvererbung im engeren Sinne handelt es sich um Vererbungen von Token-Konstruktionen einer schematischen Konstruktion A in Token-Konstruktionen einer schematischen Konstruktion B. Die Vererbung schließt eine prototypentheoretisch zu beschreibende Veränderung von Merkmalen der betreffenden Token-Konstruktionen ein. Denn Vererbung (in einem sprachgebrauchsbezogenen Sinne) ist mehr als ein bloßes Weitergeben von unveränderten Merkmalen (mehr als ein bloßes Klonen). Der Prozess kommt in Gange, wenn sich Token-Konstruktionen einer Makrokonstruktion (Mutterkonstruktion) A (oder einer Mikrokonstruktion innerhalb dieser Makrokonstruktion) auf Grund pragmatischer Implikaturen während des Operierens der Sprecher/Hörer mit den betreffenden Token-Konstruktionen gegenüber der Mutterkonstruktion so verändern, dass sie sich verselbständigen. Typischerweise wirkt eine konkurrierende Konstruktion B als Katalysator (Analogiemuster). Ergibt sich ein entsprechender kommunikativ-kognitiver Bedarf, entsteht eine neue Mikrokonstruktion nunmehr als Mikrokonstruktion in der konkurrierenden Makrokonstruktion B. Die sich ändernde Mikrokonstruktion wird gleichsam zu einer Adoptivtochterkonstruktion von B:

(3) Makrokonstruktion A   Makrokonstruktion B

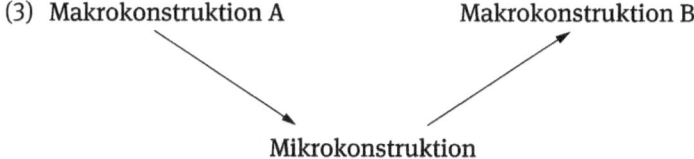

Mikrokonstruktion

Zum Beispiel:

(4) Subjektsprädikativ-Konstruktion   Vorgangskonstruktion
Mikrokonstrukion *werden* + Part. II   Mikrokonstruktion: *werden*-Passiv

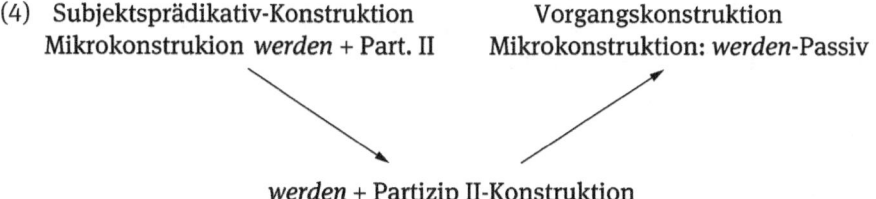

werden + Partizip II-Konstruktion

Dieser Prozess ist ein Prozess des Homonymwerdens von Mikrokonstruktionen.

Auf Grund der über lange Zeit erhalten bleibenden äußeren syntaktischen Struktur bleibt die Ableitungsbeziehung erkennbar. Das relativiert den Gegensatz von Polysemie und Homonymie gegenüber dem lexikalischen Bereich.

Nicht nur in der Sprache, sondern auch in Sitten und Gebräuchen, in Artefakten, auch in der Natur, ist die Form stets konservativer als der Inhalt. In der Sprache (Syntax) betrifft das die formal-syntaktische Struktur von Konstruktionen gegenüber der semantischen Struktur von Konstruktionen. Dabei geht es nicht nur (oder sofort) um Idiomatisierungen als Verschwinden einer an der syntaktischen Struktur erkennbaren semantischen Strukturierung (also um das Verschwinden oder um die Einschränkung der Kompositionalität). Es geht auch darum, dass eine andere syntaktische Strukturierung an die Stelle der alten tritt, beschreibbar als syntaktisch-semantische Restrukturierung, bei H. Paul (1975) Gliederungsverschiebung, bei Tesnière komplexer Knoten genannt, vgl. die Konstruktionsvererbung einer Akkusativkonstruktion mit freiem Prädikativ in die *haben*-Perfektkonstruktion:

(5) a. Er hat den Arm bandagiert.
 b.
 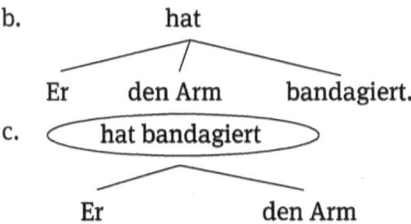

Erst allmählich ändert die syntaktische Struktur dann ihre mehr oberflächliche Gestalt.

In der Regel handelt es sich um Vererbungen in eine bereits existierende schematische Konstruktion (vgl. Meillet 1958; Hopper/Traugott 1993: 21). Das heißt, in der Regel geht es nicht um die Emergenz einer neuen, bisher noch nicht existierenden schematischen Konstruktion – einer Emergenz sozusagen ins Blaue. Die neue Mikrokonstruktion wird in der Regel nach dem Vorbild (in Analogie zu) einer bereits existierenden konkurrierenden Makrokonstruktion semantisch-syntaktisch gestaltet. Zum Beispiel werden Token-Subjektsprädikativ-Konstruktionen semantisch-syntaktisch in Analogie zur schematischen Vorgangskonstruktion zu Passivkonstruktionen. Sie werden in diesem Prozess zu Vorgangskonstruktionen, und zwar zu einer Mikrokonstruktion in der Makrokonstruktion ‚Vorgangskonstruktion' (vgl. Kap. 10). Synchron partiell rekonstruierbare Abweichungen von diesem Prinzip der Präexistenz einer schematischen Zielkonstruktion sind die Entstehung der Objektsprädikativ-Konstruktion durch die Überblendung der Nominativ-Akkusativ-Konstruktion und der Subjektsprädikativ-Konstruktion (vgl. 4.7.2) und die Entstehung der Präpositionalobjekt-Konstruktion aus der Direktivkonstruktion und aus Übergängen von Modifikatoren zu Argumenten (vgl. Kap. 15). In diesen Fällen erfolgt Vererbung nicht in bereits bestehende schematische Argumentkonstruktionen, sondern es entstehen vergleichsweise neue schematische Argumentkonstruktionen.

Die Grundlage dieser Annahmen ist: Konstruktionsvererbung erfolgt nicht in einem von den Individuen losgelösten Abstraktum ‚Sprache' (in der *langue* oder in einer von der *performance* getrennten *competence*), sondern in den individuellen Tätigkeiten von Sprechern und Hörern einer Sprache. Konstruktionsvererbung beruht auf kognitiven Operationen (Implikaturen) der einzelnen Sprecher/Hörer. Die kognitiven Operationen folgen kognitiven Prinzipien des Schließens. Sie besitzen überindividuelle Gültigkeit und sind rekonstruierbar, auch wenn der Beginn des Vererbungsprozesses weit zurück liegt. Denn die gleichen kognitiven Prinzipien des Schließens sollten bereits in der Vergangenheit gegolten haben, so wie sie auch übereinzelsprachlich gelten.

Auch müssen die Sprecher/Hörer nachfolgender Generationen die Vererbungen zumindest partiell nachvollziehen (rekonstruieren) können. Denn die begonnenen Vererbungsprozesse setzen sich in der sprachlichen Tätigkeit folgender Generationen fort. Die Implikaturen bleiben auf Grund der Formbeständigkeit von Konstruktionen in einem größeren Ausmaß rekonstruierbar als auf der Wortebene. Spuren des Alten werden nur langsam beseitigt, und eine einmal entstandene Mikrokonstruktion wird formal-syntaktisch nur langsam ihrer neuen Makro-Mutterkonstruktion angeglichen – bis zur potentiell Auflösung und Löschung aller Spuren der Vererbung aus der ursprünglichen Mutterkonstruktion.[8]

9.1.2 Projektionsvererbung

Wenn man von Valenz (Projektion) von Verben spricht, bezieht man sich auf aktivische, finite und nicht-imperativische Verbformen. Deren Valenz ist in Valenzwörterbüchern eingetragen und nicht die Valenz von Infinitiven, obwohl Valenzwörterbücher, wie bei deutschen Wörterbüchern üblich, den Infinitiv als Lemma (als „Nennform") wählen.[9] Infinitive, Partizipien, Imperative

---

8 Zusätzlich muss die Möglichkeit der Re-Interpretation eingerechnet werden (Stichwort: Volksetymologie).

9 Flektierbare Wörter existieren in flektierenden Sprache nur als Mengen von Wortformen (Eisenberg 1998). Eine Form wird konventionell als Stellvertreter (Nennform) der Menge festgelegt, in deutschen Wörterbüchern der Infinitiv *(schreiben)*, in lateinischen Wörterbüchern die 1. Person Singular Präsens Indikativ Aktiv *(scribo)*, in arabischen Wörterbüchern die 3. Person

und passivische Verbformen projizieren nicht die gleichen Konstruktionen wie die entsprechenden aktivischen finiten Verbformen. Das ist ein Umstand, der in seiner theoretischen Relevanz in der Valenztheorie weitgehend übersehen wurde (vgl. Ágel 1993a: 11–14; 2000: 119).

Infinitive, Partizipien (Partizipien I und II und das Gerundivum (*zu* + Partizip I, = „Partizip III"), Imperative und auch passivische Verbformen müssten, falls man nicht Projektionsvererbung vorsieht, für sich lexikalistisch in ihrer Projektion beschrieben werden. Denn sie alle projizieren jeweils andere Konstruktionen als die entsprechenden aktivischen finiten Verbformen.

Wenn man nicht für jede der genannten Verbformen einen eigenen Lexikoneintrag annimmt, also die Zahl der Einträge nicht vervielfachen will (finites aktivisches Verb, Infinitiv, Partizip I, Partizip II, Partizip III, Imperativ, Passiv), muss man eine irgendwie geartete Ableitung (Vererbung) der Projektion vorsehen, also in Bezug auf das prototypische Beispiel ‚Passiv' eine irgendwie geartete Ableitung aus dem Aktiv (aus der aktivischen Verbform).

Das gilt nicht nur für die linguistische Ableitung, sondern gilt auch für die Tätigkeit der Sprecher/Hörer. Auch in der realen sprachlichen Tätigkeit, sollte diese Projektionsvererbung (Valenzvererbung) vorgenommen werden. So kann man nicht davon ausgehen, dass die Sprecher/Hörer Passivformen neben Aktivformen wie Wörter (Simplizia) neben anderen Wörtern (anderen Simplizia) erwerben. Man muss vielmehr annehmen, dass Hörer (und Sprecher) Sätze im Passiv verstehen und bilden können, auch wenn sie einer bestimmten Passivform noch niemals begegnet sind. Analoges gilt für Imperativkonstruktionen, Infinitivkonstruktionen und Partizipialkonstruktionen. Es muss also in der sprachlichen Tätigkeit Mechanismen der Ableitung (Vererbung) von Projektionen auf Konstruktionen geben.

Lexikalistisch versus phrasal

Aus einer Konzeption, in der es grundsätzlich um das Wechselverhältnis von Konstruktion und Projektion geht, folgt, dass es im Streit um ein lexikalistisches versus phrasales (konstruktionsgrammatisches) Konzept (vgl. z. B. Müller/Wechsler 2014a, b versus Boas 2014b) kein absolutes Entweder-Oder geben kann.

Das in diesem Buch vertretene Konzept der Projektionsvererbung unterscheidet sich vom Konzept der lexikalischen Derivation in *LFG* und *HPSG* und den mit der *HPSG* verbundenen Richtungen der *BCxG* und *SBCxG* vor allem in folgenden Punkten: (1) Es ist Bestandteil eines sprachgebrauchsbezogenen und nicht eines deklarativen Modells der KxG. (2) Ich lege mit Lakoff und Goldberg

---

Singular Perfekt *(ketebe)*. Ich beziehe die Valenz auf finite aktivische Verbformen in ihrer Gesamtheit, weil sich diese in ihrer Valenz nicht voneinander unterscheiden.

ein signifikatives und nicht ein denotatives Bedeutungs- und Rollenkonzept zu Grunde. Projektionsvererbung wird daher nicht als bedeutungsbewahrend konzipiert. (3) Projektion und Konstruktion sowie Projektionsvererbung und Konstruktionsvererbung befinden sich in einem Wechselverhältnis unter dem Primat von Konstruktion und Konstruktionsvererbung. Projektion und Projektionsvererbung allein können aus sprachgebrauchsbezogener Perspektive Phänomene wie Valenzalternationen und Diathesen nicht erklären.[10]

9.2 Vererbungskonzepte

Im Folgenden stelle ich sprachgebrauchsbezogene (9.2.1) und nicht-sprachgebrauchsbezogene Vererbungskonzepte (9.2.2) gegenüber. In 9.2.1.1 geht es um das Vererbungskonzept in der historisch-vergleichenden Sprachwissenschaft des 19. Jahrhunderts und um eine Auseinandersetzung zum Verhältnis von Abstraktem und Konkretem in der Semasiologie des 19./20. Jahrhunderts. In 9.2.1.2 gehe ich auf das Konzept der Grammatikalisierung als ein spezifisches sprachgebrauchsbezogenes Vererbungskonzept ein. In 9.2.2 werden nicht-sprachgebrauchsbezogene Vererbungskonzepte skizziert. In 9.2.2.1 wird das nicht-sprachgebrauchsbezogene Vererbungskonzept Goldbergs (1995) charakterisiert.

9.2.1 Sprachgebrauchsbezogene Vererbungskonzepte

9.2.1.1 Historisch-vergleichende Sprachwissenschaft

Ein sprachgebrauchsbezogenes Vererbungskonzept ist innerhalb der historisch-vergleichenden Sprachwissenschaft des 19. Jahrhunderts entwickelt worden. Die historisch-vergleichende Sprachwissenschaft stand am Beginn der modernen Sprachwissenschaft. Sie begann (wie auch die strukturelle Linguistik) mit dem Sammeln und Klassifizieren des Aufgefundenen. Die Linguisten stießen auf Ähnlichkeiten, die sie versuchten durch *Ableitungen* bzw. *Vererbungen* auseinander zu erklären Der Beschäftigungsanlass war im 19. Jahrhundert (Stichwort: Kolonialisierung) die Konfrontation mit weithin unbekannten und unerforschten Sprachen. Man orientierte sich dem Zeitgeist folgend an den

---

10 Vgl. dagegen Müller/Wechsler (2014b: 187): „The grammars of natural languages include the following: (i) lexical items consisting of a word together with its lexical valence structure; and (ii) lexical rules and/or other mechanisms representing relations between such lexical items, to capture valence alternations, voice alternations, cognate relations, and other systematic aspects of the lexicon."

Naturwissenschaften, und zwar an der Biologie und an dem sich etablierenden Evolutionskonzept, also an einem biologischen Vererbungsbegriff.[11] Das heißt, man versuchte, die gefundenen Zusammenhänge historisch-genetisch zu erklären.

Die Sprachwissenschaftler schlossen aus synchronen Ähnlichkeiten zwischen Wörtern in unterschiedlichen Sprachen, die aus unterschiedlichen und teilweise weit zurückliegenden Zeiten stammten (Latein, Griechisch, Sanskrit), dass es zum einen innereinzelsprachliche Entwicklungen (Vererbungen), zum anderen Vererbungen aus einer gemeinsamen Quelle geben muss, einer gemeinsamen indoeuropäischen Ursprache. Die Erkenntnis, dass es Zwischenstufen wie Romanisch, Slawisch, Germanisch gibt, aber auch die Aufdeckung konkreter einzelsprachlicher Vererbungen verhinderten neben dem generell empiristischen Zugang eine rationalistische Erklärung, d. h. eine Erklärung aus einer allen indoeuropäischen Sprachen zu Grunde liegenden Invariante. Das Indoeuropäische wurde folglich nicht rationalistisch als ein Abstraktum, eine Verallgemeinerung aller Einzelsprachen aufgefasst, sondern als eine konkrete Sprachform, eben als *Proto-indoeuropäisch*, als ein konkreter Prototyp, ein erstes Exemplar des Indoeuropäischen.

Von Interesse für den Vergleich mit einem nicht-sprachgebrauchsbezogenen Vererbungsbegriff ist in diesem Zusammenhang eine Fragestellung innerhalb der diachronen Semasiologie am Ende des 19. Jahrhunderts. Die damit verbundene Debatte kann als Vorläufer heutiger Kontroversen zwischen rationalistischen und empiristischen Theorien gedeutet werden. Semasiologen fragten sich, ob die anzunehmende Ursprungsbedeutung einer erschlossenen Wurzel[12] eher vergleichsweise abstrakt oder konkret ist. Beispielsweise findet sich in Walde/Pokorny (1930) die Wurzel *kaulo*, der u. a. die Bedeutungen ‚hohl', ‚Röhrenknochen' und ‚Hohlstengel' in dieser Reihenfolge zugeordnet werden. Becker (1833) gab eine rationalistische Antwort und behauptete, dass konkrete Wortbedeutungen auf abstrakte Wortbedeutungen zurückgehen. Nach seiner Theorie sollte demnach die Bedeutung ‚hohl' die Ursprungsbedeutung der Wurzel *kaulo* sein.

Beckers These lässt sich, so könnte es scheinen, leicht durch synchron orientierte Überlegungen stützen. Wenn man sich fragt, in welcher Abfolge die drei Wörter *hohl*, *Hohlstengel* und *Röhrenknochen* entstanden sind, dann liegt

---

11 Dieser ist seinerseits eine metaphorische Ableitung aus dem juristischen Vererbungsbegriff.
12 Die Wurzel wird aus dem Vergleich ähnlicher Wörter (Wortstämme) erschlossen, die in unterschiedlichen Sprachen gefunden und aus unterschiedlichen Zeiten stammen (bei Klärung der Zusammenhänge durch systematischen Lautvergleich und daraus ableitbaren Folgerungen auf lautliche Entwicklungen).

die Antwort in Bezug auf die heute vorhandenen Wörter *hohl* und *Hohlstengel* auf der Hand. Denn *Hohlstengel* ist ein Determinativkompositum, dass auf die Wörter *hohl* und *Stengel* zurückgeht. Das gilt auch in diachroner Hinsicht, also in sprachgebrauchsbezogener Hinsicht. Denn die Bedeutung ‚Hohlstengel' ist kompositional aus den Bedeutungen ‚hohl' und ‚Stengel' zusammensetzen. Wenn man auf dem Hintergrund dieser Wortableitung die Frage nach den Bedeutungen von **kaulo* stellt, ergibt sich eine analoge Antwort. Man würde also die Bedeutung ‚hohl' voraussetzen.

Die Frage, die gestellt ist, ist aber die Frage nach der Ursprungsbedeutung der einen Wurzel **kaulo. Man würde, wenn man dem Vorbild der Ableitung der Wörter Hohlstengel und Röhrenknochen folgt, bei der Beantwortung die klassische Definition nach genus proximum und differentia specifica also die logische Grundoperationen der Deduktion anwenden. Die Folgerung für die Analyse von **kaulo*: Da die Bedeutung ‚hohl' als Merkmal in allen drei Bedeutungen wiederkehrt (Röhren sind innen hohl), sollte ‚hohl' nach dieser Rechnung die Ursprungsbedeutung sein. Nur hätte man dabei übersehen, dass es nicht um die Erklärung des Wortes *Hohlstengel* geht, sondern um die Bedeutungen ‚hohl', ‚Hohlstengel' und ‚Röhrenknochen' der Wurzel **kaulo*, dass man also in Bezug auf deren Geschichte nicht vom Wort *hohl* auf das Wort *Hohlstengel* schließen kann.

In der diachronen Semasiologie hat sich aus empirisch gestützten Rekonstruktionen von Bedeutungsentwicklungen der entgegengesetzte Befund ergeben (vgl. Kronasser 1952; vgl. auch Welke 1983b): Abstrakte Bedeutungen entstehen aus konkreten Bedeutungen.

Dieser Befund lässt sich verallgemeinern: Eine empiristische und sprachgebrauchsbezogene Sprachtheorie sollte einen Übergang von einem perzeptiven System der Kognition zu einem linguistischen System annehmen (vgl. 5.4.2). Die Wiedergabe von Perzeptionen durch Zeichen sollte zunächst sehr konkret an konkreten Dingen und konkreten Ereignissen erfolgt sein, also durch die sprachliche Wiedergabe der perzeptiven Repräsentationen von Hohlstengeln oder Röhrenknochen.

Eine verallgemeinerte Repräsentation von Hohlstengeln oder Röhrenknochen ist bereits im perzeptiven System möglich. Die Abstraktion der Eigenschaft ‚hohl' von dem sie tragenden Gegenstand ist jedoch ein entscheidender qualitativer Sprung, der nur im linguistischen System der Kognition möglich ist.[13] Ohne die

---

13 Im perzeptiven Bereich der menschlichen Kognition bleiben Eigenschaften (und Relationen bzw. Ereignisse) an Gegenstände gebunden (vgl. Kasper 2015). Ein Reflex dieser perzeptiven und faktischen Bindung von Eigenschaften an Gegenstände ist im sprachlichen System der syntaktische Umstand, dass Adjektive eine Valenz in Bezug auf Substantive haben.

Bindung an einen Zeichenträger, ist die Eigenschaft ‚hohl' von ihrem Träger nicht abstrahierbar. Die Abstraktion setzt ein Zeichen als virtuellen, symbolhaften Eigenschaftsträger voraus, also einen Übergang ins sprachliche System der Kognition. Sie verlief beim Beispiel *kaulo also über metaphorische prototypische Verallgemeinerungen der Bedeutungen ‚Hohlstengel' → ‚Röhrenknochen' von *kaulo (oder umgekehrt) und mündete als Bedeutung ‚hohl' von *kaulo in einer Eigenschaft, die durch die Bindung an ein Zeichen isoliert von ihrer Bindung an einen bestimmten Gegenstand oder eine bestimmte Klasse von Gegenständen erfolgte. Die Entwicklung von der konkreten Bedeutung der Wurzel *kaulo zu einer abstrakteren Bedeutung verlief also an und in einem (und nur einem) Zeichen, nämlich *kaulo. Sie setzte die Existenz von *kaulo in der Bedeutung ‚Hohlstengel' oder/und ‚Röhrenknochen' voraus. Die Entwicklung verlief nicht umgekehrt vom Abstrakten zum Konkreten.[14]

Ein sprachgebrauchsbezogenes Vererbungskonzept modelliert Prozesse, die in der Tätigkeit der Sprecher/Hörer stattfinden. Es sind Prozesse der kontinuierlichen Veränderung von Konstruktionen, die in langen Zeiträumen als diachrone Veränderungen wahrnehmbar werden. Eine rationalistische Theorie der Bedeutungsentwicklung, die der Theorie Beckers oder unmittelbar der Methoden der Deduktion folgt, setzt dagegen voraus, dass es abstrakte Bedeutungen vor konkreten gibt. Sie klammert das perzeptive System der Kognition aus und muss daher Abstraktionen letztlich als a priori gegeben auffassen. Eine heutige Version des Becker'schen rationalistischen Konzepts ist die Annahme universeller, a priori gegebener semantischer Merkmale und universeller a priori gegebener semantischer Rollen.

9.2.1.2 Grammatikalisierung

Das in der Gegenwart prominenteste sprachgebrauchsbezogene Vererbungskonzept ist das Konzept der Grammatikalisierung. Es hat seine Wurzeln in der Diachronieforschung, hat aber auch synchrone Aspekte und ist ein Beispiel für die Einheit von Diachronie und Synchronie (für Diachronie in der Synchronie). Diewald (1997: IV) charakterisiert Grammatikalisierung wie folgt (vgl. auch Lehmann 2015: 13, ¹1982; Traugott/König 1991: 189; Hopper/Traugott 1993: 2; Traugott/Trousdale 2013: 32):

---

14 Auch synchron (und im sprachlichen Wissen der Sprecher/Hörer) lassen sich vergleichbare Ableitungen von Abstrakterem aus Konkreterem rekonstruieren. z. B. in der Wortbildung (in Derivation und Konversion). Die Sprecher/Hörer und der Linguist leiten *fischen* von *Fisch* ab, also: Substantiv (Konkretum) → Verb, aber *Trank* von *trinken*, also: Verb (konkreter) → Substantiv (abstrakter, vgl. den Terminus ‚Verbalabstraktum', vgl. Kap. 10). Vgl. auch Farbbezeichnungen wie *orange-farben*, *flieder-farben*.

Ihr zentrales Anliegen ist die Untersuchung der Entstehung grammatischer Sprachzeichen aus dem Lexikon und der Verstärkung der grammatischen Funktion bereits bestehender grammatischen Formen.

Den Übergang (die Vererbung) von lexikalischen Zeichen (Wörtern) in grammatische Zeichen (Hilfswörter, grammatische (agglutinierende, flektierende) Morpheme, innere Flexion) kann man als den prototypischen Fall von Grammatikalisierung ansehen.

Traugott/Trousdale (2013: 32) verweisen auf zwei aktuelle Varianten der Interpretation: Grammatikalisierung als „*reduction and increased dependency*" und neuerlich insbesondere: Grammatikalisierung als „*expansions of of semantic, pragmatic, syntactic, and collocational range*". Diese Verallgemeinerung passt zu dem stets hervorgehobenen Aspekt, dass es sich um zunehmende Abstrahierungen handelte, eingebettet in einen übergreifenden Trend des Übergangs vom Konkreteren zum Abstrakteren in der Sprachgeschichte (vgl. 9.2.1.1). In diesem Zusammenhang wird oft auf die empiristische Tradition verwiesen: Condillac (1746) und Humboldt (1822) (vgl. Heine/Claudi/Hünnemeyer 1991; Hopper/Traugott 1993). Ein Wegbereiter der neueren Grammatikalisierungsforschung ist Givón 1971, 1979). Er entwirft in Givón (1979) das Bild eines zyklischen Wandels *Discourse → Syntax → Morphology → Morphophonmecis – Zero* (vgl. ebd.: 209).

In den beiden einleitenden Kapiteln (1 und 2) habe ich zur Erläuterung und zum Zwecke einer ersten schnellen Verständigung auf Analogien zwischen dem von mir avisierten Konzept von Konstruktionsvererbung und Grammatikalisierung verwiesen. Denn ein sprachgebrauchsbezogenes Konzept von Konstruktionsvererbung kann das Konzept der Grammatikalisierung zumindest partiell integrieren.[15] Auch extensional überschneiden sich die Konzepte, zumindest was einzelne Phänomene betrifft. So ist Passivierung ein Musterbeispiel sowohl für Grammatikalisierung als auch für das hier vorzutragende Konzept von Konstruktionsvererbung. Aber auch für nicht-sprachgebrauchsbezogene Vererbungskonzepte (Generative Grammatik, *LFG*) ist Passivierung exemplarisch (vgl. Kap. 10).

Es geht um unterschiedliche Akzentuierungen und Perspektivierungen. Konstruktionsvererbung ist eine Relation zwischen syntaktischen Konstruktionen (vgl. 9.1). Bei Grammatikalisierung liegt der Akzent nicht auf den syntak-

---

15 Zu einem analogen Vorschlag vgl. Traugott/Trousdale 2013. Im Detail gibt es m. E. Unterschiede. Das beginnt bei der Auffassung von Konstruktionsvererbung. Ich beziehe im Unterschied zu Traugott/Trousdale den Goldberg'schen (1995) Vererbungsbegriffs nicht ein. Auch geht es Traugott/Troudale primär um Grammatikalisierung als Verallgemeinerung/Abstraktion von lexikalischen zu grammatischen Zeichen, während es mir primär allgemein um Konstruktionsvererbung geht.

tischen Konstruktionen, die sich bei der Grammatikalisierung gegenüberstehen, sondern auf Aspekten dieses Übergangs, insbesondere den Übergängen von konkreteren zu abstrakteren Einzelzeichen. Beispielsweise ist Passivierung unter dem Aspekt einer (sprachgebrauchsbezogenen) Konstruktionsvererbung zunächst die Vererbung einer Subjektsprädikativ-Konstruktion in eine Vorgangskonstruktion. Unter dem Aspekt der Grammatikalisierung handelt es sich um den Übergang eines noch relativ konkreten Kopulaverbs, das einem Vollverb noch relativ nahe ist, in ein grammatische Hilfswort und um die Reanalyse einer syntaktischen Struktur *werden* + Partizip II zu einer analytischen Verbform. Analog handelt es sich beim *haben*-Perfekt konstruktionsgrammatisch-global um die Vererbung einer Objektsprädikativ-Konstruktion mit dem Vollverb *haben* in eine transitive Konstruktion,[16] deren Ergebnis die Ausbildung einer analytischen Tempusform und damit einer spezifischen morphologischen Konstruktion ist.

Ob und inwiefern sich Konstruktionsvererbung und Grammatikalisierung in allen Fällen entsprechen, lasse ich offen. Die Beantwortung dieser Frage hängt auch davon ab, wie weit man Grammatikalisierung letztlich fasst, z. B. ob auch Lexikalisierung einbezogen wird. So kann man Medialisierung als Grammatikalisierung ansehen, bei der ein vollsemantisches Reflexivpronomen zu einem wesentlich abstrakteren Intransitivität anzeigenden Operator herabgestuft wird. Auch die Vererbung von Direktivkonstruktionen und von Argumentkonstruktionen + Modifikator in Präpositionalobjekt-Konstruktionen und die Nischenbildung (Kap. 15) kann man mit Rostila (2007) gleichzeitig als Grammatikalisierung betrachten.

9.2.2 Nicht-sprachgebrauchsbezogene Vererbungskonzepte

Stellt man die nahe liegende Frage, welche Prozesse durch syntaktische Transformationen abgebildet werden, so gibt es ein verbreitetes Missverständnis: Es wird angenommen, dass Transformationen (und Generierungen syntaktischer Strukturen) Prozesse der sprachlichen Tätigkeit der Sprecher/Hörer beim Bilden und Verstehen von Sätzen abbilden. Die beschriebenen Operationen bzw. Prozesse werden folglich als Hypothesen des Linguisten über die sprachliche Tätigkeit der Sprecher/Hörer interpretiert. Einem solchen Missverständnis sieht sich die moderne *Competence*-Linguistik beständig ausgesetzt (vgl. Kap. 1). Weil das so ist, müssen Warntafeln aufgestellt werden der Art, dass Termini wie Generierung (Erzeugung) und Transformation zwar *nomina actionis* sind, aber nicht

---

16 Das steht am Beginn eines sich dann analogisch fortsetzenden Vorgangs (vgl. Welke 2005).

unmittelbar auf die Tätigkeit der Sprecher/Hörer beim Bilden und Verstehen von Sätzen zielen.

Es wird von Generierung nur im mathematischen Sinne (Chomsky 1965; Winograd 1983) oder im metaphorischen Sinne (Lohnstein 2014, vgl. Kap. 1) gesprochen und/oder gesagt, dass nicht Prozesse, sondern nur Kategorien und Relationen abgebildet werden, dass die Abbildung also nur metaphorisch prozesshaft ist, dass sie statisch, „deklarativ" gemeint ist (Goldberg 1995: 74; Michaelis 2013: 144).

Dennoch bleibt das Missverständnis im Raum, dass Prozesse Prozesse modellieren sollten. Psychologen und Psycholinguisten befragen die Grammatiktheorien nach Möglichkeiten einer sprachgebrauchsbezogenen Interpretation der prozesshaft formulierten Relationen, also nach Hypothesen über die sprachlich-kognitive Tätigkeit der Sprecher/Hörer (vgl. Kap. 1). Trotz gegensätzlicher Behauptungen scheint unhintergehbar, dass es sich jede Grammatik gefallen lassen muss nach Hypothesen über die sprachliche Tätigkeiten der Sprecher befragt zu werden.

Die in generativen Grammatiken formulierten Prozesse können jedoch nur punktuell und keineswegs durchgängig als Modelle der sprachlichen Tätigkeit der Sprecher/Hörer interpretiert werden. So ist frühzeitig psychologisch experimentell nachgewiesen worden, dass es Strukturierungen in Konstituenten, also gewisse Konstituentenstrukturen, gibt.[17] Die Realität von Transformationen wurde dagegen ebenso frühzeitig in Frage gestellt (vgl. Kap. 1). Da es Übereinstimmungen in der Regel nicht gibt und da sie auf Grund der Trennung von *Competence* und *Performance* auch nicht erwartet werden, sind entsprechende Warntafeln, die einem Missverständnis vorbeugen sollen, notwendig.

Dennoch handelt es sich bei Ableitungen, Derivationen, Generierungen, Bewegungen um Prozesse. Versucht man diese Prozesse nicht als metaphorische Darstellungen von Statisch-Deklarativem zu deuten, sondern nimmt man die Termini in ihrer wörtlichen Bedeutung und deutet sie als Abbildungen von realen Prozessen, dann sollte die Antwort lauten, dass es sich um Prozesse handelt, die der Grammatiker vollzieht, wenn er seinen Stoff ordnet.[18]

---

17 Die Frage danach, ob die Sprecher/Hörer die in Konstituentenstrukturgrammatiken beschriebenen Hierarchien und Abfolgen von Konstituentenstrukturregeln in ihrer Satzproduktion bzw. -interpretation abarbeiten, wurde/wird allerdings m. E. nicht gestellt. Auch die Operation ‚Merge' in der minimalistischen Theorie sollte m. E. in irgendeiner Form, nämlich als Bedeutungsvereinigung von Wörtern, in der Tätigkeit der Sprecher/Hörer vorkommen, aber nicht die dazu postulierten Bewegungsprozesse und auch nicht die ins Auge gefassten Schritte in der Abfolge von *Merge*-Operationen.
18 In der traditionellen Grammatik sind es Prozesse der Vermittlung. Man erklärt Passivsätze durch Transformationen aus Aktivsätzen.

In *Competence*-Grammatiken werden aufgefundene Klassifizierungsmöglichkeiten nach Allgemeinem und Besonderen als Prozesse des Klassifizierens abgebildet. Das geschieht einerseits durch die Reihenfolge des Phrasenaufbaus (in den Hierarchien der Konstituentenstruktur) und andererseits durch Transformationen oder durch lexikalische Derivationen oder wie in der KxG durch Relationen von allgemeineren zu weniger allgemeinen Konstruktionen. Für alle diese Konzepte spielt die Computermetapher (Vererbung im Sinne der Informatik) eine Rolle.

Es geht um „Berechnungsmodelle", d. h. um eine deduktive (axiomatische) Darstellung von Grammatik (Syntax). Als Deduktionen folgen die Modelle dem Prinzip, dass konkretere Strukturen aus allgemeineren Strukturen (Phrasen/Konstruktionen) abgeleitet werden. Dieses Prinzip wird in der *HPSG* und in der *BCxG* und *BCCxG* auch terminologisch als Vererbung *(inheritance)* bezeichnet.

Drei Strategien bei der Beschreibung der Phrasen- bzw. Konstruktionsvererbung lassen sich unterscheiden: (1) Syntaktische Transformationen. Das sind Ableitungen von Strukturbeschreibungen aus anderen Strukturbeschreibungen durch Umorganisation (Transformationen) der zu Grunde liegenden Strukturbeschreibungen. Das können Transformationen von konkreten Strukturbeschreibungen in andere konkrete Strukturbeschreibungen sein wie bei Harris (1957) und Chomsky (1957)[19] oder Transformationen von allgemeinen (abstrakten) Strukturbeschreibungen in konkretere (von Tiefenstrukturen in Oberflächenstrukturen) wie seit dem Aspekt-Modell der Generativen Grammatik (Chomsky 1965). Es kann sich (2) um ganzheitliche (holistische) Transformationen von Konstruktionen in Konstruktionen wie bei Goldberg (1995) handeln. Ganzheitlich heißt: Die Vererbungen/Ableitungen werden nicht im Einzelnen als Veränderungen (Bewegungen) einzelner Konstruktionsbestandteile innerhalb einer im Grunde gleich bleibenden Konstruktion beschrieben, sondern als Vererbung von Merkmalen von (in bestimmter Hinsicht) allgemeineren Konstruktionen auf konkretere Konstruktionen. Schließlich werden (3) lexikalische Derivationen angenommen. Das sind Derivationen von Projektionen aus Projektionen (Vererbung von Projektionen in Projektionen) in Valenztheorie, *LFG* und *HPSG*.

Die Strategien (1)–(3) sind Beschreibungsstrategien in Berechnungsmodellen (*Competence*-Modellen). Sie sind nicht sprachgebrauchsbezogen konzipiert, was nicht ausschließt, dass sie, wie lexikalische Derivationen, z. T. sprachgebrauchsbezogen interpretierbar sind.

---

19 Die zu Grunde liegende Struktur ist dennoch in dem Sinne allgemeiner, als sie typischer und expliziter ist (z. B. aktive gegenüber passivischen, transitive gegenüber ergativen Strukturen).

9.2.2.1 Konstruktionsvererbung bei Goldberg (1995)

Bei dem, was in der *BCxG* (vgl. z. B. Michaelis 2013) und in der *BCCxG* (bei Goldberg 1995) als Vererbungen zwischen Konstruktion bezeichnet wird, geht es um Relationen zwischen Konstruktionen im Netzwerk des Konstruktikons, also im Kern um Hyponymierelationen. Die Operationen über Hyponymierelationen können jedoch nicht als Vererbungen in einem faktischen Sinne des Vererbens von Konstruktionen in andere Konstruktionen interpretiert werden (des Ableitens von Konstruktionen aus Konstruktionen), sondern sprachgebrauchsbezogen m. E. nur als Such- und Zugriffsprozesse der Sprecher/Hörer auf geeignete Konstruktionen wie im Wortlexikon.[20]

Wenn Vererbungen dennoch als Prozesse verstanden werden, die mehr sind als Suchoperationen im Konstruktikon, ergeben sich für die KxG die gleichen Probleme in Bezug auf eine sprachgebrauchsbezogene Interpretation wie für die Generative Grammatik. Vererbungen bei Goldberg (1995) sind ganzheitliche syntaktische Transformationen von Konstruktionen in Konstruktionen, die entlang von Deduktionen erfolgen wie in den syntaktischen Transformationen der Generativen Grammatik. Folglich muss auch Goldberg (1995) einschränkend sagen, dass Vererbung nicht faktisch gemeint ist, sondern deklarativ.[21]

In der *HPSG* bezieht sich Vererbung nicht ganzheitlich auf Konstruktionen, sondern auf lexikalische Derivationen (Abwandlungen von Projektionen).[22] Die gemeinsame Basis, auf der sich die Annäherung von *BCxG* und *HPSG* vollzieht, ist u. a. die Ablehnung des Begriffs der syntaktischen Transformation.

In Goldberg (1995: 67–100) beschäftigt sich das Kapitel 3: *Relations among Constructions* mit Konstruktionsvererbung. Das dort entwickelte Konzept widerspricht dem sprachgebrauchsbezogen interpretierbaren Ansatz der Instantiierung, um die es in den anderen Kapiteln geht.

Goldberg beginnt (1995: 69) nach einleitenden Bemerkungen über zu Grunde liegende Prinzipien mit Erläuterungen zum Begriff der Motivation in der Linguistik. Aus diesem, so führt sie aus, folge der Begriff der *inheritance*. Ihre Auslegung von Motivation und *inheritance* scheint zunächst mit einer prototypentheoretischen, diachronen und sprachgebrauchsbezogenen Interpretation von Vererbung überein zu stimmen. Der Bezug auf Lakoff (1987) bringt das zum Ausdruck (vgl. Goldberg ebd. 70):

---

20 Diese Suchprozesse sind nicht auf einen deduktiven Weg festgelegt, wie es der Vererbungsbegriff vorsieht, sondern können in beide Richtungen verlaufen, von oben nach unten und von unten nach oben.
21 Das schließt die Konsequenz ein, dass bspw. Michaelis (2013) bei der Vorstellung ihres explizit competenzbezogenen Konzeptes auf Goldberg (1995) verweisen kann.
22 Müller (z. B. 2006a) spricht von *phrasal* versus *lexical approach*.

> Lakoff (1987) suggests a precise definition for the term „motivation" in grammar. A given construction is *motivated* to the degree that its structure is inherited from other constructions in the language.

Was aber bedeutet hier „*inherited*"? Der Umstand, dass Goldberg (ebd: 71) zur Erläuterung den Begriff der Abduktion heranzieht, könnte auf eine sprachgebrauchsbezogene Deutung hindeuten.

Dann allerdings schwenken die Interpretationen des *inheritance*-Begriffs in Richtung einer nicht-gebrauchsbezogenen ganzheitlich-transformationellen Auslegung von Ableitungsbeziehungen um. Goldberg erwähnt zwar (ebd.: 72) die Studie von Lakoff zur *there*-Konstruktion von 1984 (publiziert in Lakoff 1987), bezieht sich dann aber (ebd.: 74) auf beschränkungsbasierte Ansätze in der KxG (Kay 1984 und Fillmore/Kay 1995). Das sind nicht-sprachgebrauchsbezogene Theorien, in denen grammatische Prozesse wie in der Generativen Grammatik Mittel einer deklarativen Beschreibung sind, vgl. (Goldberg ebd.: 74):

> Thus the inheritance mechanism of our system is not an on-line process, but rather a static relation defined by shared information [...].

Anmerkung: Objektorientierte Programmiersprachen und Hyponymie
Auf die deklarative Interpretation anstelle einer prozeduralen verweist auch, dass Goldberg aus der Computerwissenschaft das Design objektorientierter Programmiersprachen übernehmen will (vgl. ebd.: 75). Bei diesen (vgl. z. B. Zeppenfeld 2004) geht es um die Erzeugung von Objektbeschreibungen konkreter oder virtueller Objekte durch Klassifikation von Objekten (Bildung von Klassen von Objektbeschreibungen). Vererbung bezieht sich hier auf die Tätigkeit der Erzeugung von Objektbeschreibungen von allgemeinen zu spezielleren Objektbeschreibungen durch den Programmierer und den Computer.

In einigen Programmiersprachen wird zwischen Einfachvererbung und Mehrfachvererbung unterschieden. Bei Einfachvererbung werden eine oder mehrere Objektbeschreibungen aus einer übergeordneten erzeugt. Bei Mehrfachvererbung werden Objektbeschreibungen aus mehreren übergeordneten Objektbeschreibungen gleichzeitig erzeugt. Mehrfachvererbungen sind in der KxG Ableitungen von Hyponym-Konstruktionen aus mehreren schematischen Hyperonym-Konstruktionen gleichzeitig. Es geht also um Kreuzklassifikationen.

Ferner werden abstrakte und konkrete Klassen unterschieden. Abstrakte Klassen (abstrakte Objektbeschreibungen) sind Beschreibungen von möglichen Objekten, d. h. von Objekten, die es konkret nicht gibt. Als abstrakte Klassen kann man Hyperonyme ansehen, die es nicht als einzelne existierende Wörter gibt, z. B.:

(6) Sonn- und Feiertage

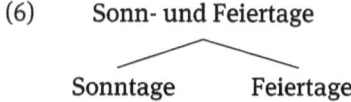

Überträgt man den Gesichtspunkt des abstrakten Objekts auf Konstruktionen, dann ist bspw. die Resultativkonstruktion ein abstraktes Objekt. Denn eine konkrete Resultativkonstruktion gibt es nicht. Es gibt nur Direktivkonstruktionen einerseits und adjektivische Objektsprädikativ-Konstruktionen andererseits (vgl. 9.2.2.2).

(7) Resultativkonstruktion

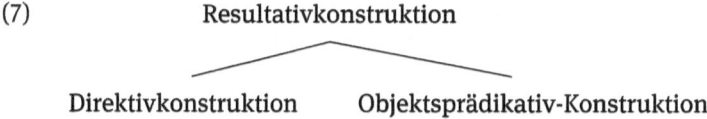

Goldberg (1995) unterscheidet zwischen vier *inheritance*-Relationen *(Inheritance Links): Polysemy Links, Subpart Links, Instance Links* und *Metaphorical Extension Links.*

Polysemy Links

Polysemy Links (ebd.: 75–77) beziehen sich auf die prototypische Ausdehnung der Konstruktionsbedeutung einer schematischen Konstruktion, ausgehend von einem *central sense* der Konstruktion im Sinne von Lakoff (1987; vgl. Kap. 3), verursacht durch Implementierungen unterschiedlicher Verben.[23]

Es handelt sich folglich um Abwandlungen von Bedeutungen *einer* identisch bleibenden schematischen Konstruktion, z. B. der Nominativ-Akkusativ-Konstruktion und nicht um Vererbungen zwischen (schematischen) Konstruktionen. Die Aufnahme von *Polysemy Links* in das Kapitel zur Konstruktionsvererbung widerspricht Goldbergs Definition von Konstruktion als Form-Bedeutungspaar, dessen Bedeutungen sich als *polyseme Varianten* aus einer Ausgangsbedeutung, einem *central sense*, ableiten.

Polysemy Links gehören also nicht in das Kapitel der Konstruktionsvererbung, sondern in das Kapitel der Instantiierung. Denn Konstruktionsvererbung zielt auf Vererbungsbeziehungen zwischen *unterschiedlichen* Konstruktionen (vgl. die Kapitelüberschrift: „*Relations among Constructions*"). Goldberg bewertet unter dem Begriff der *Polysemy Links* unterschiedliche Instantiierungen *einer*

---

[23] Vgl.: „Polysemy links capture the nature of the semantic relations between a particular sense of a construction and any extensions from this sense." (Goldberg 1995: 75)

Konstruktion als „*minimally different constructions*". Unterschiedliche Instantiierungen einer schematischen Argumentkonstruktion ergeben jedoch keine neuen Konstruktionen. Beispielsweise ergeben die Token-Konstruktionen (8a, b), nicht zwei unterschiedliche Konstruktionen, sondern bleiben Token-Konstruktionen ein und derselben schematischen Konstruktion (ein und derselben Type-Konstruktion), und zwar der Ditransitivkonstruktion.

(8) a. Joe gave Sally the ball.   Goldberg 1995: 75 (1)
    b. Joe promised Bob a car.   Goldberg 1995: 75 (2)

Dass (8a, b) unterschiedliche Instantiierungen ein und derselben Konstruktion sind, zeigen die Konstruktionsschemata (9) und (10) zu (8a,b), die Goldberg (im Widerspruch zur Einordnung als Konstruktionsvererbung) mit gleich bleibenden Argumentrollen und syntaktischen Rollen ausstattet und nur mit einer Änderung der Konstruktionsbedeutung (CAUSE-RECEIVE versus INTEND CAUSE-RECEIVE) versieht, die im Rahmen der (inneren) Polysemie von Konstruktionen bleibt und durch die instantiierenden Verben verursacht ist, so wie es Goldberg in den Instantiierungskapiteln beschrieben hat.

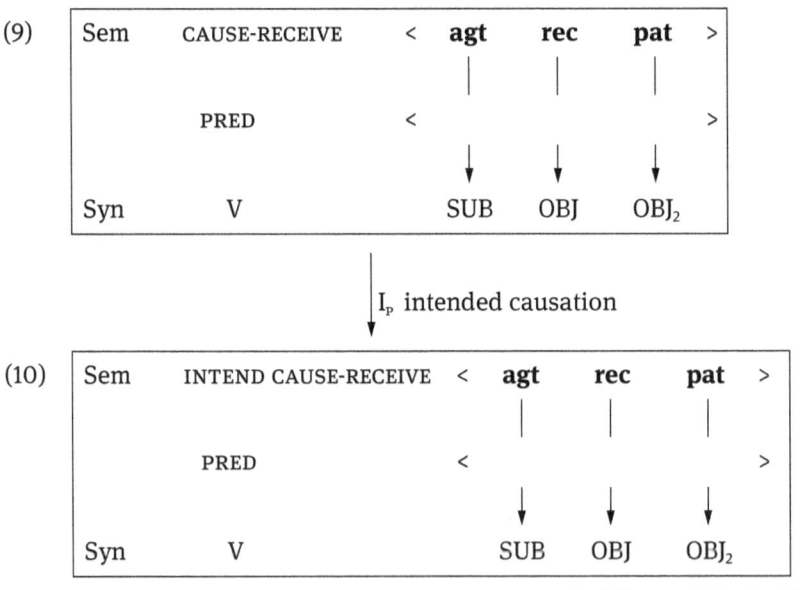

Goldberg 1995: 77, Figure 3.2

Instance Links
Für *Instance Links* gibt Goldberg nur ein Beispiel.

(11) Chris drove Pat mad/bonkers/bananas/crazy/over the edge.
Goldberg 1995: 79 (2)

Man kann (11) als Idiomatisierung ansehen und eventuell als Etablierung einer Minikonstruktion innerhalb der Objektsprädikativ-Konstruktion.

Auf die beiden verbleibenden Relationen: *Subpart Links* und *Metaphorical Extension Links* trifft der Begriff der Konstruktionsvererbung *(Relations among Constructions)* als deklarative Deduktionen von Konstruktionen aus Konstruktionen zu.

Subpart Links
Für *Subpart Links* gibt Goldberg zwei Beispiele (ebd.: 78–79): transitive *caused-motion constructions* versus *intransitive motion constructions* (transitive und intransitive Direktivkonstruktionen) und transitive versus intransitive *resultative constructions* (transitive und intransitive Direktivkonstruktionen sowie transitive Objektsprädikativ-Konstruktionen, zusammengefasst als *resultative constructions*). Die Schemata (12) und (13) geben Goldbergs Schemata verkürzt wieder:

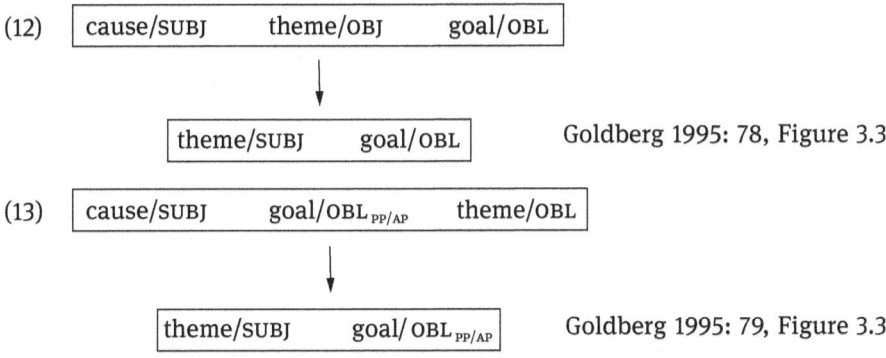

Beispiele:[24]

(14) a. Er warf den Teller auf den Fußboden. →
     b. Der Teller fiel auf den Fußboden.

---

[24] Goldberg führt weder hier noch in den ausführlicheren Kapiteln zu englischen Direktiv- und Resultativkonstruktionen (ebd.: 152–198) Beispiele für die *Subpart Links* an.

(15) a. Er knetete den Teig zu einem dünnen Fladen. →
     b. Der Teig wurde zu einem dünnen Fladen.

(16) a. Er hämmerte das Blech flach. →
     b. Das Blech wurde flach.

Wollte man die Relation zwischen der transitiven Direktivkonstruktion und der intransitiven Direktivkonstruktion und der Objektsprädikativ-Konstruktion und der Subjektsprädikativ-Konstruktion sprachgebrauchsbezogen interpretieren, so würde das bedeuten, dass die intransitive Konstruktion in einem faktischen Sinne aus der transitiven abgeleitet wird. Das sollte eine den Sprechern/Hörern noch zugängliche (rekonstruierbare, motivierbare) Vererbungsbeziehung sein. Mindestens sollte es sich um eine Hypothese über eine irgendwann einmal stattgefunden Entwicklung handeln. Für beides gibt es m. E. keine Anhaltspunkte. Man sollte eher annehmen, dass höherstellige (komplizierte) Konstruktionen auf geringerstellige (einfachere) Konstruktionen zurückgehen. Das wäre aber eine Vererbungsrichtung, die entgegengesetzt zu der von Goldberg avisieren verläuft, nicht von transitiven zu intransitiven Konstruktionen, sondern umgekehrt von intransitiven zu transitiven Konstruktionen.

Ansonsten geht es beim Wechsel zwischen Transitivität und Intransitivität nicht um Konstruktionswandel, sondern um Instantiierungen per Coercion. Intransitive Verben können (vgl. Kap. 5) per Coercion in transitive Konstruktionen implementiert werden (und anschließend per *entrenchment* eventuelle einen eigenen Eintrag erhalten) (18b), oder sie können über den Umweg der Präfixkonstruktion und Präfigierung transitiviert werden (18b) (vgl. Kap. 16):

(17) a. He climbs on the tree.
     b. He climbs the tree.

(18) a. Er klettert auf den Baum.
     b. Er erklettert den Baum.

Ein entgegen gesetzter Weg von Transitivität zu Intransitivität verläuft im Deutschen und Englischen in Fällen, in denen das Strukturerhaltungsprinzip verletzt würde (vgl. Kap. 12), per (sprachgebrauchsbezogener) Konstruktionsvererbung über Medialkonstruktionen (vgl. Kap. 11 und 12).

(19) a. He opened the door.
     b. The door opened.

(20) a. Er öffnet die Tür.
     b. Die Tür öffnete sich.

Bei den Konstruktionsvererbungen (12) und (13) handelt es sich also nicht um Vererbungsbeziehungen im Sinne eines prototypentheoretischen und diachronen Motivations-Begriffs, der sich auf Motivationen bezieht, die aus der Geschichte der Konstruktion stammen und im Sprachgebrauch der Sprecher/Hörer eventuell noch immer eine Rolle spielen. Es gibt nur die Interpretationsmöglichkeit als Motivation im generativ grammatischen Sinne, nunmehr abgewandelt als ganzheitliche Vererbung/Transformation von Konstruktionen auf Konstruktionen.

Wenn man dem Vererbungsbegriff der Programmierung folgt, müsste die Vererbung außerdem vom Allgemeinen zum Besonderen verlaufen. Eine abgeleitete Konstruktion müsste die Merkmale der übergeordneten erben. Die Vererbung müsste also im Falle von (12) und (13) jeweils von der intransitiven zur transitiven Konstruktion verlaufen. Denn bei der transitiven Konstruktion kommt ein Merkmal, das Merkmal der Transitivität, hinzu:

(21)   Konstruktion$_{direktiv}$
        ↓
       Konstruktion$_{direktiv\ +\ transitiv}$

(22)   Konstruktion$_{prädikativ}$
        ↓
       Konstruktion$_{prädikativ\ +\ direktiv}$

Die von Goldberg postulierte Vererbungsrichtung ist durch die Rolle transitiver Konstruktion in der generativen Grammatik motiviert, nämlich durch die Rückführung von intransitiven Konstruktionen (Phrasen) mit ergativen Verben oder passivischen Verbformen auf transitive Konstruktionen, d. h. durch die Interpretation von Konstruktionen mit ergativen Verben oder von passivischen Verbformen als in der Tiefenstruktur transitive Konstruktionen (Phrasen) und entsprechend der generativ-transformationellen Annahme, dass der Weg generell von mehr Struktur zu weniger Struktur verläuft.

Metaphorical Extension Links
Die zweite Fallgruppe von Beispielen, die man als Vererbungen im Sinne einer Berechnungsgrammatik (als ganzheitliche Transformationen) interpretieren kann, sind *Metaphorical Extension Links*. Diese werden von Goldberg (ebd.: 81) zunächst nur kurz benannt. Die Beispiele folgen in einem eigenen Abschnitt (ebd.: 3.4, 81–97). Bei einem ersten Beispiel handelt es sich um die Ableitungen von Objektsprädikativ-Konstruktionen aus Direktivkonstruktionen (um die Ableitung von adjektivischen *resultative constructions* (23a) aus *caused-motion constructions* (23b)), vgl.:

(23) a. Pat hammered the metal flat. Goldberg 1995: 81 (3), (4)
     b. Pat threw the metal off the table.

Schematisch verkürzt wiedergegeben als (24) und bezogen auf die Sätze (25), die Goldberg neben die Schemata setzt:[25]

(24) 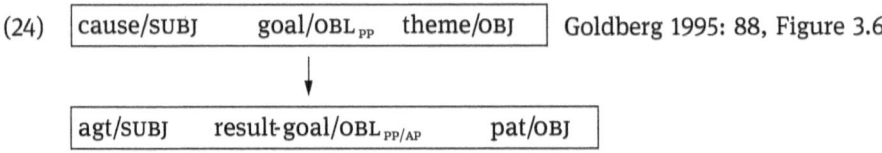 Goldberg 1995: 88, Figure 3.6

(25) a. Joe kicked the bottle into the yard.
     b. Joe kicked Bob black and blue.

Die Ableitung ist einem denotativen Rollenkonzept geschuldet und entspricht der Rollentheorie Jackendoffs (1983) (vgl. 4.6.3). Rollen werden so weit wie möglich auf perzeptive Rollen (Rollen im perzeptiven System der Kognition) zurückgeführt (vgl. 2.2.14) und entsprechend Objektsprädikativ-Konstruktionen auf die dem perzeptiven System näheren Direktivkonstruktionen. Die Varianz $OBL_{PP/AP}$, ist ein Verstoß gegen die Prinzipien der Bilateralität, Prototypik und *No-Synonymy*.

Im einem zweiten Beispiel geht es um Ableitung der Nominativ-Dativ-Konstruktionen (Ditransitivkonstruktionen) aus der Direktivkonstruktion *(caused-motion construction)*. Hier wirkt sich die (gegen das Bilateralitätsprinzip vorgenommene) Identifizierung von Direktiv und Dativ (2. Objekt) irreführend aus.

(26) a. John gave an apple to Mary.
     b. John gave Mary an apple.

Goldberg gibt ein „*more comprehensive diagram*", vgl. wiederum verkürzt:

(27)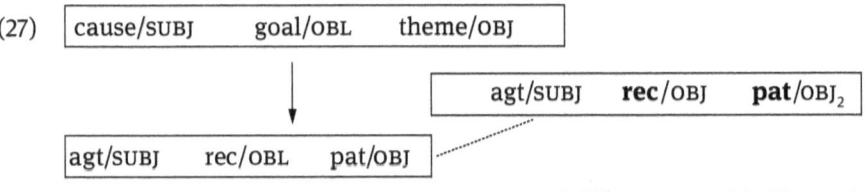

Goldberg 1995: 90, Figure 3.7

---

25 Nur die wechselnden Bezeichnungen der Rollen („cause' versus ‚agt' und ‚theme' versus ‚pat') deuten an, dass es sich um unterschiedliche Konstruktionen handeln soll. Die Gleichsetzung von OBL_{PP} und AP widerspricht dem Bilateralitätsprinzip.

Wie bei den *Subpart Links* handelt es sich um ganzheitliche transformationelle Rückführungen einer Konstruktion A auf eine Konstruktion B.[26] Wie bei Gruber (1965) und Jackendoff (1983) und entsprechenden *dative-shift*-Interpretationen und wie bei der Rückführung von Objektsprädikativ-Konstruktionen auf Direktivkonstruktionen werden abstraktere „logische" Konstruktionen auf perzeptiv (lokal) konkretere Direktivkonstruktionen (lokalistische Konstruktionen) zurückgeführt.

Das sind jedoch ebenfalls keine in der sprachlichen Tätigkeit der Sprecher/ Hörer vorhandenen Ableitungsbeziehungen (Vererbungsbeziehungen) zwischen Konstruktionen. Bei Gruber und Jackendoff ist der Grund für diese Rückführung, dass Kasusrelationen so weit wie möglich auf lokale Relationen der Perzeption zurückgeführt werden (vgl. 4.6.3). Gruber und Jackendoff berücksichtigen nicht, dass perzeptiv lokale Relationen im sprachlichen System als lokale *oder* als abstraktere nicht-lokale Relationen wiedergegeben werden können. Goldberg interpretiert dieses Verhältnis als eine innersprachliche Vererbungsbeziehung. Die Sprecher/Hörer leiten jedoch in ihrem Sprachgebrauch weder synchron noch diachron adjektivische Resultativkonstruktionen sowie Ditransitivkonstruktionen aus Direktivkonstruktionen ab. Der Ausdruck ‚Resultativkonstruktion' ist nur die Bezeichnung für das abstrakte Hyperonym, das der Direktivkonstruktion und der Objektsprädikativ-Konstruktion auf Grund deren Synonymie zugeordnet werden kann.

Davon zu trennen ist, dass langfristig wahrscheinlich konkret-lokale Abbildungen abstrakteren vorangehen. Das sind jedoch Prozesse, die vor der Emergenz dreistelliger Direktiv- und Resultativkonstruktionen abgeschlossen gewesen sein dürften. Das adjektivische Prädikativum der Resultativkonstruktion geht also nicht auf das Direktivum (die PP) der Direktivkonstruktion zurück und der Dativ der Ditransitivkonstruktion nicht auf das Direktivum der Direktivkonstruktion.

Als Argument für die Zusammenfassung von dreistelligen Direktivkonstruktionen und adjektivischen Objektsprädikativ-Konstruktionen führt Goldberg ein erweitertes Theta-Kriterium ins Feld, das sie (1995: 82) *Unique Path (UP) Constraint* nennt. Es geht darum, dass neben einem adjektivischen Resultativum kein weiteres adjektivisches Resultativum und auch kein Direktivum vorkommen kann, vgl.:

(28) a. *Sam kicked Bob black und blue out of the room.
Goldberg 1995: 81 (5a)
b. *He wiped the table dry clean.
Goldberg 1995: 82 (8b)

---

[26] Man könnte den zusätzlichen Bezug auf die Ditransitivkonstrukion als Mehrfachvererbung (Kreuzklassifikation) interpretieren, also als Rückführung der Konstruktion A auf die Konstruktionen B (direktiv, *goal*) und C (ditransitiv, *rec*).

Man kann diese Beschränkung jedoch auch anders erklären: Zunächst geht es beim adjektivischen Objektsprädikativ und beim Direktivum um zwei formal unterschiedliche Argumente, woraus folgt, dass die Konstruktionen auch semantisch unterschiedlich sein sollten. Es handelt sich um zwei unterschiedliche Resultatsbedeutungen, eine logische und eine lokalistische. Auf Grund der semantischen Gemeinsamkeit der Resultatsbedeutung (Synonymie im Sinne von Bedeutungsähnlichkeit) lassen sich die beiden unterschiedlichen Konstruktionen unter dem abstrakten Hyperonym ‚Resultativkonstruktion', einer nicht konkret realisierten Konstruktion zusammenfassen. Man kann annehmen, dass es bei abstrakten Resultativkonstruktionen eine Beschränkung dahingehend gibt, dass Resultativkonstruktionen nicht durch Resultativkonstruktionen überblendet werden können. Das heißt, die Synonymie verhindert die Überblendung und damit die Erhöhung der aktuellen Stelligkeit der Konstruktion. Diese Beschränkung wiederum kann man auf die Besonderheit von Objektsprädikativa und Direktiva zurückführen, das jeweilige Resultat (den Nachzustand eines Ereignisses) zu denotieren. Das aber ist wie bei den durch perfektive Verben implizierten Nachzuständen stets ein und nur ein genau umrissenes Resultat pro Ereignis.

Für diese Erklärung spricht, dass das *Unique Path (UP) Constraint* Goldbergs eine Übergeneralisierung enthält. Denn nach diesem Prinzip dürfte eine Überblendung (und aktuelle Erhöhung der Stelligkeit) auch im Falle von ebenfalls synonymen Dativ- und Direktivargumenten (die Goldberg identifiziert, vgl. oben (26)), nicht möglich sein, vgl. aber:

(29) Er reicht ihr die Schüssel in die Küche.

Fazit
Goldberg (1995) löst sich bei Konstruktionsvererbungen im Gegensatz zu Instantiierungen nicht vom Modell einer deklarativen *Competence*-Grammatik. Sie wandelt das Transformationskonzept der Generativen Grammatik ab, indem sie Vererbung als ganzheitliche Vererbung von allgemeineren (oder allgemeiner auffassbaren) Konstruktionen in konkretere Konstruktionen und von Konstruktionen mit lokalistischen Rollen in Konstruktionen mit logischen Rollen beschreibt.

9.2.2.2 Das Konstruktikon als Netzwerk von Konstruktionen
Allgemein wird Grammatik in der KxG als ein Netzwerk von Konstruktionen definiert („*grammar as a mental network of constructions*" Hoffmann/Trousdale 2013: 3). Diese Definition wird gewöhnlich dem formal-prozeduralen Vorgehen der Generativen Grammatik gegenüber gestellt, vgl. Michaelis (2013: 144):

A leading insight of Construction Grammar from its inception is that grammar rules are not procedures but category descriptions and as such, subject to taxonomic organization. Such taxonomies, which came to be known in the Construction Grammar literature as *inheritance networks* (see, e.g., Goldberg 1995) provide for cross-cutting generalizations about constructions.

Die Behauptung der Deklarativität teilt die KxG mit der *HPSG*, jedoch auch hinsichtlich der Metaphorik von Prozesshaftigkeit mit der Generativen Grammatik. Dennoch scheint Prozesshaftigkeit unhintergehbar. Zu Grunde liegt m. E. die Intuition, dass es bei Grammatik, wie bei jeder Erscheinung um mehr gehen sollte als um bloße Beschreibung, nämlich um Erklärung. Dann aber wird m. E. unhintergehbar, dass Erklärung mit Beschreibung von Prozessen und mit Entstehung und Entwicklung zu tun hat – und sei es aus (angeborenen) Prinzipien wie in der Generativen Grammatik.

Um Prozeduren geht es in der KxG (und bei Goldberg 1995) wenn die taxonomischen Strukturen als Vererbungen, also doch wieder als gleichsam prozesshafte Relationen, interpretiert werden und als gerichtet (durch Pfeile dargestellt) und nicht als bloße taxonomische Relationen. Taxonomische Strukturen sollten nicht gerichtet sein. Gibt man ihnen eine Richtung, wie es in Goldberg (1995) geschieht, dann erhält die taxonomisch-statische Relation nolens volens eine prozessuale Interpretation.[27] Für die Interpretation der Prozesshaftigkeit gibt es zwei Möglichkeiten (vgl. 9.2): Man interpretiert Vererbung (1) als Abbild (Modell) eines realen Prozesses der Entstehung/Entwicklung einer Konstruktion aus einer anderen Konstruktion, oder man interpretiert (2) Vererbung als Ableitung (Deduktion) von Konstruktionen aus Konstruktionen (bzw. als Zurückführung (Induktion) von Konstruktionen auf Konstruktionen).[28]

---

[27] Auch die Relation zwischen Verben und Argumentkonstruktionen kann man rein taxonomisch beschreibend darstellen, nämlich als *co-occurance* zwischen Klassen von Verben und Klassen von Token-Konstruktionen (von schematischen Konstruktionen). Gibt man ihnen eine Richtung, entsteht eine prozesshafte (und sprachgebrauchsbezogen interpretierbare) Darstellung als Projektion (Valenz) von Konstruktionsmustern durch Verben und/oder als Lizenzierung von Verben durch Konstruktionen. (vgl. Kap. 5).

[28] Bei (2) könnten sich wiederum unterschiedliche Auffassungen gegenüber stehen – wie in den Disputen der traditionellen Semasiologie (vgl. oben 9.2.1). Entweder interpretiert man Vererbung als Tätigkeit des Linguisten bei der Ordnung des Stoffes bzw. als Tätigkeit des Informatikers bei der Programmierung oder als Tätigkeit des Computers bei der Befolgung des Programms und bleibt bei einem Berechnungsmodell und der Behauptung von Deklarativität. Oder man fasst mit Becker (1833) den Gang vom Allgemeinen zum Besonderen (vom Abstrakten zum Konkreten) als Tätigkeit der Sprecher/Hörer selbst auf (vgl. 9.2.1.1).

Goldberg (2013: 15) betont die Idee des Netzwerkes und der Vererbung als eines der zentralen Prinzipien *(major tenets)* der KxG:[29]

> Phrasal constructions, words, and partially filled words (aka morphemes) are related in a network in which nodes are related by inheritance links [...].

Goldberg (1995: 67) führt zu Beginn des Kapitels zur Vererbung die Begriffe des Netzwerkes und der Vererbung ein:

> It is argued that constructions form a network and are linked by inheritance relations which motivate many of the properties of particular constructions. The inheritance network lets us capture generalizations across constructions while at the same time allowing for subregularities and exceptions.

Diese Stellungnahmen kann man so deuten, dass es nur um hierarchische Klassifikation von Konstruktionen nach allgemeinen und besonderen Merkmalen geht, dass Vererbung also nur der prozessuale *terminus technicus* für Klassifikation ist und insofern deklarativ gemeint ist. Es stehen also Netzwerke (hierarchische) Klassifikationen von Konstruktionen einschließlich von Kreuzklassifikationen bereit. Sie sind im Konstruktikon gespeichert. Das sollte implizit mit der Hypothese verbunden sein, dass diese Klassifikationen im Sprachwissen der Sprecher/Hörer existieren. Dieses Wissen um Klassifikationsmöglichkeiten von Konstruktionen im Konstruktionen ist jedoch wie das Wissen um Klassifikationsmöglichkeiten von Wörtern im Lexikon nur die Basis für grammatische Operationen, die über den durch das Netzwerk klassifizierten Konstruktionen auszuführen sind.

Die Idee des Konstruktikons hat ihr Vorbild im Lexikon der Wort-Satz-Grammatik, vgl. Goldberg (1995: 72):

> The idea of explicitly linking constructions that are related in various ways is in accordance with what is known about the lexicon. [...] memory in general, and the lexicon in particular, have been shown to involve a richly interconnected web of information.

Das Konstruktikon stellt ein Netzwerk von Konstruktionen bereit – wie das Wort-Lexikon ein Netzwerk von Wörtern. Die Idee des Netzwerkes hat ihr Vorbild neben Computerwissenschaft, Psychologie und Neurologie also im Hyponymie-Begriff der Wort-Semantik.

---

29 Goldberg bezieht sich dabei u. a. auf Lakoff 1987 und hier möglicherweise auf sein prozessuales Prototypenkonzept der *radial categories* (vgl. auch 2.2.13), das sie in diesem Fall also nicht nur auf die Bedeutungsentwicklung von Verben und Einzelkonstruktionen, sondern auch auf Relationen zwischen Konstruktionen anwendet (vgl. auch *Polysemy Links*, oben 9.2.2.1).

Das Konstruktikon ist analog zum Wort-Lexikon in seinen jeweiligen Netzwerkstrukturen sprachgebrauchsbezogen interpretierbar als linguistische Hypothese über das Wissen der Sprecher/Hörer über Beziehungen zwischen Konstruktionen wie Hyponymie, Synonymie und Homonymie,[30] vgl. Boas (2013: 244):

> Inheritance hierarchies are one crucial feature of taxonomic networks in CCG in that they allow broad generalizations to be captured by higher-level constructions which are inherited by other constructions. [...] The existence of such networks is assumed to be the result of categorization where both generalizations and more specific conventional instances are stored in a network during language processing [...].

Vgl. Diessel (2013: 350):

> There is abundant evidence from psycholinguistic research that people associate words and morphemes with each other based on overlapping and contrasting features which has led psychologists to characterize the mental lexicon as a network of symbols [...] In analogy to the mental lexicon, grammar can be seen as a network of complex linguistic signs that are associated with each other by various types of links [...].

Aus der Netzwerkstruktur folgt jedoch nicht, dass das Konstruktikon bereits all das umfasst, was man unter Grammatik verstehen sollte. Man kann die Grammatik und das Wechselspiel von Grammatik und Lexikon nicht mit dem Konstruktikon identifizieren – so wie man das Wort-Lexikon nicht mit Projektionsgrammatik identifizieren kann. Denn Operationen im Konstruktikon sind m. E. nur Operationen der Auswahl von im Konstruktikon gespeicherten und dadurch bereit gestellten Konstruktionen. Ausgewählt werden schematische Konstruktionen (Argumentkonstruktionen, Substantivkonstruktionen, Modifikatorkonstruktionen) und teilidiomatisiere Minikonstruktionen und einzelne konkrete idiomatisierte Token-Konstruktionen.[31] Hinzu kommen jedoch (regelgeleitete) Operationen über diesen ausgewählten Konstruktionen, nämlich Instantiierungen, Einbettungen, Fusionen, Überblendungen und Vererbungen von Konstruktionen – analog zu Operationen über Wörtern und über Beziehungen im Lexikon hinaus.

Beim Wortlexikon der Projektionsgrammatik verbietet sich eine solche Reduktion. Denn Kommunikation ist nicht bereits das Hervorsuchen von Wörtern aus dem Lexikon. Kommunikation ist aber auch nicht das Hervorsuchen von

---

30 Die theorieübergreifende Einigkeit über die sprachgebrauchsbezogene Interpretierbar des Lexikons (im Unterschied zu einem konkreten Wörterbuch) kann man der unisono vorgenommenen Charakterisierung des Lexikons als *mentales* Lexikon entnehmen.
31 Vgl. das immer wieder betonte Lexikon-Syntax-Kontinuum bzw. die Einbeziehung auch des Irregulären und Idiomatischen in der KxG im Unterschied zur Projektionsgrammatik.

Konstruktionen aus dem Konstruktikon analog zum Heraussuchen von Wendungen in einem Reiseführer. Das könnten, wie gerade betont, außerdem nur vollständig mit lexikalischem Material gefüllte Token-Konstruktionen sein und nicht schematische oder teilschematische Konstruktionen, mit denen noch sehr viel geschehen muss, bevor sie in der Kommunikation verwendet werden können. Man kann also den Abschluss im obigen Zitat aus Boas (2013: 244) „*stored in a network during languages processing*" und die Aussagen Goldbergs (2006: 54–64) nicht so interpretieren, dass das Abarbeiten der *inheritance hierarchies* vom Allgemeinen zum Besonderen (und umgekehrt) bereits der gesamte Sprachgebrauch *(language processing)* ist. Sprachliche Tätigkeit reduziert sich also nicht auf die Auswahl von Konstruktionen aus dem Konstruktikon für bestimmte kommunikative Anlässe, sondern besteht vor allem in Operationen über Konstruktionen – wie in projektionistischer Perspektive in Operationen über Wörtern.

Wie beim Wort-Lexikon kann man annehmen, dass eine Grundrelation des Konstruktikons die Hyponymie-Relation ist. In ihr versammeln sich synonyme schematische Konstruktionen unter einem Hyperonym. Dadurch werden den Sprechern Konstruktionen zur Auswahl bereit gestellt, vgl. Diessel (2013: 337):

> What children eventually learn is a network of related constructions in which the same event is construed from different perspectives so that speakers can choose the construction that is most appropriate to realize their communicative intention in a particular situation.

Hinzu sollten auch im Konstruktikon weitere traditionellen Relationen wie Antinomie, Synonymie und Polysemie (eventuell nicht Homonymie) kommen.[32] Antinomie ist eine Unterart der Hyponymie-Relation. Synonymie ist die Relation einer bestimmten semantischen Ähnlichkeit zwischen formal unterschiedenen Wörter bzw. Konstruktionen, und zwar von Wörtern bzw. Konstruktionen, die über Hyponymie-Relationen in irgendeiner Weise verbunden sind (als Kohyponyme oder Hyponyme zu Hyperonymen (über unterschiedliche Hierarchiestufen).[33] Polysemie ist die prototypische Skalierungen von Bedeutungen in Bedeutungsvarianten einer identischen Wort- bzw. Konstruktionsform von einer prototypischen (archetypischen) Bedeutung *(central sense)* zu Abwandlungen dieser Ausgangsbedeutung. Homonymie ist der seltene Fall einer formalen Identität von Wörtern bzw. Konstruktionen bei Divergenz der Bedeutungen, sodass für die Sprecher/

---

32 Eine Schwierigkeit, die ich übergehe, besteht darin, dass Hyponymie-Relationen nach dem Vorbild der klassischen Definitionsmethode und dem Vorbild wissenschaftlicher oder ökonomischer, technischer, verwaltungsmäßiger Klassifikationen auf Invarianz der Abgrenzung gerichtet sind, dass also vage Übergänge nicht einkalkuliert sind.
33 Zum Beispiel sind in diesem Sinne *Pflanze, Blume, Tulpe* einerseits und *Tulpe, Rose, Nelke* andererseits synonym (bedeutungsähnlich).

Hörer diese Bedeutungen nicht Bedeutungsvarianten eines Wortes bzw. einer Konstruktion sind, sondern andere Wörter und andere Konstruktionen.

Hyponymie schließlich ist eine Klassifikation *(nomen acti)* des Wortinventars bzw. Konstruktionsinventars nach Allgemeinem, Besonderem und Einzelnem. Die Klassifikation erfolgt auf der Grundlage von Merkmalen (Eigenschaften, Relationen). Das heißt, Klassifikation nach Allgemeinem, Besonderem und Einzelnem ist eine Klassifikation nach allgemeinen Merkmalen, die allen Wörtern bzw. Konstruktionen einer bestimmten Hyponymiehierarchie zukommen, nach besonderen Merkmalen, die abgesehen von den allgemeinen Merkmalen einem untergeordneten Wort bzw. einer untergeordneten Konstruktion zusätzlich zukommen, und nach einzelnen Merkmalen, die abgesehen von allgemeinen und besonderen Merkmalen nur dem letzten Wort bzw. der letzten Konstruktion in einer Hyponymiehierarchie zukommen.

Diese Klasifikation geht zurück auf die Operation des Klassifizierens *(nomen actionis)* in Phylogenese und Ontogenese. Klassifizieren *(nomen actionis)* erfolgt deduktiv als Deduktion des Besonderen bzw. Einzelnen aus einem Allgemeinen oder induktiv als Subjunktion des Besonderen bzw. Einzelnen unter ein Allgemeines. Diese Klassifikationen sind also im Gegensatz zur gerichteten Vererbungsrelation nicht nur von oben nach unten (vom Allgemeinen zum Besonderen und Einzelnen) gerichtet, sondern auch von unten nach oben.

Subpart Links und Metaphorical-Extension Links als Hyponymie

Im Folgenden soll unter den soeben erläuterten Gesichtspunkten gefragt werden, ob und inwiefern sich Goldbergs (1995) Beispiele für *Subpart Links* (ebd.: 78–79) und *Metaphorical-Extension Links* (ebd.: 81–95) als Hyponymie-Relationen im Konstruktikon auffassen lassen.

Subpart Links

Beispiele für *Subpart Links* sind dreistellige und zweistellige Direktiv- und Prädikativkonstruktionen. Die dreistellige Konstruktion vererbt sich Goldberg zufolge jeweils in die zweistellige. Das heißt, die dreistellige ist gegenüber der zweistelligen übergeordnet.

Ich interpretiere die drei- und zweistelligen Konstruktionen, von denen bei Goldberg die Rede ist, nicht als Hyperonyme versus Hyponyme, sondern als Kohyponyme (und Synonyme) unter den Hyperonymen ‚Direktivkonstruktion' und ‚Prädikativkonstruktion'.

(30)   Direktivkonstruktion

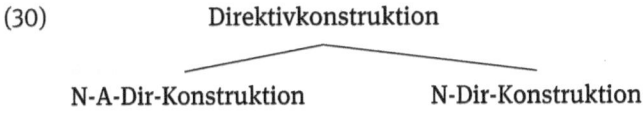

N-A-Dir-Konstruktion   N-Dir-Konstruktion

(31)   Prädikativkonstruktion
         ╱‾‾‾‾╲
   SP-Konstruktion   OP-Konstruktion

Eine Vererbungsbeziehung besteht nur zwischen dem jeweiligen Hyperonym und seinen Hyponymen, nicht jedoch zwischen den Kohyponymen. Zwischen diesen wird u. a. nach den Kriterien der Drei- versus Zweistelligkeit ausgewählt.

Man kann außerdem Goldberg (und der terminologischen Gepflogenheit der englischen beschreibenden Syntax) folgend die dreistellige Direktivkonstruktion und die dreistellige Prädikativkonstruktion (OP-Konstruktion) als Kohyponyme unter dem abstrakten Hyperonym ‚Resultativkonstruktion' zusammenfassen.

(32)   Resultativkonstruktion
         ╱‾‾‾‾╲
   Direktivkonstruktion   Prädikativkonstruktion

Die Besonderheit dieser Resultativkonstruktion ist, dass es sich um eine ‚abstrakte' Konstruktion im Sinne objektorientierter Programmierung als abstrakte Klasse handelt (vgl. Zeppenfeld 2004: 6, 229, vgl. 9.2.2.1: *Anmerkung: Objektorientierte Programmiersprachen und Hyponymie*). Eine abstrakte Klasse kann nicht direkt instantiiert werden. Das heißt, sie kann nicht direkt durch Objekte belegt werden, sondern erst über Objekte von Unterklassen. Auf das Konstruktikon übertragen heißt das, dass es keine konkreten Resultativkonstruktionen gibt, sondern konkret nur entweder Direktivkonstruktionen oder Prädikativkonstruktionen und dass man ihre Kohyponymität (und Synonymität) mit Hilfe eines abstrakten Hyperonyms (also einer abstrakten Konstruktion) darstellt. Die Einordnung folgt aus dem Prinzip der Bilateralität. Denn Direktiv- und Prädikativ-Konstruktionen sind formal nicht identisch. Als schematische Konstruktionen stehen sich außerdem nur dreistellige Direktivkonstruktionen und dreistellige Prädikativkonstruktionen (Objektsprädikativ-Konstruktionen) gegenüber. (32) ist also durch (33) zu präzisieren:[34]

(33)   Resultativkonstruktion
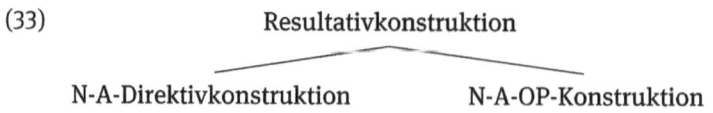
   N-A-Direktivkonstruktion   N-A-OP-Konstruktion

---

[34] Die direktive SP-Konstruktion Goldbergs (9.2.2.1 (13)) ist nur eine Bedeutungsvariante der SP-Konstruktion. Sie entsteht durch die Instantiierung durch das Verb *werden (become)*.

Abstrakte Klassen haben ebenfalls im Wort-Lexikon ein Pendant (vgl. 9.2.2.1). Man kann viele Wörter zusammen stellen, die man als Kohyponyme einem möglichen, aber konkret nicht durch ein Wort realisierten Hyperonym unterordnen kann:

(34) *abstrakte Klasse:* Sonn- und Feiertage

                              Sonntage   Feiertage

(35) *abstrakte Klasse:* öffnende und schließende Bauelemente

                              Fenster   Türen

(36) *abstrakte Klasse:* Dimensionen der Vertikale

                              unten   oben

Wie die Paraphrasierungen der fehlenden Hyperonyme zeigen, werden (ausgedrückt in Begriffen der Wort-Satz-Syntax) fehlende Hyperonyme durch Wortgruppen ersetzt.[35] Ausgedrückt in Begriffen der KxG, werden fehlenden Hyperonyme durch Fusionen entsprechender syntaktischer Konstruktionen ersetzt.

Metaphorical-Extension Links
Goldbergs Beispiel sind dreistellige Direktivkonstruktionen und Ditransitivkonstruktionen.

(37) a. Er sendet ihr das Päckchen.
     b. Er sendet das Päckchen an sie.

Auch hier sollte man nicht von einer Hyperonym-Relation sprechen, sondern von einer Relation zwischen Kohyponyymen.

(38)   Ziel *(goal)*-Konstruktion

konkret: Direktiv-Konstruktion   abstrakt: Rezipient-Konstruktion
                                                (Dativ-Konstruktion, ditransitiv)

---

35 Abgesehen von den Möglichkeiten, die sich aus der Wortbildung ergeben.

Unter der Überschrift: *Generalizations across Constructions* (ebd.: 108) gibt Goldberg (ebd.: 109) ein abschließendes Beispiel, bereinigt um die Relationen der *polysemy links* und der *metaphorical links*.

(39)

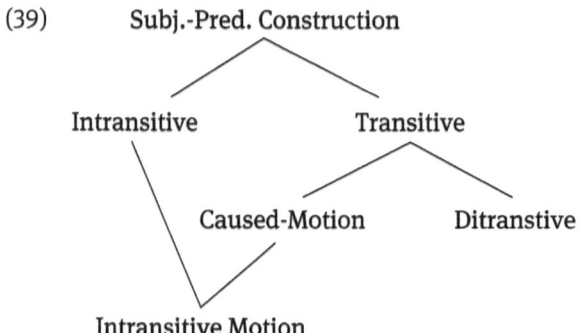

Goldberg 1995: 109, Figure 4.2

Diese Klassifikation (die auch Diessel (2013: 351)) als Beispiel einer Netzwerkstruktur wiedergibt) kann man in Grundzügen bereits in traditionellen beschreibenden Grammatiken finden (vgl. auch Kap. 4 eingangs). Sätze (Argumentkonstruktionen) unterteilen sich in intransitive und transitive Konstruktionen. (Dreistellig) transitive Konstruktionen kann man in *caused-motion*-Konstruktionen (transitive Direktivkonstruktionen) und ditransitive Konstruktionen (Nominativ-Dativ-Akkusativ-Konstruktionen) gliedern. Anstelle des traditionellen Subjekt-Prädikat-Schemas (‚*Subj.-Pred. Construction'*) müsste auch bei Goldberg eigentlich ‚Argumentkonstruktion' stehen. Ferner steht die *intransitive-motion*-Konstruktion nicht in einer Vererbungsbeziehung zur *caused-motion*-Konstruktion, da sie als *intransitive* Konstruktion das Merkmal ‚caused' (wie das Merkmal ‚transitiv') nicht erben kann. Man kann wie folgt präzisieren:

(40)

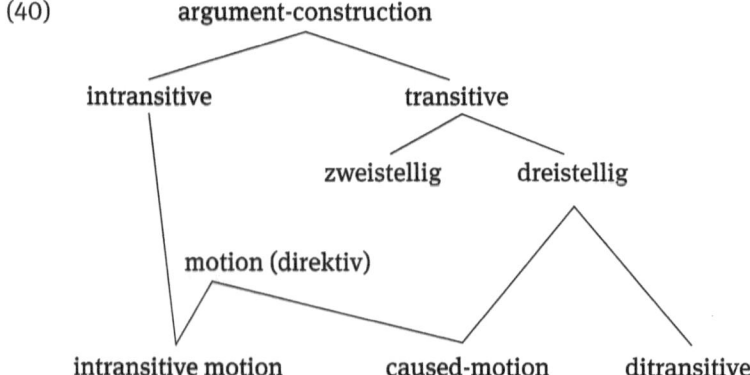

Bei dem Doppellink zur *intransitive-motion*-Konstruktion in (39) und (40) und dem Doppellink zur *caused-motion*-Konstruktion in (40) handelt es sich um Mehrfachvererbung (Kreuzklassifikation).

Abschließend gebe ich weitere Beispiele für Hyponymiebeziehungen, also Klassifizierungen von schematischen Argumentkonstruktionen (vgl. auch Kap. 4).

(41)

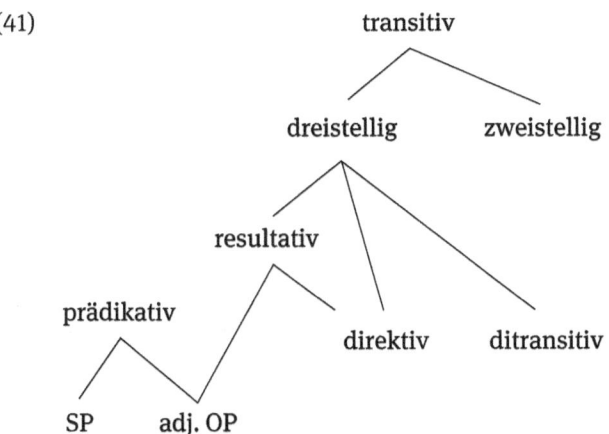

(42)

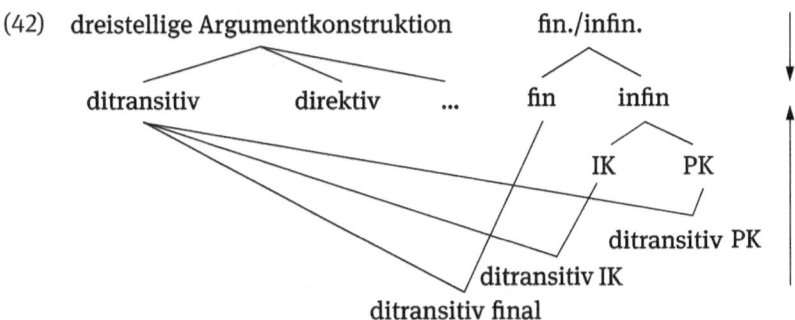

Die Pfeile am Rand in (42) und (43) sollen die Richtung: Hyperonym → Hyponym andeuten. Der Überschaubarkeit halber sind in (42) und (43) nur drei der möglichen Kreuzklassifikationen, von jeweils Ditransitiv zu Final, IK oder PK (42) bzw. von Ditranstiv zu Verberst, Verbzweit, Verbletzt (43) eingetragen.

Auch die Differenzierung in Satztypen kann man durch Mehrfachklassifizierung darstellen (Kap. 7):

(43)

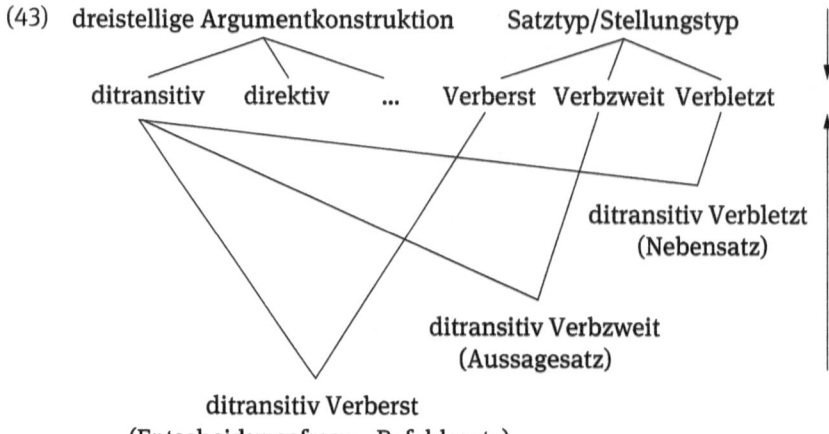

Inzwischen nimmt Goldberg (2014: 116–117) nicht mehr gerichtete Relationen (asymmetrische Vererbungen) an, sondern „*symmetric inheritance*" links, vgl. (ebd.: 116):

> Instead of a list of words and distinct syntax, there is simply one „constructicon": a default hierarchy of interrelated constructions at varying levels of complexity and abstraction. [...] When one construction differs from another in such a way that a difference in function is signaled by a difference in form the relationship between those constructions can be captured by a symmetric inheritance link between the two. [...] Thus paradigmatic relationships can be *captured* without either construction being viewed as „input" to the other.

Goldberg erläutert (ebd. 116):

> This sort of „paradigmatic" link can be used to relate actives and passives, for example, or verb phrases and nominalizations, or for related argument structure realizations whenever there is evidence that speakers are aware oft the relationship [...]

Relationierungen wie zwischen Aktiv- und Passivsätzen oder Satz (Verbalkonstruktion) und Nominalisierung (ausgehend von Beispielen mit gleicher lexikalischer Füllung) werden seit jeher vorgenommen. Die Bezugsetzung ist jedoch erst der Anfang einer syntaktischen Analyse. Dieser folgen die zahlreichen Beschreibungs- und Erklärungsversuche des festgestellten Zusammenhangs in unterschiedlichen Theorien.

9.3 Fazit

Das Kapitel hatte als Einleitungskapitel des Teils II die Aufgabe, ein sprachgebrauchsbezogenes Konzept von Konstruktionsvererbung zu skizzieren (9.1) und es nicht-sprachgebrauchsbezogenen Vererbungskonzepten gegenüber zu stellen (9.2). Das Konzept der sprachgebrauchsbezogenen Konstruktionsvererbung entspricht in einigen Aspekten dem der Grammatikalisierung in der Grammatikalisierungsforschung (vgl. 9.2.1.2). Das hier konzipierte sprachgebrauchsbezogene Konzept der Konstruktionsvererbung schließt Projektionsvererbung ein, so wie Argumentkonstruktion Projektion einschließt.

Die Auseinandersetzung mit nicht-sprachgebrauchsbezogenen Vererbungskonzepten war notwendig, weil in der KxG ein nicht-sprachgebrauchsbezogenes Vererbungskonzept zu Grunde gelegt wird. Die Vergleiche mit früheren Vererbungstheorien und mit dem Transformationskonzept der Generativen Grammatik sollten verdeutlichen, dass es generell um den Grunddissens zwischen nicht-sprachgebrauchsbezogener (deklarativer) und sprachgebrauchsbezogener Grammatik geht und dass die KxG im Bereich der Konstruktionsvererbung sich bislang nicht von der Generativen Grammatik und der Saussure'schen Sprachtheorie gelöst hat.

Zu der Auseinandersetzung gehört auch eine Entgegensetzung zum Konzept der Netzwerkstruktur und des Konstruktikons an Stelle von grammatischen Regeln. Die KxG, so die These, kann auf (prototypentheoretisch begründete) Regeln der Operationen über Konstruktionen (und auch auf Projektionsregeln) nicht verzichten (und verzichtet de facto nicht, vgl. Begriffe wie Fusion oder Instantiierung).

In den folgenden Kapiteln (10–16) werde ich das vorgestellte Konzept ausführen und präzisieren, indem ich es auf unterschiedliche grammatisch-syntaktische Bereiche und Fragestellungen anwende.

10 Passiv

Ich stelle zunächst (10.1) am Beispiel des *werden*-Passivs zwei traditionelle alternative Passiverklärungen einander gegenüber: Passiv als Konversion und Passiv als Vorgangskonstruktion (vgl. auch Welke 2012, 2015a). In 10.2 folgt die Erklärung als sprachgebrauchsbezogene Konstruktionsvererbung. Ich beschreibe die sprachgebrauchsbezogenen Prozesse der Konstruktionsvererbung von Passivkonstruktionen aus Subjektsprädikativ-Konstruktionen und das Verhältnis von Konstruktions- und Projektionsvererbung beim *werden*-Passiv (vgl. auch Welke 2002, dort in einem allgemein-funktionalen, nicht-konstruktionsgrammatischen Rahmen).

Als „passivisch" versteht man Konstruktionen, die wegen Analogien zum *werden*-Passiv diesem zugeordnet werden. Bei Konstruktionsvererbung geht es im Zusammenhang mit dem Passiv folglich primär um die Herausbildung des morphologischen *werden*-Passivs. Es geht aber auch um andere „passivische" Konstruktionen wie das *bekommen*-Passiv als sich entwickelndes zweites morphologisches Passiv, um attributive Konstruktionen mit passivischen Partizipien, ferner um die syntaktische Konstruktion des sog. Zustandspassivs, um Konstruktionen mit passivischen Infinitiven und passivischen (bzw. ergativischen) Verbalsubstantiven und um passivische Konstruktionen mit *bekommen, kriegen, erhalten*. Es geht in einem erweiterten Sinne beim „Passivischen" auch um Medialkonstruktionen. Ich werde mich im Wesentlichen auf das *werden*-Passiv beschränken.

Vererbungen (Ableitungen) wie Passivierung, Medialisierung und Nominalisierung sind zentrale Themen moderner Grammatiktheorien. Das prototypische Passiv, im Deutschen das *werden*-Passiv und im Englischen das *be*-Passiv, ist der prominenteste Fall. Es diente Chomsky (1957) als Prototyp für syntaktische Transformation. Ebenso diente es Bresnan (1978) als Prototyp ihres Gegenentwurfs der lexikalistischen Derivation. In der KxG ist bislang kein eigenes Konzept zur Lösung des exemplarischen Beschreibungsproblems ‚Passiv' entwickelt worden. Die wenigen Andeutungen (Goldberg 1995, 2014; Croft 2001, 2012) bleiben auf dem Boden bisheriger transformationeller Lösungsvorschläge.

Bei Passivkonstruktionen und Medialkonstruktionen geht es synchron um das Nebeneinander von Handlungskonstruktionen und Vorgangskonstruktionen. Geht man allein nach dem Ergebnis, so scheint das Nebeneinander durch eine einfache Operation der Transformation oder lexikalischen Derivation erklärbar. Aus (transitiven) Handlungskonstruktionen werden (intransitive) Vorgangskonstruktionen, und aus Handlungsverben werden Quasi-Vorgangsverben (Passivformen des Verbs) und Vorgangsverben (Medialverben).

Sprachgebrauchsbezogen ist Konstruktionsvererbung beim *werden*-Passiv jedoch die aus der Diachronie belegte Vererbung von Subjektsprädikativ-Konstruktionen aus *werden* + Partizip II in Vorgangskonstruktionen und bei der Medialisierung die Vererbung aus reflexiven Nominativ-Akkusativ-Konstruktionen in Vorgangskonstruktionen.

10.1 Das Passiv in nicht-sprachgebrauchsbezogenen Vererbungskonzepten

10.1.1 Passiv als Konversion

Bereits traditionell werden Konstruktionen mit *werden* + Partizip II als Konversionen aus Konstruktionen mit aktivischen Verben beschrieben.[1] Beispielsweise heißt es bei Jung (1953: 209) bezogen auf das Beispiel (1):

> Das Passiv ist also die Umkehrform der Norm: Das Objekt (*die 2. Klasse*) wird Subjekt; das Subjekt (*Fräulein Wilsdorf*) wird Objekt.

(1) a. Fräulein Wilsdorf unterrichtet die 2. Klasse.   Jung 1953: 209
    b. Die zweite Klasse wird von Fräulein Wilsdorf unterrichtet.

Die meisten Passivtheorien halten an dieser Sicht fest. Die Interpretation könnte so gelesen werden, als sei das Passiv das Ergebnis einer zielgerichteten, funktionsorientierten Umformung (Konversion) der Konstruktion (des Satzes) in der Tätigkeit der Sprecher/Hörer und nicht nur das Verfahren des Lehrers im Unterricht oder des Grammatikers bei der Passiverklärung.

Zunächst ist Konversion nur ein Ideal. Streng als Konversion interpretiert tauschen Agens (*Fräulein Wilsdorf*) und Patiens (*die 2. Klasse*) zwar die Positionen. Jedoch nimmt nur das Patiens die ursprüngliche Kodierung des Agens, den Nominativ, an. Das (ursprüngliche) Agens wird in der Passivkonstruktion präpositional kodiert. Es wird außerdem in der Regel nicht realisiert. Damit ist Konversion als Tausch von Argumentpositionen von vornherein ein in der Sprachwirklichkeit nicht realisiertes Ideal. Denn bereits beim persönlichen Passiv ist Konversion nur noch in sozusagen amputierter Form vorhanden, wenn man die *von*-PP nicht als Argument, sondern als Modifikator interpretiert, wie

---

[1] Ich wähle ‚Konversion' als *Cover*-Term für (Bewegungs)-Transformation und für die Begriffe der Promotion und Demotion in der Typologie, da die Konversion das zu Grunde liegende Ideal der Konstruktionsumformung ist.

es m. E. inzwischen wohl hauptsächlich geschieht.[2] In diesem Fall wird nur noch das 2. Argument zum 1. Argument promoviert, und das 1. Argument entfällt (wird demoviert). Beim unpersönlichen Passiv existiert auch keine amputierte Form einer Konversion mehr. Hier wird weder das 1. Argument zum 2. Argument (*von*-Objekt) wie beim persönlichen Passiv, noch wird das 2. Argument (das Akkusativ-Argument) zum 1. Argument.

Vom Ideal der Konversion bleiben beim persönlichen Passiv nur die Operation der Promotion des Objekts zum Subjekt und die Operation der Demotion des Subjekts zurück und und beim unpersönlichen Passiv nur die Operation der Demotion des Subjekts (und bei transitiven Konstruktionen zusätzlich des Objekts). Bestehen bleibt die Sicht, dass Argumente in einer Konstruktion äußerlich-formal (vgl. unten) verändert werden, nämlich aus ihrer Position (promoviert, demoviert) und in ihrer Kodierung verändert werden (Kasusänderung vom originären Akkusativ zum Nominativ und gegebenenfalls Ersatz des Nominativs durch den Präpositionalkasus *von* + Dativ).

Diese Theorien beschreiben das Passiv so, wie es sich vom Standpunkt eines außen stehenden Betrachters darstellt: als Transformation einer Aktivkonstruktion (bzw. Aktivphrase) in eine Passivkonstruktion (Passivphrase). In der Tätigkeit der Sprecher/Hörer gibt es einen solchen Prozess nicht.

In der Generativen Grammatik (Chomsky 1957) wurde das Passiv zunächst als syntaktische Transformation einer konkreten entfalteten (projizierten) aktivischen syntaktischen Struktur in eine abgeleitete konkrete passivische Struktur beschrieben. Später (Chomsky 1965) wurde Passivierung als Transformation aus einer abstrakten syntaktisch entfalteten – dennoch eher aktivisch bleibenden Struktur (Tiefenstruktur) – in entweder eine abgeleitete konkretere aktivische Struktur oder in eine abgeleitete konkretere passivische Struktur (Oberflächenstruktur) beschrieben. Das Objekt hat in der Tiefenstruktur seinen festen Platz als Komplement des Verbs. Es wird beim persönlichen Passiv in der Subjektposition realisiert (in die Subjektposition bewegt), in der X'-Theorie (seit Chomsky 1981) kanonisch wie folgt ausgedrückt:

---

[2] Auch die übliche Ableitung im X'-Schema der Generativen Grammatik lässt keine andere Wahl (vgl. unten (2)).

(2) a. Der Schnee wird geschmolzen.

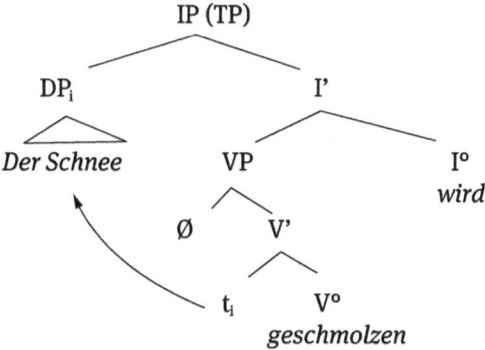

t_i = *trace*, Spur der Position, aus der in die Position i bewegt wird.

b. Die Sonne schmilzt den Schnee.

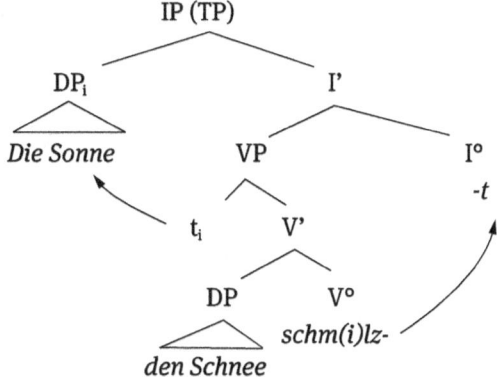

Die Transformationen lassen die Semantik (die semantischen Rollen) unberührt. Sie sind bedeutungsbewahrend. Das Objekt (Komplement), das beim Passiv auf die Subjektposition (Spezifikatorposition der IP) verschoben wird, behält die semantische Rolle ‚Patiens'. Es bleibt semantisch das gleiche Argument, erhält nur eine andere formale Gestalt (wird einer anderen syntaktischen Relation zugeordnet).

In *LFG* und *HPSG* werden Konversionen, Promotionen, Demotionen, Transformationen lexikalistisch beschrieben, d. h. nicht als Bewegungen in einer entfalteten syntaktischen Struktur (in einer aktivischen Kernstruktur (unmarkierten Struktur) oder in einer abstrakten syntaktischen Tiefenstruktur), sondern bereits in der Projektion. Die projizierten Rollen werden wie bei der syntaktischen Transformation formal anders realisiert, bleiben aber ebenfalls semantisch identisch. Es geht weiterhin um Konversion, Promotion, Demotion, Transformation, zwar nicht in der syntaktischen Struktur selbst, aber in ihrer Projektion. In der Valenztheorie werden die Veränderungen analog beschrieben (vgl. Welke 1988).

Bei Bresnan (1978, 1982) ist eine logisch-semantische Struktur die Grundlage, wie in der semantisch begründeten Valenztheorie (Bondzio 1976–78). Aus der logisch-semantischen Struktur leitet Bresnan durch eine Lexikon-Regel die passivische Verbform mit der von dieser projizierten Konstituentenstruktur ab. Zu Grunde liegt also eine invariante semantische Prädikat-Argument-Struktur. Es geht um eine Konversion der syntaktischen Struktur bei gleich bleibender semantischer Struktur (und gleich bleibenden semantischen Rollen), also um eine Struktur mit denotativ aufgefassten Rollen wie bei den syntaktischen Transformationen in der Generativen Grammatik:

(3) a. kiss: kiss < (SUBJ) (OBJ) > Bresnan/Kaplan 1982: xxv (1)
AGENT PATIENT

b. kissed: kiss < (OBL$_{AG}$) (SUBJ) > Bresnan/Kaplan 1982: xxv (2)
AGENT PATIENT

Bresnan (1978) begründet die lexikalistische Ableitung des Passivs mit dem Argument der psychologischen Realität. Und in der Tat scheint das Konzept der lexikalischen Derivation näher an der sprachlichen Tätigkeit zu sein als das Konzept der syntaktischen Transformation. Dieser Umstand hat möglicherweise, verbunden mit dem Bilateralitätsprinzip, zur Annäherung der Fillmore-Richtung der KxG an die *HPSG* beigetragen.

Sowohl in der Generativen Grammatik als auch in *LFG* und *HPSG* werden die Ableitungen jedoch nur formal-syntaktisch beschrieben. Die Semantik der Konstruktion bleibt unberührt. Die lexikalische Derivation in *LFG* und *HPSG* wird wie die syntaktische Transformation als bedeutungserhaltend angesehen (Müller 2013). In einem solchen Konzept erscheint ein Passivsatz trotz seiner deutlich anderen (formalen) Konstruktionsweise in semantischer Hinsicht weiterhin als ein Aktivsatz mit gleich bleibenden Rollen ‚Agens' und ‚Patiens', nur anders (und entgegengesetzt, konvers) kodiert. Das steht im Widerspruch zum Bilateralitätskonzept der *CCxG* und zum *No-Synonymy*-Postulat. Denn aus dem konstruktionsgrammatischen Prinzip der Bilateralität folgt, dass die formal unterschiedlichen Aktiv- und Passivkonstruktionen nicht bedeutungsidentisch sein sollten.

Aber auch aus Konversion folgt nicht unbedingt Bedeutungsidentität. Der Begriff der Konversion ist der Logik entlehnt. In Logiken geht es primär um den Wahrheitswert. Würden allerdings Aussagen auf ihre Extensionalität reduziert, erübrigte sich die Unterscheidung und folglich der Begriff der Konversion. Auch die Logik liefert daher Argumente für die Nicht-Identität der semantischen Struktur von Aktiv- und Passivsätzen.

In einer Logik mehrstelliger Prädikate (vgl. z. B. Bocheński/Menne 1965) wird Konversion sinngemäß wie folgt beschrieben: Zu einem zweistelligen Prädikat P(a,b) kann man ein anderes zweistelliges Prädikat P' bilden mit einer umgekehrten Reihenfolge der Argumente P'(b,a). Dabei ergibt die Operation der Konversion auf Aussagen angewandt Aussagen von gleichem Wahrheitswert.

Konverse Prädikate sind logisch gesehen daher in extensionaler (wahrheitswertiger) Hinsicht semantisch identisch. In intensionaler Hinsicht sind sie jedoch semantisch verschieden, vergleichbar dem Verhältnis von *Morgenstern* und *Abendstern* im lexikalischen Bereich, also vergleichbar zwei (sc. unterschiedlichen) Begriffen der Begriffslogik, die extensional gleich, aber intensional verschieden sind (vgl. Freges 1892 Unterscheidung von Bedeutung und Sinn).

Ein weiteres Beispiel für logisch konverse Begriffe sind die Begriffe ‚größer als' versus ‚kleiner als'. Sowohl Logiker als auch Linguisten werden konverse Ausdrücke wie (4a) und (4b) nicht für absolut semantisch identisch halten, obwohl sie extensional (im Wahrheitswert) identisch sind (vgl. 3.5.4).

(4) a. Egon ist größer als Ludwig.   Egon > Ludwig
    b. Ludwig ist kleiner als Egon.   Ludwig < Egon

Ebenfalls sind konverse Verben wie *geben* und *bekommen*, *lieben* und *gefallen* nicht nur formal, sondern auch semantisch unterschiedliche Verben – nicht nur wegen unterschiedlicher modifizierender Bedeutungsnuancen. Die in der Syntax übliche, allein mit Wahrheitswertigkeit argumentierende Sicht wird daher sowohl Fällen wie (4) als auch Aktivsätzen versus Passivsätzen nicht gerecht. Es entsteht ein Widerspruch. Folgt die linguistische Semantik dem Wahrheitswertpostulat, muss sie auch Sätze wie (4a) und (4b) als semantisch identisch ansehen. Folgt sie ihm nicht, dann ist gleich bleibender Wahrheitswert kein Argument für die semantische Gleichsetzung von Aktiv und Passiv.

Auch die KxG ist, wie einleitend gesagt, bislang über ein bedeutungserhaltendes Konversionskonzept nicht hinaus gelangt. Die Aussagen, die sich in Kay/Fillmore (1999), Goldberg (1995, 2006) und Croft (2001) zum Passiv finden, wiederholen im Wesentlichen die Sicht des Passivs als bedeutungserhaltende Konversion und Transformation. So stellt Croft (2001: 215–16) die Passivkonstruktion (5b) im Vergleich zur Aktivkonstruktion (5a) durch das Konstruktionsschema (5c) dar:

(5) a. The neighbor's kid broke the window.
    b. The window was broken by the neighbor's kid.

c.

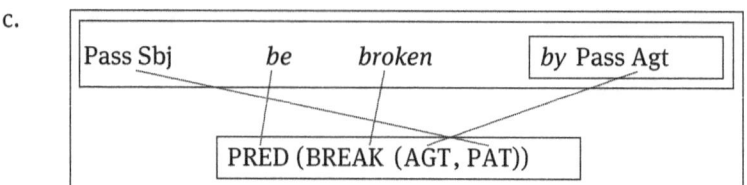

Croft 2001: 216, Figure 6.4

Beide Konstruktionen, die Passivkonstruktion (5b) und die Aktivkonstruktion (5a), besitzen, (5c) zufolge, identische Prädikate und identische Argumente mit identischen semantischen Rollen. Die Argumente unterscheiden sich nur formal, durch die Kodierung, d.h. durch die Position in der Wortfolge und die Kasusform.[3]

10.1.2 Passiv als Vorgangskonstruktion

Den weithin herrschenden Passivkonzeptionen der extensionalen (bedeutungserhaltenden) Konversion, Demotion und Promotion stehen bereits traditionell Auffassungen gegenüber, die dem Passiv eine gegenüber dem Aktiv geänderte Konstruktionsbedeutung zuschreiben, und zwar eine Vorgangsbedeutung im Unterschied zur Handlungs- bzw. Tätigkeitsbedeutung des Aktivs.

Eine solche Passivanalyse (ausgeweitet auf das Medium) findet sich bei Weisgerber (1963), dem Begründer der Inhaltsbezogenen Sprachauffassung, aber auch bei anderen Vertretern der Inhaltsbezogenen Grammatik wie Erben (1960) und Brinkmann (1971). Diese schreiben dem Passivs (und der Medialkonstruktion) eine Vorgangsbedeutung zu. Auch Pape-Müller (1980) und von Polenz (1985) stehen noch in dieser Tradition.

Die Kapitelüberschrift bei Weisgerber (1963: 233) lautet: „Die täterabgewandte Diathese". Unter ihr versammelt er nicht nur persönliches und unpersönliches Passiv, sondern auch Passiv und mediale Verben und Medialkonstruktionen. Ausgangspunkt ist die strukturelle Gegebenheit des Indogermanischen (als einer Nominativ-Akkusativ-Sprache), vgl. (1963: 253):

> Die im indogermanischen Verb stark ausgebaute Täter-Diathese (das persönliche aktive Verb) wird ihre Grenze an zwei Stellen besonders spürbar machen: in der Notwendigkeit, das Geschehen immer auf einen identifizierbaren Urheber zurückzuführen, und in dem

---

3 Bei fehlender morphologischer Kennzeichnung der Rollen ‚Agens' und ‚Patiens', wie es im Englischen und auch teilweise im Deutschen der Fall ist, übernimmt die Reihenfolge der Argumente in der syntaktischen Struktur die Funktion der Kodierung, vgl.: *Emil* (1. Argument, Agens) *verhaut Ludwig.* – *Ludwig* (1. Argument, Agens) *verhaut Emil.*

Zwang, den bekannten oder vermuteten Urheber immer zu nennen. In diesen objektiven, d. h. vor allem vom Sprachbau gesetzten Schwierigkeiten sind die Quellen für die Ausbildung anderer sprachlicher Verfahrensweisen zu suchen, die in Opposition zur Täter-Diathese treten.

Etwas später heißt es nochmals (ebd.: 256), dass „das persönliche aktive Verb im Indogermanischen dem handelnden Täter (Träger, Vollbringer) eine ausgezeichnete Rolle zuweist". Das Passiv und die anderen dem Aktiv gegenüberstehenden Diathesen geben dagegen die Möglichkeit, „das Geschehen auch täterfern zu sehen". Die Welt kann „gegenüber der unentwegten Handlungsperspektive auch stärker als Ereignis interpretiert werden" (ebd.: 257).[4]

Weisgerbers Auffassung erhält Bestätigung von heutiger typologischer Seite. Nach Haspelmath (1990) sprechen nahezu alle Wege der Herausbildung eines Passivs, insbesondere der Hauptweg über inaktive Verben, dafür, dass Inaktivierung, d. h. der Verlust der Handlungsbedeutung und die Herstellung einer Vorgangsbedeutung aus einer Handlungsbedeutung, die eigentliche Funktion des Passivs ist vgl. (ebd.: 59–60):

> However, none of the other sources favor either the backgrounding (Demotion, K. W.) or the foregrounding (Promotion, K. W.) view. They have in common that they express on the verb the inactive nature of the situation denoted by the verb stem. [...] Most sources of verbal passive morphology therefore initially express a third function: *inactivization* of the situation. This is of course completely in line with the traditional view of the passive as expressing „suffering", which is reflected in the very term „passive".

Ebenfalls für *inactivization* (für die Vorgangsbedeutung) spreche, dass die meisten Sprachen kein Passiv von inaktiven Verben erlauben (ebd.: 61).

Leiss (1992) geht zunächst vom (bedeutungserhaltenden) Konversionskonzept aus, wenn sie die Funktion des Passivs einleitend (ebd: 84) als Funktion, „ein definites Patiens in der syntaktischen Position des direkten Objekts zu vermeiden" definiert. Im Verlaufe ihrer Darlegungen kommt sie jedoch darauf zu sprechen (1992: 97, 133), dass es eine grundlegende Einteilung in Handlungsverben und Geschehensverben (Vorgangsverben) gibt und dass in Nominativ-Akkusativ-Sprachen die Handlungsverben und in Ergativsprachen die Geschehensverben überwiegen. Auch vom Passiv als „Intransitivierungsproß" ist zu lesen (ebd.: 87). Das Passiv, so wäre zu folgern, ist ein syntaktisches Verfahren, aus einer Handlungsperspektive eine Geschehensperspektive zu machen. Eine

---

4 Weisgerber (1963: 254) gibt zugunsten seiner Passivauffassung auch zu bedenken, dass das unpersönliche Passiv kein Randfall ist, sondern die am stärksten ausgebaute Passivform. Denn das unpersönliche Passiv ist nicht nur zu intransitiven Verben bildbar, sondern auch zu transitiven, während das persönliche Passiv auf transitive Verben eingeengt ist.

Bemerkung in Leiss (2000: 28) zeigt, dass das für sie der favorisierte Erklärungsansatz geblieben ist:

> Wer das Passiv nur in einer oder in wenigen Einzelsprachen untersucht, übersieht in der Regel, daß es eine charakteristische Eigenschaft des Passivs ist, einen Intransitivierungsprozeß einzuleiten. [...] Erst die sprachtypologische Perspektive hat gezeigt, daß sich der Befund der Intransitivierung weder bagatellisieren noch weginterpretieren läßt. Da dieses Merkmal jeden Passivierungsprozeß begleitet, muß man ihm den Status eines dominanten und damit wesentlichen Merkmals zuweisen.

Ágel (1997: 155) stellt genau diese Frage der theoretischen Wertung von gefundenen Verallgemeinerungen. In der Konsequenz betrachtet er das Passiv als Überführung von Handlungen in Vorgänge. „Aktiv ist das Verbalgenus für die Handlungsperspektive, Passiv das Verbalgenus für die Geschehensperspektive" (1996: 78). Er geht davon aus (1997: 184), dass

> [...] die Menge der kognitiven Handlungszentren und der kognitiven Geschehenszentren, deren Relation es in den Einzelsprachen d-ikonisch ‚abzubilden' gilt, universal nicht vorgegeben sind. Vielmehr ist die Relation kulturspezifisch parametrisiert. Universal vorgegeben ist nur die Notwendigkeit der Perspektivierungsopposition ‚Handlungszentrum/Geschehenszentrum'.

In Ágel (2017: 277) schließlich heißt es:

> Aktiv- und Passivsätze stehen in keiner Ableitungsbeziehung (Transformation) zueinander, sondern sie stellen alternierende autonome Strukturen mit einer unmarkierten (Aktiv) und einer markierten (Passiv) Kategorie dar.

Ersetzt man „Strukturen" durch „Konstruktionen", handelt es sich um den Kern einer konstruktionsgrammatischen Passivdefinition.

10.2 Konstruktionsgrammatische Erklärung des Passivs

Man beschreibt einen konstruktionsgrammatischen Weg, wenn man bei real vorkommenden Passivkonstruktionen ansetzt:

(6) ｜Nom – *werden* + Part. II｜

(7) ｜Es – *werden* + Part. II｜

Das vorläufige Konstruktionsschema (6) gibt die formale Struktur des persönlichen Vorgangspassivs mit einem Substantiv im Nominativ wieder (vgl. 10.2.2).

Das Schema (7) ist das vereinfachte formale Konstruktionsschema des unpersönlichen Vorgangspassivs mit dem unpersönlichen *es* in Erstposition. Varianten zu (7) sind unpersönliche Konstruktionen mit einem Modifikator oder einem Nicht-Akkusativ-Argument in Erstposition. Hinzu kommen Wortstellungsvarianten, ein Umstand, der im Deutschen auf alle Argumentkonstruktionen zutrifft, also keine Besonderheit des Passivs ist (vgl. Kap. 7).

Bereits der oberflächlich-formale Vergleich von Handlungs- und Tätigkeitskonstruktionen einerseits und Passivkonstruktionen andererseits zeigt, dass elementare formale Faktoren für die Existenz eigenständiger Passivkonstruktionen sprechen. Der Vergleich ergibt, dass die Passivkonstruktion keine Handlungs- oder Tätigkeitskonstruktion ist, sondern eine Vorgangskonstruktion, die sich als Mikrokonstruktion in die Vorgangskonstruktion einordnet. Passivkonstruktionen sind also aus (sprachgebrauchsbezogen) konstruktionsgrammatischer Sicht bereits oberflächlich gesehen Vorgangskonstruktionen und nicht Handlungskonstruktionen:[5]

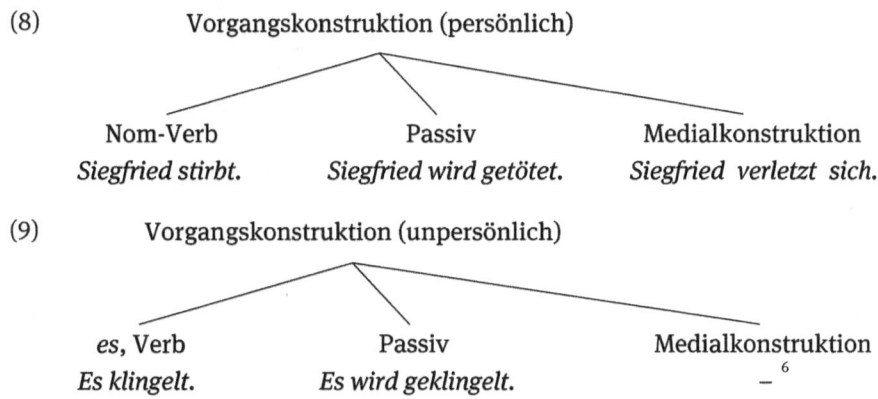

(8)   Vorgangskonstruktion (persönlich)

Nom-Verb   Passiv   Medialkonstruktion
Siegfried stirbt. *Siegfried wird getötet.* *Siegfried verletzt sich.*

(9)   Vorgangskonstruktion (unpersönlich)

es, Verb   Passiv   Medialkonstruktion
Es klingelt.   *Es wird geklingelt.*   –[6]

Vorgangsverben, passivische Verbformen und Medialverben sind Köpfe von Vorgangskonstruktionen (zum Verhältnis von Medialverb und Medialkonstruktion vgl. Kap. 11):

(10) a. Die Butter schmilzt.
     b. Die Butter wird geschmolzen/verflüssigt.
     c. Die Butter verflüssigt sich.

---

5 Im Vorgriff auf Kap. 11 füge ich zum Vergleich die Medialkonstruktion hinzu.
6 Vgl. auch 11.3.

(11) a. Egon stirbt.
   b. Egon wird (von Anton) verletzt.
   c. Egon verletzt sich.

(12) a. Egon (Dativ) schmerzt es im linken Bein.
   b. Egon (Dativ) wird vertraut.

Die semantische Differenz zwischen Aktiv- und Passivkonstruktion drückt sich in den signifikativ-semantischen Rollen aus, die den Argumenten der aktivischen versus passivischen Konstruktion zukommen. Handlungssätze besitzen ein Agens als Subjekt und ein Patiens als Objekt. Tätigkeitssätze besitzen ein Agens als Subjekt. Ein Vorgangssatz hat kein Agens als Subjekt, sondern einen Vorgangsträger, oder es handelt sich um einen unpersönlichen Vorgangssatz, also einen Vorgangssatz, der weder ein Agens noch einen Vorgangsträger als Argumente besitzt. Dem entsprechen die jeweiligen Verben bzw. Verbformen: Handlungsverben, Vorgangsverben und passivische Verbformen.

Man muss sich zwischen einer extensionalen und einer intensionalen Betrachtungsweise entscheiden. Zu entscheiden ist, ob die Sätze (1a) und (1b) des Eingangsbeispiels gleichermaßen Handlungssätze mit Patiens und Agens sind – nur mit vertauschten Positionen (bzw. syntaktischen Funktionen) von Agens und Patiens – oder ob es sich um unterschiedliche intensionale Auffassungen eines auf der Sachverhaltsebene (und wahrheitswertfunktional) potentiell identischen Sachverhalts in zwei unterschiedlichen Konstruktionen mit intensional unterschiedlichen Bedeutungen handelt.

Aus dem Postulat der Bedeutungsbewahrung in den üblichen Konversions-, Promotions-, Demotionskonzepten folgt, dass Konversion bzw. Promotion des Objekts zum Subjekt und Demotion des Subjekts Transformationen (bzw. Derivationen) innerhalb gleich bleibender Konstruktionen bzw. Projektionen sind.

Aus konstruktionsgrammatischer Sicht sind aktivische und passivische Konstruktionen unterschiedliche Konstruktionen. Bei transitiven Aktivkonstruktionen werden (im Normalfall) Handlungsverben in die transitive Konstruktion (Handlungskonstruktion) implementiert. Persönliche Passivkonstruktionen konstituieren dagegen, konstruktionsgrammatisch gesehen, eine Mikrokonstruktion in der Vorgangskonstruktion.[7] Diese Mikrokonstruktion macht es möglich, Handlungsverben in Vorgangsverben zu implementieren, und zwar so, dass das 2. oder 3. Argument (das Patiens-Argument) des Handlungsverbs dem 1. Argument und Vorgangsträger-Argument der Passivkonstruktion entspricht. Das vom

---

7 Ich beziehe mich zunächst nur auf das prototypische *werden*-Passiv, das persönliche Passiv.

10.2 Konstruktionsgrammatische Erklärung des Passivs

Handlungsverb projizierte 2. oder 3. Argument erhält in der Passivkonstruktion eine andere formale Kodierung und eine andere syntaktische Position (Position in der Argumentfolge) sowie eine andere signifikativ-semantische Rolle. Es erscheint in der Passivkonstruktion als ein anderes Argument, nicht als Patiens und 2. oder 3. Argument, sondern als Vorgangsträger und 1. Argument.

Die Passivkonstruktion ist im Deutschen äußerlich kenntlich an der Bildung der Passivform *werden* + Partizip II. Das ist Indiz dafür, dass in diesem Falle eine Coercion eines Verbs, das die Konstruktion$_A$ (die aktivische Konstruktion) projiziert, in eine Konstruktion$_B$ (eine Vorgangskonstruktion) nicht möglich ist – im Unterschied zu den im Kap. 5 besprochenen Fällen.

Es gibt offenbar keine Möglichkeit, ein Handlungsverb in eine Vorgangskonstruktion so zu implementieren, dass das vom Verb projizierte Patiens-Argument (2. Argument) dem Vorgangsträger-Argument (1. Argument) einer Vorgangskonstruktion entspricht. Der Grund ist das Strukturerhaltungsprinzip (vgl. Kap. 7 und 12), dem zufolge sich die Reihenfolge der vom Verb projizierten Argumente und die Reihenfolge der Argumente in der Konstruktion entsprechen müssen, vgl.:

(13) a. Emil baut ein Haus.
  b. bauen$_{Nom/1/Ag, Akk/2/Pat}$ Nom$_{1/Ag}$ — Akk$_{2/Pat}$

(14) a. *Ein Haus (Vorgangsträger) baut.
  b. bauen$_{Nom/1/Ag, Akk/2/Pat}$ Nom$_{1/Vt}$ —

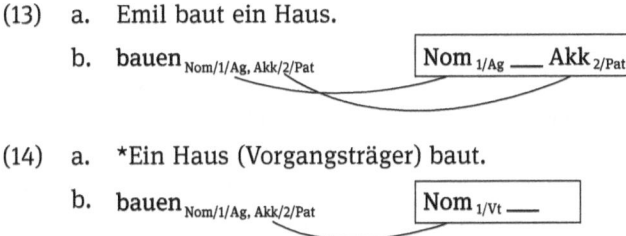

Im Kapitel 5 handelte es sich um die Coercion von geringerstelligen Tätigkeitsverben, Vorgangsverben und einfachen (zweistelligen) Handlungsverben in höherstellige N-A-Konstruktionen, N-D-A-Konstruktionen, N-A-Direktiv-Konstruktionen und OP-Konstruktionen (und von höherstelligen Verben in geringerstellige Konstruktionen). Diese Coercionen entsprachen dem Strukturerhaltungsprinzip. Denn die Reihenfolge der vom Verb projizierten Argumente und die Reihenfolge der Argumente der Konstruktion entsprachen sich.

Geht man von der logischen, „rein" gedanklichen bzw. kognitiven Möglichkeit der Konversion relationaler Begriffe aus, so scheint Konversion problemlos möglich. Logiker verwirklichen diese Denk-Möglichkeit, indem sie Ausdrucksformen dafür schaffen.

(15) a. R (a, b)
  b. Ř (b, a)

Das Zeichen Ř zusammen mit der konversen Reihenfolge der Argumente ist das formale Kennzeichen der Konversion analog zur passivischen Kodierung des Deutschen durch *werden* + Partizips II. Dieses (oder ein anderes diakritisches Zeichen) wird in einer Logik (vgl. z. B. Klaus 1958, Bocheński/Menne 1965) in einer geschaffenen (bzw. veränderten) künstlichen Sprache eingeführt und dann als konventionalisiertes Signal der Umformung (Konversion, Transformation) verwendet, so wie *werden* + Partizip II konventionelles Kennzeichen der Vorgangsbedeutung ist.

Im Gegensatz zur logischen Konversion ist jedoch Passivierung als konverse Coercion von Handlungsverben in Vorgangskonstruktionen in der natürlichen Sprache keine unmittelbar und zielgerichtet mögliche Operation. Etwas, was nachträglich unmittelbar als diese Operation erscheint, stellt sich vielmehr zufällig, hinter dem Rücken der Sprecher/Hörer auf jahrhundertelangen ungewollten Umwegen her, in vielen kleinen und im Einzelnen durchaus rational nachvollziehbaren (also rekonstruierbaren) Schritten der Konstruktionsvererbung, jedoch nicht in einem unmittelbar teleologischen Prozess. Zurück bleibt eine konverse Projektionsvererbung: Vererbung eines 2. oder 3. Patiens-Arguments des Lexikoneintrags eines Verbs auf das 1. Argument (Vorgangsträger-Argument) in der Konstruktion des persönlichen Vorgangspassivs.

In der Passiv-Literatur werden kommunikativ-kognitive Gründe für die Wahl einer Passivkonstruktion an Stelle einer konkurrierenden Aktivkonstruktion (Handlungs- oder Tätigkeitskonstruktion) beschrieben. Diese Gründe sind nicht die Ursache der Passivierung. Passivkonstruktionen (zu denen auch das Reflexivpassiv gerechnet werden muss) entstehen bezogen auf die beschriebenen Zwecke zufällig und in den einzelnen Sprachen auf unterschiedlichen Wegen.[8] Die beschreibbaren kommunikativ-kognitiven Gründe für die Verwendung dieser Konstruktion kommen erst sekundär hinzu. Sie befördern die Entwicklung und Ausbreitung.[9]

Will man das Passiv daher erklären, so kann man nicht vordergründig von seiner Funktion ausgehen, sondern man muss den Weg rekonstruieren, auf dem – ungewollt und ungezielt – das Passiv entstanden ist. Das heißt, man muss die Entstehung des *werden*-Passivs als Konstruktionsvererbung rekonstruieren, um seine Funktion und seine Restriktionen zu verstehen.

---

[8] Insofern entsteht die Passiv-Struktur in einer gewissen Weise *vor* der Passiv-Funktion – wie in der Generativen Grammatik generell für die syntaktische Struktur gegenüber der semantischen und pragmatischen Struktur angenommen.

[9] In Welke (2009) wird das Doppelperfekt als eine konstruktionelle Möglichkeit beschrieben, die auf Grund ungenügenden, d. h. nur sporadisch und vereinzelt auftretenden, kommunikativ-kognitiven Bedarfs zwar seit sehr langer Zeit vorhanden, aber nur rudimentär ausgebildet ist.

10.2.1 Konstruktionsvererbung

Ich beschreibe im Folgenden komprimiert die Grammatikalisierung von SP-Konstruktion *werden* + Partizip II zum Vorgangspassiv als Konstruktionsvererbung (vgl. auch Welke 2012).

Eine sprachgebrauchsbezogene Beschreibung der Konstruktionsvererbung zum *werden*-Passiv muss beim Partizip II ansetzen, d. h. bei der Vererbung einer verbalen Projektion auf das adjektivische Partizip II als Attribut in einer Substantivkonstruktion.[10] Denn die (prädikative) SP-Konstruktion, aus der das *werden*-Passiv entstanden ist, geht ihrerseits auf die attributive Partizip-II-Konstruktion zurück, so wie man generell annehmen sollte, dass die attributive Verwendung von Adjektiven (als Type und nicht Token) die originäre Verwendung ist, vgl. H. Paul (1958, 4: 67):

> Die Kategorie des Part. ist zunächst für attributive Verwendungen geschaffen worden, während für prädikative die Formen des Verb. fin. zu Gebote standen.

Jedoch ist der Ursprung wiederum nicht das attributive Partizip II in der Breite seiner heutigen attributiven Verwendung, sondern das Partizip II perfektiver Verben. Denn nur zu perfektiven transitiven und intransitiven Verben wurde offenbar ursprünglich ein Partizip II gebildet.[11] Perfektive Verben implizieren semantisch (d. h. generalisiert und strikt) einen Nachzustand (*target state*, Parsons 1990).[12] Und Partizipien II perfektiver Verben denotieren genau den Nachzustand, den das entsprechende perfektive Verb auf Grund seiner Semantik impliziert:[13]

(16) a. Das Schiff sinkt. – das gesunkene Schiff
b. Die Preise fallen/steigen. – die gefallenen/gesunkenen Preise

---

10 Wie Partizipien selbst entstanden sind, eventuell wieder als Konstruktionsvererbung, darüber müsste, wenn sich Daten finden lassen, gesondert befunden werden.
11 Bei Notker finden sich Partizipien II nur zu perfektiven Verben (Oubouzar 1974; vgl. auch Vogel 2005).
12 Pragmatisch kann jedes Verb, auch ein perfektives Verb, Nachzustände implizieren (*resultant state* im Unterschied zu *target state*, Parsons 1990). Zum Beispiel impliziert *verlieben* semantisch und strikt den Zustand des Verliebtseins. Dieser tritt unweigerlich ein, falls das Geschehen zu seinem natürlichen Abschluss kommt (und nicht kontingent von außen abgebrochen wird). Pragmatisch kann sowohl das imperfektive *lieben* als auch das perfektive *verlieben*, Zustände wie ‚beschwingt', ‚euphorisiert', ‚bange', ‚nicht ganz zurechnungsfähig' implizieren (Musan 2002).
13 Nur zum Partizip II perfektiver Verben passt die Bedeutung ‚Resultat', die oft nicht zufällig (z. B. in Bußmann 1990 und Glück 2010) übergeneralisierend (dem Invarianzprinzip folgend) als Bedeutung des Partizips II genannt wird.

(17) a. Hagen tötet Siegfried. – der getötete Siegfried
     b. Emma pflückt Pflaumen. – die gepflückten Pflaumen

Auf diesen semantischen Nachzustand kommt es in der weiteren Entwicklung an.

Bereits auf dieser frühen Stufe geht es um Projektionsvererbung als Vererbung der Projektion (Valenz) eines Verbs, das eigentlich die Konstruktion$_A$ projiziert, auf eine Konstruktion$_B$. Die attributive und die prädikative Konstruktion stellen jedoch formal und entsprechend ihrer Konstruktionsbedeutung, nämlich der attributiven oder prädikativen Eigenschaftszuweisung, nur eine Argumentstelle bereit.

Bei intransitiven perfektiven Verben erfolgt der konstruktionelle Rückgriff (die Projektionsvererbung) auf die eine strukturell gegebene Argument-Position des Lexikoneintrags des finiten Verbs. Bei transitiven perfektiven Verben jedoch konnte auf Grund der konstruktionellen Gegebenheiten der attributiven (bzw. prädikativen) Konstruktion nur eine Argument-Position vererbt werden. Denn beide enthalten nur eine Andockstelle für die beiden in Frage kommenden Argumente (das Subjekt- und das Objekt-Argument), nämlich die Stelle des Bezugssubstantivs des Attributs (18a) in der Substantivkonstruktion und die Bezugsstelle (das Subjekt-Argument) in der prädikativen Konstruktion (18b).

(18) a. der getötete Siegfried
     b. Siegfried wird getötet.

Das heißt, nur die Projektion des Nominativ-Arguments oder des Akkusativ-Arguments konnte auf die eine Andockstelle der attributiven bzw. prädikativen Konstruktion vererbt werden.[14]

Bei transitiven Verben mussten die Sprecher/Hörer folglich auf Grund der strukturellen Anforderungen, die eine attributive Konstruktion stellt, entscheiden, welches der beiden in Frage kommenden Argumente sie auswählen, das Agens- oder das Patiens-Argument der aktivischen Verbform.

H. Paul (1958) zufolge gab es zunächst eine gewisse Variabilität. Die Wahl fiel jedoch nicht zufällig, weil auf Grund einer generellen Implikatur, auf das Patiens-Argument. Denn die perfektive transitive Konstruktion läuft auf die Implikation hinaus, dass das Patiens nach Ablauf des perfektiven Geschehens sich in einem geänderten Nachzustand befindet. Das Patiens-Argument steht daher

---

14 Nur die beiden strukturellen Kasus sind als Andockpositionen auf das Partizip vererbbar (vgl. auch Kap. 14).

im *Focus* einer zweistelligen Nominativ-Akkusativ-Konstruktion.[15] Es geht primär und dezidiert um dessen Nachzustand.[16]

Wie Adjektive konnten schließlich auch die Partizipien II transitiver perfektiver Verben prädikativ verwendet werden. Das Verb *werden* ist neben dem Verb *sein* eines der ältesten und üblichsten Verben des Deutschen. Es konnte und kann sowohl absolut (einstellig) verwendet werden als auch zweistellig mit Prädikativum, u. a. mit einem Adjektiv (19a), einem Substantiv (19b), einem Direktivum (19c), einem Infinitiv (19d), dem Vorläufer des späteren Futurs (vgl. Welke 2005), oder mit einem Partizip II transitiver perfektiver Verben (20a).[17]

(19) a. Die Bäume werden grün.
 b. Emil wird Lehrer.
 c. Emil wird zu einem Priester.
 d. Er wird laufen. Er wurde laufen. (noch im Mittelhochdeutschen)

Das Verb *werden* bedeutete und bedeutet ‚geschehen', ‚entstehen' bzw. bei prädikativem Gebrauch ‚Hineingeraten in einen Zustand'. Es bedeutet also ‚Vorgang' – wie das heutige *werden*-Passiv. Bei Ebert (1978) findet sich z. B. (20a). Die Bedeutungsumschreibung ist (20b), vgl. auch Rupp (1965).

(20) a. wirdit arslagan – Er wird erschlagen. Ebert 1978: 62
 b. Er wird ein Erschlagener – befindet sich in einem Vorgang in dessen Verlauf er in den Zustand des Erschlagenseins (‚erschlagen') gerät.

Der Nachzustand tritt mit einer dem Geschehen innewohnenden Folgerichtigkeit ein – falls der Vorgang nicht kontingent (durch einen zufälligen äußeren Faktor bedingt) abgebrochen wird. Die Subjektsprädikativ-Konstruktion mit *werden* + Partizip II hat also (zunächst) perfektive Bedeutung.

---

15 Das drückt sich auch in der unmarkierten Nachstellung nach dem Agens aus. Die typische Folge ist Subjekt vor Objekt, also SVO oder SOV oder VSO, aber nicht z. B. OVS, OSV. Wenn letztere Folgen angeführt werden, z. B. bei Keenan (1976), sollte man prüfen, ob es sich um eine syntaktische Ergativsprache handelt (vgl. auch Kap. 7, vgl. auch Welke 2002).
16 Das attributive Partizip II erwies sich daher in der Folge als geeignet, den Focus und das Rhema der Mitteilung, die eine Handlungskonstruktion übermittelt, thematisch (als Thema) weiterzuführen.
17 Dass die Sprecher/Hörer des Deutschen vorhandene Vorstufen eines flexivischen *sein*-Passivs nicht ausgebaut haben, könnte mit einer sich gegenseitig verstärkenden Auxiliarisierung von *werden* sowohl zum Futur als auch zum Passiv-Auxiliar zu tun hat (vgl. Kotin 1998). Noch überraschender als die Entwicklung von *werden* zum Passiv-Auxiliar ist m. E. die Entwicklung zum Futur-Auxiliar, was wiederum für eine wechselseitige Verstärkung spricht.

Ein perfektives Verb impliziert semantisch stets einen Nachzustand, der aus seiner Bedeutung folgt. Die Besonderheit des heutigen zweistelligen *werden* besteht auf Grund der Allgemeinheit seiner Semantik darin, dass der durch den Vorgang implizierte Nachzustand gesondert benannt werden muss vgl. (21a) gegenüber (21b):[18]

(21)   a.   Die Bäume werden grün.
        b.   Die Bäume grünen.

Die Grammatikalisierung zur Passivkonstruktion und der entsprechenden analytischen Verbform ist dann eine Kondensierung der syntaktischen Vorgangskonstruktion zu einem morphologischen Amalgam:

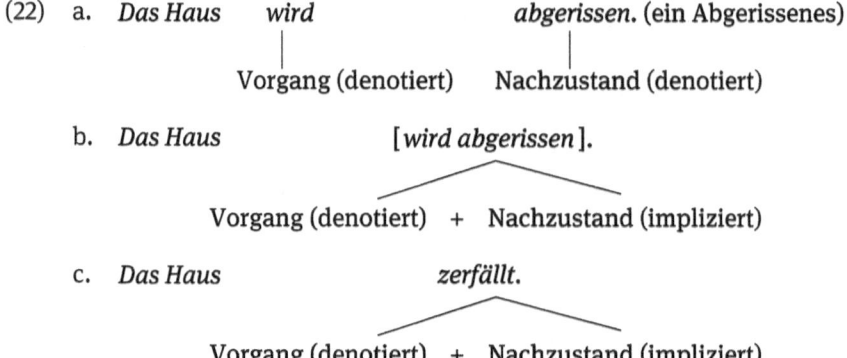

(22a) ist eine syntaktische Konstruktion. Zwei selbstständige bilaterale Zeichen (Wörter) denotieren zum einen den Vorgang *(werden)* und zum anderen den von *werden* implizierten Nachzustand *(abgerissen)*. Die Grammatikalisierung beginnt, wenn ein angenommener erster Hörer die Konstruktion (22a) semantisch nicht mehr vergleichsweise umständlich entsprechend der ursprünglichen syntaktischen Gliederung auffasst. Vielmehr beginnen die Hörer die Wortkombination *wird abgerissen* ganzheitlich zu analysieren, d. h. als eine semantische Einheit in Analogie zum Normalfall der perfektiven Vorgangsverben und perfektiven Vorgangskonstruktionen. Sie analysieren die Wortfolge *wird abgerissen* gleichsam als *ein* Verb, als *eine* Verbform, als eine *analytische* Verbform, die wie perfektive aktivische Vorgangsverben einen Vorgang *denotiert* und dessen

---

18 Analoges trifft bei *sein* auf die Denotation des konkreten Zustands zu, in dem sich etwas befindet, bzw. die konkrete Eigenschaft, die etwas besitzt. Auch so abstrakte Verben wie *sein* und *werden* haben ursprünglich einmal konkrete Lebensvorgänge bzw. -zustände denotiert und sind eventuell ursprünglich einstellig gewesen sein, vgl. Grimm'sches Wörterbuch.

Nachzustand *impliziert*. Die Vorgangskonstruktion ist das Analogiemuster. Die Mikrokonstruktion ‚*werden* + Partizip' löst sich aus der Makrokonstruktion ‚Subjektsprädikativ-Konstruktion' und wird zur Mikrokonstruktion in der Makrokonstruktion ‚Vorgangskonstruktion', vgl. Plank (1985: 157):

> Markierte Passiv- bzw. je nach Sprachtyp, Antipassiv-Konstruktionen sind in ihren wesentlichen Struktureigenschaften nicht innovativ, sondern kopieren vielmehr ziemlich getreu in den jeweiligen Sprachen bereits existierende unmarkierte Konstruktionen, in der Regel einfach intransitive Konstruktionen.

Eine valenztheoretische Analyse von (22a) als syntaktische Konstruktion (als Subjektsprädikativ-Konstruktion) ist (23).

(23)

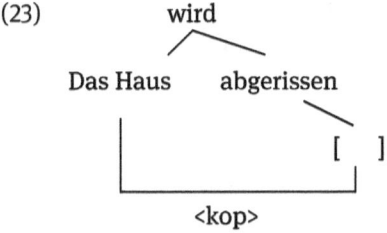

In eine komplexe syntaktische Konstruktion werden zwei Köpfe (zwei Valenzträger, zwei Prädikate) fusioniert, die beide ihre Valenzen mitbringen. Diese Valenzen werden aufeinander bezogen. Das geschieht dadurch, dass das 1. Argument des Prädikats *werden* in die Leerstelle des Prädikats *abgerissen* kopiert wird.

Es entsteht ein komplexer Knoten, Tesnière (1980), eine Fusion aus zwei Köpfen bzw. Valenzträgern. Der Vorgang des Kopierens entfällt, da das Argument auf den Gesamtkomplex bezogen wird. Es entsteht eine Vorgangskonstruktion analog zum Normalfall (Prototyp) einer Vorgangskonstruktion, also analog zu (22c), vgl. (24a) und (24b).

(24) a. 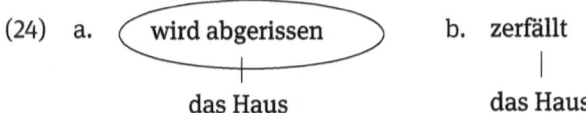 b. zerfällt
       |
       das Haus

Die Grammatikalisierung führt zu einem neuen relativ selbständigen Konstruktionstyp, einer neuen Mikrokonstruktion (25) in der Makrokonstruktion ‚Vorgangskonstruktion'.

(25) $\boxed{\text{Nom}_{\text{Vorgangsträger}} - werden + \text{Part. II}}$

Diese neue Mikrokonstruktion verliert nicht den Bezug zur ursprünglichen syntaktischen Makrokonstruktion, ordnet sich aber in die aus einfachen Vorgangsverben gebildete Makrokonstruktion ein (vgl. Kap. 9 (3) und (4)):

(26)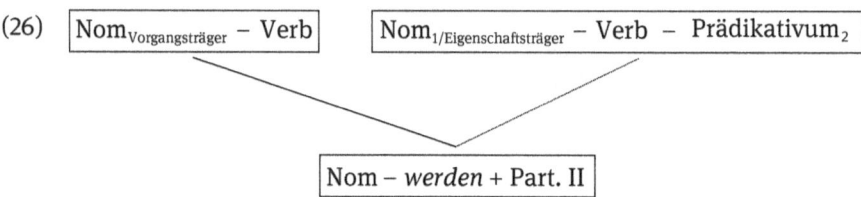

Die Sprecher/Hörer haben – in Interaktion – eine neue schematische Konstruktion geschaffen, eine Mikrokonstruktion innerhalb der Makrokonstruktion der Vorgangssätze. Sozusagen unbeabsichtigt und hinter ihrem Rücken[19] haben sie ein Verfahren entwickelt, Vorgangskonstruktionen durch Handlungs- und Tätigkeitsverben zu instantiieren. Die Vorgangskonstruktion ist auf Grund des Umstandes, dass die passivische Konstruktion Valenzeigenschaften des aktivischen Verbs erbt, synonym zu Tätigkeits- und Handlungskonstruktionen, aber nicht bedeutungsidentisch mit diesen.

Es folgt die analogische Ausbreitung und Auffächerung der neuen Mikrokonstruktion sowohl nach dem Muster der neuen Mikrokonstruktion selbst als auch nach dem Muster der übergeordneten Vorgangs-Makrokonstruktion und deren Auffächerung in persönliche und unpersönliche Vorgangskonstruktionen.

So ermöglichte die nunmehr ganzheitliche Auffassung der analytischen passivischen Verbform als Vorgangs-Verbform die Implementierung von imperfektiven transitiven Verben (die Bildung von Partizipien II imperfektiver Verben). Denn die Bedingungen der attributiven Substantivkonstruktion bzw. der Subjektsprädikativ-Konstruktion bestehen auf Grund der neuen ganzheitlichen Auffassung von *werden* + Partizip II nicht mehr, und Perfektivität/Imperfektivität des zu Grunde liegenden transitiven Verbs ist innerhalb der Passivform als Vorgangs-Verbform nicht mehr relevant.[20]

Auf der gleichen Grundlage der ganzheitlichen Auffassung von *werden* + Partizip II konnte auch die Konstruktion des unpersönlichen Passivs als Mikrokonstruktion in der unpersönlichen Vorgangskonstruktion mit intransitiven Verben entstehen. Grundlage des unpersönlichen Passivs war andererseits das formale und semantische Muster der unpersönlichen Vorgangskonstruktion, die wie

---

19 Vgl. das von Keller (1990) formulierte Prinzip der unsichtbaren Hand.
20 Die Verwendung von imperfektiven Verben (imperfektiven Partizipien II) in attributiven Konstruktionen ist wahrscheinlich eine Folge ihrer Verwendung in analytischen Verbformen (Passiv und Perfekt) (vgl. Brooks 2006; Welke 2005).

die Vorgangskonstruktion überhaupt unabhängig von und vor der Passivkonstruktion existierte. Das sind Vorgangskonstruktionen wie (27) mit grammatischem *es* und (28) ohne grammatisches *es*:

(27) a. Es donnert/blitzt/klingelt.
b. Es grault mir vor dir.

(28) a. Mir grault vor dir.
b. Mir wurde kalt.
c. Mich friert.

Schließlich kam es zu weiteren Ausuferungen wie der Implementierung von Vorgangsverben in Passivkonstruktionen und einer „rückwirkenden Valenzvererbung" (vgl. 10.2.2.3).

Der Kopf der Passivkonstruktion
Abhängig davon, was man als schematische Passivkonstruktion und was man als Kopf dieser Konstruktion auffasst, ergeben sich zwei Varianten (vgl. hierzu auch Kap. 16). In Variante 1 ist die traditionelle analytische Verbform aus *werden* + Partizip II der Kopf der Konstruktion. Die schematische Konstruktion ist unmittelbar die Vorgangskonstruktion. In der Variante 2 gehören die Passivkennzeichen *werden* + (*ge-* + *-t/-en*) und ihre Varianten zur Konstruktion. Kopf ist nur das Verb (bzw. der Verbstamm). Variante 2 erlaubt zwar eine einfachere konstruktionsgrammatische Beschreibung, ist in dieser vereinfachten Form aber nicht adäquat.

Variante 1: die passivische Verbform als Kopf
Das Hilfsverb *werden* des *werden*-Passivs[21] bildet zusammen mit dem Partizip II eine holistische Einheit, nämlich die analytische passivische Verbform (eine morphologische Konstruktion). Auf diese erfolgt die Projektionsvererbung (Valenzvererbung) aus dem Lexikoneintrag. Die Valenzvererbung spielt sich also zunächst innerhalb des Verbs ab (vgl. oben (22)). Die Vererbung auf die Konstruktion erfolgt sekundär über die Abwandlung der Projektion. Es entsteht eine virtuelle, weil nicht im Lexikon erneut eingetragene Projektion, eine gegenüber dem Lexikoneintrag geänderte Projektion, eine Projektion 2. Stufe, die nicht ins Lexikon aufgenommen wird.[22] Die Konstruktion, in die implementiert wird, ist

---

[21] Die Verhältnisse stellen sich bei *werden* als Futurhilfsverb anders dar (vgl. Welke 2005).
[22] *werden* + Partizipien II konstituieren Token-Verbformen und nicht Wörter. Die Passiv-Bildung gehört in den Bereich der Flexion und nicht der Wortbildung.

unmittelbar eine Vorgangskonstruktion selbst (29) und nicht eine Konstruktion ‚Nominativ – *werden* – Partizipkennzeichen' (30). Die *werden*-Passivkonstruktion ist als Mikrokonstruktion in der Vorgangskonstruktion nur durch die besondere Gestalt des Kopfes ausgewiesen.

In die Vorgangskonstruktion können Handlungsverben unter der Bedingung als Köpfe implementiert werden, dass sie der Umprojektion in die Projektion 2. Stufe unterzogen werden:

(29) Projektion 2. Stufe   Instantiierung

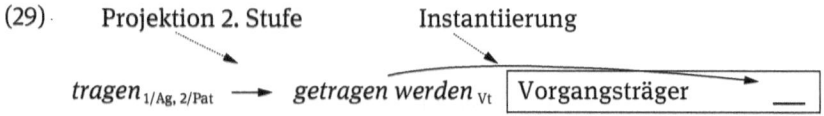

*tragen*₁/Ag, 2/Pat → *getragen werden* ᵥₜ | Vorgangsträger |

Die Sprecher/Hörer leiten aktuell eine Verbform ab. Diese hat gegenüber dem Lexikoneintrag eine regulär geänderte Projektion (Projektion 2. Stufe) als Voraussetzung für die Implementierung von Handlungsverben in Vorgangskonstruktionen. Denn die Verbform hat als holistisches Gebilde eine andere Bedeutung als das im Lexikon eingetragene Ursprungsverb, und sie projiziert im Zusammenhang mit dieser anderen Bedeutung eine Vorgangskonstruktion, also im Gegensatz zum aktivischen transitiven Handlungsverb keine Handlungs- bzw. Tätigkeitskonstruktion. Diese Variante entspricht der lexikalischen Derivation in *LFG* und *HPSG* – jedoch nicht hinsichtlich des Prinzips der Bedeutungswahrung in *LFG* und *HPSG*.[23]

Variante 2: das im Lexikon eingetragene Verb als Kopf
Die formalen Kennzeichen der passivischen Verbform gehören zur Konstruktion. Diese ist dadurch (formal) als passivische Konstruktion und Mikrokonstruktion innerhalb der Vorgangskonstruktion ausgewiesen.

(30) trag(en) → | Vorgangsträger   werden   ge-___-t/-en |

Lexikalischer Kopf (Valenzträger) ist das im Lexikon eingetragene Verb mit seiner im Lexikon eingetragenen Projektion (der Stamm des Partizips).

Die Variante 2 werde ich auf Medialkonstruktionen (Kap. 11) und Präfix- und Partikelkonstruktionen anwenden (Kap. 16). Denn die Lage stellt sich bei

---

[23] Damit wird die These Brezans (1978) bestätigt, dass die lexikalische Derivation im Unterschied zur syntaktischen Transformation psychologisch adäquat ist. Das Gleiche gilt für die These Müllers (2007, 2010), dass die lexikalische Derivation in der *HPSG* gebrauchsverträglich ist.

diesen Konstruktionen in einem wesentlichen Punkt anders dar als beim Passiv. Erfasst wird durch Variante 2 die produktive Seite der Medialkonstruktion und der Partikel- und Präfixkonstruktion – vor der Eintragung von Medialverben und Partikel- und Präfixverben ins Lexikon. Sobald dies erfolgt, werden die entsprechenden intransitiven oder transitiven Konstruktionen direkt durch die entstandenen holistischen Verben aus Verb + Reflexivum bzw. Verb + Präfix oder Partikel, d. h. durch Medialverben bzw. Präfix- oder Partikelverben instantiiert.

Passivische Verbformen bleiben dagegen Verbformen und werden nicht „Passivverben" (im Unterschied zu Medialverben, vgl. die elementare Differenz von Wortart und Wortform). Würde man hier die Variante 2 zu Grunde legen, entstünde das Problem, dass sowohl die Einheit des Partizip II als auch die Einheit der passivischen Verbform stets aufs Neue aktuell syntaktisch aufgelöst und kompositional analysiert werden müssten – und nicht nur bei der Rekonstruktion des Ursprungs der Type-Konstruktion, also bei der Konstruktionsvererbung im Unterschied zur Projektionsvererbung. Daraus folgt: Die Konstruktionsvererbung ist beim Passiv nicht mehr in gleicher Weise aktuell wie bei Präfix- und Partikelkonstruktionen.[24]

Anmerkung: Passivform versus Perfektform und weitere passivische Konstruktionen

Partizipien II in der Passivform und in der Perfektform sind Bestandteile unterschiedlicher holistischer analytischer Wortformen (Perfekt und Passiv), die unterschiedliche Argumentkonstruktionen projizieren.

(31) a. Siegfried wurde erschlagen.
b. Hagen hat Siegfried erschlagen.

In (31) ist das Partizip *erschlagen* als Teil der Verbform einmal passivisch[25] (31a) und einmal aktivisch (31b) perspektiviert. Das Partizip ist jedoch nicht selbst passivisch oder aktivisch, existiert also nicht selbst bereits in zwei Varianten, sondern nur in unterschiedlichen Verbformen (morphologischen Konstruktionen), nämlich in der *werden*-Passivform und der Perfektform des Verbs.

---

24 In Erwägung ziehen könnte man die Variante 2 bei den weiteren Ausuferungen der Passivierung: Implementierungen von Vorgangsverben in die Passivkonstruktion und bei Phänomenen einer rückwirkenden Valenzvererbung (vgl. oben, vgl. 10.2.3).
25 „Passivisch" bedeutet nur: Projektionsvererbung des 2. Arguments (Patiensargument) auf das Vorgangsträgerargument und einziges oder 1. Argument.

Wenn man die unterschiedliche Perspektivierung dem Partizip selbst zuschriebe, müsste man entweder zwei homonyme Partizipien II oder ein Partizip II ohne Perspektivierung annehmen (vgl. Ackerman/Webelhuth 1998: 24–30). Die Annahme von homonymen Partizipien II würde nicht erklären, wie es zu einem „aktivischen" Partizip II in der Perfektform (30b) kommt. Die Annahme der Nicht-Perspektiviertheit würde dem Prinzip der Perspektiviertheit widersprechen (vgl. Kap. 3). Die unterschiedliche Perspektivierung der Konstruktionen (31a) und (31b) erklärt sich also erst aus den Konstruktionen selbst und ihrer unterschiedlichen Geschichte. Auch beim Perfekt vermittelt die Wortform *Perfekt* mit ihrer Projektion zwischen dem im Lexikon eingetragenen Verb und der Gesamtkonstruktion. Das Ergebnis entspricht hier jedoch im Unterschied zum Passiv dem Lexikoneintrag.

Bei weiteren passivischen Konstruktionen und bei Medialkonstruktionen (Kap. 11) muss erneut entschieden werden. Zu beachten ist zum einen der Wechsel zwischen aktivischer und passivischer Perspektivierung in Fällen wie (32)–(34):

(32) a. der die Brötchen kaufende Vater (aktivisch)
b. die zu kaufenden Brötchen (passivisch)

(33) a. Wir haben Folgendes zu tun. (aktivisch)
b. Von uns ist Folgendes zu tun. (passivisch)

(34) a. Ich lasse Emil ihn holen. (aktivisch)
b. Ich lasse ihn von Emil holen. (passivisch)

In (32a), (33a) und (34a) entspricht die Gesamtbedeutung der Konstruktion den Projektionen des Partizips I bzw. des Infinitivs, die sich wiederum vom Lexikoneintrag des Verbs unterscheidenden, also Projektionen 2. Stufe sind (vgl. oben). Die passivische Bedeutung der Konstruktionen (32b), (33b) und (34b) entsteht wiederum konstruktionell – und wäre im Einzelnen zu begründen.

10.2.2 Projektionsvererbung

Die Vererbung der Projektion von Handlungs- und Tätigkeitsverben auf Passivkonstruktionen als Vorgangskonstruktionen ist das Ergebnis der Konstruktionsvererbung zur Passivkonstruktion. Bedingungen, die der Projektion zu Grunde liegen, sind Folgen der Konstruktionsvererbung und aus ihr erklärbar. Insofern sind Prozesse der Konstruktionsvererbung beim Passiv auch heute noch wirksam. Sie bleiben bemerkenswert stabil (noch stärker und deutlicher bei der Medialkonstruktion, vgl. Kap. 11). Dennoch ändern sie sich im Laufe der weiteren Operationen der Sprecher/Hörer über den Passiv-Konstruktionen. Das führt dazu, dass zum einen die Konstruktionsvererbung zum Passiv in Gestalt der Projektionsbedingungen in der sprachlichen Tätigkeit der Sprecher/Hörer präsent bleibt, und dass zum anderen der Prozess der Konstruktionsvererbung nicht abbricht. Das soll im Folgenden an den Bedingungen der Agentivität und Transitivität der projizierenden Verben demonstriert werden.

10.2.2.1 Agentivität
Agentivität und Transitivität des zu Grunde liegenden Verbs sind aus dem (relativen) Ursprung, nämlich dem Partizip II *perfektiver transitiver* Verben, ererbt. Agentivität ist beim Passiv (wie beim Medium, vgl. Kap. 11) eine Grundbedingung der Projektionsvererbung.

Die Projektionsvererbung beinhaltet daher in Bezug auf Passivkonstruktionen im Wesentlichen bis heute: Im Lexikoneintrag des Verbs muss das 1. Argument, da es das 1. Argument eines transitiven Verbs ist, die signifikativsemantische Rolle ‚Agens' besitzen. Diese Eigenschaft vererbt sich auch auf das unpersönliche Passiv.

Die Einschränkung besteht nicht vom Gesichtspunkt des im Prinzip Sagbaren aus und ist auch nicht aus Konversion zu erklären. Unter beiden Gesichtspunkten sollten Sätze wie (35) möglich sein.

(35) a. *Drei Kilo werden von dem Buch gewogen.
    b. *Eine Analyse des Passivs wird von dem Buch beinhaltet.
    c. *Dem Emil wird von Alexander geähnelt.
    d. *Auf dem Schreibtisch wurde (von dem Buch) gelegen.

Die Ungrammatikalität der Sätze (35) erklärt sich (1) aus der Konstruktionsbedeutung ‚Vorgang' der Passivkonstruktion, (2) der Vererbungsgeschichte, nämlich der Entstehung das Passivs aus Subjektsprädikativ-Konstruktionen mit Partizipien II transitiver perfektiver und daher agentiver Verben[26] und (3) aus der Maxime der Relation (Relevanz).

Es kann (3) kommunikativ und kognitiv relevant sein, statt eines Handlungs- oder Tätigkeitssatzes, aber auf der Grundlage der nun einmal den Sprechern/Hörern zur Verfügung stehenden Handlungs- und Tätigkeitsverben (und als Tätigkeitsverben interpretierbaren Vorgangsverben) einen Vorgangssatz zu verwenden. Das ist der kommunikativ-pragmatische Impetus, der zum Ausbau der Konstruktionsvererbung geführt hat.

---

26 Denn das sind Verben, die Agens-Patiens-Konstruktionen projizieren.

Wenn dagegen ein Sprecher an Stelle eines aktivischen Vorgangs- oder Zustandssatzes einen passivischen mit dem gleichen Verb produziert, so ist das zunächst tautologisch, weil bedeutungsidentisch. Ein Passivsatz zu einem Vorgangsverb ist also nicht in gleicher Weise durch die Maxime der Relation (Relevanz) gedeckt wie Passivsätze zu Handlungs- oder Tätigkeitsverben. Da passivische Verbformen Vorgangsverbformen sind, werden sie folglich typischerweise nicht zu solchen aktivischen Verbformen gebildet, die bereits selbst Vorgangsverbformen sind. Das gilt nicht nur für das Deutsche, sondern sprachübergreifend (vgl. Haspelmath 1990: 61).

Dennoch ist Agentivität des Ausgangsverbs keine invariante und zeitlos unabänderliche Bedingung. Denn es können auch Passivsätze zu Vorgangsverben gebildet werden, vgl. Zifonun (1997: 1805 ff.), Rapp (1997: 152 ff.):

(36) a. Damals wurde in Deutschland rascher gelebt und viel gestorben.
Zifonun/Hoffmann/Strecker 1997: 1806 (8)
b. Nach der Vorlesung wurde (immer) ins Café gegangen.
Rapp 1997: 154 (12a)
c. (Es gab ein reges Treiben.) Es wurde gekommen und gegangen.
d. Jetzt wird geschlafen!
e. Es wird hier geblieben!

Es handelt sich um einen weiteren – diachron späteren – Schritt der Konstruktionsvererbung und der Verselbständigung der Konstruktionsbedeutung ‚Vorgang' der Passivkonstruktion.

Die Verben in (36) sind Vorgangsverben und z. T. ergative Verben *(gehen, kommen)*. Im Sprachspiel der analogischen Ausweitung von Konstruktionen haben die Sprecher/Hörer des Deutschen Möglichkeiten gefunden, zunächst tautologischen Passivsätzen mit einem Vorgangsverb als Kopf Relevanz, d. h. eine gegenüber dem Aktivsatz geänderte Bedeutung, zu verleihen.

Tautologisches bzw. Redundantes wird in der Kommunikation übergangen und gegebenenfalls zurückgewiesen, wenn die Suche nach Relevanz erfolglos ist. Redundanz bzw. Tautologie kann aber auch als Zeichen der *Betonung* bzw. *Verstärkung* aufgefasst werden – also Relevanz erlangen. Was nun das Passiv zu Vorgangsverben betrifft, so kann ein Hörer die Implikatur herstellen, dass der Sprecher eine solche Konstruktion wählt, um die Vorgangshaftigkeit des Vorgangs zu betonen. Das heißt, der Hörer interpretiert eine gegebene Passivkonstruktion nicht als bedeutungsidentisch mit der Aktivkonstruktion, sondern als bedeutungsähnlich, wobei der für die Bedeutungsähnlichkeit konstitutive Bedeutungsunterschied die Betonung bzw. Verstärkung ist. Für die Sprecher/Hörer, die solche Konstruktionen bilden und akzeptieren, ist damit das Merkmal ‚Vorgang' noch stärker in den Vordergrund gerückt.

Mit Vorgängen wird typischerweise *Massenhaftigkeit* assoziiert (vgl. Zifonun/ Hoffmann/Strecker 1997: 1806). Die deklarativen Sätze (36a, b, c) lassen die Interpretationen der Massenhaftigkeit zu. Passivsätze, die mit Vorgangsverben gebildet werden und sich auf *individuelle* Ereignisse beziehen, sind daher weniger bis gar nicht akzeptabel, vgl.:

(37) a. ?(Von ihm) wurde rasch gelebt und gestorben.
     b. ?Nachher wird (von mir) ins Café gegangen.
     c. ?(Von ihm) wurde gekommen und gegangen.

In den Sätzen (36d, e) oben wird ein Vorgang befohlen. Das Befehlen eines Vorgangs ist ein Widerspruch in sich. Befehlen kann man eigentlich nur Tätigkeiten oder Handlungen. Dennoch gewinnt der Passivsatz gerade aus diesem Widerspruch seine Relevanz. Denn einerseits setzt der Sprechakt ‚Befehl' voraus, dass der Sprecher auf Kooperation des Hörers angewiesen ist. Indem der Sprecher andererseits aber einen Passivsatz, also Vorgangssatz, wählt, signalisiert er, dass die Intention des Adressaten keine Rolle spielt. *Befehlssätze* im Passiv ergeben daher ebenfalls eine Verstärkung, d. h. einen besonders rigiden Befehl.

Die Agentivitätsbedingung lässt sich jedoch auch beim Passiv zu Vorgangsverben (bislang) nicht völlig ausschalten. Ein Indiz ist, dass ein Hörer – sofern der Kontext dem nicht widerspricht – auf einen belebten Verursacher schließt. Das vom zu Grunde liegenden Verb projizierte 1. Argument muss also die prototypischen Agensmerkmal ‚Agentivität' und ‚Person' (‚menschlich') besitzen, vgl. Zifonun/Hoffmann/Strecker (1997: 1805), vgl.:

(38) a. Es wurde laut gequietscht.
                    Zifonun/Hoffmann/Strecker 1997: 1805 (2)
     b. ?Von der Straßenbahn wurde laut gequietscht.
     c. ?Es wurde schneller geflossen/geweht.

Primus (2011) bringt einen Beleg (39), bei dem auf einen unbelebten Verursacher geschlossen werden muss. Denn hier ist kein metaphorisches Agens und kein Agens-Merkmal ‚Kontrolliertheit', anzunehmen. Das lässt der in dem Beleg angegebene Kontext vermuten.

(39) Das Bremsquietschen setzt erst 1–2 Sekunden nach Stillstand ein [...] Gequietscht wird immer erst nach Stillstand.   Primus 2011: 301 (33)

Im gegebenen Kontext hat sich der Passivsatz in (39) von der ursprünglichen Agentivitäts-Beschränkung vollständig gelöst.

Abschließend eine Erwiderung auf einen möglichen Einwand: Primäres formales Indiz dafür, dass das Passiv keine Handlungs- oder Tätigkeitskonstruktion ist, sondern eine Vorgangskonstruktion, ist die Einordnung in die Makrokonstruktion ‚Vorgang'. Volitionalitäts- bzw. Agentivitätstests wie (40) und (41) sind nur scheinbar Gegenindizien.

(40) a. Der Krug wurde absichtlich zerbrochen.
b. *Der Krug zerbrach absichtlich.

(41) a. Das Schiff wurde versenkt, um die Versicherung zu kassieren.
b. ?Das Schiff sank, um die Versicherung zu kassieren.

Tests liefern Indizien und bedürfen der Interpretation. Ich werte die Tests (40) und (41) als Indizien für den Lexikonbezug auf aktivische Tätigkeits- oder Handlungsverben, d. h. für Valenzvererbung, also für die projektive Seite der Passivkonstruktion, aber nicht wie Zifonun/Hoffmann/Strecker (1997: 1790) und Vogel (2006: 84) als Indizien für Bedeutungsidentität von Aktiv- und Passivsätzen. Die Interpretationen von Zifonun/Hoffmann/Strecker und Vogel setzen eine denotativen (extensionalen und onomasiologischen) Betrachtungsweise voraus, der zufolge es sich weiterhin um Tätigkeits- oder Handlungssätze mit den gleich bleibenden Rollen ‚Agens' und ‚Patiens' handelt.

Beispielsweise bedeutet die Token-Konstruktion (42a) ‚Handlung von Hagen an Siegfried'. Demgegenüber bedeutet die Passiv-Konstruktion (42b) ‚Vorgang an Siegfried' mit der Implikation: ‚auf eine Handlung von Hagen an Siegfried zurückgehend'. Die Handlung wird jedoch nur impliziert und nicht wie im Aktivsatz denotiert. Das heißt, aus der Bedeutung des nicht passivierten Verbs und auf Grund von Implikaturen aus dem abgebildeten Sachverhalt, also dem perzeptiven Wissen, kann ein Hörer schließen, dass eine Handlung zu Grunde liegt.

(42) a. Hagen hat Siegfried getötet.
b. Siegfried wurde getötet.

Eine analoge Möglichkeit der Schlussfolgerung besteht auch bei originären Vorgangsverben. Im Unterschied zu (43a, b) lassen die Sätze (43c, d) auf ein menschliches Agens schließen.

(43) a. Ein neuer Vulkan entstand.
b. Eine Insel entstand.
c. Eine künstliche Insel entstand.
d. Eine neue Fabrik entstand.

Wohl niemand würde die Sätze (43c, d) jedoch als Handlungssätze bezeichnen.

Ein Verursacher kann – wie beim Passiv – sekundär durch eine Modifikatorkonstruktion ins Spiel gebracht werden. Diese wird mit der Vorgangskonstruktion fusioniert und dadurch zum Modifikator der in ihrer Komplexität erweiterten Vorgangskonstruktion:

(44) a. Eine Insel entstand durch Aufschüttung.
b. Eine Insel wurde durch Aufschüttung/von der Regierung geschaffen.

Der *von*-Modifikator ist beim Passiv nicht das Agens-Argument. Der Ausdruck „Passiv" verweist nur darauf, dass kein handelndes Subjekt 1. Argument (Subjekt, Topic) vorhanden ist. Das 1. Argument ist vielmehr Vorgangsträger, der „*Leidende*". Das Passiv ist das, was es traditionell genannt wurde, eine Leideform (Haspelmath 1990),[27] oder die Konstruktion ist subjektlos.

10.2.2.2 Transitivität

Ein Sprecher oder auch Lerner, der ein grammatisch richtiges *persönliches* Passiv verwenden will, muss nicht nur wissen, ob ein Verb agentiv ist, sondern auch, ob es einen Akkusativ regiert. Der Sprecher/Lerner muss also auf Wissen zurückgreifen, das vor und unabhängig von der Verwendung von Passivsätzen besteht. Es handelt sich also wiederum um eine projektive Bedingung, die auf Konstruktionsvererbung zurück geht.

Das Transitivitätskriterium ist wie das Agentivitätskriterium ererbt. Es lässt sich auf sehr entfernte diachrone Vorläufer zurückführen, nämlich auf Partizipien II perfektiver transitiver Verben. Es wird wie die Agentivitätsbedingung pragmatisch sowie durch Bedingungen der Sprachverarbeitung (Stichwort: struktureller Kasus) weiterhin gestützt.

Die Bedingung der Sprachverarbeitung folgt aus der Projektionsvererbung. Man könnte von einem Spurenprinzip sprechen. Givón (1979) prägt den Terminus *recoverability strategy* (vgl. auch Welke 2002). Es geht darum, dass der Bezug zum Lexikoneintrag und damit auf das projizierte Argument (das Argument des vorausgesetzten Lexikoneintrags) erhalten bleibt, auf das sich der Vorgangsträger bezieht, vgl.:

(45) a. Emil überreicht Anita ein Buch.
b. Ein Buch wird überreicht.
c. Anita wird überreicht.

---

27 Die chinesische Passivpartikel *bei* geht auf ein Verb zurück, dessen Bedeutung dieser Interpretation entspricht. Nach Auskunft einschlägiger Wörterbücher geht *bei* auf ein Verb mit Bedeutungen wie ‚decken', ‚zudecken', ‚ertragen', ‚erleiden' zurück (Ilse Karl p. c.).

(46) a. Emil wirft das Buch auf den Tisch.
 b. Das Buch wird geworfen.
 c. Der Tisch wird geworfen.

(47) a. Anna erinnert Emil an Rita.
 b. Emil wird erinnert.
 c. Rita wird erinnert.

Nur die Passivsätze (45b), (46b) und (47b) sind synonym zu den Aktivsätzen (45a), (46a) und (47a). Die Passivsätze (45c), (46c) und (47c) wären synonym zu Aktivsätzen wie (48a, b, c).

(48) a. Emil überreicht (die) Anita dem Paul (an Paul).
 b. Emil wirft den Tisch aus dem Fenster.
 c. Anna erinnert Rita an Emil.

Bezogen auf Projektionsvererbung heißt das: Die Verben *überreichen*, *werfen*, *erinnern* sind in ihrer Grundvalenz dreistellig. Der Hörer muss wissen, welches der drei Argumente des Lexikoneintrags als Vorgangsträger ausgewählt wird. Das wird dadurch gesichert, dass nur der Nominativ und der Akkusativ als strukturelle Kasus zur Verfügung stehen (zum Englischen vgl. Welke 2002: 312–313).[28]

10.2.2.3 Weitergehende Projektionsvererbungen

Vererbung der im Lexikon eingetragenen Projektion eines Tätigkeits- oder Handlungsverbs auf eine Passivkonstruktion beinhalten: Die Projektion des Agens-Arguments wird nicht berücksichtigt. (Demotion). Aus dem von Handlungsverben projizierten Patiens-Arguments wird der Vorgangsträger der persönlichen Passivkonstruktion, oder es wird ebenfalls nicht berücksichtigt (beim unpersönlichen Passiv). Eine Grundlage dafür ist die prototypische Nähe von denotativem Patiens und Vorgangsträger.

Typische Passivkonstruktionen besitzen die Konstruktionsbedeutung ‚Vorgang' und implizieren qua Rückbezug auf den aktivischen Lexikoneintrag, dass der Vorgang von einer Tätigkeit oder Handlung verursacht worden ist.

Auch Vorgangsverben können marginal in Passivkonstruktionen implementiert werden. Diese Passivkonstruktionen werden der Relevanzforderung dann

---

28 Das *bekommen*-Passiv des Deutschen zeigt, dass im Prinzip jeder Bezug denotativ möglich ist. Denn das *bekommen*-Passiv enthält auf Grund seiner Vererbungsgeschichte den Bezug auf das projizierte Dativ-Argument.

gerecht, wenn die Vorgangsverben konzeptuell in Richtung auf Betonung der Vorgangshaftigkeit angepasst werden (vgl. 10.2.2).

Möglich (und später entstanden) ist ein weitere Art der konzeptuellen Anpassung von Verben, die sich mit einer sozusagen rückwirkenden Art der Projektionsvererbung verbindet, vgl.:

(49) a. Er ist nicht gegangen, sondern er ist gegangen worden.[29]
b. *Der Chef geht seinen Stellvertreter.

In (49a) wird *gehen* in eine Passiv-Konstruktion des persönlichen Passivs implementiert, obwohl wahrscheinlich kein Sprecher/Hörer jemals einen Satz wie (49b) gebildet bzw. gehört oder gelesen hat.

Sprecher und Hörer kennen die Konstruktionsbedeutung des persönlichen Passivs, nämlich ‚Vorgang, der auf eine Handlung zurückgeht'. Sie wissen, dass *gehen* kein Handlungsverb mit einem Agens und einem Patiens ist, sondern ein Vorgangsverb mit einem Vorgangsträger (das auch als Tätigkeitsverb mit einem Agens gedeutet werden kann). Ein Hörer kann jedoch folgern, dass der Sprecher ihm mit (49a) sagen will, dass das Gehen nicht freiwillig ist, sondern auf die Tätigkeit eines Verursachers zurückgeht, der nicht mit dem Vorgangsträger oder Agens identisch ist. Das heißt, Sprecher, die einen Satz wie (49a) bilden und Hörer, die ihn verstehen und akzeptieren, kalkulieren die *Möglichkeit* der Coercion von aktivischen intransitiven Verben in transitive Aktivkonstruktionen ein, unabhängig davon, ob diese aktivischen Konstruktionen als Token-Konstruktionen jemals gebildet worden sind:

(50) a. *Der Chef geht seinen Stellvertreter.
b. Sein Stellvertreter geht.
c. Sein Stellvertreter ist gegangen worden.

Die Sprecher greifen also auf einen virtuellen Lexikoneintrag mit einem transitiven *gehen* zurück. Denn eine Token-Konstruktion (50a) gibt es nicht. Möglich ist dennoch die Token-Konstruktion (50c). Dieses virtuelle transitive *gehen* liefert ein Patiens, auf das das Subjekt (der Vorgangsträger) der Vorgangskonstruktion durch Projektionsvererbung zurückgeführt werden kann.

Analog verhält es sich bei Passivkonstruktionen, deren aktives Pendant zwar akzeptabel ist, das aber ebenfalls nicht projiziert ist, weil es sich um den Rückgriff auf ein nicht-projiziertes Argument handelt, vgl.:

---

[29] Eine analoge Konstruktionsvererbung ist *Der Präsident ist zurückgetreten worden*.

(51) a. Er nieste die Serviette vom Tisch.
　　 b. Die Serviette wurde vom Tisch geniest.

Das Verb *niesen* besitzt keinen Valenzeintrag ‚Nominativ – Akkusativ – Direktivum', sondern es ist als ein intransitives Verb im Valenzlexikon eingetragen. Es kann aber per Coercion in die Nom-Akk-Dir-Konstruktion implementiert werden (vgl. Kap. 5). Von dieser *Möglichkeit* muss ein Sprecher ausgehen, wenn er *niesen* in eine passivische Nominativ-Direktiv-Konstruktion implementiert.

Das Verfahren einer sekundären konzeptuellen Anpassung trifft auf alle Passivkonstruktionen mit Verben zu, die die entsprechenden Aktivkonstruktionen nicht projizieren. Das sind Konstruktionen mit innerem Objekt (52a), Direktivkonstruktionen mit nicht projiziertem Direktivum (53a), Objektsprädikativ-Konstruktionen (54a) und beim *bekommen*-Passiv Konstruktionen mit freiem Dativ (55a) (vgl. Kap. 5).

(52) a. Er sang ein Lied.
　　 b. Ein Lied wurde gesungen.

(53) a. Emil pfiff Alfons aus dem Raum
　　 b. Alfons wurde aus dem Raum gepfiffen.

(54) a. Sie essen die Teller leer.
　　 b. Die Teller wurden leer gegessen.

(55) a. Er trug ihm den Koffer ins Zimmer.
　　 b. Er bekam den Koffer ins Zimmer getragen.

Ackerman/Webelhuth (1998) und Müller (2007) (vgl. auch Müller/Wechsler 2014b) weisen aus *HPSG*-Sicht auf Fälle dieser sekundären Art der konzeptuellen Anpassungen hin. Müller folgert zu Recht, dass Passivkonstruktionen wie (52b), (53b), (54b) und (55b) ohne Einbeziehung von Projektion (Derivation) nicht erklärbar sind.

10.3 Fazit

Passivsätze (*werden-Passiv*) sind Vorgangssätze. Diese Folgerung ergibt sich bereits ohne Zuhilfenahme eines konstruktionsgrammatischen Konzepts (vgl. 10.1.2), erhält aber im Rahmen der KxG eine theoretische Begründung. Syntaktische Transformationen und ganzheitliche Vererbungen (wie bislang in der KxG angenommen) sind sprachgebrauchsbezogen nicht interpretierbar. Derivationen (wie in *LFG*, *HPSG* und Valenztheorie angenommen) redefiniere ich als Projektionsvererbung (Valenzvererbung). Die Argumente, die das Verb projiziert, unterscheiden sich jedoch, anders als in *LFG*, *HPSG* und Valenztheorie, rollensemantisch von den Argumenten der Konstruktion, auf die vererbt wird. Projektionsvererbung ist die Vererbung der Projektion von Verben, die Argumente einer Konstruktion$_A$ projizieren, auf die Argumente einer anderen Konstruktion$_B$. Beim persönlichen *werden*-Passiv wird das Patiens-Argument des Handlungsverbs auf das Vorgangsträger-Argument der Passivkonstruktion vererbt. Projektionsvererbung ist das Ergebnis von Konstruktionsvererbung. Handlungsverben und Tätigkeitsverben sind nicht per Coercion in Vorgangskonstruktionen, die zu ihrer Projektion konvers sind, implementierbar (vgl. Kap. 5). Dennoch haben sich Vorgangskonstruktionen mit Handlungs- und Tätigkeitsverben als Kopf diachron herausgebildet. Das ist als ein Prozess der Konstruktionsvererbung (Grammatikalisierung) rekonstruierbar. Die Passivkonstruktion als Mikrokonstruktion in der Vorgangskonstruktion entstand im Deutschen aus der durch *werden* instantiierten Subjektsprädikativ-Konstruktion, die ihrerseits auf eine attributive Konstruktion mit Partizipien II von perfektiven Verben zurückgeht. Die diachron einmal abgelaufene Konstruktionsvererbung vollziehen die Sprecher/Hörer weiterhin synchron in abgekürzter, veränderter und sich ändernder Form als Projektionsvererbung, aber auch weiterhin in einer bestimmten Weise als Konstruktionsvererbung (vergleichbar dem Verhältnis von Phylogenese und Ontogenese). Das Kapitel erklärt die Passivkonstruktion, indem es die diachronsynchronen Prozesse der Konstruktions- und Projektionsvererbung beschreibt, die dem *werden*-Passiv zu Grunde liegen. Dabei ist analogische Vererbung oder *proliferation* (Ackerman/Webelhuth 1998) ein Phänomen, das man aus prototypentheoretischer Perspektive erwarten muss und das nicht zu Gunsten von Invarianz eingegrenzt oder beseitigt werden kann.

11 Medialkonstruktion

Das Kapitel charakterisiert Medialkonstruktionen hinsichtlich Konstruktionsvererbung (11.1) und Projektionsvererbung (11.2). Medialkonstruktionen unterteile ich in Medialkonstruktionen im engeren Sinne (11.1.1 und 11.1.2) und in modalisierte Medialkonstruktionen (11.1.3). Medialkonstruktionen im engeren Sinne entsprechen den traditionellen Medialverben. Modalisierte Medialkonstruktionen (11.1.3) werden traditionell oft Medialkonstruktionen genannt (z. B. bei Helbig/Buscha 2001). Medialkonstruktionen im engeren Sinne (traditionell Medialverben) unterteile ich in Medialkonstruktionen mit persönlichem Subjekt (11.1.1) und Medialkonstruktionen mit sachlichem Subjekt (11.1.2). Die Unterscheidungen und ihre Reihenfolge entsprechen dem Weg der prototypischen Ableitung und Auffächerung der Medialkonstruktion: Medialkonstruktion mit persönlichem Subjekt, Medialkonstruktion mit sachlichem Subjekt, modalisierte Medialkonstruktion (vgl. bereits Welke 1997, 2002 in einem allgemeinfunktionalen, nicht-konstruktionsgrammatischen Rahmen; vgl. ähnlich später auch Primus/Schwamb 2006).

11.1 Konstruktionsvererbung

Beim *werden*-Passiv (Kap. 10) handelt es sich um die Vererbung von Token-Subjektsprädikativ-Konstruktionen in die Vorgangskonstruktion. Bei Medialkonstruktionen geht es um die Vererbung von Token-Handlungskonstruktionen in die Vorgangskonstruktion.[1] Aus diesem Umstand resultieren die Unterschiede zwischen der Passiv- und der Medialkonstruktion in der Gegenwartssprache.

Die Medialkonstruktion ist eine Mikrokonstruktion in der Vorgangskonstruktion. Sie entsteht im Deutschen aus der Mikrokonstruktion ‚Reflexivkonstruktion' der Handlungskonstruktion.

---

[1] Medialkonstruktionen nenne ich alle reflexiven Konstruktionen mit medialer Bedeutung, also Konstruktionen, die aus projektionistischer Sicht unter der Rubrik ‚Medialverben' (Mittelverben) oder allgemein ‚reflexive Verben' behandelt werden, und Token-Konstruktionen wie *Der Rasen mäht sich leicht*. Letztere nennen Helbig/Buscha (2001) Reflexivkonstruktionen – entsprechend der projektionsgrammatischen Einteilung in reguläre Ableitungen und Reflexiv- oder Medialkonstruktionen als nicht ableitbaren Resten.

(1)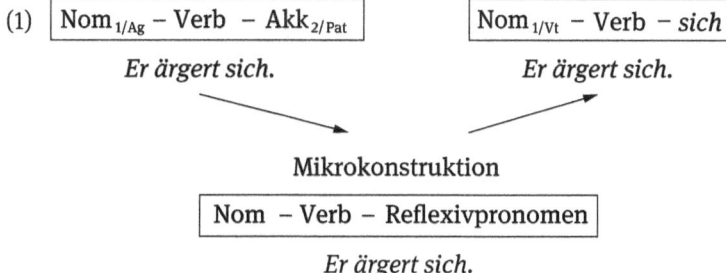

Aus einer zweistelligen reflexiven Handlungskonstruktion entsteht eine einstellige Vorgangskonstruktion mit einem semantisch ausgebleichten grammatikalisierten Reflexivum *sich (mich, dich)*.

Die Vererbung von der Handlungs- zur Vorgangskonstruktion zeigt sich elementar an der formalen Identität der reflexiven und der medialen Konstruktion mit akkusativischem Reflexivpronomen *sich* (und seinen Entsprechungen). So kann man den Satz (2a) vollsemantisch reflexiv als (2b) auffassen oder medial, d. h. abgeschwächt zum Vorgangssatz (2c).

(2) a. Paul ärgert sich.
    b. Paul tut etwas, was verursacht, dass er sich ärgert.
    c. Paul ist dem Vorgang des Sich-Ärgerns unterworfen.

Die Ausdrücke ‚medial' und ‚Medium' kommen aus der griechischen Grammatik, wo sich neben Aktiv und Passiv ein drittes *genus verbi* definieren lässt, das Medium. Es wird im Griechischen synthetisch unmittelbar am Verb ausgedrückt und hat sich aus dem synthetischen Reflexivum entwickelt. Das griechische Reflexivum kann vollsemantisch reflexiv sein: λούομαι – *ich wasche mich* oder medial: φέρομαι – *ich stürze mich = eile* (vgl. Sommer 1921). Dieses dritte Genus wird Medium genannt, weil es sowohl diachron als synchron als etwas Mittleres zwischen Aktiv und Passiv aufgefasst wurde.

Unabhängig davon, ob Reflexivität synthetisch wie im Griechischen oder analytisch wie im Deutschen ausgedrückt wird, lässt sich übereinzelsprachlich das gleiche Phänomen beobachten: Vollsemantische Reflexivität vererbt sich in Medialität und gegebenenfalls in Passivität (vgl. Haspelmath 1990: 44 ff.). Dass diese Konstruktionsvererbung sich in vielen Sprachen vollzieht, unabhängig davon, ob Reflexivität synthetisch oder analytisch ausgedrückt wird, ist ein Indiz dafür, dass der Übergang nicht zufällig ist.[2]

---

[2] Hinzu kommt, dass das analytische Reflexivum an die Stelle des indoeuropäischen synthetischen Reflexivums getreten ist, zu beobachten z. B. am Spätlateinischen, vgl. Reichenkron (1933). Der Terminus ‚Medium' ist also für das Deutsche nicht „völlig unsinnig" (Kunze 1997: 136).

In diachron orientierten Analysen ist der Bedeutungsunterschied zwischen Verwendungsweisen des Reflexivpronomens als ein Verblassen der Bedeutung beschrieben worden, z. B. bei Heyse (1900: 295), Sommer (1921: 51), Wilmanns (1909: 496 ff.).

Haspelmath (1987) skizziert den Weg der Ableitung (Vererbung) zwischen Funktionen in einem übereinzelsprachlichen semantischen Raum.

(3)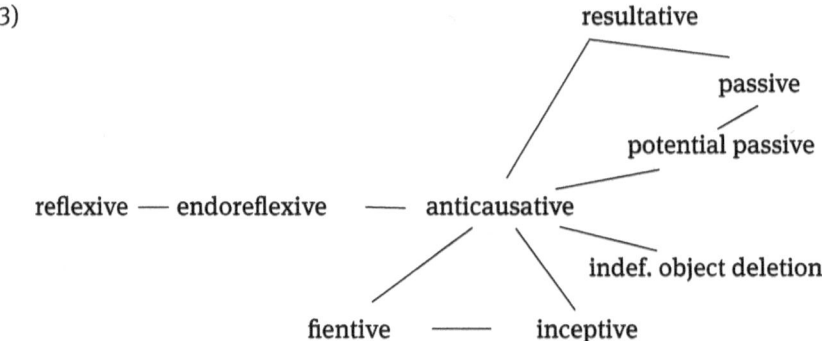

reflexive: voll semantisch reflexiv
endoreflexive: Es stehen sich, so Haspelmath, nicht zwei Partizipanten gegenüber, sondern die Bewegung bleibt in dem agentiven Subjekt immanent wie bei *sich hinsetzen*. Diese Funktion sieht Haspelmath als die Brücke zwischen dem vollsemantisch reflexiven Gebrauch und dem antikausativen Gebrauch an (4a).
anticausative: im Unterschied zum endoreflexiven Verb ohne agentives Subjekt, also mit unpersönlichem Subjekt (4b).
potential passive: Medialkonstruktionen vom Typ (4c).

(4) a. Der Zirkusaffe drehte sich dreimal im Kreise.
 b. Der Kreisel drehte sich drei Minuten.
 c. Dieses Gras mäht sich leicht.

Haspelmath (1990) stellt die in unterschiedlichen Sprachen vorkommenden Entstehungsweisen des Passivs zusammen. Ein Ausgangspunkt ist die Resultativkonstruktion (Subjektsprädikativ-Konstruktion mit *sein* bzw. *werden* + Partizip II) wie im Englischen und Deutschen. Ein anderer Ausgangspunkt ist das Reflexivum in seiner referentiellen (vollsemantischen) Funktion in romanischen und slawischen Sprachen.

Von einem konstruktionsgrammatischen Standpunkt aus ist zu fragen, ob und wie man den übereinzelsprachlichen, also nicht zufälligen Zusammenhang von zunächst sehr heterogenen Erscheinungen wie semantischer Reflexivität einerseits und Medium und Passiv andererseits erklären kann.

Ein nicht-sprachgebrauchsbezogenes Vererbungskonzept könnte sowohl bei der Medialkonstruktion (5b) als auch beim Passiv (6b) als auch bei der ergativischen (unakkusativischen) Konstruktion (7b) eine Ableitung aus einer transitiven (nicht-reflexiven) Konstruktion ansetzen und alle drei Konstruktionen als Resultat einer Bewegung des tiefenstrukturellen Objekts in die Subjektposition der Vorgangskonstruktion darstellen:

(5) a. Emil erhitzt die Suppe.

  b. Die Suppe erhitzt sich.

(6) a. Emil erhitzt/kocht die Suppe.

  b. Die Suppe wird erhitzt/gekocht.

(7) a. Emil kocht die Suppe.

  b. Die Suppe kocht.

(8)

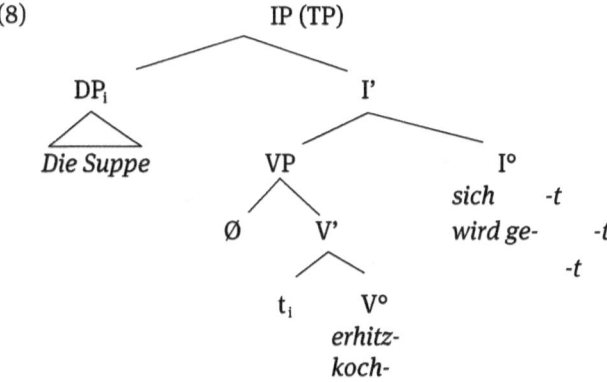

Sprachgebrauchsbezogen muss man differenzieren. Nur Medialkonstruktionen gehen sprachgebrauchsbezogen und diachron (also faktisch) auf Handlungskonstruktionen zurück. Die kanonische Passivkonstruktion des Deutschen und Englischen resultiert nicht aus der Reflexivkonstruktion, sondern aus der Subjektsprädikativ-Konstruktion (vgl. Kap. 10). Bei der ergativischen Konstruktion liegt eher der umgekehrte Weg von der intransitiven zur transitiven Konstruktion vor (vgl. 12.1).

Allerdings werden Medialkonstruktionen (wie auch Applikativkonstruktionen) m. E. meist nicht transformationell abgeleitet. Es bleibt die lexikalistische Lösung im Sinne Chomskys (1970). Die Verben *öffnen* und *sich öffnen* stehen wie *laden* und *beladen* als unterschiedliche Verben nebeneinander und projizieren entsprechende Konstruktionen. Gründe sind beim deutschen Medium m. E. die tradierte Auffassung, dass *sich* + Verb ein Verb bilden (wie *be-* und *laden*), aber auch dass die einschlägigen formalen Kriterien für Ergativität im Deutschen auf Medialkonstruktionen nicht zutreffen.[3] Grund ist zum anderen, dass das Reflexivpronomen, wenn man es als ein syntaktisches Element ansieht, einer Transformation im Wege steht.[4]

Sprachgebrauchsbezogen muss man beim Medium von der Beobachtung des Verblassens *(bleaching)* der Bedeutung des Reflexivums vom vollsemantisch rückbezüglichen Reflexivum zum medialen Reflexivum ausgehen. Das ist bereits in der traditionellen Diachronie in syntaktischen Begriffen beschrieben worden, z. B. durch Heyse (1900: 295):

> Bei den eigentlichen Reflexiva wird der Accusativ gar nicht als Objekt gefühlt, und er erscheint unserm Sprachbewußtsein gar nicht als selbständiges Satzglied.

Direkter noch bei Sommer (1921: 51).[5]

> Schon bei ‚persönlichem' Subjekt[6] ist dessen Verhältnis zum Vorgang in *er setzte sich* ein farbloseres als in *er liebte sich* oder auch noch *er übte sich* [...].

Es geht um den diachronen Vorgang der Grammatikalisierung und um Konstruktionsvererbung. Die Konstruktion und das Kennzeichen dieser Konstruktion, das Reflexivum *sich* (und die entsprechenden reflexiv gebrauchten Pronomina der 1. und 2. Person), verblassen zum medialen *sich*, einem Operator, der nur noch Intransitivität bzw. Vorgangshaftigkeit anzeigt, vgl. (Haspelmath 1990: 44):

> The semantic mechanism of the transition from reflexive to passive via anticausative seems well-understood and is clearly an instance of semantic bleaching.

---

3 Grund dafür ist die fortbestehende formal-transitive Struktur mit dem akkusativischen Reflexivpronomen: *Er freut sich. Ich freue mich.* Beispielsweise bilden diese Verben als ursprünglich transitive Verben das Perfekt mit *haben* und nicht mit *sein*, erfüllen also das Ergativkriterium nicht, dass das Perfekt mit *sein* gebildet werden sollte.

4 Haider (1985) schlägt eine Art Rochade vor. Danach nimmt das Reflexivum zunächst die Subjektposition (die Position des externen Arguments) ein. Es muss, weil es phorisch ist, diese Position räumen. Das Objekt (das interne Argument) kann daraufhin in die Subjektposition (wie bei ergativen Konstruktionen und beim Passiv) verschoben werden. Das ehemalige Subjekt (das Reflexivum) wird zu einem Nicht-Argument und blockiert daher (im Unterschied zum Passiv) die Argumentposition, weshalb ein Anschluss (wie beim Passiv durch die *von*-PP) nicht möglich ist (entgegen m. E. dem Spurenprinzip).

5 Vgl. auch Wilmanns (1909: 496 ff.).

6 Zum unpersönlichen Subjekt vgl. 11.2.

Man kann von der potentiellen Doppeldeutigkeit eines Satzes wie oben (2) ausgehen, wieder aufgenommen als (9).

(9) a. Paul ärgert sich.
    b. Paul tut oder tat etwas, was verursacht, dass er sich ärgert.
    c. Paul ist dem Vorgang des Sich-Ärgerns unterworfen.

Normalerweise wird ein Hörer den Satz (9a) als medial (9c), also als Vorgangskonstruktion, deuten. Wenn er bspw. eine entsprechende Situation im perzeptiven System simuliert, wird er sich nicht vorstellen, dass Paul etwas Bestimmtes tut, worüber dieser sich ärgert. Vielmehr wird er den Satz wahrscheinlich so auffassen, dass mitgeteilt wird, dass in Paul der emotionale Vorgang des Sich-Ärgerns (über irgendetwas) vorgeht. Das heißt, das Reflexivpronomen verliert an Semantik. Es verblasst.

Konstruktionen mit Psych-Verben wie *ärgern* oder *beruhigen* eignen sich zur Demonstration des Übergangs von reflexiven Handlungskonstruktionen zu medialen Vorgangskonstruktionen, weil die Ursache des denotierten Vorgangs dem Beobachtenden oft unklar ist. Weder der Hörer noch eventuell der Sprecher können entscheiden, ob in dem Vorgang, auf den sich (9a) bezieht, jemand (absichtlich) etwas mit sich tut. Das heißt, sie können nicht beurteilen, ob es sich um eine Handlung oder um einen Vorgang handelt. Auch objektiv stellt sich der Vorgang des Beruhigens oft ein, ohne dass das (bewusste) Zutun des Geschehensträgers, des denotativen Agens, die entscheidende Ursache ist. Eine vollsemantische Interpretation von (9a) wäre für die meisten Kommunikationsanlässe daher überdifferenziert. Sie träfe nur auf Fälle zu, in denen der Sprecher mitteilen will, dass Emil wirklich und intendiert etwas tut, um ruhig zu werden, und/oder in denen der Hörer eine solche Analyse vornimmt.

Man kann bei der Interpretation von Medialität von dieser objektiven Unschärfe ausgehen und vom Erfahrungswissen (perzeptiven Wissen) der Sprecher/Hörer über diese Unschärfe. Die Sprecher/Hörer nutzen den Umstand des geteilten Wissens aus, um sich nicht nur trotz, sondern vermöge dieser Unschärfe zu verständigen: Sie kommunizieren und denken in Metaphern und verlassen sich auf Implikaturen.

Angenommen sei wiederum ein potentiell erster medialer Gebrauch (vgl. Kap. 10) – bspw. von *beruhigen*.[7] Es liegt dann nahe, dass der Hörer bei einer Äußerung wie (10) die Bedeutung der formal als Reflexivkonstruktion ausgewiesenen Konstruktion in Richtung Vorgangsbedeutung neu interpretiert, den Aus-

---

[7] Möglich und wahrscheinlich ist auch eine erste Verwendung des Verbs mit dem Reflexivpronomen überhaupt.

druck also „nicht so genau nimmt", weil sein Informationsbedürfnis keine genaue Auslegung verlangt und weil beide, Hörer und Sprecher von der objektiven Unschärfe der Kausalität ausgehen können, und der Sprecher diesen Umstand einkalkuliert:

(10)   Rede ruhig weiter. Der beruhigt sich schon wieder.

Es ist gleichgültig, ob der Betreffende etwas tut. Hauptsache ist, dass es geschieht. Der Sprecher benutzt die in der Sprache vorhandene vollsemantische Reflexivkonstruktion als Mikrokonstruktion der (intransitiven) Vorgangskonstruktion. Er verlässt sich darauf, dass der Hörer die Konstruktionsbedeutung und die Konstruktion medial verschieben wird. Das ist ein Vorgang der Verkürzung auf Grund von Implikaturen, die der Hörer mit einer gewissen inneren Notwendigkeit vornimmt und die der Sprecher erwarten kann, und zwar im Sinne der Wittgenstein'schen Leiter, vgl. Wittgenstein (1964b: 6.54):

> Meine Sätze erläutern dadurch, daß sie der, welcher mich versteht, am Ende als unsinnig erkennt, wenn er durch sie – auf ihnen – über sie hinaufgestiegen ist. (Er muß sozusagen die Leiter wegwerfen, nachdem er auf ihr hinaufgestiegen ist.)

Das heißt: Die Sprecher/Hörer können von vornherein ein Zeichen mit der Absicht verwenden, es metaphorisch über sich hinaus verweisen zu lassen.[8]

Die Variabilität der Welt erfordert Variabilität der Ausdrücke. Eine Sprache mit wohldefinierten invarianten Begriffen könnte ihre Funktion als Verständigungs- *und* Denkmittel nicht erfüllen. Die Metapher ist ein elementares Kommunikations- und Erkenntnisinstrument (Lakoff/Johnson 1980, Lakoff 1987), mit dessen Hilfe die Sprecher/Hörer kreativ über vorhandene Konstruktionen und Projektionen hinaus gelangen. Die Metapher ist die Leiter, die sie benutzen, um sie anschließend wegzuwerfen.

Ein Indiz für die Reduzierung zum medialen Reflexivum ist der präpositionale Anschluss (vgl. auch Kap. 15):

(11)   Paul ärgert sich über Egon.

Wenn sich Paul über Egon ärgert, dann stehen sich nicht *Paul* und *sich* als Agens und als Patiens gegenüber, sondern Paul als Vorgangsträger oder Agens und Egon als derjenige, über den sich Paul ärgert, vgl. auch:

---

[8] Eine Token-Konstruktion kann jedoch auch in der Schwebe bleiben zwischen wörtlicher und übertragener Bedeutung (für den Hörer, aber auch für den Sprecher): „Der Minister zeigte sich zuversichtlich." – (1) Medial: Der Minister war zuversichtlich. (2) Reflexiv: Er demonstrierte, zuversichtlich zu sein. (3) Implikatur aus (2): Er tat so, als ob er zuversichtlich sei.

(12)   Paul ärgert sich über sich.

Das erste *sich* in (12) ist medial, das zweite *sich* (*über sich*) ist vollsemantisch reflexiv. Ein doppelt vollsemantisch reflexives *sich* wäre tautologisch.

11.1.1 Medialkonstruktion mit persönlichem Subjekt

Mit Haspelmath (1987) kann man Medialkonstruktionen mit persönlichem Subjekt (13a) und Medialkonstruktionen mit sachlichem Subjekt (13b) unterscheiden.[9]

(13)   a. Emil verletzt sich.
       b. Der Bestand vergrößert sich.

Medialkonstruktionen mit persönlichem Subjekt bilden wie bei Haspemath die Brücke vom referentiellen vollsemantischen Gebrauch zum medialen Gebrauch.
  Diese Ableitung lässt sich diachron bestätigen. So kamen im älteren Latein im Unterschied zum klassischen Latein mediale Reflexiva fast ausschließlich nur mit personalem Subjekt vor (Reichenkron 1933). Hermoddson (1952) gelangt zum gleichen Ergebnis in Bezug auf das Gotische und die westgermanischen Sprachen. Dal (1966: 155 f.) schließt aus dem Vergleich des Gotischen mit dem Althochdeutschen, dass reflexive Verben mit sachlichem Subjekt erst im Althochdeutschen häufiger wurden.
  Bei den betreffenden Verben mit personalem Subjekt geht es oft (wie bei *ärgern*) um Psych-Verben:

(14)   a. Egon beruhigt Emil.
       b. Egon beruhigt sich.

Ein Hörer könnte *beruhigen* in (14b) so verstehen wie in (15) umschrieben:

(15) $Egon_i$ bewirkt, dass er_i ruhig wird.

Es wird impliziert, dass Egon durch geeignete Maßnahmen (also durch irgend etwas, was er selbst tut) sein Ruhigwerden bewirkt, vgl.:

---

9 Haspelmath verwendet die Termini ‚endoreflexiv' und ‚anticausativ' (vgl. oben (3)).

(16) a. Egon bewirkt dadurch, dass er etwas tut, dass Emil ruhig wird.
  b. Egon$_i$ bewirkt dadurch, dass er etwas tut, dass er$_i$ ruhig wird.

Das Indefinitpronomen *etwas* ist eine Variable, die z. B. durch ‚gut zureden' substituiert werden kann (vgl. auch Kap. 5):

(17) Egon$_i$ bewirkt dadurch, dass er$_i$ sich gut zuredet, dass er$_i$ ruhig wird.

Der kognitiv-semantische Prozess, der schließlich zum Verblassen der Metapher und zur Medialisierung führt, besteht in einer Reduzierung der semantischen Struktur der Reflexivkonstruktion (vgl. oben (1)). Der Aspekt der Kausativierung wird eliminiert. Von Interesse ist allein der Vorgang, dass Egon ruhig wird. Aus einer Handlungskonstruktion wird eine Vorgangskonstruktion:

(18) a. Egon beruhigt sich = Egon$_i$ bewirkt dadurch, dass er$_i$ sich gut zuredet, dass er$_i$ ruhig wird.
  b. Egon beruhigt sich. = Ergon wird ruhig.

Das Reflexivum bleibt als mediales *sich* (*mich*, *dich* usw.) stehen. Als Folge der ursprünglichen Transitivität bleibt auch das *haben*-Perfekt zurück. Denn die syntaktische Form ist konservativer als die Semantik.

Auch Nicht-Psych-Verben können, wenn sie reflexiv gebraucht werden, in ihrer Vorzugsbedeutung medial sein:

(19) sich verletzen, sich vorbeugen, sich anstrengen, sich setzen, sich ausruhen, sich rasieren, sich kämmen, sich waschen

Diese Verben können wie Psych-Verben (und überhaupt Verben mit persönlichem Subjekt) als Tätigkeitsverben aufgefasst werden. So wird der Satz (20a) wahrscheinlich von den meisten Sprechern/Hörern nicht mehr als Handlungssatz interpretiert, weil heutzutage kaum jemand zum Barbier geht, um sich rasieren zu lassen, sondern als einstelliger Tätigkeitssatz mit einem medialen Reflexivum, ebenso wie (20b, c), und zwar analog zu (20d).

(20) a. Er rasiert sich.
  b. Er kämmt sich.
  c. Er wäschst sich.
  d. Er popelt/masturbiert.

Konstruktionen mit persönlichem Subjekt sind die Brücke zu Konstruktionen mit sachlichem Subjekt. Letztere bilden jedoch den Typ der medialen Vorgangskonstruktion, auf den es vor allem ankommt.

11.1.2 Medialkonstruktion mit sachlichem Subjekt

Reflexive Konstruktionen, die als Medialkonstruktionen vor allem interessieren, sind nicht Konstruktionen mit typischerweise personalem Subjekt, sondern Konstruktionen mit typischerweise sachlichem Subjekt:

(21) a. Der Zweig biegt sich.
      b. Die Tür öffnet sich.
      c. Die Temperatur erhöht sich.
      d. Das Wasser sammelt sich.
      e. Das Gas erhitzt sich.

Von einem extensionalen Invarianz-Standpunkt aus sollte man annehmen, dass diese Konstruktionen von vornherein medial sind und gar keinen reflexiven Ursprung haben können, weil leblose Dinge nicht wie Menschen auf sich selbst einwirken können. Danach sollte die Möglichkeit einer entsprechenden zuvor vollsemantisch reflexiven Token-Konstruktion ausgeschlossen sein. Sprachgebrauchsbezogen müsste man dann das Entstehen unpersönlicher Medialkonstruktionen allein aus Analogie zu persönlichen erklären.

Dennoch können auch unpersönliche Medialkonstruktionen auf einen metaphorischen Ursprung aus vollsemantischen Reflexivkonstruktionen zurückgeführt werden, und zwar nicht nur als Type, sondern auch als einzelne Token. Man kann es nämlich durchaus so sehen, dass der Zweig (21a), die Tür (21b), die Temperatur (21c), das Wasser (21d), das Gas (21e), den Vorgang, dessen Träger sie sind, als Agens (im prototypentheoretischen Sinne), also als „eine Art" Agens, (mit)verursachen.

Die Sprecher/Hörer können die betreffenden Gegenstände als Gegenstände auffassen, die das Geschehen kontrollieren und verantwortlich dafür sind, dass sich der betreffende Vorgang an ihnen vollziehen kann, also dass ein Zweig *in eine Bogenform gerät* (21a), dass eine Tür *aufgeht* (21b), dass die Temperatur *steigt* (21c), dass Wasser an einen bestimmten Punkt *fließt* (21d) (vgl. Kap. 3), und zwar vermöge bestimmter Bedingungen (der Agenshaftigkeit im prototypischen Sinne), die den betreffenden Dingen in der Realität denkbarer Weise zukommen.

Gegeben sei das Ereignis, dass ein Zweig eine Bogenform annimmt, etwa weil ein Vogel auf ihm Platz nimmt oder weil *der Zweig sich unter der Last des*

Regens oder des Schnees biegt. Gegeben sei ferner das Verb *biegen*, von dem angenommen sei, dass es bisher nur transitiv verwendet worden ist, also nur in der Handlungsbedeutung vorkam, und dass es kein anderes passendes Verb gibt.[10] Es kann aber einem Sprecher darauf ankommen, dieses Geschehen nicht als Handlung des Vogels darzustellen, sondern als einen Vorgang. Dann liegt es nahe, das Ganze so darzustellen, als tue der Zweig etwas, womit er *gleichsam* auf sich selbst zurückwirkt. Die Metapher wird zum Vehikel, mit dessen Hilfe das Geschehen als Vorgang auf der Basis der Handlungsbedeutung und in der Nominativ-Akkusativ-Konstruktion *gedacht* wird. Die Metapher ist wieder die Wittgenstein'sche Leiter, die nicht nur der Hörer, sondern auch der Sprecher in dem Moment wegwirft, in dem er sie gebraucht hat.

Es ist darüber hinaus oft schwer auszumachen, ob nicht in einem faktischen Sinne eine Selbstbewegung vorliegt und wenn nicht, wo denn nun die eigentliche Verursachung liegt. Meist wird bspw. eine Tür von jemandem geöffnet. Sie kann aber durch Zugluft geöffnet werden. Die Tür kann auch „von allein" immer wieder *aufgehen*, weil sie jemand schief angebracht hat (Ursache a) und weil Gravitation wirkt (Ursache b). Gehört ferner bei einer sich automatisch öffnenden/schließenden Tür der Mechanismus, der die Tür öffnet, zur Tür oder nicht? Ist die Person, die sich der Tür nähert, Agens oder der Sensor, der das Öffnen auslöst? Die Möglichkeit dieser Fragen zeigt die objektive Unschärfe der Verursachung – und damit eine der Quellen der Unschärfe des Agens als einer prototypentheoretisch zu bestimmenden Rolle. Ursache wiederum für diese Unsicherheiten ist die Multikausalität von Ereignissen. Die objektive Dialektik der Erscheinungen liegt der subjektiven Dialektik ihrer sprachlich-kognitiven Wiedergabe zu Grunde.

Diese objektive Unschärfe ist jedoch nicht nur die Grundlage, sondern auch die Bedingung der metaphorischen Ausdrucksweise. Weil die Welt so vielfältig und multikausal ist, können sich die Sprecher darauf verlassen, dass die Hörer das Metaphorisch-Gleichnishafte des Gesagten verstehen und die Metapher nicht wörtlich nehmen. Mit anderen Worten: Sie können sich darauf verlassen, dass die Hörer das 1. Argument letztlich nicht als Agens, auch nicht als Agens im prototypentheoretischen Sinne (als eine Art Agens), interpretieren werden, sondern als Vorgangsträger. Die mögliche Auffassung des 1. Arguments als ein Agens im prototypentheoretischen Sinne ist somit nur Bedingung und Durchgangsstadium der Interpretation der Konstruktion als Vorgangskonstruktion.

---

10 Das Verb *biegen* wurde ursprünglich nur transitiv verwendet (vgl. Pfeifer 1995). Ein entsprechendes nicht-reflexives Vorgangsverb scheint es nicht gegeben zu haben. Heutige metaphorische nicht-reflexive Umschreibungen sind: *eine Bogenform annehmen, in eine Bogenform geraten*.

Gegen diese Ableitung könnten Token-Konstruktionen wie (22) und (23) sprechen:

(22) a. Der Zusammenhang zeigt sich darin, dass ...
b. Sein Verhalten erklärt sich daraus, dass ...
c. Sein Verhalten erweist sich als ungerechtfertigt.[11]
d. Das Ganze stellt sich als unzulänglich dar.

(23) a. Das Glas/der Raum füllt sich.
b. Der Schlüssel findet sich/Das findet sich.
c. Thron schreibt sich mit th.
d. Das Ergebnis teilt sich wie folgt auf.

Aber auch (für 22) und (23) gilt das Merkmal der primären Verantwortlichkeit. Der Satz (22a) bspw. sagt, dass der Zusammenhang sich quasi von selbst zeigt – weil er bspw. dermaßen evident ist, dass er „in die Augen springt", so dass das Zutun der Personen, die diese kognitiven Operationen ausführen, nur von untergeordneter Bedeutung ist. Analoges gilt für (22b–d) und für (23).

Diese Beispiele, aber auch die Beispiele (21) zeigen noch ein Weiteres: Wenn die Sprecher/Hörer dem 1. Argument (dem Subjektsargument) die Rolle ‚Agens' im prototypischen Sinne zuordnen (und in der Konsequenz – unbeabsichtigt – eine Vorgangskonstruktion kreieren), dann deshalb, weil das vom Argument Denotierte wirklich Agensmerkmale hat (Eigenschaften, die es erleichtern oder auch ermöglichen, dass sich an ihm der beschriebene Vorgang vollzieht). Dieser Effekt bleibt. Etwas „bleibt hängen", nämlich, dass etwas leicht und reibungslos geht.

Der Weg, auf dem unpersönliche Medialkonstruktionen entstehen und zu erklären sind, entspricht also dem Weg der persönlichen Medialkonstruktionen. Aus vollsemantisch reflexivem Gebrauch entsteht medialer Gebrauch.[12]

Dennoch bleibt die Bildung von unpersönlichen Medialkonstruktionen restringiert:

(24) a. *Das Gras mäht sich.
b. *Das Haus baut sich.
c. *Ein Schachspiel eröffnet sich.
d. *Ein Schachspiel verliert/gewinnt sich.
e. *Das Universum erforscht sich.

---

[11] *Sich erweisen* ist inhärent reflexiv.
[12] Analogien zur früher entstandenen persönlichen Type-Medialkonstruktion und zur Type-Medialkonstruktion kommen hinzu.

Haspelmath (1990: 45) führt als Beispiele an.

(25) a. *Der Brief schreibt sich.
 b. *Das Heu (Gras, K. W.) mäht sich.

Er nimmt (1987: 15) als Bedingung der Medialisierung einen „*unspecific change of state*" an. Ausgangspunkt ist für ihn, dass nur solche Handlungssätze medialisiert werden können, die auch ohne initiierenden Aktor aufgefasst werden können. Die Zusatzbedingung ist (ebd.):

> For a change in the undergoer to come about spontaneously, the change may not be effected with too specific means. Thus, all actions are excluded which imply specific instruments or methods [...]

Eine direktere Erklärung ist wiederum die perzeptive Bedingung der Vorstellbarkeit und die Bedingung der Relevanz (vgl. 5.4.2). Denn die Restriktionen bestätigen die Bedingung, dass die Instantiierung von Medialkonstruktionen von der Möglichkeit abhängt, sich das Nominativ-Argument als Agens im prototypischen Sinne vorzustellen. Es scheint in (24) und (25) nämlich kein Grund in Sicht, dem Gras (24a) oder dem Haus (24b) ein Agensmerkmal (eine spezifische Verantwortung für den Vollzug des Geschehens) zuzubilligen. Wie durch ein unsichtbares Band bleiben unpersönliche Medialkonstruktionen an eine gewisse Agenshaftigkeit des Subjekts gebunden. Die Sprecher/Hörer müssen sich eine Rückbezüglichkeit als teilweise Selbstverursachung vorstellen können, d. h. eine Agenshaftigkeit des Subjektsarguments im Sinne von primärer Verantwortlichkeit. Auf diese Weise ist die Konstruktionsvererbung von der reflexiven Handlungskonstruktion auf die mediale Vorgangskonstruktion nicht nur ein diachron zurückliegender Vorgang, sondern nach wie vor in der gegenwärtig-synchronen Tätigkeit der Sprecher/Hörer präsent.

Ein Indiz für die Angemessenheit der vorgenommenen Ableitung von Medialkonstruktionen mit sachlichem Subjekt sind modalisierte Medialkonstruktionen.[13]

11.1.3 Modalisierte Medialkonstruktion

Fügt man den Konstruktionen (24) und (25) Modifikatoren wie *leicht*, *gut*, *schnell* hinzu, so verschwindet die Unakzeptabilität (Ungrammatikalität):

---

[13] Die Benennung ‚modalisierte Medialkonstruktion' resultiert aus dem Umstand, dass konstruktionsgrammatisch die bequeme Unterscheidung von „regulären" Medialverben und „irre-

(26) a. Das Gras mäht sich leicht.
　　 b. Das Haus baut sich schnell.
　　 c. Ein Schachspiel eröffnet sich leicht.
　　 d. Ein Schachspiel verliert/gewinnt sich leicht.
　　 e. Das Universum erforscht sich (nicht so) leicht.

Für Akzeptabilität reicht u. U. bereits das Demonstrativum aus oder die Kontrastbetonung des Artikels (der Gebrauch des Artikels als Demonstrativum):

(27) a. Dieser/dér Brief schreibt sich.
　　 b. Dieses/dás Gras mäht sich.

Die Veränderung, die diese Sätze akzeptabel macht, ist jedoch typischerweise die Hinzufügung von Modifikatoren wie *leicht*.

(28) a. Der Brief schreibt sich leicht.
　　 b. Das Gras mäht sich leicht.

Die zuvor ungrammatischen, weil uninterpretierbaren Sätze (22), (23) werden interpretierbar (weil sinnvoll) und folglich grammatisch. Die Kontrastbetonung oder ein Modifikator wie *leicht* geben dem Hörer Anhaltspunkte für die Akzeptabilität (und folglich die Relevanz) der Mitteilung. Die Kontrastbetonung oder Zusätze wie *leicht* implikieren eine saliente Alternative (zum Begriff Maienborn 2007). Denn aus einem Zusatz wie *leicht* folgt, dass es Briefe geben muss, die leicht oder weniger leicht geschrieben werden können, dass es Gras gibt, das leicht oder weniger leicht gemäht werden kann.[14] Aus der Mitteilung, dass sich gerade dieses Gras mäht oder dieser Brief schreibt (Kontrastbetonung), entsteht über die Implikatur der salienten Alternative die weitere Implikatur, dass es an dem konkreten Gegenstand selbst liegt, dass seine Behandlung leicht ist, dass m. a. W das Agens-Merkmal der primären Verantwortlichkeit vorliegt – und dass der Sprecher das ausdrücken wollte (wodurch er – ungewollt – eine Vorgangskonstruktion schafft). Denn man kann sich relativ leicht Situationen vorstellen, in denen sich ein bestimmter Brief wegen einer besonderen Qualität, einer besonderen inhaltlichen Schwierigkeit, leicht oder nicht leicht schreiben lässt, ein bestimmtes Gras leicht oder nicht leicht (oder gar nicht) gemäht werden kann

---

gulären" (weil projektionistisch nicht fassbaren) Medialkonstruktionen nicht möglich ist (vgl. Anm. 1 oben).
14 Einen analogen Effekt hat *lassen*. Es verweist auf eine saliente Alternative: *Der Brief lässt sich schreiben/nicht schreiben. Das Gras lässt sich mähen/nicht mähen.*

(weil es z. B. zu nass oder zu lang ist). Erreicht wird die Interpretierbarkeit des Subjekt-Arguments als Agens im prototypischen Sinne auf Grund des Merkmals der primären Verantwortlichkeit. Das Gras selbst ist letztlich verantwortlich dafür, dass man es leicht mähen kann.[15]

Es handelt sich also bei modalisierten Medialkonstruktionen um Token-Konstruktionen einer gesonderten Mikro-Medialkonstruktion, in die typischerweise eine Modifikatorkonstruktion (z. B. *leicht*) konventionalisiert fusioniert ist (vgl. Kap. 6).

Modalisierte Medialkonstruktionen sind weiter entfernt von den ursprünglichen vollsemantischen Reflexivkonstruktionen als persönliche und unpersönliche Medialkonstruktionen (als Medialkonstruktionen im engeren Sinne). Daraus ist zu schließen, dass dieser Typ der Medialkonstruktion später entstanden ist. Vorangegangen und etabliert ist zuvor die Technik der Medialisierung über die Merkmale der Kontrolle und der Verantwortlichkeit. Durch Modalisierung wird Agenshaftigkeit als Bedingung der Medialisierung bewahrt und gleichzeitig das Muster der Medialkonstruktion ausgedehnt.

Auch die Ergebnisse der empirischen Diachronie deuten in diese Richtung. Es finden sich offenbar keine Hinweise auf modalisierte Medialkonstruktionen dieses Typs im Althochdeutschen. Wilmanns (1909) erwähnt sie als Randfall und bringt nur neuhochdeutsche Beispiele. Dal (1966: 156) verweist auf einen Einfluss aus dem Französischen:

> Gelegentlich findet man Reflexivkonstruktionen mit rein passiver Bedeutung; diese Fügungen scheinen aber von französischem Einfluß herzurühren. Die französischen Reflexivkonstruktionen mit passiver Bedeutung sind seit der mhd. Zeit im Deutschen nachgebildet worden, besonders in der literarischen Sprache [...] In der modernen Sprache leben solche Ausdrücke fort in Verbindung mit einem modalen Adverb: *das Pferd reitet sich gut*; *das Buch liest sich leicht*; *hier lebt es sich angenehm*.

Möglicherweise hat es eines Anstoßes von außen bedurft, das Sprachspiel der Medialisierung auszudehnen. Wenn die Sprecher es ausdehnen, dann gelingt das aber dadurch, dass diese Ausdehnung bereits in der eigenen Sprache angelegt ist. Denn eine kontaktsprachliche Verursachung muss auf geeignete analoge innere Bedingungen in der Zielsprache treffen.

---

15 Wagner (1977) interpretiert medialisierte Medialkonstruktionen als dispositiv mit Bezug auf den Dispositionsbegriff bei Ryle (1949). Fagan (1992) beschreibt diese Konstruktionen entsprechend durch die Merkmale ‚noneventive' und ‚modal'. Haspelmath (vgl. oben (22)) nennt die Konstruktion *potential passiv*.

Passivische Bedeutung und Reflexivpassiv

Dal (oben) spricht von „rein passiver Bedeutung". Auch Buscha (1982), Wagner (1977) und Haspelmath (1990) bezeichnen modalisierte Medialkonstruktionen als passivisch.

Alle Medialkonstruktionen sind insofern passivisch, als es sich analog zum Passiv um Vorgangskonstruktionen handelt, die durch Handlungsverben instantiiert werden. Die oben erwähnte Interpretation gerade von modalisierten Medialkonstruktionen als passivisch hat mit dem tradierten engeren Passivbegriff zu tun, der das „Passivische" daran bindet, dass sich eine Flexionskategorie ‚Passiv' ausgebildet hat. Gegenüber einer wortbildungsmäßigen Abwandlung ist eine flexivische Abwandlung durch ihre annähernde Durchgängigkeit ausgezeichnet. Nahezu alle transitiven Verben können in die Passivform gesetzt werden, aber bei weitem nicht alle transitiven Verben können im engeren Sinne medial (in persönlichen und in unpersönlichen Medialkonstruktionen) verwendet werden. Eine Flexionskategorie ‚Reflexivpassiv' kann daher nur aus der letzten Stufe der Medialisierung, der modalisierten Medialkonstruktion, entstehen.

Denn modalisierte Medialkonstruktionen unterscheiden sich von nicht-modalisierten persönlichen und unpersönlichen Medialkonstruktionen darin, dass die Instantiierung vergleichsweise unrestringiert ist. Das macht sie einer Flexionskategorie wie dem *werden*-Passiv ähnlich. Der Operator *sich* ähnelt hier einem Flexionsmorphem.

In nicht-modalisierten Medialkonstruktionen ähnelt der Operator *sich* dagegen einem Wortbildungsaffix, da die Affigierung nicht relativ durchgängig möglich ist. Wie affigierte Wörter werden *sich* + Verb in diesem Fall bei entsprechender Häufigkeit + Konventionalisierung als Medialverben ins Lexikon aufgenommen (vgl. oben, vgl. auch Kap. 12). Das wiederum gilt nicht für modalisierte Medialkonstruktionen.

Eine Parallele von modalisierter Medialkonstruktion und *werden*-Passiv besteht im Deutschen ferner darin, dass nur modalisierte Medialkonstruktionen ihre Reichweite in Form von unpersönlichen Konstruktionen mit *es* erweitern, vergleichbar wiederum dem unpersönlichen Passiv:

(29) a. Auf dem Sofa sitzt/schläft es sich gut.
 b. Es reist sich angenehm mit diesem Zug.
 c. Es tanzt sich gut mit ihm.
 d. Mit diesem Füller schreibt es sich gut.
 e. Mit Worten hilft es sich leicht.
 f. Es antwortete sich darauf nicht leicht.
 g. Es diskutierte sich leicht darüber
 h. Auf dem Hügel baut es sich leicht.

In diesen Prozess werden wie beim unpersönlichen Passiv auch nicht-transitive Verben einbezogen (vgl. (29a–g)).

Es gibt im Unterschied dazu keine nicht-modalisierten unpersönlichen Medialkonstruktionen, vgl.:

(30) a. *Es öffnet sich mit dem Schlüssel.
 b. *Es reist sich mit diesem Zug.

Was modalisierte Konstruktionen jedoch weiterhin von einem Reflexivpassiv trennt, ist eben die Modalisierung.

Ein Reflexivpassiv im eigentlichen Sinne (wie im Französischen oder Portugiesischen) liegt erst vor, wenn der Aspekt der Modalisierung ausbleicht und in der Tendenz verschwindet. Dennoch bleiben auch hier Folgebedingungen bestehen (vgl. Fagan 1992). Die Grenzen im Deutschen deuten (31) und (32) an:

(31) a. Das neue Buch von ... verkauft sich gut/leicht.
 b. Das neue Buch von ... verkauft sich millionenfach.
 c. ?Das neue Buch von ... verkauft sich gestern/seit gestern.

(32) a. Dieses Buch liest sich gut.
 b. Das Buch liest sich spannend.
 c. *Das Buch liest sich.

Ein neutrales *sich gestern/seit gestern verkaufen* im Sinne von *seit gestern verkauft werden* (*gestern war Start des Verkaufs*) analog zum Portugiesischen *vende se*, das man an Häusern findet, die verkauft werden sollen, oder ein neutrales *sich lesen* ist im Deutschen (noch) abweichend. Man muss m. E. stets Kontrast assoziieren: Zuvor ist das Buch nicht gut oder überhaupt nicht verkauft worden (31c). Oder der Sprecher muss (32c) intonatorisch oder durch Gesten begleiten, um zu implizieren: ‚Das Buch liest sich hervorragend'. Grund der noch nicht stärker stattgefundenen Verallgemeinerung im Deutschen ist die Existenz des *werden*-Passivs.

Agens-Anschluss als Modifikator

Vom *werden*-Passiv unterscheiden sich Medialkonstruktionen auch dadurch, dass ein Urheber nicht durch einen Modifikator analog zur *von*-PP beim Passiv in die Argumentkonstruktion fusioniert werden kann. Dieser Umstand resultiert m. E. daraus, dass der Vorgangsträger metaphorisch aus dem Agens entstanden ist und dass der metaphorische Zusammenhang in der sprachlichen Tätigkeit der Sprecher/Hörer erhalten bleibt, so dass ein vergleichbar direkter Bezug nicht möglich ist, der beim Passiv ein Bezug auf den in der Konstruktion nicht realisierten, aber vorausgesetzten Urheber des Vorgangs ist, vgl.:

(33) a. Der Zweig wurde vom Wind gebogen.
b. *Der Zweig bog sich vom Wind.
c. Der Zweig bog sich durch den Wind/weil es windig war/weil der Wind ihn bog.

(34) a. Er wurde von vielen geärgert.
b. *Er ärgerte sich von vielen.
c. Er ärgerte sich, weil viele ihn ärgerten (ihn kritisierten, verspotteten, ...)

Die rückbezügliche Ursprungsbedeutung des Operators *sich* lässt sich offenbar nicht restlos eliminieren.

Eine Besonderheit unpersönlicher modalisierter Medialkonstruktionen
In einigen Fällen können an die Stelle von unpersönlichen Konstruktionen mit Modifikatoren wie *auf dem Sofa* (35a), *mit diesem Füller* (36a) persönliche modalisierte Medialkonstruktionen treten, in denen ein Nominativ-Argument an die Stelle des Modifikators tritt, vgl. (35b) und (36b):

(35) a. Auf dem Sofa sitzt es sich gut.
b. Das Sofa sitzt sich gut.

(36) a. Mit diesem Füller schreibt es sich gut.
b. Dieser Füller schreibt sich gut.

Die Relation zur Lokalbestimmung (35a) ähnelt Fällen wie:[16]

(37) a. Bienen summen im Garten.
b. Der Garten summt vor Bienen.

(38) a. Bees are swarming in the garden.
b. The garden is swarming with bees.

Dieser Zusammenhang und das Phänomen überhaupt bedarf weiterer Aufklärung.

---

16 Vgl. zu diesen Salkoff (1983).

11.2 Projektionsvererbung

Wie im Falle von Passiv-Konstruktionen ergibt sich während des Prozesses der Konstruktionsvererbung eine Verkürzung der Konstruktionsvererbung zur Projektionsvererbung. Dabei kommt es zu einem Ergebnis, das analog zum *werden*-Passiv ist. Beim *werden*-Passiv nehme ich an, dass es durch die Passivform des Verbs (über eine Projektion 2. Stufe) projiziert wird und auf dieser Grundlage in die Vorgangskonstruktion instantiiert wird (vgl. Kap. 10). In beiden Fällen entstehen Token-Vorgangskonstruktionen, die durch Handlungsverben (transitive Verben) instantiiert werden. Dennoch sind Voraussetzungen und Wege sehr unterschiedlich, begonnen bei dem Umstand, dass Passivkonstruktionen aus Subjektsprädikativ-Konstruktionen entstehen und Medialkonstruktionen aus transitiven reflexiven Konstruktionen.

Beide Konstruktionen (Passivkonstruktion und Medialkonstruktion im engeren Sinne) greifen auf das Patiens des zu Grunde liegenden Verbs zurück. Zu dieser Gemeinsamkeit ist es auf unterschiedlichen Wegen gekommen. Bei der Passiv-Konstruktion geht die Projektionsvererbung auf die Projektionsvererbung des verbalen Patiens-Arguments auf das Partizip II der attributiven Konstruktion zurück. Bei der Medialisierung ist die Projektionsvererbung des Patiens-Arguments des Verbs auf das Vorgangsträger-Argument der Medialkonstruktion durch die Reflexivität vermittelt. Ein auf sich selbst als Patiens zurückbezogenes Agens-Argument wird metaphorisch als Vorgangsträger gedeutet. Ergebnis ist die Projektionsvererbung des projizierten Patiens-Arguments auf das Vorgangsträger-Argument.

Die Projektionsvererbung unterscheidet sich bei der Medialkonstruktion im engeren Sinne wegen des wortbildungsmäßigen (und nicht flexivischen) Charakters dieser Konstruktion von der Projektionsvererbung beim *werden*-Passiv. Neue Token-Medialkonstruktionen entstehen zunächst als Instantiierungen von Medialkonstruktionen durch Handlungsverben. Mit der Konventionalisierung dieser Token-Konstruktionen wird die Verbindung aus Verb + Reflexivum lexikalisiert. Dadurch wird die betreffende Token-Konstruktion zu einer normalen Vorgangkonstruktion, die durch das aus Reflexivum + Verb(stamm) bestehende Medialverb instantiiert wird. Mit anderen Worten: Vor der Konventionalisierung (und Lexikalisierung) wird eine Medialkonstruktion als Mikrokonstruktion der Vorgangskonstruktion durch ein Handlungsverb instantiiert (39a). Nach der Konventionalisierung wird die Makrokonstruktion ‚Vorgangskonstruktion' durch ein Medialverb instantiiert (39b).

(39) a. $\text{Nom}_{Vt} - sich$ *beruhigen*

    b. $\text{Nom}_{Vt} -$ *sich beruhigen*

Das Schema (39a) stellt also die produktive Verwendung der Medialkonstruktion vor Aufnahme eines reflexiven Verbs ins Lexikon dar, nämlich den Umstand, dass neue Verben in das Muster ‚Nom$_{Vt}$ – sich' implementiert werden können. (39b) bildet die Verhältnisse nach der Aufnahme eines Verbs + Operators *sich* (z. B. *sich beruhigen*) ins Lexikon ab. Das ursprüngliche Reflexivum wird zu einem Operator, einem Translativ im Tesnière'schen Sinne umgedeutet, analog zu einem Wortbildungsaffix und analog zur Präfigierung oder Partikelverbbildung (vgl. Kap. 16). Das Medialverb instantiiert nach seiner Aufnahme ins Lexikon eine Vorgangskonstruktion – wie andere intransitive Verben.

11.3 Fazit

Medialkonstruktionen entstehen durch Konstruktionsvererbungen von Handlungskonstruktionen in Vorgangskonstruktionen. Es lassen sich drei Stufen des Vererbungsprozesses rekonstruieren. Sie ergeben persönliche, unpersönliche und modalisierte Medialkonstruktionen – und die im Deutschen nicht erreichte Stufe des Reflexivpassivs.

(40) vollsemantische Reflexivkonstruktion → Medialkonstruktion mit persönlichem Subjekt (persönliche Medialkonstruktion) → Medialkonstruktion mit sachlichem Subjekt (unpersönliche Medialkonstruktion) → modalisierte Medialkonstruktion (→ Reflexivpassiv)

Aus den Prozessen der Konstruktionsvererbung resultiert wie beim Passiv eine Vererbung des projizierten Patiens-Arguments des instantiierenden Verbs auf das Vorgangsträger-Argument der Medialkonstruktion. Während jedoch beim persönlichen Passiv das Vorgangsträger-Argument vergleichsweise direkt aus dem Patiens-Argument ererbt ist (über die vorangegangene Vererbung beim Partizip II), ist das Vorgangsträgerargument der Medialkonstruktion zunächst aus dem Agens-Argument der reflexiven Handlungskonstruktion ererbt. Der in der verkürzenden Projektionsvererbung erscheinende Bezug auf das Patiens-Argument entsteht durch die Reflexivität, d. h. durch die Identifizierung von Patiens und Agens.

Durch Konstruktionsvererbung, die sich synchron beständig wiederholt (Stichwort: Produktivität), werden Verben in Medialkonstruktionen implementiert. Sobald aus Verb + Reflexivum per *entrenchment* ein im Lexikon eingetragenes Medialverb entstanden ist, instantiiert dieses Medialverb (als Vorgangsverb) eine Vorgangskonstruktion wie andere nicht-reflexive Vorgangsverben. In der modalisierten Medialkonstruktion kommt es auf Grund der stärkeren

Produktivität dieser Konstruktion, die sich auch in der Ausbildung der unpersönlichen modalisierten Medialkonstruktion zeigt, nicht zu Lexikalisierungen als Medialverben. Es ergibt sich ein flexionsartiger Status wie beim *werden*-Passiv, eine Vorstufe zur möglichen Ausbildung eines Reflexivpassivs.

Die Medialkonstruktion ist wie die Passivkonstruktion eine Vorgangskonstruktion. Die Konstruktionsvererbung von reflexiven Token-Handlungskonstruktionen in die Medialkonstruktion eröffnet wie die Vererbung von Token-Subjektsprädikativ-Konstruktionen in die Passivkonstruktion den Sprechern/Hörern die Möglichkeit, Verben konvers zu ihrer im Lexikon eingetragenen Projektion in Vorgangskonstruktionen zu implementieren. Jeweils vererbt sich die Projektion des 2. oder 3. Patiensarguments auf das 1. Argument, den Vorgangsträger. Effekt der Konstruktions- und Projektionsvererbung ist die (nicht-intendierte) Umgehung des Strukturerhaltungsprinzips (vgl. Kap. 12).

12 Argumentfolge und Vererbung

Coercionen (Kap. 5) und Konstruktionsvererbungen (Kap. 10 und 11) liegt ein Prinzip der Strukturerhaltung als Nichtumkehr der Argumentfolge zu Grunde. Nach einer zusammenfassenden Begründung des Strukturerhaltungsprinzips folgt eine Auseinandersetzung mit Gegenargumenten. Denn das Strukturerhaltungsprinzip wird durch die Existenz labiler Verben (12.1) und durch die Beschaffenheit englischer Medialkonstruktionen (12.2) in Frage gestellt.

Verben können Konstruktionen instantiieren, die sie nicht projizieren (vgl. Kap. 5). Beispielsweise können einstellig intransitive Verben höherstellige Konstruktionen instantiieren (1)–(3). Umgekehrt können transitive Verben intransitive Konstruktionen instantiieren (4) und (5).

(1) a. Er schnarcht.
    b. Er schnarcht sie wach.

(2) a. Der Wagen quietscht.
    b. Der Wagen quietscht um die Ecke.

(3) a. Er tanzt.
    b. Er tanzt einen flotten Tanz.

(4) a. Emil baut ein Haus.
    b. Ein Haus baut.

(5) a. Emil öffnet die Tür.
    b. Emil öffnet.

Die Analyse des Wechselverhältnisses von Projektion und Konstruktion (Kap. 5) hat ergeben, dass Verben mit ihrer im Lexikon eingetragenen Projektion per Coercion in höherstellige oder geringerstellige Konstruktionen implementiert werden. Da Verben mit ihrer gegebenen Projektion in Konstruktionen implementiert werden, ist eine konverse Instantiierung nicht möglich. Intransitiv einstellige Verben können in höherstellige Konstruktionen (1)–(3) und transitive Verben können in intransitive Konstruktionen (4), (5) nur unter der Bedingung implementiert werden, dass die jeweils 1. Argumente übereinstimmen.

Ausgeschlossen ist also eine Instantiierung, wenn die Argumentfolgen von Verb (verbaler Projektion) und Konstruktion gegenläufig sind, wenn also eine konverse Relation zwischen verbaler Projektion und Konstruktion vorliegt.

(6) a. Emil$_{Ag}$ baut ein Haus$_{Pat}$.
    b. *Ein Haus$_{Pat}$ baut.

(7) a. Emil_Ag öffnet die Tür_Pat.
    b. *Die Tür_Pat öffnet.

Ich nenne dieses Prinzip der Parallelität der Strukturen (Konstruktionen und Projektionen) nach Planck (1985) Prinzip der Strukturerhaltung (Strukturbewahrung, Plank ebd.: 158) und formuliere es wie folgt:

(8) Verben lassen sich nur unter der Bedingung in eine Konstruktion implementieren, dass sie ihre Argumente in einer Reihenfolge projizieren, die der Reihenfolge der Argumente der Konstruktion entspricht – und nicht entgegengesetzt (konvers) zur Reihenfolge der Argumente der Konstruktion.

Das Prinzip der Strukturerhaltung folgt aus dem generellen Prinzip der Analogie (vgl. H. Paul 1975: 106–120).

Synonyme Konstruktionen (Vorgangskonstruktionen) zu transitiven Handlungskonstruktionen mit einer konversen Instantiierung stellen sich erst durch langwierige Prozesse der Konstruktionsvererbung und Projektionsvererbung her (u. a. durch Medialisierung und Passivierung), und zwar auf (unbeabsichtigten) Umwegen und nicht durch eine direkte Transformation oder Derivation zum Zwecke der konversen Implementierung:

(9) a. Ein Haus baut sich leicht.
    b. Ein Haus wird gebaut.

(10) a. Die Tür öffnet sich.
     b. Die Tür wird geöffnet.

Als mögliche Gegenbeispiele gegen diese Hypothese der Strukturerhaltung (der Beibehaltung der Reihenfolge) kann man labile (akkusativische versus unakkusativische bzw. ergativische) Verben des Deutschen (11)–(13) oder Englischen anführen sowie Medialverben und Medialkonstruktionen des Englischen (14) und (15).

(11) a. Emil kocht Suppe.
     b. Die Suppe kocht.

(12) a. Der Wind trocknet die Wäsche.
     b. Die Wäsche trocknet.

(13) a. Anna zerbricht den Stock.
     b. Der Stock zerbricht.

(14) a. He opened the door.
b. The door opened.

(15) a. He bent the branch.
b. The branch bent.

12.1 Labile Verben (akkusativische – unakkusativische Verben)

Labile Verben[1] sind Verben, die sowohl intransitiv als auch transitiv gebraucht werden können (die sowohl transitive als auch intransitive Konstruktionen instantiieren können), bei denen jedoch das 1. oder einzige Argument des intransitiven Gebrauchs (16b, c) entweder dem 1. Argument (16b) oder dem 2. Argument (16c) der transitiven Konstruktion (16a) entspricht:

(16) a. Die Mutter kocht die Suppe.
b. Die Mutter kocht.
c. Die Suppe kocht.

In Wörterbüchern werden die beiden Verwendungen labiler Verben wie Bedeutungsvarianten eines Verbs behandelt. Sie erscheinen nicht als Homonyme, also als unterschiedliche Verben. Denn labile Verben erwecken den Eindruck, dass eine unmittelbare konverse Instantiierung möglich ist, also eine Instantiierung gegen das Prinzip der Strukturerhaltung. Dieser Eindruck entsteht im Deutschen dadurch, dass es keine formalen Kennzeichen des Unterschiedes gibt, die auf Konstruktionsvererbung hinweisen. Dem Strukturerhaltungsprinzip zufolge sollte jedoch der jeweils konverse Gebrauch eines labilen Verbs auf Konstruktionsvererbung zurückgehen – wie im Falle des Passivs und des Mediums.

In der Generativen Grammatik werden intransitive Verben in zwei Klassen von Verben gegliedert: Es gibt (1) Verben mit einem in situ generierten Subjekt und einem in situ generierten Objekt, das an der Oberfläche nicht realisiert werden muss. Das sind die traditionellen intransitiv gebrauchten transitiven Verben (Verben mit fakultativem Objekt-Argument). Es gibt (2) Verben, die im engeren Sinne intransitiv sind. Sie besitzen kein Subjekt in der Tiefenstruktur, die Position des Subjekts bleibt in der Tiefenstruktur daher unbesetzt. Ihr Tiefenstruktur-Objekt wird als Subjekt an der Oberfläche realisiert. Sie erlauben daher kein

---

[1] Zum Terminus vgl. Kulikov (2001).

Objekt in der Oberflächenstruktur. Diese bilden die ergativen bzw. unakkusativischen Verben und enthalten die entsprechende Gruppe der labilen Verben.

Im Falle (2) wird in der Generativen Grammatik Transformation angenommen. Das ist eine indirekte Bestätigung des Strukturerhaltungsprinzips. Eine Transformation (oder Derivation) muss angenommen werden, da eine einfache Implementierung des transitiven Verbs in die intransitive Konstruktion auf Grund des Strukturerhaltungsprinzips nicht möglich ist.

Diese Gruppe (2) spielt als unakkusativische (ergative) Verben versus akkusativische Verben eine exemplarische Rolle für das Transformationskonzept der Generativen Grammatik.[2] Angenommen wird eine Vererbungsrelation von einer akkusativischen (unergativen) Struktur dieser Verben zu einer unakkusativischen (ergativen), also eine Vererbungsbeziehung von der transitiven Konstruktion auf die intransitive Konstruktion – wie bei der Passivtransformation (vgl. Kap. 10 (2)).

(17)

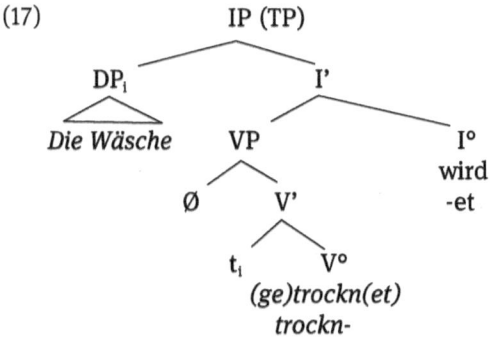

(18) a. Der Wind trocknet die Wäsche.

b. Die Wäsche trocknet.
Die Wäsche wird getrocknet.

Ergative Konstruktionen werden in der Generativen Grammatik also wie Passivkonstruktionen aus einer zu Grunde liegenden abstrakten transitiven Tiefenstruktur durch Transformation abgeleitet.[3] In einem Konzept der lexikalischen

---

[2] Hinzu kommt, dass das Prinzip der Ergativität in Relationaler und Generativer Grammatik über labile Verben hinaus ausgedehnt wird, und zwar auf Verben, die kein unergatives Pendant besitzen, z. B. *kommen* oder *gelingen* im Deutschen (vgl. Grewendorf 1989, vgl. auch Welke 2002).

[3] Der Ableitungsmechanismus wurde ursprünglich von Perlmutter (1978) formuliert und in die von ihm begründete *Relational Grammar* übernommen.

Derivation muss dem entsprechend die intransitive Verwendung aus der transitiven abgeleitet werden.

Labile Verben sind im Deutschen (vgl. u. a. Brinkmann 1972):[4]

(19) a. beginnen, anfangen, aufhören, schließen, wechseln
   b. schmelzen, kochen, backen, dünsten, braten, schmoren, garen, brennen, verbrennen, tauen, auftauen, einfrieren, anbrennen, ausbrennen, einbrennen, trocknen, härten, aufweichen, bleichen, eindicken
   c. brechen zerbrechen, ausbrechen, aufbrechen, durchbrechen, zerreißen, durchreißen, einreißen, ausreißen, wegreißen, kleben, zusammenkleben, (aber nicht: leimen, haften), durcheinanderwirbeln (aber nicht: mischen), stürzen
   d. zukrachen, ersticken, rollen, fahren, fliegen, landen, starten, aufsetzen, stecken

Spuren, die auf partielle Produktivität (auf Spuren einer sprachgebrauchsbezogenen Vererbung) schließen lassen, sind nicht zu erkennen. Diachron sollte es jedoch einmal eine Entwicklung gegeben haben. Das heißt, entweder die intransitive Variante mit der Bedeutung ‚Vorgangskonstruktion' sollte die ursprüngliche Variante sein oder die transitive Variante mit der Bedeutung ‚Handlungskonstruktion'. Interpretiert als Hypothese über den Sprachgebrauch würde die generative Ableitung/Vererbung besagen: Grundsätzlich gehen diachron (in der sprachlichen Tätigkeit) transitive Strukturen intransitiven Strukturen voraus.

Etymologische Wörterbücher geben oft keine oder nur eine indirekte Auskunft über syntaktische Verwendungen. Aus Pfeiffer (1993) ist zu entnehmen, dass bspw. schmelzen in der starken Flexion[5] und *tauen*, *kleben*, *brennen* und *brechen* ursprünglich Vorgangsverben waren, dass die Entwicklung also von der intransitiven zur transitiven Konstruktion verlaufen ist, also entgegengesetzt zur Annahme der Relationalen und Generativen Grammatik.[6]

Es zeichnen sich drei semantische Gruppen von ergativen Verben ab: Veränderungen von Aggregatzuständen von Dingen (20a), Veränderungen (oder Bewahrung) der Ganzheitlichkeit von Dingen (20b), Ortswechsel bzw. Bewegung von Dingen (20c):

---

4 Zu Kriterien der Abgrenzung bzw. Identifizierung von ergativen Verben im Deutschen (die über den durch labile Verben abgesteckten Kreis hinausgehen, vgl. Anmerkung 2) vgl. Grewendorf (1989), vgl. auch Welke (2002).
5 Auch bei *hängen* variieren starke und schwache Flexion entsprechend.
6 Als Transformation aufgefasst, wäre die Vererbung von der intransitiven Konstruktion auf die transitive Konstruktion folglich mit einem Mehr an Struktur verbunden und nicht wie in der Generativen Grammatik üblich mit einem Weniger.

(20) a. schmelzen, verbrennen, tauen, auftauen, einfrieren, anbrennen, ausbrennen, einbrennen, trocknen, aufweichen, bleichen
   b. brechen zerbrechen, einbrechen, ausbrechen, aufbrechen, durchbrechen, zerreißen, durchreißen, einreißen, ausreißen, wegreißen, kleben, zusammenkleben, (*aber nicht:* leimen, haften), durcheinanderwirbeln (*aber nicht:* mischen)
   c. zukrachen, ersticken, rollen, fahren, fliegen, landen, starten, aufsetzen, stecken, stürzen, hängen

Die Verben (20) bezeichnen bis auf die *kochen*-Verben meist Vorgänge an Dingen, die auch ohne Zutun des handelnden Menschen möglich sind. Deren ältere Bedeutung könnte daher die Vorgangsbedeutung sein. Vor allem die unpräfigierten Verben und Nicht-Partikelverben *schmelzen, tauen, kleben, brennen* und *brechen* (vgl. oben) scheinen ursprünglich intransitive Verben gewesen sein. Das gilt möglicherweise auch für Verben des Ortswechsels und der Bewegung wie *rollen, stecken, stürzen*.[7]

(21) a. Der Stein/der Ball rollt über den Weg.
   b. Er rollt den Stein über den Weg.

Die ergativische Vorgangsbedeutung scheint also die systematisch und diachron originäre Bedeutung gegenüber der transitiven Bedeutung zu sein. Das entspricht dem übergreifenden Befund, dass in weiter zurückliegenden Sprachperioden des Deutschen Vorgangsverben überwogen und die Bildung von Handlungsverben aus Vorgangsverben die vorherrschende Richtung war. Ein Indiz dafür ist die massenhafte Bildung von *jan*-Verben, d. h. Ableitungen (Projektionsvererbungen) von transitiven (kausativen) Verben aus intransitiven Verben, z. B. *stehen – stellen, sitzen – setzen, liegen – legen* (vgl. Henzen 1965). Eine Entwicklung in der Gegenrichtung von transitiven Verben zu intransitiven Verben bzw. passivischen Verbformen setzte erst später mit den Konstruktionsvererbungen zu Medial- und Passivkonstruktionen ein.

Die (reale) Vorgängigkeit der ergativischen (unakkusativischen) Vorgangsbedeutung (Intransitivität) passt auch zu der Hypothese, dass das Indoeuropäische ursprünglich eine Ergativsprache war.

---

[7] Die Verben *fahren, fliegen, landen, starten* sind m. E. keine labilen Verben. Zum einen handelt es sich um die Instantiierung (per Coercion) von intransitiven Verben *(landen, fahren)* in transitive Konstruktionen: *Der Pilot landete. – Der Pilot landete das Flugzeug.* Zum anderen liegt Metonymie vor: *Der Pilot landete. – Das Flugzeug landete. Er fuhr. – Das Auto fuhr.*

Indizien für eine generelle Vorgängigkeit von Intransitivität liefern ferner Untersuchungen von Goldin-Meadow (2003; vgl. auch Goldin-Meadow/Mylander 1998; Goldin-Meadow et al. 2008). Diese beziehen sich auf spontane Entwicklungen einer Zeichensprache bei hör-behinderten Kindern. Unabhängig voneinander entwickelten Kinder in unterschiedlichen Sprachgemeinschaften Zeichensprachen ergativen Typus.

Es sollte also bei labilen Verben einen Übergang (Konstruktionsvererbung, Projektionsvererbung) vom intransitiven Gebrauch zum transitiven Gebrauch gegeben haben.

Ich ziehe zwei alternative Hypothesen in Betracht: (1) Es liegt keine Konstruktionsvererbung in einem engeren Sinne vor, sondern eine Implementierung, die man als Implementierung per Coercion in einem etwas abgewandelten Sinne ansehen kann. Es handelt sich um eine unmittelbare Implementierung eines intransitiven Verbs in eine transitive Konstruktion, bei der die Projektion des 1. verbalen Arguments auf das 2. Argument der Konstruktion vererbt wird. Diese Implementierung muss daher nicht durch Präfix- oder Partikelkonstruktionen (oder Suffixkonstruktionen wie bei *jan*-Verben) vermittelt werden.

Die Hypothese lässt sich partiell durch Beobachtungen aus dem Sprachgebrauch stützen. Bei Halliday (2004) findet sich das Satz-Paar (22a, b). In einem deutschen Beleg findet sich (reimbedingt) die Bildung (23b):

(22)   a.   The soldiers marched.
       b.   He marched the soldiers.   Halliday 2004: 295

(23)   a.   Er ist davon geschwommen.
       b.   Großes Wasser ist gekommen, hat ihn schnell davon geschwommen.
                                        Johannes Bobrowski, Levins Mühle

Beide Sätze (22b) und (23b) sind zwar nur eingeschränkt akzeptabel, scheinen aber nicht völlig ungrammatisch zu sein und nicht a priori auszuschließen.

Implementierungen wie in (22b) und (23b) widersprechen nicht völlig dem Strukturerhaltungsprinzip. Denn sie erfolgen nicht entgegen der Argumentfolge (nicht konvers) wie in der Generativen Grammatik bei der Transformation der transitiven in die intransitive Struktur, sondern sie erfolgen nur versetzt, nämlich als eine Art Parallelverschiebung, nämlich vom projizierten 1. Argument auf das 2. Argument der transitiven Konstruktion, also nicht wie in (24), sondern wie in (25):[8]

---

[8] Bezogen auf den typologischen Begriff der Promotion von der Objekt- zur Subjekt-Position: Promotion ist sprachgebrauchsbezogen dann die Beförderung von der Position des 1. Arguments auf die des 2. Arguments.

(24) a. Er rollte den Stein über den Weg.

b. Der Stein rollte über den Weg.

(25) a. Der Stein rollte über den Weg.

b. Er rollte den Stein über den Weg.

Eine solche Parallelverschiebung widerspricht nicht direkt dem Strukturerhaltungsprinzip, so wie ich es vorausgesetzt habe, erfordert aber eine erweiterte Fassung.

Ein weiteres denkbares Szenario ist (2) eine Überblendung der intransitiven Konstruktion durch die transitive. Auch dieser liegt eine solche Parallelverschiebung zu Grunde. Die Entwicklung erfolgt weiterhin von der Vorgangskonstruktion zur Handlungskonstruktion und nicht von der Handlungskonstruktion zur Vorgangskonstruktion. Ein ursprünglich 1. Argument wird auf die 2. Position promoviert:

(26) a. Die Wäsche trocknet.

b. Die Sonne trocknet die Wäsche.

Einen analogen Weg (27) nimmt eine hypothetisch anzusetzende Operation der Überblendung einer Kopulakonstruktion durch eine Nominativ-Akkusativ-Konstruktion (vgl. 4.7.2).

(27) a. Die Wäsche ist trocken.

b. Die Sonne macht die Wäsche trocken.

Man könnte auf analoge Weise auch die Entstehung von *AcI*-Konstruktionen erklären, nämlich durch Überblendung von intransitiven Konstruktionen durch transitive Konstruktionen (28), (29).

(28) a. Emil kommt.

b. Egon sieht Emil kommen.

(29) a. Die Wäsche trocknet.

b. Die Sonne lässt die Wäsche trocknen.

12.2 Medialkonstruktionen im Englischen

Ein zweiter Einwand gegen das Prinzip der Strukturerhaltung ergibt sich aus der Beschaffenheit von Medialkonstruktionen des Englischen. Denn den reflexiven Medialkonstruktionen des Deutschen entsprechen im Englischen nicht-reflexive intransitive Konstruktionen, vgl. (30) versus (31) und (32) versus (33):

(30) a. Er öffnet die Tür.
b. Die Tür öffnet sich.

(31) a. He opens the door.
b. The door opens.

(32) a. Er biegt den Zweig.
b. Der Zweig biegt sich.

(33) a. He bends the branch.
b. The branch bends.

Auch modalisierte Medialkonstruktionen des Deutschen haben nicht-reflexive englische Entsprechungen:

(34) a. Porcelain breaks easily.
b. The car starts quickly.

Verben wie *open* oder *bend* des Englischen, ähneln daher, da sie im intransitiven Gebrauch kein Reflexivum aufweisen, labilen Verben und werden auch gelegentlich als solche bezeichnet (z. B. bei Kulikov 2001).

Da diese Verben nicht mit einem Reflexivpronomen vorkommen, das der Transformation vom transitiven Gebrauch in den intransitiven Gebrauch im Wege steht, könnten sie transformationell-generativ wie ergative Verben durch Bewegung eines oberflächlichen Subjekts aus einer zu Grunde liegenden Objektposition einer transitiven Struktur analysiert werden.

Dennoch – und das ist ein erster Einwand – werden intransitive Verwendungen von bspw. *open* auch im Englischen oft als medial *(medium verbs, middle verbs)* von im Engeren labilen oder ergativen Verben unterschieden.

Die im Kap. 11 vorgenommene Ableitung von Medialkonstruktionen aus transitiven Konstruktionen im Deutschen hat darüber hinaus ein Vorbild in der Ableitung medialer Konstruktionen im Englischen durch Van Oosten (1977, 1986). Van Oosten (1986), die wie Welke (1988, 2002) an die prototypentheoretische Agens-Definition Lakoffs (1977) anknüpft, geht dem Phänomen nach, dass das Subjekt in bestimmten Konstruktionen eine Zwischenstellung zwischen Agens und Nicht-Agens (Vorgangsträger) einzunehmen scheint. Sie spricht von „*patient-subject sentences*". Sie hält zwar an der traditionellen denotativen Rollenbenennung fest, indem sie sowohl die Objekt-Rolle in der transitiven also auch die Subjekt-Rolle in der entsprechenden intransitiven Konstruktion als Patiens bezeichnet. Wichtig ist aber die Feststellung (ebd.: 85):

> The role of any true agent is irrelevant, that is, it is considered to be irrelevant by the speaker for the purpose of his assertion.[9]

Dem liegt das Lakoff'sche Merkmal der subjektiv begründeten *primary responsibility* zu Grunde (vgl. Kap. 3): Die Sprecher werten das durch das Subjekt Denotierte in der intransitiven Konstruktion im gegebenen Zusammenhang als primär verantwortlich für das Geschehen, also als agenshaft.

Van Oosten (1986) unterscheidet zwei Gruppen von *patient-subject sentences: responsibility patient-subject sentences und independence-of-action patient-subject sentences*. Das Patiens (im denotativen Sinne), das die Subjekt-Position einnimmt, hat jeweils Agens-Merkmale.

In *responsibility patient-subject sentences* beschreibt Van Oosten das von ihr als Patiens eingestufte Argument auf der Grundlage der Lakoff'schen Agens-Definition:

> The agent has primary responsibility for the action and the resulting change, that is, the resulting change would not have come about without the action of the agent.

Es handelt sich um das agentivische Patiens in modalisierten Medialkonstruktionen wie in (34) oben.

Independence-of-action patient-subject sentences sind Konstruktionen wie (31b) und (33b). Sie werden ebenfalls auf der Grundlage der Lakoff'schen Agensdefinition beschrieben als:

> The agent is the energy source, that is, nothing is acting on the agent to cause the agent to bring about the resulting change.

Van Oosten zufolge bilden also im Englischen im Unterschied zum Deutschen nicht Handlungskonstruktionen die Grundlage der Metapher, sondern man muss im Englischen Tätigkeitskonstruktionen als Grundlage annehmen.

Festzuhalten ist, dass Van Oosten ebenfalls nicht den transitiven, sondern den intransitiven Gebrauch zu Grunde legt. Ferner erklärt sie die Ableitung

---

9 *True agent* ist das denotative Agens auf der als eindeutig voraus gesetzten Sachverhaltsebene.

ebenfalls durch metaphorischen Gebrauch: Ein Vorgang wird metaphorisch auf der Grundlage einer Tätigkeit dargestellt. (35a) ist in wörtlicher Bedeutung wie die deutsche Entsprechung (35b): ‚Der Zweig tat etwas aus sich selbst heraus'.

(35) a. The branch bent.
b. Der Zweig bog sich.

Originär intransitiv sind jedoch nur ergative (unakkusativische) Verben. Denn nicht-ergative intransitive Verben sollten, wie es bereits die traditionelle Interpretation als intransitiv gebrauchte Verben besagt, auf transitive Verben zurückgehen, die per Coercion strukturerhaltend in intransitive Konstruktionen implementiert werden (vgl. Kap. 5). Wenn man also die intransitiven Verben *open* und *bend* nicht als ergative Verben interpretiert, so sollte es auch im Englischen kein einstelliges Verb *open* oder *bend* geben, sondern nur die zweistelligen transitiven Verben *open* und *bend*, die wie die deutschen Entsprechungen intransitiv gebraucht werden können (in intransitive Konstruktionen gezwungen werden können). Aber die englischen Medialkonstruktionen sind nicht äußerlich erkennbar ursprünglich transitiv. Denn sie enthalten kein Reflexivpronomen.

Die einzige verbleibende Möglichkeit, diesen Widerspruch zu vermeiden, besteht darin, im Englischen wie im Deutschen und wie sprachübergreifend (vgl. Kap. 11) die Entstehung von Medialverben aus einer vollsemantisch transitiven Reflexivkonstruktion anzunehmen – trotz fehlenden Reflexivums.

Damit schlägt man einen Weg ein, der in englischen beschreibenden Grammatiken verfolgt wird. Man geht bei der Einführung der entsprechenden Konstruktionen von vollsemantischen Reflexivkonstruktionen aus und stellt fest, dass das Reflexivpronomen bei endoreflexivem Gebrauch weggelassen werden kann. Weiterhin wird festgestellt, dass es bei Emphase wieder erscheinen kann.

(36) a. He washed.
b. He washed himself.

So heißt es bspw. bei Lambrecht (1986: 422):

> Reflexiv werden die in der Regel unbetonten Formen mit *-self* nur dann gebraucht, wenn eine echte Rückbeziehung vorliegt, d. h. wenn eine Handlung vom Subjekt an sich selber (als direktes oder indirektes Objekt) vollzogen wird. [...] Bei deutlicher Rückbeziehung auf das Subjekt werden ursprünglich transitive Verben wie *dress, hide, shave, wash* gewöhnlich ohne das reflexive Pronomen (also intransitiv) gebraucht.

Die Beobachtung Lambrechts folgt dem Sprachgebrauch in traditionellen beschreibenden Grammatiken, wo zwischen Medialität und Reflexivität nicht unterschieden wird.[10] Die Aussage läuft aber auf eine Erklärung des medialen Gebrauchs aus dem reflexiv-transitiven hinaus, bei dem das Reflexivpronomen nicht realisiert wird.[11]

12.3 Fazit

Das Strukturerhaltungsprinzip verhindert eine Implementierung von Verben in eine Argumentkonstruktion entgegen der Reihenfolge der projizierten Argumente. Dieses Prinzip wird durch die Existenz labiler Verben und durch die Medialisierung im Englischen nicht in Frage gestellt. Bei labilen Verben geht die intransitive Verwendung in einem sprachgebrauchsbezogenen Sinne nicht, wie in der Generativen Grammatik angenommen, auf die transitive Verwendung zurück, sondern auf die intransitive Verwendung. Unterschiedliche Faktoren weisen bei labilen Verben darauf hin, dass es sich sprachgebrauchsbezogen diachron entweder um eine Implementierung eines intransitiven Verbs in eine transitive Konstruktion oder um eine Überblendung der intransitiven durch die transitive Konstruktion handelt. Weder eine Implementierung des ergativen Verbs in die transitive Konstruktion noch eine Überblendung der intransitiven durch die transitive Konstruktion widerspricht dem Strukturerhaltungsprinzip. Erforderlich ist im Falle der Implementierung eine erweiterte Fassung des Strukturerhaltungsprinzips, die die Möglichkeit einer Parallelverschiebung vorsieht.

Im Englischen gehen mediale Vorgangskonstruktionen wie im Deutschen durch Konstruktionsvererbung aus transitiven Reflexivkonstruktionen hervor. Das ist wie im Deutschen ein Prozess, in dem über den metaphorischen Gebrauch Token-Vorgangskonstruktionen aus reflexiven Token-Handlungskonstruktionen entstehen. Im Englischen wurde bei der Herausbildung medialer Konstruktionen das Reflexivpronomen nicht wie im Deutschen zu einem verblassten grammatischen Operator herabgestuft, sondern getilgt.

---

10 Statt „bei deutlicher Rückbeziehung auf das Subjekt" sollte es besser heißen: wenn klar ist, dass als Patiens nur das vom 1. Argument Denotierte selbst und kein anderer gemeint ist (was zugleich die Brücke zur Medialität ist).
11 In Welke (1997, 2002) wurde Medialität wie in Van Oosten (1977, 1986) projektionistisch abgeleitet. Dafür, dass das Englische nicht den Weg über Reflexivität gegangen ist, wurde der Hinweis auf vollsemantische Reflexivität durch das Affixoid -self verantwortlich gemacht. Dieser Umstand muss nunmehr neu interpretiert werden als Grund, bei medialem Gebrauch das Reflexivum der Deutlichkeit halber wegzulassen, weil durch -self die ursprüngliche vollsemantische Reflexivität zu stark und offenbar nicht nivellierbar betont wird.

13 Weitere Vererbungen in Vorgangskonstruktionen

Gegenstand des Kapitels sind $Nom_{Ag/1}$-$Präd_{Inkorp}$-Konstruktionen (13.1), Nom-Akk_{Menge}-Konstruktionen (13.2) und passivische Konstruktionen mit *bekommen, kriegen, erhalten* (13.3). Es handelt sich bei ihnen wie bei Medialkonstruktionen (Kap. 11) um Vererbungen von Handlungs- in Vorgangskonstruktionen.

Bereits traditionell wird bei dem Nominativ-Akkusativ-Muster ein Schnitt gemacht zwischen allseits akzeptierten $Nom_{Ag/1}$-$Akk_{Pat/2}$-Konstruktionen und homonymen bzw. homonym werdenden Nominativ-Akkusativ-Konstruktionen wie (1).

(1) a. Er fährt Motorrad.
    b. Das Brot kostet zwei Euro.
    c. Der Zweig biegt sich.

(1a) ist ein Beispiel einer $Nom_{Ag/1}$-$Präd_{Inkorp}$-Konstruktion. (1b) exemplifiziert eine Nom-Akk_{Menge}-Konstruktion und (1c) eine Medialkonstruktion (Kap. 11).

Formal-syntaktisch sind alle diese Konstruktionen Nominativ-Akkusativ-Konstruktionen. Es handelt sich bei (1) jedoch um Token-Konstruktionen, die sich semantisch so weit aus der schematischen Nominativ-Akkusativ-Handlungskonstruktion lösen, dass man sie als homonym zu dieser ansehen muss. Sie werden zu Mikrokonstruktionen innerhalb der (einstelligen) Vorgangskonstruktion.

13.1 $Nom_{Ag/1}$-$Präd_{Inkorp}$-Konstruktion

Die $Nom_{Ag/1}$-$Präd_{Inkorp}$-Konstruktion ist eine Konstruktion mit einem komplexen Prädikat, das durch Inkorporation des $Akk_{Pat/2}$-Argumentes in das Prädikat entsteht. Meist wird diese Konstruktion zu den Funktionsverbgefügen gezählt. Ich unterscheide jedoch Inkorporationen eines Substantivs ins Prädikat von den eigentlichen, präpositionalen Funktionsverbgefügen (vgl. Welke 2007a). Bei Inkorporationen von Substantiven ins Prädikat wird nicht das regierende Verb zu einem Hilfsverb im Prädikat herabgestuft wie in präpositionalen Funktionsverbgefügen, sondern das ursprüngliche 2. Argument wird zu einem unselbständigen Prädikatbestandteil (wie das Reflexivum in Medialkonstruktionen). Mit anderen Worten: Es handelt sich nicht um ein komplexes Prädikat, das aus zwei Prädikaten entsteht, und folglich nicht um eine komplexe Argumentkonstruktion. Typische formale Unterschiede zur Nom$_{Ag/1}$-Akk$_{Pat/2}$-Konstruktion sind Artikellosigkeit und Plurallosigkeit des Substantivs, das Fehlen von Attributen und daraus folgende Indefinitheit (Duden 2005). Das Idiom [*Zeitung lesen*] ist ein typisches Beispiel für eine solche Inkorporation.

Voraussetzung ist die Annahme, dass der inkorporierte Prädikatbestandteil prototypisch (originär) auf ein Akk$_{Pat/2}$-Argument zurückgeht.

Inkorporationen wie (2a) könnte man alternativ auf Präpositionalphrasen zurückführen:

(2) a. ein Motorrad fahren
    b. mit dem Motorrad fahren

Bei (3–6) ist das allein möglich:

(3) a. Bock springen
    b. über den Bock springen

(4) a. brustschwimmen
    b. auf der Brust schwimmen

(5) a. Ski laufen
    b. auf Ski laufen

(6) a. Treppen steigen
    b. auf Treppen steigen

Ich nehme keine Ableitung aus Direktiva und lokalen Modifikatoren (4) an, sondern eine analogische Ausdehnung des N-A-Musters.

Interessant sind des Weiteren Konstruktionen wie (7), für die Analoges gilt:

(7) a. Er wohnt Schillerstraße Nr. 15.   H. Paul 1958: 456
    b. Gehst Du Karstadt?
    c. Ich mach dich Messer.
    d. Ich mach dich Krankenhaus.
    e. Ich mache Kiste (gehe ins Tor).   Wim (8 Jahre alt): mdl. Beleg

Wiese (2006) verweist auf die Analogie zu Nom$_{Ag/1}$-Präd$_{Inkorp}$-Konstruktionen, die sie zu den Funktionsverbgefügen zählt. Sie verweist außerdem auf den Baby-Talk, z. B.:

(8) Aua machen/Heia machen

Auch Ableitungen aus Kommandos der Art (9) seien möglich.

(9) Platz!/Pfötchen!

Ich nehme ein maximal verallgemeinertes, weil morphologisch reduziertes, Nominativ-Akkusativ-Muster (Subjekt-Objekt-Muster) an. In dieses wird das Verb per Coercion implementiert, vergleichbar dialektalen Alternationen wie:

(10) a. Er fragt mich/mir.
 b. Er hilft mir/mich.

Token-Konstruktionen wie (7b–d) sind spezifisch das, was Wiese Kietzdeutsch nennt und als einen neuen Dialekt ansieht. Sie kommen aus der Jugendsprache, wahrscheinlich von Jugendlichen mit türkischer Muttersprache, könnten also kontaktsprachlich vermittelt sein. Sie wurden in die allgemeine Jugendsprache übernommen und fassen auch in der Umgangssprache Fuß. Grundlagen der Entwicklung könnten sein: Im Deutschen ist die Nominativ-Akkusativ-Konstruktion der vorherrschende Konstruktionstyp. Das Türkische besitzt keinen bestimmten Artikel. Direktiva werden nicht präpositional, sondern durch den Dativ kodiert. Im Deutschen ist der Dativ (der dem türkischen Dativ entsprechen würde) im Singular nicht synthetisch kodiert. Also wird die artikel- und kasuslose Form des Substantivs verwendet:

(11) Gehst Du Karstadt/U-Bahn.

Das ist eine Entwicklung, die im Deutschen bereits vor sich geht, vgl. den Abbau der Morphologie, Konstruktionen wie (7a) und die akkusativischen Funktionsverbgefüge ohne Artikel (2a)–(6a).

13.2 Nom$_1$-Akk$_{Menge/2}$-Konstruktion

Rostila (2007) betrachtet Konstruktionen wie (12a,b) als Token einer gesonderten Konstruktion, und zwar als eine „Generalisierung über die A-Strukturen (Argument-Strukturen, K. W.) von Verben wie *wiegen, betragen, kosten, dauern* und *währen*", vgl. (ebd.: 349–50):

> Besonders interessant beim adverbialen Akkusativ ist, dass er sich u. U. auf die gleiche Weise herausgebildet hat wie nach der zentralen These dieser Arbeit auch grammatikalisierte PO-P (präpositionale Argumente, K. W.) und sonstige A-Strukturkonstruktionen: ein

für gewisse Verben typisches Komplementationsmuster hat sich selbständig gemacht bzw. ist als eigenständiges Zeichen ins Leben gerufen worden.

(12) a. Er wiegt 70 kg.
 b. Das kostet 2 Euro.

Rostila interpretiert Konstruktionen dieser Art als Argument-Konstruktionen. Nach traditioneller Valenzauffassung sollte es sich um Konstruktionen mit Modifikatoren handeln. Modifikatoren wiederum muss man konstruktionsgrammatisch als selbständige Konstruktionen betrachten und erst nach Kombination mit einer Argument-Konstruktion als Teile einer komplexeren Konstruktion (vgl. Kap. 6; vgl. auch Rostila ebd.: 325). Modifikatoren wie in (12) werden andererseits valenzgrammatisch wegen der Obligatheit der Menge-Akkusative traditionell als Ergänzungen betrachtet. Es handelt sich also um einen klassischen Fall des prototypischen Übergangs zwischen Argumenten und Modifikatoren (vgl. Zifonun/Hoffmann/Strecker 1997; Welke 2002).

Die Akkusative bei *wiegen*, *betragen*, *kosten*, *dauern* und *während* zeigen gewisse Argumenteigenschaften. Der hybride Status zwischen Argument und Modifikator wird in bestimmten Substitutionen deutlich. So sind bei einzelnen dieser Verben auch Nicht-Mengen-Angaben möglich, vgl.:

(13) a. Das kostet 10 Euro.
 b. Das kostet seinen guten Ruf/gewaltige Anstrengungen.

Rostila interpretiert (13b) als einen Fall konzeptueller Anpassung an die $Nom_{Ag/1}$-$Akk_{Pat/2}$-Konstruktion.

Gegen einen Argumentstatus von (13a) spricht, dass kein Personalpronomen substituiert werden kann, vgl. Rostila (ebd.: 358):

(14) a. Das kostet 100 Euro/*sie.   Rostila 2007: 358 (44a, b)
 b. Der Sack wiegt einen Zentner/*ihn.

Für den Argumentstatus spricht aber die Möglichkeit der Substitution durch ein Interrogativpronomen (15a) oder durch *wie* + Pronomen *viel* (15b), vgl. aber (16).

(15) a. Was kostet/wiegt dieser Sack?
 b. Wie viel kostet/wiegt dieser Sack.

(16) a. *Was dauert/währt das?
 b. Wie lange dauert/währt das?

Auf einer pronominalen Auffassung von *viel, wenig, nichts* beruhen die Unterschiede zwischen (17a) und (17b).

(17) a. Das kostet/wiegt viel/wenig/nichts/*sehr.
b. Das wiegt viel/wenig/nichts/schwer/*sehr.
c. Das dauert/währt *viel/*wenig/*nichts/lange.

Es kommt also die Problematik der Abgrenzung von Argument und Modifikator hinzu.

Man könnte (Richard Schrodt p. c., vgl. auch Grimm'sches Wörterbuch) für Verben wie *dauern, wiegen, kosten* folgende Ableitungen annehmen. *Dauern* ist zunächst intransitiv „aushalten, bestehen", etwa:

(18) Mhd.: *mit dem swerten düren* (im Kampf).

Es kommt zu Instantiierungen per Coercion in N-A-Konstruktionen (Konstruktionen mit sog. innerem Objekt), etwa (19a) und von hier aus zu Token-Konstruktionen wie (19b). Der Gebrauch des Verbs wird auf den Zeitbezug eingeengt, der ursprüngliche Akkusativ wird als Modifikator gedeutet, der ausnahmsweise Bestandteil der entstehenden konventionalisierten Mikrokonstruktion ist. Das Agens wird zum Vorgangsträger umgedeutet.

(19) a. Sie dauern (bestehen) den Kampf.
b. Sie dauern den Tag.
c. Der Kampf dauert zwei Tage.

Analog entwickelten sich *kosten* und *wiegen*. *Wiegen* ist zunächst transitiv ‚etwas bewegen'. Es wird verengt auf das Bewegen des Gegengewichts beim Wiegen: ‚Ein Korb Kartoffeln wiegt (bewegt, hält in der Waagerechten) ein bestimmtes gegenständliches Gewicht.' Das Gewicht wird zur Maßeinheit abstrahiert.

Die inneren Objekte werden als Modifikatoren reanalysiert. Darauf weist die Substituierbarkeit durch Adverbien hin. Das kann man auch aus dem semantischen Unterschied zwischen (20a) und (20b) folgern.

(20) a. Der Kampf dauert drei Tage.
b. Der Kampf überdauert drei Tage.

Die Zeit- bzw. Mengebezeichnungen behalten jedoch Argumenteigenschaften. Valenziell drückt sich das in der Obligatheit aus. Sie werden daher in der

Valenztheorie traditionell als Ergänzungen betrachtet (vgl. oben). In Welke (1988, 2002) werden sie als ausnahmsweise obligatorische Angaben eingestuft.

Ich interpretiere die Mengenbezeichnungen als Modifikatoren, die Bestandteil einer Argumentkonstruktion geblieben sind – und nicht durch Fusion hinzukommen. Es sind Mikrokonstruktionen, die konventionalisiert einen Modifikator enthalten (vgl. Kap. 6).

13.3 Passivische Konstruktionen mit *kriegen*, *bekommen*, *erhalten*

Ein krasser Außenseiter der Vererbung von Handlungskonstruktionen in Vorgangskonstruktionen ist die passivische Konstruktion mit *kriegen*, *bekommen*, *erhalten* (vgl. Lenz 2013):

(21) Er bekommt/kriegt/erhält einen Brief.

Es handelt sich um Vorgangskonstruktionen mit einem stehen bleibenden Akkusativ-Patiens-Argument. Ihre Entwicklung ist der von Medialkonstruktionen und Inkorporations- und Mengenkonstruktionen ähnlich. In allen Fällen werden Handlungskonstruktionen zu Vorgangskonstruktionen, indem das Agens-Argument zu einem Vorgangsträger-Argument umgedeutet wird. Nur bleibt im Falle der *bekommen/kriegen/erhalten*-Konstruktion das Akkusativ-Patiens-Argument ausnahmsweise als vollsemantisches Patiens-Argument stehen. Es wird also nicht zu einem semantisch verblassten potentiellen Verbaffix (wie das Reflexivpronomen) herabgestuft und nicht zu einer Modifikator-ähnlichen Mengenbezeichnung und nicht zu einem Bestandteil eines Prädikats. Diachron handelt es sich um Handlungskonstruktionen (vgl. Lenz 2013). Token-Konstruktionen mit *bekommen*, *kriegen*, *erhalten* stehen auch heute noch als Handlungskonstruktionen (22a) homonymen passivischen Vorgangskonstruktionen gegenüber (22b):

(22) a. Pass auf, ich kriege dich schon noch.
     b. Ich kriege ein Buch (von ihm).

Der Ableitungsweg von einem aktivischen *kriegen* ‚durch kriegerische Handlungen etwas erbeuten' (vgl. Lenz 2013) zu einer passivischen Bedeutung ist sehr extrem.

Man kann sich fragen, warum gerade dieses Verb kippt. Hier kommt sicher die umgangssprachlich-dialektale Verwendung von *kriegen* und *bekommen* hinzu. Aber warum verwenden die Sprecher/Hörer ein Verb wie *nehmen* nicht passivisch? Man kann vermuten, dass hier die perzeptive Konkretheit von *nehmen* hinein spielt. Das Verb *nehmen* bleibt perzeptiv an die Vorstellung eines aktiven Greifens mit der Hand gebunden. *Erhalten, bekommen* und eben auch *kriegen* sind perzeptiv nicht gleichermaßen an einzelne elementare und konkrete körperliche Perzeptionen (und Motoriken) gebunden, sondern beziehen sich auf globalere Ereignisse.

Vom passivischen Nominativ-Akkusativ-Konstruktionen mit *bekommen, kriegen, erhalten* müssen passivische Objektsprädikativ-Konstruktionen mit diesen Verben und das sog. *bekommen*-Passiv als eine analytische Flexionskategorie unterschieden werden. Die Homonymie bleibt auch bei diesen Objektsprädikativ-Konstruktionen bestehen. Die Konstruktion (23a) legt eine aktivische Auffassung nahe, die Konstruktion (23b) eine passivische.

(23) a. Ich kriege das Rad schon selbst repariert.
 b. Ich kriege das Rad freundlicherweise bald von ihm repariert.

Beim *bekommen*-Passiv handelt sich um eine Konstruktion, deren passivische Token-Konstruktionen als Token einer entstandenen/entstehenden passivischen Flexionskonstruktion interpretiert werden können. Ob das geschieht, hängt davon ab, wie weit die Bedeutung von z. B. *bekommen* in einem gegebenen Kontext ausgeblichen ist, m. a. W. wie weit der mögliche Hilfswortcharakter fortgeschritten ist. Für einen Hörer, der (24) als grammatisch/semantisch akzeptabel einstuft, ist dieser Prozess der Ausbleichung, also der Grammatikalisierung, weit fortgeschritten.

(24) Ich fürchte, ich kriege den Zahn gezogen/das Auto gestohlen.

Diese Differenz berührt nicht die Frage nach der Passivität im Allgemeinen. Auch eine *bekommen*-Token-Konstruktion als syntaktische Objektsprädikativ-Konstruktionen ist bereits homonym, nämlich entweder eine aktivische Objektsprädikativ-Konstruktionen (also Handlungskonstruktionen) oder eine passivische Vorgangskonstruktionen.

Die Konstruktion *sein* + Partizip II (das sog. Zustandspassiv) bleibt im Unterschied zur *bekommen*-Konstruktion (im Wesentlichen) eine passivische syntaktische Subjektsprädikativ-Konstruktion (Kopulakonstruktion) (vgl. Maienborn 2007, Welke 2007). Dass heißt, *sein* + Partizip II ist im Deutschen (im Unterschied zum Englischen) keine analytisch-flexivische Abwandlung wie das *werden*-Passiv und wie (tendenziell) das *bekommen*-Passiv.

13.4 Fazit

Besprochen wurden weitere Vererbungen aus der Nominativ-Akkusativ-Konstruktion, die zur Medialkonstruktion (Kap. 11) hinzukommen. Sie zeigen, dass nicht jede Akkusativ-NP als Argument und Patiens-Argument analysiert werden kann. Besonders deutlich wird das an der passivischen Konstruktion (Vorgangskonstruktion) mit *kriegen, bekommen, erhalten*.

14 Nominalisierung

Im Unterschied zur Passivierung (Kap. 10) und Medialisierung (Kap. 11) geht es bei der Nominalisierung in einer synchronen Rekonstruktion nicht um die Vererbung einer Konstruktion A in eine Konstruktion B (die durch Projektionsvererbung begleitet ist), sondern nur um die Vererbung der Projektion einer Konstruktion A in eine Konstruktion B (vgl. Kap. 9), nämlich um die Vererbung einer verbalen oder adjektivischen Projektion auf Substantivkonstruktionen oder einer verbalen Projektion auf Adjektivkonstruktionen.[1] Untersucht werden im Folgenden Substantivkonstruktionen mit deverbalem Substantiv. Ein wesentlicher Aspekt ist die Differenz von attributiver und prädikativer Nominalisierung (14.1 und 14.2).

Wenn ein Verb durch Derivation oder Konversion substantiviert wird, so wird seine Bedeutung in die kategoriale Bedeutung des Substantivs übertragen. Mit der Bedeutung wird auch die Valenz (Fügungspotenz) vererbt. Die Zielkonstruktion (Substantivkonstruktion) diktiert dabei Grundbedingungen der Vererbung. Die auffälligste Bedingung ist die, dass den potentiell vier Argumentkasus (Nominativ-, Genitiv-, Dativ- und Akkusativ) mit dem Genitivattribut nur eine Position im reinen Kasus gegenüber steht, auf die sich die verbalen Argumente vererben können (zur möglichen Dopplung von vorangestelltem und nachgestelltem Genitiv vgl. unten). Jedoch ist nur dem Nominativ- und dem Akkusativ-Argument die Genitiv-Position der Substantivkonstruktion zugänglich.[2] Diese Genitiv-Position erweist sich also als Nadelöhr.

Eine hervorstechende Eigenschaft von deverbalen Substantivkonstruktionen (Nominalisierungen) ist die Ähnlichkeit zu entsprechenden Verbalkonstruktionen. Es fällt auf, dass Argumente und Modifikatoren, die vom betreffenden Verb (im engeren und weiteren Sinne) projiziert werden, wiederkehren, begleitet von bestimmten formalen Abwandlungen:

(1) a. Wallander beobachtete gestern den Mordverdächtigen.
    b. Wallanders gestrige Beobachtung des Mordverdächtigen.
    c. die gestrige Beobachtung des Mordverdächtigen durch Wallander
    d. die Beobachtung des Mordverdächtigen gestern durch Wallander

---

[1] Nominalisierung ist Oberbegriff zu substantivischer Nominalisierung *(Beobachtung des Diebes)* und adjektivischer Nominalisierung via Partizipbildung *(der beobachtete Dieb)*.
[2] Die Differenz entspricht der Differenz von lexikalischem Kasus (Genitiv, Dativ) und strukturellem Kasus (Nominativ, Akkusativ), die sich aus der fundamentalen Rolle der N-A-Konstruktion in Nominativ-Akkusativ-Sprachen ergibt.

Theorien der Nominalisierung setzen bei dieser Ähnlichkeit an. Oft wird die These vertreten, dass es sich um Abwandlungen (Umformungen) von verbalen zu nominalen Strukturen handelt, die in einem Kernbereich[3] bedeutungserhaltend und daher weiterhin Argumentstrukturen sind, nur im substantivischen Gewand, also nur formal anders realisiert.

Die Eingrenzung von Nominalisierungen auf einen Kernbereich ist notwendig, da offenbar nicht alle Substantive, die von Verben abgeleitet wurden, die angenommene verbale Charakteristik aufweisen, vgl. die traditionelle Unterscheidung in *nomina actionis* und *nomina acti*, die sich bei *nomina acti* fortsetzt in Referenzen auf Körperlich-Gegenständliches, vgl. die ebenfalls traditionelle Unterscheidung von Abstrakta und Konkreta. Beispielsweise kann man *Absperrung* als Prozess- bzw. Ereignisbezeichnung (*nomen actionis*) unterscheiden von *Absperrung* als Resultatzustand (*nomen acti*) bis hin zu *Absperrung* als gegenständlichem Resultat, nämlich als Gegenstände (Barrieren), die an der Weiterfahrt hindern.[4]

Ehrich/Rapp (2000) und Demske (2000, 2001, 2002) billigen allen *nomina actionis* (allen Konstruktionen mit *nomina actionis* als Kopf) eine verbale Charakteristik, also eine Argumentstruktur, zu. Bierwisch (1989) nimmt auf der Grundlage der Zweiebenensemantik[5] an, dass die Analogien zur Argumentstruktur der zu Grunde liegenden Verben ausreichen, um auch *nomina acti* verbal zu deuten. Den Unterschied sieht er in einer konzeptuellen Verschiebung begründet, die nichts an der im Grunde erhalten bleibenden semantischen verbalen Struktur ändert.

Grimshaw (1990) betrachtet die Aspektualität von Substantivkonstruktionen als Kriterium der verbalen Charakteristik. Sie weicht jedoch in einem wesentlichen Punkt von Ehrich/Rapp (2000) und Demske (2000) ab. Nach Grimshaw unterscheiden sich bereits *nomina actionis* voneinander so, dass diese manchmal eine aspektuale Lesart, (also eine Argumentstruktur) besitzen und manchmal nicht (vgl. z. B. Grimshaw 1990: 48). *Nomina actionis* sind also Grimshaw zufolge grundsätzlich ambig zwischen einer aspektualen (verbalen) Lesart und einer nicht-aspektualen (substantivischen) Lesart. Nicht-aspektuale Konstruktionen mit *nomina-actionis* und Konstruktionen mit *nomina acti* und Konkreta als Kopf besitzen also nach Grimshaw keine Argumentstruktur. In diesen gibt es folglich keine Argumente, sondern nur Attribute.[6]

---

[3] Entsprechend der generellen Unterscheidung von *core grammar* und Peripherie.
[4] Ehrich/Rapp (2000) unterscheiden in Prozess- und Ereignis-Nominalisierungen versus Resultatzustands-Nominalisierungen versus Resultatsobjekt-Nominalisierungen.
[5] Es geht um die Unterscheidung von semantischer und konzeptueller Struktur (vgl. 5.4).
[6] Ich sehe von dem komplizierten Nebeneinander ab, das Grimshaw zwischen lexikalisch-semantischer Struktur mit semantischen Argumenten und syntaktischer Argumentstruktur

Aus konstruktionsgrammatischer Sicht ist eine auffällige Eigenschaft von Nominalisierungen diese Janusköpfigkeit zwischen substantivischer Semantik und verbaler Semantik. Aus den Prinzipien der Bilateralität, des *No-Synonymy-*Prinzips (der semantischen Nichtidentität), der Formbezogenheit und der Prototypik (vgl. Kap. 2) ergibt sich folgende Hypothese:

Substantivkonstruktionen mit deverbalem Kopf werden semantisch als Substantivkonstruktionen, d. h. als Dingbeschreibungen, oder weniger provokant, weil die prototypische Verschiebung andeutend, als Gegenstandsbeschreibungen interpretiert – und nicht als Situationsbeschreibungen. Das gilt zunächst auch für *nomina actionis*. Zunächst setzt sich bei *nomina actionis* die Konstruktionsbedeutung der Substantivkonstruktion gegenüber der vom Verb implizierten (weil projizierten) verbalen Konstruktionsbedeutung durch. Die in die Substantivkonstruktion vererbten verbalen Argumente werden nicht als Argumente interpretiert, sondern als Attribute, wie es konstruktionell in originären Substantivkonstruktionen (Substantivkonstruktionen mit originärem Substantiv, vgl. Kap. 8) der Fall ist. Die Substantivkonstruktion diktiert als Zielkonstruktion die Bedingungen der Vererbung. Auch in Bezug auf Köpfe von Konstruktionen mit *nomina actionis* gilt also zunächst: Durch Substantive werden Situationen qua Wortartbedeutung *vergegenständlicht*, d. h. metaphorisch als Gegenstände abgebildet. Ich nenne diese Variante mit ihrer der originären Substantivkonstruktion entsprechenden Semantik *attributive Nominalisierung*.

Unter gewissen Umständen kann es jedoch in einem zweiten Schritt dazu kommen, dass sich die ursprüngliche verbale Bedeutung gegenüber der Konstruktionsbedeutung der Substantivkonstruktion und gegen deren Form durchsetzt. Ich nenne diese Variante der Nominalisierung *prädikative Nominalisierung*.

Das heißt, durch Faktoren, die in (14.2) genannt werden sollen, kann die von der Substantivkonstruktion auf Grund des Bilateralitätsprinzips erzwungene Interpretation als Dingbeschreibung revidiert werden. Die bilaterale Einheit der substantivischen Konstruktion wird gesprengt. Die Konstruktion wird wie eine verbale Prädikat-Argument-Konstruktion, jedoch mit einem substantivischen Kopf als Prädikat, reinterpretiert. Die aus der Projektion (dem verbalen Valenzeintrag) ererbten Argumente werden nunmehr semantisch nicht mehr als Attribute (Modifikatoren), sondern als Argumente interpretiert (bzw. re-interpretiert). Die Dingbeschreibung wird „reverbalisiert", und eine prädikative Lesart wird entgegen der formalen Struktur der Substantivkonstruktion erzwungen.

In beiden Fällen, sowohl in der attributiven Lesart als auch in der prädikativen Lesart, handelt es sich um Widersprüche zwischen Form und Bedeutung.

---

einerseits und thematischer Prominenz und so genannter aspektualer Prominenz andererseits annimmt (vgl. hierzu Welke 2002).

In der attributiven Lesart wird eine vorübergehende Lösung des Widerspruchs gegen den ursprünglichen verbalen Inhalt zu Gunsten der substantivischen Konstruktionsform und der substantivischen Konstruktionsbedeutung erzwungen. In der prädikativen Lesart wird eine vorläufige Lösung des Widerspruchs zu Gunsten des ursprünglichen verbalen Inhalts und gegen die Form der Substantivkonstruktion erzwungen. Solange es jedoch eine attributive versus prädikative Nominalisierung gibt, bleibt es grundsätzlich bei einem Widerspruch. Im Falle der attributiven Nominalisierung löst sich der Widerspruch erst dann auf, wenn Verbalabstrakta (wieder) zu Konkreta werden. Im Falle der prädikativen Nominalisierung wäre der Widerspruch nur aufgehoben, wenn aus der nominalen Konstruktionsweise eine neue verbale, weil prädikative Konstruktionsweise, anstelle der ursprünglich verbalen entstehen würde.

14.1 Attributive Nominalisierung

Wenn ein Verb substantiviert wird, wird es Kopf einer Substantivkonstruktion. Aus einem Verb wird ein Substantiv, das dann Kopf einer Substantivkonstruktion ist. Verbalkonstruktionen beschreiben Situationen. Substantivkonstruktionen beschreiben Dinge. Wenn ein Verb substantiviert wird, so wird die von ihm denotierte Situation „vergegenständlicht". Nicht nur die Form, sondern auch die kategoriale Bedeutung (Wortartbedeutung) des Kopfes ändern sich (vgl. Brinkmann 1971: 7–8, 199; Langacker 1987: 183–243). Verbale Inhalte werden wie Dinge behandelt, über die man sprechen kann wie über Dinge, die einem gehören oder nicht gehören und die bestimmte weitere Eigenschaften besitzen. Das trifft auch auf *nomina actionis* zu, bei Ehrich/Rapp (2000) Ereignisnominalisierungen oder Prozessnominalisierungen genannt, vgl.:

(2) a. Wittgenstein schrieb das blaue Buch.
    b. das Schreiben Wittgensteins
    c. das Schreiben des blauen Buches

Die beiden Substantivkonstruktionen (2b, c) werden in der attributiven Lesart als originäre Substantivkonstruktionen interpretiert, nämlich als Charakterisierungen von Gegenständen:

(3) a. das Schreiben, das von Wittgenstein verursacht wird
    b. das Schreiben, dessen Resultat das Buch ist

Die Situation wird als abstrakter, wenn auch nicht körperlich und perzeptivtaktil wahrnehmbarer Gegenstand gefasst. Das heißt, von Situationen/Ereignissen wird metaphorisch im Bild von Gegenständen/Dingen gesprochen, so als handele es sich um Gegenstände/Dinge. Es ist die Hypostasierung, die Ryle (1931) systematisch irreführend nennt. Durch die Substantivierung wird der verbale Inhalt nicht nur formalsyntaktisch und morphologisch, sondern auch semantisch in die Substantivkonstruktion gezwungen.

Die Substantivierung von Verben gibt den Sprechern/Hörern im Sinne von Wittgensteins (1984) Sprachspiel-Begriff die Möglichkeit, den Dingbegriff prototypisch auszudehnen. Der Prototyp eines Dinges ist in etwa ein individueller (unbelebter) Körper mit einer bestimmten geometrischen Form und räumlichen Ausdehnung. Nicht nur im Alltag und in der Sprache, sondern in der Wissenschaft und Philosophie hat dieser substanzielle Dingbegriff mannigfache Ausdehnungen erfahren. *Krankheit*, *Pest*, *das Böse* sind Hypostasierungen zu gleichsam körperlich Dinglichem, aber auch *Gedanke*, *Geist*, *Begriff*, *Bedeutung*, *Sprache* sind solche Hypostasierungen.

Die Hypostasierungen entstehen und entwickeln sich in der Art, wie Menschen reden und denken. Die Ursprünge kommen sicher aus dem magischen Denken, wenn beispielsweise Gewissensqualen personifiziert zu Furien werden, die den Sünder jagen. Die Hypostasierung bleibt erhalten bis in den heutigen wissenschaftlichen Sprachgebrauch. Ein Gegenstand ist über das Stoffliche hinaus prototypisch verallgemeinert etwas, wovon man abgegrenzt von anderen Gegenständen reden kann. Gegenstand der Wissenschaft kann alles werden, was kognitiv zugänglich ist und hinter dem möglicherweise etwas in der Realität wirklich Vorkommendes, d. h. sich Ereignendes steht.[7]

Wenn man von einer verallgemeinerten Situation (einem Vorgang, einer Tätigkeit, einem Zustand) abgegrenzt als Gegenstand reden will, substantiviert man das Verb, das diese Situation denotiert. Man spricht nicht von den Begriffen ‚schläft' oder ‚schlafen', sondern vom Begriff ‚Schlaf', höchstens vom Begriff *des Schlafens*. Man sagt nicht, der Begriff ‚schlafen' ist zu klären, sondern der Begriff ‚Schlaf' bzw. des Schlafs oder des Schlafens ist zu klären. Man spricht nicht von dem Begriff oder der Kategorie ‚möglich', sondern von dem Begriff/ der Kategorie der Möglichkeit.

Wenn ein Verb, z. B. das Verb *schreiben* substantiviert wird, ändert sich also seine kategoriale Bedeutung. Was verbal als Situation/Ereignis gefasst wird, wird nunmehr als Gegenstand gefasst. Dennoch bleibt die Bedeutung des ursprünglichen Verbs erhalten. Auch seine Projektionen verschwinden nicht. Vielmehr werden diese mit der verbalen Bedeutung auf die substantivische Bedeutung vererbt. Allerdings geschieht das unter den spezifischen Bedingungen und Zwängen der Substantivkonstruktion. Argumente im Präpositionalkasus können

---

[7] Davidson (1985) setzt Ereignisse Dingen gleich.

zwar unverändert vererbt werden (vgl. Kap. 8). Den vier potentiell zu vergebenden Argumentkasus Nominativ, Genitiv, Dativ und Akkusativ steht jedoch in der Substantivkonstruktion mit dem attributiven Genitiv nur ein Kasus gegenüber. Argumente im Genitiv und Dativ sind nicht vererbbar. Nur Nominativ- und Akkusativ-Argumente können auf das Genitivattribut vererbt werden, jedoch zunächst (vgl. unten) nur alternativ, vgl. die traditionellen Termini „*genitivus subjectivus*' (4b) und „*genitivus objectivus*' (4c), vgl.:

(4) a. Wallander beobachtet den Einbrecher.
 b. die Beobachtung Wallanders *(genitivus subjectivus)*
 c. Die Beobachtung des Einbrechers *(genitivus objectivus)*

Grundlage ist das „Ein-Kasus-pro-Satz-Prinzip" (Starosta 1981, das Theta-Prinzip der Generativen Grammatik). Kognitiv-semantisch beruht es auf der elementaren logischen Konstellation des ausgeschlossenen Widerspruchs: Ein Ereignis kann sich nicht gleichzeitig und in der gleichen Weise auf zwei Dinge beziehen, und es kann nicht gleichzeitig unter entgegengesetzten Umständen stattfinden:

(5) a. *Er schreibt den Brief den Aufsatz.
 b. *Einen Brief schreibt er sie.
 c. *Er schreibt morgen heute den Brief.

Bezogen auf eine konkrete und konkret vorzustellende Situation kann jemand nicht (absolut) gleichzeitig einen Brief und einen Aufsatz schreiben. Ein und derselbe Brief oder ein Aufsatz kann nicht getrennt gleichzeitig von ihm und ihr geschrieben werden (sondern nur zusammen). Der Brief kann nicht gleichzeitig heute und morgen geschrieben werden (falls das Schreiben sich nicht über heute und morgen erstreckt). In gleicher Weise kann ein Gegenstand nicht gleichzeitig und in gleicher Hinsicht jemandem und einem anderen allein gehören. Er gehört entweder dem Lehrer oder dem Schüler (6a), oder es ist gemeinsamer Besitz (6b).

(6) a. *das Buch des Lehrers des Schülers
 b. Das Buch des Lehrers und des Schülers

Da sowohl der Subjektsnominativ (Nominativ als 1. Argument) als auch der Objektsakkusativ (Akkusativ als 2. bzw. 3. Argument) als Genitiv in die Substantivkonstruktion vererbt werden können, der postnominale[8] Genitiv aber nur ein-

---

8 Zur Differenz von voran- und nachgestelltem Genitiv vgl. unten 14.2.

mal pro Konstruktion zur Verfügung steht, bleibt für die Sprecher/Hörer zu entscheiden, welchem der beiden Kasus sie den Vorzug für die Valenzvererbung geben. Mit dem Nominativ- oder Akkusativ-Argument werden dann auch die semantischen Rollen nur dieser Argumente vererbt.

Aber auch für Form und Bedeutung des nominalen Genitivs gilt das Bilateralitätsprinzip. Auch hier sind Form und Bedeutung nicht trennbar. Folglich kann nur der nominale Genitiv selbst in seiner spezifischen bilateralen Einheit aus Form und Bedeutung in der Substantivkonstruktion an die Stelle des verbalen Nominativs oder Akkusativs und den Bedeutungen treten, die diese innerhalb der verbalen Argumentkonstruktion besitzen. Das wiederum ist jedoch nur auf Grund einer Ähnlichkeit zwischen Nominativ- oder Akkusativbedeutung einerseits und Genitivbedeutung andererseits möglich. Mit anderen Worten: Agens (und Vorgangsträger, Zustandsträger) und Patiens können nur auf Grund bestimmter Ähnlichkeiten mit der Bedeutung des Genitivs als nominaler Genitiv re-interpretiert werden.

Als Prototyp der attributiven Genitivbedeutung werte ich den *genitivus possessivus*. Denn das Possessivverhältnis, wenn man es nicht eng juristisch auslegt, scheint variabel genug ausdehnbar zu sein, um die fünfundzwanzig Genitivdenotationen des originären[9] attributiven Genitivs prototypisch abzuleiten, die Helbig (1973) aufzählt. Auch nach der *scene encoding hypothesis* (Goldberg 1995) ist Possession ein guter Kandidat für einen Prototyp. Besitz bzw. Verfügungsgewalt und/oder Zugehörigkeit sind Grundbestandteile der menschlichen Existenz. Eine mögliche Ableitung deutet folgende Reihenfolge an (vgl. Zifonun 2016):

(7)   Besitz   *Besitzer*
  a.   Ding   – Person: *Haus des Vaters*
  b.   Person   – Person   *Bruder der Mutter*
  c.   Person   – Ding   *Bewohner der Stadt*
  d.   Person   – Abstraktum   *Mann der Tat*
  e.   Ding   – Ding   *Tür des Hauses, Ufer des Flusses*
  f.   Abstraktum   – Person/Ding   *Schreiben Wittgensteins*
                                     Schreiben des Buches

Ein möglichstes Folgemerkmal aus Possessivus ist ferner ‚Zugehörigkeit'.

(8) a. Wittgensteins Formulieren
    b. das zu Wittgenstein gehörende Formulieren

---

9 Originär hier: originär gegenüber dem Genitiv in Nominalisierungen.

(9) a. das Formulieren des blauen Buches
    b. das zum blauen Buch gehörende Formulieren

In (8a) geht es um die Zughörigkeit des Formulierens zu Wittgenstein als Agens des Formulierens. In (8b) geht es um die Zugehörigkeit des Formulierens zu dem Buch als Patiens des Formulierens. Das heißt, die verbalen Rollen ‚Agens' und ‚Patiens' werden in die Rolle ‚Possessivus' vererbt. Die verbalen Rollen werden nicht negiert, sondern in der neue Rolle aufgehoben. Ließe sich die Bedeutung des Verbs einschließlich einiger seiner Valenzstellen nicht in originären Substantivkonstruktionen, d. h. in deren formalen Möglichkeiten und ihren Bedeutungen, realisieren, so gäbe es keine Nominalisierungen. Als Brücke der Ausdehnung (Analogie) ist semantische Ähnlichkeit notwendig.

Ehrich/Rapp (2000) analysieren syntaktische und semantische Bedingungen der Argumentvererbung, also der Vererbung des Nominativ-Arguments oder des Akkusativ-Arguments auf das Genitiv-Attribut. Sie unterscheiden zwischen transitiven und intransitiven Verben, da nur bei Verben mit Akkusativobjekt überhaupt eine Entscheidung zur Debatte steht, und sie zeigen, dass Perfektivität die zentrale semantische Bedingung ist. Perfektive transitive Verben neigen zur Vererbung des Patiens.

Hinzu kommt jedoch auch eine pragmatische Bedingung (die Bedingung der Vorstellbarkeit und Relevanz): Die in den Possessivus überführte Rolle muss ein relevantes restriktives Attribut ergeben. Bei transitiven perfektiven und imperfektiven Verben erhält folglich diejenige Rolle (Agens versus Patiens) den Vorzug, die die aussagekräftigste Attribution ergibt.

Angemerkt sei, dass das gleichzeitig ein Beleg für die Angemessenheit der attributiven Interpretation ist. Denn es ist eben diese attributive Interpretation, aus der die Kriterien für die Wahl zwischen *genitivus subjectivus* und *objectivus* folgen.

14.1.1 *Genitivus subjectivus* versus *genitivus objectivus* bei transitiven perfektiven Verben

Hinter der Verteilung stehen rekonstruierbare Implikaturen. Betrachten wir zweistellige Nominativ-Akkusativ- bzw. Agens-Patiens-Konstruktionen.[10] Für die Bevorzugung der Patiens-Rolle spricht, dass das Objekt/Patiens in der Focus-Position der Konstruktion ist. Das Patiens-Argument sollte folglich per

---

10 Der Akkusativ kodiert fast durchgängig das Patiens-Argument (vgl. 4.2). *Genitivus objectivus* ist also gleichbedeutend mit Patiens-Bezug.

Default das Argument sein, das am ehesten benötigt wird, um die vergegenständlichte Situation durch ein charakteristisches attributives Merkmal einzugrenzen. Das trifft grosso modo auf Konstruktionen mit perfektiver Bedeutung (10)–(12) zu, vgl.:[11]

(10) a. Meyer zersägt gerade Holz.
b. die Zersägung/das Zersägen des Holzes
c. ?die Zersägung/das Zersägen Meyers

(11) a. Fleischermeister Meyer zerteilt das Schwein.
b. die Zerteilung/das Zerteilen des Schweins
c. ?die Zerteilung/das Zerteilen Fleischermeister Meyers

(12) a. Meyer erstellt eine Rechnung.
b. die Erstellung/das Erstellen der Rechnung
c. ?die Erstellung/das Erstellen Meyers

Vgl. aber:

(13) a. Meyer sägt gekonnt Holz.
b. das gekonnte Sägen des Holzes
c. das gekonnte Sägen Meyers

(14) a. Meyer hat die Sinfonie komponiert.
b. die Komposition der Sinfonie
c. die Komposition Meyers

(15) a. Meyer hat den Fries gestaltet.
b. die Gestaltung des Frieses
c. die Gestaltung Meyers

Wenn man die Beispiele (10a, b, c)–(12a, b, c) oben Zeile für Zeile vergleicht, wird man sie vielleicht unwillkürlich kontextuell lesen, also (10b, c)–(12b, c) jeweils als kontextuelle Fortführung (Themaprogression) von (10a)–(12a). Aber auch (10b)–(12b) für sich genommen sind akzeptabel, kaum aber (10c)–(12c) für sich genommen.

---

11 Auch Kategorien wie Aspekt (Perfektivität) kann/muss man im Wechselverhältnis von Projektion und Konstruktion betrachten. Typischerweise wird die Kategorie auf das Verb bezogen. Eine auf die Konstruktion bezogene Sicht des Perfekts kann man Thieroff (1992) entnehmen, eine auf das Wechselverhältnis von Projektion und Konstruktion orientierte Sicht findet sich in Welke (2005; vgl. auch Kap. 10).

Denn die Attribute in (10b)–(12b) geben nachvollziehbare charakteristische Eigenschaften einer vergegenständlichten Situation an. Es gehört zum perzeptiven und sprachlich repräsentierten Wissen, dass diese Situationen eine jeweils andere beschreibbare Qualität besitzen, die über den bloßen Bezug auf die jeweiligen Objekte hinausgeht. Jeder weiß aus persönlicher Erfahrung oder Beobachtung, dass sich das Sägen von Holz, Metall, Stein usw. bemerkbar (perzeptiv) unterscheidet.

Das gilt nicht für den *genitivus subjectivus* in (10c)–(12c). Er gibt zu wenige Anhaltspunkte für eine charakteristische Eigenschaft, aus der auf die Relevanz der Attribution geschlossen werden könnte. Dass ein Sägen/Zersägen usw. von jemandem ausgeführt werden muss, versteht sich. Aber inwiefern ein spezifisches Agens (Meyer) einen Unterschied machen sollte, aus dem Relevanz der Attribution folgen könnte, bleibt unklar. Etwas anders ist es bei einem gekonnten Sägen (13c). Das Attribut *gekonnt* lässt auf individuelle Unterschiede schließen. Auch die Attribution einer Tätigkeit, die so qualifiziert ist, dass sie auf ein spezifisches Fachwissen und eine persönlicher Handschrift schließen lässt (vgl. (14c) und (15c)), ermöglicht Relevanz.

Fazit
Bereits bei transitiven perfektiven Verben ist die Projektionsvererbung (die Wahl zwischen *genitivus subjectivus* und *genitivus objectivus*) letztlich von den pragmatischen Faktoren der Relevanz und der Vorstellbarkeit abhängig, m. a. W. vom Weltwissen. Relevanz und Vorstellbarkeit schlagen sich auch in der semantischen Tendenz nieder, die Vererbung des Patiens-Arguments zu bevorzugen.

14.1.2 *Genitivus subjectivus* versus *genitivus objectivus* bei transitiven imperfektiven Verben

Ehrich/Rapp (2000) zufolge neigen imperfektive transitive Verben zur Vererbung des Agens. In Welke (2012) wird Gleichrangigkeit von Agens- und Patiens-Vererbung (von *genitivus subjectivus* und *objectivus*) angenommen.

In einigen Fällen gibt es ein Übergewicht des *genitivus subjectivus* dadurch, dass die Sprecher beim Akkusativ-Argument zum Zwecke der Monosemierung auf Konstruktionen mit Präpositionalkasus ausweichen können, vgl.:

(16) a. Liebe der Kinder
b. Liebe zu (den) Kindern
c. Liebe der Eltern zu den Kindern
d. ?Liebe der Kinder durch die Eltern

(17) a. Hass der Gallier
 b. Hass auf die Gallier
 c. Hass der Gallier auf die Römer
 d. ?Hass der Römer durch die Gallier

Daraus folgt die mögliche Implikatur des Hörers, dass der Sprecher den präpositionalen Anschluss gewählt hätte, wenn der Genitiv nicht als *genitivus subjectivus* aufgefasst werden soll.

Im Unterschied zu *lieben* oder *hassen* kann jedoch bspw. *beobachten* nicht in eine Substantivkonstruktion mit Präpositionalkasus implementiert werden (18c):

(18) a. die Beobachtung Wallanders
 b. die Beobachtung der Diebe
 c. die Beobachtung Wallanders *auf/zu den Dieben
 d. die Beobachtung der Diebe durch Wallander

Agens-Vererbung kommt relativ häufig bei Psych-Verben vor, zu denen hier auch perzeptive und kognitive Verben gerechnet werden sollen. Die Häufigkeit ist m. E. dadurch begründet, dass die Beobachtung/Registrierung psychischer Phänomene in Bezug auf ihre Träger sozial von großer Bedeutung ist.

Obwohl bei perfektiven transitiven Verben der *genitivus subjectivus* gegenüber dem *genitivus objectivus* benachteiligt ist, ist die Ähnlichkeit des *genitivus possessivus* zur Agens-Rolle größer als zur Patiens-Rolle, weil sich der *genitivus possessivus* typischerweise auf Personen bezieht.

14.1.3 Intransitive Verben

Insbesondere von intransitiven Verben gibt es implizite Derivationen, Stammkonversionen und Derivationen auf *-e*, von denen man annehmen sollte, dass sie vom Typ her und wohl auch bezogen auf viele Token älter sind als *ung*-Derivationen und Infinitivkonversionen, vgl.:

(19) Angriff, Befehl, Begierde, Blick, Ekel, Fluch, Flucht, Freude, Gefühl, Gier, Hass, Klage, Krach, Lärm, Leid, Liebe, Lüge, Lust, Neid, Rüge, Sucht, Traum, Trauer Wille Wut, Zucht

Daraus kann man schließen, dass Agens-Vererbung älter ist als Patiens-Vererbung.

14.1.4 Präpositionalkasus

Präpositionalkasus treffen nicht wie reine Kasus auf eine Schranke. Sie werden ohne Anpassung vererbt:

(20) a. Er fliegt nach Wien.
 b. der Flug nach Wien

(21) a. Er antwortet auf die Frage.
 b. die Antwort auf die Frage

Wie Substantivkonstruktionen mit Genitiv, so sind auch Substantivkonstruktionen mit Präpositionalkasus zunächst (originär, primär, prototypisch) attributive Konstruktionen und noch keine Argumentkonstruktionen.

Warum hier, aber nicht bei reinen Kasus, eine einfache Kopie möglich ist, hat eventuell zwei Gründe. Zum einen gibt es bei einigen Substantiven direktive Präpositionalkasus, die zumindest von heute aus gesehen nicht deverbal (und nicht deadjektivisch) sind:

(22) der Weg/der Pfad/die Straße nach/in ...

Diese Direktiva sind Genitiven bei relationalen Substantiven vergleichbar:

(23) der Vater/Sohn/Bruder/Onkel des Lehrers

Zum anderen sind Attribute mit Präpositionalkasus Kopien von direktiven Argumenten und von Präpositionalobjekten. Letztere aber sind eine diachron relativ junge Erscheinung (vgl. Kap. 15). Denn verbale Argumentkonstruktionen mit präpositionalen Objekten entstanden massenweise erst in der frühneuhochdeutschen Periode. Die Zunahme von Nominalisierungen geschah im gleichen Zeitraum und im gleichen Kontext der Ausbreitung der Schriftlichkeit. Es gibt also bereits im verbalen Bereich eine relative Offenheit für analogische Ausdehnungen und eine relative Variabilität, einschließlich Unsicherheiten des Gebrauchs (vgl. Kap. 15). Auch Dativ-Verben können neben ursprünglichen Genitiv-Verben in Präpositionalobjekt-Konstruktionen implementiert werden:

(24) a. jemandem etwas schicken
 b. an jemanden etwas schicken

Diese Variabilität könnte ein Grund dafür sein, dass präpositionale Objekte und mit ihnen direktive Argumente beliebig in präpositionale Attribute übertragbar sind, vgl.:

(25) suchen nach – Suche nach, arbeiten an – Arbeit an, schwören auf – Schwur auf

Durch Instantiierungen wie (25) ist aber auch vorbereitet, dass die Sprecher/Hörer präpositionale Anschlüsse bei Substantivkonstruktionen selbst analogisch erfinden. Sie umgehen durch eine solche Präpositionskreation Engpässe der Nominalisierung:

(26) a. jemandem danken – Dank an jemanden
 b. jemandem helfen – Hilfe für jemanden

In Nominalisierungen wie (26) wirken diese Analogien im Bereich der Nominalisierung selbst, vgl. (27), (28):

(27) a. jemandem danken
 b. *an jemanden danken

(28) a. jemandem helfen
 b. *an jemanden helfen

Sie stammen also nicht unmittelbar aus dem verbalen Bereich.
 Die Möglichkeit der Agens- oder Patiens-Vererbung kann bei einzelnen Verben relativ ausgeglichen sein:

(29) a. der Besuch der Tante
 b. Die Tante besucht jemanden.
 c. Jemand besucht die Tante.

(30) a. die Beobachtung Wallanders
 b. Wallander beobachtet jemanden.
 c. Jemand beobachtet Wallander.

Erfährt der Hörer aus dem Kontext nicht, ob *Tante* oder ob *Wallander* ein Agens- oder eine Patiens-Attribut ist, bleibt der betreffende Satz ambig. Die Vermeidung der Ambiguität ist eine Ursache für Präpositionskreation (vgl. oben):

(31) a. Besuch der Tante
 b. Besuch bei der Tante
 c. Besuch der Kinder bei der Tante

(32) a. Liebe der Kinder
b. Liebe zu den Kindern
c. Liebe der Eltern zu den Kindern

Die Präpositionen sorgen für eine eindeutige Vererbung. Die Präpositionskreation ermöglicht die Aufhebung der Ambigität dadurch, dass das Genitiv-Attribut durch das dem Akkusativ-Argument synonyme Präpositionalobjekt umgangen wird. Das Wissen des Hörers um die Ersetzbarkeit macht den *genitivus subjectivus* wahrscheinlich. Denn der Hörer kann annehmen, dass der Sprecher im anderen Falle den Präpositionalkasus gewählt hätte, um Eindeutigkeit zu erreichen (vgl. oben). Die Präpositionskreation sorgt außerdem dafür, dass an die Stelle einer nicht möglichen Konstruktion mit nachgestelltem doppelten Genitiv ein Ersatz aus *genitivus subjectivus* + Präpositionalkasus tritt.

(33) a. *Der Besuch der Tante der Kinder
b. der Besuch der Tante bei den Kindern

14.2 Prädikative Nominalisierung

Ein geeigneter Kontext, eventuell begleitet von einer für originäre Substantivkonstruktionen untypischen Häufung von Attribuierungen, kann dazu führen, dass die Konstruktionsbedeutung der Substantivkonstruktion gesprengt wird und die Konstruktion semantisch re-interpretiert wird als eine verbale Struktur, realisiert im Gewand einer Substantivkonstruktion.[12] Eine Substantivkonstruktion wird dann entgegen ihrer Form und im Widerspruch zum Bilateralitätsprinzip nicht als Gegenstandsbeschreibung interpretiert, sondern als aspektuale und argumentstrukturelle Situationsbeschreibung. Beispielsweise sollte man (34a) und (35a) als attributive Nominalisierungen analysieren.

(34) a. Die Aufzucht von Koalas ist kompliziert. Die Aufzucht von Braunbären ist einfach.
b. Nach der Aufzucht des Eisbären Lukas widmet sich Herr Bräuer wieder nur der Betreuung der Zebras.

(35) a. Der Lack ist für alle Untergründe geeignet. Beim Lackieren von Holz sollte man beachten, dass .../Beim Lackieren von Metall sollte man beachten, dass ...
b. Beim gestrigen Lackieren der Tür ist mir die Farbbüchse ausgekippt.

---

[12] Das gilt auch für adjektivische Nominalisierungen (vgl. Brooks 2006).

Ein wesentlicher Faktor, der dem Hörer das Umschlagen in die prädikative Lesart (34b) und (35b) anzeigt, sind Kontextinformationen. So sprechen die vergleichenden Aufzählungen in (34a) und (35a) für die attributive Lesart. Das Fehlen dieser Aufzählungen sowie die auf Prozess- und Zeithaftigkeit (die aspektuale Lesart) orientierenden Präpositionen *nach* und *bei* in (34b) und (35b) deuten auf die prädikative Lesart hin. Bei (35b) kommt der Gebrauch des typischerweise adverbialen Modifikators *gestern* (in der Substantivkonstruktion als *gestrige*) hinzu.

In Ehrich/Rapp (2000: 246 und 2002) werden Nominalisierungen auf *-ung* einleitend als „Entitäten verschiedener Sorte" vorgestellt, die „u. a. Ereignisse (36a) oder Gegenstände (36b)" bezeichnen. Ein Indiz ist, dass in den Beispielen für Ereignisse auf Zeithaftigkeit orientierende präpositionale Kontexte, bspw. *bei*-PP (vgl. 36a), des Öfteren vorkommen.

(36) a. Bei der Ausgrabung sind viele Schichten des alten Troja zerstört worden.
 b. Die Ausgrabung wird im Pergamon-Museum ausgestellt.

Ein Kriterium für die attributive Lesart könnte ferner sein, ob die in der traditionellen Satzgliedanalyse empfohlene Erfragung des Attributes durch „Was für ein?", „Welch?", „Welche Art?" angemessen erscheint, vgl.:

(37) a. Was für eine Aufzucht ist kompliziert? Bei welchem Lackieren/bei welcher Art von Lackieren ist zu beachten, dass ...?
 b. ?Bei welchem Lackieren ist dir die Büchse umgekippt?
 c. Wann/wobei ist dir die Büchse umgekippt?

Eine Voraussetzung für die Angemessenheit der auf Attribution zielenden Frage scheint zu sein, dass sich (kontextuell) das Naheliegen von Alternativen andeutet, z. B. durch die Wiederholungen in (34a) und (35a). Denn das Naheliegen von Alternativen (vgl. auch 11.3) spricht dafür, dass eine für eine Attribuierung geeignete charakteristische Eigenschaft vorliegt.

Situationen und Ereignisse werden typischerweise als singuläre Entitäten wiedergegeben. Partikuläre Aussagen tendieren daher möglicherweise im Unterschied zu generellen zur prädikativen Nominalisierung, vgl. *Aufzucht von Braunbären* versus *Aufzucht des Eisbären Lukas* in (34). Auch Pluralisierung dürfte in diesem Zusammenhang ein Faktor sein.[13]

---

[13] Partikularität versus Generalität und Pluralisierung von Ereignissen spielte bereits bei der Passivierung von Vorgangsverben eine Rolle (vgl. Kap. 10).

Relevant scheint auch der Grad der Allgemeinheit/Abstraktheit der Bedeutung des substantivierten Verbs zu sein. Je weniger es selbst in der Lage ist, einen abgegrenzten virtuellen Gegenstand zu konstituieren, umso eher wird eine prädikative Lesart indiziert. So könnte man wegen der Allgemeinheit der zu Grunde liegenden Verben in dem Zeitungsartikel mit der Überschrift „Griff in die volle Rentenkasse" (38) neben der Überschrift u. a. die Nominalisierungen in folgenden Sätzen (38b–f) prädikativ deuten:[14]

(38) a. *Griff in die Rentenkasse*
(Überschrift) Berliner Zeitung, 30. Oktober 2013, S. 1
b. Angesichts kostspieliger Pläne zur *Verbesserung der Renten von Müttern und Geringverdienenden* zögern Union und SPD Arbeitnehmer finanziell zu entlasten.
c. Eine *Anhebung des Pflegeversicherungsbeitrags* ist bereits angekündigt.
d. Die von SPD und Teilen der Union angestrebte *Aufstockung geringer Renten* summiert sich auf rund 15 Milliarden Euro.
e. Sozialexperten [...] empfahlen, zunächst *keine Senkung der Rentenversicherungsbeiträge* zu beschließen.
f. Die Arbeitsgruppe Arbeit und Soziales [...] verständigte sich auf die *Öffnung des Arbeitnehmer-Entsendegesetzes für alle Branchen*.

Typischerweise sind Substantivkonstruktionen zweigliedrig. Bereits solche einfachen Substantivkonstruktionen können eine prädikative Lesart erhalten. Dennoch ist die Komplexität der Substantivkonstruktion ein Faktor, der verstärkt auf eine prädikative Lesart hindeutet. Bei Konstruktionen mit mehreren Attributen steigt die Wahrscheinlichkeit, dass die Konstruktion kippt und durch die Sprecher/Hörer im Widerspruch zu ihrer formalen Struktur prädikativ gedeutet wird.[15]

Vorangestellter Genitiv
Entgegen dem Theta-Kriterium kommen in (39) zwei Genitive parallel (und nicht neben oder untergeordnet) in einer Substantivkonstruktion vor.

---

14 Das Kriterium der Analyse von bspw. (38a–f) als prädikative Nominalisierungen ist nicht die Möglichkeit einer reibungslosen Transformation in einen Satz/Nebensatz/eine Infinitivkonstruktion. Vielmehr scheint es, dass die prädikative Nominalisierung in der gleichen Art in den Satz eingebettet wird wie eine normale Substantivkonstruktion, z. B. durch *keine* in (38e), was als Ansatz zu einer formalen Integration interpretierbar ist.
15 Grimshaw (1990) nennt eine Nominalisierung, die prädikativ (aspektual und argumentstrukturell) interpretierbar ist, *complex nominalization*.

(39) Wallanders Beobachtung der Diebe

Konstruktionsgrammatisch kann man das daraus erklären, dass die Sprecher/ Hörer zwei Genitivkonstruktionen überblendet haben, die sie nicht als typeidentisch, sondern als zwei unterschiedliche schematische Konstruktionen reanalysiert haben. Diachron haben sich dadurch aus einer einzigen Konstruktion mit ursprünglich normalerweise vorangestelltem Genitiv zwei formal und semantisch differenzierte Genitivkonstruktionen entwickelt (vgl. Demske 2000).

Der vorangestellte Genitiv ist im Deutschen normalerweise auf Eigennamen und Verwandtschaftsnamen begrenzt. Er ist dennoch sowohl der Agens-Rolle als auch der Patiens-Rolle zugänglich. Zum Beispiel kann (40a) sowohl als *genitivus subjectivus* (vgl. (40b)) als auch als *genitivus objectivus* (vgl. (40c)) aufgefasst werden.

(40) a. Wallanders Beobachtung
      b. die Beobachtung, die Wallander gemacht hat
      c. die Beobachtung, die bezüglich Wallander gemacht wurde

Die Auffüllung zu Konstruktionen mit zwei Genitiv-Attributen unterliegt bestimmten Beschränkungen, vgl.:

(41) a. Wallanders Beachtung der Diebe
      b. die Beobachtung Wallanders *der Diebe

Die Konstruktion (41a) kann nur als Abfolge von *genitivus subjectivus* und *objectivus* interpretiert werden. Auf einen nachgestellten *genitivus objectivus* oder *genitivus subjectivus* kann kein weiteres Genitivattribut folgen (41b). Der Anschluss eines denotativen Agens ist nur möglich durch die *durch*-PP (42a). Das entspricht der Wiederaufnahme des Agens durch einen Modifikator im verbalen Passiv. Die Gleichkodierung von Patiens und Vorgangsträger (oder Zustandsträger) (vgl. (42a) und (42b)) und die Kodierung des Urhebers durch den Modifikator *durch die Diebe* (42a) charakterisieren eine ergativische Struktur:

(42) a. die Beobachtung Wallanders durch die Diebe
      b. der Schlaf Wallanders

Der *genitivus subjectivus*, also die Vererbung der verbalen Agensrolle, ist dagegen typologisch akkusativisch (einer Nominativ-Akkusativ-Sprache entsprechend).
Was die Aufteilung in die attributive und die prädikative Lesart betrifft, so scheint die Konstruktion mit dem vorangestellten possessiven *genitivus*

subjectivus und folgendem *genitivus objectivus* wesentlich stärker weiterhin zur possessiven und damit attributiven Lesart zu tendieren als die Struktur mit vorangestelltem *genitivus objectivus* plus Modifikator (*durch*-PP). Ein Grund sollte die größere semantische Nähe des Agens zum Possessivus sein. Beide, Agens und Possessivus, sind typischerweise Rollen von Menschen (werden typischerweise auf diese inhärenten lexikalischen Merkmale bezogen).

Ein möglicher Einwand gegen die Primarität der attributiven Nominalisierung
Nach den bisher gemachten Annahmen ist die attributive Interpretation von *nomina actionis* die diachron primäre Interpretation, weil die Substantivkonstruktion zunächst eine attributive Interpretation erzwingt und die prädikative Interpretation eine Re-Interpretation ist.

Nun ziehen aber Demske (2000) und Ehrich/Rapp (2000) die Trennlinie zum einen zwischen prädikativer (aspektualer und argumentstruktureller) Interpretation und attributiver (nicht-aspektualer und nicht-argumentstruktureller) Interpretation zwischen *nomina actionis* und *nomina acti* und Konkreta und nicht bereits durch die Gruppe der *nomina actionis* hindurch. Zum anderen muss man annehmen, dass *nomina actionis* gegenüber *nomina acti* und Konkreta (z. B. *nomina loci* oder *nomina instrumenti*) in prototypentheoretischer und in diachroner Hinsicht primär sind (vgl. oben). Denn *nomina actionis* bilden sich über die Brücke der Interpretationen als *nomina acti* wieder zu typischen („richtigen") Gegenstandsbeschreibungen zurück. Aus diesen Gesichtspunkten könnte folgen, dass die prädikative Nominalisierung die prototypentheoretisch und diachron primäre Interpretation ist und nicht die attributive.

Diese Analyse wird gestützt dadurch, dass manche Verbalsubstantive im Frühneuhochdeutschen noch nicht in gleicher Weise in Richtung *nomina acti* und Konkreta eingeschränkt zu sein scheinen wie heute (vgl. Demske 2000: 377–386). Auch Ehrich/Rapp (2000) betonen dies, wenn sie feststellen, dass nach Demske Verbalsubstantive im Frühneuhochdeutschen verbähnlicher waren als heute. Wenn die Gegenthese der attributiven Lesart und ihrer Priorität zuträfe, ist zu fragen, warum die attributive Lesarten von *nomina actionis* im Frühneuhochdeutschen nicht eine ähnliche Rolle spielte wie im Gegenwartsdeutschen.

Man kann jedoch im Gegenzug darauf verweisen, dass manche Autoren (vornehmlich von Kanzleitexten) die eben erst etablierte Konstruktion, sowohl was die Frequenz als auch was die Komplexität betrifft, exzessiv verwendeten (Thomas Brooks, p. c.).[16] Und der exzessive Gebrauch dürfte vor allem der ex-

---

16 Analoges gilt für *würde* + Infinitiv (Szatzker 2002) im Vergleich zum synthetischen Konjunktiv und für ausgedehnte partizipiale Attributionen (Brooks 2006).

zessive Gebrauch prädikativer Nominalisierungen gewesen sein. Deren stilistische Bevorzugung kann auch bewirkt haben, dass immer mehr und öfter Verben nominalisiert wurden, die unter dem Aspekt der attributiven Interpretation eventuell nicht substantiviert und als Köpfe von Substantivkonstruktionen verwendet worden wären. Das heißt, es geht auch hier wieder um das Verhältnis von Type und Token. Dazu passt der Befund, dass die relativ junge *ung*-Derivation insbesondere auf transitive Verben und auf morphologisch komplexe Verben (Präfixverben, Partikelverben) angewendet wird, also auf Verben jüngeren Datums. Auch die Anwendung auf sehr abstrakte transitive Verben passt dazu und der Umstand, dass ältere Suffigierungen häufig agens- und nicht patiensbezogene Nominalisierungen *(nomina actionis)* sind.

14.3 Fazit: Die Janusköpfigkeit der Nominalisierung

Substantivkonstruktionen und Verbalkonstruktionen unterscheiden sich sowohl in formaler als auch in semantischer Hinsicht. Von einem konstruktionsgrammatischen Standpunkt aus ergeben sich zwei elementare Grundtypen schematischer Konstruktionen: Verbalkonstruktionen und Substantivkonstruktionen, entsprechend der Grundunterscheidung in Verben und Substantive. Daraus folgt, dass der Begriff des Attributs als Begriff der Grammatiktheorie reetabliert werden muss (vgl. Kap. 8). Verbalkonstruktionen sind prädikative Konstruktionen. Das sind Konstruktionen, die Situationen beschreiben und eine aspektuale Struktur verbunden mit einer Argumentstruktur besitzen. Substantivkonstruktionen beschreiben nicht Situationen, sondern Gegenstände. Sie besitzen keine aspektuale Struktur und keine Argumentstruktur.

Bei Nominalisierungen wird die semantische Valenz von Verben in eine Substantivkonstruktion vererbt. Es entsteht ein Widerspruch zwischen verbaler Valenz und Substantivkonstruktion. In der attributiven Interpretation dieser Konstruktion wird dieser Widerspruch zwischen Form und Bedeutung, den Prinzipien der Bilateralität und der Formbezogenheit von Konstruktionen folgend, zu Gunsten der Substantivkonstruktion und ihrer Konstruktionsbedeutung überbrückt. In der prädikativen Interpretation wird der Widerspruch zwischen semantisch-verbaler Valenz und Substantivkonstruktion zu Gunsten der verbalen Bedeutung überbrückt. In beiden Fällen bleibt es trotz vorläufiger Lösung (Überbrückung) des Widerpruchs bei einer Verletzung des Bilateralitätsprinzips.

Die dem Prinzip der Formbezogenheit entsprechende attributive Interpretation ist die prototypentheoretisch-systematisch und diachron primäre Interpretation.

15 Präpositionalobjekt-Konstruktionen

Präpositionalobjekt-Konstruktionen sind Konstruktionsvererbungen aus Direktivkonstruktionen (15.1) und aus Fusionen von Argumentkonstruktionen und Modifikatorkonstruktionen (15.2).

Die Konstruktionsvererbung zu PO-Konstruktionen erfolgt u. a. aus der Direktivkonstruktion.[1] Ein Weg der Entstehung von PO-Konstruktionen war damit das Ausbleichen und Homonymwerden von direktiven Präpositionen.[2] Da es nicht nur PO-Konstruktionen mit ursprünglich direktiven Präpositionen gibt, muss man einen zweiten Weg annehmen. Auf diesem war das Ausbleichen der betreffenden Präpositionen (Wechselpräpositionen mit Dativ und der Präpositionen *für, mit*) verbunden mit dem Übergang eines Modifikators zu einem Argument. Eine ursprüngliche Modifikatorkonstruktion wurde als Argument in eine Argumentkonstruktion fusioniert. Beide Vererbungsprozesse sind an Verben, die PO-Argumente projizieren, synchron rekonstruierbar. Dazu trägt bei, dass es erst im Frühneuhochdeutschen unter dem Einfluss der zunehmenden Schriftlichkeit einen massenhaften Zustrom von Verben gegeben hat, die die PO-Konstruktion instantiieren.[3] Beispielsweise ergibt eine Auswertung von Wahrig (1997) ca. 280 zweistellige und ca. 180 dreistellige Verben, die PO-Argumente projizieren (N-PO-Konstruktionen und N-A-PO-Konstruktionen).[4] Viele dieser Instantiierungen sind neu hinzugekommen.

PO-Konstruktionen bringen oft eine Erhöhung der Stelligkeit der betreffenden Verben mit sich. Darunter sind viele Verben, die wahrscheinlich ursprünglich einstellig intransitiv waren (oder andere Projektionen besaßen). Sehr viele und vielleicht die meisten Verben sind erst per Analogie in die PO-Konstruktion implementiert worden.

Der Auslöser für die massenhafte Entwicklung von PO-Token-Konstruktionen war, wie gesagt, die sich entwickelnde Schriftlichkeit im Frühneuhochdeutschen. Mündliche Kommunikation ist situationsgebundener als schriftliche. In der mündlichen Kommunikation können die Sprecher sich darauf verlassen, dass die Hörer Bezüge aus der Situation herstellen können, und zwar wesentlich

---

[1] Aber auch die Direktivkonstruktion des Deutschen muss einmal entstanden sein, aus direktiven Adverbien oder/und aus direktiven reinen Kasus.
[2] In der Grammatikalisierungsforschung wird das Ausbleichen von Präpositionen als Grammatikalisierung aufgefasst.
[3] Präpositionalobjekt-Konstruktionen existieren bereits im Althochdeutschen (Heringer 1968, Korhonen 2006), eine verstärkte Entwicklung trat im Frühneuhochdeutschen ein.
[4] Eine wesentlich umfangreichere Liste ergibt eine Auswertung der elektronischen Fassung des VALBU (2004). Eine Korpusuntersuchung zu PO-Konstruktionen hat Höllein (2019) vorgenommen.

besser, als es die Leser gegenüber den Schreibern vermögen. Schriftlichkeit erfordert auf Grund ihrer stärkeren Situationsentbundenheit komplexere Strukturen, und sie ermöglicht komplexere Strukturen auf Grund der schriftlichen Fixierung.

Stelligkeit ist die konventionalisierte Einbeziehung von Situationsbezügen in eine Prädikat-Argument-Konstruktion. Das können Bezüge sein, die zuvor nur aus dem Satzkontext und/oder dem Situationskontext hervorgingen. Das können auch Bezüge sein, für die es zuvor bereits Modifikator-Konstruktionen gab. Modifikator-Konstruktionen stellen bereits einen Schritt zur größeren Verdichtung, nämlich in einem Satz, dar. Ihre Entwicklung ist, wenn man an Modifikator-Nebensätze denkt, ebenfalls durch die aufkommende Schriftlichkeit stark befördert worden.

Es gibt (vgl. oben) zwei Wege der Entstehung von PO-Konstruktionen: (1) aus Direktivkonstruktionen, (2) aus Argumentkonstruktionen + Modifikatorkonstruktionen. Das ist aus den beteiligten Präpositionen zu schließen, denn es handelt sich um originär direktive Präpositionen und um originär nicht-direktive Präpositionen.

Originär *direktiv* sind folgende Präpositionen in Präpositionalobjekten:

(1) die Wechselpräpositionen *an, auf, in, über* + Akkusativ (2a)
    die Präpositionen *aus, von, zu* + Dativ (2b)
    die Präpositionen *gegen, um* + Akkusativ (2c)
    die Präposition *nach* + Dativ (2d)

(2) a. denken an, hoffen auf, verwandeln in, sprechen über
    b. resultieren aus, abhängen von, passen zu
    c. verstoßen gegen, bitten um
    d. fragen nach

Die Präposition *nach* ist ein Sonderfall. Sie regiert ursprünglich den Dativ und kommt auch in PO im Dativ vor, ausgewiesen durch einen möglichen Artikel:

(3) a. Er fragt nach dem Weg.
    b. Er strebt nach dem Amt des Direktors.

Nach wird direktiv ohne erkennbare Kasusrektion verwendet:

(4) a. Emil fährt nach Berlin.
    b. ?Er fährt nach der Hauptstadt/*nach die Hauptstadt.
    c. Er fährt in die Hauptstadt.

Die Anschlüsse mit Wechselpräpositionen + Akkusativ sind bereits auf Grund der Rektion bzw. Subkategorisierung des Akkusativs als Argumente ausgewiesen. Bei den direktiven Präpositionen *gegen* und *um*, die nur den Akkusativ regieren, wird die *formale* Abgrenzbarkeit zweifelhaft. Bei direktiven Präpositionen, die nur den Dativ regieren, wird sie noch problematischer. Eine durchgängige Abgrenzung von Argumenten und Modifikatoren allein auf Grund formaler Kriterien ist also nicht möglich (Fischer 2003; Welke 1988, 2011)

Direktiva setzen bei Normalinstantiierungen eine direktionale Bedeutung des Verbs voraus. Sie werden also auch semantisch projiziert. Nicht alle Verben erlauben semantisch ein Direktivum. Direktiva sind daher nach den Valenzkriterien Argumente (vgl. Kap. 4). Die Argumenthaftigkeit setzt sich bei PO mit ursprünglich direktiven Präpositionen fort.

Originär *nicht-direktiv* sind folgende Präpositionen, die in PO-Konstruktionen vorkommen:

(5) a. die Wechselpräpositionen *auf, in, vor*, wenn sie den Dativ regieren (5a)
    b. die Präpositionen *für* und *mit* (5b)

(6) a. basieren auf, jemanden bestärken in, sich fürchten vor
    b. sich interessieren für, aufhören mit

Die Präposition *auf* kommt in PO meist mit dem Akkusativ vor, bei sachlichem Subjekt auch mit dem Dativ. *In* + Dativ findet sich in Wahrig (1997) in PO-Konstruktionen nur dreimal. Die Präposition *vor* kommt in PO nur mit dem Dativ vor.

Die Präpositionen *auf, in, vor* + Dativ sind statisch lokal und nicht direktiv. Die Präpositionen *für* und *mit* sind weder statisch lokal noch direktiv. Diese PO-Konstruktionen gehen also nicht auf Direktiva zurück und damit auch nicht auf bereits existierende Argumente. Sie müssen auf Modifikatoren zurückgehen.

Beide Wege der Vererbung zu homonymen PO-Konstruktionen sind synchron rekonstruierbar.

Höllein (2019) zeigt, dass PO-Konstruktionen unterschiedlich produktiv, d. h. in unterschiedlichem Maße Coercionen zugänglich sind. Unter den Konstruktionen mit ursprünglich direktiven Präpositionen sind die PO-Konstruktionen mit den Präpositionen *auf, nach, über, um, zu* am produktivsten und am weitesten ausgebaut. Bis auf die Konstruktionen mit *auf* + Akkusativ unterscheiden sich diese semantisch deutlich von ihren direktiven Pendants, vgl.:

(7) a. Er fliegt nach Wien.
    b. Er fragt nach dem Weg.

(8) a. Er geht über die Brücke.
    b. Er spricht über das Problem.

(9) a. Er läuft um die Ecke.
    b. Er kümmert sich um ihn.

(10) a. Er trat zu ihnen.
     b. Er rechnet sich zu ihnen.

Die PO-Konstruktionen differenzieren sich, wenn man von den in Höllein (2019) zusammengestellten Konstruktionsmustern ausgeht, in 18 schematische PO-Konstruktionen, die Verdopplungen bei Wechselpräpositionen eingerechnet. Coercionen lassen sich in großer Zahl nachweisen wie Hölleins korpusbasierte Untersuchungen zeigen. Ausgesprochen produktiv sind Konstruktionen mit *nach, über* + Akkusativ, *um* + Akkusativ und mit *vor* und *zu*.[5] Soweit sie produktiv sind, sind die Coercionen geregelt. Nicht produktiv ist die Konstruktion mit *an*. Denn es gibt nur wenige Verben, die diese Konstruktion instantiieren (*denken an, sich erinnern* an, *sich halten an* und die Kombination aus Partizip II + *sein: interessiert sein an*). Konstruktionen mit *in* + Akkusativ scheinen ausschließlich Direktivkonstruktionen zu sein.

15.1 Vererbung von Direktivkonstruktionen in PO-Konstruktionen

Einer der beiden Wege, auf dem PO-Konstruktionen entstanden sind, ist die Metaphorisierung von Direktivkonstruktionen (die Übertragung von lokalen Relationen auf abstraktere Zusammenhänge), vgl.:

(11) a. Jemand hat Emil auf die Fahrbahn gestoßen.
     b. Jemand hat Emil auf ein Problem gestoßen.

(12) a. Emil ist über den Bordstein gestolpert.
     b. Emil ist über diese Erkenntnis gestolpert.

(13) a. Emil hat auf die falsche Taste getippt.
     b. Emil hat auf Anton als Urheber getippt.

(14) a. Emil pocht auf den Tisch.
     b. Emil pocht auf sein Recht.

---

5 Die Produktivität der Direktivkonstruktion (vgl. Kap. 5) setzt sich also bei PO-Konstruktionen fort.

(15) a. Emil kommt auf den Hof.
   b. Emil kommt auf den Geschmack/darauf, dass ...

(16) a. Emil bringt die Stühle auf den Hof.
   b. Emil bringt Anton auf den Geschmack/darauf, dass ...

Bei Token-Konstruktionen wie (11b)–(16b) beginnt der Übergang. Dennoch ordne ich die Token-Konstruktionen (11b)–(16b) weiterhin als Direktivkonstruktionen ein. Denn sie bewahren eine über das Gegenständliche hinausgehende lokal-direktive Bedeutung. Ein Indiz dieser Einordnung ist, dass es sich bei den beteiligten Verben um direktive Verben handelt, bei denen sich Informationen aus dem Verb und aus der Konstruktion entsprechen.

Diese Interpretation widerspricht der traditionellen aus der Satzgliedtheorie kommenden Abgrenzung von Direktivkonstruktionen und PO-Konstruktionen, nach der alle übertragenen Konstruktionsbedeutungen als PO-Konstruktionsbedeutungen angesehen werden. So wird in Jung (1953: 52) die Abgrenzung an den Sätzen (14) exemplifiziert mit der PP *auf den Tisch* in (14a) als lokale Adverbialbestimmung und mit der PP *auf sein Recht* in (14b) als PO, also durch die Faustregel: Wenn die Konstruktion konkret-perzeptiv lokal aufzufassen ist, handelt es sich um eine Adverbialbestimmung. Wenn die Konstruktion in übertragener Bedeutung aufzufassen ist, handelt es sich um ein PO. Das ist eine denotative und außerdem nicht-syntaktische Abgrenzung von Adverbialbestimmungen und PO in der traditionellen Satzgliedtheorie, nach der alles, was konkret-anschaulich lokal (statisch-lokal oder direktiv-lokal) ist, Adverbialbestimmung (also Modifikator) ist, und alles, was sich nicht mehr denotativ konkret-anschaulich als lokal einstufen lässt, als PO gilt.[6]

Sehr oft lassen sich jedoch Konstruktionen mit präpositionalen Argumenten wie (17) finden, die man nicht als Direktivkonstruktionen ansehen kann, entweder weil der Zusammenhang so stark verdunkelt ist, dass man ihn als abgebrochen ansehen muss, erkennbar an der nicht-direktiven Bedeutung des Verbs. In diesen Fällen handelt es sich um Instantiierungen per Coercion in die zur Direktivkonstruktion homonym gewordenen PO-Konstruktion.

---

[6] Lokale Bezüge werden traditionell also isoliert semantisch (d. h. denotativ-semantisch) als Adverbialbestimmungen zusammengefasst und nicht syntaktisch-semantisch in Modifikatoren (Adverbialbestimmungen im engeren Sinne) und Argumente (Direktiva) getrennt (vgl. Welke 2007). Auch die Nichtkommutierbarkeit der Präposition sehe ich im Gegensatz zu Breindl (1989) und mit Höllein (2019) nicht als Kriterium der Abgrenzung an, sondern nur als Anzeichen einer beginnenden Abstraktion.

(17) a. Emil hofft auf besseres Wetter.
  b. Emil wartet auf Johanna.
  c. Emil freut sich auf den Urlaub.

Um zu prüfen, ob es ursprünglich einen metaphorischen Zusammenhang der präpositionalen Token-Konstruktionen (17) mit einer Direktivkonstruktion und einem direktiven Verb gegeben hat, muss man in der Diachronie zurückgehen. Nach dem Grimm'schen Wörterbuch (Bd. 10, Sp. 168–170) bedeutet bspw. das Verb *hoffen* ursprünglich ‚hüpfen':[7]

> Zur ermittelung der sinnlichen grundbedeutung von hoffen darf das ags. hoppan, niederd. hoppen, ahd. hupfan, mhd. hupfen und hüpfen neben hubben und huppen wol als nächst verwant herangezogen werden. übertragung von bezeichnungen des aufspringens auf gemütserregung findet auch sonst statt (vergl. entsetzen th. 3, 621, erschrecken 970), und ein bairisches aufhoffen, verhoffen über ein ding, davon überrascht, darüber stutzig werden, auffahren (SCHM. 1, 1063 Fromm), schwäbisch verhofft, unvermutet, unerwartet, erschreckt (SCHMID 283), ebenso in der jägersprache ein hirsch hofft, verhofft sieht sich um, stutzt (ADELUNG), kann nicht anders als im engsten zusammenhange mit hüpfen aufgefaszt werden, aus der bedeutung des in die höhe springens ergibt sich die des überrascht auffahrens; anders hat das niederdeutsche sprachgebiet die alte sinnliche bedeutung gewendet, ihr ist das hochspringen das bild für das ungeduldige *spähen, erwarten, ausschauen, gewesen*, woraus der sinn *sperare*, wie er uns in dem worte seit alter zeit erscheint, sehr natürlich sich abblaszt.

Über *warten* heißt es (Bd. 27, Sp. 2125), dass das Verb ursprünglich ‚wohin schauen, seine aufmerksamkeit worauf richten' bedeutete, u. a. mit der Erläuterung (Bd. 27, Sp. 2127): „der begriff des ausschauens findet sehr häufig eine ergänzung durch präpositionelle bestimmungen der richtung".

Die Geschichte von Verben wie *hoffen* oder *warten* verweist auf den diachronen Zusammenhang von Direktiva und PO. Diese Verben verloren ihre ursprüngliche wörtliche lokale Bedeutung und wurden nur noch in nicht-lokal übertragener Bedeutung gebraucht. Der Verlust des Bedeutungszusammenhanges (das Homonymwerden) ist ein klares Indiz für die Verselbständigung von Token-Direktivkonstruktionen zu einer eigenständigen PO-Konstruktionen.

Man kann und darf jedoch nicht annehmen, dass jedes einzelne Verb, das ein PO projiziert, eine lokal-direktive Variante hat oder auf ein lokal-direktives Verb zurückgeht wie im Falle von *hoffen* und *warten*. Denn eine einmal als selbständige schematische Konstruktion entstandene PO-Konstruktion, wirkt als eigenständiges Analogiemuster. Nicht-direktive Verben können in das neue Konstruktionsmuster per Coercion implementiert werden. (vgl. Kap 5). Das sind z. B.

---

7 Zum direktiven *hüpfen* vgl. Bd. 10, Sp. 1954–1956.

aus dem Bereich der *auf*-PO-Konstruktionen Verben wie *wetten, rechnen, spekulieren, sparen*.[8]

(18) a. Emil wettet auf dieses Pferd.
  b. Emil rechnet auf dich.
  c. Emil spekuliert auf deine Geduld.
  d. Emil spart (Geld) auf ein Auto.

Man muss annehmen, dass sehr viele heutige PO-Konstruktionen mit ursprünglich direktiven Präpositionen analogische Weiterentwicklungen der bereits existierenden PO-Konstruktion sind. Generalisierend kann man nur sagen, dass die Type-PO-Konstruktion mit originär direktiven Präpositionen (die schematische PO-Konstruktion mit originär direktiven Präpositionen) eine metaphorische Entwicklung aus der Type-Direktiv-Konstruktion ist – vermittelt durch einzelne Token-Konstruktionen, die diesen Weg gegangen sind.[9]

15.2 Vererbung von Fusionen aus Argument- und Modifikatorkonstruktionen in Präpositionalobjekt-Konstruktionen

Präpositionalphrasen mit statisch-lokalen Präpositionen und mit den Präpositionen *mit* und *für* kann man zu jedem Verb hinzufügen. Nur ein Bruchteil dieser Möglichkeiten wird in Wörterbücher aufgenommen. Wenn sie verzeichnet werden, z. B. in Wahrig (1997), dann sollte die Intuition der Wörterbuchmacher ein Indiz dafür sein, dass es sich um (projizierte) Argumente und nicht um Modifikatoren handelt.

Diese Argumente entstehen aus der Fusion einer Token-Argument-Konstruktion und einer Token-Modifikatorkonstruktion, die schließlich zu einer neuen Token-Argumentkonstruktion mit erhöhter Stelligkeit wird. Mehrere solcher Prozesse ergeben dann, begleitet von analogen Prozessen zwischen anderen Argument- und Modifikatorkonstruktionen, PO-Konstruktionen.

In dem Prozess der Umwandlung der Modifikatorkonstruktion in ein Argument verändert sich die inhärente semantische Struktur des Verbs. Es kommt zu einem Qualitätssprung, in dem das Verb eine um eine Stelle erweiterte relationale Bedeutung erhält.

---

[8] Gut erkennbar ist an (18) das durch die Analogie verursachte Phänomen der Nischenbildung.
[9] Ein prominentes Beispiel dieser Analogie ist die Entstehung der Fugenmorpheme. Das Fugen-*s* ist ursprünglich ein Genitiv. Das gilt nur für den Type, aber nicht für einzelne Token.

15.2 Vererbung von Fusionen aus Argument- und Modifikatorkonstruktionen

Es gibt Verben, bei denen der metaphorische Ursprung synchron rekonstruierbar ist, vgl. z. B.:

(19) a. Emil erschrickt vor eine Maus.
b. Emil erschrickt, weil sich vor ihm plötzlich eine Maus befindet.

Man kann den Satz (19a) auch heute noch lokal auffassen mit einem einstellig gebrauchten *erschrecken* und einem lokalen Modifikator (vgl. die Paraphrase (19b)). Ein lokaler Modifikator wird mit einer einargumentigen Konstruktion fusioniert.

Beim Übergang des Modifikators zum Argument kommt es zu einer Änderung (und zwar einem qualitativen Sprung) der semantischen Struktur des Verbs von Einstelligkeit zu Zweistelligkeit. Gleichzeitig verliert die Präposition ihre wörtliche Bedeutung und erhält eine übertragene Bedeutung. Ein erstes Exemplar einer zukünftigen Type-PO-Konstruktion ist entstanden. Analog kann man interpretieren:

(20) Emil ängstigt sich/fürchtet sich/scheut sich vor jemandem/vor etwas.

Solche Verwendungen sind wahrscheinlich nicht alle gleichzeitig und unabhängig voneinander entstanden, sondern irgendwann beginnt die Analogie zu wirken. Eventuell stehen gebräuchlichere (nicht-mediale) Verben am Anfang. Aber darauf kommt es hier nicht an. Irgendwo muss der Anfang gemacht worden sein – und zwar beginnend bei Fusionen wie (19a). Ein Konstruktionsmuster entstand, das dann analogisch nachgebildet wurde. So wie nicht alle Token-PO-Konstruktionen mit originär direktiver Präposition direkt auf Direktivkonstruktionen zurückgehen, so gehen also auch nicht alle Token-PO-Konstruktionen mit originär nicht-direktiven Präpositionen direkt auf Argument- plus Modifikatorkonstruktionen zurück. Die m. E. überwiegende Mehrheit dieser Token entsteht dadurch, dass die Sprecher/Hörer bereits gebildete PO-Konstruktionen als Analogiemuster nehmen und durch weitere Verben instantiierten.[10]

Es gibt nur wenige Verben, die PO-Konstruktionen mit *auf* und *in* + Dativ projizieren, vgl.:

(21) a. auf etwas basieren/ beruhen/fußen
b. jemanden in etwas beeinträchtigen/bestärken/übertreffen

---

10 Token-Modifikator-Konstruktionen können auch konventionalisiert in Argumentkonstruktionen fusioniert werden, ohne ihren Status als Modifikatorkonstruktionen (wenn auch nunmehr nicht mehr selbständige Modifikatorkonstruktionen) aufzugeben. Es entstehen konventionalisierte Mini-Konstruktionen (vgl. Kap. 6).

Am häufigsten sind unter den ursprünglich nicht-direktiven PO-Konstruktionen Konstruktionen mit den Präpositionen *mit* und *für* vertreten.

Möglicherweise entstehen PO-Konstruktionen mit der Präposition *mit* erst aus der comitativen Bedeutung dieser Präposition und nicht aus der instrumentalen Bedeutung.[11]

(22) sprechen/reden/verhandeln/korrespondieren/gehen/schlafen/spielen mit jemandem

Stets ändert sich zugleich die Bedeutung des Verbs und damit seine Stelligkeit, vgl. (23a) und die Paraphrasen (23b) und (23c):

(23) a. Sie geht mit ihm.
 b. Sie geht mit ihm zusammen zur Arbeit.
 c. Sie sind ein Paar.

In der Bedeutung (23b) ist *gehen* einstellig, in der Bedeutung (23c) ist *gehen* zweistellig.

Bei *für*-PO kann man Gebrauchsweisen mit persönlichen Substantiven und einer positiven Gerichtetheit auf *jemanden* (24a) von Gebrauchsweisen unterscheiden, die eine positive Gerichtetheit auf *etwas* ausdrücken (24b).

(24) a. Emil sorgt für Anita.
 b. Emil sorgt für die Unterkunft.

Der Gebrauch mit sachlichem Bezug (24b) ist eine prototypische Ableitung aus dem Gebrauch mit persönlichem Bezug (eine Ableitung aus einer Argumentstruktur-Modifikator-Kombination mit persönlichem Substantiv).

Grauzonen des Übergangs zwischen Modifikator und Argument sind bei *für*-PO besonders häufig, z. B.:

(25) a. Emil arbeitet für Anita.
 b. Emil fährt/kämpft/streitet für Mercedes. (als Rennfahrer)

---

[11] Die comitative Bedeutung von *mit* ist zwar eine Ableitung aus der instrumentalen Bedeutung von *mit*, jedoch noch innerhalb der Modifikatorkonstruktion. Erst danach beginnt die Loslösung von der Modifikatorkonstruktion und der Übergang in die PO-Konstruktion. Analoges gilt für die *mit*-PP in Applikativkonstruktionen *(Er lädt Heu auf den Wagen. – Er belädt den Wagen mit Heu).* Die *mit*-PP bleibt Modifikator mit einer gegenüber der konkret-instrumentalen Ausgangsbedeutung veränderten abgewandelten Bedeutung, bleibt also im Bereich der (prototypentheoretisch verstandenen) Polysemie. Sie ist nicht homonym zu einer *mit*-Argument-PP wie in (23a).

Mediale PO-Konstruktionen
Unter den Belegen aus Wahrig (1997) sind sehr viele Medialkonstruktionen, die gleichzeitig PO-Konstruktionen sind. Medialkonstruktionen sind (Analogie eingeschlossen) ursprüngliche Reflexivkonstruktionen (vgl. Kap. 11).

(26) a. Emil ärgert Alfons.
b. Alfons ärgert sich.

(27) a. Emil biegt den Zweig.
b. Der Zweig biegt sich.

Durch Implementierung des reflexiven (medialen Verbs) in eine PO-Konstruktion können die Sprecher/Hörer erneut Zweistelligkeit herstellen (vgl. Kap. 11).

(28) a. Emil ärgert Alfons.
b. Emil ärgert sich.
c. Emil ärgert sich über Alfons.

(29) a. Schlangen ängstigen Emil.
b. Emil ängstigt sich vor Schlangen.

(30) a. Emil freut sich.
b. Emil freut sich über Schlangen.

(31) a. Emil interessiert sich.
b. Emil interessiert sich für das Spiel.

15.3 Fazit

Präpositionalobjekt-Konstruktionen entstehen aus Direktivkonstruktionen und aus Fusionen von Argumentkonstruktionen und Modifikatorkonstruktionen. Sie sind homonym zu Direktivkonstruktionen und zu Fusionen aus Argument- und Modifikatorkonstruktionen. Das heißt, sie sind formgleich, aber nicht bedeutungsgleich. Trotz der konstruktionellen Homonymie bewahren sie Reste der alten Direktiv- oder Modifikatorbedeutung. Ein Ausweis dieses Zusammenhanges und der Restbedeutung, die sie bewahren, ist die Ausbildung deutlich erkennbarer semantischer Nischen (vgl. 4.6.4). Die Ableitung von PO-Konstruktionen aus Argumentkonstruktionen + Modifikatorkonstruktionen ist auch deshalb interessant, weil sich an diesem Beispiel synchron rekonstruieren lässt, wie aus Modifikatoren Argumente entstehen.

16 Partikel- und Präfix-Konstruktionen

Gegenstand des Kapitels ist die Einbeziehung von Partikelverbbildung und Präfigierung in die Syntax der Instantiierung von Argumentkonstruktionen. Es geht um Partikelverben mit *an-, auf-, unter-, über-, ein-, bei-, nach-, vor-, zu-*[1] und um Präfixverben mit *be-, er-, ver-, zer-, ent-* am Beispiel der *an*-Partikelverben und der *be*-Präfixverben. In (16.1) wird skizziert, wie sich die Produktivität dieser Wortbildungen aus dem Wechselverhältnis von Konstruktion und Projektion ergibt. In einem zweiten Schritt (16.2) werden Hypothesen zur Konstruktionsvererbung von Partikel- und Präfixkonstruktionen aus vorangehenden direktiven und statisch-lokalen Konstruktionen vorgetragen. Diese Hypothesen sind bei Partikelkonstruktionen synchron begründbar. Hypothesen zur Präfigierung müssen diachron gestützt werden.

16.1 Konstruktion und Projektion

Projektionistisch ist das Thema der Präfigierung und Partikelverbbildung seit langem besetzt, nämlich als die Möglichkeit, durch Präfigierung und Partikelverb-Bildung Verben zu transitivieren. Aus intransitiven Verben können via Präfigierung und Partikelverbbildung transitive Verben werden.

(1) a. Er tritt in den Raum.
    b. Er betritt den Raum.

(2) a. Er hat auf/über ihn geschimpft.
    b. Er hat ihn beschimpft.

(3) a. Er hat gelogen.
    b. Er hat ihn belogen.

(4) a. Er hat gelogen.
    b. Er hat ihn angelogen.

---

[1] Zu unterscheiden sind Verben mit den Partikeln *mit-* (z. B. *mitnehmen*) und mit Partikeln, die aus Objektsprädikativa entstanden sind (z. B. *voll-, weg-, zusammen-* in z. B. *vollenden, wegnehmen, zusammenschreiben*). *Mit*-Partikelkonstruktionen gehen wie Präpositionalobjekt-Konstruktionen, die nicht aus Direktivkonstruktionen entstanden sind (vgl. Kap. 15), auf die Fusion einer Argumentkonstruktion mit einer präpositionalen Modifikatorkonstruktion zurück. Auch die Partikel *miss-* muss ausgegliedert werden.

Wie die Projektionsänderung zustande kommt, kann allein projektionsgrammatisch nicht erklärt werden. Prozesse der Präfigierung und Partikelverbbildung sind produktiv. Sie sollten sich also – wie die Existenz überschüssiger Argumente (vgl. Kap. 5) – aus dem Wechselverhältnis von Konstruktion und Projektion ergeben. Felfe (2012) weist am Beispiel der Partikelverben mit *an* nach, dass man zur Erklärung der Produktivität dieser Verbbildung nicht nur die Grenzen der traditionellen Wortbildung, sondern auch der Projektionsgrammatik überwinden muss. Er schlägt eine syntaktisch-konstruktionsgrammatische Lösung vor, d. h. die Annahme von syntaktischen Partikelkonstruktionen an Stelle von Partikelverben.[2]

Ich werde – wie generell in diesem Buch – die projektionistische Sicht nicht durch die konstruktionsgrammatische ersetzen, sondern sie in die konstruktionsgrammatische einordnen, indem ich (wie bereits bei Medialverben, Kap. 11) einen zweistufigen Prozess annehme: Produktive Bildungen (Neubildungen) von Partikel- und Präfixverben beginnen bei produktiven Instantiierungen von Partikel- und Präfixkonstruktionen. In einer zweiten Stufe der Entwicklung wird bei einer gewissen Gebrauchshäufigkeit *(entrenchment)* der Instantiierung einer Partikel- oder Präfixkonstruktion das instantiierende Verb mit der Partikel bzw. dem Präfix zu einem Partikelverb bzw. Präfixverb vereinigt. Das auf diese Weise entstandene Verb erhält einen Eintrag im Lexikon und projiziert von diesem Zeitpunkt an eine intransitive oder transitive Konstruktion nicht anders als ein Nicht-Partikelverb oder ein Nicht-Präfixverb.[3]

Bei Präfigierung und Partikelverbbildung (und vergleichsweise Medialverbbildung) geht es um Wortbildung und nicht wie beim Passiv um Wortformbildung. Das mögliche Ergebnis der Wortbildung sind Wörter als Lexikoneinheiten. Vom möglichen Ergebnis der Lexikalisierung (Konventionalisierung) aus stellen Präfixverben, Partikelverben und Partikelpräfixverben[4] damit kein gesondertes syntaktisches Problem dar.[5] Einmal ins Lexikon aufgenommen stehen

---

[2] Es gibt Berührungspunkte mit dem von Knobloch (2009) vorgetragenen Konzept einer Partikelverbkonstruktion.

[3] Das Zusammenwachsen ist per Analogie vorauseilend. Etwas kann als Worteinheit realisiert werden, klarerweise bei Präfigierung, auch wenn es im Lexikon (noch) keinen Eintrag gibt (vgl. sog. Augenblickskomposita). Andererseits setzt eine Lexikoneinheit eine Worteinheit nicht unbedingt voraus (vgl. phraseologische Wendungen, Medialverben und trennbare Partikelverben).

[4] Sofern man Partikelverben als Wörter und nicht als syntaktische Konstruktionen ansieht, was hier geschehen soll. Partikelpräfixverben nenne ich im Anschluss an Altmann/Kemmerling (2000) Verben mit nicht-trennbarer Partikel: *Jemand durchquert die Stadt* im Unterschied zu *Er streicht das Wort durch.*

[5] Beim Passiv (vgl. Kap. 10) geht es um die Bildung passivischer Wortformen, die nicht im Lexikon eingetragen werden, wo also aus projektionistischer Perspektive die Annahme von Transformation oder lexikalischer Derivation notwendig ist (vgl. Kap. 9 und 10). Substantivierungen (Nominalisierungen) nehmen eine Zwischenstellung ein. Sie werden, Chomsky (1970)

Präfixverben und Partikelverben (und Partikelpräfixverben) neben nicht derivierten Verben. Sie können wie andere Verben problemlos (ohne oder mit Coercion) in Nominativ-Akkusativ-Konstruktionen implementiert werden, bspw. *besetzen* nicht anders als *setzen* und *anlächeln* nicht anders als *lächeln*. Als Lexikoneinheiten haben sie denselben syntaktischen Status wie Simplizia. Sie besitzen eine Projektion (Valenz), auf deren Grundlage sie bestimmte schematische Konstruktionen instantiieren oder nicht instantiieren.[6]

Folgende konstruktionsgrammatische Erklärung der Produktivität von Präfix- und Partikelverben ist möglich:

Voraussetzung der Entstehung von Partikel- und Präfixverben sind Partikel- und Präfixkonstruktionen als Mikrokonstruktionen in intransitiven (5) und transitiven Makrokonstruktionen (6).

(5) a. Der Motor springt an.
 b. Die Blume erblüht.
 c. $\boxed{\text{Nom}_{1/Ag/Vt} \underline{\qquad} \text{Partikel/Präfix}}$

(6) a. Er lächelt sie an.
 b. Sie belächelt sein Verhalten.
 c. $\boxed{\text{Nom}_{1/Ag} \underline{\qquad} \text{Akk}_{2/Pat} \text{Partikel/Präfix}}$

Partikeln und Präfixe sind aus Argumenten (Direktivargumenten) entstandene formal-semantische Bestandteile der Konstruktion. Es handelt sich um Übergänge (Grammatikalisierungen) von vollsemantischen Einheiten zu grammatischen Operatoren (wie im Falle des Reflexivums in Medialkonstruktionen, vgl. Kap. 11).

In die schematischen ein- oder zweistelligen Partikelverb- oder Präfix-Konstruktionen (5) und (6) können Verben (gegebenenfalls per Coercion) implementiert werden, die die entsprechenden intransitiven oder einfach-transitiven Makrokonstruktionen projizieren oder nicht projizieren.[7] Auf diesem Wege konnte bspw. das intransitive Verb *lächeln* im Deutschen in eine Partikelkon-

---

folgend, oft lexikalistisch, nämlich wie originäre Substantive behandelt, aber auch als Argumentvererbung (Grimshaw 1990; Ehrich/Rapp 2000; vgl. Kap. 14).

6 Sie können allerdings auf Grund ihrer Geschichte nicht auf gleiche Weise wie nichtpräfigierte Verben neuerlich in Direktivkonstruktionen oder Objektsprädikativ-Konstruktionen gezwungen werden (vgl. 5.5.3 und 5.5.4).

7 Über Restriktionen und Erweiterungen wäre gesondert zu befinden, vgl. *anberaumen*, aber **erversuchen*.

struktion (7a) oder in eine Präfixkonstruktion (7b) per Coercion implementiert werden.

(7) a. Sie lächelt ihn an.
    b. Sie belächelt ihn.

Eine Bedingung ist zunächst, dass die betreffende Instantiierung Sinn ergibt, dass also eine perzeptiv mögliche und relevante Aussage entsteht (Kriterium der Vorstellbarkeit, vgl. Kap. 5):

(8) a. Er lächelt/faucht/brüllt *Paul.
    b. Er lächelt/faucht/brüllt Paul an.
    c. *Er lächelt/faucht/brüllt Paul durch.
    d. Er belächelt/*befaucht/*bebrüllt Paul.
    e. Er verbellt/*verlächelt/*verfaucht/*verbrüllt den Wolf.

Die Sätze (8c–e) sind grammatisch prinzipiell möglich. Warum sollte es bspw. nicht ein *verfauchen* geben, so wie es ein *verbellen* gibt, warum nicht ein *bebrüllen*, so wie es ein *belächeln* gibt? Das heißt, als eine weitere, spezifisch einschränkende Bedingung der Akzeptabilität, nicht der Bildbarkeit überhaupt, kommt die Konventionalisierung (und daraus folgend Lexikalisierung) der Kombination Partikel- bzw. Präfix + Verb als Partikel- bzw. Präfixverb hinzu. Partikel- und Präfixkonstruktionen sind produktiv. Denn es gibt Neuinstantiierungen. Diese müssen außer der Hürde der Vorstellbarkeit und Relevanz folglich die Hürde nehmen, dass sie nicht eingeübt sind. Dennoch sind sie möglich und können prinzipiell eingeübt werden (vgl. die Gegenüberstellung von System und Norm nach Coseriu).

Es besteht eine gewisse Analogie zum Verhältnis von konventionalisierten und (noch) nicht konventionalisierten Objektsprädikativ-Konstruktionen (vgl. 5.5.4). Dennoch ist auszuschließen, dass es sich bei den eingeübten und konventionalisierten Fällen bei Präfix- und Partikelkonstruktionen um konventionalisierte Minikonstruktionen handelt. Denn es existieren – im Gegensatz zu der begrenzten Menge von konventionalisierten (und möglich scheinenden) Objektsprädikativ-Minikonstruktionen – wesentlich zu viele mögliche Instantiierungen von Präfix- und Partikelkonstruktionen, als dass man das annehmen könnte. Die Erklärung der Konventionalisierung liegt hier nicht in der Annahme von Minikonstruktionen im Konstruktikon, sondern in der Lexikalisierung (Konventionalisierung) von Kombinationen aus Präfix- bzw. Partikel + Verb, also darin, dass Präfix-Verb- und Partikel-Verb-Kombinationen als Verben im Lexikon eingetragen werden. Ihr Zusammenwachsen wird durch das äußerliche Zusammenwachsen im Wort begleitet (vgl. auch die Zusammenschreibung als Reflex der Sprecherintuition, vgl. auch oben Anmerkung 3). Mit dem Eintrag ins Lexikon (Valenzlexikon) ist dann Projektion gegeben, also die Möglichkeit der konventionalisierten Vorhersage aus dem Lexikoneintrag.

Ergebnis ist, dass nach der Lexikalisierung (verursacht durch Konventionalisierung) die Präfix- oder Partikel-Mikrokonstruktion überflüssig wird. Als eingetragenes Verb instantiiert das Partikel- oder Präxiverb nunmehr eine intransitive oder transitive Konstruktion direkt ohne den Zwischenschritt der entsprechenden Mikrokonstruktion – wie ein nicht-präfigiertes Verb oder ein Nicht-Partikelverb. Vor der Lexikalisierung ist die Partikel/das Präfix Bestandteil der entsprechenden Mikrokonstruktion. Nach der Lexikalisierung sind Partikel und Präfix Verbbestandteile.

Da jedoch Präfigierung und Partikelverbbildung produktiv sind, bleibt die Präfix- und die Partikel-Mikrokonstruktion als Voraussetzung der Entstehung von Präfix- und Partikelverben in der sprachlichen Tätigkeit der Sprecher/Hörer erhalten. Wie in den übrigen Fällen von Coercion ist also für eine Erklärung der Produktivität von Präfigierungen und Partikelverb-Bildungen die Wechselwirkung von Konstruktion und Projektion die Grundlage.[8]

Felfe (2012): Partikelkonstruktionen mit *an*-

Felfe (2012) listet in einer korpusbasierten Analyse acht schematische *an*-Konstruktionen auf. Er gliedert nach denotativ-semantischen Gesichtspunkten. Ich übernehme diese Gliederung nicht (zu Gründen vgl. Kap. 3), sondern unterscheide nach formal-syntaktischen und signifikativ-semantischen Gesichtspunkten in intransitive und transitive Konstruktionen.

Felfes semantische Gruppen sind (ebd.: 131):
1. Orts- und Zustandsveränderungen
2. Inbetriebnahme
3. Kontaktzustand
4. Intensivierung
5. Gerichtetheit
6. Kraft-Gegenkraft
7. Partialität (Beginn, schwache Intensität, Eröffnung)
8. Wahrnehmung von etwas an jemandem

Diese acht Gruppen gliedern sich in der Regel in semantische Untergruppen.

---

[8] So lange der Weg der Medialisierung über Medialkonstruktionen im Wissen der Sprecher/Hörer erhalten bleibt, so lange ist auch die Bildung von Medialverben produktiv (vgl. Kap. 11).

Intransitive Token-Konstruktionen
Intransitive Token-Konstruktionen gibt es in unterschiedlichen semantischen Gruppen (vgl. Anhang: PKV als Instanzen der jeweiligen Konstruktionen, ebd.: 241–247):

(9) a. Etw. backt/brät/brennt/fault an.   Felfe 2012: 241 [1a]
 b. Etw./jmd. braust/dampft/fällt an.   Felfe 2012: 241 [1b]
 c. Etw. hält/grenzt/haftet/hängt an.   Felfe 2012: 244 [3]
 d. Etw./jmd. dauert/schwillt/steigt an.   Felfe 2012: 244 [4a]
 e. Etw. jmd. bricht/brennt/fährt/fault an.   Felfe 2012: 246 [7a]
 f. Jmd./etw. rudert/segelt/tuckert an.   Felfe 2012: 247 [7a]

Felfes Beschreibungen der semantischen Gruppen deuten auf direktive Gemeinsamkeiten hin. Von Abweichungen bzw. Differenzen abstrahiert Felfe zugunsten von Invarianz. Denn sehr viele Token-Konstruktionen innerhalb der einzelnen direktiven Gruppen sind nicht im wörtlichen Sinne direktiv (lokal). Eine in den Belegen erkennbare Tendenz ist die Übertragung von Lokalem auf Temporales. Das ist ein Grundzug zahlreicher Metaphorisierung im Bereich von Präpositionen und in weiteren Bereichen (vgl. Lakoff/Johnson 1980, Lakoff 1987). Temporal sind bspw. zu interpretieren:

(10) a. anfaulen, anheilen, anrosten, antrocknen   Felfe 2012: 241 [1a]
 b. anbrechen, anbrennen, anspringen (Motor)   Felfe 2012: 246 [7a]
 c. anrudern, ansegeln   Felfe 2012: 246 [7c]

Viele der in den Belegen vorkommenden Simplex-Verben (Verbstämme) sind Direktivverben. Unschärfen zu nicht direktiven Verben hängen mit Übergängen zwischen Fortbewegungsverben und Bewegungsverben zusammen, z. B. bei:

(11) (an)flitzen, (an)gondeln, (an)rudern, (an)schleichen, (an)schwanken, (an)tanzen

Einige der Simplex-Verben sind originär weder Bewegungs- noch Fortbewegungsverben, z. B.:

(12) (an)brausen, (an)dampfen, (an)donnern, (an)tuckern

Die Implikaturen, die die Coercion vermitteln, entsprechen den Geräusch-als Fortbewegungs-Verben (vgl. Kap. 5).

Es ist von heute aus nicht zu entscheiden, ob es sich bei (12) um Coercionen in die ursprüngliche Direktivkonstruktion gehandelt hat oder erst um Coercionen in die aus einer Direktivkonstruktion entstandenen Partikelkonstruktion. Eine Vielzahl von Coercionen ist jedoch erst später in die bereits entstandene Partikelkonstruktion erfolgt. Auch aktuell gibt es weiterhin Coercionen. Die Konstruktion ist produktiv.

In der Gruppe (9a) oben mit den Verben (13) finden sich keine originären Bewegungs- oder Fortbewegungsverben.

(13) anbacken, anbraten, anbrennen, anfaulen, anfrieren, anheilen, ankleben, ankochen, anpappen, anrosten, anschimmeln, anschmoren, antrocknen, anwachsen, anwurzeln

Die direktionale und zumeist temporale Bedeutung entsteht aus der Partikelkonstruktion.[9]

Transitive Token-Konstruktionen
Transitive Token-Konstruktionen sind ebenfalls in den meisten semantischen Gruppen Felfes zu finden, z. B.:

(14) a. etw. ankleben, ankleben, anpinseln, anschweißen   Felfe 2012: 242 [1d]
     b. etw. anliefern, anbieten, anrücken, anspülen   Felfe 2012: 242 [1e]
     c. jdn. anlocken, anheuern, etwas ankaufen   Felfe 2012: 243 [1f]
     d. etw. anhäufeln, anlagern, anlegen, ansäen   Felfe 2012: 243 [1g]
     e. etw. anschalten, anwerfen, anzünden   Felfe 2012: 244 [2]
     f. jmd. anbetteln, anbaggern, anlächeln   Felfe 2012: 244–45 [5a]
     g. etw. anbeißen, anbrechen, anziehen, anzüchten   Felfe 2012: 246 [7b]

Der Zusammenhang ist wie bei einstelligen *an*-Konstruktionen dem von Direktivkonstruktionen und Präpositionalobjekt-Konstruktionen analog. Die einzelnen semantischen Gruppen lassen sich wie einzelne Präpositionsreihen (Nischen) bei Präpositionalobjekten interpretieren (vgl. Kap. 15). Wie dort existieren weitverzweigte Implikaturreihen, die einen lockeren Zusammenhang zwischen den einzelnen Nischen, bezogen auf einen formalen Konstruktionstyp, ergeben. Als Beispiele seien transitive Konstruktionen aus den semantischen Gruppen (14a–c) (bei Felfe [1d–f] ebd. 134–135) herausgegriffen. Allerdings werden die Zusammenhänge durch die denotativ orientierten semantischen Umschreibungen z. T.

---

9 Verben wie *brennen, heilen, kochen* sind labile Verben, also mit zweifachem (intransitivem und transitivem) Lexikoneintrag (vgl. auch 12.1).

verdeckt, z. B. für (14a) x ATTACH y (GROUND/CONTACT) (ebd. 134) und für (14b) x MOVE y TO DEICTIC LOC (ebd.: 135). Bewegung (MOVE) kann man allerdings beiden Gruppen (14a) und (14b) unterstellen. Die Besonderheit von (14a) gegenüber (14b) besteht z. T. in der Herkunft der Simplex-Verben und in Unterschieden der Bedeutung dieser Verben, bei (14a) eher mit Fixierung am Endpunkt *(etw. ankleben, anflechten, anfügen, anlöten, anstricken)* und bei (14b) ohne eine solche Fixierung *(anrollen, anrücken, anschwemmen, anschleichen)*. Das Verb kann dabei stärker oder schwächer wörtlich lokal sein. Die Gruppe (14c) beschreibt Felfe (ebd.: 135) als x ATTRACT y. Auch dieses Phänomen tritt bei Präpositionalobjekten auf (vgl. die prospektive oder retrospektive Bedeutung der Präposition *auf* in Präpositionalobjekt-Konstruktionen, vgl. Kap. 15). Während die Bewegung bei den Verben (14a) und (14b) zu einem Ziel *(goal)* hin läuft, geht sie bei den Verben (14c) von einer Herkunft *(source)* aus *(etwas anfordern, jmd. anheuern, etw. ankaufen, etw. ansaugen, jmd. anwerben)*.

Felfe untersucht nicht wie Höllein (2019) die Frequenz einzelner Token-Konstruktionen (also die Frequenz der instantiierenden Verben).[10] Dennoch kann man aus den Belegen darauf schließen, dass zahlreiche Token-Partikelkonstruktionen Ergebnis produktiver Ausweitungen sind.

Anmerkung: Medialkonstruktionen
Der Umstand, dass Präfixe und Partikeln vor der Kondensierung (Lexikalisierung zum Präfix- oder Partikelverb) zunächst zur Konstruktion und nicht zum Verb gehören, hat eine Analogie in Medialkonstruktionen (vgl. oben, vgl. Kap. 11). Auch bei Medialkonstruktionen gehört der Operator *sich* zunächst zur Medialkonstruktion und ist nicht lexikalischer Bestandteil des Verbs. Mit der Konventionalisierung entsteht ein neues, im Lexikon eingetragenes Medialverb, das als Vorgangsverb regulär eine intransitive Konstruktion projiziert. Dem entspricht, dass in projektionistischen Grammatiken von reflexiven Verben bzw. Medialverben gesprochen wird – im Unterschied zum vollsemantisch reflexiven Gebrauch des Reflexivpronomens als einer syntaktischen Einheit (Argument) – und im Unterschied zur modalisierten Medialkonstruktion, bei der die betreffenden Verben nicht lexikalisieren.

Anmerkung: Passiv
Im Unterschied zur Präfigierung und Partikelverbbildung und zur Bildung nicht-modalisierter Medialkonstruktionen führt Passivierung (*werden*-Passiv) nicht zum Eintrag von Passivformen im Lexikon (vgl. Anmerkung 5). Passivie-

---
10 Felfe vergleicht nur die Frequenz der einzelnen semantischen Gruppen (ebd.: 166–67).

rung bleibt ein Prozess mit einer geregelten sekundären Projektion. Genau das wird durch die Unterscheidung von Wortformbildung (Passiv) und Wortbildung reflektiert. Wortbildung (Instantiierungen von Wort-Konstruktionen bzw. Wortbildungsmustern) führt per *entrenchment* zu Konventionalisierung (zu einem Lexikoneintrag), Wortformen werden in der Regel nicht ins Lexikon eingetragen. Ausnahmen sind einzelne lexikalisierte Partizipien und einzelne lexikalisierte Infinitiv- und Stammkonversionen.[11]

16.2 Konstruktionsvererbung

16.2.1 *An*-Partikelkonstruktion

Die Annahme scheint plausibel, dass die einstellige Nominativ-*an*-Partikelkonstruktion und die zweistellige transitive Nominativ-Akkusativ-*an*-Partikelkonstruktion durch Tilgung des Akkusativ-Komplements der entsprechenden direktiven Präposition entstanden sind, vgl.:[12]

(15) a. Er stößt an den Zaun.
      b. Er stößt an.

(16) a. Er lehnt die Leiter an die Wand.
      b. Er lehnt die Leiter an.

Es handelt sich aus projektionistischer Sicht um eine Reduktion (indefinite Weglassung) analog zur Valenzreduktion bei Verben. Projektionsgrammatisch kann man die Valenzreduktion der Präposition als Reduktion der einstelligen Präposition auf eine nullstellige Präposition, d. h. auf ein Adverb, auffassen, vgl.:

(17) a. Er arbeitet/denkt/fühlt (zusammen) mit jemandem.
      b. Er arbeitet/denkt/fühlt mit.

Die Präposition *mit* wechselt von einem transitiven zu einem intransitiven Gebrauch.

---

[11] Wort-Konversionen werden daher zur Wortbildung gerechnet.
[12] Einschränkend ist zu sagen, dass die folgenden Hypothesen sich allein auf Token-Konstruktionen stützen, die synchron-prototypentheoretisch rekonstrukierbar erscheinen. Wie stets geht es ferner um den Konstruktionstyp (Type) und nicht um das einzelne Exemplar (Token), das auf Grund von Analogie folgen kann. Welche Token vorangegangen sind, müsste gesondert untersucht werden und lässt sich wahrscheinlich oft nicht mehr klären.

Konstruktionsgrammatisch kann man wiederum analog verfahren. Die Präposition *mit* wird in eine nullstellige Konstruktion (Adverbkonstruktion) per Coercion implementiert.

Grundlage ist das Kriterium der Relevanz. Für den gegebenen kommunikativen Zweck reicht es aus oder ist es sogar besser, nur eine allgemeine Orientierung zu geben, vgl.:

(18) a. Er isst ein Stück Kuchen.
 b. Er isst.

(19) a. Er lehnt die Leiter an die Wand.
 b. Er lehnt die Leiter an.

Das Muster (die schematische Präpositionalkonstruktion) bleibt zunächst im Hintergrund – wie bei der Implementierung von transitiven Verben in die intransitive Tätigkeitskonstruktion, projektionsgrammatisch: wie bei intransitiv gebrauchten Verben (vgl. 5.5.1.2). Mit der Verselbständigung der Partikel- bzw. Präfixkonstruktion verliert (verdunkelt) sich der Zusammenhang.

Den Zusammenhang von Präposition und Partikel zeigt die Möglichkeit der erneuten Implementierung eines (durch *entrenchment* entstandenen) Partikelverbs in eine Direktivkonstruktion, vgl. (19a, b) mit (20):

(20) Er lehnt die Leiter an die Wand an.

Das Partikelverb in (20) ist ein zweistelliges Agens-Patiens-Verb. Sein perzeptiv und lexikalisch direktionaler Charakter kommt konstruktionell zur Geltung, wenn es erneut in eine Nominativ-Akkusativ-Direktiv-Konstruktion per Coercion implementiert wird.

Es gibt jedoch zweistellige Token-*an*-Konstruktionen, deren Akkusativ-Argument offenbar nicht wie in den Token-Konstruktionen (19b) und (21a) auf das Akkusativ-Komplement der Partikel/der ursprünglich direktiven Präposition zurückgeht, sondern selbst das Akkusativ-Komplement der Präposition/der Partikel zu sein scheint (vgl. (21b) gegenüber (21a)):[13]

(21) a. Emil bindet/spannt sein Pferd an.
 b. Emil sieht/guckt sein Pferd an.

---

[13] In der (projektionistischen) Literatur als Objektumsprung (Kühnhold 1973) oder Objektvertauschung (Hundsnurscher 1968) bezeichnet – also transformationell beschrieben.

In (21a) ist die Rede davon, dass Emil das Pferd an irgendetwas anbindet/anspannt. Dagegen lächelt/guckt Emil in (21b) das Pferd nicht an irgendetwas an, sondern sein Lächeln/Sehen richtet sich auf das Pferd. Die Partikel *an* bezieht sich in (21a) also semantisch auf etwas außerhalb der Konstruktion (auf etwas, das in der Konstruktion selbst nicht denotiert ist), d. h. auf das in der Valenz (Projektion) der ursprünglichen Präposition implizierte (bzw. präsupponierte) Komplement. In (21b) bezieht sich die Partikel dagegen semantisch auf das Akkusativ-Patiens-Argument der Konstruktion:

(22) a. Emil bindet/spannt das Pferd an. x
 b. Emil sieht das Pferd an.

Konstruktionen mit Direktivverben folgen vor allem dem Muster (21a) mit getilgtem Bezug der direktiven Präposition/Partikel. Bei diesem getilgten Bezug der Präposition/Partikel geht es insbesondere um Verben der Gruppen (14a) und (14b) oben, z. B. aus Gruppe (14a):

(23) anbauen, anbinden, anbringen, anbügeln, andrücken, anflechten, anflicken   Felfe 2012: 242 Instanzen der Konstruktion [1d]

Der außerkonstruktionelle Bezug (getilgtes Präposition-/Partikel-Komplement) wird ausgedehnt auf nicht-direktive transitive Verben, die auf Grund perzeptiver Gegebenheiten leicht in dreistellige *an*-Direktivkonstruktionen implementierbar sind, z. B.:

(24) anbügeln, andocken, anfesseln, angliedern, anhacken, angurten, anknoten, annähen, anpflanzen
   Felfe 2012: 242 Instanzen der Konstruktion [1d]

(25) a. Er bügelt den Flicken an.
 b. Er fesselt ihn an.
 c. Er näht den Knopf an.

Vgl. dagegen Partikelverbbildungen aus intransitiven Verben. Diese weisen innerkonstruktionellen Bezug auf:

(26) Er niest/atmet/spricht/schreit/spricht ihn an. Die Linie fliegt Berlin-Tegel an.

Beispiele für das Muster (22b) mit dem Akkusativ-Patiens-Argument als Komplement der Partikel, also mit innerem Bezug, finden sich in großer Zahl (mit 268 Belegen) in der besonders umfangreichen Gruppe [5a] Felfes (ebd.: 244), z. B.:

(27)   anatmen, anflennen, anfunkeln, anherrschen, anschreien, ansprechen
                    Felfe 2012: 244–245 Instanzen der Konstruktion [5a]

Vgl.:

(28)   Jemand atmet/flennt/funkelt/herrscht/schreit/spricht jemanden an.

Es hat also den Anschein, als handele es sich in diesen Fällen bei dem Akkusativ-Patiens-Argument der Partikelkonstruktion um das Komplement aus der direktionalen Präpositionalkonstruktion, das zwar ebenfalls von seinem Kopf (der Präposition) getrennt wird, jedoch nicht getilgt wird, sondern nur seiner Präposition vorangestellt wird, was diese quasi zu einer Postposition macht, vgl.:

(29)   a.   Er lächelt sie an.
       b.   weil er sie anlächelt.

Dieser „Umsprung" von der Nachstellung des Komplements einer Präposition zur Voranstellung (vgl. Anmerkung 14) ist konstruktionsgrammatisch problematisch (wie syntaktische Transformationen im Allgemeinen).

Eine konstruktionsgrammatische Erklärung ist: Der innerstrukturelle Bezug der Nominativ-Akkusativ-*an*-Partikelkonstruktion (Akkusativ als Komplement der Partikel) ist nicht unmittelbar aus der dreistelligen Direktivkonstruktion ererbt, sondern erklärt sich aus der schematischen Nominativ-Akkusativ-*an*-Partikelkonstruktion *nach* ihrer Etablierung als unabhängige Mikrokonstruktion. Die Sprecher/Hörer implementieren Verben per Coercion in die etablierte, unabhängig bestehende schematische transitive Partikelkonstruktion. Der Ursprung aus der Direktivkonstruktion mit getilgtem Komplement des Direktivums spielt für die Interpretation keine Rolle mehr (wird sozusagen vergessen). Die transitive Partikelkonstruktion wird daher auf Grund der erhalten bleibenden direktiven Bedeutung der Partikel *an* neu interpretiert. Das Verständnis speist sich jetzt allein aus der bereits existierenden schematischen Nominativ-Akkusativ-*an*-Partikelkonstruktion (30) (vgl. 6c)).

(30) | $Nom_{1/Ag}$ _____ $Akk_{2/Pat}$ – $Partikel_{an}$ |

Wenn aus einer Direktivkonstruktion eine Partikelkonstruktion entsteht (wenn aus einer Präposition eines direktiven Arguments (oder aus der Präposition einer *mit*-PP) eine Partikel entsteht), erfolgt valenztheoretisch eine Valenzreduktion. In konstruktionsgrammatischer Hinsicht entsteht eine neue Konstruktion. Diese Konstruktion ist zweistellig und nicht mehr dreistellig. Das ist ein Ergebnis, das sich durch Implementierung des Verbs per Coercion in eine einfachtransitive Konstruktion nicht herbeiführen lässt, vgl.:

(31) a. Er lehnt die Leiter an die Wand.
    b. *Er lehnt die Leiter.

Die Partikel *an* bringt jedoch nach wie vor ihre direktive Gerichtetheit mit sich (ihre Valenz, Projektion). Um eine Konstruktion verwenden bzw. interpretieren zu können, die ein Element (eine Partikel) mit einer direktiven Bedeutung (Valenz) enthält, suchen die Sprecher/Hörer zunächst – der Vererbungsgeschichte entsprechend – nach möglichen Kombinationen von Verben, Token-Patiens-Argumenten und sprachlich-kontextuellen und situationellen Bezügen der Partikel außerhalb der Konstruktion.

(32) Er lehnt die Leiter an. x

Die Sprecher/Hörer behandeln in diesem Falle die entstehende zweistellige Partikelkonstruktion in (32) noch analog zur alten dreistelligen Direktivkonstruktion, nämlich mit dem aus dem Kontext zu ergänzenden Komplement der Partikel *an* gewissermaßen noch als 3. Argument. Diese Möglichkeit des äußeren Bezuges vererbt sich analogisch weiter und besteht auch heute noch für Neuinstantiierungen (per Coecion).

Gleichzeitig haben die Sprecher/Hörer durch die Reduktion der Präposition und des direktiven Arguments zur Partikel etwas Neues geschaffen: eine zweistellige Partikelkonstruktion als Mikrokonstruktion der zweistelligen Nominativ$_{1/Ag}$-Akkusativ$_{2/Pat}$-Konstruktion mit der Partikel als (grammatikalisiertem) Bestandteil der Konstruktion.[14]

---

[14] Es geht um Rekonstruktionen an Einzelbeispielen, aber bezogen auf die Zeit der Herausbildung. Für das Gros der späteren Realisierungen der Konstruktion muss man analogische Instantiierung annehmen – einschließlich bestimmter ererbter Konsequenzen wie äußeren und inneren Bezug der Partikel. Obwohl an Einzelbeispielen vorgenommen, auf die die Rekonstruktion zutreffen könnte, geht es um die Rekonstruktion des Types, nicht jedes einzelnen Tokens.

(33)   transitive Direktivkonstruktion   transitive Partikelkonstruktion

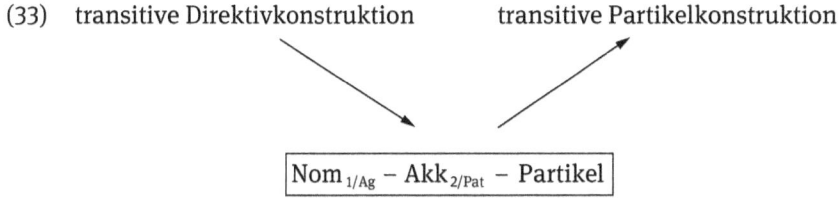

Die Sprecher/Hörer beginnen diese zweistellige Partikelkonstruktion als normale einfach-transitive Konstruktion zu behandeln – die Restsemantik der Partikel jedoch weiterhin berücksichtigend.[15] Sie beziehen, falls sich kein äußerer Bezug finden lässt (und später auch von Fall zu Fall unabhängig davon), die Partikel zusammen mit dem Verb wie in einer gewöhnlichen Nominativ-Akkusativ-Konstruktion auf das Akkusativ-Argument. Die Partikel erhält dadurch inneren Bezug. Die Sprecher/Hörer haben die Herkunft der Partikelkonstruktion aus der Direktivkonstruktion sozusagen vergessen. Das Akkusativargument wird vollständig zum 2. und letzten Argument der zweistelligen (zweiargumentigen) Partikelkonstruktion. Der qualitative Sprung, der „Umsprung", ist vollendet. Aus dem *satellite-framed*-Verfahren der Direktivkonstruktion ist im Sprachspiel der Sprecher/Hörer ein *verb framed* Verfahren der Nominativ-Akkusativ-Konstruktion geworden (vgl. auch unten 16.3.3).

Welche der beiden Möglichkeiten der Interpretation einer transitiven *an*-Partikelkonstruktion gewählt wird (außerkonstruktioneller versus innerkonstruktioneller Bezug der Partikel), hängt davon ab, welcher der beiden Bezüge interpretierbar ist. Dabei geht es letztlich wieder um die pragmatische Bedingung der Vorstellbarkeit, also um Operationen im perzeptiven System. Es geht vom Hörer aus um das Überprüfen der perzeptiven Möglichkeit des tatsächlichen Zutreffens einer der beiden Interpretationen,[16] vgl.:

(34)   a.   Er fährt Sand an.   x
       b.   Er fährt den Baum an.

---

15 Alles was an zeichenhaften formal-semantischen Unterschiede geblieben ist, wird nach Möglichkeit zunächst auch durch die Hörer interpretiert, d. h. bis zum Beweis des Verschwindens jeglicher Bedeutung (vgl. Welke 2005 in Bezug auf die Perfektformen des Verbs).
16 Eine vergleichbare Situation besteht bei die Interpretation von freien Prädikativa durch den Bezug auf das Subjekt oder Objekt, vgl.: *Sie trugen den Freund betrunken fort – Sie trugen den Kühlschrank betrunken fort*. Vgl. auch Bezüge, die man traditionell-generativ Subjektskontrolle *(Er verspricht Anton zu kommen)*, Objektskontrolle *(Er empfiehlt Anton zu kommen)* und freie Kontrolle *(Es ist wichtig zu kommen)* nennt.

Bei (34a) ist der außersprachliche Bezug perzeptiv (vom Weltwissen aus) wahrscheinlicher als der innersprachliche, bei (34b) ist es umgekehrt.[17]

Bei *fahren* handelt es sich um ein direktives Verb. Die Wahrscheinlichkeit des innerkonstruktionellen Bezuges erhöht sich bei nicht-direktiven Verben.[18]

16.2.2 *Be*-Präfixkonstruktion

Präfixe sind mit Partikeln verwandt (vgl. Stiebels 1996; Wunderlich 1997, 2000; Lüdeling 2001). Präfixkonstruktionen gehen also zumindest teilweise wie Partikelkonstruktionen auf ursprüngliche Direktivkonstruktionen zurück und Präfixe entsprechend auf direktive Präpositionen, z. B. *be-* auf *bī (bei)* (vgl. Henzen 1965: 105).

Be-Verben sind verglichen mit anderen Präfigierungen typisch für Nominativ-Akkusativ-Konstruktionen. Eroms (1980: 24) stellt in einer umfangreichen Liste nur wenige Verben fest, die von diesem Muster abweichen. Diese sind meist mediale Verben, z. B. *sich bedanken, sich beeilen, sich bemüßigen, sich bewahrheiten, sich bewegen, sich begnügen mit, sich bekennen zu*. Man kann annehmen, dass es sich um Medialisierungen ursprünglich transitiver *be*-Verben handelt, die jedoch z. T. nicht mehr als transitive Verben im Gebrauch sind, wie z. B. *bedanken* (35a), *beeilen* (35b), *bewahrheiten* (35c):

(35) a. die schönheit wird allein mit dieser frucht bedanket.
   Grimm WB Bd. 1, Sp. 1219
   b. man beeilte die hinrichtung des verurteilten.
   Grimm WB Bd. 1, Sp. 1242
   c. vorstehende gedichte bewahrheiten diese ansicht.
   Grimm WB Bd. 1, Sp. 1764

Es bleiben nur wenige nicht-transitive *be*-Verben zurück. Das sind einige Dativ-Verben (z. B. *behagen, begegnen*) und Verben mit Präpositionalobjekt (z. B. *beruhen auf, bestehen in*).

---

[17] Unter spezifischen Kontextbedingungen ist auch der jeweils andere Bezug möglich, im Sinne von *einen Baum anliefern*, z. B. einen Baum, der eingepflanzt werden soll. Wegen der Wahrscheinlichkeit eines Missverständnisses würde ein Sprecher dann eventuell *anliefern* verwenden, vgl.: *Er liefert Sand an. – Er liefert den Baum an.*

[18] Wie weit Partikelkonstruktionen sich analog zu Präpositionalobjekt-Konstruktionen von ihrer direktiven Ausgangsbedeutung entfernen können, müsste gesondert geprüft werden.

Nicht zufällig sind daher gerade *be*-Verben als Beleg einer typologischen Entwicklung des Deutschen zu einer rigiden Nominativ-Akkusativ-Sprache gewertet worden, z. T. in sprachkritischer und kulturkritischer Absicht (Weisgerber 1958), aber auch mit dem Ziel, die strukturellen Vorzüge der Nominativ-Akkusativ-Konstruktion herauszuarbeiten (Eroms 1980).[19]

Wenn man Parallelität zur Partikelkonstruktion annimmt, sollte das Akkusativ-Patiens-Argument von *be*-Konstruktionen im Kernbereich ursprünglich das Akkusativ-Patiens-Argument dreistelliger Direktivkonstruktionen sein, bei denen das Komplement der vorangegangenen direktiven Präposition getilgt ist.

Der Umstand, dass es im Unterschied zu den Partikeln und Partikelpräfixen bei Präfixen keine Präposition-Pendants mehr gibt, zeigt, dass es sich um eine ältere Schicht des Übergangs von Präpositionen zu Partikeln/Präfixen handelt. Die lexikalische Bedeutung der heutigen Präfixe ist verglichen mit Partikeln so verblasst, dass diese keine direktive Bedeutung und keine entsprechende Valenz mehr besitzen, aus der sich ein innerer oder äußerer direktiv-lokaler perzeptiver Bezug rekonstruieren lässt.

Es gibt jedoch viele Token-*be*-Präfixkonstruktionen und viele *be*-Verben, die ein perzeptiv direktiv-lokales Verhältnis denotieren:

(36) a. Er betritt den Raum.
 b. Er besetzt den Platz.
 c. Er bewirft ihn.
 d. Er befährt/begeht/bewandert die Straße.

Auch die Verben, die der Präfigierung zu Grunde liegen, sind in (36) perzeptiv direktiv-lokal.

Perzeptiv-direktiv auffassbar sind auch *be*-Präfigierungen, die auf ursprünglich nicht-direktive Verben wie *bauen*, *schreiben*, *ackern*,[20] *sehen* zurückgehen, die selbst nicht perzeptiv-direktiv interpretierbar sind:

---

19 Die besondere Produktivität dieser Mikrokonstruktion hat dazu geführt, dass nicht nur Verben per Coercion in die Nominativ-Akkusativ-*be*-Konstruktion implementiert werden, sondern per Stammkonversion auch Substantive *(bestuhlen, bestücken, belauben, beflecken, beziffern)*. Auch *be*-Derivationen, zu denen es bereits eine verbale Konversion gibt, sollte man dazu rechnen *(begrünen, beflaggen, beschiffen)*. Denn es ist sprachgebrauchsbezogen plausibler, nicht eine Derivation über den Umweg der Infinitivkonversion des Simplexverbs *(grünen, flaggen, schiffen)* anzunehmen (vgl. auch Michaelis/Ruppendorfer 2001: 19–22).
20 Auch Präfix-Konversion zu *Acker* ist möglich.

(37) a. Er bebaut das Grundstück.
   b. Er beschreibt ein Blatt Papier.
   c. Er beackert das Feld.
   d. Er besieht das Bild.

Bei (38) liegt Implementierung per Coercion vor.

(38) Er baut ein Haus auf das Grundstück.

Dass das Akkusativ-Argument das Komplement der ursprünglich direktiven Partikel *be-* sein könnte, verdeutlichen Synonymien von Token-*be*-Konstruktionen zu Token-Applikativkonstruktionen wie (39a)–(39b) und (40a)–(40b):

(39) a. Er lädt Sand auf den Wagen.
   b. Er belädt den Wagen (mit Sand).

(40) a. Er wirft etwas auf ihn.
   b. Er bewirft ihn (mit etwas).

Es gibt gegenüber zahllosen perzeptiv-direktiv (denotativ) interpretierbaren transitiven Token-*be*-Präfixkonstruktionen (und *be*-Verben) anscheinend nur vereinzelt *be*-Konstruktionen und *be*-Verben mit äußerem Bezug (*befreien, befördern, berufen, begleiten*), vgl.:

(41) a. Man befreite ihn aus der Haft.
   b. Sie befördern die Ware zum Kunden.
   c. Man beruft ihn zum Minister.
   d. Er begleitete sie zur Rezeption.

Nimmt man eine Herausbildung der *be*-Konstruktion analog zur *an*-Partikelkonstruktion an, so müsste es sich folglich fast durchgängig um Implementierungen von intransitiven Verben in die bereits etablierte transitive Präfixkonstruktionen gehandelt haben, und die einzelnen Token-Kostruktionen und der Typ der Konstruktion mit äußerem Bezug müssten nahezu vollständig verloren gegangen sein. Diese Annahmen scheinen wenig plausibel.

Eine alternative Erklärung könnte sein, dass sich der Vorläufer von *be-* wie ein heutiges Adverb *hinauf* (und seine Entsprechungen *hinein, hinunter, ...*) verhalten hat, d. h. eher wie eine lokales attributives Adverb, das seinem Bezugswort nachgestellt ist (vgl. (42a)). Das nachgestellte lokale Adverb/die Partikel könnte, wenn man von einer wahrscheinlich vorrangigen Verbletzt-Stellung ausgeht, per Restrukturierung von seinem/ihrem Bezugswort gelöst worden und zum Verb gezogen geworden sein, genauso wie es im Falle des heutigen Adverbs *hinauf* möglich ist, vgl. (42) und (43):

(42) a. er [den Berg hinauf] steigt.
b. er den Berg [hinauf steigt].

(43) a. er [den Berg be]steigt.
b. er den Berg [be-steigt].

Es lässt sich ein Bezug zu Trennbarkeit versus Untrennbarkeit der Partikelverben herstellen. Präfixe und Partikeln in untrennbaren Partikelverben (in sogenannten Partikelpräfixverben wie *untersuchen – er untersucht*) könnten bei gleichzeitig vorrangiger Verbletztstellung ebenfalls auf eine stärker adverbiale Vorform zurückgehen.

16.3 Einordnungen

Die folgenden Einordnungen betreffen den Zusammenhang mit der signifikativen versus denotativen Rollenbestimmung (16.3.1), den Status von Applikativkonstruktionen (16.3.2), das Verhältnis von *verb framed* versus *satellite framed* (16.3.3) und eine konstruktionsgrammatische Erklärung der Restriktionen, denen Präfix- und Partikelverben bei der Coercion in transitive Direktivkonstruktionen und in Objektsprädikativ-Konstruktionen unterworfen sind (16.3.4).

16.3.1 Signifikative versus denotative Rollenbestimmung

Die Interpretation der Partikelkonstruktion und der Präfixkonstruktion als transitive Konstruktionen mit einem Akkusativ-Patiens-Argument beruht auf einer signifikativen Rollenbestimmung. Denn die Unterscheidung eines Patiens-Arguments von einem direktiven Argument ist bei signifikativer Interpretation nicht abhängig davon, ob ein Verb ein perzeptiv-direktives Verhältnis denotiert, sondern nur von der Rollenkodierung (Akkusativ versus Präpositionalkasus, (vgl. 4.6.3):

(44) a. Er besteigt die Leiter.
b. Er steigt auf die Leiter.

16.3.2 Applikativkonstruktion

Perzeptiv-lokal interpretierbare *be*-Präfixkonstruktionen werden Applikativkonstruktionen genannt und unter denotativem Aspekt unter den Gesichtspunkten der logischen Konversion (der Diathese) Direktivkonstruktionen gegenüber gestellt. (vgl. Wunderlich 1997; Michaelis/Ruppenhofer 2001; Fillmore 2013).

(45) a. Er lädt Heu auf den Wagen.
b. Er belädt den Wagen mit Heu.

Das Verb *beladen* projiziert eine zweistellig transitive *be*-Präfixkonstruktion. Es projiziert kein präpositionales Argument *mit Heu*. Die PP *mit Heu* ist eine Modifikator-Konstruktion mit der Bedeutung ‚Instrument'.[21] Diese Modifikator-Konstruktion fusioniert mit der Argumentkonstruktion, und zwar in gleicher Weise wie Fusionen von *mit*-Modifikatorkonstruktionen mit anderen (nicht-perzeptiv-lokalen) transitiven oder intransitiven Konstruktionen (wo also keine Synonymie zu einer Direktivkonstruktion besteht), vgl.:

(46) a. Er bearbeitet den Stein mit einem Meißel.
b. Er liest das Kleingedruckte mit der Lupe.
c. Er mäht das Gras mit der Sichel.

Die Möglichkeit, einen *mit*-Modifikator anzuschließen, ist ein Indiz für den Patiens-Status des Akkusativ-Arguments.

Die Synonymie (Bedeutungsähnlichkeit) von Token-Konstruktionen wie (45a) und (45b) lässt sich nicht teleologisch, nicht gerichtet auf den Zweck der Gewinnung eines synonymen Ausdrucks per Transformation, erklären, sondern ergibt sich unabhängig davon aus der Entstehungsgeschichte der Präfixkonstruktion.

16.3.3 *Verb framed* versus *satellite framed*

Es besteht ein Zusammenhang der Unterscheidung transitiver Präfix- und Partikelkonstruktionen versus Direktivkonstruktionen einerseits mit der Unterscheidung von *verb framed* versus *satellite framed* (Talmy 1985, 1991, 2000) andererseits, vgl.:

---

21 Die instrumentale Bedeutung, die aus der comitativen entstanden ist, ist leicht abgewandelt zu einer ornativen Bedeutung. Es handelt sich nicht um unterschiedliche Bedeutungen im denotativen Sinne, sondern um Bedeutungsvarianten im signifikativen Sinne.

(47) a. Er betritt den Saal.
   b. Er verlässt den Saal.

(48) a. Er geht in den Saal.
   b. Er geht aus dem Saal.

Eine perzeptiv lokal interpretierbare transitive Präfix- oder Partikelkonstruktion mit einem Akkusativ-Patiens-Argument ist *verb framed* (47), d. h. der Bezug auf das Perzeptiv-Lokale steckt im Partikelverb selbst. Bei projizierten Direktivkonstruktionen steckt der Bezug auf das Perzeptiv-Lokale neben dem Verb auch im direktiven Argument (dem Direktivum). Direktivkonstruktionen sind folglich *sattelite framed* (vgl. 4.6.3).[22]

Es gibt eine Parallele zum Chinesischen. Das Direktive liegt im Chinesischen m. E. generell nur beim Verb selbst *(verb-framed)* und ist nicht verteilt auf Verb + Präposition (nicht *sattelite framed*). So stehen sich z. B. mehrere Verben des Gehens gegenüber: zweistellige *gehen*-Verben mit dem inkorporierten Merkmal der jeweiligen Richtung (49a–d) und ein einstelliges *gehen* ohne Direktiv-Merkmal (49e) (Jin Zhu p. c.). Nur die direktiven *gehen*-Verben (49a–d) lassen ein Patiens-Objekt zu:

(49) a. Wǒ qù   huálían (Name einer Kaufhaus-Kette).
      Ich hingehen Hualian.

   b. Tā jìn   chāoshì.
      Er hineingehen Supermarkt.

   c. Nǐ lái   huálían.
      Du (her)kommen Hualian.

   d. Tā shàng   lóutī.
      Er hochgehen Treppe.

   e. *Wǒ zǒu   huálían.
      Ich gehen Hualian.

Das einstellige *gehen (zǒu)* kann durch ein Co-Verb erweitert werden, das auf einen direktiven Bezug verweist. Dieses Co-Verb gehört zum Hauptverb (wie bei deutschen Partikelverben die Partikel), ist also nicht als Präposition zu werten,

---

[22] Der Unterschied von *verb framed* versus *satellite framed* wird vor allem auf Nicht-Präfixverben bezogen bzw. auf Verben, deren Ursprung aus Präfixverben nicht mehr erkennbar ist wie engl. *enter* oder frz. *entrer*. Im Französischen kommt hinzu, dass das Perzeptiv-Direktive auch auf Verb und Präposition verteilt sein kann wie im Deutschen bei erneuter Implementierung (bei äußerem Bezug) in eine Direktivkonstruktion: *das Pferd an den Zaun anbinden* (vgl. oben (20)).

sodass die Co-Verb-Konstruktion eine Nominativ-Akkusativ-Konstruktion (und *verb-framed*) ist (vgl. Li/Thompson 1981: 59–64).

(50) Wŏ [zŏu chū] wūzi.
 Ich [gehen hinaus] Zimmer.

Das führt auf Konstruktionen wie (7) in 13.1 zurück, wieder aufgenommen als (51).

(51) Ich gehe Karstadt.

Zurück bleibt in (51) eine Nom$_1$-Akk$_2$-Konstruktion ohne Kasusflexion und ohne Präpositionalkasus. Das ist ein Merkmal, das die isolierende Sprachform (51) mit chinesischen perzeptiv direktiven Konstruktionen teilt. Die Sprecher/Hörer fassen *gehen* in (51) als Verb auf, in dessen Bedeutung die Richtung auf ein Ziel *(goal)* hin als Merkmal inkorporiert ist – im Unterschied zu den ansonsten durch die Direktivkonstruktion ermöglichten *source-* und *path-*Bestimmungen. *Gehen* in (51) ist wie dt. *betreten* oder engl. *enter* und wie das chinesische Verb *qù* (48a) *verb framed*.

16.3.4 Restriktionen der Coercion von transitiven *be*-Präfixverben und von Partikelverben

Transitive *be*-Präfixverben (52) können im Unterschied zu nicht-präfigierten transitiven Verben (53) nicht in einstellige Konstruktionen (per Coercion) implementiert werden (vgl. auch 5.5.1.2):

(52) a. Er bemalt ein Bild.
 b. *Er bemalt.

(53) a. Er malt das Bild.
 b. Er malt.

Projektionsgrammatisch: Transitive *be*-Präfixverben scheinen obligatorisch zweistellig zu sein. Reduktion gegenüber der Grundvalenz ist nicht möglich. Das Akkusativ-Argument kann nicht indefinit weggelassen werden.
 Analoges scheint für Partikelverben zu gelten:

(54) a. Er malt das Bild an.
 b. *Er malte an.

(55) a. Er bindet das Pferd an.
    b. *Er bindet an.

Eine Coercion von *be*-Präfixverben in höherstellige Direktivkonstruktionen (56b) und in Objektsprädikativ-Konstruktionen (56c) (projektionsgrammatisch: Valenzerweiterung), scheint ebenfalls nicht möglich zu sein, vgl. (56) und (57):

(56) a. Er malt das Pferd.
    b. Er malt das Pferd auf die Tapete.
    c. Er malt das Pferd blau.
(57) a. Er bemalt das Pferd.
    b. *Er bemalt das Pferd auf die Tapete.
    c. *Er bemalt das Pferd blau.

Analoges gilt für *an*-Partikelkonstruktionen mit innerem Bezug:

(58) a. Er lächelt/ruft sie an.
    b. *Er lächelt/ruft sie [auf die Bühne] an.
    c. *Er lächelt/ ruft sie an [auf die Bühne].

Ein möglicher Ansatz zur Aufklärung der Restriktionen ist auch hier die Vererbungsgeschichte.

16.3.4.1 Restriktionen bei äußerem Bezug

Äußerer Bezug ist nur bei der Partikel *an-* (neben innerem Bezug) möglich, nicht jedoch, von wenigen Ausnahmen abgesehen, beim Präfix *be-*.

Implementierung in eine intransitive Konstruktion (Valenzreduktion)

(59) a. Er lehnt die Leiter an.
    b. *Er lehnt an.
(60) a. Er bindet das Pferd an.
    b. *Er bindet an.

Zunächst gilt allgemein: Wenn ein transitives Verb in eine intransitive Konstruktion (per Coercion) implementiert wird, bleibt seine Valenz (Grundvalenz) erhalten (vgl. Kap. 5.5.1). Die Akzeptabilität der Implementierung hängt von den Kriterien der Vorstellbarkeit und Relevanz ab.

Bei äußerem Bezug scheint die Implementierung in eine intransitive Konstruktion nicht möglich zu sein. Grund dafür ist die deutlich erhalten bleibende Valenz der Partikel.[23]

Implementierung in die dreistellige Direktivkonstruktion (Valenzerhöhung)
Bei äußerem Bezug der Partikel besteht die Möglichkeit der Implementierung des transitiven Partikelverbs in eine dreistellige Direktivkonstruktion (vgl. oben (20) und (21)).

(61)   a. Er bindet das Pferd an.
        b. Er bindet das Pferd an den Zaun an.

Der kommunikative Effekt besteht in einer genaueren Charakterisierung des vom Verb allgemein implizierten Bezuges. Gegenüber einer Direktivkonstruktion mit Simplexverb ist das eine Rückkehr zu dem alten Zustand, jedoch mit redundanter Partikel *an*.[24]

16.3.4.2 Restriktionen bei innerem Bezug

Innerer Bezug heißt (vgl. oben), dass die Partikel und das Präfix sich auf das Patiens-Argument beziehen. Das ist möglich, weil die Sprecher/Hörer das Patiens-Argument als eine Bezugsgröße auffassen können, die nicht nur signifikativ-semantisch Patiens ist, sondern gleichzeitig denotativ (perzeptiv) als Komplement der direktiven Bedeutung des ursprünglichen Präfixes und der direktiven Bedeutung der Partikel aufgefasst werden kann, m.a.W. als direktives Ergebnis (als denotatives Ziel – im typischen Fall der Realisierung als *goal*).

Einen ersten bleibenden Anstoß zur Beschreibung der Restriktionen der *be*-Präfixkonstruktion hat J. Grimm (vgl. Eroms 1980: 15) gegeben, der dem Präfix *be-* eine „meist verstärkende kraft" und die „ganze und volle bewältigung" (zitiert nach Eroms: 1980: 15) zuschreibt. Jetzt wird oft von einer holistischen Komponente gesprochen. Michaelis/Ruppenhofer (2001: 67) weisen dem Präfix *be-* die prototypische Bedeutung ‚*a theme covers a surface*' zu. Die „meist verstärkende kraft" und die „ganze und volle bewältigung" (die holistische Kompo-

---

[23] Interessant könnte eine vergleichende Untersuchung der Frequenz von indefiniten (kontextfreien) und definiten (kontextgestützten) Interpretationen der Implementierung in geringerstellige Konstruktionen sein. Vermutlich ist die indefinite Interpretation, aus der eine zweifelsfreie Akzeptabilität folgt, wesentlich seltener möglich.
[24] Der annähernd gleiche Effekt wird in *Er bindet das Pferd am Zaun an* durch die Fusion mit der Modifikatorkonstruktion *am Zaun* erreicht.

nente) kann man m. E. als Folge des inneren Bezuges, also der Kodierung des perzeptiv lokalen Arguments als Patiens und als Folge der Transitivierung ansehen. Eine valenztheoretisch auffällige Konseqenz ist, dass das Akkusativargument bei *be*-Verben nicht weggelassen werden kann (dass *be*-Verben obligatorisch zweistellig sind).

Bereits normale Agens-Patiens-Konstruktionen sind in ihrem prototypischen Kern perfektiv (vgl. Kap. 4). Auch direktive Konstruktionen sind perfektiv. Denn das Direktivum kodiert das (lokale) Ziel einer Konstruktion.[25] Das Präfix *be-* und die Partikel *an* mit innerem Bezug erben den Bezug auf ein lokales Ziel. Dieses Erbe macht sie dreistelligen Direktivkonstruktionen ähnlich. Es verhindert die erneute Implementierung in eine Direktivkonstruktion (eine Valenzerhöhung) und die Implementierung in eine einstellig intransitive Konstruktion (eine Valenzreduktion). *Be-* und *an*-Verben (sofern letztere inneren Bezug aufweisen) sind bleibend perfektive Handlungsverben. Daraus folgt, dass sie semantisch nicht auf Tätigkeitsverben reduziert werden können. Das aber ist die Bedingung der Implementierbarkeit per Coercion sowohl in höherstellige als auch in geringerstellige Konstruktionen (vgl. 5.5.).

Implementierung in eine intransitive Konstruktion (Valenzreduktion)
Daraus, dass die Sprecher/Hörer von dem Bezug auf ein Patiens nicht abstrahieren können, ergibt sich, dass Implementierungen des *an*-Partikelverbs mit innerem Bezug und des *be*-Präfixverbs in eine intransitive Konstruktion nicht akzeptabel erscheinen.[26]

Implementierung in eine dreistellige Konstruktion (Valenzerhöhung)
Es geht um die dreistellige Direktivkonstruktion und die adjektivische Objektsprädikativ-Konstruktion.[27]

Die Ungrammatikalität der Instantiierung bei innerem Bezug kann man auf zwei Ursachen zurückführen. Zum einen würde eine Implementierung in die Direktivkonstruktion bewirken, dass ein 3. Argument eingeführt wird, dass wie das 2. Argument denotativ auf ein Ziel gerichtet ist, vgl. (62a) und (62b) und (63a) und (63b):

---

[25] Das Objektsprädikativ denotiert das Ziel einer Handlung mit analogen Restriktionen (vgl. 5.5.4).
[26] Kontextunterstützte Implementierungen (valenztheoretisch: definite Weglassungen) sind jedoch möglich (vgl. 5.5.7), vgl.: Im Restaurant: *Kann ich jetzt bestellen/bezahlen? Bezahlen Sie bar?* Um eine Art von lexikalisierter Ellipse handelt es sich bei: *Das spricht (mich) an*, vgl.: *ist ansprechend*.
[27] Zur Nominativ-Dativ-Akkusativ-Konstruktion vgl. 5.5.2.

(62) a. Er lächelt sie an.
     b. *Er lächelt sie an zu ihr (hinüber)/zu ihm (hinüber).

(63) a. Er besteigt den Berg.
     b. *Er besteigt den Berg auf ihn/das Podium.

Das ist ein Verstoß gegen das semantisch interpretierte Theta-Prinzip, vgl. dagegen:

(64) a. Er schickt das Paket ab.
     b. Er schickt das Paket nach Berlin ab.

Paket in (64) hat weder signifikativ noch denotativ die Rolle des Ziels *(goal)* der Tätigkeit des Schickens, sondern nur des Gegenstands (Patiens), der geschickt wird. Dagegen ist in (63a) *Berg* signifikativ Gegenstand (Patiens) und denotativ Ziel *(goal)* der Tätigkeit des Steigens.

Die zweite Ursache der häufig anzutreffenden Nicht-Implementierbarkeit in die Direktivkonstruktion besteht darin, dass die perfektivierende (also resultative und damit abschließende) Wirkung des Direktivums auf die Präfixkonstruktion und die Partikelkonstruktion mit innerem Bezug vererbt worden ist (vgl. oben). Die Restriktion bleibt erhalten, obwohl die Ursache der Vererbung aus einem Direktivum am Präfix synchron nicht mehr erkennbar ist.

Die perfektivierende Wirkung trifft auch auf das Objektsprädikativ der OP-Konstruktionen zu, vgl.:[28]

(65) a. Er spült den Teller sauber.
     b. Er bespült den Teller sauber.

(66) a. Er spült den Teller sauber.
     b. Er spült den Teller sauber ab.

Die Restriktion trifft auf Implementierungen in die Objektsprädikativ-Konstruktion zu, weil diese ebenfalls eine Resultativkonstruktion mit perfektivierender Wirkung ist.

Be-Verben, die dieser Restriktion nicht unterliegen, sind *befreien*, *begleiten* und *berufen* (vgl. oben 41), wieder aufgenommen als (67):

---

28 Die Kennzeichnung als ungrammatisch fehlt bei (65b) und (66b), weil das Adjektivs *sauber* zwar nicht als Objektsprädikativ, aber als freies Prädikativ interpretiert werden kann.

(67) a. Man befreite ihn aus der Haft.
  b. Sie befördern die Ware zum Kunden.
  c. Man beruft ihn zum Minister.
  d. Er begleitete sie zur Rezeption.

Es handelt sich hier um *be*-Verben, die wie die entsprechende Gruppe der *an*-Partikelverben äußeren Bezug aufweisen und damit vom Gros der *be*-Verben abweichen. Wie alle syntaktischen Weiterentwicklungen erkläre ich die Existenz dieser Verben und Token-Konstruktionen daraus, dass die Sprecher/Hörer die betreffende Konstruktion kreativ ausgestalten und in ihrer Reichweite durch Instantiierungen per Coercion ausweiten.

16.4 Fazit

Das abschließende Kap. 16 stellte Hypothesen zur Einbeziehung von Präfigierung und Partikelverbbildung, also von Aspekten der Wortbildung, zur Diskussion. Ausgangspunkt war die von Felfe (2012) am Beispiel der Partikelverben mit *an*- entwickelte Idee einer Partikelkonstruktion. Das Konzept der Partikelkonstruktion habe ich auf die Präfigierung ausgedehnt und einen zweistufigen, auch heute noch wirksamen Prozess von Implementierungen von Verben in Partikel- und Präfixkonstruktionen und der potentiell anschließenden Verankerung von Partikel- und Präfixverben im Lexikon angenommen. Die Existenz von Partikel- und Präfixkonstruktionen erklärt die Produktivität von Partikelverbbildung und Präfixverbbildung. In 16.2 habe ich Hypothesen zur Geschichte der Vererbung von Direktivkonstruktionen in Partikel- und Präfixkonstruktionen vorgestellt. In 16.3 wurden diese Annahmen zur Erklärung von Restriktionen der Implementierung von (zweistelligen) transitiven Präfix- und Partikelverben in einstellig intransitive Konstruktionen und in die dreistellige Direktivkonstruktion herangezogen.

17 Schlussbemerkung

Die Konstruktionsgrammatik hat sich über ihre Ursprünge hinaus zu einem Verbund einander ergänzender und konkurrierender Theorien entwickelt. Viele Theorien, die sich dem KxG-Pradigma zuordnen, gehen über den Rahmen einer engeren Grammatik aus methodischen und gegenstandsbezogenen Gründen hinaus. Auch Fillmore und Lakoff haben mit der Ausdehnung ihres grammatiktheoretischen Ansatzes in Richtung auf eine allgemeine *Frame*-Semantik zur Diversifikation der KxG beigetragen. Verallgemeinernde kognitiv-grammatische Theorien knüpfen insbesondere an Goldberg (1995) an.

Ich wollte weder wie Ziem/Lasch (2013) einen Überblick bieten, noch Ziem (2008) folgend eine allgemeine *Frame*-Theorie darstellen. Vielmehr sollte die Möglichkeit eines sprachgebrauchsbezogenen Modells der KxG erkundet werden, das an den Konturen einer Grammatik im engeren, traditionellen Sinne festhält. Die Ausgangsannahme war, dass es nicht nur möglich, sondern dass es weiterhin gewinnbringend und notwendig ist, die KxG im engeren Bereich der Grammatiktheorie, jedoch unter dem Gesichtspunkt der Sprachgebrauchsbezogenheit, auszubauen.

Eine sprachgebrauchsbezogene Grammatiktheorie fasst Sprache nicht als *langue* oder *competence* auf, auch nicht als *parole* oder *performance*, sondern als Ensemble sozialer sprachlicher Techniken im Sinne von von der Gabelentz, Coseriu und Givón jenseits der Dichotomie von *langue* und *parole*, *competence* und *performance*. Eine solche Theorie betrachtet Grammatik nicht als den der sprachlichen Tätigkeit der Sprecher/Hörer, Sprecherinnen/Hörerinnen äußerlich zu Grunde liegenden Regelapparat und auch nicht als Netzwerk von Konstruktionen, sondern als einen Aspekt der sprachlichen Tätigkeit selbst. Eine sprachgebrauchsbezogene Grammatiktheorie ist eine abstrahierende und idealisierende Modellierung dieser Tätigkeit.

Entscheidend ist der Ansatz von der Konstruktion aus. Dieser gibt die Grundlage für das im Buch vertretene sprachgebrauchsbezogene Konzept der Grammatik/Syntax. Sprachliche Tätigkeit beruht in dem untersuchten zentralen Bereich der verbalen Argumentkonstruktionen auf dem Wechselverhältnisses von Verb/Projektion und Konstruktion unter dem Primat der Konstruktion. Dieses Wechselverhältnis (diese Dialektik) trägt dazu bei, die kreative Freiheit der sprachlichen Tätigkeit der Sprecherinnen/Hörerinnen, Sprecher/Hörer und die Grenzen dieser Freiheit zu erklären.

Aus diesem Anliegen folgt, dass eine Abgrenzung sowohl zu modernen Projektionsgrammatiken wie Generativer Grammatik, *LFG*, *HPSG* und Valenztheorie als auch zur bisherigen KxG notwendig war, insbesondere zur *BCxG*, aber auch zur *BCCxG*. Denn die KxG geht zwar gebrauchsbasiert vor. Sie ist aber nicht explizit und nicht in jeder Hinsicht sprachgebrauchsbezogen, d. h. bezogen auf die sprachliche Tätigkeit der Sprecher/Hörer, Sprecherinnen/Hörerinnen.

Ausgangspunkt war die Lakoff-Goldberg-Richtung der KxG (Lakoff 1977, 1987; Goldberg 1995), weil sich hier der konstruktionsgrammatische Zugang mit einer prozessual prototypentheoretischen und intensionalen Herangehensweise verbindet. Beide Gesichtspunkte, die konstruktionsgrammatische Orientierung und die prozessuale und auf Intensionalität gerichtete Prototypenmethode, sind Voraussetzungen einer sprachgebrauchsbezogenen Grammatiktheorie.

Weitere Ausgangsannahmen waren das Bilateralitätspostulat und das *No-Synonymy*-Prinzip Goldbergs (1995). Bilateralität von Zeichen (Konstruktionen) wurde als Einheit der Form- und Bedeutungsseite von Konstruktionen interpretiert. Aus dem Bilateralitätsprinzip folgt das *No-Synonymy*-Prinzip. Aufgefasst wurde es als Prinzip des Ausschlusses von Bedeutungsidentität formal unterschiedlicher Konstruktionen und damit als Isomorphie-Prinzip. Nach diesem Prinzip besitzen Konstruktionen unterschiedlicher Form unterschiedliche Bedeutungen, und Konstruktionen identischer Form besitzen in der Regel nur eine Bedeutung, die sich in unterschiedlichen prototypisch miteinander verbundenen Bedeutungsvarianten realisiert, so dass wie im Wortbereich Polysemie die Regel und Homonymie die Ausnahme ist.[1]

Bedingung der Einlösung des Bilateralitäts-, des *No-Synonymy*- und schließlich des Isomorphie-Prinzips ist die prototypentheoretische Fundierung der KxG. Diese setzt eine intensionalen Bedeutungsauffassung voraus und damit eine Ablehnung der in Grammatik und Semantik üblichen Gleichsetzung von Bedeutung und Wahrheitswert. Letzteres drückt sich insbesondere in der Interpretation semantischer (Argument-)Rollen aus. Der üblichen extensionalen, denotativen und onomasiologischen Rollenauffassung wurde eine intensionale, signifikative und semasiologische Rollenauffassung gegenüber gestellt.

Die KxG steht in Opposition zur Generativen Grammatik und mit dieser verwandten Theorien wie *HPSG* und *LFG*. Auch im Buch werden die Gegensätze

---

1 Identität ist stets die Identität von Unterschiedlichem, aber als identisch Interpretiertem sowohl auf der Form-, als auch auf der Bedeutungsseite des Zeichens. Auf der Bedeutungsseite drückt sich die Identität in der Einheit von (prototypisch interpretierten) Varianten einer in diesem Sinne identischen Bedeutung aus. Auf der Formseite des Wortes drückt sich die Identität im phonetisch-phonologischen Bereich in der Einheit von phonetischen Varianten aus und im morphologischen Bereich in der Einheit von Wortformen. Kodierungen von Rollen vereinigen sich zu einer Form (Kasusmorpheme, innere Flexion, Wortstellung und Präpositionalkasus). Die Rollen sind prototypisch gefasste Einheiten von semantischen Varianten. Bei Argumentkonstruktionen konstituieren Abwandlungen der Argumentfolge Varianten einer als identisch aufzufassenden Konstruktion (vgl. Kap. 7).

betont, z. T. sogar verschärft. Das geschah mit der Ablehnung eines nichtsprachgebrauchsbezogenen (deklarativen) Konzepts von Vererbung *(inheritance)*, aber auch bspw. durch die Kritik am *Linking*-Begriff Goldbergs, der zum einen ein Ebenenmodell impliziert und zum anderen Konstituentenstruktur (phrasenstrukturell definierte syntaktische Relationen bzw. Konstruktionen) voraussetzt.[2]

Die gemeinsame Gegenposition gilt auch für die von Croft (2001) geäußerte Skepsis gegenüber invarianzorientierten Verallgemeinerungen. So wurde bspw. grundsätzlich zwischen Verbalkonstruktion als Argumentkonstruktion und Substantivkonstruktion als einer attributiven Konstruktion unterschieden.

In wesentlichen Grundpositionen habe ich einen Standpunkt eingenommen, der zwischen Konstruktionsgrammatik und Projektionsgrammatik vermittelt, indem er den projektionistischen Zugang in den konstruktionsgrammatischen integriert. Grundlage ist die Behauptung der Primarität der Konstruktion gegenüber der Projektion.

Wörter stehen danach nicht als Konstruktionen neben syntaktischen Konstruktionen, sondern behalten einen Sonderstatus. Daraus folgt, dass das Konzept der Projektion neben dem der Konstruktion erhalten bleibt. Projektionen und Konstruktionen befinden sich in einem widersprüchlichen Wechselverhältnis unter dem Primat der Konstruktion.

Das Konstruktikon ist wie üblich der Speicher der konventionalisierten (schematische, teilschematischen und vollständig idiomatisierten) Konstruktionen, jedoch neben dem traditionellen (Wort-)Lexikon als dem Speicher konventionalisierter Wörter.

Damit im Zusammenhang steht, dass die KxG nicht als ein deklaratives Netzwerk von Konstruktionen aufgefasst wird, zwischen denen Vererbungsbeziehungen bestehen. Vielmehr erscheint das Konstruktikon dem traditionellen Lexikon analog als Reservoir von Konstruktionen, auf die geregelte Operationen auf der Grundlage eines prototypisch orientierten Regelbegriffs zurückgreifen.

Aus diesen Annahmen folgt auch, dass es in einer so aufgefassten KxG nicht um ein Grammatik-Lexikon-Kontinuum an Stelle der bisherigen Aufteilung von Grammatik als Regelsystem und Lexikon als Speicher für die sprachlichen Einheiten gehen kann, die den regelgeleiteten Operationen zu Grunde liegen. Sobald man nicht nur idiosynkratische Token-Konstruktionen annimmt, sondern auch teilschematische und schematische Konstruktionen, was in allen Richtungen der (engeren) KxG geschieht (und den Kern einer Grammatik im engeren Sinne ausmacht), hat man es in der einen oder anderen

---

[2] Im Gegensatz dazu wurde der Zusammenhang von Argumentkonstruktion und Dependenzstruktur (und Valenzstruktur) betont.

Form mit Regeln zu tun, d. h. mit wiederkehrenden und auf Grund ihrer Konventionalität geregelten Operationen über Konstruktionen, nämlich Instantiierungen, Fusionen, Einbettungen, Überblendungen und Attribuierungen.³

Ich habe aus diesem Grunde den Begriff der Konstruktion nicht durch Nicht-Kompositionalität definiert, sondern durch Konventionalisiertheit. Instantiierungen, die nicht durch Coercion bewirkt werden (Normalinstantiierungen), ergeben im Sinne des Frege'schen Kompositionalitätsprinzips kompositionale Token-Konstruktionen. Konstruktionen, die per Coercion und über entsprechende Implikaturen instantiiert werden, werden kompositional gemacht.⁴ Misslingende Coercionen sind nicht-kompositional und ungrammatisch. Schematische Konstruktionen sind weder kompositional noch nicht-kompositional.

In den prototypentheoretisch interpretierten Regelbegriff wurden pragmatische Implikaturen und Bezüge auf das Weltwissen (insbesondere auf das perzeptive System der Kognition) einbezogen. Implikaturen besitzen sowohl im Bereich der Instantiierung per Coercion als auch im Bereich der Konstruktions- und Projektionsvererbung einen hohen Stellenwert.

Der nicht-sprachgebrauchsbezogene deklarative Vererbungsbegriffs, der aus der Auffassung der KxG als Netzwerk von Konstruktionen resultiert, wurde durch ein sprachgebrauchsbezogenes Konzept von Vererbung ersetzt. Konstruktionsvererbungen sind wie Instantiierungen und Fusionen Operationen (Prozesse), die sich in der Tätigkeit der Sprecher/Hörer vollziehen. Konstruktionsvererbungen unterscheiden sich insofern von anderen Operationen über Konstruktionen, als es sich um langfristige diachrone Prozesse handelt, die die Sprecher/Hörer in Form von Einzeloperationen in ihren jeweils aktuellen sprachlichen Tätigkeiten (im Sprechen und Verstehen) vollziehen bzw. vollzogen haben und weiter vollziehen – sofern sie nicht absolut abgeschlossen, vergangen und nicht mehr produktiv sind. Vererbungsprozesse vollziehen sich in einer Vielzahl einzelner kleinteiliger Operationen (Implikaturen), die nicht auf das am Ende vorliegende Ergebnis der Vererbung bezogen sind. An die Stelle eines direkten (teleologischen) Funktionsbegriffs tritt damit ein nach Prinzipien der unsichtbaren Hand vermittelter Funktionsbegriff. Durch Konstruktionsvererbung entsteht ein Nebeneinander konkurrierender schematischer Konstruktionen im Konstruktikon, aus denen die Sprecher unter kommunikativen und kognitiven Zielstellungen auswählen. Die

---

3 Sprachgebrauchsbezogen kann man Netzwerkrelationen im Konstruktikon als Pfade von Klassifikationen und als Suchoperationen im Konstruktikon interpretieren (analog zum Wort-Lexikon).

4 Untersucht wurde nur die Instantiierung elementarer Argumentkonstruktionen (durch Verben). Das Prinzip der Regelgeleitetheit gilt aber für alle Operationen über Konstruktionen.

kommunikative und kognitive Anwendbarkeit der neuen Konstruktionen entscheidet über ihre Produktivität.

Auch im Bereich der Konstruktionsvererbung gibt es ein Wechselverhältnis von Konstruktion und Projektion. Konstruktionsvererbung ist von Projektionsvererbung begleitet und kann sich im Verlaufe der Vererbungsgeschichte auf Projektionsvererbung reduzieren.

Eine KxG im Engeren muss wie andere Grammatiktheorien von der formalen Seite der Konstruktion (vom Prinzip der Formbezogenheit) ausgehen. Dieser Grundsatz musste betont werden, um die KxG als Grammatik (im engeren Sinne) von der Erweiterung des ursprünglichen grammatiktheoretischen Ansatzes zu einer allgemeinen Kognitionstheorie (der *Frame*-Semantik) abzugrenzen.

Mit der Abgrenzung zwischen KxG und *Frame*-Semantik wird die in der KxG häufig anzutreffende Identifizierung von sprachlichem Wissen und Weltwissen (Wort- bzw. Konstruktionsbedeutung und enzyklopädischer Bedeutung) nicht mitvollzogen. Die Unterscheidung ist für eine Grammatik bzw. Syntax, also auch für eine KxG im engeren Sinne, konstitutiv. Denn die Grenzen der im engeren Sinne sprachlichen (semantischen) Interpretation sind durch die syntaktische Form abgesteckt.

Interpretiert wurde das Verhältnis von sprachlichem Wissen und Weltwissen als Unterscheidung eines sprachlichen Systems der Kognition von einem perzeptiven System der Kognition. An Stelle eines globalen Verweises auf ein allgemeines Weltwissen tritt das Kriterium der Vorstellbarkeit.

Die Abgrenzung von sprachlichem Wissen und Weltwissen (perzeptivem Wissen) steht in direkter Verbindung mit der ebenfalls aufrecht erhaltenen Differenzierung von Semantik und Pragmatik, von Bedeutung und Implikatur.[5] Das heißt, Enzyklopädisches und Pragmatisches wurden nicht unmittelbar in die Bedeutungsseite sprachlicher Zeichen einbezogen. Dennoch wurde Pragmatik (in Form von Konversationsmaximen und Implikaturen) nicht ausgeklammert. Konversationelle Maximen, Implikaturen und Weltwissen (insbesondere perzeptives Wissen) sind wesentliche Grundlagen von Instantiierungen per Coercion und von Konstruktionsvererbungen. Implikaturen vermitteln den Bedeutungswandel von Konstruktionen und die Emergenz neuer Konstruktionen. Gerade diese Bezüge machen es andererseits, um sie beschreiben zu können, notwendig, zwischen Semantik und Pragmatik zu trennen, also nicht einen holistischen, sondern einen modularen Standpunkt einzunehmen.

Das Buch stellte sich zur Aufgabe, das Konzept einer sprachgebrauchsbezogenen KxG als Grammatik im engeren Sinne in Grundzügen am Beispiel des

---

5 Getrennt wurde auch zwischen semantischer Struktur im engeren Sinne und Informationsstruktur.

Deutschen zu entwickeln. Im Mittelpunkt standen wie bei Goldberg (1995) schematische Argument-Konstruktionen (Verbalkonstruktionen), genauer: schematische Argumentkonstruktionen mit einfachen finiten aktivischen und nicht-imperativischen Verbformen als Kopf. Es ging also um den Kernbereich traditioneller und moderner Grammatiktheorien. Schwerpunkte waren wie bei Goldberg die Instantiierung von verbalen Argumentkonstruktionen (Teil I: Konstruktion) und die Vererbung von verbalen Argumentkonstruktionen (Teil II: Vererbung). Dem entspricht generativ-grammatisch die Aufteilung in Projektionsregeln und Transformationsregeln.

Weitgehend ausgespart wurden Einbettungen von Konstruktionen in Konstruktionen (z. B. von Substantivkonstruktionen in Verbalkonstruktionen und von Nebensätzen und Infinitivkonstruktionen in übergeordnete Konstruktionen) und Überblendungen von Konstruktionen zu komplexen Konstruktionen (projektionsgrammatisch: zu komplexen Prädikaten). Substantivkonstruktionen und Modifikatorkonstruktionen wurden hinsichtlich ihrer internen Struktur knapp charakterisiert. Das Ziel bestand zum einen darin, grundlegende Zusammenhänge anzudeuten: Fusion von Argumentkonstruktionen mit Modifikatorkonstruktionen und Einbettung von Substantivkonstruktionen in Argumentkonstruktionen. Die Charakterisierung der internen Struktur der Substantivkonstruktion diente zum anderen als Grundlage für die Darstellung der substantivischen Nominalisierung.

Relativ ausführlich wurde außer Instantiierung und Vererbung das in der KxG bislang weitgehend offene Problem der Serialisierung (Wortstellung) behandelt (Kap. 7). Eine KxG, die auf das Problem der Variabilität der Serialisierung keine Antwort findet, wäre gescheitert. Denn es müssten im Prinzip so viele schematische (Argument)-Konstruktionen angenommen werden, wie es Wortstellungsvarianten gibt.

Schwerpunkt des Teils I waren wie bei Goldberg kreative Operationen der Sprecher/Hörer über Argumentkonstruktionen in Gestalt von Instantiierungen per Coercion. Schwerpunkt war also die Produktivität von (schematischen) Konstruktionen.

Bei Instantiierungen per Coercion fallen Argumenthaftigkeit und Projektion nicht zusammen. Denn es zeigte sich, dass Coercionen nicht notwendigerweise (per *entrenchment*) zu neuen Projektionen führen. Es gibt also nicht-projizierte Argumente. Deren Existenz erklärt sich aus dem Wechselverhältnis von Konstruktion und Projektion.

Der Anteil einer schematischen Argumentkonstruktion an der Bedeutung einer Token-Konstruktion kann größer oder kleiner sein als der Anteil des instantiierenden Verbs (seiner Projektion). Die in diesem Fall notwendige Coercion (Implementierung per Coercion) hat keine vorgeschaltete Ad-hoc-Projektions- bzw. Bedeutungsänderung des beteiligten Verbs zur Voraussetzung. Verben instantiieren Konstruktionen vielmehr unverändert in ihrer dauerhaft fixierten Projektion (Valenz). Normalfall der Implementierung/Instantiierung ist die Übereinstimmung von Projektion und Konstruktion. Normalfall der Implementierung/Instantiierung per Coercion ist die Coercion von geringerstelligen Verben (und geringerstellig interpretierbaren Verben) in höherstellige Konstruktionen (valenzgrammatisch: Valenzerhöhung) – entsprechend einem allgemeinen Entwicklungsprinzip von geringerer Stelligkeit zu höherer Stelligkeit.

Coercion von höherstelligen Verben in geringerstellige Konstruktionen (Valenzreduktion, fakultative Valenz im traditionell valenzgrammatischen Sinne) ist demgegenüber zwar ebenfalls häufig anzutreffen, aber in systematischer Hinsicht sekundär. Sie betrifft außerdem m. E. nur die Implementierung von zweistelligen Verben in einstellige Konstruktionen. Bei der Implementierung in geringerstellige Konstruktionen impliziert das Verb weiterhin das in der Konstruktion nicht vorhandene Argument. Auch bei der Implementierung von höherstelligen Verben in geringerstellige Konstruktionen behalten Verben also ihre im Lexikon festgeschriebenen Bedeutung und Projektion.

Die zweistellige Nominativ-Akkusativ-Konstruktion, die elementar transitive Konstruktion, nimmt eine Sonderstellung in allen Grammatiken von Nominativ-Akkusativ-Sprachen ein. Dennoch ist die zweistellig-transitive Konstruktion im Deutschen kaum zugänglich für Coercionen. Ein (von den Sprechern/Hörern nicht beabsichtigter) Umweg und damit auch ein Umweg zu Erweiterungen der Reichweite der Nominativ-Akkusativ-Konstruktion führt über die Konstruktionsvererbung zu Präfix- und Partikelverb-Konstruktionen.

Den zweite Schwerpunkt (Teil II) bildete wie bei Goldberg (1995) die Konstruktionsvererbung von Argumentkonstruktionen, allerdings in einem grundlegend anderen Verständnis als bei Goldberg und in der KxG insgesamt. Das Konzept der Konstruktionsvererbung *(inheritance)* als Deduktionen in einem Netzwerk von Konstruktionen ist deklarativ und sprachgebrauchsbezogen nicht interpretierbar. In einem sprachgebrauchsbezogenen Vererbungskonzept geht es um faktische Übergänge von schematischen Konstruktionen in andere schematische Konstruktionen. Diese Übergänge vollziehen sich in den Operationen und durch die Operationen der Sprecher/Hörer über diesen Konstruktionen. In der Regel entwickeln sich Mikrokonstruktionen einer Makrokonstruktion$_A$ zu Mikrokonstruktionen einer anderen bereits existierenden Makrokonstruktion$_B$. Das geschieht auf Grund von entstehenden Analogien der sich entwickelnden Mikrokonstruktionen zu dieser anderen Makrokonstruktion.

Unter diesen Vererbungsbegriff fallen Schwerpunktbereiche der Syntax wie Passivierung und Medialisierung. Diese sind auch Schwerpunkte von Transformations- und Derivationskonzepten in Projektionsgrammatiken und von Grammatikalisierungen in der Grammatikalisierungsforschung. In der (engeren)

KxG blieben Passivierung und Medialisierung dagegen bislang weitgehend unberücksichtigt.

Die Vererbungsprozesse wurden nicht unmittelbar diachron, sondern prozessual-prototypentheoretisch synchron beschrieben, jedoch unter der Voraussetzung, dass sie der Diachronie nicht widersprechen dürfen. Das geschah zunächst an Passiv-, Medial- und Nominalisierungs-Konstruktionen. Das Verfahren wurde ausgedehnt auf Präpositionalobjekt-Konstruktionen und Partikel- und Präfixkonstruktionen.

Als eine wesentliche Bedingung von Instantiierung per Coercion, von Konstruktionsvererbung und von Regularitäten der Wortfolge erwies sich der Umstand einer sowohl im Konstruktikon als auch im Lexikon verankerten fixen Reihenfolge der Argumente als 1., 2., 3. Argument. Es handelt sich um eine elementare Perspektiviertheit der Argumente, zusammengefasst als Prinzip der festen Argumentfolge bzw. der Nicht-Umkehrbarkeit der Reihenfolge der Argumente. Das Prinzip der fixen Reihenfolge der Argumente ordnet sich in das allgemeine konstruktionsgrammatische Prinzip der Strukturerhaltung ein, das sich aus kognitiven Grundlagen der Sprachverarbeitung ergibt.

Umkehrungen, die in der theoretischen Rekonstruktion (als logische Konversionen, Transformationen, Derivationen) leicht und problemlos möglich sind, können in der realen sprachlichen Tätigkeit auf Grund des Prinzips der analogiebedingten Nicht-Umkehrbarkeit der Reihenfolge (verallgemeinert: des Prinzips der Strukturerhaltung) auf einem direkten Wege und unter einer direkten Funktionssetzung nicht erreicht werden. Was äußerlich gesehen als Operation der Konversion (Transformation oder Derivation) erscheint und konstruktionsgrammatisch eine konverse Instantiierung wäre, ist das Ergebnis von ausgedehnten kleinteiligen Prozessen der Konstruktionsvererbung in der sprachlichen Tätigkeit der Sprecher/Hörer, die nicht auf das am Ende erreichte Ergebnis gerichtet sind und insofern zufällig ein Nebeneinander von synonymen (bedeutungsähnlichen) konversen Konstruktionen ergeben. Erst post festum und äußerlich (in der Reflexion) erscheint das Nebeneinander als eine gezielte Operation der Konversion (Transformation, lexikalischen Derivation).

In der sprachlichen Tätigkeit der Sprecher/Hörer können sich Vererbungsprozesse zu Projektionsvererbungen verkürzen. Des Weiteren entstehen auf diesem Wege Medialverben, Präfix- und Partikelverben sowie lexikalisierte Substantivierungen von Adjektiven und Verben und entsprechende Lexikoneinträge. Ferner kommt es zu virtuellen Projektionen (beim *werden*-Passiv).

Ein spezifisches Anliegen der KxG seit Beginn ihrer Ausarbeitung durch Fillmore und Lakoff war es, auch das Irreguläre, dennoch in der sprachlichen Tätigkeit Vorkommende und damit die Flexibilität und Wandelbarkeit grammatischer und syntaktischer Operationen (ihre Produktivität) theoretisch zu erfassen. Ein sprachgebrauchsbezogener Ausbau der Lakoff-Goldberg-Richtung der KxG (Goldberg 1995) eröffnet die Möglichkeit, dieses Ziel zu erreichen, ohne die Grundvorstellung eines Gegenüber von Lexikon (zu dem ein Konstruktikon hinzukommt) und von Grammatik als Operationen über den im Lexikon (und Konstruktikon) gespeicherten Wörtern und Konstruktionen aufzugeben. Grundlagen sind die Annahme eines Wechselverhältnis von Wort (Projektion) und Konstruktion unter dem Primat der Konstruktion und eine bilaterale, prototypentheoretisch und semasiologisch begründete Auffassung von Konstruktionen und von semantischen Rollen, eingebettet in ein Konzept, in dem Sprache als sprachliche Tätigkeit gesellschaftlicher Individuen aufgefasst wird.

Literaturverzeichnis

Abraham, Werner (2015): Konstruktionsgrammatik ist analytische Grammatik unter empirischen Frequenzvoraussetzungen. In: Deutsche Sprache 43, 74–96.
Ackerman, Farrell & Webelhuth, Gert (1998): A Theory of Predicates. Stanford: SSLI Publications.
Adger, David (2003): Core Syntax. A Minimalist Approach. Oxford: Oxford University Press.
Aebli, Hans (1980): Denken: das Ordnen des Tuns. Bd. 1: Kognitive Aspekte der Handlungstheorie. Stuttgart: Klett-Cotta.
Ágel, Vilmos (1993): Valenzrealisierung. Finites Substantiv und Dependenz in der deutschen Nominalphrase. Hürth-Efferen: Gabel.
Ágel, Vilmos (1995): Überlegungen zum Gegenstand einer radikal konstruktivistischen Linguistik und Grammatik. In: Ágel, Vilmos & Brdar-Szabo, Rita (Hg.): Grammatik und deutsche Grammatiken. Tübingen: Niemeyer, 3–22.
Ágel, Vilmos (1997): Reflexiv-Passiv, das im (Deutschen) keines ist. Überlegungen zu Reflexivität, Medialität, Passiv und Subjekt. In: Dürscheid, Christa, Ramers, Karl Heinz & Schwarz, Monika (Hg.): Sprache im Fokus. Festschrift für Heinz Vater zum 65. Geburtstag. Tübingen: Niemeyer, 147–187.
Ágel, Vilmos (1999): Grammatik und Kulturgeschichte. Die *raison graphique* am Beispiel der Epistemik. In: Gardt, Andreas, Haß-Zumkehr, Ulrike & Roelcke, Thorsten (Hg.): Sprachgeschichte als Kulturgeschichte. Berlin/New York: de Gruyter, 171–223.
Ágel, Vilmos (2000): Valenztheorie. Tübingen: Narr.
Ágel, Vilmos (2001): Gegenwartsgrammatik und Sprachgeschichte. Methodologische Überlegungen am Beispiel der Serialisierung im Verbalkomplex. In: Zeitschrift für germanistische Linguistik 29, 319–331.
Ágel, Vilmos (2003): Prinzipien der Grammatik. In: Lobenstein-Reichmann, Anna & Reichmann, Oskar (Hg.): Neue historische Grammatiken. Zum Stand der Grammatikschreibung historischer Sprachstufen des Deutschen und anderer Sprachen. Tübingen: Niemeyer, 1–46.
Ágel, Vilmos (2015): Brisante Gegenstände. Zur valenztheoretischen Integrierbarkeit von Konstruktionen. In: Engelberg, Stefan, Meliss, Meike, Proost, Kristel & Winkler, Edeltraud (Hg.): Argumentstruktur zwischen Valenz und Konstruktionen. Tübingen: Narr, 61–87.
Ágel, Vilmos (2016): *Obwohl (.) fährt der eigentlich auch am Sonntag?* Der Verbzweit-Mythos. In: Handwerker, Brigitte, Bäuerle, Rainer & Sieberg, Bernd (Hg.): Gesprochene Fremdsprache Deutsch. Forschung und Vermittlung. Baltmannsweiler: Schneider Verlag Hohengehren, 75–100.
Ágel, Vilmos (2017): Grammatische Textanalyse. Textglieder, Satzglieder, Wortgruppenglieder. Berlin, Boston: de Gruyter.
Alishahi, Afra (2014): Lifecycle of a probalistic construction. In: Theoretical Linguistics 49, 77–88.
Altmann, Hans (2016): Aspekte der Markierungsebene von Satztypen und Konstruktionen. In: Finkbeiner, Rita & Meibauer, Jörg (Hg.): Satztypen und Konstruktionen. Berlin/Boston: de Gruyter, 106–145.
Altmann, Hans & Kemmerling, Silke (2000): Wortbildung fürs Examen. Studien- und Arbeitsbuch. Wiesbaden: Westdeutscher Verlag.
Anderson, John R. (2007): Kognitive Psychologie. Deutsche Ausgabe hg. von Joachim Funke. Heidelberg: Spektrum.

Apel, Karl Otto (1963): Die Idee der Sprache in der Tradition des Humanismus von Dante bis Vico. Bonn: Bouvier.
Arens, Hans (1955): Sprachwissenschaft. Der Gang ihrer Entwicklung von der Antike bis zur Gegenwart. Freiburg, München: Alber.
Auer, Peter & Pfänder, Stefan (2011): Constructions: Emerging and Emergent. Berlin, Boston: de Gruyter.
Baker, Collin F., Fillmore, Charles J. & Lowe, John B. (1989): The Berkeley FrameNet Project. In: Proceedings of the COLING-ACL. Montreal, Canada.
Baker, Mark C. (1988): Incorporation. A Theory of Grammatical Function Changing. Chicago, London: University Press.
Barsalou, Lawrence W. (1993a): Flexibility, Structure, and Linguistic Vagary in Concepts: Manifestations of a Compositional System of Perceptual Symbols. In: Collins, Allan F. et al. (Hg.): Theories of memory. Hove, UK: Erlbaum, 29–101.
Barsalou, Lawrence W. (1993b): Concepts and Meaning. In: Chicago Linguistic Society 29. Papers from the Para-session on Conceptual Representations, 23–61.
Barsalou, Lawrence W. (1999): Perceptual symbol systems. In: Behavioural and Brain Sciences 22, 577–660.
Barsalou, Lawrence W. (2008): Grounded Cognition. In: Annual Review of Psychology 59, 617–645.
Barsalou, Lawrence W. (2009): Simulation, situated conceptualization, and prediction. In: Philosophical Transactions of the Royal Society of London: Biological Sciences 364, 1281–1289.
Barsalou, Lawrence W., Santos, Ava, Simmons, W. Kyle & Wilson, Christine D. (2008): Language and Simulation in Conceptual Processing. In: de Vega, Manuel & Glenberg, Arthur (Hg.): Symbols and Embodiment. Oxford: Oxford University Press, 245–283.
Bartlett, Frederic (1932): Remembering. A study in experimental and social psychology. Cambridge: Cambridge University Press.
Bates, Elizabeth & MacWhinney, Brian (1982): Functionalist approaches to grammar. In: Wanner, Eric & Gleitman, Lila R. (Hg.): Language acquisition: the state of the art. Cambridge u. a., 173–218.
Bausewein, Karin (1990): Akkusativobjekt, Akkusativobjektsätze und Objektsprädikate im Deutschen. Untersuchungen zu ihrer Syntax und Semantik. Tübingen: Niemeyer.
Becker, Karl Ferdinand (1833): Das Wort in seiner organischen Verwandlung. Frankfurt a. M.: Joh. Christ. Hermann'sche Buchhandlung.
Bierwisch, Manfred (1983): Semantische und konzeptuelle Repräsentation lexikalischer Einheiten. In: Růžička, Rudolf & Motsch, Wolfgang (Hg.): Untersuchungen zur Semantik. Berlin: Akademie-Verlag, 61–100.
Bierwisch, Manfred (1989): Event Nominalizations: Proposals and Problems. In: Linguistische Studien, Reihe A 194, 1–73.
Bierwisch, Manfred (2005): The event structure of CAUSE and BECOME. In: Maienborn, Claudia & Wöllstein, Angelika (Hg.): Event Arguments: Foundations and Applications. Tübingen: Niemeyer, 11–44.
Bierwisch, Manfred & Lang, Ewald (1987): Grammatische und konzeptuelle Aspekte von Dimensionsadjektiven. Berlin: Akademie-Verlag.
Birk, Elisabeth (2009): Mustergebrauch bei Goodman und Wittgenstein. Eine Studie zum Verhältnis von Beispiel und Regel. Tübingen: Narr.
Bloomfield, Leonard (1933): Language. New York: Holt.

Blume, Kerstin (2000): Markierte Valenzen im Sprachvergleich: Lizenzierungs- und Linkingbedingungen. Tübingen: Niemeyer.
Boas, Hans C. (2003): A constructional approach to resultatives. Stanford: CSLI Publications.
Boas, Hans C. (2005a): Determining the Productivity of Resultative Constructions: A Reply to Goldberg & Jackendoff. In: Language 81(2), 448–464.
Boas, Hans C. (2005b): From Theory to Practice. Frame Semantics and the Design of FrameNet. In: Langer, Stefan & Schnorbusch, Daniel (Hg.): Semantik im Lexikon. Tübingen: Narr, 129–160.
Boas, Hans C. (2008): Resolving form-meaning discrepancies in Constructional Grammar. In: Leino, Jaakko (Hg.): Constructional Reorganisation. Amsterdam, Philadelphia: Benjamins, 11–36.
Boas, Hans C. (2011): Zum Abstraktionsgrad von Resultativkonstruktionen. In: Engelberg, Stefan, Holler, Anke & Proost, Kristel (Hg.): Sprachliches Wissen zwischen Lexikon und Grammatik. Berlin, Boston: de Gruyter, 37–69.
Boas, Hans C. (2013): Cognitive Construction Grammar. In: Hoffmann, Thomas & Trousdale, Graeme (Hg.): The Oxford Handbook of Construction Grammar. Oxford: University Press, 233–252.
Boas, Hans C. (2014a): Zur Architektur einer konstruktionsbasierten Grammatik des Deutschen. In: Ziem, Alexander & Lasch, Alexander (Hg.): Grammatik als Netzwerk von Konstruktionen: Sprachliches Wissen im Fokus der Konstruktionsgrammatik. Berlin, New York: de Gruyter, 37–64.
Boas, Hans C. (2014b): Lexical and phrasal approaches to argument structure: Two sides of the same coin. In: Theoretical Linguistics 40, 89–112.
Bocheński, Joseph M. (1959): Über syntaktische Kategorien. In: Menne, Albert (Hg.): Joseph M. Bocheński: Logisch-philosophische Studien. Freiburg: Alber, 75–96.
Bocheński, Joseph M. & Menne, Albert (1965): Grundriß der Logistik. Paderborn: Schöningh.
Bolinger, Dwight L. (1968): Entailment and the Meaning of Structures. Glossa 2, 119–127.
Bondzio, Wilhelm (1976–78): Abriß der semantischen Valenztheorie als Grundlage der Syntax. In: Zeitschrift für Phonetik, Sprachwissenschaft und Kommunikationsforschung, 29, 354–363; 30, 261–273; 31, 20–33.
Bornkessel-Schlesewsky, Ina & Bornkessel, Matthias (2011): Dynamische Aspekte der Argumentinterpretation: Eine neurokognitive Perspektive. In: Engelberg, Stefan, Holler, Anke & Proost, Kristel (Hg.): Sprachliches Wissen zwischen Lexikon und Grammatik. Berlin, New York: de Gruyter, 429–458.
Bowerman, Melissa (1977): The acquisition of word meaning: An investigation of some current concepts. In: Johnson Laird, Philip & Wason, Peter (Hg.): Thinking. Readings in Cognitive Science. Cambridge, Mass.: MIT, 239–253.
Breindl, Eva (1989): Präpositionalobjekte und Präpositionalobjektsätze im Deutschen. Tübingen: Niemeyer.
Bresnan, Joan (1978): A Realistic Transformational Grammar. In: Halle, Morris, Bresnan, Joan & Miller, George A. (Hg.): Linguistic Theory and Psychological Reality. Cambridge, Mass.: MIT Press, 1–59.
Bresnan, Joan (1982): The Passive in Lexical Theory. In: Bresnan, Joan (Hg.): The Mental Representation of Grammatical Relations. Cambridge, Mass., London: MIT Press, 3–86.
Bresnan, Joan & Kaplan, Ronald M. (1982): Introduction: Grammars as Mental Representations of Language. In: Bresnan, Joan (Hg.): The Mental Representation of Grammatical Relations. Cambridge, London, Mass.: MIT Press, xvii–lii.

Brinkmann, Hennig (1971): Die deutsche Sprache. Gestalt und Leistung. Düsseldorf: Schwann (^{1}1962).
Brooks, Thomas (2006): Untersuchungen zur Syntax in oberdeutschen Drucken des 16.–18. Jahrhunderts. Frankfurt a. M.: Lang.
Bücker, Jörg, Günthner, Susanne & Imo, Wolfgang (Hg.) (2015): Konstruktionsgrammatik V. Konstruktionen im Spannungsfeld von sequenziellen Mustern, kommunikativen Gattungen und Textsorten. Tübingen: Stauffenburg.
Bühring, Daniel (1992): Linking. Dekomposition – Theta Rollen – Argumentstruktur. Hürth-Efferen: Gabel.
Buscha, Joachim (1982): Reflexive Formen, reflexive Konstruktionen und reflexive Verben. In: Deutsch als Fremdsprache 19, 167–173.
Busse, Dietrich (2012): Frame-Semantik. Ein Kompendium. Berlin, Boston: de Gruyter.
Bußmann, Hadumod (1990): Lexikon der Sprachwissenschaft. Stuttgart: Kröner.
Chafe, Wallace L. (1970): Meaning and the structure of language. Chicago, London: University Press.
Chomsky, Noam (1957): Syntactic Structures. The Hague: Mouton.
Chomsky, Noam (1959): Verbal Behavior. By B. F. Skinner. In: Language 35, 26–58.
Chomsky, Noam (1965): Aspects of the Theory of Syntax. Cambridge, Mass.: MIT Press.
Chomsky, Noam (1970): Remarks on nominalization. In: Roerick A. Jacobs & Rosenbaum, Peter S. (Hg.): Readings in English Transformational Grammar. Waltham, MA: Ginn, 184–221.
Chomsky, Noam (1981): Lectures on Government and Binding. Dordrecht: Foris.
Chomsky, Noam (1992): A Minimalist Program for Linguistic Theory. Cambridge, Mass.: MIT.
Colleman, Timothy (2011): Ditransitive Verbs and the Ditransitive Construction: A Diachronic Perspective. In: Zeitschrift für Anglistik und Amerikanistik 59, 387–410.
Condillac, Etienne Bonnot de (1977): Essai über den Ursprung der menschlichen Erkenntnisse. Leipzig: Reclam (^{1}1746).
Coseriu, Eugenio (1974): Synchronie, Diachronie und Geschichte. Das Problem des Sprachwandels. München: Fink.
Coseriu, Eugenio (1987): Formen und Funktionen. Studien zur Grammatik. Tübingen: Niemeyer.
Coseriu, Eugenio (1988): Sprachkompetenz. Grundzüge der Theorie des Sprechens. Tübingen: Francke.
Croft, William (1996): What's a Head? In: Roodryk, Zaring, L. (Hg.): Phrase Structure and the Lexicon. Dordrecht u. a.: Kluwer, 35–76.
Croft, William (2001): Radical Construction Grammar. Syntactic Theory in Typological Perspective. Oxford: University Press.
Dąbrowska, Ewa & Divjak, Dagmar (Hg.) (2015): Handbook of Cognitive Linguistics. Berlin, Boston: de Gruyter Mouton.
Dal, Ingerid (1966): Kurze deutsche Syntax auf historischer Grundlage. Tübingen: Niemeyer.
Daneš, František (1976): Semantische Struktur des Verbs und das indirekte Passiv im Tschechischen und Deutschen. In: Lötzsch, Roland & Růžička, Rudolf (Hg.): Satzstruktur und Genus verbi. Berlin: Akademie-Verlag, 113–124.
Davidson, Donald (1985): Die logische Form der Handlungssätze. In: Donald Davidson: Handlung und Ereignis. Frankfurt am Main: Suhrkamp, 155–213 (engl.: 1967).
Davidson, Donald (2001): Inquiries into Truth and Interpretation. Oxford: Oxford University Press.

Demske, Ulrike (2000): Zur Geschichte der Ung-Nominalisierung im Deutschen. Ein Wandel morphologischer Produktivität. In: Beiträge zur Geschichte der deutschen Sprache und Literatur 122, 365–411.
Deppermann, Arnulf (2007): Grammatik und Semantik aus gesprächsanalytischer Sicht. Berlin, New York: de Gruyter.
Diessel, Holger (2013): Construction Grammar and First Language Acqusition. In: Hoffmann, Thomas & Trousdale, Graeme (Hg.): The Oxford Handbook of Construction Grammar. Oxford: University Press, 347–364.
Diessel, Holger (2015): Usage-based construction grammar. In: Dąbrowska, Ewa & Divjak, Dagmar (Hg.): Handbook of Cognitive Linguistics. Berlin, Boston: de Gruyter Mouton, 296–322.
Diewald, Gabriele (1997): Grammatikalisierung. Eine Einführung in Sein und Werden grammatischer Formen. Tübingen: Niemeyer.
Dik, Simon C. (1978): Functional Grammar. Amsterdam u. a.: North-Holland.
Dixon, Robert M. W. (1994): Ergativity. Cambridge: University Press.
Dornseiff, Franz (2004): Der deutsche Wortschatz nach Sachgruppen. Berlin u. a.: de Gruyter.
Dowty, David (1979): Word Meaning and Montague Grammar. The Semantics of Verbs and Times in Generative Semantics and in Montague's PTQ. Dordrecht u. a.: Reidel.
Dowty, David (1989): On the Semantic Content of the Notion of ‚Thematic Role'. In: Chierchia, Gennardo, Partee, Barbara H. & Turner, Raymond (Hg.): Properties, Types and Meaning. Dordrecht: Kluwer, 69–129.
Dowty, David (1991): Thematic Proto-Roles and Argument Selection. In: Language 67, 547–619.
Dryer, Mathew S. (2005a): Order of Subject, Object, and Verb. In: Haspelmath, Martin, Dryer, Mathew S. & Gil, David & Comrie, Bernard (Hg.): The World Atlas of Language Structure. Oxford: University Press, 330–333.
Dryer, Mathew S. (2005b): Order of Subject and Verb. In: Haspelmath, Martin, Dryer, Mathew S. & Gil, David & Comrie, Bernard (Hg.): The World Atlas of Language Structure. Oxford: University Press, 334–335.
Dryer, Mathew S. (2005c): Order of Object and Verb. In: Haspelmath, Martin, Dryer, Mathew S. & Gil, David & Comrie, Bernard (Hg.): The World Atlas of Language Structure. Oxford: University Press, 338–339.
Duden (1984): Grammatik der deutschen Gegenwartssprache. 4. Auflage. Mannheim u. a.: Dudenverlag.
Duden (2005): Die Grammatik. 7. Auflage. Mannheim u. a.: Dudenverlag.
Dürscheid, Christa (1999): Die verbalen Kasus des Deutschen. Untersuchungen zur Syntax, Semantik und Perspektive. Berlin, New York: de Gruyter.
Dux, Günter (2000): Historisch-genetische Theorie der Kultur. Instabile Welten. Zur prozessualen Logik im kulturellen Wandel. Weilerswist: Velbrück Wissenschaft.
Ebert, Robert Peter (1978): Historische Syntax des Deutschen. Stuttgart: Metzler.
Ehnert, Rolf (1974): Liste der Grundvalenz der häufigsten deutschen Verben. Oulu (Ms.).
Ehrich, Veronika & Rapp, Irene (2000): Sortale Bedeutung und Argumentstruktur: ung-Nominalisierungen im Deutschen. In: Zeitschrift für Sprachwissenschaft 19, 245–303.
Ehrich, Veronika & Rapp, Irene (2002): Nominalizations and Temporal Prepositions. ZAS Papers in Linguistics 27, 39–66.
Eisenberg, Peter (1998): Grundriss der deutschen Grammatik. Bd. 1 Das Wort. Stuttgart, Weimar: Metzler.

Eisenberg, Peter (1999): Grundriss der deutschen Grammatik. Bd. 2 Der Satz. Stuttgart, Weimar: Metzler.
Engel, Ulrich (1972): Regeln zur „Satzgliedfolge". Zur Stellung der Elemente im einfachen Verbalsatz. In: Linguistische Studien I. Düsseldorf: Schwann, 17–75.
Engelberg, Stefan (2007): Konstruktionelle Varianten zwischen Wörterbuch und Grammatik. In: Germanistische Mitteilungen 66, 11–27.
Engelberg, Stefan (2009): Blätter knistern über den Beton. Zwischenbericht aus einer korpuslinguistischen Studie zur Bewegungsinterpretation bei Geräuschverben. Konstruktionelle Varianz bei Verben. In: OPAL-Sonderheft 4/2009, 75–97.
Engelberg, Stefan, Holler, Anke & Proost, Kristel (Hg.) (2011): Sprachliches Wissen zwischen Lexikon und Grammatik. Berlin, Boston: de Gruyter.
Erben, Johannes (1960): Abriss der deutschen Grammatik. Berlin: Akademie-Verlag ([1]1958).
Erdmann, Karl Otto (1922): Die Bedeutung des Wortes. Aufsätze aus dem Grenzgebiet der Sprachpsychologie und Logik. Leipzig: Haessel ([1]1900).
Eroms, Hans-Werner (1980): Be-Verb und Präpositionalphrase. Ein Beitrag zur Grammatik der deutschen Verbalpräfixe. Heidelberg: Winter.
Eroms, Hans-Werner (1981): Valenz, Kasus und Präpositionen. Untersuchungen zur Syntax und Semantik präpositionaler Konstruktionen in der deutschen Gegenwartssprache. Heidelberg: Winter.
Eroms, Hans-Werner (1986): Funktionale Satzperspektive. Tübingen: Niemeyer.
Eroms, Hans-Werner (2000): Syntax der deutschen Sprache. Berlin, New York: de Gruyter.
Eroms, Hans-Werner (2012): Die Grenzen der Valenzen. In: Fischer, Klaus & Mollica, Fabio (Hg.): Valenz, Konstruktion und Deutsch als Fremdsprache. Frankfurt am Main u. a.: Lang, 25–46.
Fabricius-Hansen, Cathrine, Lang, Ewald & Maienborn, Claudia (2000): Editorial Preface. In: Fabricius-Hansen, Cathrine, Lang, Ewald & Maienborn, Claudia: (Hg.): Approaching the Grammar of Adjuncts. ZAS Papers in Linguistics 17, v–vi.
Fagan, Sarah M. B. (1992): The syntax and semantics of middle constructions. A study with special reference to German. Cambridge u. a.: University Press.
Fanselow, Gisbert (1993): Die Rückkehr der Basisgenerierer. In: Groninger Arbeiten zur Germanistischen Linguistik 36, 1–74.
Feilke, Helmuth (1996): Sprache als soziale Gestalt. Ausdruck, Prägung und Ordnung der sprachlichen Typik. Frankfurt am Main: Suhrkamp.
Felfe, Marc (2012): Das System der Partikelverben mit „an". Eine konstruktionsgrammatische Untersuchung. Berlin, Boston: de Gruyter.
Fillmore, Charles J. (1966): Towards a Modern Theory of Case. In: Reibel, David A. & Shane, Sanford A. (Hg.): Modern Studies in English: Readings in Transformational Grammar. Englewood Cliffs, New Jersey: Prentice Hall, 361–375.
Fillmore, Charles J. (1968): The case for case. In: Bach, Emmon & Harms, Robert T. (Hg.): Universals in linguistic theory. New York: Holt, Rinehart, and Winston, 1–88.
Fillmore, Charles J. (1969): Types of Lexical Infomation. In: Kiefer, Ferenc (Hg.): Studies in Syntax and Semantics. Dordrecht: Reidel, 109–137.
Fillmore, Charles J. (1972): Subjects, Speakers, and Roles. In: Davidson, Donald & Harman, Gilbert (Hg.): Semantics of Natural Language. Dordrecht: Reidel, 1–23.
Fillmore, Charles J. (1977a): The Case for Case Reopened. In: Cole, Peter & Sadock, Jerrold M. (Hg.): Syntax and Semantics. Vol. 8. Grammatical Relations. New York, London: Academic Press, 59–81.

Fillmore, Charles J. (1977b): Topics in Lexical Semantics. In: Cole, Peter (Hg.): Current Issues in Linguistic Theory. Bloomington: Indiana University Press, 76–138.
Fillmore, Charles J. (1977c): Scenes-and-Frames Semantics. In: Zampolli, Antonio (Hg.): Linguistic Structures Processing. Amsterdam, New York, Oxford: North Holland, 55–81.
Fillmore, Charles J. (1982): Frame Semantics. Linguistic Society of Korea (Hg.): Linguistics in the Morning Calm. Seoul: Hanshin, 111–138.
Fillmore, Charles J. (1985): Frames and the Semantics of Understanding. In: Quadernie di Semantica 6, 222–254.
Fillmore, Charles J. (1988): The Mechanisms of „Construction Grammar". In: Proceedings of the Fourteenth Annual Meeting of the Berkeley Linguistics Society, 35–55.
Fillmore, Charles J. (2007): Valency issues in FrameNet. In: Herbst, Thomas & Götz-Votteler, Katrin (Hg.): Valency. Theoretical, Descriptive and Cognitive Issues. Berlin, New York: de Gruyter, 129–160.
Fillmore, Charles (2013): Traditional Construction Grammar. In: Hoffmann, Thomas & Trousdale, Graeme (Hg.): The Oxford Handbook of Construction Grammar. Oxford: University Press, 111–132.
Fillmore, Charles J., Kay, Paul & O'Connor, Catherine (1988): Regularity and idiomaticity in grammatical constructions: The case of ‚let alone'. In: Language 64, 501–538.
Fillmore Charles J. & Kay, Paul (1995): Construction Grammar. Unpublished Manuscript. Berkeley: University of California.
Fillmore, Charles J. & Baker, Collin (2010): A Frame Approach to Semantic Analysis. In: Heine, Bernd, Narrog, Heiko (Hg.): The Oxford Handbook of Linguistic Analysis. Oxford: University Press, 313–339.
Finkbeiner, Rita & Meibauer, Jörg (Hg.) (2016): Satztypen und Konstruktionen. Berlin, Boston: de Gruyter.
Firbas, Jan (1964): On Defining the Theme in Functional Sentence Analysis. In: Travaux Linguistiques de Prague 1, 267–280.
Fischer, Kerstin & Stefanowitsch, Anatol (Hg.) (2006): Konstruktionsgrammatik. Von der Anwendung zur Theorie. Tübingen: Stauffenburg.
Fischer, Kerstin & Stefanowitsch, Anatol (Hg.) (2008): Konstruktionsgrammatik II. Von der Konstruktion zur Grammatik. Tübingen: Stauffenburg.
Fischer, Klaus (2003): Verb, Aussage, Valenzdefinition und Valenzrealisierung: Auf dem Weg zu einer typologisch adäquaten Valenztheorie. In: Studia Germanica Gandensia 2: 17–65.
Fischer, Klaus (2013): Satzstrukturen im Deutschen und Englischen. Typologie und Textrealisierung. Berlin: Akademie-Verlag.
Fodor, Jerry A., Bever, Thomas G. & Garrett, Mary (1974): The Psychology of Language. New York: McGraw-Hill.
Foley, William A. & Van Valin, Robert D., Jr. (1984): Functional syntax and universal grammar. Cambridge: University Press.
Frege, Gottlob (1971): Begriffsschrift, eine der arithmetischen nachgebildete Formelsprache des reinen Denkens. In: Berka, K., Kreiser, L. (Hg.): Logiktexte. Berlin: Akademie-Verlag, 48–106 (^{1}1879).
Frege, Gottlob (1892): Über Sinn und Bedeutung. In: Zeitschrift für Philosophie und philosophische Kritik 100, 25–50.
Freidin, Robert, A. (2012): Syntax: basic concepts and applications. Cambridge: University Press.

Fries, Charles C. (1952): The structure of English. An introduction to the construction of English sentences. New York: Harcourt, Brace.
Gabelentz, Georg von der (1891): Die Sprachwissenschaft. Ihre Aufgaben, Methoden und bisherigen Ergebnisse. Leipzig: Weigel.
Gallmann, Peter (2005): Der Satz. In: Duden. Die Grammatik. Mannheim u. a.: Dudenverlag, 773–1067.
Geist, Ljudmila & Rothstein, Björn (2007): Einleitung: Kopulaverben und Kopulasätze. In: Geist, Ljudmila & Rothstein, B. (Hg.): Kopulaverben und Kopulasätze. Intersprachliche und intrasprachliche Aspekte. Tübingen: Niemeyer, 1–20.
Givón, Talmy (1971): Historical syntax and synchronic morphology: An archeologist's field trip. In: Chicago Linguistic Society 7, 394–415.
Givón, Talmy (1979): On Understanding Grammar. New York, San Francisco, London: Academic Press (Revised edition 2018. Amsterdam: Benjamins).
Givón, Talmy (1990): Syntax. A Functional-Typological Introduction. Vol. II. Amsterdam, Philadelphia: Benjamins.
Givón, Talmy (2015): The Diachrony of Grammar. Vol. I. Amsterdam: Benjamins.
Givón, Talmy (2016): Beyond structuralism: Exorcizing Saussure's ghost. In: Studies in Language 40: 681–704.
Glinz, Hans (1965): Die innere Form des Deutschen. Eine neue deutsche Grammatik. Bern, München: Francke (^{1}1952).
Glück, Helmut (2010): Metzler Lexikon Sprache. Stuttgart, Weimar: Metzler.
Goldberg, Adele E. (1995): A Construction Grammar Approach to Argument Structure. Chicago, London: The University of Chicago Press.
Goldberg, Adele E. (1997): The Relationships between Verbs and Constructions. In: Verspoor, M. & Sweetser, E. (Hg.): Lexicon and Grammar. Amsterdam: Benjamins, 383–397.
Goldberg, Adele E. (2006): Constructions at work. The nature of generalizations in language. Oxford: University Press.
Goldberg, Adele E. (2013): Constructionist Approaches. In: Hoffmann, Thomas & Trousdale, Graeme (Hg.): The Oxford Handbook of Construction Grammar. Oxford: University Press, 15–31.
Goldberg, Adele (2014): Fitting a slim dime between the verb template and argument structure construction approaches. In: Theoretical Linguistics 40, 113–135.
Goldin-Meadow, Susan (2003): Thought before Language: Do We Think Ergative? In: Goldin-Meadow, Susan & Gentner, Dedre (Hg.): Language in Mind. Advances in the Study of Language and Thought. Cambrigde: MIT Press.
Goldin-Meadow, Susan & Mylander, Carolyn (1998): Spontaneous sign systems created by deaf children in two cultures. In: Nature 391, 279–281.
Goldin-Meadow, Susan et al. (2008): The natural order of events: How speakers of different languages represent events nonverbally. In: Proceedings of the National Academy of Sciences of the United States of America 105, 9163–9168.
Grewendorf, Günther (1989): Ergativity in German. Dordrecht: Foris.
Grewendorf, Günther, Hamm, Fritz & Sternefeld, Wolfgang (1988): Sprachliches Wissen. Eine Einführung in moderne Theorien der grammatischen Beschreibung. Frankfurt a. M.: Suhrkamp.
Grice, Herbert P. (1993): Logik und Konversation. In: Meggle, Georg (Hg.): Handlung, Kommunikation, Bedeutung. Frankfurt am Main: Suhrkamp, 243–265 (unveröffentlichtes Ms. engl. 1967).
Grimm'sches Wörterbuch: Der digitale Grimm. Universität Trier. http://dwb.uni-trier.de/de/

Grimshaw, Jane (1990): Argument Structure. Cambridge, London: MIT.
Gruber, Jeffrey S. (1965): Studies in Lexical Relations. Dissertation. MIT.
Gruber, Jeffrey S. (1976): Lexical Structures in Syntax and Semantics. Amsterdam: North-holland.
Günthner, Susanne (2008): Die „die Sache/das Ding ist"-Konstruktion im gesprochenen Deutsch – eine interaktionale Perspektive auf Konstruktionen im Gebrauch. In: Stefanowitsch, Anatol & Fischer, Kerstin (Hg.): Konstruktionsgrammatik II. Von der Konstruktion zur Grammatik. Tübingen: Stauffenburg, 157–178.
Günthner, Susanne (2009): Konstruktionen in der kommunikativen Praxis. Zur Notwendigkeit einer interaktionalen Anreicherung konstruktionsgrammatischer Ansätze. In: Zeitschrift für germanistische Linguistik 37, 402–427.
Günthner, Susanne & Imo, Wolfgang (Hg.) (2006): Konstruktionen in der Interaktion. Berlin, New York: de Gruyter.
Günthner, Susanne & Imo, Wolfgang (2006): Konstruktionen in der Interaktion. In: Günthner, Susanne & Imo, Wolfgang (Hg.): Konstruktionen in der Interaktion. Berlin, New York: de Gruyter, 1–22.
Günthner, Susanne & Bücker, Jörg (Hg.) (2009): Grammatik im Gespräch. Konstruktion der Selbst- und Fremdpositionierung. Berlin, New York: de Gruyter.
Haftka, Brigitte (1981): Reihenfolgebeziehungen im Satz (Topologie). In: Heidolph, Karl Erich, Flämig, Walter & Motsch, Wolfgang: Grundzüge einer deutschen Grammatik. Berlin: Akademie Verlag, 702–764.
Haftka, Brigitte (1982): Thesen zu Prinzipien der deutschen Wortstellung. In: Deutsch als Fremdsprache 19, 177–214.
Haider, Hubert (1985): Über *sein* oder nicht *sein*: Zur Grammatik des Pronomens *sich*. In: Abraham, Werner (Hg.): Erklärende Syntax des Deutschen. Tübingen: Narr, 223–254.
Haiman, John (1980): Dictionaries and Encyclopedias. In: Lingua 50, 329–35.
Halliday, Michael A.K. (2004): An introduction to functional grammar. London: Arnold (^{1}1985).
Harris, Zellig S. (1951): Methods in Structural Linguistics. Chicago: University Press.
Harris, Zellig S. (1957): Co-occurance and Transformation in Linguistic Structure. In: Language 33, 283–340.
Haspelmath, Martin (1987): Transitivity Alternations of the Anticausative Type. Arbeitspapiere Nr. 5. Institut für Sprachwissenschaft, Universität Köln.
Haspelmath, Martin (1990): The Grammaticalization of Passive Morphology. In: Studies in Language 14, 25–72.
Heine, Bernd, Claudi, Ulrike & Hünnemeyer, Friederike (1991): Grammaticalization: a conceptual framework. Chicago, London: Chicago University Press.
Helbig, Gerhard (1965): Der Begriff der Valenz als Mittel der strukturellen Sprachbeschreibung und des Fremdsprachenunterrichts. In: Deutsch als Fremdsprache 2, 10–23.
Helbig, Gerhard (1970): Geschichte der neueren Sprachwissenschaft. Unter dem besonderen Aspekt der Grammatik-Theorie. Leipzig: Bibliographische Institut.
Helbig, Gerhard (1973): Die Funktionen der substantivischen Kasus in der deutschen Gegenwartssprache. Halle/Saale: Niemeyer.
Helbig, Gerhard (1981): Die freien Dative im Deutschen. In: Deutsch als Fremdsprache 18, 321–332.
Helbig, Gerhard (1982): Valenz – Satzglieder – semantische Kasus – Satzmodelle. Leipzig: Enzyklopädie.
Helbig, Gerhard (1992): Probleme der Valenz- und Kasustheorie. Tübingen: Niemeyer.

Helbig, Gerhard & Schenkel, Wolfgang (1969): Wörterbuch zur Valenz und Distribution deutscher Verben. Leipzig: Bibliographisches Institut.
Helbig, Gerhard & Buscha, Joachim (2001): Deutsche Grammatik. Ein Handbuch für den Ausländerunterricht. Berlin u. a.: Langenscheidt (^{1}1972).
Henzen, Walter (1965): Deutsche Wortbildung. Tübingen: Niemeyer.
Herder, Johann Gottfried (1960): Abhandlung über den Ursprung der Sprache. In: Heintel, Erich (Hg.): Johann Gottfried Herder: Sprachphilosophische Schriften. Hamburg: Meiner, 3-90 (^{1}1772).
Heringer, Hans Jürgen (1968): Präpositionale Ergänzungsbestimmungen im Deutschen. In: Zeitschrift für deutsche Philologie 87: 426-457.
Heringer, Hans Jürgen (2008): Prinzipien des Valenzwandels. In: Eroms, Hans Werner (Hg.): Dependenz und Valenz. Ein internationales Handbuch der zeitgenössischen Forschung. 2. Halbband. Berlin, Boston: de Gruyter, 1447-1461.
Hermoddson, Lars (1952): Reflexive und intransitive Verben im älteren Westgermanischen. Uppsala: Almqist & Wikells.
Heyse, Johann Chr. A. (1900): Deutsche Grammatik oder Lehrbuch der deutschen Sprache. Hannover, Leipzig: Hahnsche Buchhandlung.
Holenstein, Elmar (1980): Von der Hintergehbarkeit der Sprache. Kognitive Unterlagen der Sprache. Anhang: Zwei Vorträge von Roman Jakobson. Frankfurt am Main: Suhrkamp.
Höllein, Dagobert (2019): Präpositionalobjekt vs. Adverbial. Die semantischen Rollen der Präpositionalobjekte. Berlin, New York: de Gruyter.
Hoffmann, Thomas, Trousdale, Graeme (2013): Construction Grammar. Introduction. In: Hoffmann, Thomas & Trousdale, Graeme (Hg.): The Oxford Handbook of Construction Grammar. Oxford: University Press, 1-12.
Hopper, J. & Thompson, Sandra A. (1980): Transitivity in Grammar and Discourse. In: Language 56: 251-299.
Hopper, Paul J. & Traugott, Elizabeth Closs (1993): Grammaticalization. Cambridge: University Press.
Huddleston, Rodney & Pullum, Geoffrey K. (2002): The Cambridge grammar of the English language. Cambridge: University Press.
Humboldt, Wilhelm von (1907): Ueber die Verschiedenheit des menschlichen Sprachbaues und ihren Einfluss auf die geistige Entwicklung des Menschengeschlechts (1830-1835). In: Königlich Preussische Akademie der Wissenschaften (Hg.): Wilhelm von Humboldts gesammelte Schriften. Bd. VII, 1. Berlin: B. Behrl's Verlag.
Hundsnurscher, Franz (1997): Das System der Partikelverben mit *aus* in der Gegenwartssprache. Hamburg: Buske (^{1}1968).
Hundt, Markus (2001): Grammatikalisierungsphänomene bei PO in der deutschen Sprache. In: Zeitschrift für germanistische Linguistik 29, 167-191.
Hyvärinen, Irma (2000): Valenz und Konstruktion. Kontrastive Überlegungen am Beispiel der Verben des Lachens und Lächelns im Finnischen und im Deutschen. In: Neuphilologische Mitteilungen 101, 185-207.
Imo, Wolfgang (2007): Construction Grammar und Gesprochene-Sprache-Forschung. Konstruktionen mit zehn matrixfähigen Verben im gesprochenen Deutsch. Tübingen: Niemeyer.
Jackendoff, Ray (1983): Semantics and Cognition. Cambridge, London: MIT Press.
Jackendoff, Ray (1990): Semantic Structures. Cambridge, London: MIT Press.
Jackendoff, Ray (2002): Foundations of Language. Brain, Meaning, Grammar, Evolution. Oxford: Oxford University Press.

Jacobs, Joachim (1994). Kontra Valenz. Trier: Wissenschaftlicher Verlag.
Jacobs, Joachim (2008): Wozu Konstruktionen? In: Linguistische Berichte 213, 3–44.
Jacobs, Joachim (2009): Valenzbindung oder Konstruktionsbindung? Eine Grundfrage der Grammatiktheorie. In: Zeitschrift für germanistische Linguistik 37, 490–513.
Jacobs, Joachim (2016): Satztypkonstruktionen und Satztypsensitivität. In: Finkbeiner, Rita & Meibauer, Jörg (Hg.): Satztypen und Konstruktionen. Berlin/Boston: de Gruyter, 23–71.
Järventausta, Marja (1994): Verbvalenzwörterbuch als produktives Konstruktionswörterbuch. In: Hyvärinen, Irma & Klemmt, Rolf (Hg.): Von Frames und Slots bis Krambambuli: Beiträge zur zweisprachigen Lexikographie. Referate der zweiten internationalen Lexikographiekonferenz Jyväskylä, Finnland 24.–26.3.1994. Jyväskylä: Universität Jyväskylä, 47–67.
Jung, Walter (1953): Kleine Grammatik der deutschen Sprache. Leipzig: Bibliographisches Institut.
Jung, Walter (1967): Grammatik der deutschen Sprache. Leipzig: Bibliographisches Institut.
Kamlah, Wilhelm & Lorenzen, Paul (1990): Logische Propädeutik. Vorschule des vernünftigen Redens. Mannheim u. a.: Wissenschaftverlag (^{1}1967).
Kardos, Lajos (1962): Grundfragen der Psychologie und die Forschungen Pawlows. Berlin: Verlag der Wissenschaften.
Kasper, Simon (2015): Instruction Grammar. From Perception via Grammar to Action. Berlin, Boston: de Gruyter Mouton.
Kaufmann, Ingrid (1995): What is an (im)possible verb? Restrictions on Semantic Form and their consequences for argument structure. In: Folia Linguistica 29, 67–103.
Kay, Paul (2005): Argument structure constructions and the argument-adjunct distinction. In: Fried, Mirjam & Boas, Hans C. (Hg.): Grammatical Constructions. Back to the roots. Amsterdam, Philadelphia: Benjamins, 71–100.
Kay, Paul (2014): Unary phrase structure rules and the Cognitive Linguistics Lexical Linking theory. In: Theoretical Linguistics 40, 149–163.
Kay, Paul & Fillmore, Charles J. (1999): Grammatical constructions and linguistic generalizations: The What's X doing Y? construction. In: Language 75, 1–33.
Keenan, Edward L. (1976): Towards a Universal Definition of ‚Subject'. In: Li, Charles N. (Hg.): Subject and Topic. New York: Academic Press, 305–333.
Keenan, Edward L. & Comrie, Bernard (1977): Noun Phrase Accessibility and Universal Grammar. In: Linguistic Inquiry 8, 63–77.
Keller, Rudi (1990): Sprachwandel. Von der unsichtbaren Hand in der Sprache. Tübingen: Francke.
Kintsch, Walter (1977): Memory and Cognition. New York: Wiley.
Kirkpatrick, Betty (Hg.) (1989): Roget's thesaurus of English words and phrases. Harlow: Longman (^{1}1852).
Klaus, Georg (1958): Einführung in die formale Logik. Berlin: Verlag der Wissenschaften.
Knobloch, Clemens (2009): Noch einmal: Partikelverbkonstruktionen. In: Zeitschrift für germanistische Linguistik 37, 544–564.
Knobloch, Clemens (2015): Genitivkonstruktionen und Possessorrealisierung im Deutschen. In: Engelberg, Stefan, Meliss, Meike, Proost, Kristel & Winkler, Edeltraud (Hg.): Argumentstruktur zwischen Valenz und Konstruktionen. Tübingen: Narr, 247–270.
Kolehmainen, Leena (2000): Deutsche Präfix- bzw. Partikelverben und finnisch-deutsche Lexikographie. In: Barz, Irmhild, Schröder, Marianne & Fix, Ulla (Hg.): Praxis- und Integrationsfelder der Wortbildungsforschung. Heidelberg: Winter, 55–90.

Koller, Wilhelm (2004): Perspektivität und Sprache. Zur Struktur von Objektivierungsformen in Bildern, im Denken und in der Sprache. Berlin, New York: de Gruyter.

Konerding, Klaus-Peter (1993): Frames und lexikalisches Bedeutungswissen. Untersuchungen zur linguistischen Grundlegung einer Frametheorie und zu ihrer Anwendung in der Lexikographie. Tübingen: Niemeyer.

Korhonen, Jarmo (1977): Studien zu Dependenz, Valenz und Satzmodell. Teil I. Bern u. a.: Lang.

Korhonen, Jarmo (2006): Valenzwandel am Beispiel des Deutschen. In: Ågel, Vilmos, Eichinger, Ludwig M., Eroms, Hans Werner, Hellweg, Peter, Heringer, Hans Jürgen & Lobin, Henning (Hg.): Dependenz und Valenz. Ein internationales Handbuch der zeitgenössischen Forschung. 2. Halbband. Berlin, New York: de Gruyter, 1462–1473.

Kosslyn, Stephen M. (1980): Image and Mind. Cambridge, Mass.: Harvard University Press.

Kotin, Michail (1998): Die Herausbildung der Kategorie des Genus verbi im Deutschen. Eine historische Studie zu den Vorstufen und zur Entstehung des deutschen Passiv-Paradigmas. Hamburg: Buske.

Kratzer, Angelika (1995): Stage Level and Individual Level Predicates. In: Carlson, Gregory N. & Pelletier, Francis J. (Hg.): The Generic Book. Chicago, London: Chicago University Press, 125–175.

Kratzer, Angelika (2005): Building resultatives. In: Maienborn, Claudia & Wöllstein, Angelika (Hg.): Event Arguments: Foundations and Applications. Tübingen: Niemeyer, 177–212.

Krämer, Sybille (2001): Sprache, Sprechakt, Kommunikation. Sprachtheoretische Positionen des 20. Jahrhunderts. Frankfurt a. M.: Suhrkamp.

Krämer, Sybille & König, Ekkehard (Hg.) (2002): Gibt es eine Sprache hinter dem Sprechen? Frankfurt a. M.: Suhrkamp.

Krifka, Manfred (2007): Basis Notions of Information Structure. In: Féry, Caroline, Fanselow, Gisbert & Krifka, Manfred (Hg.): The Notions of Information Structure. Potsdam: Universitätsverlag, 19–57.

Kronasser, Heinz (1952): Handbuch der Semasiologie. Kurze Einführung in die Geschichte, Problematik und Terminologie der Bedeutungslehre. Heidelberg: Winter.

Kühnhold, Ingeborg (1973): Präfixverben. In: Kühnhold, Ingeborg & Wellmann, Hans: Deutsche Wortbildung: Das Verb. Düsseldorf: Schwann, 141–362.

Kulikov, Leonid I. (2001): Causatives. In: Hapelmath, Martin, König, Ekkehard, Oesterreicher, Wulf & Raible, Wolfgang (Hg.): Language Typology and Language Universals. An International Handbook. Vol. 2. Berlin, New York: de Gruyter, 886–898.

Kuno, Susumo (1987): Functional Syntax. Anaphora, Discourse and Empathy. Chicago, London: University Press.

Kunze, Jürgen (1997): Typen der reflexiven Verbverwendung im Deutschen und ihre Herkunft. In: Zeitschrift für Sprachwissenschaft 16, 83–180.

Lakoff, George (1970): Linguistics and Natural Logic. Dordrecht: Reidel (dt.: Linguistik und natürliche Logik. Frankfurt/M.: Athenäum 1971).

Lakoff, George (1977): Linguistic Gestalts. In: Papers from the 13th regional meeting Chicago Linguistic Society, Chicago: Chicago Linguistic Society, 236–287.

Lakoff, George (1987): Women, Fire, and Dangerous Things. What Categories Reveal about the Mind. Chicago, London: University Press.

Lakoff, George (1990): The invariance hypothesis. Is abstract reason based on image-schemas? In: Cognitive Linguistics 1, 39–74.

Lakoff, George & Johnson, Mark (1980): Metaphors We Live By. Chicago, London: Chicago University Press.

Lakoff, Georg & Wehling, Elisabeth (2008): Auf leisen Sohlen ins Gehirn: politische Sprache und ihre heimliche Macht. Heidelberg: Auer.
Lambrecht, Knud (1994): Information structure and sentence form. Topic, focus, and the mental representations of discourse referents. Cambridge: University Press.
Langacker, Ronald (1987): Foundations of Cognitive Grammar. Vol. I: Theoretical Prerequisites. Stanford, Cal.: University Press.
Lasch, Alexander (2016): Nonagentive Konstruktionen des Deutschen. Berlin, Boston: de Gruyter.
Lasch, Alexander & Ziem, Alexander (2011): Konstruktionsgrammatik III. Aktuelle Fragen und Lösungsansätze. Tübingen: Stauffenburg.
Lehmann, Christian (2015): Thoughts on grammaticalization. Berlin: Language Science Press (^{1}1982).
Leiss, Elisabeth (1992): Die Verbalkategorien des Deutschen. Ein Beitrag zur Theorie der sprachlichen Kategorisierung. Berlin, New York: de Gruyter.
Leiss, Elisabeth (2000): Artikel und Aspekt. Die grammatischen Muster von Definitheit. Berlin, New York: de Gruyter.
Leiss, Elisabeth (2009a): Sprachphilosophie. Berlin, New York: de Gruyter.
Leiss, Elisabeth (2009b): Konstruktionsgrammatik versus Universalgrammatik. In: Eins, Wieland & Schmöe, Friederike (Hg.): Wie wir sprechen und schreiben. Festschrift für Helmut Glück zum 60. Geburtstag. Wiesbaden: Harrassowitz, 17–28.
Lenerz, Jürgen (1977): Zur Abfolge nominaler Satzglieder im Deutschen. Tübingen: Narr.
Lenz, Alexandra N. (2013): Vom ›kriegen‹ und ›bekommen‹. Kognitiv-semantische, variationslinguistische und sprachgeschichtliche Perspektiven. Berlin, Boston: de Gruyter.
Lerot, Jacques (1982): Die verbregierten Präpositionen in PO. In: Abraham, W. (Hg.): Satzglieder im Deutschen. Tübingen: Narr.
Li, Charles N. & Thompson, Sandra A. (1981): Mandarin Chinese. A Functional Reference Grammar. Berkeley, Los Angeles, London: University of California Press.
Löbner, Sebastian (2002): Semantik. Eine Einführung. Berlin: de Gruyter.
Lohnstein, Horst (2014): Artenvielfalt in freier Wildbahn – Generative Grammatik. In: Hagemann, Jörg & Staffelt, Sven (Hg.): Syntaxtheorien. Analysen im Vergleich. Tübingen: Stauffenburg, 165–186.
Lorenz, Kuno (1970): Elemente der Sprachkritik. Eine Alternative zum Dogmatismus und Skeptizismus in der Analytischen Philosophie. Frankfurt am Main: Suhrkamp.
Louwerse, Max M. (2008). Embodied representations are encoded in language. In: Psychonomic Bulletin and Review 15, 838–844.
Lüdeling, Anke (2001): On Particle Verbs and Similar Constructions in German. Stanford: CSLI Publications.
Lühr, Rosemarie (2007): Kopulasätze in altindogermanischen Sprachen. In: Geist, Ludmila & Rothstein, Björn (Hg.): Kopulaverben und Kopulasätze. Intersprachliche und intrasprachliche Aspekte. Tübingen: Niemeyer, 181–199.
Mahon, Bradford Z. & Caramazza, Alfonso (2008): A critical look at the embodied cognition hypothesis and a new proposal for grounding conceptual content. In: Journal of Physiology 102, 59–70.
Maienborn, Claudia (1994): Kompakte Strukturen – Direktionale Präpositionalphrasen und nicht-lokale Verben. In: Felix, Sascha W., Habel, Christopher & Rickheit, Gert (Hg.): Kognitive Linguistik. Repräsentation und Prozesse. Opladen: Westdeutscher Verlag, 229–249.

Maienborn, Claudia (1996): Situation und Lokation. Die Bedeutung lokaler Adjunkte von Verbalprojektionen. Tübingen: Stauffenburg.
Maienborn, Claudia (2005): On the limits of the Davidsonian approach: The case of copula sentences. In: Theoretical Lingustics 31, 275–316.
Maienborn, Claudia (2007): Das Zustandspassiv: Grammatische Einordnung – Bildungsbeschränkung – Interpretationsspielraum. In: Zeitschrift für germanistische Linguistik 35, 84–116.
Maienborn, Claudia (2017). Konzeptuelle Semantik. In: Staffeldt, Sven & Hagemann, Jörg (Hg.) Semantiktheorien. Lexikalische Analysen im Vergleich. Tübingen: Stauffenburg, 151–188.
Malchukov, Andrej, Comrie, Bernd (Hg.) (2015): Valency Classes in the World's Languages. Berlin, Boston: de Gruyter Mouton.
Manning, Christopher D. (1996): Ergativity. Argument Structure and Grammatical Relations. Stanford, Cal.: CSLI Publications.
Mater, Erich (1971): Deutsche Verben. 6 Rektionsarten. Leipzig: Bibliographisches Institut.
McCawley, James D. (1968): The Role of Semantics in a Grammar. In: Bach, Emmon & Harms, Robert T. (Hg.): Universals in linguistic theory. New York: Holt, Rinehart and Winston, 124–169.
McRae, Ken, Hare, Mary, Elman, Jeffrey L. & Ferretti, Todd (2005): A basis for generating expectancies for verbs from nouns. In: Memory & Cognition 33, 1174–1184.
Mead, George H. (1934): Mind, Self, and Society. From the standpoint of a social behaviorist. Chicago: University Press.
Meillet, Antoine (1958): L'évolution des formes grammaticales. In: Meillet, A.: Linguistique historique et linguistique générale. Paris: Champion, 130–148 (^{1}1912).
Michaelis, Laura A. (2004): Type shifting in construction grammar: An integrated approach to aspectual coercion. In: Cognitive Linguistics 15, 1–67.
Michaelis, Laura A. (2012): Making the Case for Construction Grammar. In: Boas, Hans & Sag, Ivan (Hg.): Sign-Based Construction Grammar. Stanford, Cal.: CSLI Publications, 31–69.
Michaelis, Laura A. (2013): Sign-Based Construction Grammar. In: Hoffmann, Thomas & Trousdale, Graeme (Hg.): The Oxford Handbook of Construction Grammar. Oxford: University Press, 133–152.
Michaelis, Laura A. & Ruppendorfer, Josef (2001): Beyond Alternations. A Constructional Model of the German Applicative Pattern. Stanford, Cal.: CSLI Publications.
Miller, George A. & Johnson-Laird, Philip N. (1976): Language and Perception. Cambridge: University Press.
Minsky, Marvin (1975): A Framework for Representing Knowledge. In: Winston, Patrick H. (Hg.): The psychology of computer vision. New York: McGraw-Hill, 211–277.
Minsky, Marvin (1988): The Society of Mind. New York u. a.: Touchstone.
Mittelstrass, Jürgen (1974): Die Möglichkeit von Wissenschaft. Frankfurt am Main: Suhrkamp.
Möller, Max (2010): Mach dich schlau: *Machen* +Adjektiv als Lerngegenstand. In: Fischer, Klaus, Fobbe, Eilik & Schierholz, Stefan J. (Hg.): Valenz und Deutsch als Fremdsprache. Frankfurt a. M.: Lang, 183–214.
Müller, Stefan (2002): Complex Predicates. Verbal Complexes, Resultative Constructions, and Particle Verbs in German. Stanford: CSLI Publikations.
Müller, Stefan (2003): Mehrfache Vorfeldbesetzung. In: Deutsche Sprache 31, 29–63.
Müller, Stefan (2005): Zur Analyse der scheinbar mehrfachen Vorfeldbesetzung. In: Linguistische Berichte 203, 29–62.

Müller, Stefan (2006a): Phrasal or Lexical Constructions. In: Language 82, 850–883.
Müller, Stefan (2006b): Resultativkonstruktionen, Partikelverben und syntaktische versus lexikonbasierte Konstruktionen. In: Fischer, Kerstin & Stefanowitsch, Anatol (Hg.): Konstruktionsgrammatik. Von der Anwendung zur Theorie. Tübingen: Stauffenburg, 177–202.
Müller, Stefan (2007): Head-Driven Phrase Structure Grammar. Eine Einführung, Tübingen: Stauffenburg.
Müller, Stefan (2010): Grammatiktheorie. Von der Transformationsgrammatik zur beschränkungsbasierten Grammatik, Tübingen: Stauffenburg.
Müller, Stefan, Bildhauer, Felix & Cook, Philippa (2012): Beschränkungen für die scheinbar mehrfache Vorfeldbesetzung im Deutschen. In: Cortès, Colette (Hg.): Satzeröffnung. Formen, Funktionen, Strategien. Tübingen: Stauffenburg, 113–128.
Müller, Stefan & Wechsler, Steve (2014a): Lexical Approaches to Argument Structure. In: Theoretical Linguistics 40, 1–76.
Müller, Stefan & Wechsler, Steve (2014b): Two Sides of the Same Slim Boojum: Further Arguments for a Lexical Approach to Argument Structure. In: Theoretical Linguistics 40, 187–224.
Musan, Renate (2002): The german perfect. Its semantic composition and its interactions with temporal adverbials. Dordrecht u. a.: Kluwer.
Norman, Donald A. & Rumelhart David E. (1975): Explorations in Cognition. San Francisco: Freeman.
Ogden, Charles K. & Richards, Ivor A. (1923): The Meaning of Meaning. London: Routledge and Kegan Paul 1923.
Oubouzar, Erika (1974): Über die Ausbildung der zusammengesetzten Formen im deutschen Verbalsystem. In: Beiträge zur Geschichte der deutschen Sprache und Literatur 94, 5–96.
Paivio, A. (1971): Imagery and verbal processes. New York: Holt, Rinehart, and Winston.
Paivio, A. (1986): Mental representations: a dual coding approach. Oxford: Oxford University Press.
Pape-Müller, Sabine (1980): Textfunktionen des Passivs. Untersuchungen zur Verwendung von grammatisch-lexikalischen Passivformen. Tübingen: Niemeyer.
Parsons, Terence (1990): Events in the Semantics of English. Cambridge: MIT-Press.
Paul, Hermann (1895): Über die Aufgaben der wissenschaftlichen Lexikographie mit besonderer Rücksicht auf das deutsche Wörterbuch. In: Sitzungsberichte der philosophisch-philologischen und der historischen Classe der Königlich-Bayrischen Akademie der Wissenschaften. Jahrgang 1894. München: Akademie der Wissenschaften, 53–91.
Paul, Hermann (1975): Prinzipien der Sprachgeschichte. Tübingen: Niemeyer (^{1}1880).
Paul, Hermann. (1958): Deutsche Grammatik. 5 Bde. Halle (Saale): Niemeyer (^{1}1916–20).
Pawlow, Ivan P. (1952): Ausgewählte Werke, Berlin: Akademie Verlag.
Perlmutter, David M. (1978): Impersonal Passives and the Unaccusative Hypothesis. In: Proceedings of the Fourth Annual Meeting of the Berkeley Linguistic Society, 157–189.
Pfeiffer, Wolfgang (1993): Etymologisches Wörterbuch des Deutschen. Berlin: Akademie-Verlag.
Piaget, Jean (1926): The Language and Thought of the Child. London: Routledge and Kegan Paul.
Pinker, Steven (1989): Learnability and Cognition. The Acquisition of Argument Structure. Cambridge: MIT Press.

Plank, Frans (1979): Ergativity, Syntactic Typology and Universal Grammar: Some past and present viewpoints. In: Plank, Frans (Hg.): Ergativity. Towards A Theory Of Grammatical Relations. London u. a.: Academic Press, 3–36.

Plank, Frans (1985): Prädikativ und Koprädikativ. In: Zeitschrift für germanistische Linguistik 13, 154–185.

Prechtl, Peter & Burkhard, Franz-Peter (1996): Metzler Lexikon Philosophie. Stuttgart u. a.: Metzler.

Polenz von, Peter (1985): Deutsche Satzsemantik. Grundbegriffe des Zwischen-den-Zeilen-Lesens. Berlin, New York: de Gruyter.

Primus, Beatrice (1999): Cases and thematic roles – Ergative, accusative and active. Tübingen: Niemeyer.

Primus, Beatrice (2011): Das unpersönliche Passiv – Ein Fall für die Konstruktionsgrammatik? In: Engelberg, Stefan, Holler, Anke & Proost, Kristel (Hg.): Sprachliches Wissen zwischen Lexikon und Grammatik. Berlin, Boston: de Gruyter, 285–316.

Primus, Betrice (2012): Semantische Rollen. Heidelberg: Winter.

Primus, Beatrice & Schwamb, Jessica (2006): Aspekte medialer und nicht-medialer Reflexivkonstruktionen im Deutschen. In: Breindl, Eva (Hg.): Grammatische Untersuchungen: Analysen und Reflexionen. Gisela Zifonun zum 60. Geburtstag. Tübingen: Narr 223–239.

Proost, Kristel (2009): Warum man nach Schnäppchen jagen, aber nicht nach Klamotten bummeln kann: Die nach-Konstruktion zwischen Lexikon und Grammatik. In: Winkler, Edeltraud (Hg.): Konstruktionelle Varianz bei Verben. OPAL-Sonderheft 4, 10–41.

Pulvermüller, Friedemann (2005): Brain mechanism linking language and action. In: Nature Reviews Neuroscience 6, 576–582.

Pustejovsky, James (1991): The syntax of event structure. In: Cognition 41, 47–81.

Pustejovsky, James (1995): The Generative Lexicon. Cambridge (Mass.), London: MIT.

Radford, Andrew (1997): Syntactic theory and the structure of English. A minimalist approach. Cambridge: University Press.

Rapp, Irene (1997): Partizipien und semantische Struktur. Zu passivischen Konstruktionen mit dem 3. Status. Tübingen: Stauffenburg.

Reichenkron, Guenter (1933): Passivum, Medium und Reflexivum in den romanischen Sprachen. Jena, Leipzig: Gronau.

Reichling, Dietrich (1893): Das Doctrinale des Alexander de Villa-Dei: kritisch-exegetische Ausgabe; mit Einleitung, Verzeichniss der Handschriften und Drucke nebst Registern, bearb. von Dietrich Reichling. Berlin: Hofmann.

Remberger, Eva-Maria & Gonzáles-Vilbazo, Kay-Eduardo (2007): Die Kopula im Romanischen. In: Geist, Ljudmila & Rothstein, Björn (Hg.): Kopulaverben und Kopulasätze. Intersprachliche und intrasprachliche Aspekte. Tübingen: Niemeyer, 201–226.

Rosch, Eleanor (1973): On the Internal Structure of Perceptual and Semantic Categories. In: Moore, Timothy E (Hg.): Cognitive Development and the Acquisition of Language. New York, London: Academic Press, 11–144.

Rostila, Jouni (2006a): Construction Grammar as a Functionalist Generative Grammar. In: Chruszczewski, Piotr P. (Hg.): At the Crossroads of Linguistics Sciences. Krakau: Tertium, 365–376.

Rostila, Jouni (2006b): Storage as a way to grammaticalization. Constructions 1/2006. www.constructions-online.de.

Rostila, Jouni (2007): Konstruktionsansätze zur Argumentmarkierung im Deutschen. Tampere: University Press.

Rostila, Jouni (2011): Wege zur konstruktiven Kritik der Konstruktionsgrammatik. Eine Replik auf Leiss (2009a,b). In: Zeitschrift für Germanistische Linguistik 39, 120–134.

Rostila, Jouni (2014): Inventarisierung als Grammatikalisierung: Produktive Präpositionalobjekte und andere grammatikalisierte Linking-Muster. In: Lasch, Alexander & Ziem, Alexander (Hg.): Grammatik als Netzwerk von Konstruktionen. Sprachwissen im Fokus der Konstruktionsgrammatik. Berlin, New York: de Gruyter, 127–153.

Rostila, Jouni (2015): Inside out: Productive German prepositional objects as an example of complements selecting heads. In: Höglund, Mikko, Rickman, Paul, Rudanko, Juhani & Havu, Jukka (Hg.): Perspectives on Complementation. Structure, Variation and Boundaries. Houndsmills: Palgrave Macmillan, 34–51.

Rostila, Jouni (2016): Zur Integration von Argumentstrukturkonstruktionen in das Historisch syntaktische Verbwörterbuch. In: Korhonen, Jarmo & Greule, Albrecht (Hg.): Historisch syntaktisches Verbwörterbuch. Valenz- und konstruktionsgrammatische Beiträge. Frankfurt a. M.: Lang, 261–276.

Rupp, Heinz (1965): Zum deutschen Verbalsystem. In: Satz und Wort im Deutschen. Schriften des Instituts für deutsche Sprache in Mannheim, Jahrbuch 1965/1966. Düsseldorf: Schwann, 148–164.

Ryle, Gilbert (1931): Systematically Misleading Expressions. In: Proceedings of the Aristotelian Society, New Series 32, 139–170.

Ryle, Gilbert (1949): The Concept of Mind. London: Hutchinson.

Sæbø, Kjell J. (1984): Über fakultative Valenz. In: Deutsche Sprache 12, 97–109.

Sag, Ivan (2012): Sign-Based Construction Grammar. An Informal Synopsis. In: Boas, Hans C. & Sag, Ivan (Hg.): Sign-Based Construction Grammar. Stanford, CA: CSLI Publications, 39–170.

Sag Ivan, Boas, Hans C. & Kay, Paul (2012): Introducing Sign-Based Construction Grammar. In: Boas, Hans C. & Sag, Ivan (Hg.): Sign-Based Construction Grammar. Stanford, CA: CSLI Publications, 1–30.

Salkoff, Morris (1983): Bees are swarming in the garden: A systematic synchronic study of productivity. In: Language 59, 288–346.

Sapir, Edward (1921): Language. An Introduction to the Study of Speech. New York, London: Harcourt Brace.

Saussure, Ferdinand de (1967): Grundfragen der allgemeinen Sprachwissenschaft. Berlin: de Gruyter (^{1}1916).

Schank, Roger C. (1975): Conceptual Information Processing. Amsterdam: North Holland Publ.

Schank, Roger C. & Abelson, Robert, P. (1977): Scripts, Plans, Goals, and Understanding. Hillsdale: Erlbaum.

Scharf, Hans Werner (1994): Das Verfahren der Sprache. Humboldt gegen Chomsky. Paderborn u. a.: Schöningh Holler.

Schierholz, Stefan J. (2001): Präpositionalattribute. Syntaktische und semantische Analysen. Tübingen: Niemeyer.

Schmidt, Franz (1961): Logik der Syntax. Berlin: VEB deutscher Verlag der Wissenschaften.

Schneider, Hans Julius (1992): Phantasie und Kalkül. Über die Polarität von Handlung und Struktur in der Sprache. Frankfurt am Main: Suhrkamp.

Schöfer, Göran (1992): Semantische Funktionen des deutschen Dativs. Vorschlag einer Alternative zur Diskussion um den homogenen/heterogenen Dativ der deutschen Gegenwartssprache. Münster: Nodus.

Schwarz, Monika (1992): Kognitive Semantiktheorie und neuropsychologische Realität: repräsentationale und prozedurale Aspekte der semantischen Kompetenz. Tübingen: Niemeyer.

Schwarz, Monika & Chur, Jeanette (1993): Semantik. Ein Arbeitsbuch. Tübingen: Narr.
Seiler, Hansjakob (1983): Possession as an operational dimension of language. Tübingen: Narr.
Seyfert, Gernot (1979): Zur Theorie der Verbgrammatik. Tübingen: Narr.
Sommer, Ferdinand (1921): Vergleichende Syntax der Schulsprachen. Leipzig, Berlin: Teubner.
Starosta, Stanley (1981): Die ‚1-pro sent'-Lösung. In: Pleines, Jochen (Hg.): Beiträge zum Stand der Kasustheorie. Tübingen: Narr, 45–148 (engl. 1978).
Stefanowitsch, Anatol (2011a): Keine Grammatik ohne Konstruktionen: Ein logisch-ökonomisches Argument für die Konstruktionsgrammatik. In: Engelberg, Stefan, Holler, Anke & Proost, Kristel (Hg.): Sprachliches Wissen zwischen Lexikon und Grammatik. Berlin, New York: de Gruyter, 181–210.
Stefanowitsch, Anatol (2011b): Argument Structure: Item-Based or Distributed? In: Zeitschrift für Anglistik und Amerikanistik 59, 369–386.
Stefanowitsch, Anatol (2011c): Konstruktionsgrammatik und Grammatiktheorie. In: Lasch, Alexander & Ziem, Alexander (Hg.): Konstruktionsgrammatik III. Aktuelle Fragen und Lösungsansätze. Tübingen: Stauffenburg, 11–25.
Stefanowitsch, Anatol & Fischer, Kerstin (Hg.) (2009): Konstruktionsgrammatik II. Von der Konstruktion zur Grammatik. Tübingen: Stauffenburg.
Stetter, Christian (1997): Schrift und Sprache. Frankfurt am Main: Suhrkamp.
Stetter, Christian (2005): System und Performanz. Symboltheoretische Grundlagen von Medientheorie und Sprachwissenschaft. Weilerswist: Velbrück.
Stiebels, Barbara (1996): Lexikalische Argumente und Adjunkte. Zum semantischen Beitrag von verbalen Präfixen und Partikeln. Berlin: Akademie-Verlag.
Stockhammer, Robert (2014): Grammatik. Wissen und Macht in der Geschichte einer sprachlichen Institution. Frankfurt am Main: Suhrkamp.
Sullivan, Karen (2013): Frames and Constructions in Metaphoric Language. Amsterdam, Philadelphia: Benjamins.
Sweetser, Eve (1990): From Etymology to Pragmatics: Metaphorical and Cultural Aspects of Semantic Structure. Cambridge: Cambridge University Press.
Szatzker, Szilvia (2002): Zur Grammatikalisierung von werden/würde + Infinitiv im Neuhochdeutschen (1650–2000). Dissertation Budapest.
Talmy, Leonard (1985): Lexicalization patterns. In: Shopen, Timothy (Hg.): Language typology and syntactic description. Vol. III. Grammatical categories and the lexicon. Cambridge: University Press, 59–149.
Talmy, Leonard (1988): Force dynamics in language and cognition. In: Cognitive Science 12, 49–100.
Talmy, Leonard (1991): Path to realization: A typology of event conflation. In: Berkeley Working Papers in Linguistics 17, 480–519.
Talmy, Leonard (2000): Toward a Cognitive Semantics. Vol. I: Concept structuring systems. Vol. II: Typology and process in concept structuring. Cambridge, MA.: MIT Press.
Tarvainen, Kalevi (1981): Einführung in die Dependenzgrammatik. Tübingen: Niemeyer.
Tesnière, Lucien (1959): Éléments de syntaxe structurale. Paris: Klincksieck.
Tesnière, Lucien (1980): Grundzüge der strukturalen Syntax. Hrsg. und übersetzt von Ulrich Engel. Stuttgart: Klett-Cotta.
Thieroff, Rolf (1992): Das finite Verb im Deutschen. Tübingen: Narr.
Thümmel, Wolf (1993): Geschichte der Syntaxforschung. 4. Westliche Entwicklungen. In: Jacobs, Joachim, Stechow Arnim von, Sternefeld, Wolfgang & Vennemann, Theo (Hg.):

Syntax. Ein internationales Handbuch zeitgenössischer Forschung, 1. Halbband. Berlin, New York: de Gruyter, 130–199.
Tomasello, Michael (2003): Constructing a Language: A Usage-Based Theory of Language Acquisition. Cambridge, MA: Harvard University Press.
Traugott, Elizabeth Closs (2008): Grammatikalisierung, emergente Konstruktionen und der Begriff der Neuheit. In: Stefanowitsch, Anatol & Fischer, Kerstin (Hg.): Konstruktionsgrammatik II. Von der Konstruktion zur Grammatik. Tübingen: Stauffenburg.
Traugott, Elizabeth Closs & König, Ekkehard (1991): The Semantics-Pragmatics of Grammaticalization Revisited. In: Traugott, Elizabeth Closs & Heine, Bernd (Hg.): Approaches to grammaticalization. Vol. I: Focus on theoretical and methodological issues. Amsterdam, Philadelphia: Benjamins, 189–218.
Traugott, Elizabeth & Trousdale, Graeme (2013): Constructionalization and Constructional Changes. Oxford: OUP.
VALBU (2004): Schumacher, Helmut, Kubczak, Jacqueline, Schmidt, Renate & de Ruiter, Vera (Hg.): VALBU – Valenzwörterbuch deutscher Verben. Tübingen: Narr. (E-VALBU, Institut für deutsche Sprache. Mannheim)
Van Oosten, Jeanne (1977): Subjects and Agenthood in English. In: Papers from the 13th Regional Meeting of the Chicago Linguistic Society. Chicago: University of Chicago Press.
Van Oosten, Jeanne (1986): The Nature of Subjects, Topics and Agents: A Cognitive Explanation. Bloomington: Indiana University Linguistics Club.
Van Valin, Robert D. Jr. & LaPolla, Randy J. (1997): Syntax. Structure, meaning and function. Cambridge: Cambridge University Press.
Vogel, Petra M. (2006): Das unpersönliche Passiv: Eine funktionale Untersuchung unter besonderer Berücksichtigung des Deutschen und seiner historischen Entwicklung. Berlin, New York: de Gruyter.
Vogel, Petra M. (2007): Wir sind dann essen! Neue Überlegungen zum Absentiv in den europäischen Sprachen mit einem Exkurs zum Deutschen. In: Geist, Ljudmila & Rothstein, Björn (Hg.): Kopulaverben und Kopulasätze: Intersprachliche und intrasprachliche Aspekte. Tübingen: Niemeyer, 253–284.
Wagner, Fritz (1977): Untersuchungen zu Reflexivkonstruktionen im Deutschen. Frankfurt a. M.: Lang.
Wahrig: Wahrig-Burfeind, R. (Hg.) (1997): Wörterbuch der deutschen Sprache. München: dtv.
Walde, Alois & Pokorny, Julius (Hg.) (1930): Vergleichendes Wörterbuch der indogermanischen Sprachen. Berlin, Leipzig: de Gruyter.
Wanner, Eric & Maratsos, Michael (1978): An ATN Approach to Comprehension. In: Halle, Morris, Bresnan, Joan & Miller, George A. (Hg.): Linguistic Theory and Psychological Reality. Cambridge: MIT Press, 1–59.
Wegener, Heide (1985): Der Dativ im heutigen Deutsch. Tübingen: Narr.
Wegener, Heide (1999): Zum Bedeutungs- und Konstruktionswandel bei psychischen Verben. In: Wegener, Heide (Hg.): Deutsch kontrastiv: typologisch-vergleichende Untersuchungen zur deutschen Grammatik. Tübingen: Stauffenburg, 171–210.
Wehling, Elisabeth (2016): Politisches Framing. Wie eine Nation sich ihr Denken einredet und daraus Politik macht. Köln: Halem.
Wehrle, Hugo & Eggers, Hans (1961): Deutscher Wortschatz. Ein Wegweiser zum treffenden Ausdruck. Stuttgart: Klett.

Weisgerber, Leo (1958): Verschiebungen in der sprachlichen Einschätzung von Menschen und Sachen. Köln u. a.: Westdeutscher Verlag.
Weisgerber, Leo (1963): Die vier Stufen in der Erforschung der Sprachen. Düsseldorf: Schwann.
Welke, Klaus (1982): Tiefenstruktur oder Lexikoneintrag?. In: Wissenschaftliche Zeitschrift der Humboldt-Universität zu Berlin. Ges.-Sprachwiss. R. XXXI, 579–583.
Welke, Klaus (1983a): Sensorische und rationale semantische Merkmale. In: Zeitschrift für Germanistik 4, 271–277.
Welke, Klaus (1983b): Empirismus und Rationalismus in der Begründung des Bedeutungsbegriffs. In: Zeitschrift für Germanistik 4, 439–443.
Welke, Klaus (1988): Einführung in die Valenz- und Kasustheorie. Leipzig: Bibliographisches Institut (Tübingen: Francke).
Welke, Klaus (1989): Pragmatische Valenz: Verben des Besitzwechsels. In: Zeitschrift für Germanistik 10, 5–18.
Welke, Klaus (1992): Funktionale Satzperspektive. Ansätze und Probleme der funktionalen Grammatik. Münster: Nodus.
Welke, Klaus (1994): Valenz und Satzmodelle. In: Thielemann, Werner & Welke, Klaus (Hg.): Valenztheorie – Werden und Wirkung. Wilhelm Bondzio zum 65. Geburtstag. Münster: Nodus, 227–244.
Welke, Klaus (1997): Eine funktionalgrammatische Betrachtung zum Reflexivum: Das Reflexivum als Metapher. In: Deutsche Sprache 25, 209–231.
Welke, Klaus (2002): Deutsche Syntax funktional. Perspektiviertheit syntaktischer Strukturen. Tübingen: Stauffenburg.
Welke, Klaus (2005): Tempus im Deutschen. Rekonstruktion eines semantischen Systems. Berlin, New York: de Gruyter.
Welke, Klaus (2007a): Einführung in die Satzanalyse. Die Bestimmung der Satzglieder im Deutschen. Berlin, New York: de Gruyter.
Welke, Klaus (2007b): Das Zustandspassiv. Pragmatische Beschränkungen und Regelkonflikte. In: Zeitschrift für germanistische Linguistik 35, 115–145.
Welke, Klaus (2009a): Valenztheorie und Konstruktionsgrammatik. In: Zeitschrift für germanistische Linguistik 37, 81–124.
Welke, Klaus (2009b): Konstruktionsvererbung, Valenzvererbung und die Reichweite von Konstruktionen. In: Zeitschrift für germanistische Linguistik 37, 514–543.
Welke, Klaus (2009c): Das Doppelperfekt in konstruktionsgrammatischer Deutung. In: Eins, Wieland & Schmöe, Friederike (Hg.): Wie wir sprechen und schreiben. Festschrift für Helmut Glück zum 60. Geburtstag. Wiesbaden: Harrassowitz, 75–96.
Welke, Klaus (2011): Valenzgrammatik des Deutschen. Eine Einführung. Berlin, New York: de Gruyter.
Welke, Klaus (2012): Valenz und Konstruktion: Das Passiv im Deutschen. In: Fischer, Klaus & Mollica, Fabio (Hg.): Valenz, Konstruktion und Deutsch als Fremdsprache. Frankfurt am Main u. a.: Lang, 47–90.
Welke, Klaus (2013): Konstruktionsgrammatik (KxG) und Deutsch als Fremdsprache (DaF). In: Deutsch als Fremdsprache 50, 19–27.
Welke, Klaus (2015a): Passivanalyse in der Konstruktionsgrammatik. Eine Erwiderung auf Werner Abraham. In: Deutsche Sprache 43, 2, 97–117.
Welke, Klaus (2015b): Wechselseitigkeit von Valenz und Konstruktion. Valenz als Grundvalenz. In: Engelberg, Stefan, Meliss, Meike, Proost, Kristel & Winkler, Edeltraud (Hg.): Argumentstruktur zwischen Valenz und Konstruktionen. Tübingen: Narr, 35–59.

Welke, Klaus (2016): Attribution unter konstruktionsgrammatischem Aspekt. In: Hennig, Mathilde (Hg.): Komplexe Attribution. Ein Nominalstilphänomen aus sprachhistorischer, grammatischer, typologischer und funktionalstilistischer Perspektive. Berlin, Boston: de Gruyter, 57–96.

Welke, Tinka, Raisig, Susanne, Nowack, Kati, Schaadt, Gesa, Hagendorf, Herbert & van der Meer, Elke (2015): Exploring Temporal Progression of Events Using Eye Tracking. In: Cognitive Science 40, 1224–1250.

Wiese, Heike (2006): „Ich mach dich Messer": Grammatische Produktivität in Kiez-Sprache („Kanak Sprak"). In: Linguistische Berichte 207, 245–273.

Wiese, Heike, Öncü, Mehmet Tahir & Bracker, Philip (2017): Verb-dritt-Stellung im türkisch-deutschen Sprachkontakt: Informationsstrukturelle Linearisierungen ein- und mehrsprachiger Sprecher/innen. In: Deutsche Sprache 45, 3–52.

Williams, Edwin (1983): Against Small Clauses. In: Linguistic Inquiry 14, 287–308.

Wilkins, Wendy (1988) Preface. In: Wilkins, Wendy (Hg.): Thematic Relations. San Diego: Academic Press.

Wilmanns, Wilhelm (1909): Deutsche Grammatik III, 2. Strassburg: Trübner.

Winograd, Terry (1983): Language as a Cognitive Process. Volume I: Syntax. Reading, Mass. u. a.: Addison-Wesley.

Wittgenstein, Ludwig (1984a): Tractatus logico-philosophicus. Werkausgabe in acht Bänden. Bd. 1. Frankfurt am Main: Suhrkamp (^{1}1921).

Wittgenstein, Ludwig (1984b): Philosophische Untersuchungen, Werkausgabe in acht Bänden. Bd. 1. Frankfurt am Main: Suhrkamp (^{1}1958).

Wöllstein, Angelika (2010): Topologisches Satzmodell. Heidelberg: Winter.

Wotjak, Gerd (1984): Zur Aktantifizierung von Argumenten ausgewählter deutscher Verben. In: Zeitschrift für Germanistik 5, 401–414.

Wunderlich, Dieter (1987): An Investigation of Lexical Composition: The Case of German *be*-Verbs. In: Linguistics 25, 283–331.

Wunderlich, Dieter (1997): Argument Extension by Lexical Adjunction. In: Journal of Semantics 14, 95–142.

Wunderlich, Dieter (2000): Predicate composition and argument extension as general options – a study in the interface of semantics and conceptual structure. In: Stiebels, Barbara & Wunderlich, Dieter (Hg.): Lexicon in Focus. Berlin: Akademie-Verlag, 247–270.

Wygotski, Lew S. (1977): Denken und Sprechen. Frankfurt am Main: Fischer (^{1}1934).

Zeppenfeld, Klaus (2004): Objektorientierte Prgrammiersprachen. Einführung und Vergleich von Java, C++, C#, Ruby. Heidelberg, Bonn: Spektrum.

Ziem, Alexander (2008): Frames und sprachliches Wissen. Kognitive Aspekte der semantischen Kompetenz. Berlin, New York: de Gruyter.

Ziem, Alexander (2014): Von der Konstruktionsgrammatik zum FrameNet: Frames, Konstruktionen und die Idee eines Konstruktikons. In: Ziem, Alexander & Lasch, Alexander (Hg.): Grammatik als Netzwerk von Konstruktionen: Sprachliches Wissen im Fokus der Konstruktionsgrammatik. Berlin, New York: de Gruyter, 263–290.

Ziem, Alexander & Lasch, Alexander (Hg.) (2011): Konstruktionsgrammatik III. Aktuelle Fragen und Lösungsansätze. Tübingen: Stauffenburg.

Ziem, Alexander & Lasch, Alexander (2013): Konstruktionsgrammatik. Konzepte und Grundlagen gebrauchsbasierter Ansätze. Berlin, Boston: de Gruyter.

Ziem, Alexander & Lasch, Alexander (Hg.) (2015): Konstruktionsgrammatik IV. Konstruktionen als soziale Konventionen und kognitive Routinen. Tübingen: Stauffenburg.

Zifonun, Gisela (2016): Attribute unterschiedlicher Modifikationstypen und ihre Kombinatorik in sprachvergleichender Perspektive. In: Hennig, Mathilde (Hg.): Komplexe Attribution. Ein Nominalstilphänomen aus sprachhistorischer, grammatischer, typologischer und funktionalstilistischer Perspektive. Berlin, Boston: de Gruyter, 213–252.

Zifonun, Gisela, Hoffmann, Ludger & Strecker, Bruno (1997): Grammatik der deutschen Sprache. 3 Bde. Berlin, New York: de Gruyter.

Zwaan, Rolf A., Stanfield, Robert A. & Yaxley, Richard H. (2002): Language comprehenders mentally represent the shapes of objects. In: Psychological Science 13, 168–171.

Zwaan, Rolf A. & Madden, Carol J. (2005). Embodied sentence comprehension. In: Pecher, Diane & Zwaan Rolf A. (Hg.): Grounding cognition: The role of perception and action in memory, language, and thinking. Cambridge, UK: University Press, 224–245.

Zwicky, Arnold M. (1985): Heads. In: Journal of Linguistics 21, 1–29.

Personenregister

Abraham, W. 6, 49
Ackerman, F. & Webelhuth, G. 327, 396, 404, 405
Adger, D. 66
Aebli, H. 2, 60, 66
Ágel, V. 7, 8, 46, 53, 167, 194–197, 204, 207, 338, 344, 382
Alishahi, A. 101, 102
Altmann, H. 193
Altmann, H. & Kemmerling, S. 269, 477
Anderson, J. R. 1
Apel, K. O. 228
Arens, H. 111
Auer, P. & Pfänder, St. 4

Baker, C. R., Fillmore, Ch. J. & Lowe, J. B. 48
Baker, M. C. 93, 94
Barsalou, L. W. 50, 228–235, 237
Barsalou, L. W., Santos, A., Simmons, W. K. & Wilson, Ch. 234, 235
Bartlett, F. 48, 227, 228
Bates, E. & McWhinney, B. 3, 42
Bausewein, K. 148
Becker, K. F. 38, 346, 348, 363
Bierwisch, M. 49, 206, 228, 281, 448
Bierwisch, M. & Lang, E. 228
Birk, E. 23
Bloomfield, L. 23, 26, 40, 191
Blume, K. 83
Boas, H. C. 2, 187, 216, 225, 227, 241–243, 248, 344, 365, 366
Bocheński, J. M. 140, 325
Bocheński, J. M. & Menne, A. 379, 386
Bolinger, D. L. 53
Bondzio, W. 240, 378
Bornkessel-Schlesewsky, I. & Bornkessel, M. 215
Bowerman, M. 153
Breindl, E. 175, 470
Bresnan, J. 6, 320, 378
Bresnan, J. & Kaplan, R. M. 378
Brinkmann, H. 116, 380, 431, 450
Brooks, Th. 392, 460, 464
Bücker, J., Günthner, S. & Imo, W. 4
Bühring, D. 71

Buscha, J. 421
Busse, D. 49, 225, 228, 231, 236
Bußmann, H. 387

Chafe, W. L. 116
Chomsky, N. 1, 17, 19, 20, 23–26, 60, 61, 72–74, 188, 269, 328, 337, 351, 352, 374, 376, 409, 477
Colleman, T. 197
Condillac, E. B. de 349
Coseriu, E. 7, 205, 479, 502
Croft, W. 19, 23, 209, 374, 379, 380, 504

Dąbrowska, E. & Divjak, D. 1, 7, 48
Dal, I. 413, 420, 421
Daneš, F. 287
Davidson, D. 26, 167, 278, 451
Demske, U. 448, 463, 464
Deppermann, A. 4
Diessel, H. 6, 19, 365, 366, 370
Diewald, G. 348
Dik, S. C. 71, 116
Dixon, R. M. W. 123
Dornseiff, F. 227, 241
Dowty, D. 8, 43, 47, 59, 62, 71, 77, 79–86, 89–92, 102, 104, 117–119, 125, 128, 130, 131, 133, 137, 148, 250–252
Dryer, M. S. 318, 321
Duden 150, 154, 176, 198, 259, 265, 440
Dürscheid, Ch. 66, 148, 171, 175
Dux, G. 23

Ebert, R. P. 389
Ehnert, R. 206
Ehrich, V. & Rapp, I. 269, 448, 450, 454, 456, 461, 464
Eisenberg, P. 209, 343
Engel, U. 192, 289
Engelberg, St. 210, 212, 239–241
Engelberg, St., Holler, A. & Proost, K. 63
Erben, J. 380
Erdmann, K. O. 44, 230
Eroms, H.-W. 175, 204, 269, 272, 273, 288, 293–295, 490, 491, 498

Fabricius-Hansen, C., Lang, E. & Maienborn, C. 277
Fagan, S. M. B. 420, 422
Fanselow, G. 312, 314
Feilke, H. 23
Felfe, M. 477, 480–483, 486, 487, 501
Fillmore, Ch. J. 2, 4, 6, 26, 27, 42, 48, 59–74, 78, 79, 87, 96, 98, 102, 104, 105, 138, 156, 170, 171, 173, 197, 204, 209, 213, 217, 224–229, 275, 277, 278, 337, 378, 494, 502, 509
Fillmore, Ch. J. & Baker, C. 48
Fillmore, Ch. J. & Kay, P. 61, 354
Fillmore, Ch. J., Kay, P. & O'Connor, C. 26, 193
Finkbeiner, R. & Meibauer, J. 63
Firbas, J. 302
Fischer, K. 281, 468
Fischer, K. & Stefanowitsch, A. 4
Fodor, J. A., Bever, Th. & Garrett, M. 24
Foley, W. A. & Van Valin, R. D., Jr. 79, 89
Frege, G. 18, 29, 32, 63, 289, 379, 505
Freidin, R. A. 50, 66
Fries, Ch. C. 26

Gabelentz, G. von der 7, 293, 502
Gallmann, P. 150, 259, 260, 265, 266, 268
Geist, L. & Rothstein, B. 183
Givón, T. 1, 8, 22, 23, 287, 289, 294, 297, 339, 349, 401, 502
Glinz, H. 156
Glück, H. 387
Goldberg, A. E. 1–6, 8, 9, 15, 22–31, 33, 35, 36, 40–43, 46, 47, 52, 53, 59–61, 63, 64, 66, 67, 71–75, 78, 87–90, 101, 108, 110, 125, 128, 129, 137, 173, 177, 178, 180, 182, 187, 193, 194, 197, 200–204, 207, 209, 214, 216–223, 225–227, 232, 242, 243, 256, 276, 283, 284, 321, 337, 338, 344, 345, 349, 351–364, 366–370, 372, 374, 379, 453, 502–504, 507, 508, 510
Goldin-Meadow, S. 433
Goldin-Meadow, S. & Mylander, C. 433
Goldin-Meadow, S. et al. 433
Grewendorf, G. 430, 431
Grewendorf, G., Hamm, F. & Sternefeld, W. 315

Grimm'sches Wörterbuch 160, 166, 184, 268, 272, 490
Grimshaw, J. 148, 269, 448, 462, 478
Gruber, J. S. 64, 66, 96, 118, 171, 172, 361
Günthner, S. 4, 7
Günthner, S. & Bücker, J. 4
Günthner, S. & Imo, W. 2, 4

Haftka, B. 293–296
Haider, H. 410
Haiman, J. 226
Halliday, M. A. K. 433
Harris, Z. S. 26, 352
Haspelmath, M. 381, 398, 401, 407, 408, 410, 413, 418, 420, 421
Heine, B., Claudi, U. & Hünnemeyer, F. 339, 349
Helbig, G. 27, 65, 156, 205, 206, 453
Helbig, G. & Buscha, J. 116, 151, 206, 274, 329, 406
Helbig, G. & Schenkel, W. 201, 202, 206, 207, 244, 246, 320
Henzen, W. 432, 490
Herder, J. G. 23, 228
Heringer, H. J. 340, 466
Hermoddson, L. 413
Heyse, J. Ch. A. 408, 410
Hoffmann, Th. & Trousdale, G. 1, 5, 19, 28, 33, 55, 362
Holenstein, E. 23
Höllein, D. 178, 180, 466, 468–470, 483
Hopper, J. & Thompson, S. A. 130
Hopper, P. J. & Traugott, E. C. 342, 348, 349
Huddleston, R. & Pullum, G. K. 174
Humboldt, W. 23, 50, 205, 228, 349
Hundsnurscher, F. 485
Hundt, M. 176
Hyvärinen, I. 194

Imo, W. 4

Jackendoff, R. 33, 92, 118, 168, 171–173, 360, 361
Jacobs, J. 149, 167, 193, 209, 210, 332
Järventausta, M. 194
Jung, W. 280, 375, 470

Kamlah, W. & Lorenzen, P. 228, 325
Kardos, L. 230
Karl, I. 401
Kasper, S. 325, 347
Kaufmann, I. 254
Kay, P. 130, 354
Kay, P. & Fillmore, Ch. J. 4, 379
Keenan, E. L. 289, 389
Keenan, E. L. & Comrie, B. 71
Keller, R. 392
Kintsch, W. 24
Klaus, G. 240, 386
Knobloch, C. 103, 477
Kolehmainen, L. 194
Koller, W. 105
Konerding, K.-P. 49
Korhonen, J. 204, 206, 466
Kosslyn, St. M. 230
Kotin, M. 389
Krämer, S. 23
Krämer, S. & König, E. 23
Kratzer, A. 186, 188
Krifka, M. 294–297
Kronasser, H. 347
Kühnhold, I. 485
Kulikov, L. I. 429, 435
Kuno, S. 1, 23, 105
Kunze, J. 407

Lakoff, G. 1–5, 7, 8, 15, 26, 35, 43, 46–48,
    59–62, 66, 69, 72–81, 85–90, 101, 105,
    125, 128, 130–134, 137, 163, 172, 193,
    224, 233, 249, 250, 344, 353, 354, 364,
    412, 435, 436, 481, 502, 503, 509, 510
Lakoff, G. & Johnson, M. 35, 43, 66, 78, 133,
    134, 167, 172, 233, 412, 481
Lakoff, G. & Wehling, E. 49
Lambrecht, K. 293, 297, 437
Langacker, R. 1, 7, 23, 217, 226, 233, 450
Lasch, A. 52, 225
Lasch, A. & Ziem, A. 2, 4, 5
Lehmann, Ch. 348
Leiss, E. 28, 49, 381, 382
Lenerz, J. 91, 287
Lenz, A. N. 152
Lerot, J. 175
Löbner, S. 228

Lohnstein, H. 24, 351
Lorenz, K. 228
Louwerse, M. M. 232
Lüdeling, A. 261, 490
Lühr, R. 184

Mahon, B. Z. & Caramazza, A. 235–237
Maienborn, C. 50, 186, 228, 258, 300–305,
    317, 323, 419, 445
Malchukov, A. & Comrie, B. 227
Manning, Ch. D. 123
Mater, E. 154, 160
McCawley, J. D. 163, 249
McRae, K., Hare, M., Elman, J. L. &
    Ferretti, T. 215
Mead, G. H. 78
Meillet, A. 342
Michaelis, L. A. 6, 14, 28, 214, 277, 337, 351,
    353, 362
Michaelis, L. A. & Ruppenhofer, J. 269, 273,
    491, 494, 498
Miller, G. A. & Johnson-Laird, Ph. N. 282
Minsky, M. 2, 48, 227, 228
Mittelstrass, J. 228
Möller, M. 263
Müller, St. 6, 193, 283–285, 287, 310–314,
    316, 320, 323, 353, 378, 394, 404
Müller, St. & Wechsler, St. 101, 102, 207,
    208, 344, 345, 404
Müller, St., Bildhauer, F. & Cook, Ph. 310,
    321
Musan, R. 49, 387

Norman, D. A. & Rumelhart, D. E. 2, 227, 228

Ogden, Ch. K. & Richards, I. A. 51
Oubouzar, E. 387

Paivio, A. 230
Pape-Müller, S. 380
Parsons, T. 117, 249, 262, 387
Paul, H. 8, 44, 156, 158, 160, 195, 203, 205,
    214, 215, 293, 339, 340, 342, 387, 388,
    428, 440
Pawlow, I. P. 230
Perlmutter, D. M. 430
Pfeiffer, W. 431

Piaget, J. 78, 133
Pinker, St. 16, 178
Plank, F. 315, 391, 428
Polenz, P. von 225, 226, 380
Prechtl, P. & Burkhard, F.-P. 117
Primus, B. 71, 72, 83, 399
Primus, B. & Schwamb, J. 406
Proost, K. 210
Pulvermüller, F. 19, 234
Pustejovsky, J. 117, 250

Radford, A. 66
Rapp, I. 117, 125, 398
Reichenkron, G. 407, 413
Reichling, D. 111
Remberger, E.-M. & Gonzàlez-Vilbazo, K.-E. 184
Roget's thesaurus 227
Rosch, E. 3, 43, 44, 46, 73, 76, 79
Rostila, J. 49, 104, 129, 147–149, 178, 180, 194, 223, 350, 441, 442
Rupp, H. 389
Ryle, G. 7, 117, 251, 420, 451

Sæbø, Kjell J. 244, 245, 275
Sag, I. 337
Sag, I., Boas, H. C. & Kay, P. 2
Salkoff, M. 423
Sapir, E. 215, 216
Saussure, F. 1, 6, 7, 20, 33, 38, 54, 154, 199, 205, 227, 337, 373
Schank, R. C. 2, 228
Schank, R. C. & Abelson, R. P. 2, 48, 228
Scharf, H. W. 23
Schierholz, St. 178
Schmidt, F. 183
Schneider, H. J. 23
Schöfer, G. 163, 164
Schrodt, R. 443
Schwarz, M. 49
Schwarz, M. & Chur, J. 40
Seiler, H. 103
Seyfert, G. 222
Sommer, F. 407, 408, 410
Starosta, St. 452
Stefanowitsch, A. 3, 4, 17, 27, 194–196
Stefanowitsch, A. & Fischer, K. 4

Stetter, Ch. 23
Stiebels, B. 490
Stockhammer, R. 23
Sweetser, E. 233
Szatzker, S. 464

Talmy, L. 135, 164, 174, 233, 494
Tarvainen, K. 206
Tesnière, L. 60, 62, 63, 66, 71, 191, 192, 208, 209, 277, 278, 288, 327–330, 342, 391, 425
Thieroff, R. 127, 455
Thümmel, W. 25
Tomasello, M. 214, 222
Traugott, E. C. 215
Traugott, E. C. & König, E. 215, 348
Traugott, E. C. & Trousdale, G. 25, 40, 214, 348, 349

VALBU 113, 154, 165, 166, 192, 202, 207, 227, 244, 281, 466
Van Oosten, J. 77, 435, 436, 438
Vogel, P. 185, 387, 400

Wagner, F. 420, 421
Wahrig/Wahrig-Burfeind, R. 466, 468, 472, 475
Walde, A. & Pokorny, J. 346
Wanner, E. & Maratsos, M. 322
Wegener, H. 101, 156, 163
Wehling, E. 49
Wehrle, H. & Eggers, H. 227
Weisgerber, L. 140, 157, 174, 273, 380, 381, 491
Welke, K. 3, 8, 43, 47, 66, 77, 90, 104, 117, 132, 167, 194, 204, 206, 211, 230, 239, 249, 250, 295, 313, 340, 347, 374, 406, 435, 456, 489
Welke T. et al. 234
Wiese, H. 440, 441
Wiese, H., Öncü, M. T. & Bracker, Ph. 317, 318
Wilkins, W. 92, 93
Williams, E. 188
Wilmanns, W. 408, 410, 420
Winograd, T. 24, 25, 351
Wittgenstein, L. 3, 16, 23, 44–46, 214, 412, 416, 451

Wöllstein, A. 306
Wotjak, G. 204
Wunderlich, D. 70, 71, 94, 97, 207, 253, 254, 273, 490, 494
Wygotski, L. S. 3, 46, 153

Zeppenfeld, K. 354, 368
Zhu, J. 495
Ziem, A. 48, 49, 225, 226, 228–231, 236, 502

Ziem, A. & Lasch, A. 4, 5, 502
Zifonun, G. 398, 453
Zifonun, G., Hoffmann, L. & Strecker, B. 46, 148, 175, 206, 281, 293, 312, 398–400, 442
Zwaan, R. A. & Madden, C. J. 234
Zwaan, R. A., Stanfield, R. A. & Yaxley, R. H. 234
Zwicky, A. M. 209

Sachregister

Abduktion 354
abstrakte Klasse 120, 172, 174, 187, 232, 347, 354, 355, 361, 362, 368, 369
accomplishment 117, 118, 251
achievement 117, 118, 251
AcI (Accusativus cum Infinitivo) 188, 434
Analogie 121, 133, 159, 160, 163, 175, 195, 200, 212, 213, 223, 241, 243, 274, 341, 342, 374, 390, 391, 415, 417, 428, 440, 454, 459, 466, 471–473, 475, 477, 484
Applikativkonstruktion 70, 93, 94, 98, 273, 279, 281, 409, 474, 492–494
Arbitrarität 33, 74, 108, 154, 233
Archetyp, s. auch *Prototyp* 77, 95, 126, 131, 136, 137, 155, 156, 366
Argumentfolge, s. auch *fixe Reihenfolge der Argumente* 108, 110, 284, 285, 292, 323, 427, 503
Aspektklasse, s. auch *Situationstyp* 251
Attribution 30, 45, 192, 232, 268, 277, 310, 325, 326, 328, 332–334, 387, 392, 447–450, 461
Aufmerksamkeit 63, 105, 108, 289, 296, 328

Bedeutungsbewahrung 345, 377, 384
Berechnungsgrammatik 16, 27, 72, 359
Bewegung 24, 280, 290, 292, 300, 306–309, 315, 319, 351, 375, 377, 409, 435
Bilateralität 16, 21, 29, 32–35, 38, 50, 51, 59, 66, 68, 71, 72, 87, 89, 94, 99, 101, 112, 121, 122, 129, 130, 146, 171, 174, 183, 187, 203, 219, 283, 299, 331, 360, 368, 449, 460, 503
Brücke 145, 408, 413, 415, 438, 454, 464
building block theory 26

central sense 355, 366
Coercion 9, 13, 14, 29, 194, 195, 198, 203, 214, 238, 239, 241, 244, 247, 358, 385, 386, 404, 433, 437, 468–470, 479, 482, 487, 493, 496, 505, 507
Computer 25, 224, 231, 352, 354, 363, 364, 524
conceptual framework 65, 66, 93
co-occurance 192, 363, 519

criterial attribute models, s. auch *klassische Definition* 3, 39, 42

Deduktion 25, 347, 348, 352, 353, 357, 363, 367, 508
Deklarativität 25, 28, 52, 320, 344, 351, 353, 354, 357, 363, 364, 373
Dependenz 41, 42, 60–64, 75, 79, 87, 191, 193, 208–210, 249, 250, 288, 325–328, 504, 511, 520, 522, 528
Doppelperfekt 386, 530
Dramenmetapher 277

Einbettung 9, 14, 30, 31, 114, 141, 166, 188, 189, 213, 333, 507
Einzelnes und Allgemeines 222, 223
embodied cognition 78, 105, 133, 229, 230, 234–237, 512, 523, 532
Emergenz 199, 240, 342, 361, 506
entrenchment 239, 274, 358, 477, 484, 485, 507
Entstehung 129, 169, 195, 266, 267, 270, 282, 342, 343, 349, 363, 386, 397, 408, 434, 437, 466, 467, 472, 478, 480, 522
Entwicklungspfad 134, 162
ergativ 93, 100, 130, 136, 282, 289, 352, 409, 410, 430, 432, 433, 463, 515, 518, 524, 526
ergatives Verb 359, 374, 398, 428, 430, 431, 435, 437
Ergativsprache 104, 109, 122, 123, 287, 381, 389, 432
extensional 8, 9, 16, 34, 59, 60, 92

Familienähnlichkeit 44, 137
fixe Reihenfolge der Argumente 12, 106, 108, 110, 285, 287, 289, 292, 319, 320, 509
Formbezogenheit, s. auch *Primat der Form* 11, 48, 111, 130, 173, 449, 465
Formkonstanz 286
Frame 64, 66, 79, 105, 197, 213, 217, 224–226, 233, 278, 279
FrameNET 225, 227, 228
Frame-Semantik 224–229, 232, 278, 502

Sachregister

Fusion 14, 29, 112, 168, 169, 209, 211, 222, 268, 280, 285, 299, 365, 391, 420, 466

Generative Grammatik 1, 3, 21–23, 66, 319, 325, 339, 349, 353
genus proximum und differentia specifica 39, 42, 347
grammatical constraint 33, 173
Grammatikalisierung 1, 8, 9, 20, 30, 52, 134, 181, 337, 338, 348–350, 373, 387, 390, 391, 410, 445, 466, 478, 508
grounding 229–231, 235, 236, 523, 532

Holismus versus Modularität 3, 20–23, 33, 46, 49, 53, 54, 71, 82, 214, 222, 231, 235, 236, 285, 339, 352, 393–395, 498, 506
Homomorphie, s. auch *Isomorphie* 47, 72, 81, 86, 101
Homonymie 36, 37, 39, 47, 112, 122, 127, 129, 146, 148, 150, 151, 169, 342, 365, 366, 429, 439, 445, 466, 471, 475
HPSG (Head Driven Phrase Structure Grammar) 3, 6, 20, 24, 28, 61, 101, 287, 288, 310, 318, 320, 325, 344, 352, 353, 363, 377, 378, 394, 502
Hyperonymkonstruktion 183, 187, 259, 299, 323, 354
Hyponymie 10, 28, 189, 298, 353, 354, 364–367, 371

Idiomatisierung 32, 55, 223, 264, 342, 357, 365, 504, 517
idiosynkratisch 17, 108, 154, 162, 176, 177, 199, 210–213, 244, 246, 504
Implementierung, s. auch *Instantiierung* 13, 29, 31, 182, 195, 197, 198, 207, 214
Implikation 14, 50, 103, 249, 251, 252, 255, 260–263, 276, 293, 362, 388, 390, 391, 400, 402
Implikatur 7, 14, 50, 52, 55, 103, 104, 120, 137, 139–145, 160, 161, 164, 177, 183, 184, 186, 202, 214, 215, 241, 252, 253, 255–258, 293, 294, 329, 341, 343, 388, 398, 400, 411, 412, 419, 422, 454, 457, 481, 482, 505, 506
Infinitivkonstruktion 9, 119, 141, 189, 308, 344, 462, 507

Informationsstruktur 283, 284, 293, 316, 506, 531
inkrementell 196, 215, 322
Instantiierung, s. auch *Implementierung* 3, 10, 13, 29–31, 74, 110, 136, 197, 200, 203, 213, 214, 216
intensional, s. auch *extensional*, s. auch *signifikativ*, s. auch *semasiologisch* 8, 9, 16, 35, 47, 51, 59, 61, 62, 72, 76, 78, 86, 90, 123, 128, 173, 379, 384, 503
Invarianz 17–19, 29, 39, 40, 42, 48, 61, 66, 70, 79, 127, 128, 132, 153, 155, 212, 415, 504
Isomorphie 11, 34, 36, 37, 47, 62, 68, 69, 71, 72, 81, 89, 101, 129, 293, 503

jan-Verben 432, 433

Kalkül 16, 21, 25, 294, 527
Kasus
– lexikalisch 154, 178, 247, 447
– Präpositionalkasus 12, 13, 35, 86, 95, 111–113, 121, 132, 153, 154, 166, 173, 176–178, 189, 212, 215, 288, 376, 451, 456–458, 460, 496, 503
– rein 111, 165, 166, 178, 205, 447, 458, 466
– strukturell 154, 248, 401
Kasusrolle 60–62, 64, 66, 72, 180, 225
Kasustheorie 27, 59, 62, 64–66, 71, 79, 108, 173, 224, 225, 228, 519, 528, 530
klassische Definition 39, 347
Kohyponym 10, 183, 187, 259, 261, 323, 366–369
Kommunikationsmaxime 50
Kompositionalität 10, 18, 29–32, 193, 246, 264, 342, 505
Konstituenz 24, 35, 41, 42, 60, 61, 74, 87, 107, 249, 277, 284, 288–290, 300, 306, 310, 313, 320, 351, 352, 378
konventionalisierte Minikonstruktion 211
Konventionalisierung 10, 18, 30–32, 109, 154, 162, 176, 185, 195, 199, 207, 209, 211, 213, 241, 243, 271, 272, 274, 386, 421, 424, 443, 467, 477, 479, 480, 484
konvers 52, 83, 85, 99, 100, 106, 192, 193, 263, 264, 273, 274, 326, 374–381, 384–386, 397, 427–429, 433, 447, 457, 484, 491, 494, 509

Konversion (Wortbildung) 348, 484
konzeptuelle Anpassung 214, 239
Kreativität 8, 14, 195, 200, 214, 239

LDG (Lexical Decomposition Grammar) 253
lexikalische Derivation 337, 352
Lexikalisierung 30, 195, 264, 269, 271, 272, 274, 424, 426, 477, 479, 480
lexikalistisch 89, 101, 269, 320, 344, 374, 377, 378, 409, 478
LFG (Lexical Functional Grammar) 3, 107, 288, 318, 320, 337, 344, 349, 352, 377, 378, 394, 404, 405, 502
lumping versus splitting 126, 127, 137

Metapher 24, 25, 37, 38, 49, 67, 70, 121, 133, 139, 141, 144, 145, 157, 167, 172, 180, 346, 348, 351, 355, 357, 359, 363, 367, 369, 370, 399, 412, 415, 422, 424, 437, 449, 451, 469, 471–473, 481, 522, 528
Minimalismus 211, 278
modale versus amodale Repräsentation 167, 172, 173, 229, 230, 233

Nachzustand, s. auch *target state*, *resultant state* 108, 251, 255, 260–263, 276, 362, 387–391
Nebensatz 14, 46, 119, 121, 141, 165, 166, 189, 279, 462
Netzwerk 9, 18, 19, 25, 27, 28, 52, 55, 353, 362, 364, 365, 502
Nische 178–180, 263, 264, 472, 482
No Synonymy 2, 35, 36, 47, 53, 72, 101, 130, 173, 267, 284, 330, 378, 449, 503
Nonsense-Verb 102

objektorientierte Programmiersprache 354, 368, 531

Partizipantenrolle 30, 177, 180, 193, 194, 216, 219, 221–224, 226
Partizipialkonstruktion 45, 46, 282, 344
Perfekt 185, 342, 350, 392, 395, 396, 410, 414, 489
perfektiv 125, 127, 137, 142, 145, 185, 187, 248, 251, 263, 276, 362, 387–390, 392, 397, 401, 405, 454–456, 499, 500

perzeptiv 3, 22, 43, 44, 46, 50, 69, 94, 105, 120, 133, 134, 167, 173, 174, 223, 224, 229, 271
Primat der Form 36, 38, 506
produktiv 8, 9, 14, 29, 40, 169, 180, 193, 194, 197, 199, 200, 214, 238, 239, 395, 425, 431, 468, 469, 476–479, 482, 506
Projektionsregel 15, 18, 20, 30, 55, 373
prototypentheoretisch 2, 3, 13, 20, 29, 39, 40, 43, 44, 46, 47, 51, 59, 66, 67, 69, 70, 72, 73, 76, 79, 80, 83, 86, 87, 89, 98, 101, 103, 125, 127, 129, 133, 153, 155, 156, 160, 163, 173, 186, 189, 212, 214, 237, 266, 279, 281, 340, 341, 353, 359, 373, 405, 415, 416, 435, 464, 465, 474, 484, 503, 505, 509, 510
Psych-Verb 84, 98–100, 151, 411, 413, 414, 457

radiale Kategorie 43, 46, 88, 134
recoverability strategy 401
Regel 2, 17
Relational Grammar 75, 76, 430
Relevanz 164, 214, 243, 245, 256, 397, 398
resultant state 387
Rolle
– perspektivisch 12, 90, 98, 104, 108, 110, 123, 129, 176–178, 288, 290
Rollentheorie 59, 66, 76, 79, 92, 111, 116, 118, 127, 129, 134, 170, 171, 176

Satzverständnis 215
scene encoding hypothesis 2, 47, 60, 72, 78, 101, 130, 182, 232, 453
scrambling 291, 300, 320
Semantik-Pragmatik-Konzept 49, 228
Simulation, s. auch *modale versus amodale Repräsentation* 120, 229, 230, 234, 411, 512
Situationsargument 186, 332
Situationssemantik 181, 186, 281, 332
Situationstyp 117, 122
sprachliches System der Kognition 224, 227
Sprachspiel 214, 398, 420, 451, 489
Sprachverarbeitung 29, 50, 315, 322, 401, 509
Sprechakt 141, 214, 243, 399, 522

Spurenprinzip 401, 410
state 117, 118, 130, 131
Strukturerhaltung 358, 385, 427–430, 434, 435, 438, 509
Subjazenz 315
syntactic mode versus pragmatic mode 202, 287
Szene 105, 217, 225, 229, 278, 279

target state 249, 262, 263, 387
Theta-Kriterium 249, 361, 452, 462, 500
Theta-Rolle 64, 79, 107, 514
Topikalisierung 280, 290, 307

Überblendung 14, 30, 31, 114, 163, 166, 170, 189, 213, 249, 266, 333, 334, 343, 362, 365, 434, 438, 505
Uniformity of Theta Assignment Hypothesis 94

Valenzerweiterung 206, 207, 247, 253, 266, 497

Valenzmetapher 278
Valenzreduktion 206, 207, 217, 220, 238, 244, 246, 275, 484, 488, 497, 499, 508
Vorstellung 50, 120, 134, 229, 230, 237, 242–245, 247, 251, 256, 271, 273, 418, 445, 454, 456, 479, 489, 497, 506

Wahrheitswert 16, 36, 42, 69, 92, 96, 106, 154, 378, 379, 384, 503
Wittgenstein'sche Leiter 412, 416
Wortbildung 32, 40, 263, 269, 271, 274, 275, 330, 337, 348, 369, 393, 421, 424, 425, 476, 477, 484, 501, 511, 520–522
Wortformbildung 269, 274, 477, 484

X'-Theorie 19, 107, 191, 208, 277, 280, 290, 300, 302, 305, 306, 309, 311, 313, 319, 323, 325, 326, 376

Zweiebenen-Semantik 49

Klaus Welke
Erratum zu: Konstruktionsgrammatik des Deutschen

Ein sprachgebrauchsbezogener Ansatz

Publiziert in: Linguistik – Impulse & Tendenzen, Band 77,
ISBN 978-3-11-061146-5

Erratum

Trotz sorgfältiger Erstellung unserer Bücher lassen sich Fehler manchmal leider nicht ganz vermeiden. Wir entschuldigen uns, dass die erste Fassung dieser Ausgabe einige inkorrekte Namenschreibungen sowie vereinzelt inhaltliche Fehler enthielt und bitten um Beachtung der nachfolgenden Richtigstellungen:

- Auf S. V im Vorwort des Buches wurde fälschlicherweise auf „Mathesius" anstatt auf „Michaelis" verwiesen. Richtig ist: „Bis in die Mitte des vergangenen Jahrzehnts habe ich vieles, was ich zur Konstruktionsgrammatik in Arbeiten von Fillmore, Goldberg oder Michaelis fand, als in der Valenztheorie bereits formuliert angesehen."
- Auf S. 2 wurde fälschlicherweise auf „Günther" anstatt auf „Günthner" verwiesen. Richtig ist: „Das kommt empiristischen Ansätzen wie bspw. der Forschung zur gesprochenen Sprache entgegen, die sich damit konfrontiert sieht, dass sich weite Bereiche des empirisch Vorgefundenen nicht aus Regeln ableiten lassen, die sich in Grammatiken finden (vgl. z. B. Günthner/Imo 2006: 3).
- Auf S. 24 wurde fälschlicherweise auf „Gerrett" anstatt auf „Garrett" verwiesen. Richtig ist: „Frühzeitig wurde von psychologischer Seite angemerkt, dass Transformationen sich (nach anfänglichen Erfolgen) nicht experimentell bestätigen lassen (vgl. Fodor/Bever/Garrett 1974; Kintsch 1977)."

- Auf S. 59 wurde in der Kapitelüberschrift die Initiale von Fillmore falsch angegeben. Richtig ist: „Charles J. Fillmore".
- Auf S. 163 enthielt Beispiel (139) b. fälschlicherweise das Wort „beschrieben". Richtig ist: „b. A cause: B hat C."
- Auf S. 192 wurde an einer Stelle fälschlicherweise auf den „Akkusativ" anstatt auf den „Dativ" verwiesen. Richtig ist: „Man kann genauso sagen, dass *helfen* den Dativ (ein Substantiv/eine Substantivkonstruktion im Dativ) regiert/projiziert/valenzfordert, wie man reziprok sagen kann, dass *helfen* durch ein Substantiv im Dativ regiert, gefordert wird."
- Auf S. 214 wurde an einer Stelle fälschlicherweise von „konstruktionellen Argumenten und Argumenten" gesprochen. Richtig ist: „Da Konstruktionen gegenüber Verben eine selbständige Existenz besitzen, kommt es in der sprachlichen Tätigkeit zu Widersprüchen zwischen Verben und Konstruktionen (verbalen Argumenten und Argumentrollen einerseits und konstruktionellen Argumenten und Argumentrollen andererseits)."
- Auf S. 227 fehlte das Wort „Trennung". Richtig ist: „Dennoch bleibt das Grundkonzept der Aufhebung der Trennung von sprachlicher Bedeutung und Weltwissen erhalten."
- Auf S. 315 sind Fehler bei der Konstruktion der Beispiele (67) b. und (68) a. aufgetreten. Richtig ist: „(67) b. Wen hätte Tom angerufen, meint Ede.", „(68) a. * Wen [meint Ede$_i$] Tom hätte angerufen [...$_i$]?"
- Auf S. 374 und S. 378 wurde fälschlicherweise auf „Breznan" anstatt auf „Bresnan" verwiesen. Richtig ist: „Ebenso diente es Bresnan (1978) als Prototyp ihres Gegenentwurfs der lexikalistischen Derivation."
- Auf S. 474 sind die Beispiele aus (23) nicht richtig zugeordnet worden. Richtig ist: „In der Bedeutung (23b) ist *gehen* einstellig, in der Bedeutung (23c) ist *gehen* zweistellig."

Im Literaturverzeichnis wurden vereinzelt fehlende Angaben zu Erscheinungsdaten und Publikationsorten ergänzt. Auch sind bei den folgenden Einträgen falsche Namenschreibungen korrigiert worden. Richtig ist:

Fillmore, Charles J. (1966): Towards a Modern Theory of Case. In: Reibel, David A. & Shane, Sanford A. (Hg.): Modern Studies in English: Readings in Transformational Grammar. Englewood Cliffs, New Jersey: Prentice Hall, 361–375.
Fillmore, Charles J. (1977a): The Case for Case Reopened. In: Cole, Peter & Sadock, Jerrold M. (Hg.): Syntax and Semantics. Vol. 8. Grammatical Relations. New York, London: Academic Press, 59–81.
Meillet, Antoine (1958): L'évolution des formes grammaticales. In: Meillet, A.: Linguistique historique et linguistique générale. Paris: Champion, 130–148 (^{1}1912).
Pulvermüller, Friedemann (2005): Brain mechanism linking language and action. In: Nature Reviews Neuroscience 6, 576–582.

Folgende fehlende Einträge wurden im Literaturverzeichnis ergänzt:

Anderson, John R. (2007): Kognitive Psychologie. Deutsche Ausgabe hg. von Joachim Funke. Heidelberg: Spektrum.
Lambrecht, Knud (1994): Information structure and sentence form. Topic, focus, and the mental representations of discourse referents. Cambridge: University Press.

Im Index wurden auf Seite 534 falsche Namenschreibungen korrigiert. Richtig ist:

„Finkbeiner, R. & Meibauer, J.", „Garrett, M.".

Im gesamten Text wurden formale Fehler in den Bereichen Formatierung, Orthografie, Zeichensetzung, Grammatik, Ausdruck und Silbentrennung korrigiert.

www.ingramcontent.com/pod-product-compliance
Lightning Source LLC
Chambersburg PA
CBHW020602300426
44113CB00007B/478